W0044492

Iris Origo

„Im Namen Gottes und des Geschäfts"

Iris Origo

„Im Namen Gottes und des Geschäfts"

Lebensbild eines toskanischen Kaufmanns der Frührenaissance

Francesco di Marco Datini
1335–1410

Verlag C.H. Beck München

Aus dem Englischen übersetzt von Uta-Elisabeth Trott
Die Originalausgabe erschien unter dem Titel „The Merchant of Prato. Francesco di
Marco Datini" 1957 im Verlag Jonathan Cape.
Der deutschen Übersetzung liegt die revidierte Neuausgabe von 1963 im Verlag
Peregrine Books zugrunde (Nachdruck 1979 bei Penguin Books).
© Iris Origo 1957, 1963
Mit 26 Abbildungen auf Tafeln

CIP-Kurztitelaufnahme der Deutschen Bibliothek

Origo, Iris:
„Im Namen Gottes und des Geschäfts" : Lebensbild e.
toskan. Kaufmanns d. Frührenaissance. Francesco
di Marco Datini / Iris Origo. [Aus d. Engl.
übers. von Uta-Elisabeth Trott]. – München : Beck, 1985.
Einheitssacht.: The merchant of Prato ⟨dt.⟩
ISBN 3 406 30861 9

ISBN 3 406 30861 9
Zweite, verbesserte Auflage. 1986
© C. H. Beck'sche Verlagsbuchhandlung (Oscar Beck), München 1985
Satz: Fotosatz Otto Gutfreund, Darmstadt
Druck und Bindung: May & Co., Darmstadt
Printed in Germany

Inhalt

Einführung

L'historien ressemble à l'ogre de la fable. Là où il flaire la chair humaine, il sait que là est son gibier.

Der Historiker ist wie der Menschenfresser der Fabel. Wo er Menschenfleisch riecht, dort weiß er seine Beute.

Marc Bloch, *Métier de l'historien*

Überlebensgroß erhebt sich die Statue eines Kaufmanns in der Tracht des 14. Jahrhunderts auf der Piazza del Comune von Prato, der kleinen Industriestadt westlich von Florenz. Einst ging er als Ratsherr droben in den Sälen des mächtigen Backsteinbaus des Palazzo Pretorio ein und aus.

Die Gestalt in den langen, weiten Gewändern, die runde *biretta* auf dem Kopf, ein Bündel Wechsel in der Hand, ist Francesco di Marco Datini, der Mann, dem Prato als Tuchstadt, die heute noch 70 Prozent aller italienischen Wollstoffe herstellt, seine spätere Blüte verdankt. Die Geschichte vom Aufschwung seiner Handelshäuser in Avignon, Prato, Florenz, in Pisa und Genua, in Spanien und auf Mallorca ist nicht weniger faszinierend als jede moderne Erfolgsstory „vom Tellerwäscher zum Millionär" – und dazu lückenlos dokumentiert. Die Bürger seiner Heimatstadt erzählen heute noch voller Stolz von ihm und vor allem von den Wohltaten, mit denen er die Armen von Prato bedachte. Er vermachte ihnen nicht nur sein gesamtes Vermögen von 70000 Goldgulden, sondern auch das Haus, in dem er selbst gelebt hatte, und mit ihm sein größtes Geschenk an die Nachwelt: alle seine Dokumente und Briefe. Sein Leben lang hatte er jeden Brief, den er bekam, jedes schriftliche Zeugnis über Geschäftsvorgänge aufgehoben. Und er hatte die Buchhalter und Geschäftsführer aller seiner Filialen angewiesen, das gleiche zu tun. In seinem Testament verfügte er schließlich, daß all diese Papiere in seinem Haus gesammelt und aufbewahrt werden sollten. Diese Verfügung wurde recht lässig befolgt. Zwar existiert eine Bestätigung aus dem Jahre 1560, daß die Geschäftsbücher und andere Dokumente sorgfältig in Schränken seines Hauses verschlossen lägen, aber 300 Jahre später fand man sie in Säcken verpackt in einem verstaubten Winkel unter der Treppe wieder. Vielleicht war diese Nachlässigkeit aber sogar ein Glück. „*Bene qui latuit, bene vixit*" (Wer sich gut versteckt, überlebt gut). Freilich waren ein paar Blätter von Mäusen und Würmern angenagt, aber zumindest waren die Papiere so nicht in die Hände von Dieben gefallen oder von Leuten, die nicht wußten, um welch unersetzliche Dokumente es sich handelte. Als dann im Jahre 1870 gelehrte Prateser Bürger sie ans Tageslicht beförderten, waren sie noch überraschend vollständig vorhanden: gut 500 Haupt- und Geschäftsbücher und ca. 300 Gesellschafterverträge, wovon einige zu anderen kleineren Gesellschaften gehörten, die mit seiner eigenen Handelsfirma geschäftlich verbunden waren, Versicherungspolicen, Frachtbriefe, Wechsel und Schecks, vor allem aber über 140000 Briefe, 11000 davon Privatkorrespondenz, während die übrigen Geschäftliches betreffen. Sie sind in 503 Aktendeckeln nach den verschiedenen Aspekten seiner kaufmännischen Aktivitäten gesammelt. Das Haus – einst sichtbares Zeichen des Lebenswerks dieses Mannes – enthält so heute eine unschätzbare Dokumentation mittelalterlichen Handels, die in ihrer Fülle und in ihrer Vollständigkeit einzigartig ist in der Welt.

Eindrucksvoll lassen die Briefe vor unseren Augen das Bild kaufmännischen Unternehmungsgeistes entstehen. Als Datini 1382 von Avignon nach Italien zurückkehrte, florierte seine französische Filiale, die er zwei toskanischen Partnern anvertraut hatte, weiter wie zuvor. Sogleich gründete er in Prato das Stammhaus, und danach kamen in kurzen Abständen Filialen in Florenz, Pisa, Genua, Barcelona, Valencia, schließlich auf Mallorca und auf Ibiza dazu. Sie wurden alle von seinen Partnern oder seinen *fattori* an den jeweiligen Orten geführt. Tatsächlich aber regierte er sie doch selbst mit unermüdlicher Feder. Zwischen diesen Geschäftsniederlassungen transportierten die Segelschiffe seine Waren hin und her: Blei, Alaun, Pilgergewänder aus Rumänien, Sklaven und Gewürze vom Schwarzen Meer, englische Wolle von London und Southampton, afrikanische und spanische Wolle aus Mallorca und vom spanischen Festland, Salz aus Ibiza, Seide aus Venedig, Leder aus Cordoba und Tunis, Weizen von Sardinien und Sizilien, Orangen, Datteln, Kork und Wein aus Katalonien. Kein Wunder, daß Francescos Mitbürger nur so staunten, wenn die großen Warenballen in Massen ankamen, und einander zuraunten, daß es in Prato „noch nie einen größeren Kaufmann gab als ihn".

Ein Teil der Geschäftsdokumente aus diesem Archiv ist bereits in wissenschaftlichen Monographien aufgearbeitet, vor allem Gesellschafterverträge, Wechsel, Frachtbriefe, Versicherungspolicen, Verträge aller Art (und was an Schriftverkehr damit zusammenhing) sind in Bensas umfassender Arbeit über Datini und seine Handelsaktivitäten ausführlich erforscht und kommentiert. Außerdem konnte aufgrund der Forschungen und der Initiative von Federigo Melis im Mai 1955 im Palazzo Pretorio in Prato eine Ausstellung – die *Mostra dell' Archivio Datini* – veranstaltet werden. Erstmals wurde der Öffentlichkeit nicht nur eine Auswahl der Dokumente, sondern auch zusätzliches Material präsentiert, z. B. Bildnisse von Zeitgenossen Datinis, Darstellungen der Welt, in der sie lebten, Landkarten mit den wichtigsten Handelsrouten zu Wasser und zu Lande, Bilder von Ländern, aus denen seine Waren kamen. Ein Raum war ganz der Textilindustrie von Prato gewidmet. Tabellen, Geschäftsbücher, Briefe zeigten die komplizierte

Organisation mittelalterlicher Tuchherstellung, angefangen vom Einkauf der Wolle, die aus Mallorca, Katalonien und aus den Cotswolds in England importiert wurde, über jeden Arbeitsvorgang – das Spinnen, Weben, Färben, Scheren und Appretieren – bis zum Versand des fertigen Tuchs zum Verkauf. All diese Themen sind 1962 ausführlich von Federigo Melis in dem Standardwerk über Datini: *Aspetti della vita economica medievale* behandelt worden.

Die genannten wissenschaftlichen Arbeiten beschäftigen sich jedoch hauptsächlich mit Datinis Tätigkeit als Unternehmer. Abgesehen von den köstlichen Briefen, die sein Freund und Notar Ser Lapo Mazzei ihm schrieb und die 1880 von Cesare Guasti veröffentlicht wurden, war die Privatkorrespondenz noch kaum ausgewertet, vor allem nicht die Briefe, die er mit seiner Frau, seinen Gesellschaftern und seinen Faktoren wechselte. Das vorliegende Buch stützt sich zum größten Teil auf eben diese privaten Briefe, obwohl selbst bis heute diese Quellen noch längst nicht völlig ausgeschöpft, ja noch nicht einmal vollständig erschlossen sind.* Dieses Buch ist nun ein Versuch, aus dem umfangreichen und bunt zusammengewürfelten Material ein Bild vom Alltagsleben jener Zeit zu entwerfen – sei es auch noch so fragmentarisch und unvollständig – und dazu Portraits des Kaufmanns selbst, seiner Frau, seiner Freunde und seiner Mitarbeiter und Untergebenen zu zeichnen.

Zwei Themen ziehen sich als Leitmotiv durch all diese Briefe: Religion und Handel. Von ihnen wurde das Leben der Menschen bestimmt, die diese Briefe schrieben. Auf der ersten Seite von Datinis großen Geschäftsbüchern steht als Motto: „Im Namen Gottes und des Geschäfts" *(cho'l nome di Dio e di ghuadagno)*. Das war es, wonach die Kaufleute damals trachteten: Gewinn im Diesseits, Gewinn im Jenseits – als ob das ganze Leben ein einziges großes Kontor wäre und am Jüngsten Tage Bilanz gezogen würde. Zwar haben auch viele geschichtliche Ereignisse ihren Niederschlag in diesen Aufzeichnungen und Briefen gefunden, aber immer sind sie durch die Brille des Kaufmanns gesehen, der nach einem guten Geschäft ausspäht. Die Wahl eines neuen Papstes, ein Waffenstillstand mit dem Herzog von Mailand, eine drohende Hungersnot, ein Abkommen zwischen Christen und Türken, eine Hochzeit in einem Fürstenhaus – das alles ist nur Mahlgut auf seiner rastlosen Mühle.

Neben seiner umfangreichen Privatkorrespondenz, die 40 Aktendeckel füllt, sind es hauptsächlich Datinis private Haushaltsbücher und Notizbücher, auf die diese Studie sich stützt. Müßte der Gegenbeweis gegen die Annahme, daß der Kaufmann des vierzehnten Jahrhunderts nicht gerne zur Feder griff, überhaupt noch angetreten werden – hier wäre er. „Ich fühlte mich gestern abend nicht recht wohl", schrieb Francesco mit über 60 Jahren,

---

* Seit dem ersten Erscheinen des Buchs von Iris Origo 1957 ist allerdings ein großer Teil der Briefe transkribiert und zugänglich gemacht worden, d. Ü.

„weil ich in den beiden letzten Tagen so viel geschrieben habe, ohne auch nur ein Auge zugetan zu haben, weder bei Nacht noch bei Tag. Und dabei habe ich in diesen zwei Tagen nur einen Laib Brot gegessen." Immer wenn er die Geschäftskorrespondenz mit seinen *fondaci* erledigt hatte, griff er nochmals zur Feder und schrieb seine langen privaten Briefe: an Ser Lapo Mazzei über den Wein, den er gerade auf Flaschen zog, über die Rebhühner, die sie in der kommenden Woche zusammen verspeisen würden, oder über die Predigt, die Fra Giovanni Dominici in Santa Liberata gehalten hatte; an seinen Sozius in Florenz über das Bild, das er für sein Schlafzimmer suchte, und ein neues, scharlachrotes Barett, das in England gefärbt sein sollte; an seinen Agenten in Genua, daß er eine kräftige kleine Sklavin für ihn besorgen solle; an den Agenten in Venedig, daß er ihm ein Stück Brokat zu einem Kleid für seine Frau schicken solle und dazu ein Pfauenpärchen – aber womit füttert man sie? Und wie viele Hennen braucht man für einen Hahn? Vor allem aber schrieb er mindestens zweimal jede Woche Briefe an seine manchmal recht aufmüpfige junge Frau, die ihre Meinung immer unverblümt äußerte.

Das Bemerkenswerteste an dieser Korrespondenz zwischen zwei Eheleuten (es sind nämlich auch mehr als 100 Briefe Margheritas vorhanden) ist nicht einmal, daß sie erhalten ist, sondern mehr noch, daß diese Briefe überhaupt geschrieben wurden. Öffentliche und amtliche Dokumente aus dieser Epoche gibt es ebenso in Mengen wie Aufzeichnungen und Briefe über Geschäftsvorgänge. Aber private Briefe, in denen die kleinen Begebenheiten des Alltags, Haushalts- und Familienangelegenheiten zu Papier gebracht wurden, sind rar. Vor allem existieren natürlich kaum Briefe, die Eheleute aneinander schrieben, denn es kam nur selten vor, daß sie getrennt waren. Aber auch wenn sich ein verheirateter Mann jahrelang auf einem Kreuzzug in fernen Landen aufhielt oder dem Handel in fremden Hafenstädten nachging, war die Zahl der Briefe, die er nach Hause schrieb, den Umständen entsprechend spärlich, dauerte es doch häufig sehr lange, bis sie ihre Adressatin erreichten. Der vorliegende Briefwechsel aber wurde geführt von einer Ehefrau, die in Prato wohnte und das Haus ihres Mannes besorgte, und einem Ehemann, der die ganze Zeit über nicht weit entfernt lebte, manchmal in Florenz, manchmal in Pisa. Auf dem Rücken eines Maultiers wanderten ihre Briefe einmal, ja manchmal sogar zweimal in der Woche hin und her, zusammen mit der Wäsche, die in Prato gewaschen wurde, oder mit Geflügel, Eiern, Gemüse, die von ihrem Hof bei Prato kamen und nach Florenz oder Pisa gesandt wurden. Daher sind diese Briefe so unmittelbar und natürlich im Ton und von solchem Reichtum an Details, wie wir es erst wieder in Briefen des 18. und 19. Jahrhunderts finden. Francesco schickt seiner Frau eingehende Anweisungen über jede Kleinigkeit der Haushaltsführung, und in ihren Antwortbriefen legt Margherita Rechenschaft ab über alles, was sie getan hat, und gibt ihm dazu noch manch handfesten Ratschlag. Viele Dinge, die, hätte das Paar zusammengelebt, manchmal nur im Zorn hingesagt worden wären, sind so für immer aufs Papier gebannt.

Diese Briefe geben uns daher ein ganz besonders unmittelbares und unverstelltes Bild vom Leben eines Ehepaars im 14. Jahrhundert. Dabei sind sie für uns in zweifacher Hinsicht interessant: als Tatsachenbericht und als Charakterstudie. Die Informationen, die sie uns über den Alltag eines toskanischen Kaufmanns und seiner Familie liefern, sind so reich an Einzelheiten, daß man fast das Gefühl hat, man wäre selbst zu Gast gewesen in dem klotzigen Backsteinhaus, das sich Francesco nach seiner Rückkehr aus Avignon gebaut hatte, um seinen Reichtum zur Schau zu stellen, und das er so eifersüchtig hütete, daß während seiner Abwesenheit nicht einmal die Tür zur Straße aufgeschlossen werden durfte, bevor nicht seine Frau selbst aufgestanden war und nach dem Rechten sah. Wir erfahren, was für Kleider Francesco und Margherita trugen, wieviel sie dafür bezahlten, was sie aßen und tranken, was für Diener und Sklaven sie hielten und wie wenig diese taugten, wieviel Francesco ausgab für die Mitgift seiner unehelichen Tochter, für ein Pferd oder dafür, eine von ihm geschwängerte Magd noch schnell unter die Haube zu bringen, für Essen und Trinken, für Geschenke und für Almosen; wie Francesco eine Wallfahrt nach Signa machte; wie er sich gesund kurierte, wenn er krank war; wie er mit der ganzen Familie vor der Pest nach Bologna floh. Vor allem aber lernen wir Francesco und Monna Margherita als Menschen kennen. Was aus diesen unliterarischen, unausgefeilten, unromantischen Briefen voller Wiederholungen entsteht, sind die lebendigen Bildnisse eines Mannes und einer Frau, so realistisch gezeichnet, daß wir die beiden gleich wiedererkennen würden, wenn wir ihnen in Prato auf der Straße begegneten.

Interessant ist es, dieses Bild einer Ehe zu vergleichen mit den „Ratschlägen an seine junge Frau", die beinahe zur gleichen Zeit von einem französischen Ehemann von vergleichbarem Stand, dem *Ménagier de Paris*, geschrieben wurden. Der *Ménagier* schrieb eleganter als Francesco, aber man darf nicht vergessen, daß seine Briefe immer mit dem Blick auf die Veröffentlichung verfaßt wurden, Francescos Briefe dagegen nicht. Auch zeugen die Antwortbriefe Margheritas oft nicht gerade von Geduld oder Unterwürfigkeit, obwohl sie, die er mit über vierzig geheiratet hatte, fast 25 Jahre jünger war als ihr Mann. Manchmal kritisierte sie Francescos Betragen und lehnte seine Entscheidungen so unverblümt und mit klugen Worten ab, daß es erstaunlich ist, mit welcher Gelassenheit er es hinnahm. „Was Du sagst", schrieb er ihr bei einer solchen Gelegenheit, „ist so wahr wie das Vaterunser."

Francescos Charakter tritt sehr deutlich hervor – unmöglich, sich eine treffendere Verkörperung eines Toskaners vorzustellen. Er war durch und durch Individualist und verdankte seinen Erfolg seinem schöpferischen Unternehmungsgeist, einem Wagemut, der stets im rechten Augenblick durch Klugheit und Mißtrauen gegenüber seinen Mitmenschen gezügelt wurde. Als harter Geschäftsmann holte er sich seine Goldgulden, wo er konnte: Er handelte mit Waffen, Wolle, Erz und Getreide; er stellte Tuch her und handelte mit Sklaven; er gründete eine Bank, obwohl er sich damit den Vorwurf einhandelte, Wucher zu treiben. Aber gleichzeitig versäumte er es nie, seinen religiösen Pflichten nachzukommen: Er vergaß keinen Fastentag, bestimmte einen gebührenden Teil seines Gewinns für Almosen und wohltätige Zwecke, ließ Kapellen errichten und trug zur Ausschmückung von Kirchen bei. Während der erfolgreichen Jahre in Avignon führte er ein zügelloses Leben – „ich hielt mir eine Frau und aß jeden Tag Rebhühner" – und zeugte etliche kleine Bastarde, aber wenn es ums Geschäft ging, war er auch fähig, ein geradezu mönchisches Leben voll harter Arbeit und Entbehrung zu führen.

Heiter war er sein ganzes Leben lang nicht. Mit über sechzig schrieb er an seine Frau: „Das Schicksal hat es gewollt, daß ich seit dem Tag meiner Geburt keinen einzigen Tag vom Morgen bis zum Abend glücklich sein sollte." Der Wurm, der von früher Jugend bis ins Alter an jeder Freude nagte und der aus fast jeder Zeile seiner Briefe spricht, ist Angst. Vielleicht ist es gerade das, was uns Datini heute so vertraut und wie einen Vorläufer moderner Unternehmer erscheinen läßt. Er war ein schlauer und erfolgreicher Kaufmann, aber dabei voll innerer Unruhe. Jeder einzelne seiner *fondaci* war Quelle ständiger Angst und Sorge: Allen und jedem mißtraute er, seinen Partnern, seinen Geschäftsbevollmächtigten, den Kapitänen, die seine Waren auf ihren Schiffen transportierten; und ständig verfolgte ihn außerdem die Angst davor, was diesen Schiffen alles zustoßen könnte: sie könnten ja Schiffbruch erleiden, von Piraten überfallen werden, zu schwere Ladung an Bord haben, oder unter der Mannschaft könnte die Pest ausbrechen. Und als er schließlich sein großes Vermögen angehäuft hatte, kamen noch weitere Ängste hinzu. Er machte sich über seine Investitionen Sorgen, über Steuern und Bußgelder. Er traute seinen Verwaltern und Dienern zu Hause kein bißchen mehr als denen in der Fremde. Er lebte, nach Mazzeis Worten, in täglicher Furcht, daß man ihn auch noch „um die Schuhschnallen der Magd, die seiner Sklavin dient", betrügen könne.

Und mit zunehmendem Alter kam die letzte und schlimmste Angst: eine verzweifelte Furcht vor dem, was ihn in einem jenseitigen Leben erwarten würde. Wallfahrten, Fastenzeiten, Schenkungen von Bildern an Kirchen, von Ländereien an Klöster und endlich noch die Stiftung seines gesamten großen Vermögens für wohltätige Zwecke – all das konnte ihn nicht von dem Schuldgefühl befreien, das ihn nicht mehr losließ und die letzten Jahre seines Lebens verdüsterte: eine nagende Seelenpein, eine ständige *maninconia*.*

---

* Aus dem Zusammenhang wird deutlich, daß das Wort *maninconia*, das in Francescos und Margheritas Briefen immer wieder vorkommt, nicht „Melancholie" im heutigen Sinn bedeutet, sondern vielmehr eine tiefsitzende Furcht, Lebensangst und Ruhelosigkeit bezeichnet.

Auch andere Charaktere gewinnen in diesen Briefen Gestalt. Da sind die habgierigen, armen Verwandten, Margheritas Familie, die immer darauf aus sind, daß von des reichen Mannes Tisch auch ja genug Brosamen für sie abfallen, und die dann doch ewig unzufrieden sind, „denn Francesco könnte mehr aufbringen als das". „Du hast Dich so aufgeführt," antwortete Margherita ihrem Bruder auf einen seiner Bettelbriefe, „daß meine Lippen Francesco gegenüber für immer versiegelt sein werden." Die Tradition der Familienbande war jedoch so stark, daß sich Francesco verpflichtet fühlte, als eben dieser Bruder – das schwarze Schaf der Familie – starb, nicht weniger als 259 Goldgulden für die Trauerkleidung der ganzen Familie samt Dienerschaft auszugeben. Da sind auch Francescos Firmenpartner und Freunde, unter ihnen der fröhliche Florentiner Domenico di Cambio, der nie verstehen konnte, warum Francesco bei all seinem Reichtum nicht glücklicher war. „Ich schwöre, daß ich an einem Tag mehr Freude an meiner Handvoll *soldi* habe als Du mit Deinem Reichtum in einem ganzen Jahr." Und dann ist da der weise, gütige Familienfreund, Ser Lapo Mazzei, die wahre Verkörperung der toskanischen Tugenden Frömmigkeit und Mäßigung, der Francesco immer still und eindringlich dazu riet, sich klug zu verhalten und gute Werke zu tun. Er war stolz auf den Reichtum seines Freundes, ohne den leisesten Wunsch, davon etwas abzubekommen; er konnte sich ganz schlicht darüber freuen, mit ihm genüßlich ein paar feiste Rebhühner zu verspeisen oder ein Glas vom roten Carmignano zu trinken, aber er lehnte es immer ab, größere Geschenke anzunehmen. Und als Francesco älter wurde, versuchte er seinen Freund einfühlsam und vorsichtig darauf vorzubereiten, sich allmählich von den Dingen zu lösen, die er ja doch bald auf Erden zurücklassen müsse. Seine Beziehung zu Francesco ist eigentlich das Positivste der ganzen Korrespondenz, denn es war eine selbstlose Freundschaft, die die beiden Männer verband.

Ser Lapos Briefe sind ein Stück Literatur voller Leben, Güte und Weisheit und im reinsten Toskanisch des 14. Jahrhunderts geschrieben. Zu denen, die bereits bekannt und veröffentlicht waren, sind nur noch wenige neue hinzugekommen. Die Briefe Francescos und Margheritas sind literarisch sehr viel weniger wertvoll. Sie haben vor allem einen Fehler, unter dem im Mittelalter die meisten Briefe leiden: Die Briefschreiber ergehen sich in langweiligen Wiederholungen, weil sie nicht recht glauben wollen, daß eine schriftliche Anweisung tatsächlich ebenso wirksam ist wie eine mündliche. Dazu kommt, daß Margherita während der ersten Ehejahre weder lesen noch schreiben konnte. Sie diktierte einfach die Briefe an ihren Mann, und die Briefe ihres Mannes an sie wurden ihr vorgelesen. Beide scheinen sie der Ansicht gewesen zu sein, daß eine Sache, wenn sie wert war, einmal gesagt zu werden, auch wert war, wiederholt zu werden. Und dabei wissen wir noch, daß Francesco verlangte, daß seine Anweisungen seiner Frau nicht nur einmal vorgelesen wurden, sondern immer und immer wieder, damit er sicher sein konnte, daß sie sie auch wirklich verstanden hatte. (Aus diesem

Grunde werden hier nie vollständige Briefe wiedergegeben; zu oft ist der zweite Absatz eine bloße Wiederholung des ersten.)

Andererseits weisen die Briefe aber so auch die Vorzüge der gesprochenen Sprache auf: Sie sind direkt, urtümlich und völlig ungekünstelt. Es ist das Toskanisch Boccaccios und Sacchettis, aber breiter, weniger geschliffen – eben die Umgangssprache der Zeit.

Lebendig sind die Briefe unter anderem, weil sie voller Sprichwörter und Volksweisheiten sind. _„Non son villana perch'in contado stia, ma gl'e villano chi fa la villania"_ (Ich bin kein Bauerntrampel, auch wenn ich vom Lande bin; ein Bauerntrampel ist einer, der sich bäurisch benimmt), zitiert Margherita in einem Brief an ihre Verwandten in der Stadt. _„Chi si leva a tempo, fa buona giornata e si puó riposare all' albergo"_ (Wer früh aufsteht, hat einen guten Tag und kann sich am Abend im Wirtshaus ausruhen), schreibt Niccolò dell'Ammannato. _„Non vorrei che isteste chostà tanto per richogliere i chiovi che voi vi lasciate i ferri"_ (Ich möchte nicht, daß Ihr solange dort bleibt, bis Ihr alle Nägel aufgeklaubt habt und dabei das ganze Hufeisen verliert), schreibt Domenico di Cambio, als die Pest wütete. _„Ha più corta la fede, che la lepre la coda"_ (Seine Treue ist kürzer als ein Hasenschwanz), äußert er sich über einen gemeinsamen Freund. Lapo Mazzei sagt von einem Mann, den er nicht mehr zu sehen gedenkt: _„Arrivederci, come i volpi, in pellicceria"_ (Auf Wiedersehen beim Kürschner, wie die Füchse). Manchmal haben diese Redensarten einen stark moralisierenden Ton: _„Chi ogni ingiuria vorrà vendicare, o d'alto stato cade, o non vi sale"_ (Wer jedes Unrecht rächen will, stürzt von seinem hohen Stand oder erreicht ihn nie). Und manchmal bedienen sich die Briefschreiber – und auch das ist typisch toskanisch – eines Kunstgriffs, den sie erfahrenen Predigern wie San Bernardino oder Fra Giovanni Dominici abgeschaut hatten: Sie unterbrechen den Fluß dessen, was auch immer sie gerade sagen, mit einer Geschichte oder einem _assempro,_ einer Parabel. „Du bist wie der Bauer, der zu einem Apotheker ging..." oder „Du erinnerst mich an die Geschichte von..."

„Du kommst mir vor", schrieb Francesco an einen habgierigen Faktor, „wie ein Priester, der sagt: ‚Wenn ich nur erst eine eigene winzige Kirche hätte, die mir ein Auskommen gäbe und wo ich jeden Morgen die Messe lesen könnte, dann würde ich von Gott weiter nichts erbitten, und ich wäre der glücklichste Mensch auf Erden...', und der dann, wenn er die Kirche hat, nicht ruhen wird, bis er Papst ist, und dem die geistliche Macht alleine auch nicht mehr genügen wird, bevor er nicht auch noch die weltliche Macht dazu hat..."

Gelegentlich endet selbst ein völlig prosaischer Geschäftsbrief mit einer Geschichte, woran man sieht, daß es damals, als es noch so wenige Bücher gab, unter Freunden allgemein Brauch war, füreinander Geschichten abzuschreiben, die einem selbst gerade gefallen hatten. „Ich werde Dir die Geschichte von dem Mann erzählen, der auszog, den Zorn Gottes zu suchen..."

Vor allem zeigen uns diese Briefe, wie häufig damals, als man wenige Bücher las, diese dafür aber um so öfter, Sentenzen aus diesen Werken in die Alltagssprache eingingen. Seneca, die Briefe des Hl. Hieronymus, Boëthius, Dante, Jacopone da Todi, die *Fioretti* des Hl. Franz, das war Francescos Lektüre. Außerdem kannte er viele Bibelstellen auswendig, die er als begeisterter Predigtbesucher immer wieder aus dem Mund volkstümlicher Prediger hörte. Er verwendete sie in seinen Briefen, ohne sie in Anführungszeichen zu setzen; vielleicht war er sich nicht einmal mehr bewußt, daß es nicht seine eigenen Worte waren, so vertraut waren sie ihm. Als er einmal von seinem fortgeschrittenen Alter sprach, gebrauchte er Dantes Formulierung: *„calar le vele e raccoglier le sarte"* (die Segel einholen und die Taue aufrollen) – oder handelte es sich um eine Redewendung, die damals schon allgemein in Gebrauch war und die Dante seinerseits aufgegriffen hatte? Denn Francesco fügte noch hinzu: *„e morir in porto"* (und im Hafen sterben). Er spricht davon, man müsse dem Kaiser geben, was des Kaisers ist. Und nach einer Bußpredigt setzt er sich am Abend wieder hin und schreibt an seine Frau: „Ich habe mein Haus auf Sand gebaut, und seine Mauern stürzen ein. Ich habe mehr Hoffnung in die Menschen gesetzt als in Gott, und die Welt hat es mir vergolten." Das ist offensichtlich Inhalt und Wortlaut der Predigt, die er eben gehört hatte.

Abgesehen von der Rolle, die diese Briefe für die Erforschung der Wirtschaftsgeschichte spielen, liegt ihr Hauptwert darin, daß sie ein unverfälschtes Bild des wirklichen Lebens wiedergeben. Die Welt, die sie widerspiegeln, ist die Welt Boccaccios und Sacchettis: eine kleine, betriebsame, erdverbundene Gesellschaft, die weder kultiviert noch raffiniert ist, in der die Menschen derbe Späße lieben, deftige und stark gewürzte Speisen, Gewänder aus schwerem Samt und Pelzwerk, das über grober und dürftiger Leinenunterwäsche getragen wurde. Trotz aller Gewalt, Habgier und sozialen Ungerechtigkeit ist es eine merkwürdig unschuldige Welt, und zwar insofern, als sie ohne List und Tücke ist – so wie grausame Streiche von Kindern; eine urbane Gesellschaft, der die Würze der Landluft noch nicht ganz abhanden gekommen ist, in der Gärten fast ebensoviel Platz innerhalb der Stadtmauern einnehmen wie die Häuser, in der ein Prediger sich nicht scheut, wie ein Frosch zu quaken oder wie ein Hahn zu krähen, nur um die Aufmerksamkeit der Menge wach zu halten. Eine Welt, in der die Menschen sich äußerlich zwar städtisch kleiden, im Herzen aber Schläue, Argwohn und Wirklichkeitssinn des Bauern bewahrt haben.

Aber das ist noch nicht alles: Es ist auch eine Gesellschaft im Aufbruch, in der die korporative Organisation der Gilden abgelöst wird durch die Herrschaft einiger weniger großer Unternehmer und die Kommunen von reichen Kaufleuten und Bankiers regiert werden. In dieser Welt der Gegensätze, in der gleichzeitig ein Kult mit franziskanischer Armut getrieben und ein gieriger Kampf ums Geld geführt wird, sehen wir auf der einen Seite eine kleine, in sich abgeschlossene Gesellschaft von Handwerkern und Ladenbesitzern, die immer noch völlig mit sich und ihren lokalen Interessen ausgefüllt sind, auf der anderen Seite aber eine Handvoll von Männern, deren Marktplatz ganz Europa ist, deren Ehrgeiz und deren Unternehmungen so weit reichen wie ihr Aktionsradius. Die meisten richten ihr Leben noch nach den Geboten der Kirche und nach den Statuten der Gilden ein, aber einige benutzen diese Regeln nur noch als Tarnung, in deren Schutz sie ihre individuellen kühnen Projekte entwickeln. Der bedingungslose Glaube des Mittelalters weicht allmählich dem skeptischen, forschenden Geist der Renaissance. Unter den Pionieren dieser neuen Weltordnung finden sich die Männer, die notgedrungen auf Eigeninitiative, Anpassungsfähigkeit und Schlauheit angewiesen waren, um ihre Ziele zu erreichen: die Kaufleute.

Francesco Datini vertrat diese neue Weltsicht, sein Freund Ser Lapo Mazzei die alte. Keiner von den beiden war ein bedeutender Mann. Ser Lapo war ein kluger Notar, ein wahrer Christ, ein charmanter Briefschreiber, Francesco ein ehrgeiziger Self-made-man: Sohn eines Schankwirts, der ohne fremde Hilfe und Unterstützung ein wohlhabender und einflußreicher Unternehmer wurde. Aber gerade weil sie nichts weiter waren als das, sind die Aufzeichnungen über ihr tägliches Leben von ganz besonderem Wert. Bedeutende Menschen – politische Führer, Genies, Heilige – spiegeln ihre Zeit nur unzulänglich wider, weil sie zu sehr über das Normale hinausragen. Die weniger bedeutenden Menschen, die ganz und gar ihrer Zeit angehören, sagen über diese am meisten aus.

Als solche verkörpern Datini und Mazzei die zwei Hauptströmungen ihrer Zeit. Ser Lapo war noch ganz in der Tradition verwurzelt. Sein Leben wurde von Sitte und Brauch seiner Heimatstadt bestimmt, und er schöpfte seine Kraft aus Frömmigkeit und Mäßigung. Francesco dagegen stand, auch wenn er noch nicht den Weitblick, den erlesenen Geschmack mancher Kaufherren der Renaissance besaß, auf der Schwelle des neuen Zeitalters. Seine moralischen Wertmaßstäbe gehörten noch Ser Lapos Welt an. Bedingungslos erkannte er die Gebote der Kirche an – auch wenn er ihnen nicht immer gehorchte –, wie auch das eherne Gesetz von Brauch und Sitte. Die Umkehr seiner letzten Jahre, die in einen echten Akt der Reue mündete, bewegte sich ebenso im Rahmen der Tradition wie die Skrupellosigkeit, die er im besten Mannesalter an den Tag legte. Sie erschien ihm und seinen Freunden als ebenso natürlicher Prozeß wie die Arterienverkalkung bei einem alten Menschen: In der Jugend beherrschen den Menschen seine Sinne, in der Blüte seiner Jahre der Mammon, im Alter kehrt er sich zu Gott. In seinen Geschäften jedoch war Francesco schon der Vertreter einer neuen Zeit: Er gehörte ihr durch seinen Unternehmungsgeist, seine Geschäftsmethoden, seine internationalen Handelsverbindungen an – und auch durch seinen ausgesprochenen Individualismus.

In gewisser Beziehung ist gerade diese zuletzt genannte Eigenschaft wahrscheinlich nicht nur auf eine Veranlagung zurückzuführen, sondern eher auf seine persönlichen Lebensumstände. „Im Mittelalter richtete sich das Ansehen eines Mannes nach der Zugehörigkeit zu einem adeligen Geschlecht, einer Gilde oder einer Partei", sagt N. Rodolico, „in der Renaissance wurde sein Wert nach dem bemessen, was er selbst aus sich gemacht hatte." Früher war die Macht aller großen Handelsgesellschaften durch die vereinten Anstrengungen und den Zusammenhalt eines geschlossenen Familienclans aufgebaut worden. Nur auf dieser Basis funktionierten diese Gesellschaften. Doch Datini hatte keine Familie, die ihn bei seiner anstrengenden Arbeit oder in seinen Geschäften hätte unterstützen können. Sein Vater, ein bescheidener Schankwirt, war von der Pest bereits dahingerafft worden, als er selbst noch ein Kind war; seine Frau gebar ihm keine Söhne; er hatte keine einflußreichen Verwandten. Kein Gönner half ihm, sein Geschäft in Avignon aufzubauen oder es später zu halten, als der Papst mit seinem Interdikt Kaufleute aus Florenz traf, und als er schließlich nach 35 Jahren in der Fremde nach Hause zurückkehrte, betrachtete man ihn in der Heimat schon fast als Fremden. Als von der Kommune von Florenz eine Zwangsanleihe verfügt wurde, war er unter denen, die am schwersten besteuert wurden. Und als er einmal Unterstützung in einer Angelegenheit in der Fremde gebraucht hätte, hütete er sich, darum zu bitten. Außer Ser Lapo Mazzei besaß er keine Freunde, denen er wirklich vertrauen konnte. Und die Partner, mit denen er nach und nach Handelsgesellschaften in der Fremde gründete, hatten weder den Geist noch das Format, für ihn jemals mehr zu sein als Untergebene. Alles was er je erreichte, hatte er allein erreicht.

So machten persönliche Lebensumstände, seine Veranlagung und der Zeitgeist aus Datini einen Kaufmann, der in vielem schon der Renaissance angehört, und die Geschichte seines Erfolges ist weit mehr als der bloße Bericht, wie ein ehrgeiziger Mann es zu Reichtum gebracht hat. Der Umfang und die Vielfalt seiner Unternehmungen, sein Organisationstalent, sein Weitblick über die Grenzen seines Landes hinaus, seine Fähigkeit, sich den ständig wandelnden Gegebenheiten einer Gesellschaft im Umbruch anzupassen, dazu sein persönlicher Ehrgeiz, seine Geschäftstüchtigkeit, Zähigkeit, Ruhelosigkeit und Habgier machen aus ihm einen Vorläufer des modernen Unternehmers.

Teil I

Der Kaufmann

Erstes Kapitel

Die Jahre in Avignon

Gli accorgimenti e le coperte vie
Io seppi tutte...

In Schlichen wie auch in verdeckten Wegen
Wußt ich Bescheid...
Dante, *Inferno* XXVII, 76

In Prato, der lebendigen und blühenden kleinen Stadt in der weiten Ebene von Florenz, sind die Menschen nüchtern, skeptisch und praktisch eingestellt. Schon immer hat ihr Hauptinteresse der Herstellung von Tuch gegolten. Mystische Legenden und Rittersagen, wie sie in Siena und in ganz Umbrien entstanden, sind auf diesem Boden nie gediehen; Prato hatte keine Pia de' Tolomei, keine Margherita da Cortona. Eine Geschichte nur wird dort den Kindern seit dem 14. Jahrhundert von Generation zu Generation weitererzählt: die vom Kaufmann und seiner Katze.

In jenen Tagen, so geht die Sage, als die unternehmungslustigen Kaufleute aus der Toskana in ferne Länder segelten, gelangte ein Kaufmann aus Prato auf eine entlegene Insel, Canaria genannt. Der König des Eilands lud ihn zu sich zum Mahl.

Und der Kaufmann sah die gedeckte Tafel und an jedem Platz ein Mundtuch und darauf einen armlangen Prügel, dessen Verwendungszweck er nicht ergründen konnte. Als man jedoch an der Tafel Platz genommen hatte, und die Speisen aufgetragen wurden, lockte ihr Duft solche Scharen von Mäusen an, daß die Gäste sie erst einmal mit Hilfe dieser Prügel verjagen mußten, um überhaupt essen zu können... Als der Kaufmann, der des Nachts auf sein Schiff zurückgekehrt war, anderntags wiederkam, hatte er im Ärmel seines Gewandes eine Katze versteckt, und als dann die Speisen aufgetragen wurden, erschienen auch schon die Mäuse. Da ließ der Kaufmann die Katze aus dem Ärmel. Im Handumdrehen hatte sie fünfundzwanzig oder dreißig Mäuse gefangen; die übrigen suchten das Weite. „Dieses Tier ist fürwahr göttlich!", sprach da der König. Worauf der Kaufmann erwiderte: „Majestät, die Gastfreundschaft, die Ihr mir erwiesen habt, ist so groß, daß ich sie Euch nur vergelten kann, indem ich Euch diese Katze überreiche."

Dankbar nahm der König das Geschenk an. Aber bevor der Kaufmann das Eiland verließ, schickte er nochmals nach ihm und beschenkte ihn mit Geschmeide im Wert von 4000 *scudi*. Als der Kaufmann im Jahr darauf wiederum auf der Insel landete, brachte er einen Kater mit – und diesmal erhielt er gleich 6000 *scudi* dafür. So kehrte der Kaufmann von Prato als reicher Mann zurück. Sein Name war Francesco di Marco Datini.[1]

Allerdings erzählt man sich diese hübsche Anekdote auch von verschiedenen anderen Kaufleuten der Zeit, und es gibt kein Indiz dafür, daß sie sich gerade auf den Kaufmann beziehen sollte, von dem dieses Buch handelt. Denn Francesco di Marco kam nie weiter als bis nach Avignon, geschweige denn zu den Kanarischen Inseln; und in seiner ganzen umfangreichen Korrespondenz ist kein einziges Mal von einer Katze die Rede. Allein die Tatsache aber, daß in Prato diese Geschichte so beharrlich im Zusammenhang mit seiner Person überliefert wird, zeigt, welch hohes Ansehen er bei seinen Mitbürgern genoß und bis zum heutigen Tag noch immer genießt. Die historisch wahre Geschichte seines Aufstiegs zu Reichtum und Ansehen steht ja auch der Sage in nichts nach. Sie fängt damit an, daß im Jahr 1350 der fünfzehnjährige Junge aus seiner toskanischen Heimat auszog, ganz allein, um sein Glück in der großen und berühmten Stadt Avignon zu machen. Einen karmesinroten Rock hatte er an: das ist das einzige, was uns davon überliefert ist. Und sie endet mit dem Tag, an dem er sein ganzes Hab und Gut den Armen seiner Heimatstadt vermachte.

Von Geburt, Kindheit und Familie des Francesco di Marco Datini wissen wir nur sehr wenig, von seinen Vorfahren kennen wir nur die echt toskanischen Namen.[*] In einer Urkunde von 1218, in der Grundstücksgrenzen bei Prato festgelegt werden, taucht der Name eines gewissen Accompagnato, Sohn des Buonfigliolo, auf. Dessen Sohn Toscanello hatte wieder einen Sohn, der Datino hieß, von dem die Familie dann ihren Namen herleitete. Datinos Sohn Marco war der Vater unseres Francesco, der wahrscheinlich im Jahr 1335 geboren wurde. (Das genaue Datum ist nicht bekannt.)[2] Marco di Datino war ein armer Schankwirt. Aber anscheinend hatte er ein wenig Geld zusammengespart – möglicherweise durch Geldverleih, obwohl man damals leicht in den Ruf kommen konnte, ein „Wucherer" zu sein – und damit offenbar ein bißchen Land erworben. Wir wissen auch, daß er auf dem Markt von Prato Fleisch von seinem Vieh verkaufte, und daß ihm sein Sohn Francesco dabei half und es in Portionen zerteilte. Er starb im Jahr der großen Pest, 1348, die auch seine Frau, Monna Vermiglia, und zwei seiner Kinder dahinraffte. Nur Francesco und sein Bruder Stefano blieben am Leben. Ihr Vormund, Piero di Giunta del Rosso, verwaltete ihr kleines Erbe, das aus einem Haus, ein wenig Land und 47 Gulden bestand. Die beiden Buben wohnten von da an bei einer guten Frau in Prato, Monna Piera die Pratese Boschetti, der Francesco bis zum Tag ihres Todes die tiefste Dankbarkeit und Zuneigung bewahrte. Als er schon ein reicher Mann war, schrieb er ihr: „Ich will für Euch im Leben wie im Tod all das tun, was ich für Monna Vermiglia tun würde, wenn sie noch am Leben wäre." Und

---

[*] Seine Zeitgenossen nannten ihn nicht bei seinem Nachnamen Datini, sondern einfach Francesco di Marco da Prato.

Monna Piera unterschrieb ihre Briefe an ihn mit: „Deine Mutter aus Liebe"
(tua madre per amore).

Francesco war jedoch viel zu rastlos und unternehmungslustig, als daß er
es selbst unter einem noch so liebevollen Weiberregiment lange ausgehalten
hätte oder mit den sechs Pfund pro Jahr zufrieden gewesen wäre, die,
zusammen mit zwanzig Scheffeln Weizen und vier Fässern Wein, das einzige
waren, was sein Vormund zum Lebensunterhalt der beiden Buben aufbringen konnte. Dreizehn Monate nach dem Tod seines Vaters ging er schon
nach Florenz, und zwar als Lehrling in zwei verschiedenen *bottegas.* Dort
lernte er ganz sicher vieles, was ihm später von Nutzen war, und dort hörte
er auch toskanische Kaufleute, die aus Avignon zurückgekehrt waren, von
den glänzenden Aufstiegschancen erzählen, die diese dicht bevölkerte,
sittenlose, reiche und blühende Stadt damals bot. Das reizte seine Neugier
und befeuerte seinen Ehrgeiz; Prato und auch Florenz wurden ihm nun zu
eng. Kaum war er fünfzehn geworden, verkaufte er ein Stückchen Land für
150 Gulden. Damit machte er sich auf die Reise nach Avignon, wahrscheinlich zusammen mit Florentiner Kaufleuten, denn der einzige Schutz für
einen mittellosen Reisenden bestand damals darin, „im Schatten eines großen Herrn" *(all'ombra del signore)* unterwegs zu sein.[3]

Die Stadt, in die er gelangte, war eines der bedeutendsten Handelszentren
Europas. Durch ihre günstige Lage an der Rhône, der natürlichen Haupt-
verkehrsader zwischen Nord- und Südeuropa, wurde sie zum wichtigsten
Warenumschlagplatz zwischen Italien und Flandern, den beiden gewerbe-
reichsten Ländern der Zeit. Wolle und Tuch aus England kamen auf der
Rhône in die Stadt, Weizen, Gerste, Barchent und Waffen aus der Lombardei über die Paßstraßen des Mont Cenis und des Mont Genèvre und auf der
Durance. Aus der Levante trafen dort über die Häfen der Provence und des
Languedoc Gewürze, Farben und Seiden ein, und über das Roussillon und
den Col de Perthus Wolle, Öl, Leder und Obst aus Spanien. Vor allem aber
zog Avignon Kaufleute aus der Toskana an. Sie segelten von Pisa an die
provenzalische Küste und von da die Rhône hinauf, um flandrische und
englische Wolle und schwere Tuche zu erwerben und das feine, veredelte
Tuch der *Arte di Calimala*[4] zu verkaufen, sowie die Seiden und Brokate aus
Lucca, Schleier aus Perugia und Arezzo, Tafelbilder, Gold- und Silberzeug
aus Florenz.

Als der junge Francesco di Marco ankam, war Avignon, wie die meisten
großen Städte des Mittelalters, prächtig und verwahrlost zugleich. Aber der
Gegensatz zwischen Luxus und Elend war hier ganz besonders kraß. Zu
dieser Zeit saß auf dem Stuhl Petri immer noch Clemens VI., der als Maxime
verkündet hatte, daß „kein Untertan je unbefriedigt aus seiner erlauchten
Gegenwart entlassen" werde. Der Glanz seines Hofes hatte in ganz Europa
nicht seinesgleichen. Aber die Provinzhauptstadt, die jetzt zum Mittelpunkt
der Christenheit geworden war, war viel zu klein, um 30000 Einwohner in
ihren Mauern aufzunehmen. Der riesige Papstpalast, der mit seinen Mauer-

massen die ganze Stadt überragte, konnte nicht einmal alle Mitglieder der Kurie beherbergen.[5]

Für die zahllosen Besucher der Stadt mußten Unterkünfte außerhalb des Palastbereichs beschafft werden, für die Gesandten also, die Bittsteller, die Kaufleute und Reisenden. Aber auch der päpstliche Hofstaat, Höflinge, Beamte, Bedienstete und die ganze Gefolgschaft mußten in Wohnungen untergebracht werden. Dazu noch alle Personen, die zu den kleineren Hofhaltungen der einzelnen Kardinäle gehörten, und das waren nicht nur Wachen und Dienerschaft, sondern auch Advokaten und Notare, Geldwechsler, Künstler und Kaufleute. Da die Stadt derart übervölkert war, wurden eigens Beamte – *taxatores domorum* – eingesetzt, die die Aufgabe hatten, den Mitgliedern der Kurie Quartiere zuzuweisen und den Mietzins festzusetzen. Schließlich drängten sich in der Altstadt die niedrigen, dunklen Häuser der Armen zusammen. Dort wohnten die mittellosen Studenten der Universität, die Maurer und Bauhandwerker, die die neuen, großen Paläste errichteten, die Dienstboten und Wäscherinnen, die Straßenkehrer und Wasserträger der Prälaten und Adligen, die Kramer und Handwerker, und dazu ein Heer von Abenteurern und Wucherern, von Dieben und Huren. Die Wohnungen lagen so dicht beieinander und quollen über von Menschen, die engen, ungepflasterten Gassen stanken so sehr, daß sogar damals schon, als man solche Zustände noch bereitwillig als selbstverständliche Unannehmlichkeit des Stadtlebens hinnahm, der Gesandte von Aragon klagte, der üble Gestank dort habe ihn krank gemacht. Und Petrarca erklärte, er habe nicht nur deshalb nach Vaucluse ziehen müssen, um dort die Schönheit der Landschaft zu genießen, sondern einfach um sein Leben zu verlängern.

> *Dall'empia Babilonia, ond'è fuggita*
> *Ogni vergogna...*
> *Son fuggit'io per allungar la vita.* (91. Sonett)

> Dem ruchlosen Babylon, aus dem geflohen
> Jedweder Anstand...
> Bin ich entfloh'n, mein Leben zu verlängern.

Auch im Papstpalast selbst wohnten Luxus und äußerste Kargheit eng beieinander. Nur in der Papstkapelle und im Konsistoriensaal waren die Fenster verglast. Überall sonst wurden sie mit gewachstem Stoff verschlossen, der auf Rahmen gespannt war. Die Fußböden der spärlich möblierten Räume waren mit Ausnahme des Audienzsaals lediglich mit Strohmatten ausgelegt oder einfach mit Binsen und Lavendelbüscheln bestreut. Zumindest einer der Päpste, Urban V., schlief sogar auf den blanken Dielen. Fest- und Audienzsaal dagegen waren mit Wandteppichen aus schwerer Seide oder dicker Wolle aus Italien, Spanien oder Flandern ausgeschlagen. Tafelaufsätze und Geschirr waren aus purem Silber und Gold. Sogar die Becher, aus denen die Vorkoster tranken, damit niemand Gift in den Wein eines Prälaten mischen konnte, waren aus edlen Metallen gefertigt, kunstvoll verziert mit dem Motiv der Schlangenzunge, der man die magische Kraft zuschrieb, die Wahrheit ans Licht zu bringen. Die Maultiere und Pferde der Kardinäle hatten goldene Trensen, und das ganze Zaumzeug war mit Gold geschmückt. „Bald werden auch noch ihre Hufeisen aus Gold sein!", schrieb Petrarca.

Die Kleidung der Diener am päpstlichen Hof war ebenso aufwendig. Unter Johannes XXII. kostete sie jährlich nicht weniger als 7000 bis 8000 Gulden. Jedes Jahr im Frühling und im Herbst bekamen alle Mitglieder der päpstlichen Hofhaltung neue Gewänder. Der Papst genehmigte sich bei dieser Gelegenheit ohne weiteres vierzig Stück goldgewirkten Stoffs aus Damaskus für die enorme Summe von 1276 Gulden zum eigenen Gebrauch. Sagenhafte Beträge wurden vor allem für Pelzwerk ausgegeben, obwohl nur Prälaten und den Mitgliedern des päpstlichen Hofes das Tragen von Pelzen überhaupt gestattet war. Clemens VI. verbrauchte für seine persönliche Garderobe allein 1080 Hermelinfelle, und Johannes XXII. ließ sogar seine Kopfkissen damit besetzen.

Ein großer Teil der Künstler und Handwerker, die in der Stadt der Päpste lebten, waren Italiener. Ein aus dem Jahr 1376 stammendes Mitgliederverzeichnis der Bruderschaft Unserer Lieben Frau von Majour, die fast ausschließlich aus Handwerksmeistern und Kaufleuten bestand, führt unter 1224 Namen allein 1100 Italiener auf, darunter 70 Tischler und Zimmerleute, über 40 Juweliere und Goldschmiede, dazu viele Weber, Gürtler, Taschner und andere Lederhandwerker, etliche Waffenschmiede, Steinmetzen und Steinbildhauer. Simone Martini, der berühmte Maler aus Siena, der auf Geheiß des Papstes nach Avignon gekommen war, war schon sechs Jahre tot, als Datini in Avignon ankam. Aber viele seiner Schüler arbeiteten noch an der neuen Johanneskapelle. Auch der offizielle „Peintre du Pape" war Italiener, der Meister Matteo Giovanetti aus Viterbo. Unter den Handwerkern waren wiederum die Toskaner in der Mehrzahl, vor allem bei den Goldschmieden, die die großen Reliquiare und Meßkelche für die Kirchen und die silbernen Teller, Platten und Pokale für die Tafel der Prälaten anfertigten. Ursprünglich waren diese Dinge zum größten Teil von italienischen Kaufleuten oder Geldwechslern eingeführt worden. Schon bald aber ließen sich Sieneser Goldschmiede in Avignon nieder und machten so die erlesene toskanische Handwerkskunst an den Ufern der Rhône heimisch. Sie schufen die edelsteinbesetzten Meßkelche, die Prozessionskreuze aus Gold und Silber, die köstliche goldene Rose mit dem Saphir auf dem Blütengrund und Blütenblättern aus Rubinen, die zweimal im Jahr von einem hohen Würdenträger der Kirche in einer Prozession durch die ganze Stadt getragen wurde, und auch den großen goldenen Reliquienschrein in Form einer Kirche, den Clemens VI. in Auftrag gegeben hatte.

Noch stärker als bei den Handwerkern waren die Italiener unter den Kaufleuten und Krämern vertreten. Sie beherrschten den Markt für Luxusartikel und, zusammen mit ein paar Juden, das Bankwesen. Sie handelten aber auch mit Weizen, Wolle, Käse und Gemüse, sie importierten Pferde, Waffen und Rüstungen, Tuch und Gewürze, arbeiteten als Schankwirte und Makler. Sie alle lebten in einer geschlossenen kleinen „Kolonie" von etwa 600 Familien, unterstanden der Jurisdiktion ihrer eigenen Konsuln, hatten ihre eigenen Bruderschaften und feierten gemeinsam ihre Heiligenfeste. Einige der Kaufleute waren Lombarden oder Piemonteser, doch die meisten kamen aus der Toskana, ebenso wie ihre Lehrlinge und die Schreiber und Handwerker, die für sie arbeiteten. Zu dieser Gemeinde gehörten sogar etliche Buchhändler, Ärzte, bedeutende Lehrer und Mönche der Kurie. Die Prateser erfreuten sich der Protektion ihres Kardinals Niccolò da Prato, der von niedriger Herkunft war, aber dank der wichtigen Rolle, die er bei der Wahl Papst Clemens' VI. gespielt hatte, einer der mächtigsten Männer der Kurie wurde. Auch der alte Lehrer der Grammatik, Convenevole da Prato, ein schlichter Gelehrter, dessen Lieblingsschüler Petrarca war, hielt seine Hand über sie. Sie hatten sogar einen Arzt aus Prato, den Maestro Naddino Bovattieri, der in Avignon seine Praxis aufgemacht hatte und einer der Leibärzte des Papstes wurde. Später schrieb er allerdings an Francesco, er solle einem seiner Kollegen zuhause abraten, seinem Beispiel zu folgen – teils weil das Leben in Avignon inzwischen zu teuer geworden sei, teils weil er meinte, daß die Patienten dort einen für einen Landarzt unerreichbaren Grad an Gelehrsamkeit erwarteten.

Richte Maestro Giovanni Banducci aus, daß das Honorar für seine Kunst hier gering ist. Hier wird das Gewerbe des Wundarztes zum größten Teil von Badern besorgt. Es gibt hier mehrere Chirurgen, die, obwohl sie theoretisch und praktisch bestens ausgebildet sind, nichts anderes tun als ein Bader und auch nicht ehrbarer sind oder besser bezahlt werden. Außerdem ist das Leben hier zu teuer geworden. Ich habe über seine Pläne nachgedacht, und ich glaube, daß er tatsächlich nicht weniger als 200 Gulden ausgeben müßte, wenn er auf eigene Kosten hierher reiste und sich niederließe. Ich sage das aus eigener Erfahrung. Ich sehe auch keinerlei Möglichkeit, bei den Herren hier etwas für ihn zu erreichen. Denn die Herrschaften sind bereits versorgt, und im übrigen wünschen sie veritable Doctores. Den ganzen Tag lang diskutieren sie über Philosophie und Medizin. Ich kenne das..., und obwohl ich viel gelesen habe, könnte ich nicht mithalten, wenn ich nicht Tag und Nacht weiterstudieren würde.[6]

Wir wissen nicht, ob das allgemeine Bildungsniveau in Avignon nun wirklich so hoch war, wie Meister Naddino annahm. Gewiß war unter den Kardinälen auch manch gelehrter und brillanter Geist, der seltene Bücher sammelte und glänzende Feste gab. Aber da bleibt doch immer Petrarcas vernichtendes Urteil über die Stadt, daß dort nur oberflächliche Eitelkeit und frivoler Leichtsinn herrschten. Die Provence scheint im 14. Jahrhundert nicht so sehr Mittelpunkt einer bodenständigen künstlerischen und intellektuellen Bewegung, einer Art Vorstufe zur Renaissance gewesen zu sein, sondern vielmehr ein Land, das nur für eine kurze Zeitspanne und nur aus rein zufälligen Gründen die geistige und künstlerische Elite anderer Länder anzog. Ein Petrarca, ein Simone Martini lebten und arbeiteten zwar dort, aber sie wurden dort nicht wirklich heimisch. Sicher ist jedenfalls, daß die italienischen Künstler und Kaufleute ihre hochentwickelten Fertigkeiten, ihren erlesenen Geschmack und ihre Offenheit des Geistes allem Neuen gegenüber mitbrachten und dabei auch zu großem Reichtum kamen.

Der junge Francesco muß, aufgeweckt und unternehmungslustig, wie er war, gleich bei seiner Ankunft gemerkt haben, was für ungeheure geschäftliche Möglichkeiten diese Stadt bot. Mit dem Import von Luxusartikeln für diesen so gut wie unerschöpflichen Markt konnte man schnell und ohne großes Risiko ein Vermögen machen. Wie er es allerdings fertigbrachte, ein kleines Startkapital zu beschaffen, wissen wir nicht. Vielleicht arbeitete er zunächst als Gehilfe bei einem Florentiner Kaufmann, dessen Firma bereits gut eingeführt war. Vielleicht war auch veredeltes Tuch, das sein Vormund ihm im Jahr 1356 durch einen wandernden Bettelmönch schickte, sein Grundkapital. Sicher ist nur, daß er seinen Vormund in keinem einzigen Brief um Geld anging und daß er schon 1358 genug verdiente, um seinen Bruder nach Avignon nachkommen zu lassen. Im gleichen Jahr kehrte er für einen kurzen Besuch nach Prato zurück, verkaufte dort nochmals ein Stück Land für 138 *fiorini*, 14 *soldi*, 2 *denari* und überredete seinen Vormund, ihm die hundert Gulden, die der Erbteil seines Bruders Stefano waren, anzuvertrauen. Mit diesem Kapital kehrte er nach Avignon zurück.

Um 1363 war er dann schon als selbständiger Kaufmann fest niedergelassen. Anfangs handelte er hauptsächlich mit Waffen, vor allem wohl deshalb, weil es in Avignon nicht nur die Ritter des päpstlichen Hofes gab, sondern auch marodierende Söldner – Engländer und Bretonen –, die nach dem Waffenstillstand von Bordeaux 1357 ganz Südfrankreich unsicher machten. So konnte Innozenz VI. die Einkünfte der päpstlichen Schatzkammer nicht wie seine Vorgänger für Kunstwerke verwenden, sondern mußte dafür Befestigungsanlagen gegen diese umherstreifenden Banden errichten lassen. Einmal, als im Jahr 1360 die „Grande Compagnie" von Bertrand du Guesclin in Villeneuve (auf dem anderen Rhôneufer) ihr Lager aufgeschlagen hatte, konnte der Papst die Bedrohung für die Stadt nur durch die Zahlung von 30000 Gulden abwenden.[7]

Francesco schien dabei, wie so mancher Waffenhändler vor und nach ihm, keinerlei Skrupel zu haben, beide Parteien zu beliefern. 1368 erscheint in seinen Büchern eine Waffenlieferung im Wert von 64 *livres* an den erwähnten Bertrand, einen Kommandanten des Messire de Turenne, und im selben Jahr der Verkauf von 50 Kürassen für *brigands*, 50 *cervelières*, 12 Kesselhauben und 12 Paar gepanzerten Handschuhen an die Kommune von Fontes – die das alles wahrscheinlich zur Verteidigung gegen eben diese Söldnerbanden brauchte. Eine Inventarliste seines Geschäfts vom Jahr 1367 verzeichnet unter anderem: 45 Kesselhauben, 3 Eisenhüte, 10 *cervelières*, 60 Halsbergen, 20 Kürasse, 12 Panzerhemden und 23 Paar Panzerhandschuhe, dazu etliche Kettenärmel, Beinharnische etc.[8] Diese Rüstungen importierte Francesco zum größten Teil aus Mailand von den zwei Firmen der dortigen Waffen-

schmiede Basciamuolo aus Pescina und Danesruollo aus Como. Das Rüstzeug wurde sorgfältig mit Stroh gepolstert, mit Kanevas zu Ballen verschnürt und mit Maultieren über die Alpen transportiert. Auf der Route
Pavia – Avigliana war es etwa drei Wochen unterwegs.

Bereits zu Datinis Zeiten galt also Mailand als die wichtigste und erfolg-
reichste Handelsstadt ganz Italiens. „Mailand", so schrieb er, „ist eine
schöne Stadt und steht an der Spitze unseres Gewerbes." Von Zeit zu Zeit
schickte er aber auch einen seiner Geschäftspartner nach Lyon, um dort
harnais de jambes oder Kesselhauben „nach neuester Mode" einzukaufen.
Als er im Jahr 1382 von der Niederlage eines marodierenden Söldnerheers in
Ligurien hörte, wies er umgehend Stoldo di Lorenzo, seinen Agenten in
Pisa, an, so schnell wie möglich nach Genua zu reisen und dort von den
Soldaten alles an Waffen aufzukaufen, dessen er habhaft werden könne.
„Denn sobald einmal Friede geschlossen ist, versilbern die oft alle ihre
Waffen und Rüstungen."

In Datinis Büchern erscheinen relativ selten Schwerter und Dolche. Die
wenigen, die er importierte, kamen überwiegend aus Florenz, manchmal
auch aus Viterbo oder Bologna. Die einzigen Lanzen, die aufgeführt sind,
stammten ebenfalls aus Florenz. Außerdem wurden zahlreiche Sporen,
häufig in vergoldeter Ausführung, geordert, die zum größten Teil aus
Florenz, Nîmes oder Lyon kamen, manchmal aber auch in Avignon selbst
angefertigt wurden. Datini lieferte im Jahr 1368 einem Mitglied des päpstlichen Hofstaats ein Paar Sporen im Wert von 1 *livre*, 16 *sous*, und 1372 dem
Messire d'Aigrefeuilles ein Paar im Wert von 2 *livres*, 8 *sous*.

Schließlich trieb Datini auch noch mit allen Metallarten und Zubehörtei-
len Handel, die zur Waffenherstellung dienten: Nach Pisa und Genua
schickte er Eisenbleche für Visiere und Beinschienen, ja sogar Kupfer und
Zinn, wobei letzteres aus Cornwall kam und pro Doppelzentner *(quintale)*
zwölf Gulden kostete. Aus Mailand importierte er große Posten an Eisen-
draht und Gürtelschließen und Tausende von verzinnten Beschlagnägeln für
Schilde und Beinschienen. Wir haben schriftliche Aufträge für Klingen aus
Deutschland und für Degenscheiden aus Italien, woraus man schließen
kann, daß die Waffen dann in seiner Werkstatt in Avignon aus solchen
Einzelteilen zusammengesetzt wurden. Sein Inventar enthielt auch eine
Kiste mit Werkzeugen und Schmirgel. Außerdem beschäftigte er einen
belgischen Handwerker, Hennequin de Bruges, der Kettenhemden anferti-
te. Er machte sogar noch damit Geschäfte, Waffen an mittellose Edelleute
für eine Gebühr und gegen Hinterlegung eines Pfands zu verleihen. Im Jahr
1369 lieh sich zum Beispiel der Sieur de Courcy eine Kesselhaube und ein
Paar gebrauchter Handschuhe bei ihm aus.

Aus all dem geht hervor, daß Datinis Handel mit Rüstzeug sich schwung-
haft entwickelte. Auch nach seiner Rückkehr in die Toskana betrieb er ihn,
wenn auch in kleinerem Rahmen, weiter. Im Jahr 1395 schickte seine Filiale
in Avignon zwei Ballen mit Musterstücken von Mailänder Rüstzeug nach

Barcelona. Sie enthielten vor allem Kettenhemden, Sporen aus Messing und Eisen, eiserne Beschlagnägel sowie messinggefaßte Panzerhandschuhe aus Eisen. Damit wollte er eruieren, ob sie auf dem spanischen Markt so gut absetzbar sein würden, daß weitere Sendungen rentabel erschienen. „Hier [in Avignon] würden sie einen Preis von 263 *fiorini correnti* und 4 *soldi provenzali* erzielen. Wir kalkulieren, daß der Transport von Mailand nach dort [Barcelona] in Anbetracht des damit verbundenen Risikos und Zeitaufwands einen Profit von mindestens 15 Prozent erbringen müßte."

Im Jahr darauf fragte die Filiale in Avignon bei der Filiale in Barcelona nach, ob sie an eine Mailänder Firma in Pinerolo Stahl liefern könne.

Schon lange vor dieser Zeit hatte Datini jedoch seine geschäftlichen Aktivitäten auch auf andere Gebiete ausgeweitet und neue Firmen gegründet. Sein erstes Geschäft an der Piazza dei Cavalieri in Avignon hatte er im Jahr 1363 von einem Prateser für 941 Gulden erworben – zuzüglich 300 Gulden für die Übernahme des festen Kundenstammes. Er selbst bezog die über dem Laden gelegenen Räume. In welchem Tempo und Umfang er Gewinne erzielte, zeigt seine eigene Eintragung, daß er und einer seiner Geschäftspartner, Niccolò di Bernardo, am 13. Juli 1363 eine Summe von 800 bzw. 400 Gulden eingelegt und zum 1. Januar 1365 400 Gulden Gewinn damit gemacht hätten.

Die ersten Schritte auf dem Weg zum Reichtum waren für Datini sicher die schwierigsten. Aber kaum hatte er den Durchbruch geschafft, stürzte er sich auch schon in neue Unternehmungen. Im Jahr 1367 gründete er erneut eine Handelsgesellschaft, dieses Mal mit Toro di Berto, der ebenfalls Toskaner war. Jeder der beiden Partner brachte 2500 Gulden ein. Sie besaßen zusammen drei Geschäfte, für die sie Jahresmieten von 37, 35 bzw. 30 Gulden zahlten.[9] Fast gleichzeitig ging er auch mit einem anderen toskanischen Kaufmann, Tuccio di Lambertucci, eine Geschäftspartnerschaft ein, die derart florierte, daß Datini ein paar Jahre später in einem Brief konstatiert, aus den 800 Gulden, die sie beide als Startkapital eingebracht hätten, seien in knapp acht Jahren nicht weniger als 10000 Gulden geworden.

Trotzdem erreichte keine der Firmen, die Datini in Avignon gründete, jemals die Bedeutung der großen internationalen Handelsgesellschaften der Stadt, z. B. der Malabaila von Asti, der Alberti *antichi* und *novi*, der Soderini aus Florenz, der Guinigi aus Lucca oder des Andrea di Tici aus Pistoia. Sie alle waren Bankiers und Kaufleute des Papstes, seine Kuriere und Informanten, durch deren Hände die Kirchenabgaben der ganzen Christenwelt in die apostolischen Schatztruhen gelangten. Datini war in Avignon im Vergleich mit ihnen ein eher unbedeutender Kaufmann. Seine Handelsgesellschaften bestanden immer nur aus zwei oder drei Partnern, und wenn er auch Waren in unwahrscheinlicher Vielfalt importierte, so spielte sich der Handel bei ihm doch in relativ bescheidenem Rahmen ab. Aber in Avignon konnten Kleine und Große nebeneinander existieren; das Angebot der kleineren Gesellschaften war ebenso reichhaltig wie das der großen Konkurrenten. Auch sie handelten mit Tuch, Seide und Gewürzen, die über Tausende von Meilen transportiert worden waren. Auch sie führten sehr sorgfältig und bis ins kleinste Detail Buch über jeden Geschäftsvorgang, sie korrespondierten mit anderen Handelsgesellschaften im Ausland, die oft auch nicht größer waren als ihre eigenen. Auch sie trugen zu Luxus und Reichtum der großen Stadt bei. Gerade weil sie den geschäftlichen Aufstieg eines dieser kleineren Kaufleute dokumentiert, ist die schriftliche Hinterlassenschaft Datinis von ganz besonderer Bedeutung.

Es ist wirklich erstaunlich, was er in den folgenden Jahren geschäftlich alles anfing. 1376 stieg er in den Salzhandel ein, machte damit aber offensichtlich zunächst ein Verlustgeschäft, denn 1378 klagt er, daß 5000 Gulden zwei Jahre lang im Salzhandel festgelegen hätten und daß er schließlich auch noch 1500 Gulden dabei verloren habe. „Doch ich werde sein wie der Seemann, der, obwohl er große Angst hat, immer weiter zur See fährt."[10]

Noch im selben Jahr eröffnete er eine Wechselstube – ungeachtet der Tatsache, daß es bereits fünfzig zugelassene Geldwechsler am Ort gab. Er ließ sie von einem *Maestro Steve dipintore* mit goldener Lilie auf blauem Grund schmücken. Wahrscheinlich beschränkte er sich nicht darauf, dort nur mit fremden Währungen zu handeln, sondern dehnte den Handel gleich auf Silberzeug und Kunstgegenstände aus. Denn das gehörte üblicherweise bei den meisten Geldwechslern als Nebenerwerbszweig dazu. So war z. B. einer seiner Freunde, Bonaccorso di Vanni, gleichzeitig Geldwechsler und Goldschmied. Im Datini-Archiv in Prato befindet sich sogar ein Inventar von Bonaccorsos Geschäft aus dem Jahr 1355, aus dem hervorgeht, daß Kunst- und Silbergegenstände von sehr beträchtlichem Wert durch seine Hände gingen, darunter zwei große Kruzifixe im Wert von je 285 Gulden, „ein Bild unserer Lieben Frau mit Krone und Christuskind" im Wert von 180 Gulden, eine Mitra: 280 Gulden, eine weitere, „nicht so gut": 80 Gulden, zwei Goldengel „mit Piedestal und Flügeln, die Bergkristalle in den Händen halten", Wert 255 Gulden; dazu zahllose silberne und goldene Kerzenleuchter, Kelche, Schalen, Becken, Pokale, Becher, Teller, Salzstreuer, Gabeln, Löffel und ein vergoldeter Silberapfel „zum Händewärmen", außerdem noch eine gute Kollektion von Saphiren, Smaragden und Granatsteinen.[11]

Um diese Zeit fing Datini auch an, kunstvolle französische Emailarbeiten auf Goldgrund nach Florenz zu exportieren, die damals sehr in Mode waren. Sie wurden gern als Schmuck an Damengewändern und als Kopfputz in silbernen und goldenen Girlanden getragen. Diese Emailarbeiten wurden in Paris zu fünf Goldfranken pro Unze gehandelt. Da sie so leicht zu transportieren waren, konnte Datini in einem einzigen Jahr (1370/71) 1328 Stück in allen Größen nach Florenz exportieren.

Ständig erweiterte er sein Warenangebot. So eröffnete er in der Folge eine Weinhandlung mit Ausschank, eine Tuchhandlung, und in einem Brief von 1382 erwähnt er, daß er über Safran im ungeheuren Wert von 4000 Gulden verfüge, „zum Teil im Haus, zum Teil noch unterwegs..., aber alles bar bezahlt".

Offensichtlich warfen all diese gewagten Unternehmungen Gewinn ab, denn 1380 schickte er zwei seiner Faktoren mit 2000 Gulden nach Neapel. Leider hatte er ihnen keine genauen Anweisungen mitgegeben, welche Waren sie dafür einkaufen sollten, in einem Brief schreibt er jedoch: „Ich stelle mir vor, daß ich alle verfügbaren Mittel, bis auf das, was ich im Laden brauche, in Wolle aus Arles investieren werde." Dann fügt er hinzu, daß wertvolle Waren nach Nizza verschifft werden sollten, gewöhnliche dagegen nach Marseille oder Arles. „Und wenn viele Schiffe segeln, dann schickt sie ohne Versicherung."

Interessant ist ja, daß alle Handelspartner Francescos Toskaner waren wie er selbst. Etwas anderes wäre damals auch gar nicht möglich gewesen, als sich Kaufleute in fremden Ländern eng zu kleinen Kolonien zusammenschlossen, der Gerichtsbarkeit ihrer jeweiligen Konsuln unterstanden und fast ausschließlich mit ihren Landsleuten Handel und Wandel trieben. Zu einer Zeit, da jede Stadt ihre eigenen Handelsvorschriften hatte, ja sogar oft eigene Münze, war es außerdem natürlich praktischer, nur mit Landsleuten Geschäfte zu tätigen. „Wißt Ihr", schrieb ein Florentiner Kaufmann aus Paris, „die Luccheser organisieren ihre Handelsgesellschaften ganz anders als unsere Leute, und wir können das nicht recht verstehen."[12] Darüber hinaus begünstigte diese Sitte Ehrbarkeit im Handel schlechthin. Denn damals herrschte ganz offiziell der Rechtsbrauch der Repressalien, d.h. jeder beliebige Kaufmann haftete im Ausland für die Schulden, die irgend ein zahlungsunfähiger Landsmann dort gemacht hatte. So hatte die gesamte Kaufmannschaft einer solchen Auslandskolonie ein unmittelbares Interesse an der Rechtschaffenheit jedes einzelnen Mitglieds. Es braucht nicht eigens betont zu werden, daß dieser Rechtsbrauch der *rappresaglie* eine ganz besondere Bedrohung für Kaufleute im Ausland darstellte, konnte doch ein völlig unschuldiger Mann, ehe er sichs versah, gleich bei seiner Ankunft in einem fremden Land für die Vergehen eines unredlichen Landsmanns haftbar gemacht werden.[13]

Francescos Handelsgesellschaft in Avignon weitete also nach und nach ihr Warenangebot immer mehr aus. Neben den bereits erwähnten Rüstungen und Waffen wurden die wichtigsten Objekte nun Wolle, Scharlach-Farbe, *grana* genannt, Lederwaren einschließlich Ledersätteln und Maultiergeschirren aus Katalonien, ferner Weizen, Öl, Wein und Honig. Dazu kam Leinen aus Frankreich, und aus den verschiedenen Teilen Italiens alles, was im Haushalt gebraucht wurde: weißes Leinen aus Genua, Barchent aus Cremona, scharlachroter *zendadi*, eine Art Taft, aus Lucca, aus Florenz Silbergürtel und goldene Eheringe, weißes, blaues und ungefärbtes Tuch, Nähfaden, Seidenvorhänge, Vorhangringe, Tischtücher, Servietten und große Badetücher. Außerdem importierte Datini aus Florenz die prächtigen, bemalten Truhen, die jede Braut zur Hochzeit von zu Hause mitbekam und die meist ihre Wäscheaussteuer enthielt, aber auch stabile Reisetruhen und kleine Schmuckschatullen. Im Jahr 1384 erteilte die Firma den folgenden Auftrag über ein Paar Reisekoffer dieser Art:

...von mittlerer Größe oder etwas darüber, wenn Ihr sie auftreiben könnt, für eine Dame, auf zinnoberrotem oder himmelblauem Grund bemalt, je nachdem, was Ihr bekommt. Seht zu, daß sie schön und stattlich aussehen, aus trockenem, leichtem Holz und gut verarbeitet sind. Für das Paar könnt Ihr zwischen 7 und 8 Gulden ausgeben. Je schöner und besser sie sind, desto gewinnbringender kann ich sie verkaufen.

Im selben Brief bestellte Datini „zwei Damenreisetruhen mit sieben Schließen und zwei Scharnieren und Schlüsseln, für Reisen zu Pferde, daher gut und leicht verarbeitet". Kleinere Truhen, die als Schmuckkassetten verwendet wurden, waren mit Seide ausgeschlagen: „Wir nehmen kein *camelotto* [grober, billiger Stoff], denn sie sind als Behältnisse für sehr wertvolle Gegenstände gedacht." Einmal kamen Schmuckschatullen für die Brautausstattung aus Barcelona, „alle ganz in Gold und feinstem Blau bemalt mit Rittern und Edelfrauen", dazu Schachbretter aus Nußholz und „Spielbretter für das Neunerspiel".

Zu den wertvollsten Waren, mit denen Datini handelte, gehörten reiche Stickereien aus Lucca für liturgische Gewänder. Ein Ballen, der 1371 in Avignon eintraf, enthielt u. a. eine prachtvolle Stickerei mit der Darstellung der Passionsgeschichte für eine Kasel im Wert von 43 Gulden. Eine gestickte Geburt Christi kostete 33, ein Martyrium der zwölf Apostel 30 ½ Gulden. Dann wieder war seine Firma an einer etwas dubiosen Transaktion beteiligt. Eine große Altardecke im Wert von mindestens 3 500 Gulden war nämlich von Charles VI. von Frankreich in Florenz in Auftrag gegeben, aber nie bezahlt worden. Auch Versuche, sie in Avignon loszuschlagen, waren offensichtlich erfolglos geblieben. So wurde sie mit Datinis Hilfe nach Paris weitergeschickt, in einer Kiste verpackt, die versteckt in einem Ballen Schaffelle auf einem Maultier befördert wurde. Datinis Agent dort hatte den Auftrag, „sie jedem potentiellen Käufer zu zeigen", aber heimlich, denn „die Menschen, die an den Höfen der Großen leben, sind eher böse als gut".

Ein weiterer recht einträglicher Geschäftszweig, den Datini auch weiterhin ausbaute, als er Avignon schon verlassen hatte, war der Handel mit Andachtsbildern. Der erste Ballen traf auf dem Seeweg im Februar 1371 aus Florenz ein: „Eine Tafel für 6 Gulden, auf reinem Goldgrund gemalt, keine Flügel, aber mit Sockel [d. h. Predella]" darauf Darstellungen von „Figuren in Nischen"; dazu zwei kleinere Tafelbilder für je 3 ½ Gulden. Im Juni trafen zwei weitere Tafelbilder ein, im September nochmals vier, davon zwei für 7 Gulden, zwei für 3. Sie verkauften sich offenbar sehr gut, denn es ergingen bald schon Aufträge für Bilder ähnlicher Art.

Künstlerisch war der größte Teil dieser Bilder von minderer Qualität, wohl kaum besser als das, was heute in entsprechenden Andenkenläden in Florenz an Touristen verkauft wird. Ihr Preis richtet sich weniger nach dem

Können des Künstlers, das kaum honoriert wurde, als vielmehr nach der Größe des Bildes; denn die Farben waren es, die Geld kosteten. Auch wurde dem Künstler bei der Gestaltung kaum Freiheit für seine persönliche Auffassung gelassen. Thema, Anzahl der Figuren, oft sogar noch die genauen Abmessungen wurden ihm einfach vorgeschrieben. Ein Auftrag, der am 10. Juli 1373 an Niccolò und an Ludovico del Bono in Florenz geschickt wurde, gibt eine Vorstellung davon, was damals gewünscht wurde.

Ein Tafelbild mit Unserer Lieben Frau auf Goldgrund mit zwei Altarflügeln. Der Holzsockel mit Ornamenten und Blattwerk, schön und sorgfältig geschnitzt, so daß er Eindruck macht. Die Malerei mit guten und schönen Figuren vom besten Meister am Ort, figurenreich. In der Mitte soll Christus am Kreuz dargestellt sein oder unsere Liebe Frau, je nachdem, was Ihr findet – mir ist es gleich; die Figuren müssen nur groß und prächtig sein, die besten und schönsten eben, die Ihr für 5 ½ bis höchstens 6 ½ Gulden erwerben könnt. Außerdem noch ein Madonnenbild auf Goldgrund, gleiche Art, aber etwas kleiner, ca. 4 Gulden, nicht mehr. Die beiden Tafeln müssen gute Figuren haben. Ich brauche sie für Kunden, die darauf großen Wert legen.

Die Preise für Kunstwerke scheinen jedoch mit der Zeit angezogen zu haben, denn zehn Jahre später, 1384, bestellte die Filiale in Avignon ganz ähnliche Bilder, „die üblichen", und war bereit, dafür 8, 10, sogar 12 Gulden pro Stück zu zahlen. Nur sehr selten wird der Name des Malers genannt. Immerhin bestätigt ein schriftlicher Eintrag vom 6. März 1386 das Eintreffen von „4 Tafelbildern auf Goldgrund, mit guten Figuren von Unserem Herrn und Unserer Lieben Frau sowie mehreren Heiligen, ohne Blumen, gemalt von Jacopo di Cione".[14]

Auch kostbarere Kunstwerke scheinen manchmal über die Firma gehandelt worden zu sein, doch nur auf besondere Bestellung und bei Vorauszahlung, denn die Geschäftspartner kauften niemals ein Bild, wenn sie nicht absolut sicher waren, daß auch ein hübscher Gewinn dabei heraussprang. 1387 schrieb Boninsegna nach Florenz:

Ihr berichtet, daß für den Preis, den wir zu zahlen bereit sind, keine Bilder aufzutreiben sind, weil es so billig keine gibt. Deshalb beauftragen wir Euch, geht der Sache nicht weiter nach, wenn Ihr nichts findet zu einem akzeptablen Preis, denn die Nachfrage hier ist nicht groß... Solche Bilder sollte man nur dann kaufen, wenn der Meister, der sie herstellt, gerade dringend Geld braucht.[15]

Im selben Brief wird berichtet, daß die Geschäftspartner drei von fünf Bildern der letzten Schiffsladung verkauft hatten, und zwar für 10 Gulden das Stück. Da das doppelt soviel war, wie sie dafür bezahlt hatten, war dies sicherlich „ein sehr guter Gewinn". Wenn man dann allerdings wieder den weiten und risikoreichen Transport bedenkt, die großen Summen, die Steuern und Zölle verschlangen, dazu die nie vorhersehbare Marktlage, so erscheint einem der Gewinn allerdings auch nicht unverhältnismäßig hoch.[16]

Mit 35 war Francesco di Marco ein gestandener Mann, der sich auch keine der Freuden entgehen ließ, die die schöne Stadt, in der er lebte, bot: „Ein Mann, der alle Freuden des Leibes genossen hat", wie ihn sein Freund

Mazzei später beschrieb. Und an anderer Stelle nannte er ihn einen „Mann, der immer Weiber hatte, nichts als Rebhühner verzehrte, Kunst und Geld als seine Abgötter anbetete und dabei seinen Schöpfer und sich selbst vergaß".[17]

Von diesem Jahr 1372 an sind Datinis private Briefe erhalten. Erst durch sie bekommen wir endlich Einblick in sein Privatleben. Der erste Ordner des Archivs enthält seinen Briefwechsel von 1372 bis 1382 mit seiner Pflegemutter in Prato, Monna Piera di Pratese, und mit ihrem Nachbarn, Niccolozzo di Ser Naldo, dem sie ihre Briefe diktierte und der auch selber in ihrem Namen schrieb.[18] In Francescos Briefen kommt sein ganzer Charakter zutage – Arroganz, Stolz auf sein aus eigener Kraft erworbenes Vermögen, gesunder Menschenverstand gepaart mit Schläue, ein typisch toskanischer Hang zu ständiger Belehrung, aber auch eine großzügige, wenn auch herrische Güte gegenüber seiner Ziehmutter; dazu die unumstößliche Entschlossenheit, jetzt, da er es zu Reichtum gebracht hatte, nach Hause zurückzukehren und sich dort endlich niederzulassen.

Da Gott mir seine Gnade gewährte über allen Verdienst [so beginnt sein erster Brief vom 21. Januar 1372], will ich nicht undankbar sein. Ich habe mir vorgenommen, mein Leben auf diese oder jene Weise in Ordnung zu bringen. Deshalb habe ich Tuccio [sein Partner] aufgetragen, vor seiner Abreise noch nach Prato zu gehen und dafür zu sorgen, daß Ihr alles bekommt, was Ihr benötigt, und Euch sowie alle meine Angelegenheiten der Fürsorge aller meiner Freunde zu empfehlen. Ich werde versuchen, so bald wie möglich bei Euch zu sein, und dann auch einen päpstlichen Ablaß mitbringen.

Monna Pieras Antwort ist nicht erhalten, aber aus seinem nächsten Brief läßt sich entnehmen, daß sie ihm Vorhaltungen wegen seines ausschweifenden Lebens machte und ihn beschwor, mit seinen Affären in Avignon Schluß zu machen und nach Hause zurückzukehren.

Ich erhielt Euren Brief [antwortete Francesco am 22. März] durch gewisse Pilger aus Prato und sah ihn mit Freuden. Ich weiß, daß das, was Ihr schreibt, wahr ist. Und niemanden auf der Welt bedrückt es mehr als mich selbst, denn ich weiß, daß ich unrecht tue. Aber manchmal kann man einfach nicht anders. Der Mensch denkt und Gott lenkt *[L'uomo pensa e Dio ordina]*. Manchmal muß man weitertanzen und kann nicht mitten im Takt aufhören. Und unter den Weibern gibt es ein Sprichwort, das heißt: „Plag' dich noch ein wenig, dann wird's ein Junge." Gerade so will ich mich auch noch ein wenig plagen und auf diese Weise erreichen, daß wir alle zufrieden sind, ich selbst und die, die mir gut sind... Möge Gott, Unser Herr, mir in seiner Barmherzigkeit die Gnade erweisen, daß ich tun kann, was für Leib und Seele am besten ist.

Darauf folgt ein Absatz, in dem Francesco seiner Ziehmutter fest verspricht, daß er jetzt wirklich nach Hause zurückkehren werde, aber nicht als ihr angenommener Sohn, sondern nunmehr als Herr des Hauses. „Diesmal wird ein anderer Francesco vor Euch stehen." Monna Piera waren Küche und Garten anvertraut worden, und wahrscheinlich hatte sie früher Francesco manchmal auf echt toskanische einfache Kost gesetzt. Jetzt aber, schreibt er, wünsche er auf ganz andere Art versorgt und behandelt zu werden.

Stellt mir ja keinen Knoblauch, keinen Lauch oder ähnliches solches Grünzeug hin. Laßt mich glauben, ich sei im Paradies. Ich habe nicht die Absicht, noch weiter als kleiner Junge behandelt zu werden, und will mich nicht mehr mit einem halben Pfund Hammel begnügen, das in einem Töpfchen für eingelegte Fischlein aufgetragen wird. Dieses Mal will ich schon einen großen Topf voll haben.

Er begnügte sich auch nicht damit, daß seinen Wünschen nur in der Küche nachgekommen werde.

Teilt mir mit, ob ich Euch einen Sklaven oder lieber noch eine Magd schicken soll. Aber schreibt mir nicht: „Schicke mir eine alte Frau", denn dann sage ich nein dazu, weil ich nicht mag, wie sie kochen, und sie können ja auch keine schwere Arbeit verrichten. Außerdem möchte ich nicht wieder trocken sitzen wie letztes Mal. Wenn Ihr eine Sklavin wünscht, schicke ich Euch eine junge, hübsche, die für alle Arbeiten taugt und dem Haus keine Schande macht.

Er schrieb weiter, daß er auch noch „zwei oder drei neue Bettvorhänge mitbringen werde, dazu Prunkdecken für Betten und Bänke, Silberlöffel, schöne Messingleuchter und viele andere Dinge mehr. Dann werdet Ihr schon sehen, ob ich noch länger wie ein kleiner Junge leben will."

Sicherlich hat Monna Piera gleich, nachdem sie diesen Brief erhalten hatte, angefangen, die Kapaune zu mästen und liebevoll Gemüse zu ziehen. Aber der Herbst kam, und Francesco war immer noch nicht da. „Monna Piera geht es gut", schrieb Niccolozzo am 18. September, „doch die Zeit, bis Du da bist, kommt ihr vor wie tausend Jahre: Sie glaubt schon, daß sie den Tag nicht mehr erleben wird."

Francesco kam nicht. Statt dessen schickte er Stoldo di Lorenzo nach Prato zurück, einen jungen Angestellten seines Geschäfts, der später einer seiner Faktoren in Florenz werden sollte. Der hatte eine Liste von Anweisungen dabei, die deutlich zeigt, wie sehr Francesco noch an seinen alten Freunden zu Hause hing. „Die erste ist Monna Piera di Pratese, gleich neben meinem Haus ... Behandle sie so, wie Du meine eigene Mutter behandeln würdest. Um was sie Dich auch immer bittet, ob es nun Geld ist oder etwas anderes, gib es ihr."

Im folgenden Frühling scheint Francesco tatsächlich vorgehabt zu haben, die Reise anzutreten, denn wieder schickte er Monna Piera Anweisungen, was sie ihm alles kochen sollte. „Sorgt dafür", schrieb er am 28. März 1373, „daß ich auch wirklich genug Geflügel vorfinde, denn ich habe nicht die Absicht, es mir wie damals ergehen zu lassen. Kapaune sind mir lieber als Hähnchen. So kann es also nicht schaden, wenn Ihr die Hennen schon recht frühzeitig brüten laßt."

Aber es ging noch ein weiteres Jahr ins Land. Während seine alten Freunde emsig Geflügel für ihn mästeten und Monat um Monat auf seine Rückkehr warteten, hörte Francesco nicht auf, in Avignon Geld anzuhäufen. Ihre Briefe wurden nun immer dringlicher. Die Zeit sei gekommen, schrieben sie, daß Francesco heimkehre, und zwar nicht nur zu Besuch, sondern für immer. „Ich bitte Dich, suche Dir recht bald eine Frau", schrieb

Niccolozzo, „denn es ist höchste Zeit dafür, damit etwas von Dir weiterlebt auf dieser Welt und damit Du die Früchte Deiner Arbeit an Deine leiblichen und legitimen Erben weitergeben kannst."

Francesco gab eine ausweichende Antwort. Aber wieder ein Jahr später erinnerte Niccolozzo Francesco noch eindringlicher an seine Pflichten. Aus seinem Brief spricht eine Haltung, die heute noch kennzeichnend ist für die Mentalität der Toskaner: Frömmigkeit, die äußerlich zwar konventionell erscheint, aber doch tief empfunden ist; realistische Einschätzung der materiellen Güter dieser Welt, gepaart mit natürlichem Sinn für Mäßigung; eine fast ebenso übergroße Verehrung der *famiglia* wie in China. Sinnlos ist für sie das Leben, wenn sie keine Söhne haben, denen sie das Erworbene vererben können.

Du weißt, daß Du durch Gottes große Gnade Reichtümer erworben hast und erwirbst. Dem Herrn sei Dank. Und Du hast große Mühe und Arbeit auf Dich genommen und nimmst sie täglich auf Dich. Ich bitte Dich, Du mögest nicht nur zum Vorteil von fremden Menschen so viel Mühsal auf Dich laden. Trage Sorge dafür, daß ein lebendiges Zeugnis hier auf Erden von Dir zurückbleibt und für Dein Seelenheil zu Gott betet. Du mußt nicht immer alles haben wollen. Sieh, für Dich hast Du doch zur Genüge. Wenn Du trotzdem Verlangen danach hast, weiter Handel zu treiben, dann kannst Du es machen wie andere auch: Nimm Dir ein Weib, laß Deine Geschäftspartner dort droben [in Avignon] und kauf' Dir hier etwas Eigenes... Wie lang willst Du noch zuwarten mit dem Heiraten? Bis Du alt bist? Dann mußt Du Deine Kinder – wenn Gott Dir welche schenkt – in der Obhut von einem Vormund lassen. Und weiß Gott, wie sie da behandelt werden. Du selbst hast es ja am eigenen Leib erfahren und mußt es wissen.

Diesmal zögerte Francesco nicht mit seiner Antwort.

Daß ich mir ein Weib nehmen muß [schrieb er am 5. Februar 1375 an Monna Piera], daran braucht mich niemand zu erinnern. Ich will aber, daß Ihr alle wißt, daß mir bekannt ist, daß es Zeit ist, höchste Zeit sogar. Aber ich hatte so triftige Gründe, die mich abhielten, daß jeder, der sie kennt, sie mir als Entschuldigung zugute halten wird. Tag und Nacht denke ich an nichts anderes mehr, als wie ich zu Euch zurückkehren und mit Gottes Hilfe all meine Angelegenheiten ordnen kann.

Die schönste Stelle in diesem Brief ist die, wo er die unverbrüchliche Liebe zu seiner alten Pflegemutter zum Ausdruck bringt:

Nie habe ich zwischen Euch und mir einen Unterschied gemacht, noch werde ich es je tun, so wenig wie ich zwischen Monna Vermiglia und mir Unterschiede machen würde, wäre sie noch am Leben. Ihr werdet in mir immer denselben Francesco finden, den Ihr gekannt habt, bis ich vierzehn war – bis zu meiner Todesstunde, wenn Ihr selbst da noch am Leben seid. Das sage ich Euch ein für allemal: Ihr könnt über mich und alles, was ich besitze, so verfügen, als ob alles Euch gehörte, denn als Euer habe ich es von jeher angesehen. Verlangt nur jeden beliebigen Geldbetrag, den Ihr wollt, und Ihr werdet ihn erhalten; verwendet ihn nach Eurem Gutdünken, und ich werde mich über alles ebenso freuen, als ob ich es selbst getan hätte. Damit genug.

Kein Wunder, daß Monna Piera solche Briefe immer wieder vorgelesen haben wollte. Bald danach bat sie Francesco, die Briefe direkt an sie zu richten und nicht mehr an Niccolozzo. „Denn dann bitte ich jemanden, sie mir viele Male vorzulesen. Niccolozzo liest sie mir nämlich, um die Wahrheit zu sagen, nur ein einziges Mal vor. Aber ich möchte sie doch unzählige Male hören."

Francesco jedoch nahm sein gewohntes Leben in Avignon wieder auf und scheint zu eben dieser Zeit Vater eines unehelichen Kindes geworden zu sein, denn Monna Piera erkundigt sich in einem Brief vom Januar 1375 nach seinem Sohn und schickt tausend Segenswünsche, während Niccolozzo in einem anderen Brief etwas weniger herzlich gratuliert: „Wir freuen uns so sehr wie möglich über den Sohn, den Gott Dir schenkte, und vor allem Monna Piera ist voller Freude. Dennoch möchten wir Dich gemahnen, eheliche Kinder zu zeugen, die Dir vor Gott und der Welt zu größerer Ehre gereichen werden." In einem späteren Brief aus demselben Jahr klagt Monna Piera jedoch, daß das Kind nun im Himmel sei.

Auch sonst war 1374 kein gutes Jahr für Francesco gewesen. In Avignon war die Pest ausgebrochen, und auch er selbst war nicht verschont geblieben, ja er wäre sogar beinahe daran gestorben, wie einem Brief an Monna Piera zu entnehmen ist. Und nachdem er wieder genesen war, mußte er *„in grande maninconia"* 260 Gulden an den Papst zahlen, „als Darlehen oder was auch immer". „Man zählt mich jetzt zu den Reichen," beklagt er sich bei Monna Piera, „und ich gehöre doch gar nicht dazu."

Seine Sorgen ließen Francesco wieder an die Gründung eines Heims und einer Familie denken. Jetzt bat er Monna Piera, sich nach einer passenden Frau für ihn umzusehen. Sie aber lehnte ganz entschieden ab. Zwar wolle sie nach einer Braut für ihn Ausschau halten, schrieb sie, aber nur unter der Bedingung, daß er selber käme, um sich das Mädchen anzusehen. „Manche gefallen mir, manche wieder nicht. Ich kenne Dich besser als irgend jemand, und gerade weil ich Dich kenne, bitte ich Dich: prüfe die Ware selbst. Das ist nun einmal keine Ware, die du weiterverkaufen oder verpfänden kannst."

Noch einmal vergingen sechs Monate, und Francesco dachte noch immer nicht daran, sein Geschäft in Avignon aufzugeben.

Versuche doch, Deine Eier in zwei Nester zu legen [schrieb Niccolozzo am 6. April 1375]. Ich weiß schon, daß Du nicht alles auf einmal von dort [Avignon] abziehen kannst, selbst wenn Du wolltest. Aber ich schlage Dir folgendes vor: erwirb hier etwas und lasse Dein Geschäft in Avignon gut ausgestattet; dann kannst Du selbst zwischen beiden Orten hin- und herreisen. Und nun komm nach Hause, nimm Dir eine Frau und zeuge Erben, denen Du einmal all den Reichtum, den Du mit so viel Mühen angehäuft hast, in Liebe und mit Freuden hinterlassen kannst.

In jedem Brief drängten ihn die Freunde von neuem und bestanden darauf, daß er sich eine Frau nehmen müsse, die aus seinem Geburtsort stamme, nicht nur aus den naheliegenden Gründen, sondern auch, weil ja der Fall eintreten könne, daß er in Frankreich sterbe – „wo unser Gulden nicht einmal ein Viertel des französischen Guldens wert ist; und wenn Du dann kleine Kinder zurückläßt, bedenke, wie es ihnen da ergehen wird." Und überhaupt, fügte Niccolozzo noch hinzu, „Geld ist es nicht, was Du

jetzt brauchst, sondern Du brauchst etwas Gutes für Dich selbst. König Salomon selbst sagt: ‚Geh mit den Deinen‘.“
Endlich hatten all diese Ratschläge doch noch Erfolg. Allerdings kam Francesco nicht selbst nach Prato, um sich dort nach einer Frau umzusehen, sondern er erwählte sich eine sechzehnjährige Florentinerin aus der italienischen Kolonie in Avignon, Margherita di Domenico Bandini.[19]

In dem Brief, in dem er Monna Piera die Neuigkeit mitteilte, schrieb er: „Ich glaube, Gott hat mir schon bei meiner Geburt bestimmt, daß ich eine Florentinerin zur Frau haben soll.“ Der Vater seiner Braut, berichtete er, sei jener Domenico Bandini, „der bereits vor einiger Zeit in Florenz enthauptet wurde, weil er angeklagt war, die Auslieferung der Stadt Florenz an unseren Herrn [den Papst] betrieben zu haben.“ Eine ihrer Schwestern sei in Florenz mit Niccolò dell'Ammannato Tecchini verheiratet, während ihre Mutter, Monna Dianora, mit zwei weiteren Schwestern in Avignon lebe. „Ich kenne sie, und sie kennen mich... um so lieber habe ich es daher getan, denn ich wußte, was ich tat.“

Dieses eine Mal also hatte Francesco seine kaufmännischen Motive in den Hintergrund gestellt und rein nach menschlichem Gefühl gehandelt. Seine Frau brachte ihm keine Mitgift in die Ehe, aber dafür war sie eben jung und hübsch und wohlerzogen. Mütterlicherseits stammte sie aus dem niederen Florentiner Adel, also aus einer höheren Klasse als dem Kaufmannsstand. An diese Tatsache erinnerte Margherita ihren Mann auch später, als es Meinungsverschiedenheiten zwischen den Eheleuten gab: „Ich spüre das Blut der Gherardini in meinen Adern.“

Die Hochzeit wurde in der Karnevalszeit mit einem Aufwand gefeiert, der des vermögenden Bräutigams würdig war. Laut Kostenaufstellung wurde für das Hochzeitsmahl folgendes gebraucht: 406 Laib Brot, 250 Eier, 50 Kilo Käse, zwei Ochsenviertel, 16 Hammelviertel, 37 Kapaune, 11 Hühner, die Köpfe und auch die Füße von 2 Schweinen für Sülze, daneben kleinere Posten wie Tauben und Regenpfeifer. Francesco setzte seinen Gästen nicht nur die Weine der Provence vor, sondern auch Weine aus seiner toskanischen Heimat wie Chianti aus Filettole und den funkelnden Carmignano, von dem Redi sagte, es sei eine Todsünde, wenn man ihn mit Wasser mische.[20]

So hatte Francesco endlich doch noch eine Frau gefunden. Natürlich hofften seine Freunde in Prato, daß ihn die Heirat um so schneller zur Heimkehr bewegen werde. Aber weit gefehlt – sie band ihn fürs erste nur noch fester an Avignon. Von Tag zu Tag wurde er wohlhabender, wie er selbst viele Jahre später in einem Brief schrieb: „Damals war ich reicher als heute, denn ich konnte einfach so viel Geld machen, wie ich wollte.“ Er rühmte sich, daß er weiter so hart arbeite wie gewohnt, und vor allem auch, daß er – ganz im Gegensatz zu seinen Geschäftspartnern – sogar seine junge Frau zur Arbeit heranziehe. „Tieri [sein Partner]“, so schrieb er, „ließ seine Frau mit den anderen Frauen zu ihrem Vergnügen in Lustgärten und zu jeder kleinen Festlichkeit gehen, aber die meine nähte *bacinetti* (Kesselhauben).“

Sein tiefstes menschliches Gefühl war wohl noch immer die Liebe zu seiner Ziehmutter. Schon ein paar Monate nach seiner Heirat versuchte er ihren Kummer darüber, daß er so weit weg von ihr war, zu lindern: In einem Brief vom 7. September 1376 bat er sie, ihren Lebensabend bei ihm und seiner Frau in der Provence zu verbringen. Offensichtlich um das Angebot noch verführerischer zu machen, fügte er hinzu, daß ihre Anwesenheit allein schließlich sogar erreichen könne, was bisher niemand geschafft hatte, nämlich ihn doch noch zur Heimkehr nach Prato zu bewegen.

Ich werde wahrlich keinen Menschen finden, dem meine Ehre und mein Wohlergehen so am Herzen liegen wie Euch und der so von Herzen wünscht, daß ich eine gute Frau habe und glücklich bin... Außerdem schwöre ich bei aller Liebe, die zwischen Euch und mir je war, nur Ihr allein könntet mich dazu bringen, nach Hause zurückzukehren. Wenn Ihr aber nicht kommen solltet, werde ich überhaupt nicht in die Heimat zurückkehren, und wenn, dann höchstens sehr viel später... Ihr seht also, wie sehr es in Eurer Hand liegt, mich zum Guten oder zum Schlechten zu bewegen.

Außerdem werde ich nicht eher glücklich sein, als bis ich Euch all die Liebe gelohnt habe, die Ihr mir zuteil werden ließet. Und ich weiß nicht, womit ich Euch besser danken könnte als dadurch, daß wir noch viele Jahre unseres Lebens zusammen verbringen und einer den anderen glücklich macht. Und laßt Euch nicht einfallen zu sagen: „Aber er hat ja ein Weib!" Denn wenn ich auch hundert hätte, so würde mich das nie daran hindern, Euch ein guter Sohn zu sein... Wenn Ihr mir diesen Wunsch aber nicht erfüllt, dann sage ich, Ihr liebt mich nicht und habt mich nie geliebt. Denn sonst hättet Ihr den Wunsch, dort zu leben und zu sterben, wo ich bin...

Zwischen den Zeilen kann man aus dem liebevollen, aber zugleich gebieterischen Ton heraushören, daß Francesco überrascht war, daß sie sich so sehr bitten ließ. „Stellt Euch vor, was die Leute sagen würden, wenn sie wüßten, daß ich Euch so flehentlich gebeten habe. Denn Ihr wißt, daß alle immer gesagt haben, Ihr würdet für mich bis ans Ende der Welt gehen. Straft sie jetzt nicht Lügen."

Das ist Francescos letzter Brief an Monna Piera, der erhalten ist. Trotz all seiner Überredungskunst blieb die eigensinnige alte Frau vom Land in Prato; ihre Glieder waren zu müde und sie war zu fest in Prato verwurzelt, man konnte sie wirklich nicht mehr auf die andere Seite der Alpen verpflanzen. Der Brief, in dem sie Francesco die Bitte abschlägt, ist verloren gegangen, aber von da an endet jeder Brief Monna Pieras und Niccolozzos mit der immer gleichen dringenden Aufforderung: „Komm nach Hause, komm nach Hause." „Monna Piera geht es Gottseidank besser, und sie bittet Dich inständig, Dich in diesem Leben noch einmal sehen zu dürfen, denn sie ist alt."

Wieder vergingen sechs Monate, ohne daß Francesco gekommen wäre. „Nochmals erinnern wir Dich: Mögest Du Deine Rückkehr vorbereiten und heimkommen, um in Deinem Vaterland bei Verwandten, Freunden und Nachbarn Ruhe zu finden und nicht Deine Tage in der Fremde zu beschließen..."

Doch ein weiteres Jahr verstrich. Messer Francesco schob die Rückkehr immer wieder hinaus, und seine Frau hatte ihm noch immer keinen Sohn geboren. Monna Piera aber wurde immer hinfälliger.

Ich las Monna Piera Deinen Brief vor [schreibt Niccolozzo am 20. Juni 1381]; er tröstete sie sehr, und sie bittet Dich, nach Hause zu kommen, bevor sie stirbt, damit sie dann froh zu Gott eingehen kann. Sie ist alt und schwach; sie braucht einen Mantel. Aber erst nachdem sie Deinen Brief gesehen hatte, ließ sie es zu, daß wir Niccolò um Geld baten... Sie glaubt nicht mehr daran, Dich noch einmal zu sehen. Sie schickt Dir und Deiner Frau tausend Segenswünsche...

Und wieder schließt der Brief mit einer Ermahnung: „Danke Gott, daß Du genug hast. Du mußt nicht immer alles wollen, nicht alles wollen, nicht alles wollen!"

Was war nun der wahre Grund dafür, daß Francesco die Rückkehr immer wieder hinausschob? Die Verwandten seiner Frau in Florenz waren davon überzeugt, daß Margherita daran schuld sei. „Ich wundere mich wirklich sehr, daß Bita [Margherita] nicht zu ihrer Familie nach Hause kommen will", schrieb ihr Schwager Niccolò dell'Ammannato am 10. Dezember 1382, „denn dort könnte sie ja standesgemäß und in Ehren leben." Francesco antwortete, daß Margherita ihn ganz im Gegenteil ständig dränge, nach Italien zurückzukehren. Niccolò schenkte ihm jedoch keinen Glauben.

Die Liebe würde uns noch mehr sagen lassen als eine Lüge, und es ist gewiß ein Zeichen der Liebe, daß Du sie in Schutz nimmst. Aber sage ihr von mir, wenn sie wüßte, wie wichtig die Angelegenheit für sie ist, dann würde sie sich mehr dafür einsetzen, und zwar nicht mit *Gherardiname*,* sondern mit Schmeicheln und Listen.

Außerdem äußerte Niccolò große Besorgnis über Francescos Absicht, im Fall seiner Rückkehr einen beträchtlichen Teil seines Kapitals in Avignon zurückzulassen. „Ich will Dir meine Meinung dazu sagen: Du solltest ein Drittel dort lassen. Denn da, wo Du selbst bist, sollten zwei Drittel Deines Besitzes sein."

Datini folgte später diesem Rat. Aber gerade damals beschäftigten ihn viel dringendere Probleme. Er war einer der ganz wenigen toskanischen Kaufherren, deren Geschäfte in Avignon noch unverändert gut gingen. Allein, daß er trotz der Ereignisse der letzten sechs Jahre überhaupt noch dort war, zeugt auf eindrucksvolle Weise von seinem kaufmännischen Instinkt und seiner Geschäftstüchtigkeit. 1374 hatte er an einen Freund in Pisa geschrieben: „Jetzt bin ich wie ein Vogel auf einem Baum, der nicht weiß, ob er hierhin oder dorthin fliegen soll." Denn der Zwist, der schon lange zwischen der Stadt Florenz und Papst Gregor XI. geschwelt hatte, war endlich offen ausgebrochen, und Francesco sah voraus, daß alle toskanischen Kaufleute in der Provence die Konsequenzen zu spüren bekommen würden. Im

---

* Mit dem Wort *Gherardiname* meint Niccolò den Adelsstolz der Familie Gherardini, aus der Margherita und auch seine eigene Frau stammten – was die beiden ihren bürgerlichen Ehemännern gegenüber offensichtlich bei jeder Gelegenheit herausstrichen.

Sommer 1373 wurde die Toskana nach einer ungewöhnlich schlechten Ernte von einer Hungersnot heimgesucht. Aber der päpstliche Legat in der Romagna, Kardinal Guillaume de Nollet, hatte jeden Getreideexport aus der Romagna in die Toskana untersagt. Zur selben Zeit fiel die gefürchtete ‚Weiße Kompagnie' von Sir John Hawkwood, der sich Giovanni Acuto nannte, wie ein Heuschreckenschwarm in florentinisches Territorium ein. Da sie schon lange befürchtet hatten, daß die Kirche versuchen würde, ihre Macht über ganz Mittelitalien auszudehnen, setzten die aufgebrachten Florentiner eine Notstandsregierung ein, die *„Otto della guerra"*, die später die *„Otto Santi"* genannt wurden, erklärten dem Papst den Krieg und konnten die meisten mittelitalienischen Städte dafür gewinnen, sich ihnen anzuschließen. Im Lauf des Jahres 1375 schlugen die Städte Orte, Narni, Città di Castello, Montefiascone, Perugia und zum Schluß auch noch Bologna eine nach der anderen die Streitkräfte ihrer päpstlichen Statthalter, der *Vicari pontifici*, und verjagten sie. Innerhalb weniger Monate verlor die Kirche einen beträchtlichen Teil ihres Herrschaftsgebietes in Italien.

Die Vergeltung des Papstes ließ nicht lange auf sich warten: Am 31. März 1376 belegte er nicht nur die gesamte Stadt Florenz mit einem päpstlichen Interdikt, in dem er verfügte, daß alle Bürger von Florenz als Ketzer zu behandeln seien, sondern er befahl außerdem allen christlichen Herrschern, die Florentiner Kaufleute auszuweisen und deren Eigentum zu konfiszieren. „Und außerdem [sage der Papst]", schrieb ein zeitgenössischer Chronist, „sei es rechtens, jedem beliebigen Florentiner Kaufmann seinen Besitz zu rauben und wegzunehmen, ohne damit Gottes Zorn zu erregen... Und so wurden sie vielerorten ausgeraubt. Florentiner Tuch und andere Waren, die in Florenz hergestellt wurden, sind ebenso von dem Interdikt betroffen wie die Florentiner selbst... So geht es denen, die sich gegen Gott und die Heilige Kirche auflehnen."[21]

Man kann sich gut vorstellen, welche Bestürzung das Dekret unter den Florentiner Kaufleuten zu Hause und in der Fremde auslöste. Bei den bescheidenen und gottesfürchtigen Handwerksleuten von Florenz bestätigte es dazu noch ein lang gehegtes Ressentiment gegen die Habsucht und Arroganz der hohen kirchlichen Würdenträger und auch die Überzeugung, daß sie, das *popolo minuto*, Gottes Volk seien, *„il popolo di Dio"*, wie sie sich schon immer gern genannt hatten. „Heute, am 11. Tag im Mai anno 1376", berichtet ein anonymer Chronist, „wird in Stadt und Land keine Messe mehr gelesen, noch wird uns Bürgern und Bauern mehr der Leib Christi ausgeteilt. Aber wir sehen ihn mit dem Herzen, und Gott weiß, daß wir keine Sarazenen oder Heiden sind, sondern wahre Christen, die Gott auserwählt hat. Amen."[22]

Die Florentiner Kaufleute in Avignon traf das Dekret natürlich als erste. Die gesamte blühende Kolonie von gut 600 Kaufleuten wurde aufgelöst. Viele von ihnen suchten Zuflucht in Genua, woraufhin die Stadt zur Strafe dafür, daß sie ihnen Schutz gewährte, ebenfalls mit einem Teil-Interdikt belegt wurde. Francesco allerdings entging der Ausweisung, da der Papst, wie er selbst erklärte, ja nur die Florentiner verbannte, nicht aber Bürger der Stadt Prato. Denn Prato hoffte er angesichts eines Aufstands, den es kurz zuvor dort gegeben hatte, unter die Herrschaft der Kirche zu bringen.[23] Man hat auch immer wieder gesagt, daß viele der Florentiner Kaufleute vor ihrer Abreise ihre Waren, die sie in Avignon hatten, sowie die Führung ihrer Geschäfte Francesco anvertraut hätten und daß er auf diese Weise so schnell reich geworden sei. Aber dafür fehlt jeder schriftliche Beleg.[24] Sicher ist nur, daß Francesco in Avignon blieb und sich den Überredungskünsten all seiner Freunde in Italien gegenüber taub stellte. Als der Papst sich 1381 aber dazu herbeiließ, Florentiner Kaufleuten zu erlauben, zunächst für fünf Jahre nach Avignon zurückzukehren und dort Handel zu treiben, war Francesco schließlich bereit, seine geschäftlichen Angelegenheiten dort zu regeln. Es wurde ihm selbst unbehaglich, und er hatte das Gefühl, daß es Zeit sei zu gehen. „Mich dünkt", schrieb er am 11. Oktober an Stoldo, „daß es an diesem Ort hier von nun an wahrscheinlich jeden Tag Veränderungen geben wird... Und ich denke an nichts anderes als daran, meine Angelegenheiten mit jedermann zu ordnen." Ganz typisch für ihn ist die dann folgende Bemerkung: „Ich möchte die Füße in beiden Steigbügeln behalten."

Sein ungutes Gefühl war nicht unbegründet. Nicht nur war die politische Lage äußerst unsicher, auch der rege Handel mit Luxusgütern hatte sich zum Teil schon nach Italien verlagert, nachdem der Papst mit seinem Hofstaat im Jahr 1378 nach Rom zurückgekehrt war. Wie schnell Kaufleute reagierten, wenn sie merkten, daß der Wind sich drehte, zeigt ein Brief, den ein Florentiner Kaufmann noch im Jahr der Rückkehr des Papstes an seinen Geschäftspartner in Pisa schrieb. Er trägt ihm darin auf, katalanische Truhen zu schicken – „kostbare und prächtige Geldtruhen, bemalt mit der Geschichte des Königs Priamus" –, aber nicht nach Avignon, sondern nach Rom.[25]

Francesco deutete solche Anzeichen richtig und beschloß, nun nicht mehr länger zu bleiben. Im folgenden Frühjahr bestellte er Stoldo zu sich nach Avignon, damit er ihm bei der Auflösung des Geschäfts behilflich sein könne. „Ich sitze hier, und das Wasser steht mir bis zum Hals. Und abends gehe ich so erschöpft zu Bett, daß ich nicht mehr kann." Als Stoldo dann angekommen war, schrieb er, daß er alle seine Papiere ihm und zwei weiteren Angestellten übergeben wolle. „Und Du wirst nicht wieder gehen, bevor wir nicht zusammen alle meine Angelegenheiten geordnet haben. Dann werden wir tun, was nach dem Stand der Dinge am besten ist. Wenn Gott uns gesund erhält und die Welt nicht untergehen läßt, werden wir genug Leute und genug Geld haben, um es uns allen gutgehen zu lassen."

Bevor er endgültig abreiste, übergab Francesco seine ganzen Geschäfte in Avignon Boninsegna di Matteo, der schon mehr als acht Jahre lang als fest angestellter *garzone* in seinem Geschäft gearbeitet hatte und zu dem er größeres Vertrauen hatte als zu jedem sonst in der Provence. An Stoldo schrieb er: „Gewiß kann ich ihn mehr loben als irgend einen anderen Menschen auf der Welt." Er schloß auch noch einen Partnerschaftsvertrag mit ihm und mit einem anderen Prateser, Tieri di Benci, der ebenfalls bereits seit einigen Jahren bei ihm gearbeitet hatte. In diesem Vertrag wurde festgelegt, daß Francesco der Eigentümer des Kapitals von 3 866 Goldgulden blieb, daß aber Boninsegna und Tieri damit Handel treiben konnten „wie es ihnen gut dünkt". 50 Prozent des Gewinns sollte Francesco bekommen; von der anderen Hälfte sollten zwei Drittel an Boninsegna gehen, ein Drittel an Tieri.[26]

So konnte sich Francesco di Marco am 8. Dezember 1382 endlich auf die Heimreise machen. Er schickte Teile seines Hausrats auf dem Seeweg über Arles nach Pisa, während er selbst mit Frau und Dienerschaft über die Alpen ritt, im ganzen elf Personen. Damals war es ja noch immer allgemein üblich, in einer größeren Gesellschaft zu reisen, denn die Landstraßen waren so gefährlich, daß die reichen Kaufleute häufig die jeweiligen Landesherren um bewaffneten Begleitschutz ersuchten oder aber vorher falsche Gerüchte über ihre Reiseroute verbreiten ließen. „Wenn du nach Siena gehst", riet Paolo da Certaldo in seinem ‚Buch des guten Benehmens', dem *Libro dei Buoni Costumi,* „sage, daß du nach Lucca gehst; so kannst du vor bösem Gesindel sicher sein."[27]

Francesco scheint jedoch die Reise ohne gefährliche Zwischenfälle hinter sich gebracht zu haben. Sie dauerte gut einen Monat. Von Sisteron aus überquerten sie die Alpen über den Col du Mont St. Genèvre und brauchten zwei Wochen bis nach Mailand, wo sie eine Woche lang Rast machten; weitere vierzehn Tage dauerte schließlich die Reise über Cremona und Bologna nach Prato, wo sie am 10. Januar eintrafen.

Nach 33 Jahren in der Fremde war Francesco di Marco nun heimgekehrt. Aber für diejenige, die ihn mehr als alle anderen voller Ungeduld erwartet hatte, kam er fast zu spät. Monna Piera hatte oft gesagt, daß sie bereit sei, „wie ein Pfeil" ins Paradies zu fliegen, sobald sie ihren Pflegesohn noch einmal gesehen habe. Jetzt nahm sie der Herrgott, Messer Domeneddio, beim Wort. Ein paar Tage lang konnte sie sich noch daran freuen, daß er bei ihr war. Doch dann reiste er gleich wieder fort nach Pisa, um den *fondaco* in Augenschein zu nehmen, den er dort eröffnen wollte. Wenige Tage nach seiner Abreise erreichte ihn eine schlechte Nachricht: „Monna Piera di Pratese ist krank", schrieb am 29. Januar sein Faktor Monte d'Andrea. „Ich glaube, sie hat eine Erkältung. Ich war bei ihr und bot ihr Geld oder was immer sie von Euch wollte. Sie sagt, sie wird es nehmen, wenn es nötig ist." Zwei Tage später schreibt er in einem Postskriptum, daß sie ihr Testament gemacht habe. „Sie hinterläßt Euch ihr Haus [das Francesco ihr geschenkt hatte], mit dem Ihr das Begräbnis bezahlen sollt, dazu 4 *lire* für Gott [zu wohltätigen Zwecken]; und sie ist sehr krank."

Noch am selben Abend ging es mit ihr zu Ende.

Wißt, daß sie letzte Nacht, zwischen dem ersten Läuten und Mitternacht, aus diesem Leben ging. Gott in Seiner Barmherzigkeit möge sie in Seine Herrlichkeit aufnehmen. Heute früh haben wir sie in San Domenico bestattet, wie sie es gewünscht hatte. Und die Begräbnisfeierlichkeiten waren ehrenvoll, denn die Euren, und ich mit ihnen, beschlossen, ihr aus Liebe zu Euch alle Ehren zukommen zu lassen; wir dachten, daß Ihr es so gewollt hättet, wenn Ihr hier gewesen wäret. Alle Priester der Stadt erwiesen ihr die letzte Ehre, alle Kirchenglocken läuteten für sie, es waren genügend Wachskerzen aufgestellt, und es fehlte an nichts.

So war schon wenige Wochen nach der Rückkehr Messer Francescos das Band zerrissen, das ihn wohl am engsten mit seiner Heimatstadt verbunden hatte.

Zweites Kapitel

Prato und der Tuchhandel

*I thank God and ever shall
It is the sheep hath payed for all.*

Gott sei mein Dank für immerdar
Dies zahlt das Schaf mit seinem Haar.*

I

Einst erzählte man sich in Prato, daß jedermann unter den Fundamenten der
Stadtmauer ein Büschel Wolle finden könnte, wenn er nur einmal nachgra-
ben würde. Tatsächlich steht und fällt der Wohlstand der Stadt seit dem
12. Jahrhundert mit dem Tuchhandel, obwohl die weite Flußebene, in der
die Stadt liegt, sich gar nicht zur Schafzucht eignet und auch die Wolle der
nahen Hügel um Pistoia ebenso rauh und von schlechter Qualität ist wie die
Weiden dort. Möglicherweise kam der erste Anstoß für die Tuchherstellung
von den Langobarden in Lucca, die, einer alten Überlieferung zufolge, an
der Stelle des heutigen Prato den kleinen *corte* Borgo al Cornio gründeten.
Denn Lucca war die erste toskanische Stadt, in der die *Arte della Lana,* die
Tuchmacherzunft, eine sehr wichtige Rolle spielte.[1] Eine weitere Voraussetzung für die Tuchherstellung war, daß es in der Nähe, an den Hängen des
Monteferrato, eine ganz dunkle Schlammerde gab, die sich zum Walken von
Tuch eignete. Sicher ist jedenfalls, daß schon 1108, 70 Jahre nach der ersten
urkundlichen Erwähnung der *„terra di Prato",* am Ufer des Bisenzio eine
Walkmühle existierte – die damit etwa 50 Jahre älter als die erste Walkmühle
in Florenz ist.[2]

Zu dieser Zeit bestand die kleine Stadt aus zwei Ortskernen: der eine
gruppierte sich um den alten befestigten Hof von Borgo al Cornio, der
andere um einen großen Anger *(prato),* von dem die Stadt ihren Namen
bekam. Besonders charakteristisch für Prato war schon immer sein Reichtum an Wasser. Das hat sich bis heute nicht geändert und war wahrscheinlich
ein ganz wichtiger Faktor für die Entwicklung seines bedeutendsten Gewerbes. Im 12. Jahrhundert leitete man das Wasser des Bisenzio in einem Netz
von kleinen Kanälen durch die ganze Stadt. So bekam man Wasser für die

---

* Motto im Fenster des Hauses des reichen englischen Wollgroßhändlers John
Barton aus Holme.

Walkmühlen und Färbereien.[3] Die Namen der engen Gassen verraten noch heute das Gewerbe ihrer ehemaligen Bewohner: *Via dei Lanaiuoli* (Tuchmacher), *dei Cimatori* (Tuchscherer), *dei Tintori* (Färber) und ganz in der Nähe die *Via dei Giudei* (Juden), die sich immer dort niederließen, wo es voraussichtlich Bedarf an schnell verfügbarem Geld gab. Kleine Gruppen von qualifizierten Wollfacharbeitern aus Verona und aus der Lombardei ließen sich in Prato nieder und brachten ihre Berufsgeheimnisse mit[4] – wie z. B. auch die Umiliati in Florenz. Das *panno pratese* bezeichnete mit der Zeit eine ganz bestimmte Stoffart, so wie das Florentiner Tuch oder das lombardische. Gegen Anfang des 14. Jahrhunderts hatte die *Arte di Calimala* – die Zunft der Tuchveredler – ebenfalls eine eigene Straße, hinter der am Bisenzio-Ufer ein Marktplatz angelegt wurde, die *Piazza di Mercatale*. Dort wurden die *tiratoi dell'Arte* aufgestellt, große Holzrahmen, auf denen das Tuch gespannt und gefärbt wurde. In den Laubengängen und kleinen Läden um den Platz herum wurden Tuch und Wolle ausgestellt und verkauft. Am 8. September, dem Fest der Madonna della Cintola, das auch heute noch jedes Jahr gefeiert wird, zog ein großer Jahrmarkt Woll- und Tuchhändler aus ganz Europa nach Prato. Die *Arte della Lana* errichtete am Hauptplatz eine eigene Zunfthalle, gleich neben der Kirche ihres Schutzheiligen Johannes, dessen Attribut, das Lamm, genau wie in Florenz das Wahrzeichen der Wollhändler war. Als ein paar Jahre vor Francesco di Marcos Geburt die älteste Kirche der Stadt, die Pfarrkirche von Santo Stefano [der heutige Dom, d. Ü.] erweitert wurde, da stiftete die Tuchergilde das Chorgewölbe, das mit ihrem Wappen geschmückt wurde.

Die beiden mächtigen Nachbarn, die Prioren von Florenz und der Bischof von Pistoia, hatten ein begehrliches Auge auf Prato mit seinem blühenden Handel und seinem fruchtbaren, wasserreichen Umland geworfen. Trotzdem konnte Prato sich bis zum Ende des 13. Jahrhunderts seine Unabhängigkeit bewahren und war, sozusagen direkt vor den Toren von Florenz, noch eine freie, selbständige Kommune.

Doch das änderte sich zu Anfang des Jahrhunderts, in dem Francesco geboren wurde. S. Nicastro schreibt darüber: „Die Geschichte Pratos ist in der ersten Hälfte des 14. Jahrhunderts ein langsamer Todeskampf, der Todeskampf der Freiheit."[5] Das Jahrhundert begann damit, daß die Florentiner die alte Veste der Stadt, das *Castello dell' imperatore* einnahmen. Ihr Vorwand war, sie wollten sie dadurch „im Interesse der Kommune von Prato sichern". Von da an geriet die kleine Stadt faktisch, wenn auch nicht *de jure*, unter die Herrschaft der größeren Nachbarstadt. Auf Verlangen von Florenz waren die Prateser gezwungen, ihre Stadt auf eigene Kosten zu befestigen; Beamte anzuerkennen, die von den Priori von Florenz eingesetzt wurden; Männer, Waffen und Geld für Kriege bereitzustellen, die Florenz führte; ihre Tore für florentinische Waren zollfrei zu öffnen; und schließlich wurden sie auch noch weitgehend von florentinischen Kaufherren abhängig, wenn sie ihre eigenen Waren absetzen wollten. Das Prateser Tuch wurde zum größten Teil in Florenz selbst verkauft bzw. an anderen Orten durch Florentiner Kaufleute vertrieben. Salz wiederum konnte Prato nur aus Florenz und Pistoia beziehen, so daß es völlig von diesen Städten abhängig war.

1312, nachdem Kaiser Heinrich VII. nach Italien gezogen war, unterstellten sich die Prateser dem Schutz des Haupts der Welfenpartei in Italien, des Königs von Neapel, Robert von Anjou. Sie hofften, in ihm einen starken Protektor zu finden, aber schon bald zeigte sich, daß sie nur unter ein noch härteres Regiment geraten waren. Nach dem Tod König Roberts verkaufte seine Enkelin und Erbin, Königin Johanna von Neapel, 1351 auf Betreiben ihres Großkämmerers, des florentinischen Kaufmanns Niccolò Acciaiuoli, die ganze Stadt Prato samt Umland an Florenz für die lächerliche Summe von 17500 Gulden. Doch schon bevor die Stadt auf diese Weise in Florentiner Besitz überging, hatte Florenz an der Porta San Marco eine neue Festung errichtet und sie mit der alten durch einen doppelten Mauerzug, den *cassero*, verbunden, von wo aus die Florentiner die Stadt beherrschen konnten. Diese Maueranlage war gerade erst im Bau, als Francesco di Marco nach Avignon aufbrach. Als er dann 30 Jahre später zurückkehrte, stellte er fest, daß seine Mitbürger inzwischen vollkommen unter die Gesetzes- und Steuerhoheit der Stadt Florenz geraten waren und ihre Tuchindustrie ebenfalls Gefahr lief, von der reichen Nachbarstadt vereinnahmt zu werden. Außerdem hatten die Florentiner (die selber nicht genügend qualifizierte Facharbeiter in der Textilbranche besaßen) den Pratesern besondere Privilegien angeboten, so daß viele der aktivsten unter ihnen begannen, ihre Läden und Webstühle hinüber in die größere Stadt zu verlegen.

Was für einen Anblick bot seine Heimatstadt Francesco nun, als er nach dreißigjähriger Abwesenheit über die Hügel von Pistoia heruntergeritten kam und sie zum ersten Mal wieder sah? Zuerst erblickte er zwei große miteinander verbundene Festungen, die alte und die neue.[6] Zwei Mauerringe umschlossen die Stadt – die *cerchia antica* des 12. Jahrhunderts und dazu die neuen Befestigungsanlagen der Florentiner –, bewehrt mit Wachtürmen und großen steinernen Toranlagen. Nach diesen wurden die verschiedenen Stadtviertel genannt: Porta Fuia, Santa Trinita, Gualdimare, San Giovanni, Serraglio und Capo di Ponte. Die alte Pfarrkirche Santo Stefano, die Anfang des Jahrhunderts nach Entwürfen des berühmten Giovanni Pisano fertiggestellt und ausgeschmückt worden war, erhob sich im Zentrum der Stadt an einem Platz, der noch immer die unregelmäßige Form des ursprünglichen Angers verriet. Und ganz in der Nähe stand der Palazzo Pretorio, wo die Priori ihre Ratssitzungen abhielten. Dazu gab es zahlreiche andere prächtige Kirchen, Klöster und Hospize, in denen für das seelische und leibliche Wohl der Gläubigen gesorgt wurde.

Trotz seiner vornehmen öffentlichen Gebäude wirkte Prato aber nicht wie eine große Stadt, sondern eher wie ein befestigtes Dorf, ein zu groß gewordenes *castello*. Armselige schmale Häuser aus Backstein oder aus Holz drängten sich an dunklen, engen Gassen, dazwischen immer wieder grüne Kanäle, an denen die Walkmühlen und Färberbuden standen. Und fast die Hälfte der Fläche innerhalb der Stadtmauern bestand aus Nutz- und Ziergärten. Zwanzig Jahre nach Datinis Rückkehr wurde ein Verzeichnis seiner Prateser Besitzungen angefertigt, aus dem hervorgeht, daß es nicht nur bei seinem eigenen Wohnhaus einen schönen Garten mit Orangen- und Granatapfelbäumen gab, sondern daß auch zu fast jedem der zwanzig kleineren Häuser, die er besaß, ein *orto* oder *orticino* gehörte. Eines davon hatte „einen Hof mit einigen Apfelbäumen", ein anderes „eine Tenne und ein kleines Gärtchen", wieder ein anderes „zwei Kanäle und einen Hof, in dem man Wein machen konnte", ein weiteres „einen Hof und vier große Apfelsinenbäume und eine Pergola". Überall schob sich Ackerland in Form von kleinen Gemüsebeeten ins Stadtgebiet hinein, und Frühlingszwiebeln, Lauch, Bohnen wuchsen zu Füßen der Wehranlagen und zwischen den beiden Stadtmauern. Vor der Schenke spendete eine Weinlaube Schatten. Blumentöpfe mit Salbei, Minze und Petersilie, mit Basilikum und Rosmarin schmückten Fenstersimse und Treppenaufgänge. Dazu kamen zu den Stadttoren täglich die frischen Erzeugnisse des Landes in Hülle und Fülle herein, für die allerdings hoher Zoll gezahlt werden mußte. Ganze Züge von Maultieren und Eseln schleppten sackweise Weizen, Gerste und Hafer sowie Mehl aus den Wassermühlen der Stadtkommune heran. In Körben brachten Bauersfrauen Obst und Gemüse herein, und in Eimern trugen die Fischer Karpfen und Schleien aus dem Fluß herbei und Aale aus den flachen Weihern. Und wann immer ein rundes Mönchlein oder eine runzlige alte Nonne die Tore passierte, hatten sie fast regelmäßig in den weiten Ärmeln oder unter dem losen Ordenskleid eine Handvoll Bohnen versteckt oder ein hübsch zusammengeschnürtes Stück Geflügel, um so den Stadtzoll zu umgehen. Im Herbst erfüllte der säuerliche Mostgeruch aus den Kellern die Straßen, und wenig später der strenge Geruch des jungen Öls.

Die Wohnhäuser unterschieden sich im Aussehen stark von den Kirchen und öffentlichen Gebäuden. Viele waren noch aus Holz, aber auch die Backsteinhäuser waren architektonisch recht anspruchslos. Charakteristisch waren die steile Außentreppe und eine breite, niedrige Bogenöffnung gleich neben dem Eingang, durch die Licht in Laden und Werkstatt des Besitzers fallen konnte. Da es noch nicht lange gesetzlich erlaubt war, daß zwei Häuser eine gemeinsame Brandmauer hatten, gab es noch zwischen fast allen Häusern die *quintana*, einen schmalen Zwischenraum, der einfach als Abfallgrube oder Latrine diente. Daraus stank es dann so fürchterlich, daß der Ausdruck „stinken wie eine *quintana*" sprichwörtlich wurde. Die Hauptstraßen waren auf Kosten der Familien, die dort ihre Häuser hatten, gepflastert. Aber auch sie waren damals noch genauso eng wie in Siena oder in Florenz. Sacchetti erzählt in einer seiner Novellen, daß ein junger Edelmann – „ein stolzer Jüngling von geringer Artigkeit" –, durch die Stadt ritt und dabei die Füße in den Steigbügeln so weit nach außen streckte, daß er fast die ganze Breite der Straße einnahm und ihm die Passanten so unfreiwillig die Spitzen seiner Schuhe putzten.[7]

In diesen engen Gassen spielte sich damals das Leben – wie heute noch in vielen italienischen Kleinstädten – praktisch in aller Öffentlichkeit ab. Die Läden und Werkstätten waren zur Straße hin offen. Flickschuster, Sattler, Schneider, Goldschmied, Barbier gingen ihrem Gewerbe vor aller Augen nach. Die Weber hatten ihre Webstühle in den offenen Eingängen aufgestellt. Vor dem Metzgerladen wurde einem Schaf auf offener Straße die Kehle durchgeschnitten, während die Kunden daneben standen und um den Preis der Koteletts feilschten. Obst- und Gemüsehändler hielten ihre Ware an offenen Ständen feil, ebenso die Fischhändler; und damit sie anderntags keinen verdorbenen Fisch vom Vortag verkaufen konnten, sorgten die Aufsichtsbeamten der Stadt dafür, daß bei Einbruch der Dunkelheit alles, was nicht verkauft war, auf den Boden geworfen wurde. Das durften dann die Armen aufklauben. An zahlreichen Buden bekam man auch fertige Gerichte wie zum Beispiel gebratene Tauben, Gänse, sogar Rebhühner, die sich allerdings nur die Reichen leisten konnten, dazu allerlei Sorten Fisch, vor allem Rotaugen, Schleien und Aale. An Markttagen drehte sich immer ein saftiges Schwein mit einem Rosmarinzweiglein im Rüssel am Spieß. Aus dem Gemeindebackofen holte der Bäcker die heißen Brotlaibe, in die der Stempel der Stadtkommune gedrückt war, damit man sah, daß die Steuer für die Benützung des Ofens auch bezahlt war. Die Gerber breiteten auf der Straße Häute zum Trocknen aus – nur in unmittelbarer Nähe von Brunnen und Quellen war das gesetzlich verboten. Die *tiratori* spannten ihr Tuch auf dem Marktplatz auf. Und wenn nicht gerade im Herbst alles saubere Wasser während der Weinlese zur Weinbereitung gebraucht wurde, spülten Walker und Färber Stoffe und Wolle in den Kanälen. Ein Statut schrieb ihnen allerdings vor, daß sie die Wollfasern mit einem Feinrechen zurückhalten mußten, der quer über den Kanal zu legen war, damit die Wasseradern nicht verstopften. Der öffentliche Ausrufer, *il banditore,* eilte von einer Straßenecke zur anderen und verbreitete die Neuigkeiten vom Tage: Geburten, Hochzeiten, Todesfälle, Konkurse, Freilassungen von Sklaven, Suchanzeigen für verlorengegangene Gegenstände und Tiere, ja sogar Stellenangebote für Ammen. Ein dreifaches Trompetensignal kündigte dagegen wichtigere amtliche Nachrichten an. Drei Herolde, deren Gewänder die Wappenfarben der Kommune trugen und die mit ihren Trompeten hoch zu Roß durch die Stadt ritten, gaben Gerichtsurteile bekannt wie Verbannungen, Geldstrafen, manchmal auch Todesurteile. Der Vollzug solcher Strafen war natürlich immer ein Schauspiel für das Volk: Diebe und Prostituierte wurden nackt durch die Straßen gepeitscht, Fälscher und Ketzer wurden am Schwanz eines Pferdes auf einen großen Platz geschleift und dort bei lebendigem Leib verbrannt.[8]

Immer gab es irgend etwas zu begaffen, denn auch alle Feiern in der Stadt fanden in der Öffentlichkeit statt. Die ganz Reichen ließen gerade zu jener

Zeit die großen *loggie* an die Schauseite ihrer Häuser bauen, wo sie ihre Feste
feiern konnten. Als einer der ersten hatte Datini so eine Loggia. Jedenfalls
konnte die ganze Stadt auch an den Freuden jedes Familienfestes teilnehmen.
Zog ein Hochzeitszug feierlich durch die Stadt, wurden Braut und Bräutigam von der ganzen Verwandtschaft und all ihren Freunden geleitet, ja
manchmal waren sogar Trompeter, Gaukler und fahrende Komödianten mit
von der Partie. Wenn sie dann alle an den Stufen der Kirche anlangten,
wartete dort bereits der Notar und las den Ehekontrakt öffentlich vor. Ein
Begräbnis war aber ein nahezu ebenso sehenswertes Schauspiel. Nicht etwa
im geschlossenen Sarg, sondern offen auf einer Bahre trugen im Abenddäm-
mer Freunde den Toten in seinem besten Sonntagsstaat durch die Stadt. Im
Widerschein der flackernden Fackeln schritten vermummte, in Kapuzen
gehüllte Mitglieder der Bruderschaften psalmodierend und betend hinter
dem Toten her durch die engen und dunklen Gassen.

Wurde ein Mitglied der vielen Gilden in den Ritterstand erhoben, fand
diese Zeremonie ebenfalls im Freien statt. Das Ereignis wurde anschließend
mit großen Festlichkeiten begangen, zu denen jedes Mitglied der Gilde einen
Beitrag leistete und die manchmal eine ganze Woche dauerten. Zwar haben
wir aus Prato selbst kein schriftliches Zeugnis, daß es dort bei den Handwerkern auch eine *brigata di divertimento* gab wie etwa die von San Frediano in
Florenz; aber wir wissen definitiv, daß jedes Stadtviertel seinen eigenen
Festausschuß hatte, der Schaugefechte auf den Plätzen der Stadt ausrichtete,
und daß Francesco di Marco bald nach seiner Rückkehr zu einem der
Hauptleute der Porta Fuia ernannt wurde.[9]

Erhalten ist noch die Urkunde, die die „furchtlosen Kämpfer" *(non
paurosi combattenti)* der Porta S. Trinita zusammen mit dem Fehdehand-
schuh als formelle Herausforderung schickten an „den edlen und vortrefflichen doctor Messer Piero de' Rinaldeschi und den berühmten und tugend-
haften Kaufmann Francesco di Marco, *Capomastri* der Männer der Porta
Fuia". Diese sollten zwanzig oder dreißig Leute ihrer Porta auswählen, „um
ihre Stärke und ihre Tapferkeit unter Beweis zu stellen...", gegen die „wir
im Kampf anzutreten bereit sind nach den traditionellen Schlachtregeln".[10]
„Da konnte man Scharmützel, Retraiten, Hinterhalte, Kriegslisten und
Finten sehen, die für Kinder gemacht waren und doch jedermann gefielen
und ergötzten. Da wurden Burgen als Befestigungen errichtet mit allem, was
dazugehörte: Wassergräben, Wachtürmen und einem Bergfried im Inneren.
Eine Armee, die ihr Feldlager vor ihren Mauern aufgeschlagen hatte, griff sie
dann an ... und Persönlichkeiten von Rang und Namen kamen, das Schauspiel zu sehen."

Andere, grausamere Volksbelustigungen bereiteten dem Volk noch mehr
Vergnügen. So wurde zum Beispiel auf einem der Plätze der Stadt ein
Schwein in einen großen Pferch gesperrt und von bewaffneten Männern zu
Tode geprügelt, während es „unter dem lauten Gelächter der Anwesenden"
quiekend von einem zum anderen rannte. Oder eine Katze wurde bei

lebendigem Leib an einen Pfahl genagelt, und Männer, denen man die Köpfe kahl geschoren und die Hände auf dem Rücken zusammengebunden hatte, schlugen zum Klang der schmetternden Trompeten so lange mit dem Kopf gegen das Tier, das verzweifelt um sich biß und kratzte, bis es schließlich verendete.[11]

Solche Darbietungen mit Scherzen und Kraftmeierei, mit blutenden Rükken und angeschlagenen Köpfen, fanden jedoch nur selten statt. Dafür konnten sich Frauen und Maultiertreiber Tag für Tag stundenlang mit Schwatzen und Lachen vergnügen, wenn sie sich an den öffentlichen Brunnen und Waschplätzen trafen und dabei die nasse Wäsche klatschend auf die Steinblöcke schlugen. Und an den Sommerabenden saßen die Männer auf der *panca*, der langen Steinbank unten am Palazzo Pretorio – ein Brauch, aus dem das neue Verbum *pancheggiare* (schwatzen) entstand – und ließen dem Stadtklatsch freien Lauf. Jedermann steckte seine Nase in die Angelegenheiten seines Nachbarn, alles ging alle an, besonders natürlich, wenn es sich um einen Mann wie Francesco di Marco handelte. Wenn eines seiner Schiffe vor der Küste Kataloniens sank oder eine seiner Mägde ein Kind zur Welt brachte, von dem man hinter vorgehaltener Hand erzählte, daß es von ihm sei, oder Messer Filippo Corsini aus Florenz zu Besuch kam, dann wußte es sogleich die ganze Stadt.

Die ganze Stadt – was hieß das damals eigentlich? Im 14. Jahrhundert wohnten in Prato innerhalb der Stadtmauern schätzungsweise 12000 Menschen. Dazu kamen weitere 10000 Bewohner der 48 Dörfer und Weiler des Umlands.[12] Das war zwar für die damalige Zeit eine verhältnismäßig große Stadt, aber doch eine recht kleine Welt. Die wenigen Prateser, die sich auf dem Gebiet des Rechts, der Literatur und Philosophie oder innerhalb der kirchlichen Hierarchie einen Namen gemacht hatten, hatten alle ihrer Heimatstadt den Rücken gekehrt, um einen weiteren Wirkungskreis zu finden. Kardinal Niccolò da Prato und auch der große humanistische Gelehrte Convenevole, den Petrarca voller Stolz seinen Lehrer nannte, verbrachten den größten Teil ihres Lebens in Avignon. Zur Zeit von Francescos Rückkehr in seine Heimatstadt war der fähigste Mann dort der junge Rechtsgelehrte Messer Gimignano Inghirami, der später so berühmt wurde, daß *„sentenza di Gimignano"* zum festen Begriff wurde für ein Urteil in letzter Instanz, gegen das man keine Berufung mehr einlegen konnte. Aber auch er ging bald an die Gerichtshöfe von Paris, Bologna und Rom. So traf Francesco in der Stadt, in die er zurückkehrte, nur noch Bartolomeo Boccanera an, einen jungen Söldnerhauptmann, der 1397 vor den Mauern von Arezzo ein gewaltsames Ende fand, außerdem Giovanni di Gherardo, einen alten, verschrobenen Schriftsteller und Architekten, dazu eine Handvoll Rechtsgelehrter, Notare und Ärzte sowie mehrere blühende Ordensgemeinschaften.

Aber wie auch heute noch bestand der Großteil der Bevölkerung aus Kaufleuten und Handwerkern. Jeder Bürger trat, sobald er großjährig war und sofern er die Aufnahmegebühr von 5 *soldi* zahlen konnte, in eine der 14 Gilden der Stadt ein.[13] Dabei mußte er einen Eid ablegen, daß er ihre Statuten einhalten und seinen Zunftbrüdern jederzeit beistehen werde. Allein durch die Mitgliedschaft in einer dieser Gilden hatte man Aussicht, es zu Wohlstand zu bringen oder Einfluß in der Regierung der Stadt zu gewinnen. Denn das volle Bürgerrecht konnte man nur als Mitglied einer der Gilden erlangen. Keine von ihnen konnte es allerdings an Mitgliederzahl und an Reichtum mit der Tuchergilde, der *Arte della Lana,* aufnehmen.

Im 14. Jahrhundert war es daher geradezu ein Charakteristikum für Prato, daß durch den Tuchhandel Arm und Reich in einer engen Interessengemeinschaft verbunden waren. Nicht, daß alle den gleichen Wohlstand daraus hätten beziehen können, denn ein abgrundtiefer Unterschied klaffte zwischen dem reichen *lanaiuolo* und dem armen Spinner oder Weber; aber alle verfolgten doch dieselben Ziele und Interessen, und dadurch entstand unter ihnen eine große Vertraulichkeit im täglichen Umgang. Der bescheidenste Spinner, die kleine Spinnerin nannten den reichen *lanaiuolo* beim Vornamen, der Färbermeister arbeitete Seite an Seite mit seinem Lehrling am Bottich. Alle waren sie vor den Gesetzen ihrer Gilde gleich.

Das *Liber privilegiorum* der Tuchergilde von Prato, das „alle Dokumente enthält, die direkte oder indirekte Privilegien für die Gilde festlegen", beginnt mit einer ganz entscheidenden Konzession: Allen Mitgliedern der Gilde wurde im Jahr 1351, als Prato unter die Herrschaft von Florenz geriet, die bisherige Unabhängigkeit bei der Ausübung ihres Handwerks garantiert.[14] Die Statuten der Gilde, die trotz dieser Unabhängigkeit stark an denen der Florentiner *Arte della Lana* orientiert waren, hatten für das Wohl der Stadt entschieden ebenso große Bedeutung wie die Gesetze der Stadtgemeinde. So wurden denn auch seit Anfang des 14. Jahrhunderts die vier Konsuln der Zunft, die *Consoli dell'Arte della Lana,* nicht mehr von ihren eigenen Zunftgenossen ernannt, sondern vom Rat der Stadt, dem *Consiglio del Comune.* Diese Konsuln legten bei Antritt ihres Amts den feierlichen Eid ab, stets Treu und Redlichkeit zu üben. Zu ihren Aufgaben gehörten die Verhängung von Bußen über jedes Gildenmitglied, das die Zunftregeln brach, die Schlichtung von Streitigkeiten unter Mitgliedern und die Wiederbeschaffung von gestohlenen Waren. Zweimal in der Woche hielten sie in der großen Zunftstube eine Sitzung zur Untersuchung solcher Fälle ab und verkündeten dort ihre Urteile. Weitere Amtsträger der Gilde waren der Schatzmeister, ein Notar, mehrere Makler, vier *misuratori,* verantwortlich für Maße und Gewichte, und etliche Gutachter, zuständig für Reklamationen. Das Amt der Makler war es, für die Gilde den An- und Verkauf des Tuchs zu besorgen; die *misuratori* trugen die Verantwortung dafür, daß das Tuch korrekt an den städtischen Zollstöcken abgemessen wurde; und die Gutachter, die auch „*ufficiali delle macchie e magagne*" genannt wurden, prüften die Reklamationen von schlecht gewebtem bzw. gefärbtem Tuch oder Garn oder von Wolle, die nicht dem Muster entsprach. Wenn ein

Kaufmann von auswärts nach Prato kam, um dort Tuch einzukaufen, schrieb ihm die Gilde genau vor, wie er den Kauf zu tätigen hatte. Er durfte nicht etwa einfach bei der Firma seiner Wahl kaufen, sondern er mußte erst die Konsuln der Gilde aufsuchen. In ihrer Gegenwart zog er aus einer Urne einen Zettel mit dem Namen eines Maklers. Der wieder führte ihn zu einem Händler, bei dem der Kauf dann vorgenommen wurde. Wenn das Geschäft schließlich abgeschlossen war, hielt dieser Makler Menge, Preis und Farbe des Tuchs schriftlich fest und versah es mit dem Siegel der Gilde.[15]

Für alle Handwerker, die in den verschiedenen Produktionsstufen der Tuchherstellung arbeiteten, gab es in den Statuten eigene Klauseln. Da waren zunächst die Arbeiter, die die Wolle sortierten, wuschen und zupften (Wollschläger) und färbten; dann die Handwerker, die die Wolle kämmten, d.h. Kammgarn von Streichgarn trennten, und sie auch fetteten und dann das Vlies zum Verspinnen auf die Rocken wickelten; als nächstes die Krempler (die die wirren Wollfasern zu einem Vlies ordneten), die Spinner und die Zettler (die die Breite des Tuchs durch die Zahl der Kettfäden festlegten) und schließlich die Tuchweber. Dann folgten endlich noch all die Facharbeiter, die auf die verschiedenen Arbeitsvorgänge der Tuchveredelung spezialisiert waren, nämlich das Noppen, Waschen, Walken, Spannen, Kardieren, Scheren, Färben, Rauhen, das nochmalige Scheren, Mangeln und zuletzt das Zusammenfalten und Verpacken.[16]

In den Anfängen der *Arte della Lana* waren viele dieser Handwerker in Prato und Florenz noch selbständig, vor allem die Weber, die Kardierer, die Spinner und die Färber. Außerdem gab es damals noch Kleinunternehmer, die *lanivendoli* (Wollverkäufer), die als Zwischenhändler zwischen den Kaufleuten und den Handwerkern auftraten. Sie kauften die Rohwolle auf und verkauften sie an die *lanaiuoli* (Tuchmacher) weiter. Auch gab es zu der Zeit noch unabhängige Garnhändler, die *stamaiuoli;* sie kauften die Wolle vom *lanaiuolo*, verarbeiteten sie zu Garn und verkauften dieses wieder an ihn zurück. Aber zu Francescos Zeiten waren alle diese Zweige des Tuchhandels bereits in der *Arte della Lana* aufgegangen. Er wurde nunmehr mit rein kapitalistischen Methoden betrieben: der *lanaiuolo* war jetzt ein Großunternehmer, der (manchmal zusammen mit Familienmitgliedern als Geschäftspartnern) viele verschiedene Handwerker beschäftigte. Unter diesen waren die Wäscher und die Wollschläger die Ärmsten und Abhängigsten, denn sie besaßen nicht einmal die Werkzeuge, mit denen sie ihren Beruf ausübten. Nach den Holzschuhen, die sie in den Waschhäusern und Schuppen trugen, wurden sie *i Ciompi* genannt. Etwas über ihnen stand eine andere Gruppe von Handwerkern, die wenigstens bis zu einem gewissen Grad unabhängig waren, nämlich die Spinner, Zettler und Weber, zu einem großen Teil Frauen. Sie arbeiteten fast alle zu Hause an ihren eigenen Spinnrocken, Zettelrahmen und Webstühlen, aber auch sie waren manchmal wirtschaftlichem und moralischem Druck ausgesetzt. Die Färber hatten zunächst noch eine selbständige Zunft, die dann aber nach und nach von der

Tuchergilde vereinnahmt wurde, so daß auch sie schließlich deren Zunftregeln anerkennen mußten. Nur die Tuchveredler, die das Tuch walkten,
scherten, ausbesserten und zusammenfalteten, besaßen ihre eigenen Werkstätten und Werkzeuge und behielten so auch weiterhin eine gewisse Unabhängigkeit.

Letzten Endes aber kontrollierte doch immer der kapitalistische *lanaiuolo*
mit Hilfe der Zunftregeln die Tuchherstellung und damit auch das Leben all
der Menschen, die am Herstellungsprozeß beteiligt waren. Wie weit diese
Kontrolle ging, läßt sich an den Zunftregeln ablesen. So mußten manche
Handwerker, besonders die Walker und die Tuchleger, z. B. eine Kaution
hinterlegen, bevor man ihnen das Tuch aushändigte. Die Färber wiederum,
die einen gefährlichen Hang zur Unabhängigkeit an den Tag legten, wurden
vorsichtshalber durch etliche Sonderregelungen in Schach gehalten. Sie
mußten den Konsuln Treue und Gehorsam schwören, sich verpflichten, alles
Tuch und Garn, das ihnen anvertraut wurde, auch wieder abzuliefern und
ausschließlich Material zu färben, das der Gilde gehörte. Ja, die Gilde
schrieb ihnen sogar genau vor, welche Farbstoffe sie benutzen und welche
Tuchsorten sie schwarz oder mit Waid blau färben durften. Selbst die Art der
Deckel für ihre Bottiche war genau festgelegt.

In zahlreichen Artikeln der Zunftregeln waren die Bußen festgelegt, die
über diejenigen verhängt wurden, die die Statuten verletzten, z. B. wenn
einer einen Fremden, d. h. jemanden, der nicht Bürger von Prato war, als
Partner ins Geschäft nahm, ja auch nur in seiner Werkstatt beschäftigte,
wenn ein Mitglied der Gilde ein anderes Gildenmitglied schädigte, wenn ein
Kaufmann einen Kaufvertrag nicht einhielt oder wenn ein Weber einen Stoff
webte, „der nicht geschmeidig ist", ein anderer Handwerker Tuch auf eigene
Rechnung herstellte, ein Tuchspanner sein Tuch nicht straff genug spannte
oder wenn jemand nicht pünktlich war. Die Leute in den Schuppen oder
Waschhäusern, hatten unter Androhung von 5 *soldi* Bußgeld zur Stelle zu
sein, „bevor die Glocke zum dritten Mal schlug". Wer einmal entlassen
worden war, wurde nie mehr von einem Mitglied der Gilde wieder eingestellt.

Schließlich waren in den Statuten die religiösen Pflichten ausdrücklich
festgelegt. Heiligenfeste – und davon gab es weiß Gott genug außer dem
Sankt Johannes Tag, dem Fest des Schutzpatrons der Zunft – mußten
gefeiert werden. An diesen Tagen mußte nicht nur die Arbeit ruhen, sondern
es durfte auch keine Ware verkauft oder auch nur ausgelegt werden. Und
wenn schließlich ein Mitglied der Gilde nach einem Leben voller Mühe und
Arbeit starb, so war es – wie in allen Gilden – für alle seine Zunftgenossen
Pflicht, ihn im Leichenzug zur letzten Ruhe zu geleiten.[17]

So war das Leben in Prato, in einer Gemeinschaft von fleißigen, gottesfürchtigen, gesetzestreuen und genügsamen Menschen, die ängstlich und
vorsichtig waren und jegliches geistige oder materielle Risiko mieden. Ein
Prateser, der in der großzügigeren Atmosphäre von Padua und Ferrara

gelebt hatte, schrieb ein paar Jahre später bei seiner Heimkehr nach Prato: „Mir kommt es vor, als ob ich in eine Welt von Spießbürgern zurückgekommen sei. Hier ist alle Lebensfreude erstickt, und es scheint, als ob die, die hier leben, sich schämten, daß sie überhaupt leben."[18] In diese Welt also kehrte Francesco di Marco zurück, nachdem er dreißig Jahre in Avignon, der weltoffenen Stadt voller Luxus verbracht hatte. Die Prateser konnten sich nur noch an den ehrgeizigen fünfzehnjährigen Jungen erinnern. Jetzt war er ein arrivierter, würdevoller und selbstbewußter Kaufmann, der ein hübsches junges Weib hatte und dazu jäh und aufbrausend war. Seinen Erfolg respektierten die Prateser sofort – und meinten damit seinen Reichtum; für ihn selbst aber konnten sie, so lange er lebte, keine Zuneigung empfinden.

2

Über die ersten Monate, die er in Prato verbrachte, wissen wir nicht viel. Monna Piera, Niccolozzo und auch die ganze Familie Piero di Giuntas, seines Vormunds, bereiteten ihm einen herzlichen Empfang. Aber die Prateser hielten sich im großen und ganzen ebenso fern von ihm, wie er sich von ihnen fernhielt. Er wurde zum Ratsherrn gewählt und einige Jahre später zu einem der *Gonfalonieri di Giustizia* ernannt. Aber sowohl in Prato als auch in Florenz zeigte er unmißverständlich, daß er keinerlei Interesse daran hatte, ein öffentliches Amt zu bekleiden, ebenso wie er auch an dem ständigen Parteienhader der Stadt nicht teilnahm. Außerdem machte er kein Geheimnis daraus, daß er von seinen Mitbürgern nicht viel hielt. Obwohl er der Kommune sogar manchmal Geld lieh (einmal gleich 10000 Gulden, damit die Stadt Prato von Florenz Getreide kaufen konnte), verscherzte er sich doch im Handumdrehen wieder alle Sympathien, die man ihm dafür anfangs entgegengebracht hatte, weil er sich sofort darüber beschwerte, daß man seine Großzügigkeit nicht mit entsprechender Dankbarkeit honoriert habe. „Noch nie ist jemand vor Euch mit höherem Ansehen in unsere Stadt zurückgekommen als Ihr bei Eurer Heimkehr aus Avignon", schrieb Niccolò di Giunta im Jahr 1396. „Ihr seid bei jeder Partei beliebt, und man hält Euch für einen vermögenden Mann... Aber Ihr müßt Euch bei irgend jemandem beklagt haben, der wieder jemand anderem weitererzählt hat, daß Ihr schlecht von ihm gesprochen habt. Darum gebt acht, wem Ihr vertraut."

Zumindest in einer Beziehung befolgte Francesco diesen Rat: er behielt alles, was mit seinen Geschäften zu tun hatte, für sich und gab seinen neugierigen Nachbarn niemals Auskunft, wenn sie wissen wollten, wie groß sein Vermögen wirklich war. Außer dem schönen Haus, das er schon vor seiner Rückkehr zu bauen begonnen hatte, und das nun vor aller Augen stetig in die Höhe wuchs, stellte er von seinem Wohlstand kaum etwas zur Schau. Das gab den Steuereintreibern Rätsel auf, und in ihrem Steuerbericht

für 1383 schrieben sie: „Er ist von Avignon nach Prato zurückgekehrt, und
es heißt, daß er reich ist. Hier sieht man nichts davon außer ein paar
Häusern. Daher haben wir sicherheitshalber für den Wert seines Besitzes
keine Zahl eingesetzt." Drei Jahre später erklärt Francesco, allein sein Besitz
in Prato sei schon 3000 Gulden wert. „Was ihm anderswo noch gehört",
schrieben die Steuerbeamten, „kann mehr oder weniger wert sein. Wieviel,
das weiß nur Gott." Das gemeine Volk von Prato aber hegte keinerlei
Zweifel: Es nannte ihn *„Francesco ricco"*.

Diese Meinung über ihn wurde sogleich bestätigt, als er, noch während
das Haus im Bau war, davor einen Garten anlegen ließ, und zwar kein
Gemüsegärtchen, keinen Obstgarten, sondern einen Ziergarten, 32 auf 14
braccia groß, „voller Pomeranzen, Rosen, Veilchen und anderer schöner
Blumen". Später war er der Meinung, daß er damit „eine große Torheit"
begangen habe, denn das ganze habe ihn die große Summe von 600 Gulden
gekostet. „Es wäre klüger gewesen, das Geld in einen Gutshof zu investieren." Aber man ist beinahe froh, daß Francesco wenigstens einmal in seinem
Leben sein Geld in eine Sache gesteckt hat, die ihm ganz gewiß keinen Profit
einbringen konnte.

Am Ende des Gartens ließ er noch im selben Jahr seinen neuen Fondaco
errichten, in dem er sein Kontor eröffnete. Es war grasgrün gestrichen, und
die Einrichtung bestand aus mehreren Truhen, einem Schrank und vier
Schreibpulten. Eines seiner neuen großen Hauptbücher eröffnete sein Faktor Monte d'Andrea mit der üblichen Eingangsformel: „Im Namen Gottes,
der Jungfrau Maria und aller Heiligen des Paradieses. Sie mögen uns Gnade
erweisen, auf daß wir Gutes tun für Körper und Seele", und gleich darunter
schrieb er die zehn Gebote auf die Seite.[19] Sie wurden vielleicht nicht immer
befolgt, aber immerhin standen sie auf dem ersten Blatt des Hauptbuchs.

Dieser Fondaco war fortan der Sitz der Geschäftszentrale, die mit allen
Filialen Francescos in und außerhalb Italiens regen Schriftverkehr unterhielt.
Bald schon kamen in Prato Warenballen aus dem Ausland an: nicht nur feine
spanische und provenzalische Wolle, ohne die die lokale Tuchindustrie gar
nicht existieren konnte, sondern auch Leinen aus Frankreich und Deutschland, Leder aller Arten, Büffelhaut und Schaffelle aus Pisa und feines weißes
Leder aus Cordoba, sowie Alaun, Seife, Galläpfel *(galla)*, flämischer Krapp
und lombardischer Färberwaid. Ebenso schnell bekam Francesco auch das
Material, das er zur Fertigstellung seines Hauses benötigte: *azzurro ultra-
marino, azzurro d'Alemagna* und Blattgold für die Maler; bemalte Truhen
und auch Vorhänge zur Ausstattung der Räume. Außerdem trafen Samt und
Seide und Brokat für seine und Margheritas Kleidung ein. Was seine
Mitbürger aber vielleicht am meisten beeindruckte, das waren die raffinier-
ten Speisen und Spezereien und Weine, der Käse aus Pisa, Sardinien und
Sizilien, die Fässer voll Thunfisch, die Orangen und Datteln aus Katalonien,
dazu Zucker, Pfeffer und Gewürze aller Arten wie Sennesblätter *(cassia)*,
Nelken, Ingwer, Safran. Manchmal wurde auch vor ihren erstaunten Augen

ein Holzverschlag ausgepackt, und zum Vorschein kamen exotische Tiere für den neuen Garten: „eine Meerkatze, ein Stachelschwein im Käfig, zwei Pfauen (ein Hahn und eine Henne) und eine Möwe".

Es war nur natürlich, daß jemand wie Datini in einer Stadt, die vom Tuchhandel lebte, so schnell wie nur möglich in diesen Erwerbszweig einstieg. Noch in Avignon hatte er den Plan gefaßt, zunächst in Pisa eine Filiale zu eröffnen, um erst einmal seine Handelsbeziehungen mit dem Ausland zu festigen. Damit sicherte er sich jetzt den laufenden Import von Wolle und Farbstoffen. Im Jahr 1383 war er dann offiziell als Mitglied der *Arte della Lana* eingetragen und nahm den Tuchmacher Piero di Giunta, seinen ehemaligen Vormund, und Francesco di Matteo Bellandi, einen entfernten Verwandten, als Gesellschafter ins Geschäft auf. Im darauffolgenden Frühjahr gründete er zusammen mit Pieros Sohn Niccolò, einem Färbermeister, eine neue Handelsgesellschaft innerhalb der *Arte della Tinta*, der Färbergilde. Zehn Jahre später, nach dem Tod Pieros, nahm er dann Agnolo, einen Sohn Niccolòs, als Partner auf. Geschäftsgrundlage war die Abmachung, daß Datini sowohl Wolle aus dem Ausland als auch unveredeltes Tuch liefern sollte, während die Prateser Partner „die Stoffe, die wir abgenommen haben, um sie für ihn und für uns zu machen", bearbeiten und veredeln sollten.

Die Firma, in die er sein Kapital einbrachte, war ein bescheidenes Familienunternehmen. Großvater und Enkel waren Tuchmacher, *lanaiuoli,* und Niccolò war Färber, *tintore.* Sie verkauften ihr Tuch in einem kleinen Lädchen in Florenz, das Niccolò ein paar Jahre zuvor eröffnet hatte. Vor Francescos Rückkehr hatte ihm Piero geschrieben: „Unser Laden ist bei den *lanaiuoli* in Florenz gut angeschrieben, und es gibt keinen Färber in Prato, der so beliebt ist bei den Tuchhändlern in Florenz und in Prato wie Dein Niccolò... Er ist gut im Geschäft, ein guter Tuchhändler und ein guter Färber dazu, der nicht nur mit Waid blau färben kann, sondern auch alle anderen Farben herstellt."

Nur eines fehlte ihnen: Kapital! „Ich habe 400 Goldgulden im Woll- und Färbereigeschäft", schrieb Piero im Jahr 1380 und fügte noch hinzu, daß er nur allzu gern mehr Kapital aufnehmen würde, denn dann könnte er bei den hohen Gewinnspannen mit vollen Segeln Profit machen. „Wir stellen hier selbst Tuch in allen Farben her, die *canna* zu zwei bzw. zu anderthalb Gulden, so daß uns eine Bahn auf ca. zwölf bis sechzehn Gulden zu stehen kommt und nach meiner Schätzung einen Reingewinn von sechs bis acht Gulden [also 50 Prozent] bringt."

Die Firma arbeitete nach dem üblichen Prinzip, das bereits beschrieben wurde: Er, der Tuchhändler kaufte die Wolle an, verteilte sie an die verschiedenen Fachhandwerker, und Niccolò besorgte das Färben. Die Namen all seiner Mitarbeiter sind am Anfang eines seiner Hauptbücher aufgeführt. „Nachfolgend werden wir niederschreiben die Namen aller Walker, Färber und jedweder Person, die Stoffe walkt oder färbt, vom

22. August 1384 an, für uns, nämlich Francesco di Marco und Piero di Giunta und Francesco di Matteo Bellandi, Zunftbrüder in der *Arte della Lana.*"

Und jeder Handel, so versicherte der Schreiber, werde abgeschlossen *„cho'l nome di Dio e di ghuadagno"* – „im Namen Gottes und des Geschäfts".

Daß Niccolò tatsächlich selbst mit den anderen Färbern zusammen arbeitete und das Tuch mit langen Stangen in einem riesigen runden Kessel rührte und wendete, geht aus einem seiner Briefe hervor. Darin beschreibt er, daß dieser Kessel einmal explodierte und daß er sowie fünf andere wie durch ein Wunder dabei keine schweren Verbrühungen erlitten. „Aber der Mann, der das Feuer schürte, wurde so schwer verletzt, daß er die nächsten zwei Monate im Bett bleiben muß und nichts tun kann, und er hat nichts, und der Kessel ist geborsten."

Niccolò war als *tintore di guado* bekannt, denn er war ein Färbermeister, der hauptsächlich Waid und Indigo verwendete. Färberwaid wurde damals in manchen Gegenden der Toskana angebaut, vor allem im Tibertal. Aber offenbar reichte das nicht, um die Nachfrage zu befriedigen, denn 1385 forderte Niccolò bei Francescos Filiale in Pisa Waid aus Genua an – „denn er wird sehr knapp werden, und es kamen bereits Tuchmacher aus Florenz hierher, die mich baten, ich solle für sie färben". Im gleichen Jahr kommt er nochmals auf das Thema zurück: „Ich habe außer dem, den wir schon gekauft haben, keinen Waid mehr, und ich kann nicht weiterarbeiten, wenn Ihr mir keinen schickt." Noch später, im Jahre 1388, schrieb er dann, daß er selbst in die Lombardei gereist sei „bzw. eben überall dorthin, wo man Waid anbaut", weil er nicht viel von den Bologneser Färbern hielt. „Die Genueser verstehen ihr Handwerk besser."

Waid wurde nicht nur zum Blaufärben (vor allem zur Herstellung des *perse*, des tiefsten und schönsten Blau) verwendet, sondern auch als Basis für andere Farben. Krappwurzel, *robbia*, allein nahm man für tomatenrote Färbungen. Wenn man Krapp und Waid mischte, erhielt man die verschiedensten Rotschattierungen zwischen Dunkelrot und Dunkelviolett, die man so oft bei mittelalterlichen Stoffen findet: Violett, *sanguine* (blutrot) und *paonazzo* (ein tiefes, fast schwarzes Violett). Aber am begehrtesten waren die Rottöne, die mit selteneren und kostbareren Farbstoffen erzielt wurden wie dem *brasile* des Pernambukholzes, dem *vermiglione*, dem Zinnoberrot, und vor allen anderen der *grana*, dem leuchtenden, licht- und waschechten Farbstoff, den man aus dem hirsekorngroßen Insekt *coccus ilicis* gewann, das in den Mittelmeerländern heimisch war.²⁰ Dieser wurde meist für das feine Tuch verwendet, das man *scarlatto*, Scharlachtuch, nannte. Mit der Zeit wurde dann der Name des Tuchs auf die Farbe selbst übertragen. Zu den Farben, die für gewöhnliche Stoffarten benützt wurden, gehörte dagegen eine Art Lackmusflechte, *oricello*, die Francesco aus Mallorca einführte, aber auch Safran, der damals in der Nähe von San Gimignano, im Val d'Elsa und in den Abruzzen angebaut wurde, den Francesco aber außerdem auch noch aus Katalonien importierte. *Loto* (Zürgelfarbe), der auch in den Geschäftsbüchern der Gesellschaft auftaucht, wurde nur für billigeres Material genommen, das nicht zum Export bestimmt war. Und schließlich konnte die Firma über Francescos Genueser Filiale Alaun vom Schwarzen Meer importieren, das als Beize zum Fixieren der Farben unentbehrlich war.

Als größten Vorteil für seine Firmenpartner aber brachte Francesco seine Beziehungen und den Zugang zum ausländischen Wollmarkt ins Geschäft ein. Die grobe einheimische Wolle, *romagnola* genannt, wurde nur zu *bigella*, dem derben ungefärbten Tuch für die Kleider der Armen verarbeitet; das feinere Tuch dagegen wurde aus spanischer, afrikanischer oder menorkinischer Wolle, allgemein *lana di garbo* oder *di San Matteo* genannt,[21] oder auch aus englischer Wolle hergestellt. Jedoch waren es natürlich nur Kaufleute, die durch vielseitigen Fernhandel den Transport verhältnismäßig preisgünstig durchführen und es sich leisten konnten, einerseits dieses ausländische Rohmaterial zu importieren und andererseits das veredelte Tuch auch wieder auf auswärtigen Märkten abzusetzen. Aus diesen Gründen gab Francescos Eintritt in die Tuchmachergilde von Prato der Industrie seiner Heimatstadt neuen Auftrieb, was ihm die Prateser bis heute nicht vergessen haben.

Eine seiner ersten Eintragungen in die Geschäftsbücher seiner neuen Handelsgesellschaft notiert den Eingang von „zwölf Ballen Wolle aus Arles in der Provence". Aber es hat den Anschein, als ob die Partner zunächst noch recht zurückhaltend gewesen wären, zu große Mengen von dem feineren Tuch anzufertigen, da sie befürchteten, sie könnten es nicht wieder absetzen. „Ich möchte erst einmal abwarten, wie die Dinge sich entwikkeln", schrieb Niccolò, „bevor wir noch mehr Wolle als wir schon haben zu Tuch verarbeiten. Wenn Ihr zufrieden seid mit dem Gewinn, der sich damit erzielen läßt, dann machen wir so viel davon, wie Ihr wollt. Wenn nicht, machen wir lieber keines mehr."

Man sieht, daß es nicht gerade leicht war, mit Francesco zu tun zu haben. „Ich habe so große Angst, etwas zu tun, was Euch nicht gefallen könnte", schrieb Niccolò, „daß ich lieber gar nicht arbeiten wollte, als Euch das geringste Mißfallen zu verursachen." Auch scheint es sogar trotz Francescos Unterstützung schwierig gewesen zu sein, mit den fest etablierten Florentiner *lanaiuoli* zu konkurrieren. Ein Brief, den Niccolò 1396 an Datinis Filiale in Barcelona schickte, zeigt, mit welchen Schwierigkeiten sich kleine Handelsgesellschaften herumschlagen mußten. Er fragt an, ob es wohl möglich sei, einen Posten seines besten Tuchs in Katalonien zu verkaufen, da es wegen der gnadenlosen Konkurrenz der Florentiner Kaufleute und der immensen Abgaben nicht mehr möglich war, es in Prato oder Florenz abzusetzen. Er hatte dem Adressaten „via Venedig" drei Ballen Tuch von bester Qualität gesandt, „sowohl helles, ungebleichtes als auch welches in diversen Farben, das auch in Florenz nicht besser gemacht sein könnte. Jetzt wirst Du es sehen, wenn Gott will, und Du kannst mir Deine Meinung darüber sagen." Er schloß, daß er davon ca. hundert Stück, *panni,* herstellen könne. Die feinste und teuerste Wolle war die englische,[22] die hauptsächlich aus den Cotswolds kam (in Datinis Geschäftspapieren *Chondisgualdo* genannt), vor allem aus Northleach *(Norleccio),* Burford *(Boriforte)* und von den Ländereien der reichen Klöster von Cirencester *(Sirisestri)* und Winchester *(Guincestri).* Im Gegensatz zu seinen großen Vorgängern, den Bardi, Peruzzi und Frescobaldi, gründete Datini weder eine eigene Filiale in England, noch schickte er je seine eigenen Leute hinauf, um Wolle einzukaufen. Zu diesem Zweck verließ er sich vielmehr auf toskanische Firmen, die bereits in London niedergelassen waren, so vor allem die Firmen Guinigi, Mannini, Alberti, Dini und Caccini, die ihre Agenten zu Pferd in ganz England herumschickten, um die Wolle bei Klöstern, Bauern oder auch lokalen Wollhändlern aufzukaufen. Die Forschung hat ergeben, daß in den *Enrolled Customs and Subsidy Accounts,* den Zollregistern, zwischen 1382 und 1410, also in den Jahren, als Datini englische Wolle importierte, häufig Schiffsladungen auftauchen, die von allen genannten Firmen nach Italien aufgegeben wurden. Daß über Jahre hinweg dieselben Namen in verschiedener Zusammensetzung immer wieder erscheinen, zeigt, in wie enger Beziehung all diese Familienbetriebe italienischer Kaufleute im Ausland zueinander standen.[23]

Hier ein typischer Brief, eine Auftragsbestätigung an Datinis Firma in Florenz von Giovanni Orlandini und Neri Vettori & Co., London 1403:

Ihr sagt, Ihr schreibt nach Venedig, uns 1000 Dukaten anzuweisen, womit wir im Namen Gottes und des Geschäfts nach Eurem Willen in den Cotswolds Wolle kaufen sollen. Mit Gott voran werden wir Euer Begehren ausführen, das wir wohl verstanden haben. In den allernächsten Tagen wird unser Neri in die Cotswolds gehen und versuchen, gute Sorten für uns zu erwerben, und sobald er zurück ist, werden wir Euch mitteilen, was dabei herausgekommen ist.

Diese Firma fungierte offensichtlich weiterhin als Datinis Agent, denn zwei Jahre später haben wir wieder einen Brief, in dem ein Auftrag bestätigt wird:

Wir waren auf den Messen und erwarben feinste, makellose, gute Wolle zum Preis von *marchi* 11. Wolle Gott, daß unseren Landen der Friede erhalten bleibt, damit der Handel weiter seinen Gang nehmen kann.

Es war natürlich von entscheidender Wichtigkeit, jede Verzögerung beim Aufkauf der Vliese zu vermeiden. Zu Anfang des Jahrhunderts ließen die päpstlichen Steuereinnehmer, die die englische Wolle von den Klöstern aufkauften, ihren voraussichtlichen Bedarf an Vliesen oft sogar schon vor der Schur für sich reservieren. An manchen Orten war dies offenbar immer noch üblich, denn es existiert ein Brief, in dem sich Francesco Tornabuoni und Domenico Caccini & Co., London, bei Datini für die mangelhafte Qualität einer Wollsendung aus Cirencester entschuldigen, und zwar mit der Begründung, daß sie die Vliese hätten aufkaufen müssen, bevor sie sie gesehen hätten. Denn „man muß bei fast allen diesen Klöstern die Wolle schon immer vor der Schur kaufen, und bei diesem sowieso, weil seine Wolle den besten Ruf hat". Andere Firmen allerdings scheinen mit dem Einkauf bis zu den Sommermessen gewartet zu haben, denn in einem Schreiben von Mannini & Co. an Datini steht, daß die Tage um St. Johannis, dem 24. Juni, die günstigste Zeit sei, Wolle zu kaufen. „Zu dieser Zeit werden die Jahrmärkte in den Cotswolds abgehalten, und wer auf Qualität achtet, der sollte sich dort eindecken."[24]

Diese englische Wolle wurde in die Qualitäten *buona, mediana* oder *giovane* eingeteilt und exportiert entweder geschoren und zusammengewickelt in Säcken oder als komplette Felle, d. h. Schaffelle, die nach dem Schlachten für den Martinstag angefallen waren. 240 Schaffelle entsprachen bei der Steuererhebung einem Sack Wolle. Die Wolle wurde in die großen Scheuern der verträumten Cotswolds-Dörfer gebracht, wurde gewogen und geschätzt, verpackt, verschnürt und nach heftigem Feilschen an den Meistbietenden verkauft, bevor sie auf Packpferden nach London transportiert wurde. Dort wurde sie für die Zollbehörde nochmals gewogen und schließlich dem ersten Handelsschiff, das ins Mittelmeer segelte, anvertraut.

Leider kann man die Menge der englischen Wolle nicht genau feststellen, die durch Datinis Filialen auf den toskanischen Markt kam. Daß es sich dabei aber um gewaltige Quantitäten gehandelt haben muß, kann man schon aus den Büchern seiner Filiale in Genua schließen, die allein für das Jahr 1397 den Eingang von 38 749 *libbre* dokumentieren. Allerdings war nicht die gesamte Importwolle für die Weiterverarbeitung in seiner eigenen Firma in Prato bestimmt, denn dazu war sie zu klein, und die englische Wolle war zu teuer. Einen kleinen Teil behielt er selbstverständlich für die Handwerksbetriebe seiner Gesellschaft in Prato, aber wie groß dieser Anteil war, wissen wir nicht, denn darüber existiert nur ein einziger Eintrag über 1 080 *lb.* aus eben diesem Jahr 1397. Außerdem nahm er noch einen relativ geringen Teil in Kommission bzw. kaufte sie zusammen mit anderen Firmen. Aber die bei weitem größte Menge veräußerte er, sobald die Wolle eintraf, an große Florentiner *lanaiuoli*.

Die Jahre, in denen Datini englische Wolle importierte, fielen genau mit einem generellen Exportrückgang englischer Wolle zusammen, während gleichzeitig englische und auch fremde Kaufleute englisches Tuch in zunehmendem Maß exportierten, so daß es zu einer ernsthaften Konkurrenz für die Tuchindustrien von Flandern und Frankreich wurde.[25]

Datini importierte aber nicht nur Wolle, sondern auch Tuch in die Toskana, was auf den ersten Blick überraschen mag, da er ja selbst eine Tuchmanufaktur besaß. Man darf jedoch dabei nicht vergessen, daß englisches Tuch nicht nur gut, sondern auch billig war. Denn die Engländer hatten ja gegenüber ihren italienischen oder flämischen Konkurrenten den großen Vorteil, unmittelbaren Zugang zu erstklassigem Rohmaterial zu haben. Außerdem betrug die Exportsteuer für Tuch nur zwei Prozent, für

Wolle dagegen 33 Prozent. Englisches Tuch scheint damals auch schon stark in Mode gekommen zu sein, denn Datini kaufte für den eigenen Gebrauch „6 *berrette scarlatte* – in England gefärbt", obwohl seine eigene Firma in Prato *scarlattino* herstellte. An englischem Tuch führte er folgende Sorten ein: Essex Tuch *(panni stretti di Sex)*, Guildford Tuch *(panni die Guildiforte)*, beide in verschiedenen Farben, und ungebleichtes Tuch *(panni bianchetti)* aus den Cotswolds und aus Winchester; und einmal sind auch zwei Ballen schottischen Tuchs aufgeführt, die von Brügge nach Mallorca verschifft wurden.

Nach englischem Gesetz mußte alle Wolle, die aufs Festland exportiert wurde, erst nach Calais gebracht werden, dem Stapelplatz, von wo aus die Wolle (nach Entrichtung der Stapelgebühr; d. Ü.) weiterging. Eine Ausnahme wurde nur für Wolle gemacht, die entweder aus den Grafschaften des Nordens stammte und dann direkt in die Niederlande verschifft wurde, oder bei Wolle, die für Italien bestimmt war. Trotzdem gab es auch noch italienische Kaufleute, die englische Wolle mit entsprechenden Stapelgebühren in Calais kauften und sie dann entweder von Sluys auf dem Seeweg oder auf dem Landweg durch Frankreich und über die Alpen nach Italien schafften. Aus Handelsbüchern der Gesellschaften Datinis geht allerdings hervor, daß keine der Firmen, mit denen er zu tun hatte, für ihre Wolle diese Routen benützten, sondern alle den direkten Seeweg wählten, wie es mit der Zeit allgemein üblich wurde. Zweimal im Jahr segelte eine große Flotte venezianischer Galeeren direkt von Brügges Seehafen Sluys nach Italien zurück und berührte nur bei stürmischem Wetter die englischen Seehäfen Sandwich oder Dartmouth, während die Genueser und Pisaner Kauffahrteischiffe wiederum flandrische Häfen nur bei Sturm anliefen, sonst aber auf direktem Weg von London und Southampton *(„Antona"* und *„Suantona")*[26] zu den *stretti del Marocco* (Gibraltar) segelten. Im Mittelmeer angelangt fuhren die Genueser Schiffe meist an den Küsten von Katalonien und der Provence entlang und legten in den wichtigsten Häfen an, während Schiffe, die zurück nach Pisa oder Venedig gingen, auch Ibiza und Mallorca anliefen. Ein Teil des Tuchs oder auch des Zinns aus Cornwall, das sie an Bord hatten, wurde in Spanien oder in Mallorca gelöscht, die Wolle aber ging ausschließlich direkt nach Italien, und zwar zum größten Teil auf den toskanischen Markt.

Aus den Zollbüchern geht hervor, daß die Schiffe, die von den Themsehäfen aus nach Italien segelten, meist englische Kapitäne hatten, die von den italienischen Kaufleuten geheuert waren – und nur vereinzelt venezianische oder genuesische –,[27] während von Southampton aus nur Genueser Schiffe unter dem Kommando von Genuesen segelten. Die Kapitäne, die in Datinis Büchern erscheinen, sind fast ausschließlich Venezianer oder Genuesen, gelegentlich auch einmal Katalanen und ein einziges Mal nur ein Engländer.

Die Firma der Brüder Mannini schrieb am 6. August 1392 aus London: „...nur um Euch zu berichten, daß wir ein Drittel Frachtraum eines

Handelsschiffs gechartert haben, zusammen mit Niccolò di Duca und Francesco di Giovannino. Das Schiff wurde hier in diesem Land gebaut, es ist ein edles Schiff, und es gehört einem der größten Edelleute dieses Landes. Sein Name ist Messer Tommaso di Presi [Duplessis], und er hat einen englischen Kapitän, der ein tüchtiger Seemann ist. Das genannte Schiff hat eine Mannschaft von fünfzig guten Matrosen, die mit Waffen und Armbrüsten ausgerüstet sind... und soll am 8. November in Antona sein." Daß auch Armbrustschützen an Bord waren, war alles andere als überflüssig – auf Schiffen, die ins Mittelmeer fuhren, schon gar nicht –, denn nicht nur von den Schiffen der Mauren und Sarazenen drohten ständig Piratenüberfälle. Zwischen den großen Seerepubliken Italiens war der Kaperkrieg, *la guerra di corsa*, längst gang und gäbe, und die Bezeichnung „*corsaro*", Seeräuber, war in keiner Weise ein Schimpfwort. Die Meere wimmelten nur so von Pisaner, Genueser, katalonischen und griechischen Freibeutern, die jedes unbewaffnete Handelsschiff, das sie zu Gesicht bekamen, angriffen und kaperten, um anschließend ein fettes Lösegeld für Menschen und Waren an Bord zu verlangen. In manchen Gegenden war das Meer derart unsicher, daß man vorsichtshalber den Frachtschiffen nicht nur bewaffneten Begleitschutz mitgab, sondern sogar schon bevor sie überhaupt in See stachen Erkundigungen einzog, „um die Position der Piraten zu entdecken", und notfalls die vorgesehene Route zu ändern.[28]

Ähnliche Gefahren drohten den Schiffen, mit denen Datini *lana di garbo* und *lana di Minorica* aus dem westlichen Mittelmeer importierte, wenn es sich dabei auch um kürzere Strecken handelte. San Matteo in Katalonien war der Ort, wohin fast die gesamte spanische Wolle ging, bevor sie zum Export in den kleinen Hafen Peniscola gebracht wurde. Die Wolle von den Balearen wurde in Palma di Mallorca abgeliefert und gesammelt, damals einfach Maiorca genannt. Die Schiffe segelten gewöhnlich an der Küste Kataloniens entlang bis nach Barcelona. Ein Teil von ihnen lief dann provenzalische Häfen wie Aigues Mortes, Marseille oder Nizza an, bevor sie schließlich Genua erreichten, von wo die Wolle entweder auf dem Seeweg nach Pisa oder auf dem Landweg über Lucca nach Florenz und Prato transportiert wurde. Die übrigen segelten auf der direkten Route nach Porto Pisano. Später wurde das fertige Tuch auf ähnlichen Routen wieder auf die spanischen und nordafrikanischen Messen geschickt, wenn nicht gerade Pisa wieder einmal für den Florentiner Handel gesperrt war (und das kam mehr als einmal vor!) oder die Söldnerheere der Visconti von Mailand plündernd durch die toskanischen Lande zogen. Dann war es sicherer und kaum kostspieliger, die Ballen von Florenz über den Apennin nach Bologna und Ferrara zu senden, von da aus auf dem Wasserweg nach Venedig und weiter die Adria hinunter um die Stiefelspitze herum nach Mallorca.

Solche Transporte nahmen selbstredend viel Zeit in Anspruch. In der Tat war es von großem Nachteil, vor allem für die kleineren Firmen, daß beim Tuchhandel zwischen der Kapitalinvestition für das Rohmaterial und den ersten Einnahmen aus dem Verkauf von fertigem Tuch einfach sehr viel Zeit verging. Federigo Melis zeigt exemplarisch an einem Vorgang, dem er von Anfang bis Ende nachgeht, daß von der Bestellung der Wolle auf den Balearen bis zum Verkauf des fertigen Tuchs schließlich ganze dreieinhalb Jahre vergangen waren.[29] Aus den einzelnen Etappen dieses Geschäftsvorgangs erhalten wir Einblick in einige der Schwierigkeiten, die Kaufleute damals zu meistern hatten.

Die erste Etappe, der Transport der Wolle von Mallorca in die Werkstätten in Prato, nahm vierzehn Monate in Anspruch. Am 15. November 1394 wurde ein Auftrag von Francescos Firma in Florenz an seine Filiale in Palma di Mallorca geleitet. Im darauffolgenden Mai, zur Zeit der Schafschur, wurde ein Agent dorthin geschickt, der 29 Sack menorkinische Wolle und Schaffelle kaufte und ein spanisches Schiff charterte. Das wiederum kam wegen der Stürme nicht vor Ende Juli in Menorca an, lief aber dann gleich in Richtung Peniscola, dem katalonischen Hafen, aus, segelte an der katalonischen Küste entlang bis Barcelona und weiter über das offene Meer nach Porto Pisano. Bis nach Barcelona wurde der Frachter von zwei Begleitschiffen eskortiert, denn dieser Teil der Reise galt als besonders gefährlich. Die Strecke von Barcelona nach Porto Pisano jedoch legte er allein zurück, so daß er zu seinem Schutz zwölf Bogenschützen an Bord nahm. Die Überfahrt von Barcelona nach Porto Pisano dauerte sieben Wochen, vom 2. September bis zum 22. Oktober 1395. Von Porto Pisano aus wurden die Schaffelle auf dem Landweg auf Saumtieren nach Pisa weitergeschickt, die Sackwolle dagegen auf dem Wasserweg. In Pisa packte man die Wolle in 39 Ballen um, von denen 21 an einen Kunden in Florenz gingen und 18 an Francescos eigenen Fondaco in Prato, wo sie am 14. Januar 1396 eintrafen.

Die nächste Etappe, das Verarbeiten der Wolle zu Tuch, dauerte sechs Monate. Die Wolle wurde geschlagen, aussortiert, gefettet, gewaschen, gekämmt, kardiert, auf Rocken gehaspelt, versponnen (bei unserem Beispiel von 96 Bauersfrauen in Heimarbeit auf ihren Höfen); dann wurde sie angezettelt und zu Tuch verwebt, das danach genoppt wurde, noch in feuchtem Zustand geschoren, zum Trocknen gespannt, gekrempelt und zum zweiten Mal geschoren, dann den Färbern übergeben (in diesem Fall sollte es dunkelblau, *turchino*, gefärbt werden) und zum dritten Mal geschoren und zu guter Letzt gemangelt und gelegt. Jeder dieser Arbeitsgänge konnte natürlich nur von den jeweiligen Facharbeitern ausgeführt werden. Ende Juli waren schließlich sechs Stück Tuch à ca. 15 *canne*, also ungefähr 35 Meter fertiggestellt. Diese wurden zusammen mit fünf Stück anderen Tuchs, die ebenfalls aus menorkinischer Wolle gewebt waren, zu zwei Ballen verpackt und via Mallorca nach Spanien und Nordafrika zurücktransportiert, um dort vermarktet zu werden.

Just zu dieser Zeit waren aber für den Florentiner Handel wieder einmal alle Seehäfen der Toskana gesperrt, und so wanderten die Tuchballen auf Saumtieren über den Apennin und weiter über Bologna und Ferrara nach

Venedig. Dort wurden sie auf ein venezianisches Schiff verladen und erreichten ihr Ziel Palma di Mallorca am 1. September. Dieser Transport dauerte nur sieben Wochen.

Nun erst kam die letzte, nicht gerade leichteste Etappe: der Verkauf des fertigen Produkts. Ausgerechnet in jenem Jahr stagnierte der Markt nach einem ungewöhnlich heftigen Ausbruch der Pest. Und zu allem Überfluß stellte sich auch noch heraus, daß die Farbe bei den dortigen Kunden keinen Anklang fand. So wurde die ganze Ladung nach Valencia weitergeschickt, und anschließend wurde wiederum alles, was auch dort nicht abgesetzt werden konnte, nach Nordafrika verschifft. Aber selbst von dort kam ein Teil wieder nach Palma zurück. Es dauerte noch bis zum Frühjahr des Jahres 1398, also im ganzen dreieinhalb Jahre nach dem Ordern der Wolle, bis schließlich alles verkauft war.

Da fragt man sich, was Francesco und seinen Partnern am Ende der ganzen Transaktion an Reingewinn blieb. Nach Abzug aller Kosten für Rohmaterial, Verpackung, Transport, Versicherung, Zoll, Steuern und Abgaben sowie für die eigentliche Herstellung des Tuchs und die Vermarktung blieben ihm gerade 8,9 Prozent – ein magerer Ertrag, wenn man den großen Aufwand bedenkt, der über so lange Zeit hinweg nötig war! Wenn man außerdem noch all die unvorhersehbaren Risiken in Betracht zieht – wie Schiffbruch, Überfälle von Piraten oder Straßenräubern, betrügerische Agenten, gesperrte Häfen, Epidemien, Beschädigung der Ware –, müssen wir zu dem Schluß kommen, daß im Mittelalter ein Tuchhändler seinen Gewinn wirklich verdiente.

Überflüssig zu betonen, daß die Leitung eines solchen Unternehmens eine höchst komplizierte Buchführung erforderte, wie man ja aus den Haupt- und Rechnungsbüchern im Datini-Archiv sieht. Erstaunlich viele sind noch vorhanden. Davon enthalten zehn ausschließlich die Warenkonten der Tuchmanufaktur von Francesco und Agnolo di Niccolò in den Jahren von 1395 bis 1399. Aus ihnen können wir jede einzelne Phase des Herstellungsvorgangs ablesen. In einigen wird buchgeführt über den Ankauf von Rohmaterial und Werkzeug, in anderen über alle Verkäufe, in wieder anderen über die verschiedenen in der Firma angestellten Handwerker und Arbeiter mit ihren Namen, sowie der Menge an Wolle oder anderem Material, das jeder von ihnen zugeteilt bekam und wieder ablieferte; dann gab es noch ein Kontobuch für die Handkasse, ein weiteres für Löhne, Anleihen und Darlehen u. ä.; schließlich haben wir das Haupthandlungsbuch der Firma, das die Kosten für jeden einzelnen Arbeitsvorgang aufstellt und die Gesamtherstellungskosten für jedes Stück Tuch vom Verspinnen der Wolle bis zum letzten Mangeln und Legen des appretierten Tuchs verzeichnet.

Die Tuchherstellung brachte Datini im Vergleich zu den meisten seiner übrigen Handelsaktivitäten nur recht kleine Profite ein, die noch dazu lange auf sich warten ließen. Mag sein, daß diese Einsicht ihn davon abbrachte, sich stärker in diesem Gewerbe zu engagieren. Wie wir gesehen haben, bestand sein Beitrag hauptsächlich darin, daß er sein Kapital einbrachte, dazu die gute englische und spanische Wolle, die er mit seinem Geld erwerben konnte, und seine Beziehungen im Ausland, die ihm halfen, das fertige Produkt zu vermarkten. Die Führung des Geschäfts jedoch lag ausschließlich in den Händen seiner Gesellschafter. So wurde die Firma denn aufgelöst, nachdem Agnolo di Giunta im Jahre 1399 und ein Jahr später auch noch dessen Vater und Francesco Bellandi an der Pest gestorben waren, obwohl Datini auch weiterhin noch beträchtliche Posten an ausländischer Wolle für andere Kaufleute importierte. Im Jahr 1402 zum Beispiel wurde die ganze Menge von 11 566 *lb.*, die er in England eingekauft hatte, sofort an Florentiner *lanaiuoli* weiterveräußert.

Doch das kleine Prato war Francesco schon lange vor dieser Zeit zu eng geworden. Nur fünfzehn Meilen entfernt lag ja Florenz, eine Stadt, die ebenso reich, geschäftig und aufgeschlossen war für Initiativen aller Arten wie Avignon. Im Jahr 1386, drei Jahre nach seiner Rückkehr in die Toskana, hatte Datini bereits den Entschluß gefaßt, zwar in Prato ein schönes Haus zu haben und seine Frau dort wohnen zu lassen, selbst aber von nun an auch in Florenz Handel zu treiben.

Drittes Kapitel

Handel im Land und in der Fremde

Believe me, Sir, had I such venture forth,
The better part of my affections would
Be with my hopes abroad. I should be still
Plucking the grass to know where sits the wind,
Peering in maps for ports, and piers, and roads;
And every object that might make me fear
Misfortune to my ventures, out of doubt
Would make me sad.

Herr, glaubt mir, hätt' ich soviel auf dem Spiel,
Der beste Theil von meinem Herzen wäre
Bey meiner Hoffnung auswärts. Immer würd' ich
Gras pflücken, um den Zug des Winds zu sehn;
Nach Häfen, Rhed' und Damm in Karten gucken
Und alles, was mich Unglück fürchten ließ'
Für meine Ladungen, würd' ohne Zweifel
Mich traurig machen.

Shakespeare, *Der Kaufmann von Venedig* I, 1
(Übers. A. W. Schlegel)

I

Francescos Entschluß vom Frühjahr 1386, ganz nach Florenz zu ziehen und es zum Zentrum seines Handels zu machen, hing sicher auch damit zusammen, daß dort gerade einige wenige mächtige Geschlechter ans Ruder gekommen waren, lauter reiche Bankiers, Kaufleute und Angehörige der gebildeten Stände. Er rechnete damit, daß sie Gesetze machen würden, die sich auf den Handel günstig auswirkten. Ihr Aufstieg zur Macht beendete eine lange Periode wirtschaftlicher und sozialer Unruhen. Im ersten Drittel des Jahrhunderts hatten Handel und Wohlstand in Florenz einen Höhepunkt erreicht; dann aber folgte über einen Zeitraum von mehr als 40 Jahren hinweg eine Katastrophe der anderen. Zwischen 1343 und 1376 gingen die drei großen Florentiner Bankhäuser Peruzzi, Acciaiuoli und Bardi bankrott, nachdem ihr Hauptschuldner, König Edward III. von England, seinen Zahlungsverpflichtungen nicht nachgekommen war. Der Zusammenbruch der Großen riß so gut wie alle kleineren Florentiner Handels- und Bankunternehmen mit. In der Fremde war die Konkurrenz groß: die französischen *lettres de foire** standen inzwischen ebenso hoch im Kurs wie die italienischen *lettere di cambio**, katalanische Kapitäne und Kaufleute wetteiferten erfolgreich mit den Italienern im Handel mit der Levante. Im eigenen Land hatten die großen Florentiner Geschlechter dem französischen Söldnerführer Gautier de Brienne das Kommando ihrer Truppen im Krieg gegen Pisa übergeben. Die kurze Zeit seiner Tyrannei als Herzog von Athen hatte schmählich mit seiner Verbannung geendet. Dann kam die große Pestepidemie von 1348, die rund ein Drittel der Bevölkerung dahinraffte. Alle Chronisten berichten übereinstimmend, daß die Reichen, die überlebten, ihren Unternehmungsgeist verloren hätten und die Armen jede Lust zu harter Arbeit. Es wurde schwierig und kostspielig, Arbeitskräfte zu bekommen, der Handel lag darnieder, die Felder lagen brach.[1]

Die spärliche Ernte wurde noch dazu Jahr für Jahr von den *compagnie di ventura*, die die Toskana immer wieder heimsuchten, geplündert und vernichtet. Ganz gleich, für welche Seite sie gerade kämpften, sie hinterließen immer eine breite Spur der Verwüstung auf ihren Zügen. Die Priori versuchten die städtischen Finanzen wieder aufzubessern, die zu alledem noch von einer Reihe kleinerer Kriege strapaziert worden waren. Zu diesem Zweck erhoben sie exorbitante Steuern und vergrößerten dadurch noch die Unzufriedenheit der Reichen und das Elend der Armen. Die alten Machtkämpfe zwischen Welfen und Ghibellinen, zwischen *Arti maggiori* und *Arti minori* wurden noch unübersehbarer und verschärften sich zunehmend dadurch, daß eine neue Klasse politisch in Erscheinung trat, das *popolo minuto*, Menschen, die ständig am Existenzminimum dahinvegetierten und deshalb in jeder Krisensituation am meisten zu leiden hatten.

Im Jahr 1368 ging eine schlimme Prophezeiung von Mund zu Mund, die vermutlich von einem Franziskaner in die Welt gesetzt worden war. Ein Tag werde kommen, so hieß es, da „die Würmer der Erde auf grausamste Weise Löwen, Leoparden und Wölfe auffressen werden; und die Amseln und die anderen kleinen Vögelchen werden die gierigen Raubvögel verschlingen in Haß. Und zur selben Zeit werden die kleinen Leute und das gemeine Volk alle Tyrannen und falschen Verräter vernichten... Und es wird herrschen große Hungersnot und Pestilenz, woran etliches ungerechtes Volk sterben wird, und die Kirchen werden all ihrer weltlichen Güter beraubt werden."[2]

Solche Reden, die zunächst nur von wenigen Leuten hinter vorgehaltener Hand weitergegeben, mit der Zeit aber immer ungenierter überall im Land verbreitet wurden, sind ein Indiz für die allmähliche Zerrüttung eines Weltbilds, das Grundlage und Voraussetzung der ganzen Wirtschaftsstruktur der voraufgegangenen zwei Jahrhunderte gewesen war, nämlich blinde Obrigkeitshörigkeit vor allem gegenüber der Autorität der Gilden. Die

---

* Meßwechsel, d. h. ein Wechsel, der nur auf großen internationalen Messen wie Antwerpen, Frankfurt, Champagne-Messen bezahl- bzw. einlösbar war, d. Ü.

Statuten der Gilden nahmen stets für sich in Anspruch, sichtbarer Ausdruck des göttlichen Willens zu sein. Daran wurde allgemein geglaubt, so daß die Konsuln der *Arte della Lana* sogar so weit gehen konnten, im Jahr 1333 die Bischöfe von Florenz und Fiesole zu überreden, jedem Zunftmitglied bis hinunter zur kleinen Spinnerin, das die Anordnungen der Zunft nicht befolgte, mit Exkommunikation zu drohen.[3]

Da aber während des Exils der Päpste in Avignon die Macht der Kirche, nicht zuletzt durch zunehmende Korruption, unterhöhlt wurde, dazu in zahlreichen Städten die weltliche Macht ihrer Vertreter gebrochen wurde, begann auch die Autorität der Gilden zu schwinden. Die Arbeiter fügten sich nicht mehr in blindem Gehorsam, sie fingen an, sich in eigenen Organisationen zusammenzuschließen, sie protestierten und gingen auf die Straße. Im Verlauf eines dieser Tumulte wurden im Jahr 1343 22 Paläste und Warenhäuser der Bardi ausgeplündert, wobei ein Schaden in Höhe von 60000 Gulden entstand. 1360 führte Margheritas Vater Domenico Bandini zusammen mit anderen einen ähnlichen Aufstand an und wurde daraufhin als Rebell hingerichtet.

Endlich machte sich die allgemeine Unzufriedenheit im Jahr 1378, also vier Jahre bevor Datini in die Toskana zurückkehrte, Luft in dem berühmten Ciompi-Aufstand (der seinen Namen von der untersten Klasse der Wollarbeiter hat, die die größte Rolle bei dieser Erhebung spielte). Sie randalierten vor dem Palazzo della Signoria, schrien: „Nieder mit den Verrätern, die uns verhungern lassen!" und forderten das Recht auf eigene Zünfte und die Garantie auf eine jährliche Mindestproduktion von 24000 Stück Tuch (was gerade ein Drittel der Jahresproduktion von 1338 ausmachte). Das Ergebnis war die Gründung von drei neuen Gilden: der *tintori*, Färber, der *farsettai*, Wamsmacher, und der *ciompi;* sie bezeichneten sich fortan selbst als *Arti del popolo di Dio* (Zünfte des Volks Gottes). Obwohl dieser Aufstand unverzüglich mit gnadenlosen Repressalien niedergeschlagen wurde, gelang es doch zweien dieser Gilden, über drei Jahre lang in der Regierungskoalition zu bleiben. Nie hatte Florenz eine Regierung, die der Verwirklichung einer echten Demokratie näher gekommen wäre. Es war ihr jedoch nicht der Erfolg beschieden, den Handel wieder zu seiner alten Blüte zu bringen, nicht zuletzt deswegen, weil viele der reichen Kaufleute ihre Werkstätten und Läden einfach schlossen. Endlich brachte eine Konterrevolution das *popolo grasso* wieder zur unumschränkten Macht.

Als Datini sich also entschloß, nach Florenz zu übersiedeln, wurde diese Stadt von einer kleinen reaktionären Gruppe beherrscht, die von da an noch 42 Jahre lang an der Macht bleiben sollte. Obwohl sich der Handel unter dieser oligarchischen Regierung wieder belebte, waren die Ereignisse der zurückliegenden 50 Jahre nicht einfach vergessen. Datini und die anderen Kaufleute wußten nur zu gut, daß die sozialen Unruhen, die den Ciompi-Aufstand verursacht hatten, nicht auf die Toskana beschränkt waren. Drei Jahre später berichtet Bonaccorso Pitti aus Paris in einem Brief nach Hause von einem ähnlichen Aufstand. Im selben Jahr ergoß sich randalierendes Landvolk in die Straßen von London und skandierte: *„When Adam delved and Eva span, who was then the gentleman?"* („Als Adam hackte, Eva spann, wer war da der Edelmann?") Ja in ganz Europa erschwerten und behinderten auch noch andere unvorhersehbare Gefahren die Wiederbelebung des Handels. Die Pest überzog in immer neuen Wellen das Land und forderte fast ebenso viele Opfer wie 1348, beim ersten Mal. Der Hundertjährige Krieg im Norden, die nicht abreißende Kette von Städtekriegen in Italien blockierten die Handelsstraßen und lähmten jede Investitionsbereitschaft. Selbst wenn es einem Kaufmann gelang, sich in einer fremden Stadt niederzulassen, mußte er sich darüber im klaren sein, daß er dort nur stillschweigend geduldet wurde. Als junger Mann war Datini, wie wir gesehen haben, nur mit knapper Not der Verbannung aus Avignon entgangen, die die Florentiner Kaufleute damals traf. Später hing seine Handelslizenz in Spanien von Lust und Laune des Königs von Aragon ab. Er ging seinen Geschäften immer in dem Bewußtsein nach, daß jede Unternehmung ein Risiko barg, daß es außerhalb seiner Macht stand, ihr Gelingen zu erzwingen, ja, daß er alles der Gunst des Augenblicks überlassen mußte.

Diese innere Einstellung, die so häufig aus Datinis Briefen spricht, läßt ihn unglaublich „modern" erscheinen. Sein Optimismus war für immer erschüttert, er mußte stets und ständig mit Krieg, Pest, Hungersnot, Aufruhr oder anderen Hiobsbotschaften rechnen. Er glaubte weder an die Beständigkeit von Regierungen noch an die Redlichkeit der Menschen. „Du bist noch jung", schrieb er 1397 an Luca del Sera, „aber habe Du erst einmal so lange gelebt und mit so vielen Menschen Handel getrieben wie ich, dann wirst Du schon sehen, daß der Mensch ein gefährlich Ding ist, wenn man sich mit ihm einläßt." Aus diesen ständigen Befürchtungen heraus streute er sein Vermögen so gut wie möglich. Nie legte er zu viel Kapital in einer einzigen Firma fest, nie traute er einem Gesellschafter uneingeschränkt über den Weg, stets war er bereit, Verluste abzuschreiben und wieder ganz von vorne anzufangen, mit einem Geschäft wieder hereinzuholen, was er mit einem anderen verloren hatte. Allein dieser Vorsicht, seiner nie nachlassenden Wachsamkeit verdankte er sein Vermögen – aber auch ein Leben voller Sorgen und Mühsal.

Aus den Datini-Briefen geht hervor, wie die unsichere politische und wirtschaftliche Weltlage auch andere Kaufleute in dieser Zeit in Mitleidenschaft zog. Sicher waren sie in mancher Hinsicht von kleinerem Format als die voraufgegangene Generation. Unter Francescos Zeitgenossen gab es keine Pioniere wie einen Marco Polo, ja nicht einmal mehr internationale Kaufleute, die in großem Maßstab transkontinentalen Fernhandel trieben, vom Kaliber der Bardi oder Peruzzi. „Nicht der Umfang des Handels war zurückgegangen", schreibt Sapori, „sondern der Unternehmungsgeist der Kaufleute selbst."[4] Heldentum war in diesen Zeiten bei einem Kaufmann nicht mehr gefragt. Die „heroischen Zeiten" des italienischen Handels waren zu Ende, die Handelsrouten in den Fernen Osten, ans Schwarze Meer, an die Küsten Kleinasiens, Afrikas, Spaniens waren längst erschlossen. Die Straßen waren sicherer geworden, und die Kaufleute mußten nicht mehr persönlich ihre Waren in bewaffneten Geleitzügen an ihren Bestimmungsort bringen, sondern sie konnten sie Fuhrleuten anvertrauen. Zugleich hatte die Erfindung des Wechsels den Transfer von Kaufkraft möglich gemacht, ohne daß die Münzen selbst transportiert werden mußten. Nur deshalb konnte Datini sich in seinem ganzen Leben auf die einzige, wagemutige Reise beschränken, die ihn in seiner Jugend nach Avignon geführt hatte. Später genügte es, daß er im Geiste beweglich war. Wie die meisten anderen Kaufleute beteiligte er sich weder an der Verteidigung seiner Republik, noch übernahm er ein Regierungsamt. Die Zeiten, als die Bürger von Florenz ihre Stadt noch selbst mit den Waffen verteidigten, waren vorbei. Nun zogen Söldner unter dem Kommando ausländischer *condottieri* für sie in die Schlacht, während die Regierungsgewalt über die Stadt selbst und das zugehörige, immer größer werdende Territorium in den Händen einer kleinen Gruppe von Amtsträgern lag. Die Bürokratie, die bis heute das Grundübel des politischen Lebens in Italien ist, war bereits damals im Entstehen.

In dieser gewandelten Gesellschaftsordnung hielten sich fast alle Kaufleute der Politik fern und kümmerten sich nur insoweit um die Angelegenheiten ihrer Republik, als sie ihre Geschäfte direkt tangierten. Das einzige Amt, das sie immer anstrebten, war das Amt des Priors, denn abgesehen von dem Prestige, das damit verbunden war, gab es seinem Inhaber Mitspracherecht bei allen Dekreten, die für den Handel von entscheidender Wichtigkeit waren, nämlich denen, die das Budget der Stadt, alle Steuern und Abgaben betrafen. Die kleineren Posten hingegen waren so unbeliebt, daß man sie im Losverfahren besetzen mußte und diejenigen, die ihre Ernennung nicht annahmen, mit hohen Geldstrafen belegte. Wie notwendig solche Maßnahmen waren, zeigt ein Brief,[5] in dem ein Florentiner Kaufmann, Andrea di Maestro Ambrogio, erzählt, daß sein Name an zwei aufeinanderfolgenden Tagen ausgelost worden sei, nämlich zuerst als *Castellano* von Serravalle, dann als *Castellano* von Pescia. „Heute noch werde ich das eine wie das andere [Amt] ausschlagen; für mich und Leute meines Standes kommen solche Dinge nicht in Frage." Weiter berichtet er von einem Freund, der ehrgeiziger war und dessen Frau ihn ständig drängte, „solche Ämter und Ehren" anzunehmen. Dazu meint er: „Wer nach solchen Dingen strebt, dem bringt das Verderben für Leib und Seele."[6]

Derselben Ansicht war Datini. Das einzige öffentliche Amt, das er in Prato je innehatte, war das des *Gonfaloniere*. In Florenz hielt er sich der Politik gänzlich fern. Hätte ihm jedoch jemand den Vorwurf gemacht, ihm sei das öffentliche Wohl gleichgültig, hätte er wahrscheinlich geantwortet, daß ihm einerseits seine Geschäfte keine freie Minute ließen, daß andererseits in Wirklichkeit doch nur Kaufleute wie er in Europa die Macht in Händen hielten, und nicht *priori* oder *castellani*. Nur mit ihrem Geld konnten Kriege geführt und Verbündete gekauft werden, und die Fürsten anderer Länder suchten in Wahrheit nur ihre Freundschaft. Da saßen sie wie verschlagene alte Spinnen reglos in einer Ecke ihres Netzes, diese seßhaften Kaufleute, und überwachten von ihren Kauffahrteien in Por Santa Maria und Por di Calimala aus das Schicksal ganz Europas. Datini brachte es allerdings niemals zu so großem Reichtum, zu so großer Macht wie die ganz großen Kaufherren des 13. und des frühen 14. Jahrhunderts. Sein Werdegang ist eben vor allem deshalb so interessant, weil er zeigt, daß auch ein Mann wie er sich im Welthandel durchsetzen konnte, obwohl er nur wenig Kapital und keinerlei Protektion besaß.

Schon ein Blick auf seine umfangreiche Geschäftskorrespondenz zeigt, wie weit er seine Netze ausgeworfen hatte, wie im 14. Jahrhundert selbst die kleineren Handelsfirmen trotz Pestepidemien, Kriegen, Räuberunwesen und schlechter Straßenverhältnisse bis in die entferntesten Winkel Europas ständig miteinander kommunizierten. Die Mappen mit den Geschäftsbriefen und Handlungsbüchern der Filialen in Barcelona und Valencia zeigen, daß sie nicht nur in regem Briefwechsel mit den Filialen auf den Balearen und mit den Handelszentren in Spanien, Portugal und Italien standen, sondern auch Geschäftsbeziehungen mit Paris, Brügge und London, mit Deutschland und Nordafrika, mit Montpellier, Avignon, Arles, Marseille und Aigues Mortes unterhielten. Gemeinsam ist all diesen Briefen eines: Worüber auch immer berichtet wurde, ob über eine Schlacht, einen Waffenstillstand, eine Papstwahl oder eine Fürstenhochzeit, ein Gerücht, daß die Pest wieder irgendwo ausgebrochen sei, daß eine Hungersnot ein Land heimsuche oder eine Überschwemmungskatastrophe, alles wurde ausschließlich unter dem Gesichtspunkt festgehalten, welche Auswirkungen es auf das Geschäft haben könnte. Wenn die Söldnerheere der Visconti kurz vor der Ernte von Norden her in die Felder der Toskana einfielen, so daß eine Hungersnot vor der Tür stand, kümmerten sich die toskanischen Kaufleute nicht etwa um die Verteidigung ihres Landes, sondern sie kauften schleunigst Genueser Weizen auf. Wenn dann Friede geschlossen wurde, freute sich der Kaufmann, der diese gute Nachricht weitergab, nicht so sehr darüber, daß seine Stadt endlich von Gian Galeazzos grausamer Herrschaft befreit war, als vielmehr an dem Gedanken: „Nun, da wir Frieden haben, dem Herrn sei Dank, werden die Reisewege wieder sicher sein." Als 1408, diesmal ein wenig weiter von der eigenen Haustür entfernt, ein Waffenstillstand zwischen England und Flandern für drei Jahre den Hundertjährigen Krieg unterbrach, verloren Datinis Korrespondenten in Brügge keine Zeit, ihm die frohe Kunde zu übermitteln: „Nun werden sich hier viele englische Kaufleute niederlassen, und dadurch werden wir wieder mehr Handel mit ihnen treiben." Sobald aber zwei Jahre später die Feindseligkeiten von neuem ausbrachen, bekam der Handel die Auswirkungen zu spüren. „Die Messe fand hier am 7. dieses Monats statt, aber nie war sie so trostlos. Und nur, weil die Engländer nicht anwesend waren, die sonst immer am meisten auf dieser Messe kaufen und die wegen ihres Kriegs mit den Franzosen nicht kommen können."

Aber sogar aus dem Krieg konnte man manchmal klingende Münze schlagen. Wenn zum Beispiel in Nordfrankreich eine neue kriegerische Auseinandersetzung auszubrechen drohte, wurden eilends Mailänder Kürasse und Toledaner Klingen in Ballen zusammengepackt und auf Saumtieren von Avignon nach Paris expediert. Wenn dann nach einem englischen Sieg anzunehmen war, daß er in London groß gefeiert werden würde, beeilte sich ein Firmenmitglied der Filiale in Barcelona, mit einem Packen kostbarer Rubine, Diamanten und Perlen nach England zu reisen.[7] Es war damals absolut lebenswichtig für einen Kaufmann, derartige Informationen früher zu erhalten als die Konkurrenz. Paolo da Certaldo gab allen Kaufleuten den dringenden Rat, immer erst selbst die Schlußfolgerungen aus dem zu ziehen, was in den an sie gerichteten Briefen aus der Fremde stand, und entsprechend zu handeln, und dann erst alles, was mit derselben Sendung für ihre Kollegen gekommen war, an diese weiterzugeben. „Denn es könnten diese Briefe Dinge enthalten, die Deine eigenen Geschäfte verderben würden, und der Dienst, den Du dem Freund mit dem Brief erwiesen hast, könnte Dir selbst zum Schaden gereichen."[8]

Diese Briefe legen nicht nur von Datinis Tätigkeit im Ausland Zeugnis ab, sondern auch von der zahlreicher anderer toskanischer Firmen, vor allem in Spanien, Flandern und England. Alle handelten sie, abgesehen von Wolle, hauptsächlich mit Tuch, Gewürzen, Juwelen und Kunstgegenständen. Eine ihrer bedeutendsten „Kolonien" befand sich in Brügge, wo die Florentiner ebenso wie die Venezianer und Genuesen ihr eigenes prächtiges Konsulat hatten. Viele dieser Firmen arbeiteten eng mit Francescos Gesellschaften zusammen. Ihren Handel mit Spanien wickelten sie bevorzugt über seinen Fondaco in Barcelona ab. Datinis aktivste Korrespondenten waren Deo Ambrogi und Giovanni Franceschi & Co., Gewürzhändler, deren Haupthandelshaus in Montpellier stand, die aber auch in Paris eine Filiale unterhielten; dann Luigi und Salvestro Mannini & Co., die in Wolle, Tuch und Luxusartikeln handelten (Filialen in London und Paris); Giovanni Orlandini & Co., Florentiner Tuchhändler mit einer gutgehenden Filiale in London; schließlich die Gebrüder Alberti, die wiederum Filialen in Avignon, Sevilla und Rhodos betrieben. Sie alle waren Kaufleute, die gleichzeitig im internationalen Finanzgeschäft tätig waren. Das Datini-Archiv enthält zahlreiche von ihnen ausgestellte Wechsel, die von Francescos Filialen in Italien und Spanien eingelöst wurden (vgl. Kapitel 5, S. 130–132).

In den Briefen dieser Kaufleute können wir die gefährliche Reise der Genueser und der Venezianer Galeeren von der Levante übers Mittelmeer und die Atlantikküste entlang nach Norden bis an die Küsten Flanderns verfolgen, schwer beladen mit Gewürzen aller Arten, mit *grana*, Scharlachfarbe oder Schirwitz, und dem Brasilin, das die Flamen unbedingt brauchten, um ihr Tuch zu färben, mit Alaun, der Beize, mit der sie die Farben erst wasch- und lichtecht machen konnten. In der Regel trafen die Galeeren im Juli ein, und normalerweise fielen die Preise nach ihrer glücklichen Ankunft, wie sie andererseits auch sofort anzogen, falls sich ihr Eintreffen etwa verzögerte oder den Schiffen etwas zugestoßen war. Kaum war die Kunde nach London gedrungen, daß ein Genueser Kauffahrer mit einer Ladung Alaun und Baumwolle im Kanal gesunken war, kletterte der Preis für diese Artikel sofort aufs Doppelte. In einem anderen Jahr wieder, es war 1384, ließen die Galeeren bis Ende August auf sich warten, und der Preis für *grana* und Brasilin stieg sogleich um zwanzig Prozent.

Alle möglichen Katastrophen konnten die Geschäfte unterbrechen. Im Jahr 1404 kam der Handel durch eine Flutkatastrophe zum Erliegen. Die Wassermassen ertränkten, als sie sich über das flandrische Küstenland ergossen, über 2000 Menschen, und die Flutwelle schleuderte alle Handelsschiffe, die in Sluys vor Anker lagen, auf die Quais. Ein paar Jahre zuvor hatte ein noch größerer Schicksalsschlag den Handel getroffen: Die Pest hatte in Brüssel über 12000 Opfer gefordert, „und der größte Teil der Kaufleute ging dahin". Daraufhin konnten flämische Tuchmacher nur noch einen geringen Teil ihres Scharlachtuchs verkaufen, und im Jahr darauf kauften sie dementsprechend nur ein Viertel des üblichen Quantums an Scharlachfarbstoff von den italienischen Kauffahrern.

In Paris konnte man seit jeher mit Luxusartikeln den größten Profit machen. Natürlich waren Francescos Filialen in Avignon und Spanien im Handel mit Luxusartikeln stark engagiert. Sie exportierten toskanische Seiden, Stickereiarbeiten, Bilder und spanische Juwelen, Waffen und Lederwaren nach Paris und kauften dafür feine Pariser Emailarbeiten, in Golddraht gefaßt, und flämische oder französische bemalte Textilien für Bettvorhänge und Wandbehänge. Eine neue Firma, die sich 1401 in Paris niederlassen sollte, war die Firma Aldobrandini. „Gott sei es gedankt", sagte einer von den Kaufleuten, „denn je mehr von uns hier sind, desto mehr werden wir verdienen!" Die Italiener beklagten sich jedoch, daß die Pariser Krämer nur wenig Initiative entwickelten. „Dies ist eine Stadt, in der man ein großes Warenlager unterhalten und dann auf Nachfrage warten muß. Diese Gewürzkrämer kaufen Dir nie etwas ab, wenn nicht die internationale Marktlage ihnen die Sicherheit gibt, daß sie die Ware auch gleich wieder loswerden. Nie riskieren sie etwas, kaufen nie auf gut Glück, sondern nur dann, wenn ihnen ein guter Verkauf schon sicher ist."[9] Die italienischen Kaufleute waren jedenfalls flexibler und geschickter, gingen auch manchmal ein Risiko ein und hatten dabei oft auch Erfolg.

Das Glück war ihnen aber nicht immer hold. Die Mannini z. B. wurden, von ihrem Erfolg ermutigt, als Hofbankiers für den englischen König tätig, so wie vor ihnen schon die Bardi und die Peruzzi, wenn auch in weit bescheidenerem Rahmen als diese. 1395 schossen sie Geld vor für die Vermählung Richards II. mit Isabella, der Tochter Karls VI., „einem anmutigen Geschöpf". Die Zeremonie fand in Paris in der Sainte Chapelle statt.

Als Richard vier Jahre später gestürzt wurde, wurden sie – ebenso glücklos wie ihre Vorgänger – in den Ruin gerissen.

„Wegen der Ereignisse in England", schrieben nach Richards Abdankung und Ermordung ihre Konkurrenten, die Orlandini, „müssen die besagten Mannini ihr Gewerbe aufgeben – das ist der Lauf der Welt. Sie wollten Dinge unternehmen, die für ihre Verhältnisse zu groß waren. Hätte es in England nicht den Umsturz gegeben, hätten sie es zu Reichtum und Größe bringen können. Aber noch nie hat sich jemand mit den großen Herren zusammengetan, der nicht Federn gelassen hätte."

Deo Ambrogi, ein anderer toskanischer Kaufmann, glaubte, daß er aus der damaligen Situation immer noch Nutzen für seine Firma ziehen könne. Er übernahm Manninis Handelsgesellschaft und spekulierte, noch bevor König Richards Leiche kalt war, mit der Möglichkeit, daß Heinrich IV. Lancaster die Kindfrau, die Richard als Witwe hinterlassen hatte, oder zumindest eine andere Frau, heiraten werde. „Nun, wen auch immer er zur Frau nimmt, in England wird es große Festlichkeiten geben. Seidentuch und Geschmeide werden im Preis steigen..., weshalb wir jeden glücklich preisen, der schöne Juwelen hat, und ihm empfehlen, sie hierher zu senden."[10]

2

Natürlich geht es in den Schriftstücken des Datini-Archivs hauptsächlich um die Gründung und Expansion von Francescos eigenen Filialen. Zunächst ließ er sich erst einmal in Florenz fest nieder. Kaum war er 1382 dort angekommen, eröffnete er in der Via Porta Rossa einen Fondaco und vertraute die Leitung seinem Schwager Niccolò dell'Ammannato Tecchini an, der ein erfahrener Kaufmann war, aber, wie seine Briefe zeigen, auch ein Wirrkopf. Im Jahr darauf gründete Datini eine Firma mit Stoldo di Lorenzo, einem Florentiner, der schon in Avignon und Pisa bei ihm gearbeitet hatte, und mit Falduccio di Lombardo als drittem Partner, der aber 1400 starb. Später tat Francesco sich mit Francesco di Benozzo und mit Luca del Sera zusammen, dessen Fähigkeiten Mazzei als „von 24karätigem Gold" beschrieb. Diese Firmen handelten vor allem mit Wolle aus Menorca, Katalonien und aus der Provence, mit Tuch aus Florenz, Prato und Perpignan, mit Seide und Samt aus Lucca und von Spanien, aber auch mit Schaffellen und anderen Tierhäuten aus Cordoba und Sardinien (die von Florentiner Lederspezialisten weiterverarbeitet wurden), mit Wachs, Teer, Gewürzen, Wein (dem gewöhnlichen toskanischen Tischwein ebenso wie dem spanischen Malvasier) und sogar mit provenzalischem Weizen. Außerdem ging Francesco im Jahr 1387 noch eine weitere Geschäftspartnerschaft ein mit dem Florentiner Domenico di Cambio, mit dem zusammen er Seidenstoffe und Baumwollschleier, die meist in Perugia hergestellt waren, exportierte.[11] „Bedenkt, daß, wenn Gott uns die Gnade erweist, Avignon mit Schleiern beliefern zu können, wir dann Ehre einlegen und auch Profit haben werden", schrieb Domenico an Francesco. „Und während Boninsegna [der Partner in Avignon] wünscht, daß unsere an Qualität die der anderen um drei oder vier Prozent übertrifft, werden wir ihm welche schicken, die um zehn Prozent besser sind. Ich möchte sehen, ob ich ihn damit nicht zufriedenstellen kann!" Auch diese Handelsgesellschaft machte große Gewinne und wurde erst nach Francescos Tod aufgelöst.

Als Francesco nach Florenz zog, gehörte er noch keiner der Florentiner Gilden an. Aber im Jahr 1388 trat er der *Arte di Por S. Maria*[12] bei, der Seidengilde, die ihre Häuser bei der Marienkirche am Stadttor hatte. Daß seine Wahl auf diese Gilde fiel, ist leicht zu erklären. In Prato war er der Tuchergilde beigetreten, da er sonst nach den Statuten der Stadt überhaupt nicht im Tuchhandel hätte tätig werden dürfen. In Florenz aber wollte er seinen Exporthandel auf ein größeres und vielseitigeres Warenangebot ausdehnen. Die *Arte di Por Santa Maria* war nicht nur auf die Herstellung und den Verkauf von Seide festgelegt, sondern betrieb auch den Ankauf, Verkauf und Export jedwelcher Textilien, ausgenommen lediglich die der *Arte di Calimala* vorbehaltenen *panni franceschi*. (Darunter verstand man nicht nur in Frankreich hergestelltes Tuch, sondern alles Tuch, das in Frankreich gekauft war, also oft auch englisches oder flämisches.) Außerdem waren in dieser Gilde noch zahlreiche andere Handwerker zusammengeschlossen, so die Goldschmiede, Waffenschmiede, Ziseleure, Holzschnitzer, Handwerker, die auf die Verarbeitung von Seide und Federn spezialisiert waren, die Polster, Steppdecken und Wamse fertigten, und auch Schneider. Viele von ihnen hatten Francesco schon beliefert, als er noch in Avignon war.[13]

Zunächst eröffnete er in Por S. Maria einen Laden, in dem er nicht nur Tuch, Seide, Samt, Tischdecken und Servietten aus Cremona und Schleier aus Perugia verkaufte, sondern auch all die verschiedenen Artikel, die zu einem Kramladen gehörten: Scheren, Nadeln, Faden, Hämmer, Tafelmesser, Buchschließen und Schmierseife. Sein Laden war nach Domenico di Cambios Urteil „der schönste Fondaco in der schönsten Straße von Florenz". Aber die Einrichtung dort war sicher auch nicht eleganter als die der *bottega* des Tuchveredelungsbetriebs Francesco del Bene & Co. in der Via di Calimala, von der ein vollständiges Inventar in den Handlungsbüchern dieser Firma erhalten ist. Die Wände dieses Ladens waren mit Fichtenholz getäfelt, da es nach Pegolottis Meinung wichtig war, daß die Stoffe nicht zu feucht und nicht zu trocken gelagert wurden. In der Mitte stand ein großer Kasten mit Beschlägen, Schlössern und Schmucknägeln, die *arca* (Lade, Schrein), in dem die wertvollsten Stoffe aufbewahrt wurden, während die anderen in offenen Regalen gestapelt waren. Die übrige Einrichtung bestand lediglich aus roh gezimmerten Wandbänken, einem Schreibpult mit einem Hocker und zwei kleineren Tischen „zum Herzeigen von Comasker Seidenstoffen". Außerdem gab es noch eine Geldtruhe, zwei Leitern, eine Waage, zwei Scheren, einen Meßstab, einen kupfernen Kübel und eine eiserne

Laterne. Da die Statuten vorschrieben, daß nachts immer jemand im Laden schlafen mußte, und zwar „der beste der *garzoni*", stand ganz hinten noch ein altes Bettgestell vom Trödler, darauf zwei Matratzen, drei Kissen (eines mit Federn gefüllt), zwei Decken, drei Paar Leintücher. Fenster und Türen waren mit schweren Riegeln und Bolzen gesichert. Draußen neben dem Firmenschild konnte man im Sommer eine Plane als Sonnenschutz ausziehen.

In einem abgeteilten Winkel saß der Schreiber oder Buchhalter vor einem Schreibschrank, in dem seine Handlungsbücher standen. Oft hatte er einen Spiegel an der Wand hängen, der das spärlich einfallende Tageslicht auf seine Papiere reflektierte. Auf einem Tisch neben sich hatte er ein großes viereckiges Rechenbrett und dazu Schalen oder kleine Beutel, die die Rechenmünzen in verschiedenen Farben enthielten, die *quarteruoli*. Dieses Rechenbrett, *abbaco* genannt, wurde von den Kaufleuten des Mittelalters zur Buchführung benützt. Die Kinder lernten in der Schule das Rechnen mit ähnlichen, aber kleineren Rechenbrettern. Der *abbaco* war mit Linien in sieben Reihen aufgeteilt: die Marken, die die *denari* darstellten, kamen in die erste Reihe von rechts, die *soldi*-Marken in die zweite, die *lire*-Marken in die dritte und so fort die Zwanziger, die Hunderter, die Tausender bis zur siebten Reihe, in die die Zehntausender kamen. Kaufmann oder Buchhalter saßen am Rechentisch, während ein *garzone* ihm die Marken zureichte, die er benötigte, und weitere Burschen standen um ihn herum „a far pratica". Auf anderen Tischen weiter vorn im Laden wurden Waren ausgelegt und abgemessen. Die Meßstöcke wurden gemäß den städtischen Verordnungen häufig durch die Gewerbepolizei überprüft. Am Eingang standen Kaufleute beieinander, handelten Preise aus, stritten oder diskutierten über die neuesten Nachrichten vom Tage. Ab und zu kam ein erschöpfter Kurier in staubigen Kleidern mit seinem Postbeutel am Gürtel herein. Dann strömten die Kaufleute der anderen Geschäfte zusammen um zu sehen, ob er nicht vielleicht auch für sie etwas in seiner Tasche dabei hatte.[14]

Francesco zeichnet sich als Kaufmann dadurch aus, daß er in so vielen Branchen tätig wurde. In Avignon war er ja zunächst Waffenhändler, dann Krämer; in Prato wurde er Tuchmacher und -händler, und jetzt in Florenz betrieb er wieder eine eigene *bottega*. Als nächstes gründete er ein gutgehendes Export- und Importgeschäft und wurde in einer Reihe verschiedener Handelsfirmen Hauptgesellschafter. Er handelte mit Wolle, Tuch, Schleiern, mit Weizen, Metallen, Tierhäuten, Gewürzen, Bildern, Juwelen. Im Jahr 1404 trat er noch einer weiteren Gilde bei, nämlich der *Arte di Calimala*, der Tuchveredlergilde.[15] Für kurze Zeit pachtete er sogar den Prateser Stadtzoll für Fleisch und Wein. Dann betätigte er sich ein wenig im Versicherungsgeschäft. Und obwohl ihm alle seine Freunde davon abrieten, gründete er schließlich auch noch eine Bank.

Es war damals durchaus nicht ungewöhnlich, daß man in so vielen Sparten gleichzeitig tätig war. Der Unterschied zwischen dem internationalen Groß-

kaufmann und dem „kleinen Krämer" bestand weniger darin, ob einer en
gros oder en détail handelte, ja nicht einmal darin, ob er große oder kleine
Warenmengen umsetzte, sondern vielmehr in der völlig verschiedenen Gei-
steshaltung von zwei gegensätzlichen Menschentypen.[16] Der Kaufmann, der
nur am Ort Handel trieb, war in seiner Lebensart, seinem Mangel an
Unternehmungsgeist, seiner Sparsamkeit und von seiner ganzen Mentalität
her noch immer ein Handwerker, der mit einer Anzahl von Kunden, die er
persönlich kannte, Geschäfte machte, der sich ängstlich und buchstabengetreu an die Zunftregeln hielt, jedes größere Risiko mied, sich aber dafür mit
einer kleinen Gewinnspanne begnügte. Der Kaufmann, der Fernhandel
betrieb, ob er nun Hauptgesellschafter einer großen Firma wie der der
Alberti oder einer kleinen wie der Datinis war, hatte noch immer etwas von
dem verwegenen Unternehmungsgeist seiner Vorgänger, der fahrenden
Händler. Er war bereit, große Risiken auf sich zu nehmen, und damit nicht
zuviel auf einmal auf dem Spiel stand, streute er sie so breit wie möglich. Er
machte sich mit fremden Sprachen und fremden Sitten vertraut, paßte sich
den Bedürfnissen fremder Märkte an, war Kaufmann und Bankier in einem
und handelte sowohl en gros als auch en détail. So wie die Bardi ihren
Tuchladen in der Via di Calimala auch dann noch weiterbetrieben, als sie
längst Weizen in solchen Mengen aus Apulien exportierten, daß sie die ganze
Stadt damit ernähren konnten, dazu noch die englischen Feldzüge in Frankreich finanzierten, so gab auch Datini selbst zu Zeiten seiner besten Aus-
landsgeschäfte niemals seinen kleinen Kramladen in Por S. Maria auf.

Aber gerade diese Vielfalt seiner weitreichenden Unternehmungen beunruhigte seine Florentiner Partner in ihrem ängstlichen Gemüt. Sie hatten
nicht vergessen, wieviele andere große Handelshäuser jüngst in Konkurs
geraten waren. Folgender Brief Domenico di Cambios vom 22. Juni 1392 ist
ganz typisch für ihre gutgemeinten Ratschläge:

> Francesco, ich habe gehört, daß Ihr schon wieder in ein neues Unternehmen
> einsteigen wollt. Bei Gott, so öffnet doch die Augen und bedenkt, was Ihr tut! Ihr
> seid reich und wohlhabend und auch kein kleiner Junge mehr, der es noch nötig
> hätte, so viel Neues zu unternehmen – und Ihr wißt, daß wir alle sterblich sind, und
> daß einer, der vielerlei Dinge tut, dabei nicht vermeiden kann, daß er ins Unglück
> rennt. Stellt Euch vor, wie Donato Dini sich fühlen muß, der jetzt über 70 ist, und
> nur deswegen, weil er zu vielerlei Dinge machte, bankrott ist und für jede *lira*, die er
> besaß, gerade noch fünf *soldi* besitzt!

Aber Francesco hörte nicht auf sie. In schneller Folge eröffnete er eine neue
Filiale nach der anderen. Als erstes den Fondaco in Pisa im Jahr 1382, 1392
einen in Florenz und schließlich einen in Genua. Dann neue Filialen in
Spanien und auf den Balearen, während gleichzeitig die Firma in Avignon
weiterhin prosperierte und schwunghaften Handel mit den Schwarzmeer-
und Balkanländern trieb.

Bei der Eröffnung einer neuen Filiale ging Francesco stets mehr oder
weniger nach dem gleichen System vor. Obwohl er es kategorisch ablehnte,

sich aktiv um Politik zu kümmern, hatte Datini unleugbar ein gutes Gespür für politische Entwicklungen, eine feine Nase für den rechten Augenblick, in dem Macht und Ansehen einer Stadt dem Höhepunkt zustrebten oder ihn bereits überschritten hatten. Als erstes suchte er sich immer eine blühende Stadt aus, in der schon andere toskanische Firmen Handelslizenzen erworben hatten. Dann begann er mit einer dieser Firmen Geschäfte zu machen. Als nächstes schickte er einen seiner Agenten an Ort und Stelle, um die Verhältnisse dort genau zu studieren. Erst dann, oft etliche Jahre nach seiner ersten Kontaktaufnahme, gründete er seine eigene Filiale und übergab deren Leitung einem seiner Partner oder einem Faktor.

In der zweiten Hälfte des 14. Jahrhunderts konzentrierte sich der Fernhandel auf einige wichtige Handelsrouten im Mittelmeerraum. Am bedeutendsten war die zwischen dem Fernen Osten sowie der Levante und Italien, Südfrankreich, Spanien (und umgekehrt). Venezianische, genuesische, toskanische und katalanische Kauffahrer brachten die Erzeugnisse der Levante von Konstantinopel, Famagusta, Antiochia oder Alexandria mit, um nur einige der wichtigsten Hafenstädte zu nennen, und exportierten dafür Wolle, Tuch, Waffen und Holz nach dort.

Dann gab es die großen Handelsrouten zwischen den Mittelmeerländern und dem Nordwesten Europas, auf denen ein großer Teil der Waren aus der Levante und auch aus Italien die englischen und flandrischen Messen erreichte, während diese Länder wiederum englische und flämische Wolle, Tuch, Leinen und Tapisserien aus Frankreich und sogar Pelze und Metalle von der Ostsee in die Mittelmeerländer beförderten.

Zwei weitere Handelsrouten bestanden ferner zwischen Italien und den Balkanländern bzw. zwischen Italien, Spanien und Nordafrika. Kauffahrer aus dem Balkan und von den Schwarzmeerländern brachten Pelze, Metalle, Vieh, Wachs, Sandelholz, Alaun nach Italien, sowie Sklaven von der Krim und aus der „Roumania" (worunter man damals fast den ganzen Balkan verstand, nämlich große Teile Jugoslawiens, Dalmatiens, Albaniens und Bulgariens). Italien exportierte seinerseits Wolle, Tuch, Öl, Wein und Salz dorthin. Ebenso bezogen italienische Kaufleute in spanischen, mallorquinischen und nordafrikanischen Häfen spanische und afrikanische Wolle und Vliese, Wein, Obst, Leder und Töpferwaren aus Spanien und lieferten dafür Tuche und Seiden aus der Toskana und zahlreiche Luxusartikel.

Erst nach der Gründung seiner Niederlassungen in Genua, in Spanien und auf den Balearen begann Datini sich für diese Handelsrouten zu interessieren, besonders natürlich für die Verbindung zwischen dem Balkan und dem westlichen Mittelmeerraum. Die Geschäftsbücher seiner Filiale in Pisa registrieren vor allem den Handel mit Südfrankreich, Spanien, den Balearen und Nordafrika, aber auch mit Flandern und England, die der Genueser Filiale dagegen hauptsächlich die Geschäfte mit Spanien, Afrika und den Balkanländern. Datini verschiffte seine Exportgüter immer dann von Genua aus, wenn der Hafen von Pisa aus politischen Gründen für die Florentiner

Kaufleute gesperrt war. Für den Transport seiner Waren benützte er dann zunächst den Landweg über Lucca, oder er verschiffte sie auch von kleineren Häfen der Toskana aus nach Genua, z. B. von Talamone, Motrone oder Pietrasanta. Manchmal versandte er seine für Spanien bestimmten Waren auch auf der zwar längeren venezianischen Route, die aber als sicherer galt: bis nach Bologna und Ferrara über den Apennin auf Saumtieren, weiter nach Venedig auf dem Fluß, dann endlich auf Frachtschiffen entlang der adriatischen Küste um die Stiefelspitze herum nach Mallorca oder Barcelona. Eine weitere Ausweichroute ging über Lucca nach Mailand, über die Alpen via Mont Cenis oder Mont Genèvre nach Avignon, die Rhône hinunter bis Aigues Mortes oder Marseille, von wo die Waren dann nach Spanien weiterverschifft wurden.

Das Schicksal von Francescos beiden Filialen in Pisa und Genua ist so eng mit den politischen Ereignissen der Zeit verquickt, daß man es vor diesem Hintergrund beschreiben muß. Nicht nur waren die Florentiner Kaufleute durch das päpstliche Interdikt und den Krieg der „Otto Santi" hart getroffen worden, sondern der Friede in der Toskana war zusätzlich auch ständig bedroht durch die skrupellosen Versuche des Herzogs von Mailand, Gian Galeazzo Visconti, seine Herrschaft über die Lombardei hinaus auf ganz Nord- und Mittelitalien auszudehnen. Der Durchzug seiner Abenteurerhaufen, der *compagnie di ventura*, oder auch der Söldnerheere, die die mittelitalienischen Städte selbst zu ihrer Verteidigung herbeigerufen hatten, bedeutete jedesmal neue Gefahren für alle Handelswege zu Lande und zu Wasser. Die Kaufleute richteten sich auf diese Gegebenheiten ein so gut es eben ging, gaben ihren Frachtschiffen bewaffneten Begleitschutz mit auf die Reise oder transportierten ihre Waren auf Umwegen, wenn die normalen Handelsstraßen blockiert waren.

Als Francesco 1382 beschloß, nach Italien zurückzukehren und in einem der großen italienischen Handelshäfen eine Filiale zu eröffnen, um sicheren Zugang zu den wichtigen Handelsrouten zu haben, standen Genua und Pisa zur Wahl. Genua war die größere und reichere Stadt, aber ihr Handel war heruntergekommen, seit der Krieg mit der alten Rivalin, der Seerepublik Venedig, erneut ausgebrochen war. Diese hatte im Herzog von Mailand einen Verbündeten gefunden, und dadurch waren auch die Straßen und Märkte der Lombardei für Waren aus Genua unzugänglich. Viscontis Truppen machten Ligurien unsicher, so daß toskanische Kaufleute, die dort niedergelassen waren, Hals über Kopf einen Teil ihrer Waren nach Pisa hinüber schafften. Dort war gerade die Florenz günstig gesonnene Partei am Ruder, der Hafen war also offen für Waren aus der Toskana, denen außerdem Vorzugszölle eingeräumt wurden. Auf einer langen Schriftrolle ist das Verzeichnis dieser Sondertarife niedergeschrieben. Sie hing wahrscheinlich im Kontor der Filiale aus und zeugt von der Mannigfaltigkeit des Warenangebots. Es geht aus ihr auch hervor, daß den Florentiner Kaufleuten in Pisa eine eigene Bank *(cassa)* zur Begleichung dieser Gebühren zur Verfügung stand.[17]

So war es nur natürlich, daß Francesco als Sitz seiner ersten neuen Filiale Pisa wählte, und zwar schon ehe er Avignon verließ. Kaum war er zu Hause angekommen, verwirklichte er seinen Plan. Er hatte schon geraume Zeit mit der Pisaner Firma von Andrea di Maestro Ambrogio und Agnolo degli Agli in Geschäftsverbindung gestanden, und Anfang 1383 übernahm er diese Gesellschaft zusammen mit zwei Partnern, nämlich Stoldo di Lorenzo und Matteo di Lorenzo, und führte sie unter dem Namen Francesco di Marco & Co. weiter. Zu Anfang des darauffolgenden Jahres eröffnete er seine neue Filiale. Das kostete ihn kaum neun Gulden, da die Einrichtung, abgesehen von ein paar Brettern für Regale, lediglich aus zwei Schreibpulten, einer „neuen Geldtruhe mit Schloß" und einem „Spiegel im Rahmen" bestand, dazu aus einem Kontobuch, einem Beutel für Geld, einigen bunten Taschen für Briefsachen, aus Nadel und Faden, Tinte und sieben Unzen rotem Siegellack. Im Jahre 1406 dann gab Francesco allerdings 100 Gulden aus, um für den Fondaco ein „Haus mit Garten und Küchengarten" auf drei Jahre zu mieten. Mazzei beschrieb es als das „hübscheste Haus, in dem ich je gewohnt habe, mit reichlich Land, Ställen und Loggien; und auch die wertvolle Einrichtung des oberen Stockwerks zeugt von demselben Wohlstand und Geschmack".[18]

Der erste Faktor der Firma war Cristofano di Bartolo da Barberino, der später einer von Francescos Gesellschaftern in Spanien wurde. Ihm war Manno di Albizzo degli Agli unterstellt, ein Verwandter eines Partners der ersten Firma, nämlich des Agnolo degli Agli. Der junge Mann erwies sich als *curoso e sollecito*, als arbeitsam und flink, und nach zehn Jahren wollte er als Partner in die Firma aufgenommen werden.

> Nun ist Manno zum Mann herangewachsen, [schrieb sein Verwandter Agnolo am 14. März 1392] und er würde mit Eurer Hilfe und Eurem Rat nur zu gern weiter vorankommen... Er sagt, er habe den Wunsch, sich mit Euch zusammenzutun, seine Person und etliches Geld einzubringen und hier wohnen zu bleiben und am Gewinn nach Eurem Gutdünken teilzuhaben... Weshalb ich Euch bitte, aus Gunst und Zuneigung, daß er Euch in dieser Sache empfohlen sei.

So kam es 1392 zu einer neuen Firmengründung, bei der Francesco und sein Seniorpartner, Stoldo di Lorenzo, je 3000 Gulden einbrachten, Manno nur 300. Aber Manno erklärte sich dafür bereit, seine Arbeitskraft zur Verfügung zu stellen und Wohnung in Pisa zu nehmen. Gewinne sollten ebenso wie Verluste folgendermaßen aufgeteilt werden: drei Viertel fielen je zur Hälfte an Francesco und Stoldo, ein Viertel an Manno.[19]

Der Schriftwechsel der Pisaner Niederlassung ist umfangreicher als der jeder anderen Filiale Datinis. Das kommt nicht nur daher, daß Pisa als Import- und Exporthafen für so viele Waren diente, sondern auch daher, daß seine Firma wie jede moderne Frachtgesellschaft nicht nur mit ihren eigenen Waren handelte, sondern zusätzlich auch Kommissionsaufträge für andere Kaufleute übernahm. Die 130 Mappen mit den Dokumenten der Jahre von 1382 bis 1402 halten außer den Geschäften mit den eigenen

Filialen in Avignon, Spanien und Mallorca auch die mit Südfrankreich fest (besonders Montpellier, Aigues Mortes, Arles, Marseille, Martigue, Nizza, Perpignan und Tarascon), sowie die mit Paris, Brügge und London. Aus den Büchern geht hervor, daß die Filiale in guten Jahren einen Umsatz von bis zu 21 000 Gulden machte.

Verfolgt man das Auf und Ab dieser Filiale über einige Jahre hinweg, so sieht man, unter welch unsicheren Gegebenheiten in der Toskana Handel getrieben wurde. Zunächst sah es so aus, als ob man mit einer Zeit des Aufschwungs rechnen könne. Denn im Jahr 1389 hatte sich Gian Galeazzo Visconti überreden lassen, für drei Jahre ein Bündnis mit den wichtigsten toskanischen Städten einzugehen. Alle Bündnispartner hatten sich für die Zeit dieses Waffenstillstands verpflichtet, nicht in das Gebiet eines anderen Bündnispartners einzufallen und dem Handel freien Durchzug zu gewähren. Ein paar Monate lang blühte denn auch der Handel, und Datinis Firma profitierte von dem allgemeinen Aufschwung. Aber Visconti nutzte diese Zeit nur dazu, um in Pisa eine Clique von Parteigängern zusammenzutrommeln. Bereits zur Erntezeit fielen seine Truppen wieder ein und verheerten das Territorium von Florenz. Die aufgebrachten Florentiner beschlossen, die Offensive in das Land des Feindes selbst zu tragen. Gegen eine enorme Bezahlung versicherten sie sich der Dienste des großen englischen *condottiere* John Hawkwood und schickten ihn nach Verona, um Viscontis Leute dort anzugreifen. Im Frühjahr darauf marschierten Viscontis Truppen trotzdem wieder in der Toskana ein; wieder wurden die Häfen der Toskana gesperrt; wieder wurden toskanische Händler ausgeplündert. „Stoldo sagt", so schrieb Domenico di Cambio an Francesco, „daß auf Geheiß des Conte [Visconti] in Porto Pisano ein bewaffnetes Schiff liegt, um die Waren der Florentiner zu rauben, und daß vor zwei Tagen ein Kurier abgefangen wurde, der mit vielen Briefen aus Avignon in Genua anlangte. Gott in seiner Barmherzigkeit vernichte ihn, der den Kaufleuten allzu großen Schaden zufügt."

Die Geschäftsakten dieser Jahre sind voll von solchen Briefen. In einem wird z. B. der Adressat in Spanien darauf vorbereitet, daß voraussichtlich alle Waren, die er in die Toskana gesandt hatte, verloren seien, „denn auf der Straße von Pisa nach Florenz und auf der von Pisa nach Lucca sind einige Männer überfallen, ausgeraubt und umgebracht worden". Zwei Jahre später wird in einem Brief beschrieben, wie ein mit Weizen beladenes Schiff von einem Kaperschiff unter dem Kommando der Genueser versenkt wurde. „Möge Gott es und all die anderen Piraten untergehen lassen und uns und unsere Freunde davor bewahren, in ihre Hände zu fallen." Ein ganz raffinierter Händler, der zwei silberne Gürtel von Genua nach Pisa senden wollte, hatte den Einfall, sie in einem Laib Marzipan zu verstecken. Aber aus einem Postskriptum geht hervor, daß er sich doch eines besseren besann. „Wir werden das besagte Marzipan nicht schicken." Vielleicht war sein Entschluß richtig: Es gibt einen Brief aus demselben Jahr, in dem all die

Mißgeschicke beschrieben werden, die Galvano, einem Florentiner Kaufmann in Genua zustießen, als er versuchte, mit seinen Waren von Portofino nach Pisa zu segeln. In der Arnomündung traf er bereits auf zwei bewaffnete Schiffe, die wahrscheinlich in Viscontis Sold standen, und schlug sie in die Flucht. Er wiegte sich alsdann in Sicherheit und fuhr zum Klang von Trompeten und Dudelsäcken mit seiner Galeere den Arno flußaufwärts weiter, befahl die ganze Besatzung, ja auch „die Armbrustschützen von ihren Posten weg an die Ruder, und alle Seeleute waren nur in Hemdärmeln". Aber die Gefahr war noch nicht vorüber. „Als wir uns Pisa auf weniger als eine Meile genähert hatten, da waren auf Befehl des Lumpen und Verräters Ser Jacopo... haufenweise Bogenschützen in manchen Häusern und hinter dem Dorndickicht am Ufer versteckt, die uns, sobald wir auf ihre Höhe gekommen waren, mit ihren Armbrüsten und Steinschleudern beschossen." Der Kauffahrer verteidigte sich mit seiner Besatzung nach Kräften. Aber bald kamen noch Scharen von Anwohnern ans Flußufer heruntergelaufen, entzückt über die Gelegenheit, auch einmal einem Florentiner etwas heimzahlen zu können, und beteiligten sich an der Schießerei. So kehrte das Schiff zur Flußmündung zurück, nachdem es „beträchtlichen Schaden erlitten und den anderen wenig zugefügt hatte". Drei Männer hatten den Tod gefunden, fünfzehn waren verwundet.[20]

Da ist es kaum verwunderlich, daß die Kaufleute nur höchst ungern solche Fahrten unternehmen mochten. Jedes einzelne Vorkommnis dieses langen, aufreibenden Feldzugs findet seinen Niederschlag in diesen Briefen. Als Viscontis Truppen Livorno bedrohten, sollten die Florentiner Kaufleute in Pisa 500 Goldgulden für die Verteidigung des dortigen Hafens beisteuern. Francesco di Marco & Co. machten sicher höchst ungern 56 Gulden dafür locker. Als endlich im Januar 1391 Viscontis Truppen nordwärts abzogen und der Friedensvertrag unterzeichnet war, lebten sogleich Hoffnung und Unternehmungsgeist wieder auf. „Ware in Hülle und Fülle ist nach Pisa unterwegs, Tuch und alles mögliche für unsere Kaufleute dort. Sicher kann man alles jetzt jederzeit nach Genua weiterschicken." Aber schon wenige Monate später, als in Pisa Piero Gambacorti, der Führer der Pro-Florentiner Partei von einem Verräter in Viscontis Diensten ermordet wurde, war die kurze Gnadenfrist vorüber. Der aufgebrachte Mob randalierte überall dort, wo Florentiner Kaufhäuser standen, und brüllte: „Nieder mit den Florentinern!" Manno degli Agli konnte sein Leben nur dadurch retten, daß er sich im Laden eines Pisaner Freundes verbarg. Dann drehte der Wind von neuem. Die neuen Machthaber beschlossen, Frieden mit Florenz zu schließen. Zuckersüße Worte wurden gewechselt, den Florentiner Kaufleuten wurden Handelsprivilegien eingeräumt.

Jetzt aber hatte Francesco es satt. Manno war so in Furcht und Schrecken versetzt, daß er inständig bat, in eine andere Stadt geschickt zu werden. Francesco war es leid, exorbitante Steuern zu zahlen, die samt und sonders für die Bezahlung der Söldner draufgingen. Außerdem kam bald die frohe

Kunde aus Genua, daß sich die politische Lage dort positiv verändert hatte: der Handel blühte, und die meisten Bankhäuser der Stadt waren bereits in Florentiner Hand; die Medici und die Strozzi hatten schon ihre Niederlassungen dort. Eine Weile spielte Francesco sogar mit dem Gedanken, seinen ganzen Besitz in der Toskana zu verkaufen und sich für immer in Genua niederzulassen. Davon brachten ihn aber seine toskanischen Freunde ab. Immerhin beschloß er, und das war klug, zumindest einen Teil seines Handels über den ligurischen Hafen abzuwickeln. Eine Zeitlang hatte er Handel getrieben mit der Genueser Firma Ambrogio di Meo, Andrea di Bonanno, Luca del Sera – wobei der Name Luca del Sera vermuten läßt, daß unter Umständen bereits ein Teil von Datinis Kapital dort lag. Anfang 1392 gründete er dann seine eigene Gesellschaft unter dem Firmennamen Francesco di Marco, Andrea di Bonanno & Co. Von da an ging der größte Teil von Datinis Waren, die für die westlichen Mittelmeerländer bestimmt waren, zumal solche, die vom Balkan und vom Schwarzen Meer kamen, über Genua und wurde von dort aus nach Mallorca, Barcelona oder Valencia verschifft.

3

Diese Genueser Firma bestand nur bis 1400, denn sie wurde aufgelöst, als Andrea di Bonanno an der Pest starb. Aber schon lange vor dieser Zeit hatte sich Francesco zu einem neuen Schritt entschlossen – nämlich sein Geschäft bis nach Spanien auszudehnen. Er studierte Berichte, die zwei seiner Florentiner Faktoren etwa zehn Jahre früher über den spanischen Markt angefertigt hatten, und schickte 1393 Luca del Sera, seinen tüchtigsten Florentiner Partner, nach Barcelona. Im Jahr darauf gründete er drei Firmen in Spanien, nämlich in Barcelona, Valencia und auf Mallorca. Kurz darauf wurde in Zusammenhang mit der Mallorquiner Filiale noch eine kleine Agentur auf der Insel Ibiza eröffnet,[21] der eine weitere in San Matteo folgte, das damals einer der Hauptumschlagplätze für Schafwolle aus Katalonien war. Menge und Vielfalt der Waren, die über seinen Fondaco in Genua gingen, nahmen von nun an zu, wie man aus Francescos *libri di mercanzia* und *libri di balle* ersehen kann. Das sind Geschäftsbücher, in die alle eingehenden und ausgehenden Waren zusammen mit den Namen der Absender und Empfänger und den Kosten für Transport, für Wegezölle und Abgaben Posten für Posten eingetragen wurden. Diesen Geschäftsbüchern zufolge importierte Datini aus den Schwarzmeerländern und dem Balkan hauptsächlich Eisen, Wachs, Alaun, Sandelholz, Harz, Galläpfel (zum Färben und Gerben), Pelze, rauhes Wolltuch, *schiavina* genannt, das für Decken und Pilgergewänder verwendet wurde, und, wenn auch nie in großen Mengen, Sklaven. Der Schwerpunkt seiner Importe von der iberischen Halbinsel lag auf afrikanischer und spanischer Wolle sowie auf Schaffellen und Schafhäuten aus Katalonien und Mallorca. Weitere Einzelheiten über die vielerlei Waren, die auf den iberischen Messen gehandelt wurden, gehen aus einer Preisliste hervor, die 1385 in Barcelona gültig war, und auch aus einem Brief, der die Preise für Waren aufführt, die 1402 in Malaga gehandelt wurden.[22] Datinis Briefpartner empfahl ihm von all diesen Waren insbesondere Seide und Safran, aber auch Leder und Wachs aus Nordafrika, Marokko-Lack und *grana* aus Spanien und Nordafrika. Weiter schrieb er, daß große Mengen an Seide und Safran nach Flandern gingen. Dafür beschickten Datinis Firmen in Italien die spanischen Messen wiederum mit florentinischem Tuch, lombardischem Färberwaid sowie den Farbstoffen und Gewürzen der Levante und vom Schwarzen Meer. Die Liste der Farbstoffe und Beizen, die seine Filialen lieferten, enthält Indigo, Lakmusflechte, Brasilin, indischen Lack, *risogallo*, das rote Arsen vom Roten Meer, und Rauschgelb, gelbes Arsen, sowie Galläpfel aus Rumänien, Alaunstein und roten sowie weißen Weinstein. Unter den Gewürzen finden sich Pfeffer, Zimt, Gewürznelken, grüner und „reifer" Ingwer, Muskat, *galinga*, eine bittere chinesische Wurzelart, *cassia* (Sennesblätter), Weihrauch, Aloe, Zitwer (kampferähnlich riechender Wurzelstock der indischen Ingwerstaude; d. Ü.), Kampfer, Kardamon, Lavendel- oder Nardenöl, Myrrhe und Harze wie Gummiarabikum, Mastix, *galbanum* oder Mutterharz und „Drachenblut". Drei verschiedene Arten von Zucker wurden geführt: Damaszener, Alexandriner und *zucchero muc-chero*, von dem Pergolotti behauptet, es sei „der beste, den es gibt", und dessen Name vom arabischen *al mukarrar*, raffinierter Zucker, abgeleitet ist. Pfeffer war selbstverständlich eines der teuersten Gewürze; dessen ungeachtet wurde er in großen Mengen eingeführt. Zum Beispiel brachte ein einziger Frachter über 300 *libbre* zyprischen Pfeffer von Alexandria nach Genua, dazu „viel Ingwer und Baumwolle" sowie die Nachricht, daß „in Kürze eine weitere Karawane aus Mekka erwartet werde". Ein andermal wird in einem Brief berichtet, daß die ganze Genueser Handelsflotte (18 große, zwei kleine Galeeren und zwölf gewöhnliche Handelsschiffe) in Rhodos aufgehalten sei „wegen der Meinungsverschiedenheiten, die unter den Befehlshabern der Kriegsflotte ausgebrochen sind, während der Abwesenheit des Großmeisters des Johanniterordens, wiewohl die Sarazenen bereits in Sicht waren". Daher sei der Pfeffer auf 160 *lire* hinaufgegangen.

Auch Lebensmittel führen die Verzeichnisse häufig auf, vor allem Weizen, der ebenso wie Thunfisch meist aus Sizilien und Sardinien, zuweilen aber auch aus Alexandria, Tunis oder von Rhodos kam. Aus Valencia trafen zahlreiche Schiffsladungen Reis, Mandeln und Datteln ein, aus Malaga Rosinen und Feigen (Rosinen waren damals schon ein Monopol der Genueser Firma Spinola), aus Marseille Honig und Sardinen, aus Gaeta und Katalonien Olivenöl. Darüber hinaus gab es auf Ibiza, wo Datini ein Kontor unterhielt, so reiche Vorkommen an Salz, daß es von dort nicht nur nach Venedig, sondern auch nach Genua und Pisa, ja sogar bis nach Deutschland exportiert wurde. Sein Agent auf Ibiza schrieb: „Zwei deutsche Schiffe kamen hier am 13. aus Flandern an und laden Salz für Deutschland ... Alle hier wundern sich über ihr Eintreffen – so ein weiter Weg, und nur für Salz!"[23] Die Provence lieferte Hanf, sowohl als Garn wie auch als Gewebe, dazu Kanevas und Taue. Schließlich kamen noch all die spanischen und afrikanischen Luxusartikel dazu – feines Leder aus Cordoba und Tunis, Toledaner Klingen, Seife aus Valencia, Elfenbein und Straußenfedern, Straußeneier aus Afrika, Töpferwaren aus Valencia und Mallorca, Landkarten aus Barcelona.

Töpferwaren oder *maiolica* waren eine Spezialität der mudejarischen Handwerker von Valencia. Dort bestellte Francesco auch ein komplettes Tafelservice vom Sarazenen „... Suppenschalen, große und kleine Teller und etliche schöne, große Platten, in bester Ausführung". Das Service fand so großen Anklang, daß Ser Lapo Mazzei anfragte, ob er nicht eine Kopie anfertigen lassen dürfe von einem der Teller – „wie der, den wir an dem Abend hatten, an dem wir Täubchen aßen". Alle Teile waren mit Francescos Wappen bemalt. Als Francesco aber drei Jahre später ein weiteres Service für seinen Florentiner Haushalt bestellte, konnten seine Firmenpartner in Valencia sich nicht mehr erinnern, „wie dieses Wappen aussah". Sie mußten extra nach Florenz schreiben, um es sich nochmals zu beschaffen – worüber Francesco sicher nicht wenig verärgert war. Dieser zweite Auftrag wurde auf Mallorca ausgeführt und von dort verschifft. Der Name Majolika für diese Art von Keramik ist wohl auch vom Namen der Insel abgeleitet.

Die Herstellung von Land- und Seekarten gehörte zu den Spezialitäten Barcelonas. Im Datini-Archiv finden sich Briefe an Simone d'Andrea von Baldassare degli Ubriachi, einem Florentiner Elfenbeinschnitzer und Juwelenhändler. Dieser unternahm eine Reise nach Spanien, Bordeaux, England und Irland, um Edelsteine zu verkaufen, und während er Station in Barcelona machte, bestellte er bei zwei berühmten Kartographen schöne Seekarten, die er den Königen von Aragon, Navarra und England zum Dank für die Gewährung freien Durchzugs durch ihre Länder zum Geschenk machen wollte. Sie kosteten die unerhörte Summe von 111 Gulden, waren von Maestro Giame Riba, *„cristiano novello, maestro di carte da navigare"*, und von Maestro Francesco Becca, *„dipintore di carte da navigare"*, gefertigt und wurden im Fondaco in Barcelona aufbewahrt, „gut verpackt und verschlossen, so daß weder der König noch andere Personen sie sehen können".[24]

Erst nach der Eröffnung der Filialen in Spanien und in Genua finden wir Schriftstücke, die auf einen weiteren Handelszweig hinweisen, den Sklavenhandel. Die Balearischen Inseln waren damals für den ganzen westlichen Mittelmeerraum das Zentrum des Sklavenhandels. Natürlich war das nichts Neues, denn schon im 11. und 12. Jahrhundert war Spanien der größte Sklavenmarkt Westeuropas gewesen, und bereits 1128 verkauften Händler aus Barcelona Muselmanen auf dem Sklavenmarkt von Genua. Aber erst der Arbeitskräftemangel nach der großen Pestepidemie von 1348 belebte plötzlich die Nachfrage nach Sklaven wieder, und zwar vor allem als Hauspersonal. So wurden sie nicht nur von Spanien und Afrika ins Land gebracht, sondern auch aus dem Balkan, aus Konstantinopel, von Zypern und Kreta und vor allem von den Gestaden des Schwarzen Meeres. Ein Dekret, 1336 von der Signoria erlassen, genehmigte den Sklavenimport von Amts wegen unter der einen Bedingung, daß es sich um Ungläubige handelte und nicht um Christen. Es dauerte nicht lange, bis fast alle reichen Genueser und Venezianer Häuser über Sklaven verfügten.[25] Viele von ihnen waren noch Kinder von neun oder zehn Jahren, sie gehörten Rassen aller Arten an: es gab gelbhäutige, schlitzäugige Tataren, hübsche hellhäutige Tscherkessen, aber auch Griechen, Russen, Georgier, Alanen und Lesghier aus dem Kaukasus. Sie waren entweder von ihren Eltern für einen Apfel und ein Butterbrot verkauft oder von tatarischen Räubern entführt und dann über die Sklavenmärkte von Tana und Caffa, von Konstantinopel, Zypern und Kreta in die Häfen von Venedig und Genua gebracht worden, wo Sklavenhändler sie aufkauften und Kunden im Landesinneren damit belieferten. Im ausgehenden 14. Jahrhundert gab es in der Toskana kaum ein wohlhabendes Haus, das sich nicht zumindest einen Sklaven hielt. Bräute brachten sie als Teil ihrer Mitgift in die Ehe, Ärzte akzeptierten sie als Honorar von ihren Patienten, und nicht selten standen sie im Dienst von Priestern. Auch in Francescos Haushalt gab es, wie wir noch hören werden, genügend Sklaven. Immer wieder beauftragte er seine Agenten in Genua und in Venedig, auch für Freunde in der Toskana Sklaven zu besorgen, um ihnen damit einen Gefallen zu tun. Aber den größten Teil des Sklavenhandels wickelten seine Filialen auf Mallorca und Ibiza ab, wo die afrikanischen Sklaven nach Italien und solche vom Balkan und von der Levante nach Spanien verkauft wurden.

In zahlreichen Schriftstücken des Datini-Archivs wird auf diese Handelssparte Bezug genommen, wenn sie auch nie in wirklich großem Umfang betrieben wurde. Meist geht es nur um den Versand einer relativ kleinen Zahl von Sklaven, die zusammen mit allerhand anderen Waren verschifft wurden. Der Frachtbrief eines Schiffs z. B., das am 21. Mai 1396 aus Rumänien in Genua eintraf, zählt „37 Ballen Pilgergewänder, 191 Barren Blei, 80 Kopf Sklaven und Sklavinnen" auf. Ein anderer Frachter führte von Syrakus nach Mallorca 1547 Tierhäute und zehn Sklaven mit sich, wieder ein anderer brachte „128 Sack Waid, 55 Ballen Messing, 15 Sack Rohbaumwolle, fünf Sack Baumwollgarn, vier Ballen Papier, drei Faß Galläpfel und neun Kopf Türken" von Venedig nach Ibiza. Die „neun Kopf" wurden anschließend zum Verkauf nach Valencia weitertransportiert. In einem Begleitbrief stand, daß eine Frau unter diesen Sklaven sei, die „kochen und alles tun" könne und die daher, wie der Absender des Briefs meinte, „zu gut für die Leute auf Ibiza" sei, „und hier will ich sie nicht verkaufen, denn sie sind schlimmer als die Hunde. Wenn Ihr sie für Euch wollt, sagt es mir; Euer Geld wäre gut angelegt."

Ebenso wie in den italienischen Städten mußte auf den Balearen für diese Sklaven Ein- und Ausfuhrzoll entrichtet werden; dazu kam eine Verkaufssteuer. Wenn diese Abgaben nicht gezahlt wurden, konfiszierte man kurzerhand die übrige Ware des Besitzers, wie folgendes Beispiel zeigt: „Die Ware der Genueser ist hier festgehalten worden, weil die flämischen Kauffahrer den Zoll für die *mori* nicht zahlen wollen, und sie sagen, daß man ihnen einen Sklaven gestohlen hätte." Manchmal kam es vor, daß ein mallorquinischer Händler, der Sklaven an einen spanischen Abnehmer verkauft hatte, versuchte, ihre Unterhaltskosten für die Zeit ihres Aufenthalts auf der Insel auf den Kaufpreis aufzuschlagen, doch wir wissen zumindest von einem Käufer, der sich das nicht gefallen ließ: „Du hast unsere Sklaven noch so lange behalten, um sie bei Dir Ware löschen und laden und im Geschäft arbeiten zu lassen. Und wo eigentlich Du Nutzungsgebühr für diese Sklaven entrichten müßtest, möchtest Du noch Unkosten für sie in Rechnung stellen. Du brauchst mich nicht für so dumm zu halten und zu glauben, daß ich das nicht durchschaue!"

Nicht selten besorgte man Nachschub an Sklaven einfach durch Raubzüge entlang der nordafrikanischen Küste: „Eine Brigg segelte von hier nach Nordafrika", heißt es in einem Brief von Ibiza, „um zusammen mit einem *liuto* [Schiff] und zehn Mann in Nordafrika Geschäfte zu machen. Sie brachte vier Kopf Sklaven mit."

Sehr oft versuchten diese *cattivi* zu entfliehen, was ihnen jedoch fast nie gelang. „Wir hören aus Ibiza, daß Ser Antonio Deli dort eintraf und viele maurische Gefangene an Bord hatte, und davon entflohen zwölf mit seinem Ruderboot... Des schlechten Wetters wegen sind die genannten Mauren hier [auf Mallorca] gestrandet, und vorläufig sind sie erst einmal ins Gefängnis gesteckt, womit wir unglaubliches Glück hatten." Wie weit der Arm des Herrn und Besitzers reichte, wie groß die Solidarität unter den Handelsgesellschaften war, zeigt ein Brief auf Katalanisch, der von Barcelona an Boninsegna di Matteo in Avignon ging mit der Bitte, zwei entlaufene Sklaven einzufangen, von denen er annahm, daß sie in die Provence geflohen seien. „Einer heißt Dmitri, ein großer, schöner Mann, von schöner, frischer und rosiger Haut"; dem anderen „fehlt ein Vorderzahn, und seine Haut ist ein wenig grünlich... Ich bitte Euch, *señor*, laßt sie gefangennehmen und gut in Eisen legen und schickt sie per Schiff an mich zurück."

Es scheint, daß Sklaven, die über lange Strecken verschickt wurden, oft wie andere Ware gegen Transportschäden versichert wurden, denn im Datini-Archiv gibt es eine Versicherungspolice vom 9. Mai 1401 für eine Tataren-Sklavin namens Margherita, die von Porto Pisano aus an einen Abnehmer in Barcelona geschickt wurde und die für 50 Goldgulden versichert war – und zwar „gegen alle Gefahren, ob sie nun von Gott oder vom Meer kommen, von den Menschen, durch Betrug oder auch vom Kapitän... gegen Tod und Krankheit", nicht aber gegen Fluchtversuch oder Selbstmord, „falls sie sich selbst ins Meer stürzt".[26] Unglückselige Menschenfracht, die von den Wogen des Meeres von Küste zu Küste gespült wurde!

Zu große Empfindsamkeit hat die Geschäfte dieser Händler sicher nicht gestört. Ob gesund oder krank, verwundet oder schwanger – Sklaven waren für sie nur Ware, die im Wert stieg oder fiel. Schwangerschaft im besonderen galt als Panne, die ebenso häufig wie mißlich war, da sie den Marktwert der Mutter drückte. Folgender Brief spiegelt diese Einstellung wider:

> Die Sklavin, die Du geschickt hast, ist krank, d. h. sie ist voller Beulen, so sehr, daß sich niemand findet, der sie haben will. Ich werde sie verkaufen oder verschachern, so gut es geht, und Euch darüber Rechnung legen. Außerdem ist mir zu Ohren gekommen, daß sie schwanger ist, und zwar mindestens im zweiten Monat. Das sind die Gründe, weshalb sie sich nicht gut verkaufen lassen wird.

Ein paar Wochen später heißt es von derselben Sklavin:

> Niemand will die Sklavin haben. Sie sagt, daß Du sie geschwängert hast, und man sieht es auch schon. Aber sie macht ein Theater, als ob sie die Königin von Frankreich wäre.

Der folgende Brief gibt ein Beispiel, wie brutal über eine Frau geschrieben wurde, die behauptete, daß der Priester, dem sie bis dahin als Sklavin gehört hatte, sie geschwängert habe.

> Wir haben mit dem Kaplan gesprochen, dem die Sklavin gehörte, die Ihr jetzt habt. Er sagt, Ihr sollt sie und das, was sie im Bauch hat, ins Meer werfen, weil er es nicht gemacht hat. Und wir glauben, er sagt die Wahrheit, weil er ein Mann ist, der, wenn sie von ihm schwanger wäre, sie nicht weggeschickt hätte... Wir meinen, daß Ihr das Geschöpf, das sie zur Welt bringen wird, am besten ins Findelhaus steckt![27]

4

Trotz allem bleibt die Frage offen, welche von all diesen Unternehmungen Datinis ihm Gewinne in solcher Höhe brachte, daß er ein reicher Mann werden konnte. Federigo Melis detaillierte Untersuchung von Datinis Tuchmacherfirma in Prato zeigt, wie bereits gesagt, daß der Gewinn bei weniger als neun Prozent lag, eine Zahl, die durch die Daten verschiedener anderer toskanischer Tuchmacherfirmen bestätigt wird.[28] Zweifelsohne würde eine entsprechende Untersuchung der Handlungsbücher und der Korrespondenz von Datinis übrigen Handelsgesellschaften Klarheit über die Gewinnspanne in anderen Branchen schaffen. Denn das, was zur Zeit darüber bekannt ist, ist zu bruchstückhaft, als daß man daraus generelle Schlüsse ziehen könnte. Die Handelsgesellschaft, die Francesco in Florenz mit Domenico di Cambio gründete – für den Handel mit Schleiern, die in Perugia hergestellt und in Avignon verkauft wurden –, scheint ca. 21 Prozent Gewinn gebracht zu haben.[29] Für viele seiner anderen Firmen liegt jedoch nur eine Unmenge von noch nicht ausgewerteten Zahlen vor.

Generell ist bis jetzt die Frage der Handelsspannen im Mittelalter noch kaum geklärt. Y. Renouard stellte in seiner glänzenden Arbeit über die Handels- und Bankunternehmen der Päpste im 14. Jahrhundert die Theorie auf, daß „diese Firmen in manchen Regionen mit ihrem Handel ständig

Defizite gemacht haben müssen". Wie, so fragt er sich, konnte denn eine Schiffsladung Weizen oder Tuch, die vom westlichen Mittelmeer an die Levante ging, den Wert einer Ladung von Seidenstoffen und Gewürzen in umgekehrter Richtung aufwiegen?[30] Dabei muß man sich vor Augen halten, daß die Gewürzfracht einer einzigen Galeere, die von der Levante nach Venedig kam, bereits an die 200000 Dukaten wert sein konnte.

Vielleicht verhält sich die Sache doch eher so, daß Datini es weniger durch eine Reihe riskanter und erfolgreicher Unternehmungen zu einem Vermögen brachte als vielmehr dadurch, daß er mit unendlicher Geduld kleine Gewinne zusammentrug, jede günstige Gelegenheit für seine Geschäfte wahrnahm und gleichzeitig große Risiken mied. So erklärt sich auch, wieso es Datini, im Gegensatz zu so manchem seiner Zeitgenossen, gelang, kein einziges Mal in Konkurs zu gehen.

Die großen Handelsgesellschaften hatten sich in der ersten Hälfte des 14. Jahrhunderts, und in geringerem Umfang auch noch zu Datinis Zeit, in den verschiedensten Geschäftsbereichen engagiert: in Handel und Gewerbe, im Bankwesen und auch in der Politik. Prestige und Macht dieser Kaufleute waren unermeßlich, beruhten aber fast ausschließlich auf Kredit. Zwischen dem vorhandenen Kapital und dem tatsächlichen Jahresumsatz besteht ein eklatantes Mißverhältnis. Auch war es ihnen kaum möglich, sich aus dem politischen Geschehen herauszuhalten. Weder konnten sie einem fremden Fürsten die Bitte um eine Anleihe abschlagen, weil der sie jederzeit aus seinem Land ausweisen konnte, noch konnten sie sich weigern, für ein Söldnerheer zu zahlen, das ihre Heimatstadt zur Verteidigung ihrer Mauern herbeigerufen hatte. Daraus ergab sich natürlich, daß sie immer die ersten waren, die die Folgen politischer oder militärischer Katastrophen zu spüren bekamen, ja, man kann sagen, je größer und mächtiger eine Firma war, desto sicherer war sie zum Bankrott verurteilt.

Ein Mann wie Datini jedoch konnte diese Gefahren meiden, wie er es ja auch tat. Selbst wenn Ser Lapo Mazzei und Domenico di Cambio überwältigt waren von seinem Wagemut, war er in Wirklichkeit doch äußerst vorsichtig. Mit seinen kleinen Firmen konnte er sich, im Gegensatz zu den großen, ganz aus der Politik heraushalten. Er gewährte weder Königen noch Prälaten Darlehen, er beteiligte sich nie an der Finanzierung von Kriegen, nicht einmal in den Parteienhader seiner Heimatstadt ließ er sich verstricken – und das war damals keine leichte Sache. Kredit gewährte er nur Kaufleuten, die ebenso solide waren wie er selbst, und Firmen, die ähnlich organisiert waren wie seine eigenen. Auf diese Weise erreichte er Zeit seines Lebens zwar nie die Bedeutung und das Ansehen wie die Leiter der großen Firmen seiner Zeit, wie die Alberti, Soderini, die Malabaila oder Guinigi, aber er bekam dafür auch die Auswirkungen politischer und kriegerischer Auseinandersetzungen nur insoweit zu spüren, wie es für jeden Kaufmann unvermeidlich war. Er steuerte sein Schiffchen sicher durch alle Stürme und behielt so seine Schäfchen im Trockenen.

Viertes Kapitel

Die Handelsgesellschaften und ihre Mitglieder

S'agrada pregio aver a Mercatante,
drittura sempre usare a lui convene;
e longa provedenza li sta bene,
e che impromette non venga mancante.
E sia, se può, di bella contenenza,
secondo a che mestiere orrato intenda;
e scarso a comperare, e largo venda,
fuor di rampogne con bell'accoglienza.
La chiesa usare,
per Dio donare,
il cresce in pregio; e vendere ad un motto;
ed usura vietar torre del tutto,
e scriver bello, e ragion non errare.

Will Lob und Preis der Kaufmann haben,
muß er stets handeln, wie es sich für ihn geziemt;
er muß großen Weitblick besitzen,
darf ja Versprechen niemals brechen.
Er sei, wenn er kann, von angenehmem Betragen und Äußeren,
gemäß dem ehrenvollen Beruf, den er erwählt hat;
zurückhaltend sei er beim Kaufen, großzügig beim Verkaufen,
und ohne Tadel, sondern immer freundlich.
Zur Kirche gehe er,
um Gottes Lohn gebe er,
so wächst sein Lob; und er verkaufe aufs Wort;
und auf gar keinen Fall darf er (Wucher-)Zinsen nehmen,
und schön soll er schreiben, und sich in der Buchführung nicht irren.

Dino Compagni, *Canzone morale del pregio*

I

„Es steht einem Kaufmann gut an", so schrieb Leon Battista Alberti, der berühmte Architekt, der einer der größten Handelsgesellschaften von Florenz angehörte, „an den Fingern stets Tintenflecke zu haben." Das entsprach auch Datinis Einstellung. Während die Firmenchefs anderer Gesellschaften oft einen großen Teil ihrer Geschäftskorrespondenz durch *fattori* erledigen ließen, legte er bis ins hohe Alter Wert darauf, jeden Brief

eigenhändig zu schreiben, auch wenn er dann oft bis tief in die Nacht
arbeiten mußte, nur vier Stunden Schlaf hatte und manchmal sein Schreibpult viele Tage hintereinander überhaupt nicht verließ. „Es ist 21 Uhr",
schrieb er an einen Geschäftspartner, „und ich habe nichts gegessen und
nichts getrunken und den ganzen Tag lang gesessen und bin überhaupt nicht
aus dem Haus gekommen, und ich werde bis zur Nacht ohne Essen
bleiben... und morgen werde ich es auch so machen." Vergeblich redeten
ihm seine Frau, die Freunde und seine Ärzte zu, zumindest einen Teil seiner
Aufgaben einem seiner Geschäftspartner zu überlassen oder sich wenigstens
einen jungen Schreibgehilfen zu halten, dem er Briefe diktieren konnte. „Ihr
schadet Euch selbst sehr", schrieb ihm einer seiner Partner, „wenn Ihr nichts
aus der Hand geben wollt. Warum haltet Ihr nicht Simone oder jemand
anderen bei Euch, der schreibt, was jeweils anfällt!" Aber Francesco hörte
nicht auf sie. „Ich sage Dir, daß es meine Absicht ist, weiterhin alles selbst
zu schreiben wie bisher; und wie man so sagt: ein altes Pferd stirbt in den
Sielen."

Ohne seine persönliche Anordnung durfte niemand einen Sack Mehl
verrücken, eine Traube pflücken, einen Backstein verlegen, einen Knopf
oder eine Schachtel Konfekt kaufen. So schrieb er Tag für Tag endlose Briefe
an seine Frau, seine Faktoren, an Pächter, Maurer, Krämer, Künstler, dazu
Woche für Woche Geschäftsbriefe an die Leiter aller seiner Filialen. „Wahre
Bibeln", nannte er selbst diese langen Episteln, die ein merkwürdiges
Gemisch aus geschäftlichen Anweisungen, väterlichen Moralpredigten und
Schelte waren – er nannte es *canate* oder *morsi*, Stockhiebe austeilen oder die
Zügel strammziehen. „Und jedesmal sage ich, daß ich mich kurz fassen will,
und dann schreibe ich doch einen ganzen Psalter." Keine noch so winzige
Einzelheit entging seiner Aufmerksamkeit, keine noch so geringfügige Un-
terlassungssünde oder Verschwendung seinem Tadel. Dafür verlangte er
seinerseits von seinen Teilhabern und Faktoren ausführliche Rechenschafts-
berichte – und wehe dem, der schwer von Begriff oder nachlässig war! „Du
siehst ja nicht einmal eine Krähe in einer Schüssel voll Milch!", schrieb er an
einen begriffstutzigen Untergebenen. Ein anderer, der ihm einen unklaren
Bericht geschickt hatte, aus dem nicht eindeutig hervorging, ob nun von 13
Sack Wolle die Rede war oder nur von zehn, bekam zu lesen: „Du hast
weniger Hirn als ein Spatz! Nicht einmal von Mittag bis zum Zwölf-Uhr-
Läuten kannst Du Dir etwas merken!" Wenn jemand sich schon nicht auf
sein Gedächtnis verlassen könne, dann solle er seinem Beispiel folgen und
sich täglich Notizen machen. „Selbst der gescheiteste Mann der Welt muß
sich Tag und Nacht überlegen, was er alles aufzuschreiben hat, auf daß er es
nicht vergesse. Du liest eben meine Briefe nur einmal und antwortest, wie es
Dir gerade einfällt, legst sie dann weg und schaust sie nie mehr an... und
dann sitzt Du am Kamin und träumst von großen Gewinnen!"

Zum Glück waren die meisten seiner anderen *fattori* gewissenhafter.
Sorgfältig registrierte Francesco ihre Briefe und legte sie in seinem Florenti-

ner Kontor in Ordnern ab. „Ich will jedes meiner Papiere selbst durchsehen", schrieb er 1399, „sie ordnen und abzeichnen, so daß ich über jedermann Bescheid weiß, mit dem ich zu tun habe."[1]

Wie sahen diese Briefe nun damals aus und wie gelangten sie an ihren Bestimmungsort? Geschrieben wurden sie auf Papierbogen, die man in jeder Richtung dreifach faltete, und verschlossen mit einer dünnen Kordel, die man durch Löcher an den Briefrändern zog und an jedem Ende versiegelte. Die Seite, auf der die Adresse geschrieben war, trug dieselbe Handelsmarke wie Francescos Warenballen.[2] Ein Bündel Briefe wurde dann in wasserdichten Kanevas gesteckt und in eine Art Tasche gepackt, die *scarsella*, die der Kaufmann versiegelte und die der Kurier an seinem Gürtel befestigte.

Alles hing davon ab, daß man den richtigen Mann zum Boten wählte. Von Anfang an hatten die meisten großen Handelsgesellschaften der Toskana ihre eigenen Kuriere, *fanti proprii*. Im 14. Jahrhundert schickte die *Arte di Calimala* täglich zwei Boten von Florenz auf die großen Messen der Champagne; im 15. Jahrhundert unterhielt die Seerepublik Venedig einen regelmäßigen Kurierdienst zwischen Venedig und Brügge, der für die ganze Strecke nur sieben Tage brauchte. Kleine Firmen vertrauten ihre Post den *scarselle* dieses Kurierdiensts oder denen der großen Gesellschaften an, oder aber sie bedienten sich professioneller Kuriere, die es in jeder größeren Handelsstadt gab. Immer waren sie bereit, sich in jede gewünschte Richtung aufzumachen, selten jedoch waren sie fest angestellt. (In einem der Briefe Datinis aus Avignon werden zum Beispiel zwei Kuriere erwähnt: einer, der mit einem Auftrag in Lyon war, ein anderer, der gerade nach Pisa aufbrach; aber keiner von ihnen kommt später in der Korrespondenz nochmals vor.) Zuweilen wurden Boten auch am Stadttor vom Fleck weg engagiert, dort, wo die Reisenden die Pferde wechselten. Oder aber man vertraute seine Briefe einem Mönch an, einem Gesandten, der ins Ausland ging, ja sogar einem beliebigen Reisenden, der des Weges kam. Das barg natürlich immer ein Risiko, denn ungeachtet der offiziellen Abkommen, die zwischen den verschiedenen Stadtkommunen bestanden und die garantierten, daß die Post des Vertragspartners unangetastet blieb, wurden Briefe häufig unterwegs beschlagnahmt, geöffnet und gelesen. Das wiederum konnte für den Absender schlimme Folgen haben. So bekam zum Beispiel 1391 Ambrogio di Meo, ein florentinischer Kaufmann Schwierigkeiten, weil er seinen Geschäftspartnern in Genua unbedacht die aktuelle Situation in Florenz beschrieben hatte, nämlich, daß die Kommune zwangsweise hohe Anleihen einzog, um damit ihre Söldner zu bezahlen, daß die Kaufleute auf der Straße überfallen wurden, daß die Ernte durch Viscontis Freischärler vernichtet worden war. Sein Brief wurde in Genua am Stadttor abgefangen, Abschriften davon wurden an Visconti und an die Signoria in Florenz geschickt. Daraufhin wurde Meo vor die Priori geladen. Er hatte noch Glück, daß er lediglich mit einem scharfen Verweis davonkam. Der Briefschreiber, der das alles an Francesco berichtete, schloß: „Es ist weiser, keine Nachrichten zu schreiben als welche zu schreiben, vor allem aber niemals etwas Nachteiliges über die eigene Kommune zu schreiben."[3]

Francesco beging derlei Fehler nicht. Er schärfte seinen *fattori* ein, nie etwas niederzuschreiben, das geheim bleiben sollte. „Denn es gibt viele, die alle Briefe, die sie in die Finger bekommen, an sich reißen, um sie zu lesen... Es ist besser, immer einige Briefe bereit zu haben und sie einem Freund, der sich gerade auf die Reise macht, mitzugeben und ihm zu sagen: ‚Gib mir das dieser bestimmten Person in die Hand und niemandem sonst!‘"

Es kam auch vor, daß er einen seiner Gesellschafter oder Faktoren persönlich von einer Filiale zur anderen schickte, der seine Anweisungen überbrachte und dann Berichte zurückschickte. Ein Brief Mazzeis zeigt, daß es durchaus nicht ungewöhnlich war, wenn ein Kaufmann in Geschäften für seine Firma zu Pferd in der Welt umherreiste, oft sogar ohne sein Reittier zu wechseln. Mazzei rühmt da ein Roß, das noch bei Kräften war, nachdem sein vorheriger Besitzer mit ihm „für seine Gesellschaft von Barcelona nach Paris und von da durch Flandern" geritten war.[4]

Schließlich ließ Francesco, wie andere Kaufleute auch, von jedem Geschäftsbrief mehrere Kopien anfertigen und schickte diese über verschiedene Routen, damit unter keinen Umständen einer verloren gehen konnte. „Sag’ ihnen von mir, daß sie Dir dorthin und überall hin häufig schreiben", wies er einen seiner Filialleiter an, nachdem er zwei seiner Leute mit 2000 *fiorini di camera* von Avignon nach Neapel geschickt hatte, mit denen sie dort Geschäfte machen sollten, „so daß ich von ihnen häufig Briefe bekomme. Es sind ihrer zwei: der eine, nämlich Tieri, kann einen Brief schreiben, und Checco kann davon drei oder vier Kopien anfertigen und sie überall hin schicken."

Wie lange diese Kuriere unterwegs waren, hing natürlich von der Jahreszeit, von der Gegend und den Straßenverhältnissen ab und davon, ob sie, wie meist, zu Fuß reisten oder zu Pferd. Francesco berichtet, daß er einmal einen Mann in drei Tagen von Florenz nach Genua schickte, und daß man von Florenz nach Venedig gewöhnlich mit sechs Tagen rechnen mußte. Bonaccorso Pitti, ein Zeitgenosse, rühmte sich jedoch, er sei in gut zwei Tagen von Florenz nach Padua geritten, und er habe sogar einmal die Strecke Asti–Paris in geheimer Mission für den Duc d’Orléans in nur neun Tagen zurückgelegt.[5] Briefe nach England mußten in den Häfen des Kanals natürlich auf günstigen Wind und die rechten Gezeiten warten, und die, die nach Mallorca und Spanien gehen sollten, waren nicht nur den Launen des Meeres ausgesetzt, sondern auch den Gefahren der Piratenüberfälle. Aber ein Blick in Francescos Briefmappen zeigt, daß sehr viele Briefe ihren Bestimmungsort trotz allem prompt und wohlbehalten erreichten. Durch sie und durch die übrigen Geschäftspapiere sowie die Geschäftsbücher seiner Filialen, die er seine *fattori* aufbewahren ließ, können wir die Entstehung und Entwicklung all seiner Handelsgesellschaften verfolgen.

2

Im Mittelalter wurde Handel meist in Gesellschaften betrieben. Während aber die Handelsgesellschaften der großen Seerepubliken meist vom Typ der *commenda* waren, d. h. befristete Handelsgesellschaften, in denen der eine Kaufmann als stiller Teilhaber am Ort blieb und nur das Kapital stellte, der andere aber das Ausland bereiste und die Geschäfte abwickelte, waren sie in der Toskana *compagnie*, offene Handelsgesellschaften, in denen jeder Kompagnon Kapital und Arbeitskraft zu gleichen Teilen beisteuerte und außerdem Dritten gegenüber voll für alle Schulden haftete, die einer der anderen Partner gemacht hatte. Die Struktur dieser toskanischen Gesellschaften, ihr Funktionieren und das immense Ansehen, das sie sich mit der Zeit erwarben, kann man am besten verstehen, wenn man ihre Anfänge kennt. Die *compagnia* war ursprünglich ein kleines Familienunternehmen: Partner waren Vater und Sohn oder auch Brüder, also Männer, die im selben Haus dasselbe Brot aßen (was ja auch die Bedeutung des Wortes *compagnon* – von lateinisch *cum panem* – ist), die alle die gleichen Interessen hatten und für die es daher selbstverständlich war, ohne Vorbehalt füreinander einzustehen. Die Geschäftspartner bezogen natürlich kein Entgelt für ihre Arbeit, und das Gedeihen der Firma beruhte ganz und gar auf ihrer persönlichen Fachkenntnis, Gewandtheit und Aktivität. Eine *compagnia* war ebenso stabil und zuverlässig wie die Familie, unter deren Namen sie geführt wurde, ihre Kreditwürdigkeit beruhte, zumindest teilweise, auf dem Realbesitz, über den die Familie verfügte. Erst später wurden auch Personen, die nicht dem engeren Familienkreis angehörten, als Partner in eine Firma aufgenommen, wenn sie auch meist immer noch von den Mitgliedern der Gründerfamilie kontrolliert wurde. Schließlich gab es sogar Handelsgesellschaften, deren Gesellschafter überhaupt keine verwandtschaftlichen Beziehungen verbanden.

Letzteres ist bei Datinis Handelsgesellschaften der Fall. Trotzdem behielten sie die Grundzüge des Familienunternehmens bei. Viele Stellen in seinen Briefen lassen erkennen, wie lebendig die Tradition noch war, nach der die Beziehungen zwischen den Geschäftspartnern so eng sein sollten wie die unter Familienmitgliedern, unter Brüdern.

Als alter Mann schrieb Datini an seinen Firmenpartner Cristofano di Bartolo:

> Welchen Trost, welch Wohlgefallen, welch Glück gibt es doch zwischen zwei guten Brüdern oder zwei guten Partnern, die zusammenhalten und einander in Liebe zugetan sind... Ich gehöre zu denen, die glauben, daß zwei Partner oder Brüder, die im selben Geschäft zusammenarbeiten und das tun, was zu tun sich gehört, bessere Geschäfte machen, als wenn jeder allein für sich bliebe, und daß zwischen so einem Leben und dem Leben eines Mannes, der allein arbeitet, ein Unterschied ist wie zwischen Tag und Nacht.

Außerdem war er der Ansicht, daß es an sich schon sein Gutes hatte, daß die Partner voll für einander verantwortlich waren.

Als ich mit Toro di Berto zusammen in Avignon eine Firma gründete, lachten mich viele aus und sagten: „Du warst frei und hast dich zum Sklaven gemacht; du konntest aufstehen und zu Bett gehen, wann du wolltest, und nun mußt du nach seiner Pfeife tanzen." Ich erwiderte, daß ich aus verschiedenen Gründen froh sei, einen Kompagnon zu haben – erstens, weil ich dadurch einen Bruder bekommen habe, und zweitens auch noch, weil ich dadurch jemanden hätte, der mich vor den Torheiten der Jugend bewahrt und mir auf diese Weise zu Ehren und zu Gewinn verhilft.

Stoldo di Lorenzo gegenüber, der mehr als 20 Jahre lang sein Firmenpartner war, und in den er, wie er sagte, all seine Hoffnung setzte, erklärte er sogar, daß die Bindung zwischen zwei Geschäftspartnern enger und zuverlässiger sein könne als Bande des Blutes. „Jeden Tag siehst Du einen Bruder den anderen betrügen; aber gute Freunde tun das nicht."

In Wirklichkeit jedoch behandelte Francesco seine Partner in vieler Hinsicht alles andere als brüderlich. So gut wie immer steckte er den Löwenanteil der Gewinne ein. *„Et la raison, c'est que je m'appelle Lion."*

In vielen Handelsgesellschaften nahm der Seniorpartner noch die Stelle des Familienoberhaupts ein und wurde *capo*, manchmal auch *padre* genannt, selbst wenn er nicht blutsverwandt war. Er allein entschied über die Geschäftspolitik der Firma, und ausschließlich auf seinem Wagemut, auf seiner Umsicht und Klugheit beruhte ihr Gedeihen. Datini ging bei seinen eigenen Firmen allerdings noch weiter. Zwar sind nur wenige seiner Firmengründungsverträge erhalten, aber wo immer diese von der üblichen Norm abweichen, ergibt sich daraus eine Mehrung seines Einflusses und seiner Macht.

Die Hauptpunkte, die in solchen Verträgen geregelt und von einem Notar festgehalten wurden, wenn eine neue Gesellschaft gegründet wurde, waren fast immer die gleichen:

a) *Gewinnanteile der Gesellschafter je nach eingebrachtem Kapital bzw. geleisteter Arbeit.* Gewinne und Verluste wurden demzufolge ebenfalls proportional aufgeteilt. Gewöhnlich bestand das Stammkapital jeder Firma, *il corpo della compagnia*, aus den eingebrachten Einzelbeiträgen jeden Partners. Bei Auflösung einer Firma erhielt jeder Partner einen Anteil, der der Höhe seiner Einlage entsprach. Jedes Mitglied einer Handelsgesellschaft konnte jedoch darüber hinaus auch noch weiteres Kapital einzahlen, *il fuori corpo* oder auch *sopra corpo*, wofür normalerweise ein fester Zinssatz von sieben bis acht Prozent gezahlt wurde. Auch von Geldgebern, die nicht der Firma angehörten, wurden Einlagen zu gleichen Geschäftsbedingungen akzeptiert. In großen Handelsgesellschaften wie denen der Bardi und der Peruzzi erreichten gerade diese Fremdgelder eine ansehnliche Höhe. Keine von Datinis Firmen bewegte sich allerdings in so großem Rahmen. In seinem ersten Firmengründungsvertrag, den er 1367 mit Toro di Berto abschloß, wird festgehalten, daß beide Partner je 2 500 Gulden einbringen und Gewinne wie Verluste gleichmäßig unter ihnen aufgeteilt werden sollten und daß beide bereit sind, „ihre Person zur Verfügung zu stellen, ohne ein Entgelt von der Gesellschaft zu verlangen".[6] Im Gründungsvertrag einer neuen Gesellschaft hingegen, den Datini vor seiner Abreise aus Avignon 1382 mit den Partnern abschloß, denen er die Führung seiner Geschäfte dort anvertraute, kam das gesamte Kapital von Datini, während die drei Partner, nämlich Boninsegna di Matteo, Tieri di Benci und Andrea di Bartolomeo, lediglich ihre Arbeitskraft zur Verfügung stellten. Die Hälfte aller Gewinne gehörte Datini, die andere Hälfte wurde unter den drei Partnern aufgeteilt.

b) *Die Vertragsdauer einer Handelsgesellschaft.* Sie betrug gewöhnlich zwei bis drei Jahre, und während dieser Zeit lag das Stammkapital fest. Jeder Partner, der für eigene Geschäfte etwas davon entnahm, mußte auf die entsprechende Summe eine Strafe von 20 Prozent zahlen. Es war damals üblich, daß eine Firma nur für so kurze Zeit bestand – meist für zwei Jahre, allerhöchstens zwölf. Wenn man also von den Firmen Bardi oder Peruzzi spricht, die beide über 70 Jahre bestanden, sollte man sich klar machen, daß sie über all die Jahre hinweg ständig erneuert wurden. Nur wenn eine Gesellschaft aufgelöst wurde, konnte ein Gesellschafter seinen Anteil herausnehmen. Falls die Gesellschaft erneuert wurde, konnte er ihn von neuem einbringen, wenn er es wünschte. Im Gründungskontrakt der Pisaner Filiale jedoch, den Datini 1392 mit Stoldo di Lorenzo und Manno d'Albizzo abschloß, war festgelegt, daß lediglich Manno, der Juniorpartner, der seinen festen Wohnsitz in Pisa haben und der Gesellschaft stets zur Verfügung stehen sollte, für die vollen zwei Jahre an den Vertrag gebunden war. Francesco hingegen behielt sich das Recht vor, zu jedem beliebigen Zeitpunkt die Firma aufzulösen oder die beiden Partner aus der Firma zu entlassen.

c) *Vorschrift, daß kein aktives Mitglied der Handelsgesellschaft einer anderen Gesellschaft oder einer anderen Gilde angehören durfte und ausschließlich für die Gesellschaft, der es angehörte, Geschäfte machen durfte.* Diese Regel, die auch in den Statuten der Stadt niedergelegt war, war sogar für ganz kleine Firmen verbindlich. Das geht aus einem weiteren Kontrakt im Datini-Archiv hervor, den zwei Prateser Betreiber einer Mange abschlossen. Einer der Vertragspartner, Betto di Giovanni, war nämlich der Stadttrompeter, und so bestimmte eine Klausel, daß er der Kommune von Prato dienen könne „mit seiner Trompete und mit seiner Person", aber nur unter der Bedingung, daß er die Hälfte seiner Bezüge in die Mangenfirma abführe.

Aber auch da hielt sich Datini auf seine Weise an die allgemeinen Vorschriften. Er selbst gehörte wie selbstverständlich mehreren Gesellschaften gleichzeitig an und hatte zudem die Kontrolle über die Geschäftsführung jeder dieser Firmen in der Hand. Bis dahin war es üblich gewesen, daß eine *compagnia* ein Hauptkontor hatte, das etliche abhängige Filialen in anderen Städten mitverwaltete. Francesco dagegen gründete zusätzlich zu seinem Hauptkontor in Prato an allen Orten, an denen er Handel trieb, selbständige

Gesellschaften. Jede dieser Firmen hatte verschiedene Gesellschafter, nur er selbst gehörte allen als Hauptgesellschafter an und kontrollierte überall die Geschäftsführung. Dieses ganz neue Vorgehen bei der Gründung von Handelsgesellschaften war in der Geschichte des Handels, wie Sapori feststellt, ein bedeutender Schritt vorwärts auf dem Wege zur „Holding-Gesellschaft" der Medici, die sich folgerichtig daraus entwickelte.

Datini behielt sich sogar manchmal das Alleinverfügungsrecht über die Gewinne seiner Gesellschaften vor. Zum Beispiel können wir in einem Brief von 1399 an Luca del Sera lesen:

Ich bin bereit, wenn Ihr Erfolg habt, Euch dadurch zufriedenzustellen, daß ich Euch weder den Gewinn des vergangenen Jahres aus der Hand nehme noch den des kommenden. Aber auf mehr rechnet nicht, denn es ist meine Absicht, nicht eher locker zu lassen, als bis ich 10000 Gulden zusammengebracht habe, mit denen ich machen will, was mich gutdünkt.

Domenico di Cambio hatte allen Grund, denen, die ihn darum beneideten, daß er sich zu Francescos Gesellschaftern zählen durfte, entgegenzuhalten: „...Wenn Francesco einmal Geld hat, dann behält er es selbst!"

Aus all dem geht jedenfalls hervor, daß Datini die Kontrolle über seine Firmen niemals aus der Hand gab, und daß die übrigen Firmenpartner kaum mehr als Aktionäre ohne Stimmrecht waren.

Wie später auch die Unternehmen der Medici, war jede der Firmen Francescos selbständig. Daraus folgte, daß jede von ihnen Provision und Zinsen zahlen mußte, wenn sie mit einer der anderen Geschäfte machte.[7] Der einzige gemeinsame Nenner war Francesco. Trotzdem unterstützten sich alle Filialen nach Kräften gegenseitig. Ihre Mitglieder nannten sich gegenseitig „die Unseren" (_i nostri di Pisa, di Valenza, di Maiorca_ etc.). Wenn zum Beispiel die _compagnia della tinta_, die Färbereifirma Francesco di Marco & Niccolò di Piero, Prato, an die Firma Francesco di Marco & Stoldo di Lorenzo, Florenz, Tuch sandte, das für den Verkauf in Venedig bestimmt war, so wurde das Tuch Bindo di Gherardo Piaciti, dem Korrespondenten der Firma in Venedig in Kommission gegeben, der es dann keineswegs verkaufte, sondern gegen Perlen tauschte, die Messer Andrea Contarini gehörten (108 Stränge zu je 74 Perlen), die wiederum versichert wurden und an die Firma Francesco di Marco & Luca del Sera, Valencia, versandt wurden, um dann endlich in Katalonien verkauft zu werden. Wenn diese Geschäftstransaktion zu guter Letzt abgeschlossen war, schrieb die Florentiner Filiale der Prateser Firma den Gewinn gut, der ihr zustand.[8] Auf diese Weise waren an einer einzigen Transaktion gleich drei von Francescos Firmen sowie einer seiner Korrespondenten beteiligt.

Denn Francesco hatte in allen bedeutenden Handelszentren, in denen er nicht selbst eine Filiale unterhielt, Korrespondenten und Kommissionäre, die auf Provisionsbasis mit ihm zusammenarbeiteten. Manchmal waren es Agenten, die seine Anweisungen ausführten, so in Venedig; manchmal handelte es sich, wie in Brügge, Paris oder London, um eine der dort bereits ansässigen italienischen Handelsgesellschaften.

Inwieweit Francescos Partner ihm seine anmaßende Art übelnahmen, wissen wir nicht; auf jeden Fall mußten sie sich trotzdem irgendwie mit ihm arrangieren. Domenico schickte ihm zwei Jahre nachdem er sein Geschäftspartner geworden war einen Beschwerdebrief, in dem er sich ganz offen bei ihm beklagte:

Ich weiß gut, daß es nun zwei Jahre sind, daß ich Euer Gesellschafter bin, und daß ich sagen kann, daß ich seit der Zeit keinen guten Tag mehr gehabt habe, und außerdem weiß ich nicht einmal, wieviel ich verdiene, wohl aber, daß ich sechs Monate im Jahr für mich hatte, als ich mit Bossavini zusammen war, und mir im Jahr 150 Gulden blieben. Mit Euch aber weiß ich immer noch nicht, was mir bleiben wird. Und deshalb bitte ich Euch, Ihr möget jetzt im Mai die Abrechnung vornehmen, so daß Ihr und ich miteinander ins Reine kommen und ich dadurch wieder Gefallen am Leben finden kann.

Trotzdem hielt diese Partnerschaft von da an noch weitere 15 Jahre, obwohl sich Domenicos Position ganz offensichtlich in keiner Weise verbesserte. Als die Gesellschaft nämlich aufgelöst wurde, murrte Domenico, daß Boninsegna einmal „1400 Gulden meiner Einlage entnommen" habe, um Francesco damit unter die Arme zu greifen, als dieser in finanzieller Bedrängnis steckte, und daß er [Domenico] dadurch 48 Gulden eingebüßt habe, die ihm bei der Rückerstattung der Einlagen fehlten. „Nie hattet Ihr einen Kompagnon, der in seiner Gesellschaft größere Belastungen ertragen hat, als ich in meiner ertragen habe, und dabei habe ich alles ohne Hader hingenommen."[9]

3

In all diesen Gesellschaften erledigten die Partner, vor allem aber Francesco persönlich, einen Großteil der Arbeiten, die heute zu den Aufgaben eines Angestellten gehören würden. Dessen ungeachtet hatte jede der Firmen auch noch fest angestellte *fattori*, Notare, Buchhalter oder Kassierer, Boten und Lehrlinge, *garzoni* oder *fattorini*. Jeder dieser Untergebenen hatte seinen Aufgabenbereich. Ganz unten in der Rangordnung standen die *garzoni*, die meist nicht einmal lesen und schreiben konnten, d. h. Laufburschen, Bürodiener und Boten. Die Geschäftsbücher der Firma Bardi zeigen, daß es zu Beginn des 14. Jahrhunderts ein *garzone* selten auf mehr als fünf bis sieben Gulden im Jahr brachte, die er noch dazu häufig unregelmäßig bezahlt bekam, zum Teil auch nur in Naturalien, d. h. Essen und Kleidung. Ein junger Ladenbursche dagegen, der es zum *fattore* oder zum Buchhalter bringen wollte, bekam ein regelmäßiges und etwas höheres Gehalt. Im Datini-Archiv findet sich ein Vertrag mit Berto di Giovanni, einem jungen Prateser, der drei Jahre lang in Avignon für Datini arbeiten, im ersten Jahr ein Gehalt von 15 Gulden, im zweiten dann 20 und im dritten 25 bekommen und darüber hinaus alle Spesen ersetzt bekommen sollte. Auch existiert eine Empfangsbestätigung über das Gehalt eines jungen Buchhalters, der zwölf Gulden im Jahr erhielt. Kennzeichnend für die damaligen Gepflogenheiten ist es, daß in beiden Fällen das Geld nicht etwa an den jungen Mann selbst ausbezahlt wurde, sondern an dessen Vater bzw. seine Mutter. Wieviele solcher Angestellten dort beschäftigt waren, hing natürlich von der Größe und dem Geschäftserfolg eines *fondaco* ab. Datini scheint aber in keiner seiner Firmen viele Angestellte gehabt zu haben. Kurz bevor er Avignon verließ, schrieb er, daß er 18 Leute „im Haus" habe, wobei er jedoch wahrscheinlich die Diener und Dienerinnen mit eingerechnet hatte. Er fügte noch hinzu, daß einer von ihnen krank sei, einer „einen Ausschlag an den Händen" habe, und überdies alle sehr unerfahren seien. „Ich muß ihnen alles vorkauen, denn sie sind neu."

Die Schreiber und Buchhalter bzw. Kassierer standen auf der zweiten Sprosse der Leiter. Sie wurden mitunter auch *fattori-scrivani, contabili* oder *chiavai* genannt. Das waren die Leute, die die Bücher führten und denen die Schlüssel, *chiavi*, für die Geldtruhen und Handkassen anvertraut waren. Boninsegna di Matteo, der später Francescos Gesellschafter in Avignon werden sollte, war einer von ihnen. Wie hart er dabei manchmal arbeiten mußte, erfahren wir aus einem von Francescos Briefen. „Tag und Nacht tut er nichts anderes als schreiben, und trotzdem kann er nicht die Hälfte der ganzen Schreibarbeit erledigen, die während seiner langen Abwesenheit angefallen ist. Aber er soll mir nicht eher von seinem Hocker aufstehen, als bis er alles aufgearbeitet hat."

Wenn man die mehr als 500 Haupt- und sonstigen Geschäftsbücher der Firmen Datinis studiert, sieht man, wie weit entwickelt die Kunst der Buchführung damals bereits war. Bis Anfang des 14. Jahrhunderts hatten die Kaufleute meist nur ganz summarisch buchgeführt. Die Eintragungen waren oft wenig mehr als Gedächtnisstützen und gaben nur über Kredite Auskunft, während Bargeldtransaktionen nicht schriftlich festgehalten wurden. In Prato scheint die Buchführung selbst zu Datinis Zeiten noch kaum fortschrittlicher gewesen zu sein. Nach seiner Rückkehr beklagte sich Francesco bei Stoldo, daß die Prateser nur im Kopf buchführten, „wie die Fuhrleute, die die Posten ihrer Abrechnung unterwegs zwanzigmal neu zusammenzählen. Weiß Gott, wie sie so eine Firma leiten können. Denn vier von sechsen haben weder Buch noch Tintenfaß". Doch war er ehrlich genug, anzuerkennen, daß sie „aber gerade deshalb noch nach 30 oder 40 Jahren Dinge besser im Kopf haben als andere nach einem Monat!"

Die meisten großen Handelsgesellschaften in Florenz, Venedig und Genua bedienten sich damals jedoch schon der doppelten Buchführung, die man „il metodo italiano" nannte, weil nur italienische Kaufleute sie beherrschten. Datini bestand darauf, daß sie in jeder seiner Firmen angewandt wurde.

Seine *libri contabili* sind Rechnungsbücher von ganz verschiedener Art, angefangen von *quardernacci di ricordanze*, die nichts weiter sind als Notizbücher, in denen tägliche Einnahmen und Ausgaben so, wie sie gerade anfielen, festgehalten sind, dazu allerlei Notizen, ja sogar stichwortartig die neuesten Nachrichten vom Tage. In den *memoriali* wurden dann die Fakten aus den *ricordanze* systematisch zusammengestellt. Die *libri grandi* schließlich, die jede Gesellschaft unterhielt, und zwar in doppelter Buchführung, waren bei Francesco prachtvoll in Pergament oder in Leder gebunden, trugen seine Handelsmarke und waren fortlaufend mit den Buchstaben des Alphabets versehen. Nach damaligem Brauch war die erste Seite fast immer mit einem religiösen Spruch überschrieben wie: „Im Namen Gottes und der Heiligen Jungfrau Maria" oder „Im Namen Gottes und des Geschäfts".

Außerdem wurden noch *libri d'entrata e d'uscita* geführt, auch *libri dei debitori e creditori* genannt, in denen der Eingang und Ausgang von Bargeld eingetragen wurde, der dann wiederum in den *libri d'entrata e d'uscita della cassa grande* zusammengefaßt wurde. In Avignon standen im Fondaco Geldkassetten für das Bargeld, die allabendlich abgerechnet und danach in die *cassa grande* geleert wurden, zu der Francesco als einziger den Schlüssel besaß. Aber sowohl Francesco als auch Margherita mußten die Kassierer um Bargeld angehen. Einmal beklagt sich Margherita, daß man sie so knapp bei Kasse hielt, daß sie sich drei *lire* borgen mußte, um auf dem Markt ihre Einkäufe bezahlen zu können!

Dann führte auch noch jeder einzelne Fondaco seine Bücher, in denen Inventarlisten, Quittungen und Frachtbriefe etc. enthalten waren; die Partner und Faktoren im Ausland führten ebenfalls Buch, und außerdem gab es noch Immobilienregister, Gehaltslisten, dazu die zwölf Handlungsbücher der Tuchindustrie in Prato. Schließlich führte Datini auch privat Buch und hielt in den Kontobüchern *„di Francesco proprio"* seine persönlichen Ausgaben und die Ausgaben für seinen Haushalt fest, während er Partnerschaftsverträge, Abrechnungen, die über den jeweiligen Kapitalstand eines jeden Firmenmitglieds Aufschluß gaben, sowie Bilanzen vor allem in einem *libro segreto* niederlegte. Das Recht des Kaufmanns, diese Bücher nicht offenlegen zu müssen, war so fest verankert, daß Mazzei, als die Steuerbeamten der Stadtkommune von Florenz 1401 verlangten, *tutti i libri* einzusehen, dazu schrieb: „Die finanzielle Notlage der Kommune zwingt sie, diese Schamlosigkeit zu begehen."

Die Arbeit des Kassierers war sehr wichtig und verantwortungsvoll, so sehr, daß Ser Lapos erste Reaktion auf die Nachricht, daß sein Sohn in Barcelona diesen Posten bekommen sollte, nicht so sehr Stolz war, als vielmehr Besorgnis.

Ich befürchte, daß Pietro vergeßlich sein könnte, und wenn Du ihn zum *cassiere* machst und falls er nicht ein gutes Gedächtnis hat, könnte er mit Schaden und Schmach fehlen. Zumindest könntest Du bei ihm ja einen Versuch machen mit kleinen Summen und sehen, wie er es macht.

In einem späteren Brief schlug er vor, daß der Junge jedesmal, wenn er vergessen habe, eine Zahlung einzutragen, einen *soldo* Strafe zahlen sollte. „Und noch bevor er zehn *soldi* gezahlt hat, wird er für immer geheilt sein. Und mache es genau so, wenn er Geld herausnimmt, damit er es vorher aufschreibt, daß er es herausnimmt. Das ist eine Regel der Heiligen, wahr und erprobt."[10]

Die Notare der Handelsgesellschaften spielten ebenfalls eine wichtige Rolle, denn sie waren es, die Urkunden und Verträge aufsetzten und manchmal sogar vor Gericht als Anwälte die Sache ihrer Gesellschaft vertraten. Datini allerdings hatte keinen Notar, den er regelmäßig bezahlte, vielmehr engagierte er von Fall zu Fall die besten Vertreter ihres Fachs: Ser Lapo Mazzei in Florenz, in Prato Ser Amelio Migliorati und Ser Schiatta di Michele; im Ausland nahm er sich einen der Notare, die sich überall dort niederließen, wo es italienische Kaufleute gab.

Den wichtigsten Rang nahmen schließlich die eigentlichen *fattori* ein, die Anweisungen der Gesellschafter in eigener Verantwortung ausführten und häufig Leiter einer Filiale im Ausland wurden. Sie bezogen ein festes Gehalt, waren jedoch nicht am Gewinn beteiligt. Im allgemeinen wurde der Leiter einer Filiale im Ausland, wenn er gut war, auch gut bezahlt mit 70 bis 80 Gulden im Jahr. Oft bekamen diese Männer unbeschränkte Prokura, auch wenn sie keine Partner in der Firma waren. Manche Handelsgesellschaften, so auch die Datinis, zahlten ihnen eine stattliche Sonderzulage, die *gratifica*, als Ausgleich für die Gefahren und Unannehmlichkeiten, die sie auf sich nahmen, weil sie im Ausland leben mußten. Zudem wurden bei Datini einige seiner *fattori* sehr schnell zu Kompagnons, was zweifelsohne zum Teil in Anerkennung der geschäftlichen Erfahrung geschah, die sie an Ort und Stelle gesammelt hatten.[11] Andere *fattori* bezogen zwischen 30 und 40 Gulden im Jahr, die jüngeren 20 bis 30. Schließlich gab es noch junge Lehrlinge oder *discepoli*, wie Piero Mazzei und Maso dell'Ammannato, die nur 20 Gulden erhielten, aber darauf hofften, eines Tages selbst Partner oder zumindest *fattori* zu werden.

All diese Männer waren eine große Familie, in der man sich, wie in jeder Familie, manchmal gut, manchmal weniger gut verstand, immer aber fest zusammenhielt, vor allem in der Fremde, wo man nicht nur gemeinsame Interessen hatte, sondern auch gemeinsamen Gefahren ausgesetzt war. Und nicht selten waren die Angehörigen einer Firma ja auch tatsächlich miteinander verwandt. So war z. B. einer der ersten Firmenpartner Datinis in Avignon der Neffe seiner Ziehmutter Monna Piera. Später, als er mit Boninsegna di Matteo als Sozius eine Firma gründete, beschloß er, einen von Boninsegnas Neffen dort unterzubringen, weil, wie er schrieb, „es mir ein Bedürfnis ist, Boninsegna Gutes zu tun und all seinen Verwandten". In Florenz stellte Datini seinen Schwager Niccolò dell'Ammannato ein; in Prato gründete er eine Tuchhandelsfirma mit dem Sohn und dem Enkel seines alten Vormunds, Piero di Giunta, als Partnern. Auch die meisten Mitglieder der Filialen in Spanien hatten Verwandte in der Toskana.

All diese verwandtschaftlichen Beziehungen gaben seinen Handelsgesellschaften einen patriarchalischen Zug, was wiederum erklärt, wieso Datini von seinen Untergebenen und Angestellten kindlichen Gehorsam forderte – obwohl darin sicher auch noch ein Element der Vater-Sohn-Beziehung fortlebte, die in früheren Zeiten zwischen Meister und Lehrling bestanden hatte. „Wir gaben Euch Manno als Euren Sohn", schrieb Agnolo degli Agli über den jungen Verwandten, den er in Francescos Firma untergebracht hatte. „Ihr wißt, daß er Eure Pflanze ist, und groß ist die Freude des Gärtners, wenn seine Pflanze Früchte trägt."

Wenn einer seiner Leute krank war, kümmerte sich Francesco mit wahrhaft väterlicher Fürsorge um ihn. So schrieb er einmal an seine Frau über einen seiner *garzoni:*

Mein Checco ist vor kurzem ins Paradies eingegangen. Es geschah nicht aus fehlender Fürsorge, denn zwei gute Ärzte waren ständig an seinem Krankenbett, und alle Mitglieder des Haushalts waren ihm Tag und Nacht zu Diensten... Ich gräme mich sehr darüber. Er war ein guter Junge und treu.

Und hier ist ein Brief von 1397, in dem Francesco Margherita bittet, die Mutter Simones zu trösten, eines jungen Mannes, der in seinen Diensten im Ausland gestorben war:

Wenn Du dieses erhältst, schicke geschwind nach Simones Mutter, erweise ihr Ehre, spende ihr Trost in ihrem Unglück, schenke ihr alles, was sich im Haus befindet, und sage, sie solle Haus und alles, was darin ist, als ihr eigen betrachten... Und außerdem sage ihr all die guten Worte, die Du weißt, denn es ist Christenpflicht, die Bekümmerten zu trösten.

Es läßt sich jedoch nicht überhören, daß Francescos Ton seinen Untergebenen und Angestellten gegenüber sehr viel schroffer war, solange sie noch unter den Lebenden weilten! Die Tugenden, die er von ihnen forderte, waren die, die sein Zeitgenosse Paolo da Certaldo aufzählt: Sie sollten „bescheiden, redlich, eifrig, stetig, ehrlich und ordentlich" sein. Diese anspruchsvolle Liste von Tugenden entspricht allerdings auch nur dem, was bereits das Gesetz verlangte. Die Statuten der *Arte di Calimala* bestimmten, daß ein *fattore* ausschließlich für die Firma arbeiten durfte, in der er angestellt war, und für keine andere, und daß er auch nicht auf eigene Rechnung Handel treiben durfte, selbst dann nicht, wenn es seiner eigenen Firma zum Vorteil gereichte. Er mußte selbstverständlich detailliert über alle Geschäfte, die er tätigte, Rechnung legen, und natürlich wurde die geringste Unredlichkeit streng geahndet, und zwar sowohl mit sofortiger Entlassung wie mit Gefängnisstrafe. Auch sein Privatleben war strengen Regeln unterworfen: Er durfte weder eine Geliebte haben (es sei denn eine der Sklavinnen, die dem Haushalt angehörten, denen diese Rolle selbstverständlich zugestanden wurde) noch sich im Glücksspiel versuchen, vor allem nicht im Würfelspiel. „Allein davon zu sprechen", schrieb Mazzei, „ist abscheulich!"[12]

Da es die Aufgabe des *fattore* war, allen Mitgliedern eines Fondaco ihre
tägliche Arbeit zuzuteilen, mußte er nicht nur fleißig sein, sondern auch
einen klaren Kopf haben. An einen neuen *fattore* in Pisa schrieb Datini:

> Sorge Du dort dafür, daß alles getan wird, was zu tun ist, und bedenke Tag und
> Nacht alles, was Du tun mußt. Und habe nicht zu viele Sachen auf einmal im Kopf,
> damit nicht eine Dich die andere vergessen läßt. Und mache eine Notiz von allem,
> was Du nicht im Kopf behalten kannst, denn es ist unmöglich, sich alles zu merken,
> was man zu tun hat, aber man soll sein Augenmerk immer auf das richten, was am
> dringendsten ist...

„Um Kaufmann zu sein", schrieb ein anonymer Zeitgenosse Datinis,
„muß man vor allem drei Dinge haben, nämlich Verstand, Erfahrung und
Geld."[13] Und anschließend erklärt er, was er darunter versteht. Mit „Geld"
meint er, daß es besser sei, mit eigenem Kapital Handel zu treiben als mit
dem anderer Leute. „Denn wer mit dem Geld anderer arbeitet, den kostet
das zu viel, als daß er mit Gewinn Geschäfte machen könnte." Mit „Erfahrung" meint er die profunde Sachkenntnis, die einer haben muß, um über
die Qualität der Waren, mit denen er Handel treibt, Bescheid zu wissen: „ob
sie gut, mittelmäßig oder schlecht sind, echt oder unecht, lagerfähig und
wenn, wie lange". Ein Kaufmann muß wissen, wann er seine Ware kauft,
wie er sie lagert und zu welcher Zeit er sie wieder verkauft. „Es gibt viele
Mittel, mit denen man sie haltbar machen, wieder instandsetzen, gefällig
ausstellen oder, wenn man will, verfälschen kann, damit sie attraktiver
aussieht." Viele dieser Ratschläge fanden sich in den zahlreichen zeitgenössischen Leitfäden über den Handel. Der berühmteste war *La pratica della
mercatura* von Francesco Pegollotti, verfaßt von einem Faktor der Bardi-
Gesellschaft, der viele Jahre in Zypern gelebt und für die Firma gearbeitet
hatte.

Um im Ausland Erfolg zu haben, mußte ein Kaufmann noch ganz andere
Voraussetzungen erfüllen. Er mußte eine oder mehrere Fremdsprachen
beherrschen, vor allem Französisch, damit er sich mit den fremden Währungen vertraut machen konnte und über die jeweiligen Preise der Handelsware,
über die Schwankungen der Wechselkurse und der Marktlage berichten
konnte.[14] Er mußte gute Beziehungen zu den fremden Landesherren und
Konkurrenten unterhalten, sich nach den örtlichen Gepflogenheiten und
Gesetzen richten und oftmals in eigener Verantwortung schnelle Entscheidungen treffen. Hoftrauer bedeutete zum Beispiel erhöhte Nachfrage nach
schwarzem und purpurfarbenem Tuch, eine Krönung wiederum ein Empor-
schnellen der Preise für Juwelen, die Auflösung eines Söldnerheers hingegen
eine Überschwemmung des Marktes mit Waffen.

Kurz, ein *fattore*, der im Ausland arbeitete, mußte nicht nur über einen
beweglichen, flinken Geist verfügen, sondern dazu auch noch über eine gute
Portion Schlauheit.

Vestir basso color, esser umile,
grosso in aspetto ed in fatto sottile:
male sia all'inglese se t'attera!
fuggi le cure e pur chi si fa guerra.

Kleide dich in dunkle Farben, sei bescheiden,
grob in deinem Aussehen, fein in deinem Tun:
Wehe dem Engländer, wenn er dich demütigt;
Meide alle, die dir schmeicheln und die dich angreifen.

So lauten die Anfangszeilen eines Gedichts von Giovanni Frescobaldi, „gewidmet denen, die nach England fahren".

Der *senno*, der Verstand eines Kaufmanns, zeigt sich – wenn man diesem Florentiner Ratgeber folgt – darin, daß „man sich beherrscht und unter Kontrolle hat, in allem, was man tut, das heißt, zu wissen und zu entscheiden, was man tun und was man lassen soll, sich nicht zu verzetteln und nie mehr zu wagen, als die eigene Börse zuläßt". Ein weiser Kaufmann, meinte er, vermeidet „unmäßige und übertriebene Ausgaben für Kleidung und anderes", denn „nichts belastet das Gewissen so sehr, wie wenn man zu großen Staat machen will". Andererseits sollte er aber auch wissen, daß es manchmal die wahre Klugheit ist, nicht knauserig zu sein. „Es ist nicht jedes Mal von Schaden, wenn man bereit ist, mehr zu zahlen, als was man schuldig ist, – so zum Beispiel an *bastagi* [niedere Diener], an *padroni* [hohe Herren], an *sansali* [Makler] und an ähnliche." Zudem sei Geld immer gut angelegt, das Richtern und Schiedsrichtern gegeben werde, denn nach den Worten der Schrift heiße es: „Geschenke machen die Weisen blind und verdrehen die Sache der Gerechten."[15]

Senno hat vor allem derjenige, der immer auf der Hut ist. Schriftstücke sollten nicht buchstabengetreu, sondern mit Umsicht ausgelegt werden, „je nachdem, wie Zeit, Ort und Rang es erfordern", und nicht „nach ihrem Wortlaut, sondern nach ihrer Absicht". Jeder Handel müsse zunächst mit Mißtrauen geprüft werden, „denn viele Schlingen werden ausgelegt und Ränke geschmiedet, um einen Kaufmann anzulocken... und jedermann glaubt, in seinen Händen würden Steine zu Gold". Freunde sollte man nur nach ihrer Nützlichkeit auswählen – „Freunde aller Art zu haben, ist immer gut, aber keine nutzlosen Männer" –, und sogar begüterten Freunden gegenüber solle ein Mann stets auf der Hut sein. „Bedenke, daß der Neid in mehr Menschenherzen wohnt als man glauben möchte... und deshalb kann man nicht fehlgehen, wenn man immer alles, was man tut, geheim hält und nicht damit prahlt und auch nicht in der Öffentlichkeit von seinen Gewinnen oder von seinem Reichtum schwatzt." Geheimnisse muß man selbstverständlich für sich behalten: „Sich jemandem anvertrauen heißt, sich zu seinem Sklaven zu machen." Paolo da Certaldo wiederum gab den Rat, daß man sich immer zuerst vergewissern solle, daß niemand hinter einem Vorhang steht, und leise sprechen müsse, so daß man es nicht durch die

Wand hören könne – oder noch besser: „Geh' und besprich deine geheimen Angelegenheiten auf einem offenen Platz in der Stadt oder auf einer Wiese, auf einem Sandhügel oder auf offenem Feld... meide Hecken, Bäume, Höhlen, Mauern, Wände und Straßenecken und all die Orte, wo ein oder mehrere Männer oder Frauen, große und kleine, sich verbergen und dich hören könnten."[16]

Der Verfasser dieser Ratschläge, selbst ein erfolgreicher Kaufmann, ging in seinen Empfehlungen sogar so weit, daß es klüger sei, nicht einmal seinen Kindern volles Vertrauen – la tutta fidanza – zu schenken. Francesco stimmte all diesen Überlegungen aus tiefster Überzeugung zu. „Das Meer, das Land, alles ist voller Diebe", schrieb er einem seiner Gesellschafter, „und der größte Teil der Menschheit ist schlecht." Und in einem anderen Brief: „Wenn ich noch einmal zur Welt kommen müßte mit dem geringen Wissen, das Gott der Herr mir verlieh, würde ich mich eher vor den Menschen hüten als vor dem Teufel. Mögest Du Dich um die Angelegenheiten der Firma kümmern in Schuhen aus Blei!"

Bei dieser Einschätzung der menschlichen Natur ist es nicht verwunderlich, daß die Angestellten der großen Handelsgesellschaften streng überwacht und in Zucht gehalten wurden. „Da Du mein Sohn bist, sollst Du nur tun, was ich Dich heiße", schrieb Francesco an den jungen Piero Mazzei, den er schon als kleinen Jungen in sein Haus aufgenommen hatte. Und weiter: „Erfülle Deine Pflichten in unserer Gesellschaft, dann wird Dir Ehre und Gewinn zuteil; und auf mich kannst Du zählen, als ob ich Ser Lapo wäre [der Vater des Jungen]. Wenn Du aber das Gegenteil tust, zähle nicht auf mich; es wäre, als ob Du mich nie gekannt hättest."

Francescos Vaterrolle seinen Untergebenen gegenüber schloß auch, wie es damals üblich war, den Gebrauch der Rute ein. „Züchtigt ihn auf jede Art und Weise", schrieb er an den Leiter der Filiale in Barcelona über seinen Neffen Maso, als der Junge sich einmal nicht so betragen hatte, wie er sollte, „auch wenn es Euch Mühe macht. Gottes und der Menschen Lohn wird Euer sein, denn eine gute Tat ist nie verloren." Sogar der sanfte Ser Lapo Mazzei empfahl ganz ähnliche Methoden, als er seinen eigenen Sohn mit folgenden Worten Cristofano di Bartolo ans Herz legte: „Sonntags soll er die Messe nicht versäumen; und seine Kleidung sei einfach und derb, aber praktisch, so daß er gut darin arbeiten kann. Laßt ihn den Stock sogleich spüren, wenn er es nötig hat; und laßt ihn jede geringe Arbeit im Haus und im Freien verrichten, damit er den Kopf niemals zu hoch trägt."[17]

Und von den Angestellten mußte jeder ebenso gnadenlos hart arbeiten wie Datini selbst.

Im Mai sind es zwei Jahre, daß ich nachts mehr als vier Stunden in Ruhe geschlafen habe. Nehmt Euch das zum Vorbild. Und wenn Ihr sagen wollt: „Ihr seid alt und könnt nicht schlafen, und wir sind jung und würden auch auf dem blanken Fußboden schlafen", so antworte ich Euch, ich würde auch lieber im warmen Bett liegen...

Die Ergebenheit, die er von seinen Angestellten erwartete, schrieb er, könne er am besten mit einem „*assempro*" beschreiben, mit einer Parabel. Es waren einst zwei Kardinäle in Avignon, so schrieb er, die miteinander im Streit lagen, und einer von ihnen hatte zwei Florentiner Knappen. Diese beschlossen, den anderen Kardinal zu ermorden „aus großer Liebe zu ihrem Herrn". Aber ihr Anschlag mißlang, und nach einiger Zeit versöhnten sich die beiden Kardinäle wieder miteinander. Woraufhin der Kardinal, der hatte erdolcht werden sollen, nach den Knappen schickte und ihnen sagte, sie würden ihm auf immer lieb und teuer sein, „weil ich sehe, welch große Treue und Liebe Ihr Eurem Herrn entgegenbringt". Zwar verlangte Francesco von seinen *fattori* nicht gerade, daß sie seinetwegen jemanden umbringen sollten, aber er schloß: „Nicht alle sind so wie die beiden Knappen oder wie jener Kardinal, aber jedermann, der mit jemand anderem zusammenarbeitet, ist verpflichtet, die Angelegenheiten des anderen über die seinen zu stellen."

Kaum nötig zu sagen, daß nur sehr wenige von Datinis *fattori* ihn mit ihren Diensten je wirklich zufriedenstellen konnten. „Außer Boninsegna und Tieri", schrieb Margherita, „ist nicht ein einziger Deiner Männer, der Dich nicht zwölfmal am Tag betrügt!" Nur einen Mann hörte er in all den Jahren seiner Handelstätigkeit niemals auf zu loben. Das war Boninsegna di Matteo, sein erster Angestellter in Avignon, der dann zu seinem Partner aufstieg und nach Francescos Rückkehr in die Toskana die provenzalische Filiale bis zu seinem Lebensende leitete. Ebenso wie Datini war er als mittelloser Lehrling von Prato nach Avignon gezogen – *humilis pauper et miserabile servus* – und hatte gleich ihm versucht, in der Provence ins Geschäft zu kommen. Aber ob er nun weniger Glück hatte oder weniger geschickt war, all seine Unternehmen schlugen fehl, und so war er, nachdem er eine Gefängnisstrafe in den Verließen des Papstes abgesessen hatte, genötigt, in Francescos Laden Dienste anzunehmen. „Boninsegna wohnte bei mir mit geregeltem Gehalt acht Jahre lang", schrieb sein Herr später über ihn, „und von besagtem Gehalt kaufte er sich Kleidung, Schuhe und Nahrung, lebte dabei sehr bescheiden, denn er teilte stets sein Brot mit seinem Bruder Lorenzo und dessen Familie, um die er sich viel mehr kümmerte und sorgte als um sich selbst, wie der beste und liebevollste Bruder der Welt. Und danach war er mein Gesellschafter zwölf Jahre lang, ohne auch nur einen einzigen Pfennig zu seinem Gewinnanteil zu schlagen, der ihm nicht zustand." Sobald Datinis Geschäft anfing gut zu gehen und Boninsegna auch an den Gewinnen beteiligt wurde, zahlte er als erstes seine alten Schulden zurück. „Er wollte weder Reichtum noch Profit, sondern nur so viel, daß er auch 20 *soldi* auf die *lira* zurückzahlen konnte, und er ruhte nicht eher, als bis er jeden befriedigt hatte. Weder in Florenz noch anderwärts hat er Haus, Land oder Gut... Ich empfehle Euch in aller Ehrerbietung so einen Bürger...", schloß Datini seinen Brief. Daß er ihn nach seinem Tod sogar *il santo Boninsegna* nannte, zeigt, wie hoch er an ihm diese seltene Tugend der Selbstlosigkeit schätzte. Aber sogar ihn scheint Datini so manches Mal übers Ohr gehauen zu haben, denn nach Boninsegnas Tod verklagte ihn dessen Mutter und verlangte die Offenlegung alter Abrechnungen der Filiale, woraufhin das Gericht in Florenz ihr sage und schreibe 1 000 Gulden Schadenersatz zusprach.[18]

4

Die meisten Aufzeichnungen besitzen wir vom Leben und Treiben in den drei *fondaci* im westlichen Mittelmeer. Das liegt zum Teil wohl daran, daß in Datinis späteren Lebensjahren dort der Schwerpunkt seines Handels lag, zum größeren Teil aber daran, daß er an die Geschäftspartner seiner dortigen Filialen einfach die längsten Briefe schrieb. Außerdem haben wir die Antwortschreiben von einigen dieser Partner und dazu noch die besorgten Briefe Ser Lapo Mazzeis an seinen jungen Sohn Piero bzw. diejenigen, in denen er über ihn schreibt. Aus all diesen Dokumenten gewinnen wir so viele Einzelaspekte, daß daraus ein lebendiges, wenn auch bruchstückhaftes Bild vom Leben eines Kaufmanns in jener Zeit ersteht.

Wie bereits erwähnt, besaß Datini im Westen drei *fondaci:* den auf Mallorca mit einer kleinen Agentur auf Ibiza, einen in Barcelona und einen in Valencia, der wieder mit einer kleineren Agentur in S. Matteo zusammenhing, dem großen Umschlagplatz für katalanische Wolle. Zunächst übernahm Luca del Sera, der Partner, der „24 Karat Gold wert" war, die Leitung der Filiale in Valencia, Cristofano di Bartolo die der Filiale auf Mallorca, während Simone d'Andrea, ein junger Verwandter Francescos aus Prato, als mit der Geschäftsleitung betrauter *fattore* in Barcelona angestellt wurde. Nach ein paar Jahren fing Simone jedoch an, sich über sein Gehalt zu beklagen und wollte als Gesellschafter aufgenommen werden. „Da gibt es Leute", schrieb Francesco darauf trocken, „die am Ende eines Jahres glauben, sie hätten sich das Paradies verdient, nur weil sie zwei Tage in der Woche gefastet haben! Mir scheint, Du willst es ebenso machen, der Du nicht einmal sagen kannst, daß Du zwei Jahre dort drüben warst, und schon forderst, mein Gesellschafter zu werden." Es dauerte jedoch nicht lange, bis er nachgab. Simone wurde als Gesellschafter aufgenommen und brachte 300 Gulden in die Firma ein, die Francesco selbst ihm vorstreckte. „Du brauchst nicht darum zu betteln noch Dich irgendjemandem auf der Welt zu verpflichten, denn, wie ich sage, ich werde sie Dir zur Verfügung stellen." Simone sollte an Gewinnbeteiligung bekommen „den fünfzehnten Teil all dessen, was wir dort drunten [in Barcelona] und in Maiolica und in Valenza verdienen". Zum geschäftsführenden Gesellschafter ernannte Datini Luca del Sera: „Sieh Luca für mich selber an." Dieser reiste ständig zwischen den verschiedenen spanischen Filialen hin und her, bis im Jahr 1403 die Filialen von Valencia und Barcelona zu einer einzigen Firma mit einem Grundkapital von 10 000 Gulden fusioniert wurden. Die Filialen hatten natürlich ihren

Stab von Angestellten: Buchhalter, Schreiber, *garzoni* und Boten – sowie auch zwei junge *discepoli*, Maso dell' Ammannato, Datinis Neffe, und Piero Mazzei, Ser Lapos Sohn. Alle waren Toskaner, und zwar kamen Luca del Sera, Piero Mazzei und Maso dell'Ammannato aus Florenz, Simone d'Andrea stammte aus Prato, Cristofano di Bartolo aus Barberino di Val d'Elsa, einem Dorf zwischen Florenz und Siena.

Was war das für eine Welt, gegen die sie die sanften Hügel der Toskana, die vertrauten Lauben des *Mercato Nuovo* tauschten? Und wie sah das Leben aus, das sie dort führten? Der Mittelpunkt ihres Lebens war, wie für jeden Kaufmann, der in einer Handelsniederlassung in der Fremde lebte, ihr *fondaco*, ein Gebäudekomplex, der zugleich Laden und Kontor, Warenlager und Wohnung war. Im eigenen Land war ein *fondaco* oft nur Kontor und Laden eines Kaufmanns, über dem vielleicht auch noch seine Wohnung lag. In einer Handelsniederlassung im Ausland dagegen hatte der *fondaco* noch immer viel von einem arabischen *funduk*, von dem sich das Wort ableitet. Zweifelsohne ursprünglich als Schutzburg für Kaufleute und ihre Waren gegen Angriffe wilder Nomadenhorden errichtet, glichen sie äußerlich auch damals noch befestigten Burgen. In den geräumigen Innenhöfen wurden die langen Züge von Saumtieren untergebracht, versorgt und getränkt, wurden die Sklaven zur Begutachtung und zum Verkauf aufgestellt, die Ballen mit Waren aller Art ausgepackt und gelagert. Die Gebäude selbst beherbergten Kontore, Lagerräume und Wohnungen. Hier konnten die Kaufleute unter der Rechtsaufsicht ihres Konsuls (oder, falls kein Toskaner in der Stadt war, in Rechtssachen vom Konsul der Venezianer oder der Genueser beraten) ruhig ihren Geschäften gemäß den Gesetzen ihres Heimatlandes nachgehen und ihre eigenen Gottesdienste abhalten. Hier brachten sie die langen Geschäftsberichte zu Papier, die sie nach Hause sandten; hier empfingen sie, was selten vorkam, Francescos Lob und weit häufiger seine *cannate*, die Rüffel und Abreibungen, die er austeilte. Hier versuchten sie, ihren maurischen Sklaven die Grundzüge der toskanischen Kochkunst beizubringen. Hier hielten sie sich ihre Konkubinen im Haus, oft samt ihren unehelichen Kindern, obwohl ihnen Francesco deshalb Vorhaltungen machte. Der *fondaco* war für sie alle ein Zuhause in der Fremde.[19]

Die Orte, an denen Francesco seine *fondaci* errichtete, waren damals bereits blühende Hafen- und Handelsstädte. Barcelona zählte mehr als 35 000 Einwohner und war damit halb so groß wie Florenz; Valencia und Palma di Mallorca waren etwas kleiner. Zu jener Zeit gehörten zum Königreich von Aragon und Katalonien außer dem Territorium der beiden Länder selbst auch noch Valencia, die Balearen und das kleine Königreich von Roussillon, und mit seinen Besitzungen Sardinien, Sizilien und dem Herzogtum von Athen erstreckte es sich praktisch über den ganzen Mittelmeerraum. Katalanische Kaufleute und Seefahrer, die seit jeher das unumstrittene Handelsmonopol in Nordwest-Afrika besessen hatten, hatten inzwischen die jahrelangen Kämpfe zwischen Genua und Venedig um die Vormachtstellung zu ihrem Vorteil genutzt und wurden so zu ernsthaften Konkurrenten der italienischen Seerepubliken in der Levante. Dazu kam noch, daß auf dem italienischen Markt die Nachfrage nach spanischer und afrikanischer Wolle stark zunahm, da der Export von Wolle aus England infolge des Hundertjährigen Kriegs zurückgegangen war. Auch in ihren Geschäftspraktiken standen die katalanischen Kaufleute der italienischen Konkurrenz in nichts nach. Ihre Geschäftsverträge waren denen der Italiener sehr ähnlich. Die Bank von Barcelona war sogar höchstwahrscheinlich Europas erste öffentliche Bank überhaupt.

In der großartigen *Casa di Contratación,* die 1382 in Barcelona erbaut worden war, kamen die Kaufleute so wie in der *Loggia dei Mercanti* in Bologna zusammen, um zu feilschen und ihre Waren anzupreisen, und Datinis Geschäftspartner drängten sich dort mit maurischen und spanischen Kaufleuten, venezianischen und genuesischen Konkurrenten, mit Flamen, Franzosen, Juden, Levantinern und Griechen. Im Datini-Archiv gibt es eine Liste, auf der die Preise verzeichnet sind, zu denen Waren im September 1385 auf dem Markt von Barcelona gehandelt wurden, und aus der die ganze Vielfalt des Warenangebots hervorgeht, in dem Gewürze, Farbstoffe und Metalle besonders reichhaltig vertreten waren.

Dieses Preisverzeichnis legt den Schluß nahe, daß dort eine wohlhabende und hochkultivierte Gesellschaft ständigen Bedarf an Luxusgütern hatte. Aber die Wirklichkeit sah anders aus, denn es gab nur eine sehr dünne Oberschicht. Anders als in der Toskana, wo ein gutes Hundert kleinerer Städte und Dörfer den Florentiner Lebensstil nachzuahmen suchten, war das arme, karge Hinterland der katalanischen Küstenstädte nur von ein paar mächtigen adeligen Großgrundbesitzern, die sich um kein Gesetz kümmerten, und von ihren hungrigen leibeigenen Bauern bewohnt. Außerdem war die Stellung der italienischen Kaufleute in Spanien immer noch mehr als unsicher. Die Städte, in denen Francesco seine neuen Firmen gründete, gehörten zu den wenigen des Königreichs Aragon, in denen toskanische Kaufleute überhaupt Handel treiben durften. Handelsprivilegien, die die Könige von Aragon Kaufleuten einer früheren Generation ausgestellt hatten, waren zu wiederholten Malen aufgehoben worden. Wenn auch Pisaner und Genuesen immer noch Privilegien genossen, hatten alle übrigen italienischen Kaufleute („*Fiorentini, Viniziani, Luchesi, Sanesi, e Piemontesi e altri qualsivoglia italiani, eccetto Genovesi e Pisani a' quali è già promisso*") nur das Zugeständnis, Wohnung zu nehmen und in Wolle zu handeln, und zwar in Barcelona, Valencia, Tortosa, Perpignan und auf Mallorca sowie Ibiza, aber an keinem anderen Platz des Königreichs. Diese Einschränkungen wurden in einem Dekret des Königs von Aragon aus dem Jahr 1402 erneuert, von dem sich eine Kopie in Datinis Papieren befindet;[20] danach durften sie nur bei Spaniern und Mallorquinern einkaufen, nicht bei anderen Italienern, und durften nur spanische Schiffe für ihre Transporte benutzen. Sie durften nur bereits geschorene Wolle erwerben (d. h. *boldroni,* nicht das ungeschorene Vlies), und es war ihnen untersagt, in anderen spanischen Städten als den genannten Geschäfte jedwelcher Art zu tätigen. Kurz, Florentiner Kaufleute waren in Spanien ebenso wie Juden nur geduldet und durften dem Handel nur innerhalb eng gesteckter Grenzen nachgehen, wobei sie prohibitiver Besteuerung genauso ausgesetzt waren wie der Gefahr willkürlicher Verweisung aus dem Land. Luca del Sera berichtete aus Barcelona, daß im Verlauf des Jahres 1394 sogar einmal alle italienischen Kaufleute in Gefahr waren, vom König vor Gericht gestellt zu werden, und zwar „mit dem Einverständnis des Papstes", angeblich weil sie sich des Wuchers schuldig gemacht hatten, in Wirklichkeit aber, damit man von ihnen eine exorbitante Geldstrafe kassieren konnte. „Ich werde dabei so gut davonkommen wie die anderen", behauptete Luca, „wenn nicht sogar besser, dank der Freunde, die wir haben."

Unter diesen prekären Umständen blieb den Kaufleuten nichts anderes übrig, als sich mit ihren Landsleuten in einer festgefügten, autonomen Kolonie zusammenzuschließen, in der jeder jedem materielle und moralische Unterstützung zuteil werden ließ und sich der Autorität des Konsuls bedingungslos fügte. Dieser Mann wurde meist von allen Mitgliedern der Handelskolonie gewählt und verkörperte für sie die heimatliche Kommune in der Fremde. Er war es, der sich um alle Probleme mit den örtlichen Behörden kümmerte, der Streit zwischen den Kaufleuten schlichtete, und an ihn konnte sich jeder wenden, der in Not war. Auf Mallorca, wo die Genueser und Venezianer lange vor den Toskanern ansässig waren, gab es jedoch keinen Florentiner Konsul, so daß Datinis Leute sich an den Konsul von Genua wenden mußten. „Traue niemandem dort unten [auf Ibiza]", schrieb Datini an Giovanni di Gennaio, „denn die Leute dort sind schlecht. Der beste Mann ist der Konsul der Genueser; wenn Du Rat brauchst, wende Dich an ihn."

Auf Mallorca lag der Handel damals zum größten Teil in den Händen der Juden und der Mauren, die auf der Insel in Frieden mit den Italienern Handel trieben, obwohl gleichzeitig Mauren und Italiener draußen auf dem offenen Meer einander gegenseitig eifrig ihre Schiffe versenkten und sich deren Ladung abnahmen. Sieht man von der *lana di Minorica* und dem Salz aus Ibiza einmal ab, so verdankten die Balearen die große Bedeutung, die ihnen im Mittelmeerhandel zugefallen war, weniger den Landesprodukten als vielmehr ihrer geographischen Lage. Sie waren, wie bereits beschrieben, ein Umschlagplatz für spanische und afrikanische Waren geworden, die nach Italien gingen, und umgekehrt für Waren aus Italien, vom Balkan und von der Levante nach Spanien, England und Flandern. Ibiza wurde regelmäßig von der venezianischen Flotte angelaufen, die zweimal im Jahr auf der Fahrt nach Flandern vorbeikam, während die Genueser Kauffahrer zwischen Mallorca und den katalanischen Häfen verkehrten und die katalanischen Schiffe dort auf dem Rückweg von der Levante Station machten. So drängten sich in den kleinen Häfen der Insel Kaufleute aller Rassen des Mittelmeers, dazu die 12 000 Seeleute von den Inseln selbst, die die Mannschaften der bewaffneten Handelsschiffe der Balearen stellten, und schließlich zahllose Berber, Äthiopier, Tataren und Griechen, die als Sklaven importiert worden waren. Letztere machten einen so großen Teil der Bevölkerung aus, daß der König 1347 einen Sonderbeauftragten ernannte, der Ordnung unter den Sklaven herstellen sollte, nachdem ein Sklavenaufstand damit geendet hatte, daß 14 sarazenische und tatarische Sklaven als Rädelsführer gehenkt wurden, weil sie versucht hatten, in Mallorca Unruhen zu schüren. Von da an wurden gnadenlose Vorkehrungen getroffen, um jeden Fluchtversuch zu unterbinden.[21]

Manche von Datinis Leuten konnten sich niemals mit dieser ungewohnten und fremden Welt befreunden, wie ihre Briefe zeigen. „Dies Land ist ungesund", schrieb Giovanni di Gennaio von der kleinen Felseninsel Ibiza, „das Brot ist schlecht, der Wein ist schlecht, Gott vergib mir, nichts ist gut hier! Ich habe Angst, daß ich hier draufgehe." Die Männer dagegen, die in die blühenden Städte Kataloniens geschickt wurden, waren da ganz anderer Ansicht, ja, in Datinis Augen akklimatisierten sie sich nur allzu gut. Charakteristisch für die italienischen *compagnie* im Ausland war es, daß ihre Mitglieder sich nicht für immer in der Fremde niederließen. Kein einziges Mitglied der Gesellschaften Datinis nahm eine Ausländerin zur Frau. Francesco selbst heiratete zwar in Avignon, aber bekanntlich eine Florentinerin. Wie fast alle italienischen Auswanderer späterer Jahrhunderte betrachteten diese Männer ihre Jahre in der Fremde lediglich als Übergangsstadium, das durchgestanden werden mußte in der Hoffnung auf eine glückliche Heimkehr, sobald eine neue Generation auf ihre Posten nachrücken würde.

Ganz anders jedoch die jungen Toskaner, die den Handelsgesellschaften Francescos in Spanien angehörten: Ihnen gefiel das neue Leben dort so gut, daß sie nicht daran dachten, es aufzugeben. Nur Luca del Sera kehrte nach zehn Jahren in die Toskana zurück, weil er in Florenz Francescos Kompagnon wurde. Aber Simone d'Andrea und Cristofano di Bartolo verspürten keinerlei Verlangen, seinem Beispiel zu folgen. Kaum hatten sie die herzliche Atmosphäre und das freie Leben in Katalonien kennen und lieben gelernt, da schüttelten sie auch schon, wie Mazzei meint, ihre ererbte toskanische Mäßigung und Ehrbarkeit ab, um sich in Jünglinge zu verwandeln, die „Begierden und heißes Blut zu Narren machen". Simone hielt sich im Fondaco von Barcelona eine maurische Sklavin, die so große Macht über ihn gewann, daß sie die eigentliche Herrin des Hauses wurde, ihm aber auch eine Krankheit bescherte, die sein Leben verkürzen sollte. Vergebens hielt Ser Lapo ihm vor Augen, „was dieser unser Körper wert ist, wie leicht er verfällt und zu nichts wird", nicht ohne hinzuzufügen, daß ihm die Gicht, die ihn bereits plagte, ganz gewiß gesandt sei, „um Deine überschäumende Lebenskraft ein wenig zu dämpfen!"[22] Vergebens auch klagte Francesco, daß Simone und Cristofano ihm in ihren Briefen nichts berichteten, und ebenso vergebens stellte er ihnen Boninsegna als Vorbild hin, den Musterfaktor in

Avignon, der, wie er sagte, nie etwas vor ihm geheim hielt, „ja nicht einmal den Tag, an dem er zum ersten Mal mit einem Mädchen schlief!" Gebieterisch verlangte er von Simone, seine Geliebte wegzuschicken und statt ihrer einen Diener zu nehmen: „Ich wünsche keine Weiber an solchen Orten!" Vergeblich! Der junge Mann vertraute darauf, daß ihn das weite Meer von seinem gestrengen Meister trennte, und fuhr fort zu leben, wie es ihm beliebte.

Cristofano di Bartolo war um kein Haar besser als er. Ihm schrieb Francesco: „Ich möchte keinen Partner haben, der so wie Du die Augen nicht vom Küchenpersonal lassen kann." Cristofano hatte nicht nur eine Sklavin nach der anderen als Geliebte, sondern bestand auch noch darauf, jeden Bankert bei sich im *fondaco* aufzuziehen, statt ihn zu einer Amme fortzugeben. Letzteres scheint Francesco an seinem Lebenswandel am meisten empört zu haben. Indigniert schrieb er in einem Brief:

Möge sich jeder meiner *compagni* aus dem Kopf schlagen, sich rühmen zu können, an irgend einem Ort, an dem ich etwas zu sagen habe, eine Frau oder ein Kind bei sich im Haus zu halten, da ich, hätte ich selbst eines, meiner Treu nicht wüßte, ob ich es bei mir im Hause behalten würde. In Prato und Florenz gibt es nur wenige, die die Amme im Haus wohnen lassen, auch die ganz Reichen nicht. Du sagtest mir einst, Du wolltest irgendwo einen größeren Posten haben, um Dich bewähren zu können; und ich glaube, daß Du das getan hast, damit Du es treiben kannst, wie Du willst, ungeniert leben und es Dir wohl sein lassen kannst, Dir eine gute Zeit machen und kleine Bankerte zeugen ... Wenn Du Dich aber von meinem Rat hättest leiten lassen, hättest Du jetzt vielleicht ein paar Söhne, wärest bei Deinem Besitz geblieben und bei Deinen Freunden ... und würdest jetzt von einer Ehefrau umhegt und nicht von Sklavinnen versorgt.

Er fügte allerdings hinzu, er werde über dieses Thema keine „Bibeln" mehr schreiben, „denn ich habe jede Hoffnung aufgegeben, daß Du Dich Gott nähern wirst".

Streng unterschied Francesco zwischen erlaubten und unerlaubten Freuden: Erlaubt war nur, was das Geschäft nicht beeinträchtigte.[23] Er gab zu, daß er selbst für seinen Teil die Freuden des Fleisches und der Geselligkeit nicht verachte, niemals aber zugelassen habe, daß sie ihn auch nur eine einzige Stunde vom Fondaco fernhielten, und von seiner Frau habe er die gleiche Entsagung verlangt. „Ebenso wie ich machte auch Margherita niemals jemandem schöne Augen ... wie es sonst viele Frauen tun, aber auch viele Männer, die eine Ehefrau haben – so sehr hatten wir nur Augen für die Angelegenheiten des Geschäfts."

Diese *fattori* enttäuschten nicht nur ihren Herrn und Meister, sondern ihr Einfluß verdarb auch, zumindest zeitweise, Piero, Ser Lapo Mazzeis sechzehnjährigen Sohn, der ihnen reihum als Gehilfe zugeteilt wurde. Als Piero in Katalonien ankam, war er, wenn man einem Freund Francescos aus der Toskana Glauben schenkt, der ihn in Barcelona traf, „ein äußerst liebenswerter Jüngling, sittsam wie ein Jungfräulein, und er ist in allen Dingen so

umsichtig und gewandt, wie einer nur sein kann". Die Briefe seines Vaters
verraten, daß er all seine Hoffnungen in ihn setzte: Eines Tages würde er
„Familienoberhaupt sein, ein Sonnenstrahl, der die anderen erleuchtet, auf
daß sie Gutes tun". Von frühester Jugend an schon mußte daher sein
Charakter für diese Aufgabe gebildet werden. „Weh über die Familie, deren
Ältester verderbt ist!" Natürlich hoffte Ser Lapo, daß Piero seine Sache gut
machen und eines Tages vielleicht sogar zum Geschäftspartner Francescos
aufsteigen würde. „Befördere ihn, wenn Du es mit Deinem Gewissen ver-
einen kannst", schrieb er; aber viel mehr lag ihm daran, daß seine Grundsätze lauter waren.

Dir wird er Ehre machen, wenn Du ihn lehrst, offen, redlich und ohne Trug zu sein
(was Dir leicht sein wird) und wenn Du ihn Trost suchen läßt in der Liebe zu Gott
und nicht im Anhäufen von Reichtum, auf den ich keinen Wert lege ... Ich gebe mich
schon damit zufrieden, wenn der Junge zu Ehrlichkeit und guten Manieren erzogen
wird und Tag und Nacht arbeiten muß, bis er vor Müdigkeit umfällt, so daß er von
den beklagenswert lockeren Florentiner Sitten ferngehalten wird.

All diese Briefe des Vaters legen an den Tag, daß er des naiven Glaubens
war, seine moralischen Grundsätze würden von dem Mann geteilt, an den er
diese Briefe richtete. „Ich empfehle ihn Euch an", schrieb er an Simone,
„denn zu weit scheint er mir entfernt, da er doch eigentlich noch ein Kind *[si
fantino]* ist. Aber vor allem anderen werde ich glücklich sein, wenn Du ihn
nur zu einem guten Menschen machst. Wann immer er Dir im Guten nicht
gehorcht, prügle ihn wie einen Hund, sperre ihn ein, als ob er Dein eigener
Sohn wäre."[24] Er legte also sozusagen seine eigenen unumschränkten väterlichen Machtbefugnisse in die Hände des Lehrherren, der einen bereits
erwachsenen Sohn, wenn er nicht gehorchte, nicht nur prügeln, sondern
sogar ins Gefängnis befördern durfte.[25]

Nach Simones Tod erst erfuhr er, daß der Mentor seines Sohnes seine Tage
„mit Raufen, Spielen und Huren" zugebracht hatte und daß die maurische
Sklavin, der Simone seinen frühen Tod verdankte, immer noch im Fondaco
lebte. Da allerdings packte den guten Notar doch die Angst, und er flehte
Francesco an: „Das üble Weibsstück, das Simone auf dem Gewissen hat, muß
rausgeworfen und verkauft werden. Sie sollen sich an ihrer Stelle eine alte
Frau, einen alten Mann oder einen jungen Burschen halten, der für sie
kochen kann – damit durch Eure Güte Euer und mein guter Junge nicht auf
Abwege gerät. Ich weiß und Ihr wißt, wie leicht ein Feuer ein anderes
entzündet ... Wenn ich glauben müßte, daß Piero durch das schlechte Volk
dort in Barcelona verdorben würde, würde ich Euch ersuchen, ihn um der
Liebe Gottes und um seiner Seele willen heimkehren zu lassen und ihn
fürderhin ganz bei Euch zu behalten als Faktor oder Gehilfen oder
Diener."[26]

Francesco hatte jedoch nicht die Absicht, einen vielversprechenden Lehrling von seiner Filiale abzuziehen. Er beließ es bei einer väterlichen Gardi-
nenpredigt und machte Cristofano in einem Brief erneut Vorhaltungen. Jahr

für Jahr schickte er so seine endlosen Briefe voller Tadel und Schelte ab, obwohl er von ihrer Nutzlosigkeit überzeugt war. „Wenn Du mich nicht tagtäglich geißelst," schrieb einmal einer seiner Faktoren, „meinst Du, Du hast etwas versäumt."

In seinen Vorhaltungen beschränkte er sich nicht auf den Lebenswandel seiner Partner; auch die Führung ihrer Geschäfte war Gegenstand seiner ständigen Kritik. Als typisches Beispiel möge ein Brief stehen, den er 1398 an Cristofano di Bartolo richtete. „Erst einmal sollst Du von mir solche Stockhiebe bekommen, daß Du davon gezeichnet bleibst!" Cristofano scheint nämlich einen großen Fehler begangen zu haben: Er hatte 700 *reali* an einen venezianischen Kapitän verliehen, und es sah so aus, als würde er nicht mehr Dank dafür bekommen als „der Mann, der sein Leben aufs Spiel setzte, um einen ertrinkenden Seemann zu retten, und dabei selbst ertrank". „Der Gerettete", schrieb Francesco, „wird sich, sobald er sicher an Land ist, weigern, seinem Retter zu Hilfe zu eilen, und sagen: ‚Ach, da hat er seinen Lohn, da mein Leben ihm doch teurer war als sein eigenes!'"

Cristofanos Betragen war deshalb so verabscheuungswürdig, weil jeder Geschäftspartner für alle Verluste, die einer machte, geradestehen mußte. Natürlich war das in allen *Compagnie* die Regel, aber Datini drohte nun, den Vertrag zu lösen.

Ich sage Dir ein für allemal, nimm Dich in Acht, daß so etwas nicht noch einmal vorkommt, denn es wird ausschließlich zu Lasten Deines Kontos gehen. Und diese Klausel werde ich zuoberst in Eure Verträge setzen. Und ich beabsichtige, Euch alle so zu verpflichten, daß Ihr, wenn Ihr wieder solche Sachen macht wie jetzt, sie ganz alleine ausbaden müßt.

Es folgt eine lange Aufzählung von Cristofanos übrigen Missetaten. Vier Ballen Tuch hatte er mit dem Schiff von Luca del Biondo nach Alexandria versandt, und zwar ohne schriftlichen Auftrag und ohne Versicherung – was ebenso gut war, als hätte er das ganze Tuch ins Meer geworfen. „Jetzt geh' und beweise Luca del Biondo, auf welchem seiner Schiffe sich unser Eigentum befand, was er mit besagtem Tuch angefangen hat, und beweise ihm, daß er dafür Geld oder Ware erhalten hat!" Zu Hause in Barberino hatte Cristofano noch dazu seine Steuern nicht bezahlt, so daß Francesco sie für ihn entrichten mußte, „damit Deine Familie zu Hause nicht täglich deshalb belästigt wird". Und schließlich hatte er sich auch noch auf ein obskures Geschäft eingelassen, bei dem es irgendwie um Straußenfedern ging und über das er noch dazu keinen der anderen Geschäftspartner informiert hatte. „Du willst Dir 16 Prozent auf die Hand verdienen – und andere sollen sehen, wo sie bleiben!"

Francesco machte keinen Hehl daraus, daß er nicht bereit war, in solche Geschäfte verwickelt zu werden.

Ich habe keine Lust, das zu verlieren, was ich habe, weil ich es dringend brauche, um mehr daraus zu machen. Und es sagen die weisen Kaufleute, daß derjenige von großem Verstand ist, der manches Mal abwartet und beobachtet, und daß das Geld manchmal schon 10 oder 20 Prozent bringt, wenn es nur im Kasten ruht... Meiner Treu [so beschloß er den Brief], ich verspreche Dir, daß ich mich, ehe Du Dich's versiehst, ganz aus dem Handel in Katalonien zurückziehen werde, wenn Ihr, Du und Luca, Euch nicht hütet, mir solchen Verdruß zu bereiten!

Diese Drohung, nämlich der Firma sein Kapital, seine große Erfahrung und sein internationales Ansehen zu entziehen, war Francescos einzige wirksame Handhabe seinen Partnern gegenüber; und er hatte keinerlei Bedenken, sie zu gebrauchen. Tatsächlich aber hing er von diesen Männern in gleichem Maße ab wie sie von ihm, da er ohne sie keine einzige seiner Filialen im Ausland hätte gründen noch unterhalten können.

Da nun die Briefe immer sehr lang unterwegs waren, andererseits in den verschiedenen Filialen vor Ort schnelle Entscheidungen getroffen werden mußten, stattete Datini, wenn auch nur zögernd, seine Partner in Spanien praktisch mit einer Generalvollmacht aus. Sie konnten im Namen der Firma jedwede Ware verkaufen, einkaufen, tauschen oder auf beliebige Art darüber verfügen, sie jedem Schiff ihrer Wahl anvertrauen, auf Haftung der Firma Geld aufnehmen und verleihen, mit anderen Firmen Verträge abschließen, alle ausstehenden Schulden eintreiben (wobei sie das Recht hatten, für säumige Schuldner Arrest oder Gefängnisstrafe zu fordern) und die Firma in allen Prozessen zu vertreten, „unter Zivil- und Strafrecht, unter weltlichem und kanonischem Recht".[27] Francesco hing völlig von ihrem Wagemut und ihrem Geschick ab, wenn es galt, eine schwierige Situation zu meistern. Die Lektüre der Briefe, die zwischen Firmenchef und Filialen hin und her gingen, hinterläßt den Eindruck, daß die eigentlichen Helden der italienischen Handelswelt nicht mehr die Chefs der großen Handelsgesellschaften waren, die bequem zu Hause saßen, sondern vielmehr ihre anonymen Partner, Untergebenen und Angestellten in der Fremde. Sie waren es, die die besten Jahre ihres Lebens im Ausland zubringen mußten und dabei gegen das Mißtrauen der fremden Landesherren anzukämpfen und es mit der ausländischen Konkurrenz aufzunehmen hatten. Sie mußten dort auf Heim und Familie verzichten, und wenn eine der gefürchteten Pestepidemien ausbrach, blieb ihnen nichts anderes übrig, als sich der Pflege einer schwarzen oder gelben Sklavin anzuvertrauen. Die Angst vor der Pest lastete nicht ohne Grund auf all diesen kleinen Handelskolonien. Eine Galeere mit einer Ladung Sklaven an Bord brachte – jedenfalls war man allgemein davon überzeugt – zum ersten Mal den Schwarzen Tod mit nach Italien,[28] und natürlich merkten alle, daß häufig der Ankunft einer Schiffsladung von Sklaven alsbald ein erneuter Ausbruch von *la moria* folgte. 1394 schreibt Francesco z. B. an seine Frau, daß er in diesem Jahr nicht imstande sein werde, ihr eine Sklavin aus Rumänien zu beschaffen, da die Pest dort ausgebrochen sei, „und diejenigen, die kommen, sterben zuhauf an Bord. Es hieße, sich die Pest ins eigene Haus einzuschleppen." Die *fattori* aber in den *fondaci* konnten sich nicht so leicht dagegen schützen. „Gott gewähre ihr wahre Vergebung ihrer Sünden und schütze uns ein wenig!" schrieb einer

von ihnen aus Valencia, nachdem eine seiner Sklavinnen der Pest erlegen
war. „Wir haben Angst bekommen, weil sie uns so nahe sind, wir halten uns
so gut wir können."
Ser Lapo Mazzei, der den Schwarzen Tod in Florenz wüten gesehen und
dabei zwei seiner Kinder verloren hatte, lebte in ständiger Furcht, daß auch
Piero, einsam und in der Fremde, ihr Opfer werden könnte. Kaum war der
Junge in Katalonien angekommen, brach dort schon die Pest aus. Auf der
Stelle schrieb Ser Lapo in großer Bestürzung an Francesco.

Allein die Furcht davor kann genügen, um einen so unerfahrenen Jungen zu
vernichten ... Ich überlasse es Euch, zu tun, was Euch am besten erscheint, um Eurer
Liebe zu mir, denn ich bin ein Vater. Schreibt eine Zeile an Simone, er solle darauf
achten, daß Pieraccino sich vorsieht, und wenn er feststellen sollte, daß er sich zu sehr
fürchtet oder daß viele von seinesgleichen sterben, dann möge er ihn auf meine
Kosten nach Genua zurückschicken.

Die Epidemie erlosch wieder, und Piero blieb. Aber fünf Jahre später
flammte sie von neuem auf, und dieses Mal wurde Ser Lapo von Panik
ergriffen. Ganz verzweifelt schrieb er an Francesco und flehte ihn an, Piero
von Barcelona wegzuschicken.

Ich erzählte Euch, daß Piero den guten Willen hat, auszuharren und zu gehorchen,
die Pest nicht zu fürchten, wenn sie dort ausbricht, und den Tod ruhig zu erwarten,
wenn Gott ihn schickt. Aber ich bitte Euch inständig, seiner Worte ungeachtet, Ihr
möget ihm erlauben, sich, wenn die Angst ihn packt, für zwei bis vier Wochen an
einen nahe gelegenen Ort zu begeben... Vielleicht ist er jetzt schon tot, und ich
träume, wenn ich Euch noch für ihn bitte. Gleichviel, tot oder lebendig, Gott möge
seine Hand über ihn halten; und ich habe ihn gesegnet und segne ihn aufs neue.[29]

Zu all dem waren diese Kaufleute auch noch Jahr für Jahr den Gefahren
des Reisens ausgesetzt, ob zur See oder zu Land, ob sie nun den Apennin
oder die Alpen überqueren mußten oder auf ihren kleinen Nußschalen von
den Wogen des Mittelmeers umhergeschleudert wurden. Da sie ja im
allgemeinen Waren mit sich führten, bedienten sie sich meist der flachen,
breiten Segelschiffe, der *cocche* oder *navi*, die besser im Wasser lagen als die
schmalen, langen, sowohl mit Rudern als auch mit Segeln ausgerüsteten
Kriegsgaleeren, dafür aber auch langsamer waren als diese. Oft waren diese
cocche so hoffnungslos überladen, daß Mann und Ware in Gefahr gerieten.
Wir hören z.B. von einem Schiff, das im Herbst des Jahres 1400 „29
Personen, große und kleine" an Bord nehmen und von Mallorca nach
Venedig segeln wollte, wobei der Absender des Briefes zu bedenken gibt:
„Wer immer mit 29 Menschen an Bord mit diesem Schiff segeln will, setzt
sich großer Gefahr aus." Francescos *fattore* in Ibiza, der ihn über diesen Fall
informierte, gab dazu den Kommentar, das sei alles Schuld „dieser Venezianer, die geschwind das Banner des Heiligen Markus hissen und schon
meinen, daß sie dann mindestens 50 Personen befördern könnten".
In den Schiffspapieren rangierten Kaufleute in derselben Klasse wie Pilger,
denn das Seerecht war nicht auf den Transport von Menschen zugeschnitten

und kannte nur eine Sorte von Passagieren: Wer kein Seemann war, war entweder Kaufmann oder Pilger, also „jemand, der die Passage für sich selbst und seine Habe bezahlt". Vor allem aus dem Jahr 1400, als der größte Teil der Christenheit zum „Heiligen Ablaß", dem *santo perdono"*, nach Rom strömte, sind etliche Frachtbriefe erhalten, die Pilger und Ware ohne Unterschied nebeneinander aufführen, darunter auch der eines genuesischen Schiffs, das von Mallorca nach Gaeta (nördlich von Neapel) segelte mit „einer Ladung Pilger und Salz". Ein Kaufmann unterschied sich von einem Pilger nur dadurch, daß er mehr Frachtraum mietete. „Alles, was weniger als zehn *quintale* wiegt, zählt nicht als Handelsware, und keiner kann Kaufmann sein, der weniger als 20 *pesanti* Fracht zahlt."[30]

Aus einem „Verzeichnis aller Dinge, die man auf eine Seereise mitnehmen muß", geht hervor, daß die meisten Reisenden offenbar außer ihren Waren auch ihren Proviant samt Wein und Kochgeschirr mit sich führten. Dieses Merkblatt zählt – ohne Angabe der Anzahl der Passagiere und der Reisedauer – auf: drei große Ölkrüge, sechs Näpfe, sechs Schüsseln, zwei glasierte Kochtöpfe, zwei Zinnbecher, zwölf Gläser und sechs Messer, während der Proviant aus 250 Laib Weißbrot besteht, aus dem man Zwieback machen konnte, einem Hammel, zwei gepökelten Schulterstücken, etlichen Hühnern, 50 Eiern, einem Pfund Salz, vier Pfund Zucker, einer kleinen Flasche Öl, zwei Flaschen Essigessenz, 100 süßen Orangen, einem halben Pfund Gewürze, einem Pfund *cassia in baccelli* (einem Abführmittel), zwei Pfund *treggea* (Zuckerwerk), einem Pfund Rosenwasser, Zwiebeln, Knoblauch, Safran, Pfeffer, Nelken und Ingwer in unbestimmter Menge, und schließlich auch noch aus zwei Holzfäßchen Rotwein, um den Reisenden bei gutem Mut zu halten, und zwei Flaschen vom *„buon còrso"*, dem guten korsischen Wein. Zum Schluß standen noch zwei Pfund Wachskerzen auf der Liste sowie „Pastillen, um den Magen einzurenken".[31]

Zweifelsohne mußte man damals all seinen Mut zusammennehmen, um eine Reise zur See oder zu Lande zu wagen. Nachdem Italien viele Jahrhunderte lang nicht mehr zentral regiert und verwaltet worden war, befanden sich im Mittelalter seine Straßen in weit schlechterem Zustand als in den Tagen des alten Rom. Oft war nurmehr ein kleiner Pfad übrig – *l'endroit où l'on passe.* Zwischen den verhältnismäßig sicheren Territorien, die jede Stadt und auch die großen Klöster umgaben, erstreckten sich endlose Wälder und Sümpfe. Dort hausten die Verbannten und Gesetzlosen; Horden von Räubern stürzten sich aus der Wildnis auf unbewaffnete Reisende. So manches Mal kam es sogar vor, daß eine Räuberbande ein ganzes Bergdorf gewaltsam in Besitz nahm – und wehe dem Kaufmann, der gerade des Wegs kam!

Um sich vor solchen Gefahren zu schützen, reiste der kluge Kaufmann in großen Geleitzügen mit Waffenschutz oder streute zumindest falsche Informationen über Weg und Ziel aus.

Ne saccia alcun andando
Qual via fai camminando

schrieb Francesco da Barberino in seinem *Reggimento e costume di donna* –
etwa:

Die Zeit des Aufbruchs wisse niemand,
Noch welchen Weg du nimmst durchs Land.

Das Meer war gleichermaßen unsicher; besonders das Gebiet zwischen
Katalonien und den Balearen war berüchtigt für Piratenüberfälle. In den
Briefen der Filialen Datinis wird oft berichtet, daß ein Schiff der Gefahr nur
mit knapper Not entronnen war. „Die *galeota* von Peniscola befindet sich in
diesen Gewässern", heißt es da z. B., „und sie sagen, daß sie auf dem Weg
nach Maiolica ist. Gott versenke sie geschwind. Ich habe Ware nach
Maiolica und nach Barzalona zu versenden, und man kann sie nicht auf den
Weg bringen wegen dieser *galeota*." Und tatsächlich hatte das Piratenschiff
schon drei Tage später „ein bewaffnetes *liuto* mit zwölf Rudern und einer
Salzfracht" gekapert. „Es war ein großer Fang, mehr als 4000 Gulden wert,
mit Silber und Tuch beladen. Die Waren gehören Juden und neu Getauften."

Einmal fiel Tieri di Benci, Francescos Partner in Avignon, in die Hände
von korsischen Piraten und wurde samt den Waren, die er an Bord hatte,
gegen Lösegeld freigelassen. Dieses betrug zwei *soldi* pro *libbra* der Ladung,
von denen der Kapitän des Schiffs 50 Prozent zahlte, die restlichen 50 Prozent die Handelsgesellschaft.[32] Ein anderes Mal war es das Schiff, das Tieris
junge Frau sowie die Frau des Doctor Naddino da Prato, des Leibarztes des
Papstes, mit ihren drei kleinen Kindern an Bord hatte, das in der Rhône-
mündung von einem Genueser Schiff angegriffen wurde, als die Frauen auf
dem Weg zu ihren Männern nach Avignon waren. Niemand wurde verletzt,
dafür wurde aber die gesamte Ausrüstung und Ladung des Schiffs gestohlen,
der Kapitän ausgeraubt und im Unterhemd zurückgelassen *(„in giuppone")*,
während die Frauen all ihren Schmuck und ihr Geld einbüßten und den Rest
der Reise zu Fuß zurücklegen mußten.[33]

Das Schlimmste, was einem passieren konnte, war, in maurische Gefan-
genschaft zu geraten – und das geschah nur allzu häufig. Jacopo di Giovanni
Franceschi, ein unglücklicher junger Mann aus der Toskana, war auf offenem Meer vor der afrikanischen Küste gefangen genommen worden und
„dem schlimmsten Hund von Barbaria in die Hände gefallen". In einem
Brief flehte er „alle Florentiner Kaufleute in Mallorca" an, das Lösegeld von
190 *dobre* für ihn zu zahlen, das sein früherer Herr, der Konsul der
Katalanen in Pisa, für ihn aufbringen solle; dafür wolle er „bei demjenigen
von Euch bleiben, den Ihr bestimmt".

Eine noch merkwürdigere Geschichte scheint hinter einem Dokument zu
stecken, das ein Notar vielleicht für den Kapitän eines Schiffes nach Tunis
aufgesetzt hatte. Er bittet diesen darin, er möge Nachforschungen anstellen,
ob „eventuell Neri di Ser Lodovico aus Florenz sich irgendwo in Bona als

Sklave befindet". Dieser junge Mann aus Florenz war 16 Jahre früher als Schreiber auf Fahrt gegangen, von Mauren gefangen und auf dem Sklavenmarkt von Tunis verkauft worden. Ganze zehn Jahre danach hatte der venezianische Konsul wissen lassen, daß der junge Mann „Sklave eines Müllers" geworden sei, daß er, der Konsul, ihn jedoch auslösen und nach Hause schicken werde. Aber der Konsul war gestorben, der junge Mann war „ins Königreich von Garbo" geflohen, und sein Vater hatte „von da an keinerlei Nachricht mehr von ihm und würde 100 Gulden zahlen, um ihn zurückzuhaben; und er wüßte gern, ob er tot oder lebendig ist".[34]

Diese gefahrvollen Reisen verbanden allmählich die Länder Europas durch ein engmaschiges Handelsnetz. Wenn auch die großen Kaufherren in ihren Kontoren zu Hause diejenigen waren, die alles planten und lenkten, die Gefahren, die tägliche Mühe und Arbeit lasteten allein auf den Schultern ihrer Diener, deren Namen heute keiner mehr kennt.

Fünftes Kapitel

Geld

Tal fatto è fiorentino, e cambia e merca.

Gäbs manchen in Florenz mit Geld und Waren...

Dante, *Paradiso* XVI, 61

I

Im letzten Jahrzehnt des 14. Jahrhunderts erreichte Francesco di Marco eigentlich alles, was er sich vorgenommen hatte. Er stellte sein prächtiges Haus in Prato fertig, erwarb Ländereien und ließ sich eine Villa errichten. Er wurde Mitglied der *Arte della Lana* von Prato und der *Arte della Seta* von Florenz. Sowohl in seiner Heimat als auch im Ausland waren seine *fondaci* gut eingeführt; er war ein reicher und angesehener Mann. Trotzdem kannte er weder Rast noch Ruhe, Tag um Tag, Nacht für Nacht grübelte er über allerlei Unheil, das seine Schiffe und seine Waren treffen könnte. So schrieb er 1395 an seine Frau:

> Heute nacht träumte mir von einem Haus dort drunten, das ganz in sich zusammenstürzte, und in dem Haus war meine Familie. Die Bedeutung dieses Traumes macht mich sehr nachdenklich, weil ich von einer Galeere, die vor mehr als zwei Monaten von Venedig ausgelaufen ist und nach Katalonien segeln sollte, keinerlei Nachricht mehr habe. Ich hatte sie mit 300 Gulden versichert, genau so wie ich die andere für Domenico di Cambio versichert hatte, die dann prompt tags darauf unterging... Ich bin in so großer Besorgnis über so viele Dinge, daß es ein Wunder ist, daß ich nicht den Verstand verliere, denn je mehr ich suche, desto weniger finde ich. Nur Gott weiß, was mir noch alles widerfahren wird.

Im 14. Jahrhundert war es nicht üblich, daß Handelsfirmen über eigene Schiffe verfügten; entweder versandten sie ihre Ware mit einem für eine bestimmte Zeit gecharterten Schiff oder, wenn es sich nur um kleinere Posten handelte, sie bezahlten Fracht auf einem Schiff, das auch noch andere Ladung an Bord nahm.[1] Begleitete ein Kaufmann oder einer seiner Angestellten die Waren persönlich, so wurde oft nur ein entsprechender Eintrag in den Schiffspapieren gemacht. Im allgemeinen aber wurden die Waren von Datinis Gesellschaften, wie es damals bereits üblich geworden war, ohne Begleitung verschickt, zusammen mit einem Frachtbrief, manchmal auch noch einem separaten Ankündigungsschreiben mit Angabe von Menge und Wert sowie Instruktionen, wie weiter über die Waren verfügt werden sollte.[2]

Der Chartervertrag legte meist fest, daß die Hälfte der Frachtkosten entrichtet werden mußte, bevor das Schiff auslief, der Rest innerhalb einer bestimmten Frist nach der Zustellung. Pegolotti riet nämlich den Kaufleuten: „Der Kaufmann lasse es sich gesagt sein, daß er die Frachtgebühr nicht auf einmal oder auch nur zum Teil in Gegenwart des Schiffsherrn zahle. Er soll ihm auch kein Geld borgen." Aber er fügte hinzu: „Der Kaufmann soll dies vermeiden, wenn er kann, und er soll sein Verhalten danach richten, wie dringend er das Schiff braucht."[3] Aus diesen Ratschlägen kann man schließen, daß der Bedarf an Handelsschiffen größer war als das Angebot, so daß die Kaufleute manchmal, wenn sie unter Zeitdruck standen, übertriebene Forderungen akzeptieren mußten, wenn sie ihre Ware überhaupt verschiffen wollten.

Die Charterverträge enthielten meist Klauseln, in denen festgelegt wurde, ob der Schiffseigner die volle Verantwortung für die Ware übernahm, die er beförderte (dann hieß es, die Waren würden *salvi interra* versandt, d. h. mit Auslieferungsgarantie), oder ob er jede Verantwortung ablehnte (dann hieß es, die Waren würden *„ad risicum et fortunam Dei, maris et gentium"* verschifft).

Regelmäßig gingen etliche Male im Jahr von Genua und Venedig aus Geleitzüge von Kauffahrern zu den wichtigsten Häfen des Mittelmeers und des Schwarzen Meers ab, oft unter dem Schutz bewaffneter Kriegsgaleeren. Die Seerepubliken kontrollierten sie und unterstützten sie manchmal auch mit öffentlichen Geldern. Ein umsichtiger Kaufmann wie Francesco verteilte seine Waren immer auf mehrere Schiffe, so daß nicht gleich alles verloren war, wenn eines von ihnen unterging oder gekapert wurde. Aber es scheint fast, als hätten diese Konvois den Piraten ihr Handwerk geradezu erleichtert. So schreibt Francesco 1393 seiner Frau, er erwarte, daß seine Schiffe gekapert würden,

aber noch weiß man nichts Bestimmtes. Viele Schiffe wurden geraubt, und Schlimmeres wird noch erwartet, denn es sind viele Schiffe auf derselben Route unterwegs, eines auf dem Weg hierher, andere wieder auf dem Weg dorthin. Auf allen haben wir ziemlich viel Ware, die versichert ist; doch ohne großen Schaden kommen wir wahrscheinlich nicht davon. Gott sei für alles Preis!

Francesco hatte die Angewohnheit, seine Ware zu versichern, wie dieser Brief zeigt, auch wenn einige seiner Korrespondenten dies für eine unnötige Ausgabe hielten. „Wir denken nicht daran, für diese fünf Galeeren auch nur um einen *grosso* (Silbergroschen) eine Versicherung abzuschließen", schrieb Bindo Piaciti im Jahr 1401 von Venedig aus, „denn es scheint uns, daß wir das Geld, das wir dafür ausgeben müßten, zum Fenster hinauswerfen würden, da wir eine allzu sichere Passage haben." Als Datinis Partner in Genua aber einmal versäumt hatte, Ware zu versichern, die nach Barcelona ging, zog er sich einen scharfen Verweis zu, obwohl das Schiff bereits wohlbehalten eingelaufen war.

Ungeachtet dessen, daß Ihr sagt, daß das Schiff Barcelona sicher erreicht hat, wart Ihr doch kein Prophet, und wenn ihm Böses zugestoßen wäre, hättet Ihr bedauert, es ohne Versicherung auf den Weg geschickt zu haben, denn von uns habt Ihr Anweisung, niemals Ware von uns ohne Versicherung zu versenden; laßt Euch das ein für allemal gesagt sein.[4]

Allerdings scheint es gar nicht so leicht gewesen zu sein, einen Schaden in voller Höhe vom Versicherer ersetzt zu bekommen, denn als Datini einmal Waren im Wert von 3000 Gulden auf einer Galeere hatte, die von Venedig nach Katalonien segeln sollte, schrieb er an seine Frau, er würde mindestens 500 Gulden verlieren, wenn sie unterginge. „Denn wenn sie die besagte Versicherung abschließen, streichen sie nur allzugern das Geld dafür ein; wenn aber das Unheil eintritt und das Schiff verloren geht, dann spricht man anders: dann macht ein jeder einen Rückzieher und versucht ums Zahlen herumzukommen."

Die verschiedenen Stufen der Entwicklung des Versicherungsvertrags bis hin zu seiner modernen Form haben Anlaß zu heftigen Diskussionen darüber gegeben, in welcher Handelsstadt er zum ersten Mal in Gebrauch kam. Sicher ist jedenfalls, daß bereits im 14. Jahrhundert sowohl in Genua als auch in der Toskana eindeutige Versicherungsverträge abgeschlossen wurden, und zwar auch mit anderen Personen als dem Schiffspatron. Datinis Handelsgesellschaften schlossen nicht nur Versicherungen für eigene Waren ab, sondern tätigten auch Versicherungsgeschäfte für Dritte. Vor allem die Pisaner Filiale war auf diesem Gebiet aktiv, wie man aus einem *quaderno* vom Jahr 1384 ersieht, in dem die dortige Firma über Versicherungspolicen buchführte, die sie damals ausstellte. Auf dem Umschlagdeckel steht: „Dieses Heft gehört Francesco di Prato und seinen Partnern, die in Pisa wohnen, und wir werden alle Versicherungspolicen darin eintragen, die wir für Dritte abschließen. Möge Gott uns Gewinn bescheren und vor Gefahr beschützen."[5] Zu den versicherten Waren gehörten Wolle, die von Katalonien und Menorca nach Porto Pisano ging, Tuch von Porto Pisano nach Tunis, Palermo und Neapel, Seide und Barchent von Porto Pisano nach Barcelona sowie Malvasier, der auf einem genuesischen Kauffahrer von Cadiz nach Sluys und Southampton verschifft wurde. Die Höhe der Versicherungsprämien bewegte sich zwischen 3 ½ und 5 Prozent; nur der Malvasier lag mit 8 Prozent weit darüber.[6] All diese *ricordanze* über Versicherungen schließen mit: „*giunse a salvamente*", also „heil angekommen".

Eine weitere Versicherungspolice aus dem Jahr 1385, abgefaßt in der damals in Florenz und Pisa üblichen Form, führt alle Risiken auf, die durch die Versicherung abgedeckt waren, nämlich Schaden „verursacht durch Gott, Meer, Menschen, Feuer, Seewurf [Überbordwerfen bei Seenot], Enteignung durch Landesherren oder Stadtkommunen oder andere Personen, durch Repressalien, Arreste, Beschlagnahme oder andere Schadensfälle...". Normalerweise wurde eine Frist vom Auslaufen eines Schiffs bis zu seiner Ankunft festgesetzt. Lief diese ab, ohne daß man über seinen Verbleib etwas

hörte, mußten die Versicherer die Versicherungssumme in voller Höhe
auszahlen. Galt ein Schiff als verloren, mußte der Besitzer zunächst die
Zustimmung des Versicherers einholen, bevor er versuchen durfte, seine
Ware wieder einzutreiben: Als Beispiel dafür haben wir einen Brief, in dem
Teramo und Tommaso Cattani, Genueser Versicherungsunternehmer, An-
drea di Bonanno ermächtigen, 22 von den 50 Sack Waid wiederzubeschaffen,
wenn er könne, die mit 200 Gulden versichert waren und sich auf einem
Schiff befanden, das vor Elba gekapert worden war.[7]

2

Eine von Datinis herausragenden Eigenschaften war es, daß er selbst noch
aus dem Unglück, das ihm zustieß, Vorteil zog. Ging eines seiner Schiffe
verloren, so wies er seine Frau an, die Nachricht nicht etwa geheim zu
halten, sondern sie nur ja überall herumzuerzählen. Auf diese Weise hoffte
er, für ärmer gehalten zu werden, als er in Wirklichkeit war, und dadurch
Steuern zu sparen! So in einem Brief von 1394:

> Laß jeden Freund wissen, in welch elender Lage ich bin, erzähle ihnen, daß sich auf
> den vier oder fünf Galeeren von uns, die auf hoher See gekapert wurden, mehr als die
> Hälfte unserer gesamten Habe befand und daß wir, wenn Gott uns nicht beisteht,
> zugrunde gerichtet sind. Laß Deine Zunge nicht stillstehen und verbreite solche
> Worte von unserem Mißgeschick.

Seine Angst vor der Besteuerung war nur zu berechtigt. Wenn er es auch
in Prato verstanden hatte, die wahre Höhe seines Vermögens vor seinen
Mitbürgern zu verbergen, so wußten in Florenz seine Kollegen doch genau
Bescheid, wie reich er war. Als sein Geschäftspartner Domenico di Cambio
wieder einmal aufgefordert wurde, Steuern zu zahlen, bemerkte dieser
bissig, er hoffe doch sehr, Francescos „zärtliche Fürsorge" würde sich als
ebenso vorteilhaft erweisen, wie die bloße Tatsache, sein Partner zu sein,
ihm bisher schon geschadet habe. „Denn jedermann glaubt, daß ich nur so in
Gold schwimme, weil ich mit Dir zusammen bin."

Jedesmal, wenn der Stadtsäckel leer war, erhoben die Priori von Florenz
von allen Bewohnern des Florentiner Territoriums, zu dem natürlich auch
Prato gehörte, eine gewaltige Steuer, die sie nur allzu durchsichtig „prestanza", also Anleihe nannten. Manchmal forderten sie aber auch von einem der
reichen Kaufleute, die in der Stadt Handel trieben, insbesondere wenn dieser
wie Francesco kein Bürger von Florenz war, einfach die sofortige Zahlung
einer hohen Summe in bar. Im allgemeinen wurde jedoch niemand doppelt
besteuert: Man zahlte seine Steuern entweder auf dem Land oder in der
Stadt. Aus Briefen Francescos an seine Frau und an seinen Partner Stoldo di
Lorenzo aus dem Jahr 1393 entnehmen wir, daß er seine übliche Steuer
bereits in Prato entrichtet hatte und daß seine Entrüstung groß war, als er im
darauffolgenden Januar nochmals mit einer beträchtlichen Summe zur Kasse

gebeten wurde. „Diejenigen, die auf dem Land zahlen, kann man nicht auch noch für ein Darlehen heranziehen, falls sie nicht selbst schon das Malheur dadurch heraufbeschworen haben, daß sie sich zu Bürgern der Stadt haben machen lassen", schrieb er an Stoldo. Und voller Bitterkeit fuhr er fort, daß dies nun der Lohn sei „für all das Geld, das ich für dieses gesegnete Haus ausgab, damit es den Bürgern von Florenz zur Ehre gereiche!" Wie Shylock jammerte er:

Und sie erinnern sich nicht mehr daran, wieviel Geld ich dort ausgegeben habe, und auch nicht an die *cortesie* [Darlehen], die ich meiner Heimatkommune und noch vielen anderen vorgestreckt habe... Außerdem zahle ich ja noch Steuern in Avignon und werde auf vielerlei andere Art mit Abgaben belastet... Soll das alles nichts gelten? Ich brauche nur an einem Ort zu zahlen! Sollen sie eben ein neues Gesetz für mich machen! Ich bin fast außer mir, wenn ich an all das denke...

Zur gleichen Zeit schrieb er auch an seine Frau:

Ich bin in so großer Pein wie nur je einer war wegen des großen Unrechts, das mir meiner Meinung nach zugefügt wird. Noch nie habe ich etwas gehört, was mich so schmerzt. Diese Mitglieder des *Gonfalone* bekämpfen mich so sehr sie können und mit allen erdenklichen Listen. Sie haben so viel Macht, daß ich fürchte, Gewalt wird über Recht siegen.

Trotzdem war er fest entschlossen, den Kampf aufzunehmen und einflußreiche Freunde zu gewinnen, die sich für ihn einsetzen würden. „Wie Du weißt", schrieb er an Stoldo, „erleidet die Gerechtigkeit oft Schiffbruch, weil niemand sich für sie einsetzt. Aus diesem Grund rät man mir, daß ich mir ungeniert von jedem Freund helfen lasse." Er selbst, so sagte er, wende sich sogleich schriftlich an Ser Lapo Mazzei, seinen Freund, den Notar, „der *procuratore de lo nostro Comune* war und sich mit all diesen Dingen besser auskennt als irgendwer", sowie an Filippo Corsini und Guido del Palagio, alle beide Prioren der Stadt, und er „werde ihnen diese Angelegenheit ans Herz legen, damit sie dafür sorgen, daß mir kein Unrecht widerfährt". Gleichzeitig schickte er Stoldo eine lange Liste von Namen anderer Männer, an die er sich wenden wollte: Messer Francesco Rucellai, „von dem man sagt, daß er der hilfsbereiteste Mensch der Welt sei", Matteo Strozzi und noch sechs oder sieben andere. „Einem guten Menschen", schrieb er, „muß es Vergnügen bereiten, für einen Freund etwas Gutes zu tun... Lest ihnen allen das vor... und schreibt Euch auf, welche Abschnitte Euch am besten dünken. Und laßt mich nicht im Stich in dieser Situation; noch nie hat mich eine Sache geschmerzt wie diese." Und er unterzeichnete den Brief mit: „Euer unglücklicher Francesco di Marco di Prato, der geplagte [*con fatica*]." Trotz all dieser Anstrengungen wurde Francesco im April vor die Signoria in Florenz zitiert und man kündigte ihm an, daß er für einige Tage dort festgehalten werden würde. So beschloß er, zumindest mit seiner äußeren Erscheinung Eindruck zu machen. „Sende mir", schrieb er an seine Frau, „meinen taftgefütterten Rock, mein rotes Barett und ein Paar neue schwarze seidene Beinkleider, dazu leichte Schuhe und den roten Umhang."

Aus dieser Bedrängnis wurde Francesco gerade noch von zweien seiner Freunde gerettet: von Lapo Mazzei, seinem Notar und engsten Vertrauten, und von Guido del Palagio, der erst kurz zuvor zum *Gonfaloniere di Giustizia* ernannt worden war, wobei man wissen muß, daß die Protektion eines Mannes von solcher Bedeutung und Untadeligkeit fast gleichzusetzen war mit einem Blankozeugnis für Ehrenhaftigkeit. Anfänglich scheint Guido del Palagio allerdings gezögert zu haben, sich für Francesco einzusetzen, denn er fragte Mazzei: „Bist Du auch sicher, daß der Mann im Recht ist?" Sobald er sich aber einmal für ihn entschieden hatte, unterstützte er ihn ohne jeden Vorbehalt. So schrieb Mazzei: „Guido sagte: ‚Was auch immer geschehen mag, ich werde mein Bestes tun, Francesco so zu helfen, daß er möglichst geringen Schaden nimmt und seine Ehre gewahrt bleibt!'" Es wirft ein Licht auf die damaligen Gepflogenheiten in solchen Angelegenheiten, daß Mazzei seinerseits Francesco auch noch warnte, ja keinen Versuch zu unternehmen, sich bei Guido mit einem Geschenk erkenntlich zu zeigen. „Wenn Ihr auch nur an ein Geschenk im Wert von einem Silbergroschen denkt, wäre er nimmermehr Euer Freund und Gönner."[8]

Auch Margherita wußte genau, wie wichtig Guidos Hilfe für Francesco war. „Wenn ich auch nur eine Frau bin", schrieb sie Mazzei, „so weiß ich doch gut, was wir Guido verdanken. Ich weiß, die ganze Geschichte wäre ohne Guido so ernst geworden, daß man Francesco gezwungen hätte, die Stadt zu verlassen. Und wenn er sich geweigert hätte, hätte sein Leben, glaube ich, nur kurz gewährt."

Und doch schleppte der Fall sich trotz dieser einflußreichen Freunde hin. „Wenn ich zusammenzähle, was ich schon an Kummer gehabt habe", schrieb Datini, „dann ist das nichts im Vergleich zu dem, den ich jetzt habe."

Francesco hatte in Florenz keine wirklichen Freunde außer Ser Lapo Mazzei und vielleicht noch Guido del Palagio, wenn dieser ihm auch weniger nahe stand; und diese Isolation machte ihn zutiefst unsicher. Er war, ebenso wie andere Kaufleute, die den größten Teil ihrer Jugend im Ausland zugebracht hatten, beinahe ein Fremder in der Heimat geworden. Paolo di Certaldo erteilte den Kaufleuten damals den Rat: „Sagt nicht, ich werde meinen Sohn schon in jungen Jahren nach Frankreich schicken, wo er aufwachsen und erzogen werden kann und lernen wird, mit französischen Waren Handel zu treiben; denn wenn er nach Florenz heimkehrt, wird er nimmermehr ein guter Meister – sein Herz wird immer in Frankreich sein!"[9] Zudem war Datini noch nicht einmal Bürger von Florenz durch Geburt, nein, er gehörte der Klasse an, die die Florentiner schon seit den Tagen Dantes mit Feindseligkeit und Mißtrauen verfolgten, nämlich den Menschen des *contado*, die in die Stadt gezogen waren und nach und nach den Handel dort an sich rissen.[10] Er spürte, daß man ihn als Außenseiter betrachtete, einen Bauerntölpel und Emporkömmling.

Hier [schrieb er an Margherita] kann ich mich an niemanden halten. Die Dinge, die denen hier Spaß machen, machen mir keinen Spaß. Kein Wunder, daß ich hier niemanden finde, der sich mit meinen Angelegenheiten abgibt. Und tot sind die Gerechtigkeit, die Barmherzigkeit, das Mitleid, die Treue und die Liebe. Jedermann strebt nur nach seinem vermeintlichen Vorteil. Sie beteuern zwar allesamt, wie leid es ihnen täte, und daß sich in Florenz wahrlich nie eine größere Schamlosigkeit zugetragen habe; aber keiner erhebt sich und sagt, daß man das nicht hinnehmen darf.

In seinem Groll begann er schon zu bereuen, daß er Avignon verlassen hatte.

Ich habe das gute Land und die guten Menschen verlassen und bin hier unter die Teufel geraten. Ganz sicherlich sollte ich, falls ich noch ein wenig zu leben habe, lieber dort Buße tun, wo ich gesündigt habe [nämlich in Avignon]. Eher wäre ich mit etwas weniger zufrieden dort, als mit mehr hier ... Deshalb werde ich nicht ruhen, bis ich nicht den größten Teil dessen, was ich besitze, hier abgezogen und anderswo angelegt habe. Ich will, daß das Meinige in Avignon und Katalonien sei, und – wenn meine Freunde mich verlassen sollten – selbst mit meiner ganzen Familie dorthin gehen.[11]

Diese Pläne führte er allerdings niemals aus; vielleicht hatte er sie auch niemals ernsthaft erwogen. Eines aber steht fest: Wenn Francesco solche Gefühle seinen Florentiner Freunden gegenüber äußerte, machte er sich damit ganz sicher nicht gerade beliebter. Nur Männer, die selbst in Avignon gelebt und gehandelt hatten, konnten solche Ansichten verstehen. So schrieb Giuliano di Giovanni, der ebenfalls gerade erst aus der Provence zurückgekehrt war:

Ich sehe und verstehe aus diesem Eurem Brief, wie gern Ihr in Avignon wäret, weil ich glaube, daß Ihr hier niemals glücklich sein werdet... Und so wie Euch, der Ihr dort sein möchtet, geht es auch mir und 19 von 20, die dort waren, auch... Denn hier werden den Kaufleuten mehr Unrecht, Schmähungen und Kränkungen angetan, glaube ich, als auf der ganzen Welt, mehr sogar als im Land der Sarazenen, der Heiden, in der Türkei oder an den Orten, wo die Juden die Macht in Händen halten.

Zu guter Letzt wurde Datinis Steuerangelegenheit mit einem Kompromiß beigelegt. Die Sache wurde eingestellt, jedoch mußte Francesco 800 Gulden an die Stadtkasse von Florenz abführen, was für die damalige Zeit eine enorme Summe war. „Und zweifle nicht", schrieb er an seine Frau, „wäre Guido nicht gewesen, hätten sie mich bei lebendigem Leibe verspeist..." Was am meisten an ihm nage, sei nicht das verlorene Geld, schrieb er, sondern das erlittene Unrecht – „ein Ärgernis, das mir an Leib und Seele zehrte, denn ganz Florenz weiß von dem Unrecht und der Ungerechtigkeit, die man mir zugefügt hat".

Außerdem war er sich darüber im klaren, daß ihm jederzeit wieder eine neue Steuer auferlegt werden konnte, solange er nicht das Florentiner Bürgerrecht erlangt hatte. Und wieder war es nur die Unterstützung durch Mazzei und Guido del Palagio, mit der er diese Gefahr abwenden konnte. Mazzei schrieb ihm:

Heute abend um 23 Uhr wurde ich vor die *Collegi*[12] zitiert, und als ich aus der Sitzung ging, hörte ich die zwölf Neuen sehr wohlwollend über diesen Fall sprechen.

Guido unterstützte unsere Sache sehr gut, nachdem ich gesprochen hatte. Und das Ende ist, sie beschlossen einstimmig, daß Du von dieser Steuerveranlagung befreit bist und von jeglicher Steuer im *contado*. Gott sei gedankt und gepriesen, denn ich war in großer Angst, daß wir verlieren könnten.

Francesco hatte also gewonnen. Bald aber merkte er, daß ihn das nicht vor weiteren Zwangsanleihen bewahrte, die die bedrängte Stadtkommune in kurzen Abständen immer wieder eintrieb.

Gestern abend [schrieb er 1402 an Margherita] wurden vier Anleihen beschlossen, und ich fürchte, daß sie noch heute öffentlich ausgerufen werden. Sage es Barzallone [seinem Faktor in Prato], daß er zur Vernunft kommt und auch an Festtagen seinen alten Mantel trägt... Gott helfe uns und stehe uns bei mit seinem Rat, denn das wird uns not tun.

Er hatte den Brief noch nicht zu Ende geschrieben, da wurde die neue Anordnung auch schon öffentlich bekanntgegeben.

Nun ist also öffentlich ausgerufen worden, daß die vier Anleihen bis Mitte April fällig sind, und ich weiß nicht, wo ich auch nur einen *denaio* auftreiben soll. Ich werde mich wohl ins Gefängnis begeben, bis wir zahlen können. Und ich werde dort in guter Gesellschaft sein, denn ich glaube, daß viele andere auch gehen müssen.

Das sollte nicht die letzte dieser Abgaben sein. Solche *prestanze* waren weiterhin in Krisenzeiten die Haupteinnahmequelle der Kommune, und kein wohlhabender Kaufmann hatte auch nur eine Chance, dabei ungeschoren davonzukommen. Welch starkem Druck die Kaufleute das ganze 15. Jahrhundert hindurch ausgesetzt waren, machen Savonarolas Ermahnungen an den Kaufmannsstand deutlich. „Wenn du siehst, daß die Stadt Geld braucht, hilf ihr nach deinem besten Vermögen und leihe ihr von deinem privaten Gut, um das allgemeine Gut nicht zu gefährden... Ich sage nicht, daß du der Kommune gegen Wucher leihen sollst *[ad usura]*, sondern gratis." [13]

Datini fand sich jedoch niemals wirklich mit diesen Auflagen ab. Jedesmal war er wieder von neuem betroffen und entrüstet.

Ich will, daß Du Dir vorstellst, wie fröhlich ich sein muß [schrieb er 1401 an Cristofano di Bartolo], wenn man bedenkt, daß ich in den sechs Jahren, seit ich das Bürgerrecht erworben habe, 6000 Gulden gezahlt habe, und daß ich jetzt noch das Doppelte berappen soll... Auf meine alten Tage werde ich zusehen müssen, wie mir alles, was Gott mir verliehen hat, entrissen wird, und alles, was ich in 50 Jahren mit so großer Mühe verdient habe... Ich glaube ich bin schon so ausgeblutet, daß kein Tropfen mehr aus meinen Adern fließen würde, wenn mich heute einer erdolchte.

In diesem Brief spielt Francesco auf 15 Anleihen an, die allein im Jahr 1401 erhoben wurden, um die Riesensumme von 500000 Gulden für den Deutschen Kaiser aufzubringen, an den die Stadtkommune sich hilfesuchend gewandt hatte, damit er die Toskana gegen die Truppen des Gian Galeazzo Visconti verteidigte. Francesco selbst hielt sich zu jener Zeit in Bologna auf, und Ser Lapo überredete ihn, nur ja dort zu bleiben, da er sonst kaum darum herumkäme, den Beamten seine Kontobücher offenzulegen, so daß unweigerlich die volle Höhe seines Vermögens ans Licht gekommen wäre. In seiner Abwesenheit hingegen könne er, Ser Lapo, mit allen Mitteln für ihn kämpfen, sogar mit Lügen – „aussagen und widerrufen und geloben und schwören und predigen und in der Hölle Teufel unter Teufeln sein". In dieser Situation opferte der gute Notar ganz ohne Zweifel seine persönliche Unbestechlichkeit der Freundschaft mit Francesco, bzw. er war, wie so viele andere vor ihm und nach ihm, der Meinung, daß Aussagen gegenüber Steuerbeamten nicht moralisch zu werten seien. So bereitete er für Francesco einen Brief an die Assessoren der Behörde vor, in dem dieser nicht nur erklärte, daß seine Geschäfte sowohl in Avignon als auch in Katalonien so schlecht gingen, daß er jeden Tag erwäge, sich aus ihnen ganz zurückzuziehen, sondern auch noch, daß sein gesamter Besitz, das Haus nicht gerechnet, nicht mehr als 2 500 Gulden wert sei – dazu allerlei Begleitfloskeln wie fromme Beteuerungen seiner Vaterlandsliebe, und daß er „22 soldi per lira" zahlen wolle.

Francesco kam mit einer Zahlung von 775 Gulden davon, doch schon im darauffolgenden Frühling wurde er mit weiteren 166 Gulden zur Kasse gebeten, wofür er nur den trockenen Kommentar übrig hatte, das sei nun bereits die fünfzehnte „freiwillige Anleihe", die man ihm abverlangte. Er war tatsächlich aufs höchste verärgert, und diesmal griff Ser Lapo, nachdem er bereits alles in seiner Macht Stehende versucht hatte, um ihn davor zu bewahren, zur Feder und riet ihm in einem Brief, er solle sich doch damit trösten, daß zahlreiche andere weit mehr schikaniert worden seien als er.

Seht, Francesco, über die 15 prestanze und die anderen Dinge, die ja die ganze Stadt betroffen haben, müßt Ihr Euch einfach hinwegtrösten..., denn das ist kein Unrecht, das man nur Francesco zugefügt hat, sondern, wenn es ein Unrecht wäre, dann der ganzen Stadt. Wendet den Blick vielmehr auf die, denen man das Bett unterm Hintern weggezogen hat und die deshalb jetzt frieren müssen, die keinen Wein mehr kaufen können; und für diese, im Namen der Barmherzigkeit Gottes, weint mehr als um Euch.[14]

3

Daß er sein Geschäft vernachlässigt habe, kann man Francesco nun wirklich nicht vorwerfen. Er selbst allerdings war offenbar der Ansicht, daß er sich während der ersten zehn Jahre nach seiner Rückkehr in die Toskana zu viel mit dem Bauen von Häusern amüsiert habe und dadurch zu sehr von seinen eigentlichen Aufgaben abgelenkt worden sei. Anfang 1398 schlägt er einen ganz neuen Ton an und verkündet, er werde neue Saiten aufziehen, das Häuserbauen und die Landwirtschaft an den Nagel hängen, um sich wieder mit aller Energie seinen Geschäften zuwenden zu können. „Ich habe beschlossen, daß es besser ist, mich wieder ganz dem Handel zu widmen als zu mauern und die Hügel umzupflügen." Er bestellte also Tische und Regale für ein stattliches neues Kontor, das er in Florenz einrichten wollte. Dann ordnete er all seine Papiere neu und ging seine Geschäftsbücher durch. Inzwischen war es auch verschiedentlich zu Unstimmigkeiten mit den Filialen im Ausland gekommen, vor allem mit den spanischen, da er sich nicht persönlich um alles gekümmert hatte. „Und darum werde ich mich von Stund an so verhalten, daß wir einander klar verstehen und jeder genau weiß, was er zu tun hat; und keiner soll mehr sagen: ‚Das hat mir der andere angetan‘, und der andere soll nicht sagen: ‚Das ist nicht wahr!‘ ... Ich werde alles so fest in der Hand haben, daß ich endlich einmal sehe, was in Wahrheit vorgeht. "

Noch im selben Jahr eröffnete er zusammen mit dem Prateser Bartolomeo Cambioni eine Bank in Florenz, und am 4. März 1399 wurde er in die Gilde der Geldwechsler, die *Arte del Cambio*, von Florenz aufgenommen.[15]

Zu diesem Zeitpunkt seiner Laufbahn als Kaufmann war es nur natürlich, daß Datini dieser Gilde beitrat. Das ganze Mittelalter hindurch waren die Aufgabenbereiche des Kaufmanns von denen des Bankiers kaum zu trennen. Man unterschied damals ganz grob drei Berufssparten, die mit Geld zu tun hatten: die kleinen Wucherer und Pfandverleiher, häufig *lombardi* genannt;[16] sie verliehen Geld gegen Hinterlegung von Pfändern, und zwar meist kleine Summen an arme Leute, und sie nahmen dafür sehr hohe Zinsen. Trotz des schlechten Rufes, der ihnen deswegen anhing, hatten sie innerhalb des sozialen Gefüges eine nicht zu unterschätzende Funktion. Dann kamen die Geldwechsler, die wirklich Geld umwechselten, mit Gold- und Silberbarren handelten und die in allen Städten Ansehen und Autorität genossen. Sie waren maßgeblich für die Anpassung der Wechselkurse verantwortlich und hatten die Aufgabe, Falschgeld herauszufischen. Schließlich gab es noch die internationalen Großkaufleute und Bankiers, die *mercantibanchieri*, zu denen Francesco damals bereits gehörte. Vielseitigkeit war für diese das A und O ihres Berufs. So wie die Mitglieder der *Arte del Cambio* gleichzeitig mit Juwelen und Edelsteinen Handel trieben, ja manchmal sogar mit Kunstwerken, so handelte der Großkaufmann nicht nur mit Waren, sondern eben auch mit Wechseln. Machte er in einem Jahr vielleicht Verluste im Warenhandel, so konnte er sie manchmal mit Wechselgeschäften wieder auffangen. Dabei belieferte er seine Kunden im Ausland über seine jeweiligen Filialen dort mit Geld oder Waren (wobei aber gar kein wirklicher Geld- oder Warentransfer vonstatten ging, für jeden Vorgang aber auf alle Fälle eine Kommission für ihn heraussprang, *pro portaggio e cambio*). Im Datini-Archiv beweisen viele Unterlagen, daß Francesco häufig an solchen Transaktionen beteiligt war. Falsch ist allerdings die Behauptung, daß er der eigentliche Erfinder des modernen Wechsels sei, d. h. des Wechsels in Form eines einfachen Briefs im Gegensatz zu dem bis dahin üblichen formellen Vertrag, der von einem Notar aufgesetzt sein mußte. Nicht zu leugnen ist dagegen, daß er ständig freizügigen Gebrauch von solchen Wechseln machte, denn allein über 5000 davon befinden sich heute im Datini-Archiv. So hat man denn auch seiner Statue auf der Piazza del Comune in Prato symbolisch ein Bündel Wechsel in die Hand gegeben.

Folgender Wechselbrief mag als typisches Beispiel dienen:

> Im Namen Gottes, am 12. Tage des Februar 1395. Zahlt zur üblichen Frist *[a usanza]** an Giovanni Asopardo für diesen erstausgestellten Wechsel *[per questa prima]* L 306 *s.* 13 *d.* barzalonesi für 400 *fiorini,* die wir hier von Bartolomeo Garzoni für *s.* 15 *d.* 4 pro *fiorino* erhalten haben. Zahlt aus und belastet unser dortiges Konto mit dieser Summe und gebt Antwort. Gott behüte Euch.
>
> Francesco und Andrea, mit Grüßen aus Genua.
>
> Angenommen 13. März
>
> Eingetragen ins rote Buch B, f.97
>
> (Auf der Rückseite:) Francesco di Marco und Luca del Sera in Barcelona *(prima)*

Nach damaligem Wechselrecht tauchen in diesem Wechselbrief vier Vertragspartner auf:

1. Die Aussteller oder Trassanten *(prenditore, traente),* nämlich Francesco und Andrea di Bonanno in Genua.
2. Als Wechselbezogener oder Trassat *(trattario, pagatore)* Datinis Filiale in Barcelona, die Firma Francesco di Marco & Luca del Sera, an die der Wechselbrief geschickt wurde.
3. Als Begünstigter *(beneficiario)* Giovanni Asopardo in Barcelona.
4. Als Wechselnehmer *(remittente)* Bartolomeo Garzoni, der den Wechselbrief erwarb und den entsprechenden Geldbetrag dafür auszahlte.

Der Wechselbrief wurde am 12. Februar 1395 ausgestellt und am 13. März angenommen.[17]

Kauf und Verkauf von Wechselbriefen, automatisch mit dem Umwechseln eines Geldbetrags von einer Währung in eine andere verbunden und gleichzeitig mit der Einräumung eines Kredits, galt daher zwar allgemein als gewinnbringend, aber auch als risikoreich. „Lieber möchte ich 12 Prozent an Ware verdienen als 18 Prozent an Wechselgeschäften", schrieb Domenico di Cambio. Gerade weil bei solchen Wechselgeschäften der Gewinn von so vielen Imponderabilien abhing, fanden sie sogar die Billigung der Kirche, und zwar mit der Begründung, daß Wechselbriefe zu fluktuierenden Preisen gehandelt werden müßten, da sie sich nach unvorhersehbaren Tageskursen richteten, und daß die Bankiers daher ja keinen fixen Gewinn erzielen könnten wie sonst bei normalen Darlehensgeschäften, so daß es sich nicht um Wucher handele. Daß es dabei immerhin oft um recht hohe Summen ging, ist im Datini-Archiv reichlich belegt, vor allem in Briefen der spanischen Filialen, weil Francescos Korrespondenten in Brügge oft ihre Guthaben bei seiner Filiale in Barcelona für ihre Geldanweisungen nach Italien

---

* *Usanza* ist die Frist, die gewohnheitsrechtlich bis zur Einlösung eines Wechsels eingeräumt wurde. Im Wechselverkehr zwischen Genua und Barcelona betrug sie im allgemeinen 20 Tage.

benützten – und umgekehrt. So weist zum Beispiel die Firma Orlandini in Brügge Datinis Filiale in Barcelona in einem Brief vom 9. Januar 1400 an, 1000 Gulden nach Genua zu überweisen, 1000 Dukaten nach Venedig und 1000 Gulden nach Florenz und deckte diese Transaktionen mit einem auf Brügge gezogenen Wechsel. Am 21. Februar desselben Jahres zog die Firma Bernardo degli Alberti, Venedig, einen Wechsel über 400 Dukaten zum Kurs von 16 *soldi* 8 *denari barcellonesi* für den Dukaten auf die Datini Filiale in Barcelona und gab Anordnung, die Firma Alberti & Co, Brügge, mit dem Betrag von 333 *l. 6 s. 8 d. barcellonesi* zu belasten.[18]

Mit der Eröffnung einer Bank in Florenz bezweckte Datini weder, in eine neue Branche einzusteigen, noch alle Wechselgeschäfte seiner diversen Filialen selbst in die Hand zu nehmen; seine Absicht war vielmehr die Koordination und Konzentration all seiner bereits existierenden Unternehmen. In den Geschäftsbüchern seiner Bank tauchen verschiedentlich Namen von Korrespondenten wieder auf, denen wir im Zusammenhang mit seinem Warenhandel bereits begegneten, wie Giovanni Orlandini und Neri Vettori & Co, London, Giovanni Orlandini und Piero Benzi & Co, Brügge, Deo Ambrogi, Paris und Montpellier, dazu natürlich Datinis eigene Filialen in Italien, Avignon, Spanien und Mallorca sowie andere Handelsgesellschaften in Venedig, Bologna, Lucca, Rom. Darüber hinaus hatte die Bank eine Anzahl von Privatkunden, meist Florentiner *lanaioli* oder Prateser Handwerker, die Depositen- und Girokonten unterhielten, für die sie den üblichen Zinssatz bekamen, und denen auch Kredit eingeräumt wurde.

Leider ist der ursprüngliche Geschäftsgründungsvertrag zwischen Datini und Cambioni verloren, und die Geschäftsbücher geben auch keine Auskunft darüber, wieviel Kapital jeder der Partner einbrachte. Doch da die Firma Datinis Namen und Handelsmarke führte, liegt der Schluß nahe, daß sein Kapitalanteil wie bei allen seinen Firmengründungen der größere war und daß Cambioni, zusätzlich zu seiner Arbeitskraft, nur einen geringeren Betrag einbrachte. Die Leitung der Bank aber lag in seinen Händen, und das Hauptbuch der Bank, *il libro dei debitori e creditori*, ist in seiner Handschrift geführt.[19]

Die Bank bot ihren Kunden eine Reihe von Dienstleistungen: Annahme und Ausstellung von Wechselbriefen, Anleihen, allerdings nur an andere Handelsgesellschaften oder an Privatkunden, nicht aber an Fürsten, Päpste oder Stadtkommunen, Wechselbürgschaften *(avalli)*, Kautionen *(fideiussioni)* sowie Konten, die gleichzeitig in mehreren Währungen geführt wurden. Für Zahlungen an Dritte wurden ohne weiteres Schecks angenommen, die damals gerade erst aufkamen.

In den ersten beiden Jahren ging das Bankgeschäft außerordentlich gut, zweifelsohne hätte es auch weiter expandiert, wäre nicht im Jahr 1400 die Pest von neuem ausgebrochen. Handel und Wandel kamen zum Erliegen: Schuldner ebenso wie Gläubiger verließen fluchtartig die heimgesuchte Stadt, und im Sommer folgte auch Cambioni seinem Sohn nach Bologna,

wohin dieser schon vorher zusammen mit Datini und dessen Familie geflohen war. Zu spät! Er hatte sich bereits angesteckt und erlag der Seuche
wenige Tage später. Nach seinem Tod wurde die Bank schrittweise aufgelöst. Zwei Schlichter, *arbitri*, wurden eingesetzt und bestimmten darüber,
wie die Gewinne aus dem Wechselgeschäft verteilt werden sollten. An Datini
fielen schließlich drei Viertel davon, ein Viertel ging an Cambionis Erben.
Die Bank hatte keine drei Jahre bestanden und war doch in ihren Methoden
und Techniken eine der modernsten in ganz Europa. Melis, der in seiner
Ausstellung über Datini eine ganze Abteilung allein dem internationalen
Bankier Datini widmete, behauptete sogar, daß seine Bank in mancher
Beziehung fortschrittlicher gewesen sei als die Bank von Barcelona, die
damals gemeinhin als erste Bank Europas galt.[20]

Zu diesem Kapitel in Datinis Karriere schrieb Domenico di Cambio am
30. August 1398 einen Brief an Francesco, der für Wirtschafts- und Sozial-
historiker von ganz besonderem Interesse ist, kann man doch aus ihm
ersehen, wie der gemeine Mann dem ganzen Bank- und Geldwechselge-
schäft gegenüberstand.

Mir ist von verschiedenen Männern zugetragen worden, daß Francesco di Marco
seinen Ruf als größter Kaufmann von Florenz verlieren will, um Geldwechsler zu
werden, unter denen doch keiner ist, der nicht Wucher treibt. So habe ich Euch in
Schutz genommen und gesagt, Ihr wolltet noch mehr Kaufmann sein als bisher und
daß Ihr, wenn Ihr eine Bank führt, es nicht tut, um Wucher zu treiben. Und sie
antworten mir: „So wird die Welt nicht sprechen, sondern sie wird sagen, er ist ein
caorsino [Wucherer].“[21] Worauf ich antwortete: „Er macht es nicht, um ein *caorsino*
zu werden, weil er das, was er hat, den Armen vermachen wird.“ Und ein anderer
entgegnet: „Glaube nur nicht, daß er je wieder als der große Kaufmann angesehen
wird, der er war, oder einen so guten Ruf genießen wird, und Ihr seid in dieser Sache
sehr schlecht beraten gewesen!“

Abschließend schrieb Domenico, daß dieser Schritt nicht nur falsch sei,
sondern auch unklug. „Denkt denn Francesco gar nicht daran, daß die
Kommune ihn jederzeit zwingen kann, für sie Wechselgeschäfte zu tätigen,
sobald sie Geld braucht; und dann muß er es tun. Francesco ist nicht stark
genug, sich so wie viele andere Bürger der Kommune zu entziehen.“

Mit diesem letzten Argument hatte Domenico sicher recht, denn Francesco war erst vor kurzem Bürger der Stadt geworden und bereits zu hohen
Steuern herangezogen worden. In dieser Situation war es ihm also unmöglich, der Stadtkommune etwas abzuschlagen. Die Behauptung, daß er mit
dem Beitritt zur *Arte del Cambio* automatisch als Wucherer abgestempelt
werden würde, zeigt, daß der Durchschnittsbürger damals noch eine völlig
unklare Vorstellung davon hatte, was ein Wucherer in Wirklichkeit war.
Wucher war gesetzlich verboten und wurde von jedem Ehrenmann verurteilt, aber der Begriff *usura* selbst war nur ganz vage und unbefriedigend
definiert. Nach den strengen Vorschriften der Kirche galt, wie bereits
erwähnt, nicht nur Geldverleih gegen überhöhte Zinsen als Wucher, sondern

jedwede Zinsforderung für Gelddarlehen überhaupt. „*Quidquid sorti acces-sit, usura est.*" Daß auch Ser Lapo Mazzei, Francescos vertrautester Ratge-ber, diese Ansicht vertrat, ersehen wir unmißverständlich aus seinem Kom-mentar zu einem von Datinis Kreditgeschäften: Er wolle sich an der Transaktion nicht beteiligen, meinte er, denn seiner Meinung nach sei sie „wider das Gesetz und die Gebote Gottes, die da sind: man darf aus einem Gelddarlehen keinerlei Zinsen nehmen". Ein paar Tage später ging er sogar so weit, ihm zu raten: „Ich bin der Ansicht, Ihr solltet das Geld Ludovico unbedingt zurückerstatten, da es aus einem *contratto usuraio* stammt; und ich glaube, ich muß beichten und büßen dafür."[22]

Immerhin hatte aber sogar Thomas von Aquin in seiner Definition vom „gerechten Preis" eingeräumt, daß finanzielle Einbußen dem Verkäufer erstattet werden müßten. Daraus konnte man folgern, daß es nicht ungesetz-lich war, wenn der Schuldner den finanziellen Schaden ersetzte, der dem Gläubiger erwiesenermaßen – z. B. durch verspätete Rückzahlung der Schuld – entstanden war.[23] Das war natürlich ein regelrechter Gummipara-graph, denn in der Praxis bedeutete das, daß man eben doch unter der Hand Zinsen nehmen konnte, wenn man sie als „Entschädigung" oder als „Ge-schenk" deklarierte.

Das alles stiftete nur noch größere Verwirrung, was nicht weiter verwun-derlich ist, wenn man bedenkt, daß nicht einmal die geistlichen Führer dieser Zeit Klarheit schaffen konnten. Fra Jacopo Passavanti, ein berühmter Prediger, schrieb in seinem Werk *Specchio della vera penitenza* (Der wahre Beichtspiegel): „Es gibt gewisse Fälle, die selbst weise und gelehrte Männer nicht durchschauen... so eben Wucherverträge, von denen es so vielerlei gibt, daß man sie beim besten Willen kaum verstehen kann. Gar mancher läßt sie einfach unter unverfänglichen Decknamen laufen wie ‚Wechsel‘ oder ‚Gewinnbeteiligung‘; andere unter ‚Einlage‘ oder ‚Sparguthaben‘; wieder andere nennen sie ‚Kauf und Verkauf‘ oder ‚Risikoprämie‘ oder auch ‚Verzugszins‘; viele sagen, es handle sich um ‚Investitionen‘, ‚Beteiligung an Firmen und Handelsgesellschaften‘..."[24] Und weil er nun gar nicht mehr unterscheiden konnte, welche Geldgeschäfte zulässig und welche dagegen unzulässig waren, verdammte der gute Pater schließlich jegliche Form des Handels in Bausch und Bogen.

Der gemeine Mann auf der Straße versuchte sowieso gar nicht erst, solche feinen Unterschiede zu verstehen. Er warf alle, die Geldgeschäfte machten, in einen Topf: Bankiers, Wucherer und Pfandleiher. Er sah dabei immer einen kleinen Mann vor sich, meist einen Juden – da Juden ja nicht an die Gesetze der Kirche gebunden waren und daher diesem verabscheuungswürdi-gen Beruf nachgehen durften – wie er vom Morgengrauen bis zum Sonnen-untergang auf dem Marktplatz hinter seinem Tisch mit einer kleinen Decke darauf hockte und emsig seine Bücher mit Zahlenreihen füllte, 20, 30, ja bis zu 40 Prozent Zinsen forderte und einem armen Mann auch noch den geflickten Rock, einer Witwe ihren Mantel oder das Bett als Pfand wegriß –

ein alltägliches Bild zu jener Zeit.[25] Es gab nichts Böses unter der Sonne, das man einem solchen Menschen nicht zugetraut hätte! In den Gerichtsprotokollen eines Prozesses gegen Wucherer in Pistoia Ende des 13. Jahrhunderts wurde einer als „Häretiker" beschuldigt – „und deshalb zweimal mit einem glühenden Eisen auf Brust und Oberschenkeln mit einem Kreuz gebrandmarkt" –, andere bezeichnete man als Gotteslästerer, Lügner, Säufer, Zuhälter. Ob wahr oder unwahr – diese Anklagen zeigen den Prototyp des Wucherers, wie er sich den Zeitgenossen darstellte: Shylock mit seinem Pfund Fleisch, die Verkörperung von Habgier und Geiz. Den *lombardi* wurden die heiligen Sakramente verwehrt und sogar das Begräbnis in geweihter Erde; im Ausland weigerten sich die italienischen Kaufleute, mit ihnen als Geschäftspartner zusammenzuarbeiten. Fra Filippo degli Agazzari gibt in seinen *Assempri* die schauerliche Geschichte vom Wucherer zum besten, dessen Leichnam in der Grabkapelle beigesetzt wurde, die seine Erben ihm errichtet hatten. In der Nacht nach der Bestattung jedoch „schienen alle Dämonen der Hölle zu der Kapelle zu kommen mit solchem Getöse, daß in der ganzen Gegend um die Kapelle herum kein Mensch schlafen konnte. Und am anderen Morgen fand man diese Kapelle in den nahen Fluß geworfen."[26]

Daß der Wucherer seines Berufes wegen allgemein verhaßt war, ist nur zu gut verständlich, hatte doch gerade der mittellose Schuldner am meisten zu leiden. Als Beispiel dafür, was Wucherzinsen waren, mag uns Giotto dienen, dessen Schüler in Assisi die allegorische Vermählung des Heiligen Franziskus mit der Armut malten. Eben dieser Giotto hatte keinerlei Skrupel, von armen Webersleuten, an die er Webstühle vermietete, 120 Prozent Zinsen zu verlangen![27] Der Gipfel ist wohl, daß Mitte des 13. Jahrhunderts Professoren der Jurisprudenz der Universität Bologna armen Studenten hohe Zinsen abverlangten für Geld, das sie ihnen liehen, damit sie sich dafür Codices kaufen konnten, die sie für ihr Studium benötigten. Wenn dann die Codices schließlich wieder beim Pfandleiher gelandet waren, kauften die hohen Juristen sie dort mit großem Gewinn zurück!

Um sich von der Sünde des Wuchers reinzuwaschen, genügte es beileibe nicht, einfach nur Almosen zu spenden; nein, der Wucherer konnte Vergebung nur erlangen, wenn er noch zu Lebzeiten oder zur Stunde seines Todes den gesamten Gewinn aus seinem ungesetzlichen Gewerbe bis auf den letzten Heller zurückerstattete. Das Testament Bartolommeo Cocchis aus der Zeit, da Francesco bereits in Florenz lebte, ist ein Beispiel für solch eine Restitution. Dieser reiche Florentiner Wucherer bestimmte zum großen Kummer seiner Erben, daß jeder Silbergroschen, den er unrechtmäßig verdient hatte, denen zurückgegeben werden solle, denen er Schaden zugefügt habe, bevor irgendwelche anderen Erbteile ausgezahlt würden.

Letzte Verfügungen solchen Inhalts waren gang und gäbe. Sie beweisen, wie sehr sich die Kluft zwischen Gesetz und gängiger Praxis zunehmend vertieft hatte. Bezeichnend für diese Zeit des Übergangs ist es, daß der Mann

auf der Straße den Unterschied in Rang und Ansehen zwischen einem
internationalen Großkaufmann, der, wie Francesco, gleichzeitig internationale Finanzgeschäfte machte, und einem erbärmlichen Wucherer wie Cocchi
nicht wahrnehmen konnte, sondern nur dumpf spürte, daß jedwedes Geld-
geschäft im Gegensatz zum Warengeschäft irgendwie mit Wucher zu tun
haben müßte. Das einzige, was Domenico zur Verteidigung seines Freundes
hatte vorbringen können, war ja denn auch: „Alles, was er hat, wird er den
Armen vermachen."

Genau besehen bewegte sich Datini nach den Maßstäben seiner Zeit
eigentlich nur mit zwei Arten von Wechselgeschäften hart an der Grenze
zum Ungesetzlichen: Zumindest seine spanischen Firmen waren nachweis-
lich an *cambi a termine* und *cambi secchi* beteiligt, die beide von der Kirche
strengstens verdammt wurden. Bei ersteren handelte es sich um Geschäfte,
bei denen erst später bezahlt wurde, so daß aufgrund fluktuierender Wechselkurse in der Zeit von der Order der Ware bis zu ihrer Bezahlung oft
insgeheim ein an sich ungesetzlicher Zins heraussprang. Letztere indes
waren tatsächlich Darlehen, die nicht als solche deklariert und manchmal
mit stillschweigender Duldung eines Agenten im Ausland gewährt wurden.
Mit diesen *cambi secchi* konnte ein Kaufmann Geld beschaffen, indem er auf
einem fremden Markt, auf dem er in Wahrheit gar keinen Kredit genoß,
einen Wechsel ausstellte. Sein Korrespondent mußte dann nur bei Fälligkeit
zum dortigen Tageskurs zurücktrassieren, d. h. er stellte, da der Wechsel ja
nicht eingelöst war, einen neuen Wechsel aus, bei dem der ursprüngliche
Auftraggeber der Begünstigte war. Da bei dieser Art von Geschäft überhaupt kein echtes Wechselgeschäft stattfand, bezeichnete die Kirche es als
Wucher.

Daß die Theologen damals überhaupt solche Praktiken glattweg verurteil-
ten, zeigt ein kurioses kleines Traktat, das ein florentinischer Bankier,
nachdem er im Alter dem Dominikanerorden beigetreten war, als Fra Santi
Rucellai im Auftrag Savonarolas verfaßte. Als Mann der Praxis sollte er aus
seiner reichen Erfahrung darlegen, was als gesetzlich und was als ungesetz-
lich zu gelten hatte. Sein Traktat war in der Tat ganz praxisbezogen, aber die
cambi secchi verurteilte auch er ohne Einschränkung. Zu allen anderen
Wechselgeschäften meinte er ganz richtig, es komme dabei eben ausschließlich auf „die gute oder die schlechte Absicht dessen, der den Vertrag macht",
an. „Denn menschliche Arglist kann alle Hindernisse, die sich ihr in den
Weg stellen, umgehen, wenn einer seine Geschäfte verbergen oder verdun-
keln will. Aber vor Gott, der in unsere Herzen sieht, kann man sie nicht
verstecken."[28]

Daß Francescos Filialen sowohl mit *cambi a termine* als auch mit *cambi
secchi* Geschäfte machten, ist im Datini-Archiv eindeutig dokumentiert.
„Diese Pfand- und Wechselgeschäfte, die Ihr da macht", schrieb der ehren-
hafte Ser Lapo bestürzt, „auf gut Glück *(a rischio)*, ohne daß Papiere oder
Münzen getauscht werden, sind wie ein Hazardspiel... Sollte mir je zu

Ohren kommen, daß Piero sich mit solchen Geschäften abgibt, dann will ich ihn von mir abtrennen, wie man einen brandigen Arm von sich abtrennt."[29] Auch Francescos Partner in Valencia, Luca del Sera, scheint sich bei diesen Geschäften nicht ganz wohlgefühlt zu haben, und zwar weniger aus moralischen Erwägungen, sondern aufgrund schlechter Erfahrungen, denn andere italienische Kaufleute, die in solche Wechselgeschäfte verwickelt waren, hatte der König von Aragon hinter Schloß und Riegel gesetzt. So schrieb Luca am 30. Januar 1394 an Francesco:

> Von unseren Leuten in Genua habt Ihr, glaube ich, schon gehört, daß der König den Wucherern den Prozeß macht, und daß er dazu die Genehmigung des Papstes hat. Sie klagen alle diejenigen des Wuchers an, die Termingeschäfte tätigen. Wenn sie das konsequent durchführen, werden sie diese Stadt ruinieren.

Bislang, fuhr er fort, sei er unbehelligt geblieben. „Aber ich sage Euch frei heraus, daß ich von nun an nur noch Geschäfte machen werde, die mich nicht in eine unangenehme Lage bringen können."

Simone d'Andrea in Barcelona war dagegen weniger vorsichtig – oder auch einfach geldgieriger. Und so machte er trotz wiederholter Aufforderung, die Finger davon zu lassen, weiterhin Wechselgeschäfte. Im Jahr 1400 schrieb ihm Francesco:

> Ich habe Dir bereits in einem früheren Brief gesagt, daß ich unter keinen Umständen mehr dort unten mit meiner Gesellschaft Wechselgeschäfte machen will, und zwar für keinen Menschen auf der Welt, sei er, wer er will. Ich wünsche ein für alle Mal, daß Du als Kaufmann arbeitest und nicht den Bankier spielst. Wenn es Dir nicht paßt, brauchst Du es mir nur zu sagen, und Du wirst sehen, wie schnell die Partnerschaft zwischen uns annulliert sein wird.

Simone ließ sich jedoch offensichtlich nicht von diesen Geschäften abbringen, denn zwei Jahre später erhielt er erneut eine Warnung von Francesco: „Ich habe es Dir gesagt, diese Wechselgeschäfte von Dir gefallen mir um keinen Preis, und zwar aus verschiedenen Gründen: zum einen, weil sie wider das Gesetz sind, was der Hauptgrund für mich ist; zum anderen, weil ich nicht solche Risiken auf mich nehmen mag." Aber Simone war unbelehrbar. Wieder vier Jahre später drohte Francesco erneut, mit ihm zu brechen. 1406 schrieb er: „Wenn Dir der Sinn danach steht, Wechsel zu kaufen und zu verkaufen und damit Geld zu machen und dem Geschäft der vielen Geldwechsler nachzugehen..., so suche Dir ruhig jemanden, der das kann, denn ich habe keine Lust, in Deine Geschäfte hineingezogen zu werden und auch noch in ständiger Furcht zu leben, nur um Deine Geldgier zu stillen."

Francesco ließ also nie zu, daß seine Geldgier über seine Klugheit und Vorsicht siegte, noch war er, nach den moralischen Gesetzen seiner Zeit, ein unehrenhafter Kaufmann. Zu wiederholten Malen rühmte er sich – und zwar auch in privaten Briefen an seine Frau –, daß er stets sein Wort gehalten, sich keine Betrügereien erlaubt und keine ungesetzlichen Gewinne eingestrichen habe. Und doch – aus all diesen Beteuerungen klingt ein falscher Ton heraus, war doch seine Liebe zum Geld, dem er unermüdlich und unerbittlich nachjagte, so stark, daß er damit sogar in einer so geldorientierten Gesellschaft, wie der, in der er lebte, negativ auffiel. Alle, denen sein Seelenheil am Herzen lag, waren darüber entsetzt und tief beunruhigt. „Du sollst nicht immer alles und jedes unbedingt haben wollen", hatte ihn ja auch seine Adoptivmutter schon ermahnt, als er noch jung war. „Lerne, Dich zu mäßigen", war die ständige Rede seiner Frau. „Im Namen Christi", ermahnte ihn Fra Giovanni Dominici, „hütet Euch vor der Versuchung, zu hoch hinauszuwollen. In dieser Schlinge haben sich schon größere Tiere verfangen." Sogar seine Geschäftspartner stimmten ein in den Chor wohlmeinender Ratgeber. „Ich möchte Euch erinnern und dringend bitten", schrieb Domenico di Cambio, „jagt nicht jedem Vogel nach, der durch die Luft daher fliegt... Seid zufrieden mit dem, was Gott Euch verliehen hat." Und in einem anderen Brief: „Meiner Treu, man muß natürlich auch ans Geldverdienen denken, aber man darf darüber nicht vergessen, sich mit seinen Freunden zu vergnügen."

Vor allen anderen aber war es Lapo Mazzei, der schon seit den allerersten Jahren ihrer Freundschaft Francesco sanft, aber bestimmt zuredete, sich zu mäßigen. So schrieb er:

Es bekümmert mich, daß Ihr diesen Euren Unternehmungen... mit zuviel Gier, Begehrlichkeit, übertriebenem Eifer und mit Ängstlichkeit nachgeht. Und das ist nicht gut. Ein weiser Mann muß lernen, sich im Zaum zu halten und sich nicht einfach seinen Begierden hinzugeben, sondern alles mit Maß und Besonnenheit anzugehen und auf den Rat der Freunde zu hören... Ihr wißt, daß es den Männern ja auch nicht gefällt, wenn die Dienerin die Herrin spielt; ebenso wenig gefällt Gott die Menschenseele, in der die Lust Herrin über die Vernunft ist.[30]

Damit gibt Ser Lapo nur die Lehren des Heiligen Thomas von Aquin wieder. Im „rechten Maß", *„nel giusto mezzo"*, liege die Tugend, die Sünde dagegen „in der Unmäßigkeit", *„sta nell'eccesso"*. Daraus folge, daß es nur gerechtfertigt sei, wenn man einen angemessenen Teil an den Gütern dieser Welt besitze, oder zumindest genug, um mit seiner Familie davon leben zu können und dazu noch etwas für wohltätige Zwecke übrig zu haben; unrecht sei es dagegen, die Jagd nach dem Geld zum Lebenszweck zu machen.

Laien wie Kleriker billigten diese Maxime ohne Frage und achteten alle gering, die sie nicht befolgten. Denn abgesehen davon, daß es die offizielle Lehre der Kirche war, entsprach diese Lebensauffassung auch genau dem Wesen des Toskaners. Maß zu halten – im Leben ebenso wie in der Kunst – gilt ihm seit jeher als höchste aller Tugenden. *„Cortesia"*, so Paolo da Certaldo, „ist nichts anderes als Mäßigung, und Mäßigung währet ewig."[31] Der Mensch solle in allen Dingen immer die rechte Mitte suchen: „dafür wirst du gepriesen und für weise gehalten werden". Vor die Wahl gestellt, ob man lieber zu wenig oder zu viel haben wolle, dürfe der weise Mann nicht zögern, sich für das erstere zu entscheiden. Diese innere Einstellung hat all

das, was wir an Kunst und Lebensart der Toskana so bewundern, hervorge-
bracht: das Maßhalten reicht vom Materiellen bis ins Geistig-Seelische. Ser
Lapo lebte dieser Tugend vor allen anderen, zum einen, weil sie seinem
Naturell entgegenkam, zum anderen, weil er glaubte, daß sie Gott wohlgefällig sei. „Wißt, daß Gott Mäßigung wünscht, und nichts Unmäßiges hat je
vor dem Richterstuhl des Ewigen bestanden."

Eben diese althergebrachte Lebenseinstellung der Toskaner verletzte
Francesco – wenn er sich auch selbst dessen schämte – immer wieder von
neuem. Denn zumindest in dieser Beziehung war er auffallend „untoska-
nisch". Vielleicht kam das daher, daß Prunk und Pracht am päpstlichen Hof
in Avignon ihre Wirkung auf ihn in seiner Jugend nicht verfehlt hatten;
vielleicht aber war er einfach vom Charakter her gewinnsüchtig und prahle-
risch. Er ließ keinen Zweifel daran, daß er nicht nur das Geld selbst liebte,
sondern auch all den Staat, der damit zu machen war: schöne Kleider, große
Häuser, üppige Festmähler, dazu titelgeschmückte Gäste und ein Familienwappen, das er sich über den Eingang seines Hauses hängen konnte. Er war
eben doch der Parvenü in Person – aufschneiderisch und unsicher zugleich.

Immer wieder spricht aus seinen Briefen ein tiefsitzendes Unbehagen,
denn ständig wiederholte er darin ein Versprechen, das er wohl eher sich
selber als den Empfängern seiner Briefe geben wollte: Er gelobte, er wolle
seine Begierden mäßigen, Schluß machen mit seinen weltlichen Angelegenheiten und statt dessen seine Zeit den Gedanken an Gott widmen. „Gott sei
über alles gepriesen, und um seiner heiligen Gnade und Barmherzigkeit
willen gewähre er mir die Gnade, daß ich, wenn es ihm gefällt, ein besseres
Leben führe als mein bisheriges, das doch ein Hundeleben ist – und zwar
ausschließlich aus eigenem Verschulden."

Manchmal war er mit sich selbst so unzufrieden, daß er versuchte, die
Schuld an seiner Misere auf einen seiner Partner abzuwälzen. 1391 schrieb er
an Stoldo di Lorenzo:

> Weil ich mich so schlecht beherrschen konnte und nicht getan habe, was ich hätte
> tun müssen und können, habe ich in dieser ganzen Fastenzeit nicht sechsmal die
> Predigt gehört: Das nenne ich ein schönes und gutes Leben für jemanden von meinem
> Stand! Und deshalb sage ich Dir, daß ich das Leben, das ich bisher geführt habe, um
> keinen Preis so weiterführen will. Und ich will auch nicht mehr bis zur völligen
> Erschöpfung arbeiten; und ich will damit auch nicht bis zum Sankt Nimmerleinstag
> warten, so, als ob ich 100 Jahre alt werden könnte! Das sage ich, damit Du ja nicht
> wieder etwas Neues anfängst, denn jetzt will ich einmal Schluß machen mit allem,
> was ich bis jetzt getan habe, und danach will ich auf ganz andere Weise leben als
> bisher.

Doch dann kam eben wieder ein Schiff von Katalonien herein, eine neue
Anleihe wurde von der Kommune verfügt, und vergessen waren alle guten
Vorsätze. Der schlaue und geldgierige Kaufmann war wieder auf seinem
Posten.

Teil II

Der Herr des Hauses

Sechstes Kapitel

Die Eheleute

Donne, col capo basso! È la donna che regge la casa.

Frauen, neigt Euer Haupt! Im Haus regiert die Frau.

San Bernardino da Siena

I

In den ersten sieben Ehejahren bleibt Francescos junge Frau ganz im Hintergrund und gewinnt durch die bloße Erwähnung ihrer Person in Briefen Dritter für uns keine Gestalt. Aber mit der Rückkehr des Ehepaars in die Toskana betritt auch Monna Margherita die Szene und bleibt von da an, zumindest solange es um Haus und Familie geht, im Mittelpunkt des Geschehens.

Nach siebenjähriger Ehe hatte das Paar noch immer keine Kinder, und an dieser Klippe drohte ihre Ehe zu zerschellen. Francesco hatte, wie gesagt, schon mindestens einen unehelichen Sohn in Avignon. Geheiratet aber hatte er, um einen legitimen männlichen Erben zu bekommen, dem er dereinst all seinen Reichtum „in Liebe und mit Freuden" hinterlassen konnte. Nur deswegen erwählte er sich eine Braut, die jung und hübsch war und aus einer kinderreichen Familie stammte, und verzichtete dafür auf eine Mitgift – eine Entscheidung, die auch alle seine Freunde zu Hause guthießen. Als dann aber die Jahre vergingen und immer noch kein Kind kam, begannen sie besorgt ihre Zungen zu wetzen und Margherita mit unverhohlener Neugier prüfend zu mustern. „Komm' nach Hause!", ließ Monna Piera sich im Jahr 1380 vernehmen, „mit Gottes Gnade wirst Du hier ein Kind bekommen. Gott, der Herr, hat Dir dort [in Avignon] Reichtümer gegeben; hier wird er Dir eine Familie geben." Sechs Monate später schrieb Nicolozzo:

Monna Piera betet ohne Rast und Ruh' Tag und Nacht, Gott möge Dir einen Erben schenken, auf daß Du glücklich seist. Doch sie sagt, wenn Du hierher zurückkehrtest, würde Dir die sehr zuträgliche Luft hier mit Gottes Gnade guttun und Dir die schweren Gedanken verscheuchen. Denn Fröhlichkeit stärkt die Zeugungskraft, zu viele schwere Gedanken bewirken das Gegenteil.

Margheritas eigene Verwandtschaft riet zum gleichen Heilmittel: das Ehepaar solle heimkehren. „Dies Land hier", schrieb Niccolò dell'Ammannato Tecchini, Margheritas Schwager aus Pisa, „ist männlich und zeugungskräftig." In einem späteren Brief erläuterte er, daß die Luft von Fiesole auch als *multipricativa* gelte und daß er Genueser kenne, die in Genua unfähig gewesen waren, Kinder zu zeugen, die aber sogleich mit Nachwuchs gesegnet wurden, als sie in die Toskana gezogen waren. Gerade sein Rat muß damals besonders kränkend gewirkt haben, nachdem seine Frau Francesca, Margheritas Schwester, ihm eben den vierten Sohn geschenkt hatte. „Gott sei Lob und Dank", schrieb der glückliche Vater, „und ich bete zu ihm, er möge ihnen gnädig sein und sie zu guten Menschen machen." Francesca bot später Margherita sogar an, ihr einen dieser Jungen leihweise zu überlassen, konnte sich aber dabei nicht verkneifen, gegen ihre liebe Schwester zu sticheln. „Die Francesca sagt mir", schreibt Niccolò an Francesco, „sag' doch der Margherita, sie leiht ihr einen oder zwei ihrer eigenen Buben, aber sie überläßt sie ihr nicht ganz, denn Margherita hat noch nicht selbst probiert, wie man sie macht."

Dieses Thema ist das Leitmotiv aller Briefe, die Francesco und Margherita einander schrieben. 1385 endlich ging in Prato das Gerücht um, Monna Margherita sei schwanger, und einer von Francescos Geschäftspartnern fragte gleich schriftlich an, ob es wahr sei. Aber es war nichts daran. Dann hören wir einige Jahre lang nur von Fiebern, die sie ab und zu heimsuchten, und von unklaren Schmerzen. Im Jahr 1395 dann schrieb Datinis Freund, Doktor Naddino Bovattieri von Prato, der sich in Avignon niedergelassen hatte. Er meinte, er könne Monna Margherita heilen, wenn, wie er glaube, ihr Fall so läge wie bei einer seiner Patientinnen, die „jene Schmerzen hat jedes Mal vor ihrer Menstruation und noch nie schwanger war". Bei einer anderen Patientin habe „die Kur so gut angeschlagen, daß diese nicht nur von ihren Schmerzen befreit ist, sondern von einem Jungen entbunden wurde und dazu dieses Jahr auch noch von einem Mädchen, und alle sind am Leben und wohlauf". Seine Rezeptur ist unglücklicherweise verloren gegangen, aber sie war ohnehin nicht wirksam. Am 7. September 1393 schlug Francesca Tecchini, Margheritas Schwester in Florenz, bereits wieder ein anderes Mittel vor.

Hier sind viele Frauen schwanger, darunter die Frau von Messer Tommaso Soderini und noch andere mehr. Und ich bin hingegangen, um mich nach den Arzneien zu erkundigen, die sie angewendet haben, und brachte sie auch in Erfahrung. Es ist ein Pflaster, das sie um den Bauch tragen. So ging ich zu besagter Frau und bat sie, daß sie mir eines machen solle. Sie sagt, daß sie das gern tun würde, aber es müsse im Winter sein. Und sie sagt, sie habe noch nie einer Frau eines aufgelegt, die nachher nicht empfangen hätte, aber sie sagt mir, daß es so übel stinkt, daß es auch Ehemänner gibt, die es einfach weggeworfen hätten. Frage also Francesco, ob er wünscht, daß Du es nimmst. Die Kosten sind nicht hoch. Mögen Gott und die Jungfrau Maria und der Heilige Johannes der Täufer Dir gnädig sein.

Ob Francesco das übelriechende Pflaster ablehnte oder nicht, verraten die Briefe nicht; nur eines ist sicher: auch dieses Mittel war herzlich wirkungslos – denn 1395 schickte Niccolò dell'Ammannato im Auftrag seiner Frau einen Gürtel als neues Wundermittel.

Und die Francesca sagt, sie solle ihn sich von einem unberührten Knaben umlegen lassen, zuvor drei Pater noster und drei Ave Maria zu Ehren Gottes, der Heiligen Dreieinigkeit und der Heiligen Katharina beten; und daß sie den Gürtel mit der Seite, auf der die Schriftzeichen geschrieben sind, auf der nackten Haut um den Bauch tragen müsse. Ich, Niccolò, glaube, daß es ihr mehr Nutzen und mehr Gutes bringen würde, für das, wofür sie den Gürtel benutzen will, wenn sie an drei Freitagen drei Arme speiste und nicht auf das Geschwätz von Weibern hörte.

Kein Wunder, daß durch diese immer wieder von neuem enttäuschten Hoffnungen die Grundfesten der Ehe der beiden zutiefst erschüttert wurden. Daher rührt auch der gespannte und verbitterte Ton ihrer Briefe. Es erklärt zur Genüge, daß Margherita sich anfangs noch mit Gereiztheit wehrte und im Lauf der Jahre dann in Schwermut und Resignation verfiel, aber auch, daß Francesco reizbar wurde und immer häufiger von zu Hause abwesend war. Das Ehepaar kehrte gemeinsam nach Prato zurück, aber Francesco setzte sich ja schon bald darauf nach Pisa ab, um dort eine neue Filiale zu gründen. In den darauffolgenden 16 Jahren – von 1384 bis zu ihrer gemeinsamen Reise nach Bologna im Pestjahr 1400 – lebten sie die meiste Zeit getrennt. Francesco verbrachte den größten Teil des Jahres in Florenz oder in Pisa und widmete sich dort seinen Geschäften. Margherita besuchte ihn ab und zu, blieb aber sonst in Prato, kümmerte sich um Haus, Diener und Francescos Adoptivtochter, verfaßte für ihn kluge Berichte über alles, was zu Hause passierte, sorgte für seine Wäsche und füllte ihm stets Küche und Keller, so daß es ihm an nichts fehlte.

Diese fortwährende Trennung und dazu die Kinderlosigkeit waren Ursache für Hader und Zwietracht zwischen Mann und Frau in den langen Jahren ihrer Ehe. Margherita konnte und wollte sich damit einfach nicht abfinden, und selbst Francesco beteuerte immer wieder, wie sehr auch er es bedaure. Kaum war Margherita dann aber endlich nach Florenz nachgezogen, da war er es, der wegzog und meist in Pisa oder in Prato wohnte! Wir aber verdanken diesen häufigen und langen Trennungen die ausführlichen Briefe, die Mann und Frau einander schrieben, diesen Roman einer unglücklichen Ehe.

Die Ehe der beiden war von Anfang an schwierig. Aber auch wenn Margherita keine Kinder bekam und launisch war, auch wenn ihr Mann reizbar, rastlos, mürrisch und zuweilen untreu war, so gab es in dieser Ehe gleichwohl auch echte Zuneigung und gegenseitige Achtung. Margheritas Briefe lassen auf eine starke und unkomplizierte Persönlichkeit schließen. Dem weiblichen Idealtyp der Zeit entspricht sie jedoch in keiner Weise: Sie war keine Beatrice und sie war keine Griselda. Sie war ein junges Mädchen, das mit sechzehn an einen Mann verheiratet wurde, den das Leben bereits ausgelaugt und aller Illusionen beraubt hatte, und der von ihr vor allem anderen das erwartete, was sie ihm nicht geben konnte: ein Haus voller Kinder. So war sie verzweifelt im Bewußtsein ihres Unvermögens, als Frau zu genügen, und gleichzeitig verbittert, weil Verwandte wie Freunde nicht aufhören wollten, sich mit gutgemeinten Ratschlägen einzumischen. Dem lebhaften und temperamentvollen Mädchen, das sie trotz allem geblieben war, ging natürlich das ewige Nörgeln und Jammern ihres Mannes über geschäftliche Sorgen auf die Nerven, und sie ärgerte sich gründlich darüber. Und doch suchte sie, aus allem immer das Beste zu machen. So nahm sie den Sohn ihrer Schwester in ihr Haus auf, um ein Kind um sich zu haben, das sie bemuttern konnte, und genoß es, daß sie mit anderen jungen Frauen nach Herzenslust plaudern und lachen konnte. Und als sie jede Hoffnung aufgegeben hatte, selbst Kinder zu bekommen, willigte sie zu guter Letzt sogar ein, das uneheliche Kind ihres Mannes zu adoptieren und aufzuziehen, obwohl seine Mutter nur eine Sklavin war. Mit den Jahren bewies sie, daß sie nicht nur eine großartige Hausfrau war, sondern auch in Geschäftsdingen ebenso klug und umsichtig wie ihr Mann – durchaus fähig, sich gegen Francesco auch einmal zu behaupten und ihm ganz ungeniert die Meinung zu sagen; in seinen letzten Jahren versuchte sie dann liebevoll, ihn zu Frömmigkeit und Gottesfurcht zu lenken, die ihr zur einzigen Quelle des Trostes geworden waren.

Der Briefwechsel zwischen den beiden beginnt im Jahr 1382, als Francesco zum ersten Mal nach Pisa zog. Offenbar beabsichtigte er, seine Frau nachkommen zu lassen. Die Gründe dafür zählte er in seinem ersten Brief auf:

Ich sehe keine Möglichkeit, hier meine Arbeit gut zu tun, wenn ich nicht drei Monate oder länger hierbleiben kann ... und deshalb scheint es mir das Beste zu sein, wenn wir alle hier zusammen sind, und nicht der eine hier, der andere dort ist. Wir geben an beiden Orten Geld aus, und mir würde es hier schlecht gehen, und Dir dort drüben nicht viel besser.

Ja, er fürchtete sogar, er würde Hungers sterben, wenn seine Frau nicht bald zu ihm käme:

Ich esse nichts, was mir schmeckt, nichts ist so, wie ich es mag, und die Schüsseln sind nicht schön. Wärst Du doch bloß hier, so würde ich mich schon wohler fühlen. Möge es bald sein, wenn es Gott gefällt; und vielleicht ist es ja das letzte Mal, daß ich von zu Hause wegbleiben muß, und es ist ja sehr gut, wenn man es einmal selbst erfährt: Das Brot zu Hause wird dafür um so besser schmecken.

Margheritas Antwort fiel so aus, daß kein Ehemann sich etwas Schöneres hätte wünschen können.

Mir scheint, es würde Euch glücklich machen, wenn ich dort bei Euch wäre mitsamt dem ganzen Haushalt, und doch überlaßt Ihr die Entscheidung darüber mir. Das tut Ihr aus purer Güte, da ich doch nicht wert bin, daß Ihr mir so viel Ehre antut. Ich bin fest entschlossen, nicht nur nach Pisa zu gehen, sondern bis ans Ende der Welt, wenn es Euch gefällt.

Und doch, trotz all dieser guten Vorsätze, lebten die Eheleute weiterhin getrennt. Aus den Briefen der folgenden Jahre spricht Margheritas Groll, und wir sehen, wie Francesco immer wieder versuchte, sie versöhnlich zu stimmen. Sie nahm ihm nicht nur seine langen Abwesenheiten übel, sondern beklagte sich auch darüber, daß er Simone d'Andrea Bellandi, einem jungen Verwandten aus Prato, der später einer von Francescos Faktoren in Barcelona wurde, ausführliche Briefe schrieb, ihr aber nicht. Sie fühlte sich behandelt wie ein Dienstmädchen, wie ein Kind. „Es sieht mir nicht danach aus, als ob es nur um Geschäftliches ginge, wenn Ihr ihm Tag für Tag diese Episteln sendet, sondern schon eher, als ob ihr ihm Euer Herz ausschütten und ihm allerhand Sorgen mitteilen würdet, die Euch anscheinend bedrükken. Dabei würde ich ihm um nichts mehr vertrauen, als den anderen..." Auf diese Vorwürfe reagierte Francesco mit erstaunlicher Langmut. Nur einmal, am 22. Januar 1386, brachte er seine Frau in Rage, indem er sie fragte, ob ihr jemand ihren letzten Brief diktiert habe, da er „weit über das hinausgeht, was eine junge Frau sonst schreibt". Um das Maß voll zu machen, meinte er auch noch halb ironisch, das deute auf einen frühen Tod hin. „Denn eine Volksweisheit sagt, wenn ein Kind Dinge tut und sagt, die weit über sein Alter hinausgehen: ‚Sicher hat dieses Kind nicht lange zu leben.'" Dann aber gab er wieder zu, daß vieles von dem, was sie sagte, „so wahr wie das Vaterunser" sei.

Ganz gewiß habe ich in vielem gesündigt, und diese Sünden lasten schwer auf mir. Aber nun kannst Du mir todsicher glauben, daß ich mein Leben von Grund auf ändern will. Da ich nicht weiß, in wessen Hände diese Zeilen geraten, werde ich nicht alles beantworten, aber mündlich werde ich Dir mein Herz öffnen... Und versuche, guter Dinge zu sein, und tue Du, was Du kannst, und überlasse alles andere Gott dem Herrn. So oder so wird er uns Gnade zuteil werden lassen, und vielleicht werden wir beide leben bis zum Tod wie unser guter Nachbar auch. Ob groß oder klein, es gibt ja niemanden auf dieser Welt, der nicht auch Unglück hat und Dinge, die ihm nicht gefallen.

Hier unterbrach Francesco den Brief und schloß ihn dann später am Tag mit einem Postskriptum: „Noch nie warst Du über etwas so glücklich, wie Du es bei meiner Heimkehr sein wirst. Es hat Gott gefallen, mein Herz zu erweichen in vielen Dingen, die Dir Verdruß bereitet haben – und Du hattest recht, und ich widersprach Dir nie."

Das war zwar ein sehr versöhnlicher Brief, aber Margherita ließ sich nicht so schnell beschwichtigen. Zu tief saß der Stachel, daß Francesco ihr zutraute, sie könne ihre Briefe mit fremder Hilfe verfassen.

Ihr müßt mich für noch geringer achten, als ich es für möglich gehalten hatte. Außer Euer Gnaden hat mir noch niemals jemand Briefe diktiert. Francesco, ich weiß, daß ich Euch zu offen geschrieben und mir Euch gegenüber zu viel herausgenommen habe, als ich Euch die Wahrheit sagte. Wäre ich Euch zur Seite gewesen, hätte ich den Mund nicht so weit aufgemacht... Trotzdem bleibe ich dabei, Euch die Wahrheit zu sagen, soweit ich sie kenne. Ich habe Euch nichts geschrieben, was ich Euch nicht auch jeden Monat einmal gesagt hätte, wenn wir zusammen gewesen wären, wenn auch vielleicht nicht ganz so wohlgesetzt. Denn jeden Tag sehe ich Euch Dinge tun, die mich zwölfmal täglich fast platzen lassen.

Sie gab selbst zu, daß sie sich bei solchen Gelegenheiten einfach nicht beherrschen konnte, ihrem Mann seine einfache Herkunft vorzuhalten und sich damit zu brüsten, daß in ihren Adern edles Blut fließe. „Ich habe doch ein wenig Blut der Gherardini, auch wenn ich mich dessen wenig genug rühme; wes aber Euer Blut ist, weiß ich nicht."

Auch der nächste Brief, den sie schrieb, verrät, daß sie weiterhin ihren Groll hegte.

Du schreibst mir, ich soll mich des Lebens freuen und guter Dinge sein. Ich habe nichts auf der Welt, was mich freuen könnte. Du allein könntest es mir geben, wenn Du nur wolltest; aber Du bist ja nicht dazu bereit, weder für Dich noch für jemand anderen. Jeden Abend, wenn ich ins Bett gehe, denke ich daran, daß Du bis zum Morgen durchwachen mußt; und da soll ich guter Dinge sein!

Darauf folgt ein Absatz, dessen Sinn nicht ganz klar ist, der aber von Eifersucht diktiert scheint.

Ich glaube Dir kein Wort von dem, was Du mir schreibst. Ich würde schwören, daß Du mir über alle anderen Dinge niemals Lügen auftischst, aber darüber, daß Du Dir eine H... hältst [hier ist die Seite zerrissen!], über dieses Thema könnte ich schwören, hast Du mir noch nie die Wahrheit gesagt...

Daß Du mit mir Frieden schließen möchtest, freut mich; ich hatte nie Krieg mit Dir. Ich weiß nicht, was Du für ein Geschenk mitbringen wirst. Wenn ich es habe, werde ich mich bedanken. Es ist ja sonst nicht gerade Deine Gewohnheit, mir zu viele Geschenke mitzubringen, wenn Du heimkommst.

Von Francescos guten Vorsätzen, antwortete sie, glaube sie kein einziges Wort: „Wir werden lange leben und immer auf dieselbe Weise."

In all den Jahren, in denen Francesco und Margherita einander solche Briefe schrieben, scheinen die beiden vor ihren Freunden die Fassade einer glücklichen Ehe aufrecht erhalten zu haben. Lapa, die Frau von Niccolò di Giunta, die eine enge Freundin Margheritas geworden war, schrieb einmal: „Ich glaube, es gibt wenige Frauen, die ihren Mann so sehr lieben wie Ihr. Aber ich weiß nicht recht, wie er es mit Euch hält. Ich hoffe, ebenso wie Ihr mit ihm, denn Ihr verdient es."

Gleichwohl scheint Margherita, die ja noch so jung, lebhaft und temperamentvoll war, kein Geheimnis daraus gemacht zu haben, daß sie sich im Kreis ihrer gleichaltrigen Freundinnen sehr viel wohler fühlte als in Gesellschaft ihres verdrießlichen, ältlichen Ehemanns. „Francesco sagt", schreibt Lapa am 9. April 1383, „daß Ihr nie so richtig von Herzen lacht, es sei denn, Ihr seid mit mir zusammen, und daß ich nicht richtig von Herzen lache, es sei denn, ich bin mit Euch zusammen. Und Francesco sagt, er wollte, Ihr wärt ihm so gut, wie Ihr mir gut seid."

Auch Francescos Freunden konnte es natürlich nicht verborgen bleiben, wie man sich in der Casa Datini stritt und aneinander rieb. Diejenigen unter ihnen, die selbst eine glücklichere Ehe führten, zögerten auch nicht, ihm den Unterschied zwischen einer guten Ehe und der seinen unter die Nase zu reiben. So Domenico di Cambio:

Es ist wahr, daß ich jeden Morgen geröstete Kastanien esse, bevor ich aus dem Haus gehe; denn meine Frau verwöhnt mich ebenso, wie ich sie verwöhne. Ich mache es eben nicht wie Ihr, der Ihr immerzu mit Eurer herumzankt ... Und dann sagt Ihr auch noch: „Ich gehöre zu den guten Ehemännern!" Das überlaßt lieber mir, der ich es bin, in Worten und in Taten.

Niccolò dell'Ammannato war ganz derselben Meinung. Als Margherita sich einmal weigerte, sich Stoff für ein neues Gewand schenken zu lassen, schrieb er an Francesco:

Ich glaube, daß es da Geheimnisse zwischen Euch gibt, von denen Ihr nicht wollt, daß andere sie im Munde führen. Nun, das sei bei Gott. Ich lebe eben mit der Francesca ganz einfach, und was sie will, das will ich auch; und das gefällt mir.

Überraschend schnell änderte sich denn auch Margheritas Ton in ihren Briefen; bald schon war wenig mehr von der Fügsamkeit zu spüren, mit der sie erklärt hatte, sie wolle mit Freuden „bis ans Ende der Welt gehen", um ihrem Mann eine gute Frau zu sein. 1386 sagte sie ihm statt dessen, er müsse sich, wenn er beschlossen habe, fortzubleiben, eben auch mit den entsprechenden Unbequemlichkeiten abfinden.

Es tut mir leid, daß Du es dort nicht so gut hast wie hier. Aber es ist nur natürlich, daß derjenige, der Unannehmlichkeiten sucht, sie auch bekommt. Es ist eine gute Erfahrung, einmal selbst etwas zu entbehren, auch wenn die Entbehrungen mehr seelischer Art sind; denn das, was unsereiner als Entbehrung empfinden mag, würde vielen anderen bereits als Wohlergehen erscheinen. Aber ich fürchte, daß alles sich gewiß ins Gegenteil verkehren wird, wenn Du nicht auf der Stelle Dein Leben änderst und manche Dinge dieser Welt aufgibst und auf Deine Seele, aber auch auf Deinen Körper acht gibst.

Selbst an das Wohlergehen seiner Dienerschaft dachte sie noch. „Zwinge Dich nur immer, zu festgesetzten Zeiten zu essen, und zwar um Deiner selbst willen, aber auch wegen des Gesindes. Sie sind dann zufriedener bei Dir."

Im Laufe des Briefwechsels können wir verfolgen, wie sich das Paar immer mehr auseinanderlebte und Margherita einen schärferen Ton anschlug. So schrieb sie am 26. August 1389:

Was Dein Fernbleiben bis Donnerstag angeht, so tue, was Du für richtig hältst, denn Du bist ja der Herr im Haus, was ein schönes Amt ist, das aber mit Maß und Ziel ausgeübt werden will. *Ich* bin durchaus bereit, mit *Dir* zusammenzuleben, so lange es Gott gefällt. Mehr sage ich dazu nicht, denn ich bin im Recht. Das kannst Du mir auch dadurch nicht nehmen, daß Du schreist und schimpfst. Ich weiß wirklich nicht, ob es jedesmal nötig ist, mir am Mittwoch schon zu schreiben, nur um mir mitzuteilen, daß Du am Sonntag da sein wirst. Mir scheint, Du bereust es jeden Freitag Abend wieder. Wenn Du es mich nur am Samstag Abend wissen lassen könntest, so daß ich wenigstens das Nötigste einkaufen kann; dann würden wir es uns wenigstens den Sonntag über gut gehen lassen können.

Wieder antwortete Francesco mit sanften Worten, zumal sie ihn ja nichts kosteten: „Du wirst hier sein und von allen erfahren, was ich für ein Leben geführt habe, und damit zufrieden sein." Er unterzeichnete den Brief: „Francesco di Marco in Prato, mit allerlei Kummer und Sorgen in vielerlei Beziehung, durch eigene Schuld in vielen Dingen."

Warum wohl sind alle Bemühungen Francescos, sich mit seiner Frau auszusöhnen, fehlgeschlagen? In den Briefen ist immer er der Nachgiebigere von beiden. Sie sind voll beschwichtigender Worte, voller Versprechungen, sich zu bessern. Warum schenkte Margherita ihm keinen Glauben und kam ihm nie entgegen?

Zumindest eine Ursache für ihren Zwist liegt auf der Hand, und man kann darüber in Francescos privaten Notizbüchern, den *quadernacci* nachlesen. Da Margherita ihm kein Kind schenkte, hielt er sich an andere Frauen, die Kinder bekommen konnten. Der Familie entging natürlich nicht, daß er ein Auge auf andere Frauen warf. „Grüße mir die Margherita", schrieb ihm der Schwager Niccolò 1385, „und wenn Du nach Pisa aufbrichst, bestelle ihr von mir, sie solle zu Dir sagen, was die Frauen in den Marken ihren Männern beim Aufbruch sagen: ,Denk' an Deine Familie!' – und sie wird mich schon verstehen."

Bald darauf aber hatte Margherita auch im eigenen Haus Grund zur Eifersucht, wie wir aus folgendem Eintrag Francescos in sein Notizbuch entnehmen können:

Erinnerung – daß ich am elften Tag des März besagten Jahres [1387] die Ghirigora, die bei mir lebt, verheiratet habe, das heißt, an besagtem Tag wurde der Ehepakt und Aussteuervertrag mit Cristofano di Mercato da Prato abgeschlossen…

Ghirigora war eine Dienerin, die eine Volkszählung von Prato im Jahr von Francescos Rückkehr als ein Mädchen von zwölf Jahren ausweist – Francesco selbst hatte sie seiner Frau als „ein wenig beschränkt" beschrieben – und die nun eben erst 15 war.

Weiterhin trug Francesco im Mai in sein Notizbuch ein, daß er Cristofano eine Matratze und ein Federbett geliehen habe. Als nächster Eintrag kommt Ghirigoras Hochzeit; er hielt fest, daß sie nicht nur die erstaunlich hohe Summe von 165 Gulden als Mitgift erhalten hatte, sondern außerdem zwei neue Brauttruhen voll von Kleidern, Wäsche und Haushaltsgegenständen im Wert von 45 Gulden. Vier Monate später erblickte die Erklärung dafür das Licht der Welt!

In der Nacht zum 6. September wurde die Ghirigora di Firiglione di Borgo in Brescia, Ehefrau des Cristofano di Mercato, von einem männlichen Kind entbunden, von dem sie behauptet, es sei von Francesco di Marco.

Weiter ist noch vermerkt, daß das Kind am Abend seiner Geburt die heilige Taufe erhalten habe und der Müllersfrau als Amme übergeben worden sei, ausstaffiert mit „sechs *pezze* Wollstoff und 14 *pezze* Leinen, sechs Wickelbändern, einer kleinen Decke für die Wiege und einem Kissen".

Solch ein Ereignis konnte in einem kleinen Ort wie Prato kaum verheimlicht werden. Die Amme erfüllte ihre Aufgabe nicht zufriedenstellend, und so kehrte das Kleine – nun offen „*il fanciullo mio*" genannt – am 16. Dezember mitsamt seiner ganzen Säuglingsausstattung wieder ins Haus zurück und bekam gleich wieder eine neue Amme, die am 25. Dezember bereits wieder durch eine andere ersetzt wurde. Im darauffolgenden Februar schrieb Niccolò di Giunta, der offensichtlich über die ganze Geschichte Bescheid wußte, an Francesco nach Pisa: „Dem Kind geht es gut, und es wird ein guter Junge werden. Gott segne ihn und mache einen guten Menschen aus ihm, wenn es ihm gefällt." Aber keine drei Tage später trafen böse Nachrichten ein. Der Mann der Amme kam, um Niccolò auszurichten, daß das Kind „diese verwünschte Krankheit" habe. Obwohl drei Ärzte herbeigerufen wurden und „Biberfett" verabreicht wurde, war alle Mühe vergebens.

Am 6. März finden wir eine letzte Eintragung in Francescos Notizbuch über dieses Kind. „Heute, am 6. März 1387, starb das Kind, und es ruht nun in S. Francesco zu Füßen meiner eigenen Grabstätte."[1]

Natürlich wußte auch Margherita über alles genau Bescheid. Das beweist u. a. ein Eintrag über eine Ausgabe von 1 *fiorino* 6 *soldi* für fünf *braccia* (Ellen) ungebleichten Wollstoff, wozu genau vermerkt ist, daß Margherita aus diesem Material eine Decke für das Kind anfertigen sollte. Und bei dem Eintrag über eine Spende von 25 *lire* an die Nonnen von San Michele im Namen Ghirigoras steht: „Margherita brachte sie."

Aber damit war die Geschichte noch lange nicht zu Ende! Drei Jahre später, im Jahr 1390, schrieb Niccolò di Giunta einen Brief, in dem er Francesco mitteilte, daß Ghirigoras Mann im Sterben liege, und in dem er anfragte, ob er sie nicht in sein Haus aufnehmen wolle. „Sie stillt noch einen Säugling und wird sich freuen, ihr täglich Brot zu bekommen... Ihr habt ihr doch die Aussteuer gegeben und habt sie hierher gebracht; und jetzt appelliere ich an Eure Seele und an Euer Herz." Francesco lehnte es jedoch rundweg ab, sie aufzunehmen, und aus Niccolòs nächstem Brief sehen wir, daß dieser wieder einmal ausgeholfen hatte. Er schrieb nämlich, daß er die Frau bei sich aufnehmen werde, „und sie möge so lange hier sein, wie Ihr wünscht, auch für ein Jahr oder zwei. Ich werde für sie alles tun, was ich auch für die Margherita zu ihrer Ehre und zu ihrem Besten tun würde."

Francesco machte bei dieser Affäre weiß Gott keine gute Figur. Das ganze mußte Margherita tief verletzen, am meisten wohl die Tatsache, daß der Säugling vor dem Altar von S. Francesco begraben wurde, dem Ehrenplatz, der für Francescos und ihre Kinder bestimmt war. Gleichwohl wäre es falsch, wenn wir die Geschichte nach unseren Maßstäben beurteilen würden. Die toskanische Großfamilie, *la famiglia*, des 14. Jahrhunderts war ein Organismus, viel dehnbarer und umfassender als unsere heutige Kleinfamilie. Nicht nur die Ehefrau hatte darin ihren Platz, sondern auch die Konkubinen, nicht nur eheliche Kinder, sondern auch die unehelichen. Es konnte schon passieren, daß eine jungvermählte Frau in ihrem neuen Heim unter den Dienerinnen Frauen vorfand, die die Geliebten ihres Ehemanns waren, neben anderen, die seine leiblichen Schwestern waren. Nicht wenige

ehrbare Familienoberhäupter zählten für die Steuereinnehmer ganz ungeniert ihre unehelichen Kinder als Familienmitglieder mit auf, die ihnen
oftmals von Sklavenmädchen geboren waren. Es kam sogar manchmal vor,
daß so ein Kind von seinem Vater nachträglich legitimiert und ganz und gar
wie ein richtiger Stammhalter behandelt wurde. Aber auch dann, wenn sie
nicht gesetzlich zu Erben erklärt wurden, wuchsen diese Kinder der Liebe,
ob gelb oder kaffeebraun, ob ihre Mütter Tataren- oder Mohrensklavinnen
waren, zusammen mit ihren Halbbrüdern und -schwestern ganz normal in
der toleranten und unbekümmerten Atmosphäre des Familienlebens auf,
bevor sie eines Tages in eine Lehre gegeben oder verheiratet wurden.
Lediglich dann, wenn die Hausherrin ungewöhnlich engherzig und eifersüchtig oder vielleicht auch verbittert war, weil sie, wie Margherita, selbst
keine Kinder bekam, konnte ein uneheliches Kind schon einmal in ein
Findelhaus gesteckt werden. Fast in jeder Stadt gab es ja eines, „um die
kleinen Kinder aufzunehmen, die Vater und Mutter wider die Gesetze der
Natur, verlassen hatten, das will heißen, die kleinen Kinder, die in der
gemeinsamen Sprache ‚Ausgesetzte‘ *(gettatelli)* genannt werden“.[2]

In diesen Fällen wurde das Neugeborene auf die Stufen des Findelhauses
gelegt oder in die *ruota,* die Drehtür oder das Drehfenster zur Klausur,
manchmal mit einem Erkennungszeichen oder einem Zettel mit Name und
Geburtsdatum an seinen Windeln versehen. Sehr häufig wurde so ein Kind
später, wenn es größer war, von einer ehrbaren Familie an Kindes Statt
aufgenommen oder von seinem leiblichen Vater zurückgeholt.

So erging es einem weiteren Sproß Francescos: einem kleinen Mädchen,
das ihm 1392 seine zwanzigjährige Sklavin Lucia zur Welt brachte und dem
er den Namen Ginevra gab. Was Margherita dazu sagte, wissen wir nicht,
nur, daß sie sich zunächst geweigert haben muß, das Kind in ihrem Haus
großzuziehen, denn in einem Testament Francescos wird Ginevra bezeichnet als „jenes Mädchen, von dem der Leiter des Findelhauses sagt, es sei
heimlich auf die Schwelle des Findelhauses S. Maria Nuova gelegt worden“.
Aber sie wurde schon bald aus dem Heim herausgeholt und einer Amme
anvertraut, denn das nächste, was wir von ihr hören, ist ein Eintrag ihres
Vaters in sein Haushaltsbuch aus dem Jahr 1394 über eine Ausgabe von 26
Gulden, zu zahlen „an den Mann der Amme, bei der Francescos Tochter
wohnt“. 1398, als das Kind sechs war, gab Margherita nach und willigte ein,
daß es nach Prato kommen dürfe und als Francescos Tochter erzogen
werden solle. Gleichzeitig wurde Lucia, seine leibliche Mutter, einem von
Francescos Dienern, Nanni di Prato,[3] zur Frau gegeben. Wahrscheinlich
erhielt sie dabei wie vorher schon Ghirigora eine ansehnliche Mitgift; denn
sie wurde später auch in Francescos Testament bedacht. In dem Brief, in
dem Margherita ihrem Mann sagt, er solle das Kind nach Prato schicken, ist
sie ganz und gar sachlich und mütterlich zugleich und stellt eine Liste
zusammen von all den Kleidungsstücken, die sie mitbringen soll. Die
folgenden Briefe zeigen deutlich, daß sie sich nicht bloß damit abgefunden

hatte, daß das Kind nun einmal da war, sondern daß sie es auch liebgewonnen hatte. Sie berichtete Francesco, wie Ginevra wuchs und gedieh, daß der Doktor kam, als sie einmal Fieber und Blutandrang hatte, oder daß sie ein Kleid zertrennte, um ihr ein Kleid daraus zu machen, wozu sie drei Unzen Silberknöpfe brauchte. Und als Francesco nach Hause zurückkehrte, fand er nicht nur ein Kind vor, das ihn willkommen hieß, sondern gleich zwei. Denn nun war auch noch Margheritas Nichte Tina, die Tochter von Niccolò dell'Ammannato, den größten Teil des Jahres über im Haus, so daß Ginevra nicht allein aufwuchs. In das schöne neue Haus in Prato war endlich doch noch ein wenig Leben und menschliche Wärme eingekehrt.

2

Margherita konnte den beiden Kindern allerdings nicht so viel von ihrer Zeit widmen, wie sie es gern getan hätte, und auch nicht ohne weiteres Beschäftigungen nachgehen, die ihr selbst Spaß machten, so sehr wurde sie von ihren Pflichten als Hausfrau in Anspruch genommen, die Jahr um Jahr mit Francescos wachsendem Reichtum und dem immer größer werdenden Haushalt zunahmen. Schon von Anfang an enthielten die meisten Briefe Francescos fast ausschließlich Aufträge und Weisungen für den Haushalt; mit der Zeit bestanden sie aus nichts anderem mehr.

Die Pflichten, die immer dann, wenn ihr Mann abwesend war, ganz allein auf Margheritas Schultern lasteten, waren schwer und vielfältig. Um sich ein Bild davon zu machen, was von ihr erwartet wurde, braucht man nur einmal die Beschreibung einer idealen Hausfrau in den Predigten San Bernardinos, des populärsten Predigers der Zeit, nachzulesen. „Die gute Hausfrau besorgt immer alles im Haus. Sie kümmert sich um die Kornkammer und hält sie rein, so daß kein Schmutz hineinkommt. Sie sorgt für die Ölkrüge und hat immer im Kopf, was mit Umsicht verbraucht und was aufgehoben werden muß. Sie kümmert sich um das Pökelfleisch, sowohl um das Pökeln selbst wie auch um das Einmachen. Sie reinigt es und bestimmt, was zum Verkaufen ist und was zum Aufheben. Sie kann spinnen und Leinen zu Leintüchern verweben. Sie verkauft die Kleie, und mit dem Geld davon bezieht sie wieder Leinen. Sie überwacht die Weinfässer und sortiert schadhafte aus und solche, die undicht sind. Sie besorgt das ganze Haus."

Der gute Heilige ergeht sich dann in der abschreckenden Beschreibung des unglücklichen Mannes, der nicht mit einer solchen Gehilfin gesegnet ist. „Wenn er reich ist und Korn hat, dann tun sich die Spatzen daran gütlich und die Mäuse. Hat er Öl, wird es verschüttet... Und im Bett, weißt du, wie er da schläft? Er schläft in einer unordentlichen Matratzenkuhle, und wenn er ein Leintuch auf sein Bett gelegt hat, bleibt es darauf, bis es zerschlissen ist. Ähnlich ist es in dem Raum, in dem er ißt, wo auf dem Boden Melonenschalen, Knochen und Salatabfälle herumliegen, alles läßt er auf den Boden fallen und macht so gut wie nie sauber. Seine Holzteller wischt er nur einmal flüchtig aus, dann schleckt der Hund sie ab – und damit sind sie abgewaschen. Weißt du, wie er lebt? Wie ein wildes Tier. Frauen, neigt Euer Haupt! Die Hausfrau ist es, die das Haus regiert!"[4]

Diese Regel galt, wie die Briefe zeigen, auch in Datinis Haus. Margherita war für Haus und Keller, Gemüsegarten, Stall und Mühle allein verantwortlich. Sie stand früh am Morgen auf, bevor die Tür zur Straße aufgesperrt wurde, und ging erst dann in ihr Zimmer, wenn auch die letzte Sklavin zu Bett gegangen war. Tag für Tag kam mit Francescos Briefen eine lange Liste von Anweisungen, die sofort ins Werk gesetzt werden mußten. Wahllos herausgegriffen und doch typisch ist der folgende Brief:

... Schicke morgen früh durch Nanni da Santa Chiara den Rebzweig mit den Weinbeeren* und das Brot. Und schicke das Faß Essig ... und denk daran, dem Maultier die Beine bis zu den Hufen hinunter mit heißem Wasser abzuwaschen, und laß es gut versorgen. Sorge dafür, daß mir Strumpfhosen gemacht werden und laß sie von Meo besohlen. Und gib der alten Mähre etwas von der Hirse, die Du noch hast, und sorge dafür, daß sie gut zerquetscht wird für sie. Und mach', daß Du schnellstens die zwei Fässer Wein verkaufst, die in Bettinos Haus stehen, und laß alle übrigen großen Fässer im Gewölbe mit dem schon angebrochenen weißen Wein nachfüllen.

Das sind nur die Anweisungen eines einzigen Briefs! Der folgende unterscheidet sich kaum davon. Er fängt an mit einer langen Liste der Wäschestücke, die Francesco zum Waschen nach Prato schickte. Außerdem hatte er dazugepackt: 30 Heringe, einen Sack Kapern, 20 Pfund Mehl und Erbsen. Margherita sollte ihm dafür 50 Orangen schicken („so verpackt, daß sie nicht kaputtgehen"), 25 Laib Brot, zwei Fäßchen Öl (für die Mönche *degli Agnoli*), einen Scheffel Weizen. „... Und denk' daran, auch wirklich zu verrichten, was Du zu verrichten hast, und sieh gewissenhaft nach den Fässern und versorge die Tiere gut; und verriegele am Abend die Tür immer fest, hüte Feuer und Licht und gib acht, daß ich nachher nicht zu schelten brauche."

„Denk' daran", „vergiß nicht" – damit fangen fast alle Sätze in Francescos Briefen an Margherita an. „Denk' daran, noch wenn Du am Morgen im Bett liegst..."

Denk' daran, jeden Tag etwas von dem Weißwein abzuziehen, und denk' daran, einen Sack Korn, der noch da ist, zur Mühle zu schicken... Sag mir, ob die Stute jederzeit zum Abholen bereit ist und ob sie beschlagen ist... Und denk' daran, die Apfelsinenbäume zu wässern wie immer, denn sonst verdorren sie in dieser Hitze... Und denk' daran, die Küchenfenster geschlossen zu halten, damit das Mehl nicht zu warm wird.

Denk' daran, denk' daran...

* *l'alberello dell'uve secche:* Auch heute noch werden im Herbst Zweige vom Rebstock mitsamt den Trauben abgeschnitten, im Haus aufbewahrt und als Weihnachtsgeschenk oder Nachtisch offeriert. Die Trauben sind unter der runzeligen Haut frisch und saftig. (Anm. d. Ü.)

Dazu waren fast täglich ganze Körbe und Säcke zu packen, die dann auf Eselsrücken nach Florenz zu Francesco befördert wurden, mußten die Sachen durchgezählt und in Ordnung gebracht werden, die Francesco wieder nach Prato zurückschickte. Alles, was in Hof und Garten gezogen wurde, nahm denselben Weg nach Florenz: Mehl, Eier, Öl, Wein, Kapaune, Tauben, Gänse und dazu selbstverständlich je nach Jahreszeit vielerlei Obst und Gemüse wie Bohnen, Zwiebeln, Lauch, Salat und „würzige Kräuter für Eierkuchen", Eßkastanien und Feigen, Orangen und getrocknete Weinbeeren, aber auch gewürzte Schweins- und Kalbssülzen, die Margherita eigenhändig zubereitet hatte und die dann sorgfältig in Steingutschüsseln abgefüllt wurden, damit sie unterwegs auch ja keinen Schaden nehmen konnten. Sogar das Brot wurde in Prato gebacken und nach Florenz geschickt – manchmal gleich 30 Laib auf einmal.

Gelegentlich versucht Margherita, den Klagen ihres Mannes zuvorzukommen: „Wenn wir die Dinge nicht so schicken, wie Ihr es wünscht, zürnt nicht, denn ich bin nur eine arme Frau, allein mit der Bande kleiner Mädchen, und habe von niemandem Hilfe. Ich schicke eben, was ich für richtig halte."

Margheritas peinliche Genauigkeit überrascht nicht, wenn man bedenkt, daß Francesco beim geringsten Anlaß bereits glaubte, er werde bestohlen oder betrogen. Ein ganzer langer Brief dreht sich ausschließlich darum, daß sie nach einem verlorenen Kopfkissenbezug sucht, von dem Francesco behauptete, er sei in Prato, während sie sich sicher war, daß er in Florenz sei. Sie erzählt, sie habe die ganze Truhe geleert, die am Fußende des Bettes in der Küche stehe, dazu noch ihre eigene Truhe. „Und ich glaube, daß Du ihn sicher in der Wäschetruhe finden wirst, wo er seit drei Jahren seinen Platz hat."

Schlimmer war es schon, als Margheritas Saphirring verloren ging, den sie offensichtlich in einer Truhe in ihrem Zimmer aufbewahrte. Sie sei ganz sicher, schrieb sie, daß sie ihn unmöglich selbst habe verlieren können oder er ihr beim Bettenausschütteln vom Finger gerutscht und auf die Straße gefallen sei, denn er sei ihr schon zu eng geworden. Sie habe jede Ritze im Haus abgesucht und sogar die Straße vor dem Haus selbst abgekehrt. Sie habe einen Mann losgeschickt, der alle Läden der Pfandleiher durchsucht habe für den Fall, daß der Ring gestohlen worden sei. „... Ich gräme mich derart darüber, daß ich nicht mehr weiß, wo mir der Kopf steht. Seit ich ihn verlor, hatte ich keine gute Stunde mehr, weder Tag noch Nacht. Und ich dachte noch, daß Du mich wenigstens trösten wurdest... und Mitleid mit mir hättest." Statt dessen antwortete Francesco verdrießlich, er finde es auch sehr ärgerlich, daß ein so wertvoller Ring verlorengegangen sei.

Ohne Zweifel war Francesco ein schwieriger Mensch, schwer zufriedenzustellen, nicht leicht zu lieben. Was seine Frau aber vollends zur Verzweiflung brachte, war, daß er einerseits die ganze Last und Verantwortung für den Haushalt ihr aufbürdete, andererseits aber beileibe nicht aufhörte, sie sogar aus der Ferne noch zu kontrollieren und immer etwas auszusetzen hatte. „Als allererstes sag' mir jetzt einmal", schrieb er in einem Brief vom 22. August 1398, der sie ganz besonders kränkte, „hast Du auch den Traubenessig *[agresto]*⁵ vom Wasser abgezogen, denn Du weißt ja, daß Du ihn immer verwässern oder ihn auslaufen läßt?" Um das Maß voll zu machen, warf er ihr auch noch vor, sie habe Wasser von der Straße in den Keller laufen lassen. „Dabei steht Dir so eine große Schar von Frauen zur Verfügung, daß Du sie wahrlich hättest beauftragen können, etwas Sand von dem Platz vor dem Marienbild zwischen unserem Haus und dem von Messer Piero zu holen, und damit unsere Türen abdichten können, so wie ich es gewöhnlich mache." Nicht genug damit, er verglich auch noch Margheritas Wirtschaften sehr ungnädig mit dem der Frau seines adeligen Freundes Guido del Palagio, die ihm, „in den 34 Jahren, die sie mit ihm zusammenlebt, nicht ein einziges Mal Verdruß bereitet hat".

Margheritas Antwortbrief, den sie noch am selben Tag schrieb, zeigt, wie dieser Vergleich sie innerlich getroffen hatte. „Warum Du mich wegen des Traubenessigs fragst, weiß ich wirklich nicht, denn wenn ich Dir die Wahrheit sagte, Du würdest sie mir ja doch nicht glauben. Wenn der Essig verwässert und verdorben war, so ist das nicht meine Schuld, sondern der Essig ist deswegen verdorben, weil das Fäßchen schadhaft war..." Dann gab sie sich einen Ruck und kam auf das zu sprechen, was sie am tiefsten verletzt hatte.

Du erzählst von Guido, daß seine Frau ihm noch nie Verdruß bereitet habe. Ich glaube ja, daß er die Wahrheit sagt; aber ich glaube, *er* hat *ihr* noch weniger Verdruß bereitet, als sie ihm. Und Guido kann nicht nur eine Frau regieren, er regiert ja eine ganze Stadt. Ich habe mich recht genau bei Ser Lapo und bei seiner Schwiegertochter erkundigt, die hier war, wie Guido zu Hause so ist. Guido kann man nicht mit anderen Männern vergleichen; er behandelt sein Weib wie eine Herrin und nicht wie eine Gastwirtsfrau. Denn nun sind es 15 gesegnete Jahre, daß ich hierherkam und hier wie in einem Gasthaus lebe...

Dann kam ein ganzer Schwall von angestautem Ärger, großem und kleinem, über allerhand Vorkommnisse, deren letztes war, daß am Abend zuvor Francescos Maultier total überfressen in Prato angekommen war, „dem Du so viele Leckerbissen und so viel Müßiggang gegönnt hast, daß es am Bersten war, und um drei Uhr früh mußten wir es zur Ader lassen... Wollte Gott, Du würdest mich so gut behandeln wie Dein Maultier!"

Francesco wisse ja doch wohl, so schloß sie, daß er selbst immer mehr als genug zu arbeiten habe, wenn er zu Hause sei, „und jetzt habe ich sowohl Deine als auch meine Arbeit allein zu tun... und ich bin nicht mehr so gesund, wie ich es einmal war. Aber ich würde alles ertragen, wenn wenigstens ein Teil von dem, was ich tue, anerkannt würde."

Solch einen Brief schreibt nur eine völlig verzweifelte Frau, aber eben eine, die keine Angst hat, ihren Mund aufzumachen. In guten Stunden hatte selbst Francesco schon oft zugeben müssen, daß seine Frau Haushaltsdinge ebenso gut beurteilen und entscheiden könne wie er selbst. „Du mußt schon beachten, was ich schreibe", sagte er zu ihr, „und dann tue, was Du kannst, und nicht mehr. Und was ich Dir auch schreibe, tu das, was Du für das beste hältst, und ich werde stets mit dem zufrieden sein, was Du tust." Er gestand sogar ein, daß er in der Vergangenheit manchmal im Unrecht gewesen sei. „Wollte Gott, ich hätte Dir so manches Mal geglaubt, wenn mir etwas gefiel, Dir aber nicht!"

Vielleicht trug auch der Einfluß seines besten Freundes, Ser Lapo Mazzei, nicht wenig dazu bei, daß er das so offen zugab. Dieser besaß das Vertrauen beider Ehepartner, und über Jahre hinweg tat er alles, um Öl auf die Wogen der stürmischen Ehe zu gießen. „Schwer lastet der Gedanke an Monna Margherita auf mir", schrieb er 1394 an Francesco, „und zwar ihretwegen und auch Euretwegen. Mehr kann ich für Euch nicht tun. Gott möge ihr Trost spenden und Euch und ihr beistehen." Er hörte nicht auf, beiden gut zuzureden, Margherita, sie solle ein bißchen weniger widerspenstig sein, und Francesco, er solle liebevoller sein. Daß Margherita nur allzu oft aufsässig war, wollte er nicht abstreiten. „Ich wünschte, sie wäre so sanft, wie sie klug ist", meinte er. Aber er machte ihrem Mann gleichzeitig auch klar: „Sie war es schließlich, die 18 Jahre lang Eure heiligen Predigten angehört hat!" Wozu er noch anmerkte: „Wenn Ihr wüßtet, wie oft sie sich beherrscht und auf Eure Zornausbrüche nicht entsprechend antwortet, würdet Ihr sie für das sanfteste Lamm der Erde halten."

Nach zwanzig Ehejahren erreichte die Krise schließlich ihren Siedepunkt. Schon monatelang hatte Margherita ihren Mann bestürmt, daß er sie zu sich nach Florenz holen solle. Als sie dann schließlich wirklich zu ihm zog, ging er selbst nach Prato zurück! Das war mehr, als Margherita ertragen konnte, und sie tobte derartig, daß Ser Lapo, als er davon hörte, Francesco eindringlich warnte, seine Frau sei nun am Ende ihrer Geduld und habe schon angedroht, sie wolle ihn verlassen. „Eines Tages packe ich mein Bündel und gehe heim nach Prato!"

Ser Lapo setzte noch hinzu, daß Francesco gut daran täte, diese Drohung ernst zu nehmen und sich vor Augen zu halten, welch persönliches Leid dahinter stehe.

Die vielen, vielen Briefe, die Ihr um Euer leibliches Wohlergehen und um Euren Reichtum an weltlichen Dingen schreibt, dürfen Euch doch nicht Mitleid und Liebe für diejenige, mit der Ihr nach Gottes Gesetzen verbunden seid, vergessen lassen ... Denn Ihr hättet es wirklich nötig, daß Eure rauhe Seele und Euer Herz von Stein erweicht würden, so daß der gute Geist wieder zurückkehre.

Und trotz allem – Francesco nahm die Drohung immer noch nicht ernst, und Margherita setzte sie schließlich doch in die Tat um. Ohne ein weiteres Wort zu verlieren, packte sie ihre Sachen zusammen und kehrte nach Hause zurück. „Die Leute halten das für ein bißchen kühn", schrieb Ser Lapo. Ungeachtet dessen hörte er nicht auf, Francesco zu bearbeiten, er solle freundlicher zu ihr sein.

Ich empfehle Euch Monna Margherita an, weil sie es wirklich verdient und auch, weil Gott sie Euch zur Gefährtin gegeben hat. Ich selbst nehme es wahrhaft niemandem übel, wenn ein Freund von mir die Partei meiner Frau ergreift, wenn ich böse zu ihr war. Und Margherita ist eben in vielen Seelennöten, in denen Frauen sonst nicht zu sein pflegen; und Ihr selbst seid auch jähzornig.

Sie sei, wiederholte er, „eine Frau, die schon viel durchgemacht hat", und er wünschte nur, er hätte ihr helfen können, „sie dort stärker zu machen, wo sie am schwächsten ist, ich meine, im Geduldigsein". Er räumte ein, daß Margherita anmaßend sei, aber er fragte: „Wie wart denn Ihr zu ihr? Wäre sie geduldig und bescheiden gewesen, dann kenne ich keinen Heiligen, der größere Schlachten gewonnen hätte als sie!" Und als im Jahr 1400 Francesco mit seiner Familie vor der Pest nach Bologna floh, kam Ser Lapo nochmals auf sein Anliegen zurück.

Ich habe Euch weiter nichts zu sagen, als daß ich Euch Monna Margherita sehr ans Herz lege. Nicht um meinetwillen, nicht um irgend jemandes willen auf der Welt, sondern einzig und allein um Gottes willen, dem es gefallen hat, sie Euch zur Gefährtin anzuvertrauen. Und so lege ich Euch Monna Margherita ans Herz und auch Eure eigene Ehre.[6]

Nun ist es ja eine alte Weisheit, daß gute Ratschläge, die man einem Ehepaar erteilt, in den Wind gesprochen sind. Und doch – mit der Zeit kamen Margherita und Francesco besser miteinander aus. Eine ernstliche Erkrankung Francescos im Sommer 1394 mag ihr Teil dazu beigetragen haben. „Wir wollen uns doch nichts vormachen", schrieb Mazzei, nachdem Francesco wieder gesund war, „Du warst dem Tod recht nahe." Von dieser Zeit an hören wir aus Francescos Briefen an Margherita oftmals einen neuen Ton heraus. Zwar lamentiert er weiter wie gewohnt über seine täglichen Sorgen und Ärgernisse, aber manche Briefe lassen doch eine tiefe Melancholie durchscheinen, die Sehnsucht nach einem Menschen, dem er ganz und gar vertrauen könnte. Hier steht ein Mann vor uns, der zurückblickt auf ein langes Leben und durchaus nicht zufrieden ist mit der Bilanz.

Das Schicksal hat es gewollt, daß ich seit dem Tag meiner Geburt keinen Tag vom Morgen bis zum Abend glücklich sein sollte... Jedoch wenn ich nur ein seliges Ende nehme, so kümmern mich alle übrigen Widerwärtigkeiten wenig. Aber ich hege große Furcht, daß das Ende nicht gut sein wird, und das ist nun mein einziger Gedanke.

Francesco war nun eben schon über sechzig, und man merkte ihm an, daß ihm die Strapazen seiner täglichen Arbeit zusetzten und mehr noch, wie die unstillbaren Seelenqualen ihn peinigten. Im Sommer 1395 gestand er ein, daß er nicht mehr, so wie früher, Tag und Nacht durcharbeiten könne. „Vergangene Nacht war ich unpäßlich, weil ich die letzten zwei Tage so viel geschrieben und weder tags noch nachts geschlafen und kaum ein Stück Brot gegessen habe."

Auch Margheritas Antwort war nun verständnisvoller, denn auch sie wurde müde.

Ich bitte Dich um alles, versuche, Dich so wenig zu sorgen, wie möglich, und schreibe mir auch so wenig davon, wie Du kannst, denn ich kann auch nicht mehr so wie früher. Ich bin einfach traurig, und Du weißt, wie Du mich zurückgelassen hast, denn Du weißt von der Krankheit, die ich durchgemacht habe, und dieser Sommer hat mich völlig verändert.

Zumindest, so bat sie ihn, möge er sich, aber auch ihr ersparen, sich ständig in den Haushalt einzumischen. „Denn ich sorge für ihn sogar mit größerer Umsicht und mit größerem Eifer, als wenn Du selber da bist. Ich verhalte mich so und sorge so gut für die ganze *famiglia*, daß ich mich nicht zu schämen brauche, glaube ich. Möge es Gott gefallen, daß es so sei."

Anderthalb Jahre später bekam sie plötzlich Fieberschübe.

Ich glaube nicht, daß ich sie habe, weil ich mich überfressen habe, denn ich habe mich in dieser Fastenzeit beinahe zu Tode gehungert. Und der Doktor sagt, die Krankheit sei eher deswegen gekommen, weil ich so schwach bin, und er sagt mir, ich solle Hühnerfrikassee essen; und das habe ich getan, und ich werde es so lange fortsetzen, bis ich wieder genesen bin.

Vielleicht hatte Margherita auch nur eine schwere Grippe. Jedenfalls ließ die Krankheit – ungeachtet des Hühnerfrikassees – einen tiefen Lebensüberdruß zurück.

Wäre es nicht um Deinetwillen und weil ich nicht frei bin, ich würde gern all diese Drangsal hinter mir lassen, so daß ich dieser Welt nicht länger mehr dienen müßte. Ich bin weder durch Kinder noch durch Verwandtschaft gebunden, weder durch Geld noch Gut; wenn mich noch irgend etwas hält, dann sind es die zwei Dinge, die ich Dir eben gesagt habe...

Dieser Brief macht beinahe den Eindruck, als ob Margherita mit dem Gedanken gespielt hätte, ihren gestrengen Ehemann zu verlassen und in ein Kloster einzutreten. Ein Jahr später aber war sie noch immer brav zu Hause. „Und nun will ich nur noch Frieden in mir selbst haben, und ich habe keinen anderen Wunsch mehr, als das zu tun, was Gott wohlgefällig ist."

Es läßt sich nicht übersehen, daß Margherita in den folgenden Jahren in ihren Briefen immer weniger von ihren eigenen Sorgen schreibt, sondern sich statt dessen viel mehr darum sorgt, ob es ihrem Mann auch gut gehe. „...Und von dem Leben, das Du führst, und von Deinen durchwachten Nächten schreib' mir nichts mehr, denn ich habe so viel Sorge deswegen, daß es mir einfach reicht... Ich will Dich an das erinnern, was ich Dir schon einmal gesagt habe: das Gute ebenso wie das Böse, das wir auf dieser Welt haben, machen wir uns ganz allein."

Doch noch immer wollte Francesco nicht hören. Vergebens redete ihm Margherita immer wieder zu, sich zu schonen, „denn nun mußt Du doch einfach [ein Wort fehlt – müde?] sein, Dich zu quälen". Ihre Sorge um Francescos Gesundheit ließ sie von neuem über das merkwürdige Leben nachdenken, das sie getrennt voneinander geführt hatten, nun aber nicht mehr mit der Bitterkeit von früher, sondern vielmehr mit tiefer Traurigkeit.

Erstens scheint mir, daß Du Magenweh haben mußt, und ich glaube, es ist viel schlimmer, als Du schreibst, und Du sagst es mir nur nicht, um mir keine Sorgen damit zu machen. Ich schwöre Dir, daß ich noch nie unglücklicher war, von Dir getrennt zu leben, als ich es heute bin, denn ich verstehe jetzt manches besser als früher. Denn ich kümmere mich um die, um die ich mich nicht zu kümmern brauche, und dem, um den ich mich kümmern müßte, dem geht es schlecht, sowohl was sein leibliches Wohl anbelangt, als auch seine Ehre in dieser Welt. Und niemand kann Abhilfe schaffen außer Dir selbst.

Auch konnte sie nicht davon ablassen, ihm häufiger, als der Takt es erlaubte, vor Augen zu führen, daß er nun ein alter Mann war, der nicht mehr lange zu leben hatte. „Wenn ich an all das denke, was Du Dir noch vorgenommen hast, und was das an Zeit kostet, dann kommt mir eine einzige Stunde, die Du verlierst, vor wie tausend ... Und es scheint mir, daß das kostbarste Gut für Dich, für Seele und Körper gleichermaßen, die Zeit ist. Ich glaube, Du schätzt sie zu wenig."

Im Grunde ist das genau derselbe Rat, den schon die alte Monna Piera dem aufstrebenden jungen Kaufmann nach Avignon geschrieben hatte: „Du mußt nicht immer alles haben wollen!" Francesco antwortete darauf, auch er sei all der Sorgen müde und sich auch bewußt, wie eitel sie allesamt seien. Möge Margherita ihn nur die Ankunft eines einzigen Handelsschiffes noch abwarten lassen oder den Abschluß eines einzigen Geschäfts, dann würde er sich endgültig zurückziehen und seine alten Tage in Frieden zubringen.

Vielleicht wäre das immer so weitergegangen, wenn nicht im Herbst 1399 Francesco von Panik erfaßt worden wäre: Die Pest war von neuem ausgebrochen! Die ersten Gerüchte davon kamen von Francescos Filialen in der Fremde, und schließlich bedrohte sie wieder einmal auch die Toskana. Diese heraufziehende Gefahr gab Francescos und Margheritas Leben eine neue Wendung.

Siebentes Kapitel

La famiglia

*Et a uno medesimo fuoco si scaldassino et a
una medesima mensa si sedessino.*

Und sie sollen sich am selben Feuer wärmen
und vom selben Tische essen.

L. B. Alberti

I

Francesco und Margherita waren, wie wir gesehen haben, kinderlos und
hatten auch keine nahen Verwandten. Trotzdem war das schöne neue Haus
in Prato immer voller Leben. Es stand sowohl Margheritas großer Familie
offen – ihren Brüdern, ihrer Schwester und deren Mann, ihren Neffen und
Nichten – als auch Francescos Firmenpartnern und Faktoren, und außerdem
beherbergte es eine große Schar von Dienern und Dienerinnen, freien und
unfreien, und zuweilen auch noch deren Kinder. Sie alle bildeten *„la
famiglia"*.

Will man eine Vorstellung vom Leben in der Toskana heute oder in
früheren Jahrhunderten vermitteln, so muß man vor allem den starken und
engen Zusammenhalt der Familie hervorheben. Die *famiglia* war immer
dann am stärksten, wenn der Staat am schwächsten war, ja sie war oft das
einzige beständige Element in einer unbeständigen Gesellschaft und umfaßte
einen sehr großen Personenkreis. *Fuoco, famiglia, parentela* – das waren die
Begriffe, mit denen nicht nur die unmittelbaren Nachkommen bezeichnet
wurden, sondern ebenso alle Verwandten, die unter einem Dach wohnten
und dasselbe Brot aßen – Tanten, Onkel, Vettern, Kusinen, Neffen, Nichten
bis hin zu den entferntesten Familienangehörigen. Sie alle gehörten zum
casato, so wie einst zur römischen *gens,* und oft wurde der Begriff sogar
noch auf Personen ausgedehnt, die der Familie durch gemeinsame wirtschaftliche Interessen verbunden waren oder sonstwie von ihr abhingen, also
z. B. Gesellschafter, Angestellte und Gesinde. Bonaccorso Pitti zählte nicht
weniger als „40 Esser", als er zur Pestzeit über seine Familie schrieb, und im
Jahr 1465 berichtete Alessandra Strozzi über einen Verwandten: „Giovan
Francesco führt ein feines Leben. In seinem Haus lebt er zusammen mit
mehr als 50 Essern inmitten seiner *Faktoren,* Sklaven und Sklavinnen."[1]

Darüber hinaus war die Familie nicht nur eine gesellschaftliche, sondern auch eine wirtschaftliche Größe. Ihre Bedeutung, die sich einst im wesentlichen nach der Zahl ihrer waffenfähigen Männer gerichtet hatte, wurde nun hauptsächlich davon bestimmt, wie stark und vielfältig ihre politischen und wirtschaftlichen Verbindungen im eigenen Land und in der Fremde waren. Wenn ein Mann Vermögen und Ruhm erwarb, dann war es zum Nutzen der Familie, und hatte er seine weltlichen Güter vermehrt, so war es seine erste Pflicht, sein Testament aufzusetzen und sie seinen Erben zu vermachen – nicht etwa aus väterlicher Sorge, sondern um der Familie das „zurückzuerstatten", was ihr von Rechts wegen gehörte.

Da die Familie als ganzes wichtiger war als das Glück der einzelnen Familienmitglieder, waren ihre Regeln kaum weniger streng als die eines religiösen Ordens. Söhne und Töchter gehorchten, auch wenn sie bereits erwachsen waren, ohne zu fragen den Anordnungen des Familienoberhauptes, des *capo del parentado;* verwitwete Töchter kehrten mitsamt ihrer Mitgift ins Haus des Vaters zurück. Für Zärtlichkeit und Liebe blieb dabei wenig Platz; dazu war die elterliche Autorität zu absolut, zu streng. Söhne und Töchter redeten die Eltern mit *Messer padre* und *Madonna madre* an. Sie durften in ihrer Gegenwart nicht ohne ausdrückliche Erlaubnis sitzen, und wenn sie sie sahen und ihnen etwas aufgetragen wurde, mußten sie den Kopf in Demut neigen und ihre Kopfbedeckung abnehmen. „Laßt sie mindestens zweimal täglich ehrfürchtig vor Vater und Mutter niederknien und um ihren Segen bitten ... und wenn sie sich wieder erheben, das Haupt neigen und die Hand des Vaters oder der Mutter küssen." Der Vater bestimmte den Beruf der Söhne und den Ehemann der Töchter, und nur sehr wenige waren so kühn, sich dagegen aufzulehnen. Selbst ein erwachsener Sohn besaß kein eigenes Geld, so lange er noch im Haus seines Vaters lebte. Ein Prediger ging sogar so weit zu fordern, daß ein kleines Kind nicht einmal Nüsse oder Süßigkeiten, die es geschenkt bekam, behalten, ein größerer Junge seinen Lohn nicht für sich zurücklegen dürfe: „Laß' nicht zu, daß sie eine Sparbüchse besitzen oder behaupten: ‚Das gehört mir', so lange du (der Vater) lebst."²

Andererseits gingen auch die Pflichten des Familienoberhaupts den Mitgliedern seiner verzweigten Sippschaft gegenüber sehr weit: Schon der öffentlichen Meinung wegen kam er nicht darum herum, für arme, gebrechliche und kranke Angehörige und von ihm abhängige Partner oder Untergebene zu sorgen; er mußte ihre Schulden bezahlen, ihren Söhnen Arbeit verschaffen, ihren Töchtern eine Mitgift geben, die Alten und Schwachen in sein Haus aufnehmen.

Bei Leuten, die wie Francesco von niederer, kleinbürgerlicher Herkunft waren, war die Familienstruktur weit weniger starr als in einem großen aristokratischen Haus. Außerdem hatte er ja keine ehelichen Kinder, denen er Namen und Vermögen hätte hinterlassen können. Aber dennoch stand er so sehr unter dem Zwang der Verpflichtungen gegenüber der Familie, daß er wie selbstverständlich die Aufgaben eines *capo del parentado* nicht nur für Margheritas Verwandtschaft in vollem Maße übernahm, sondern auch für die Familien seiner Gesellschafter, Filialleiter, Faktoren und Dienstboten. Als Bonaccorso di Vanni, einer seiner Geschäftspartner in Avignon, starb und vier kleine Töchter hinterließ, die ihm eine seiner Sklavinnen geboren hatte, nahm Francesco alle vier in sein eigenes Haus auf und stellte eigens für sie eine Frau ein, die sie versorgte. Wenn seine Dienerinnen oder Töchter seiner Gesellschafter heirateten, übernahm er einen Teil der Kosten für deren Aussteuer. Und in seinem Testament bedachte er nicht nur seine Firmenpartner und Untergebenen, sondern er vermachte auch den vier Töchtern eines entfernten Verwandten, Chiarito di Matteo („ein armer und törichter Mann")[3] eine Mitgift von je 100 Gulden.

Blutsverwandten gegenüber war man noch weit mehr verpflichtet als der Familie im weiteren Sinn: ihre Ansprüche nahmen kein Ende. Margheritas große Verwandtschaft scheint dabei besonders habgierig und aufdringlich gewesen zu sein. Und überdies ließen sie samt und sonders keinen Zweifel daran, daß ihrer Meinung nach alles, was er ihnen gab, ganz gleich wieviel, bei weitem weniger war, als ihnen eigentlich zustand. Einmütig befanden sie, daß Francesco so reich sei, daß er es sich schon werde leisten können.

Wenn er einen von ihnen einmal um einen Gefallen bat, was selten genug vorkam, versuchten sie sogleich aus seiner Bitte Kapital zu schlagen. Am unangenehmsten von allen war Monna Dianora Bandini, Margheritas Mutter. Sie war in Avignon geblieben, als ihre Tochter nach Italien zurückkehrte, besaß aber auch noch ein Haus in Florenz. Als Francesco im Jahr 1387 beschloß, seine Familie von Prato zu sich nach Florenz zu holen, fragte er sie, ob sie ihm ihr Haus überlassen könne. Sie antwortete, sie würde nur zustimmen, wenn er ihr die (ungeheure) Summe von 400 Gulden zahle und gleichzeitig verspreche, daß sie oder ihr Sohn ein Rückkaufrecht hätten, wann immer sie eine solche Summe aufbringen könnten. „Andernfalls wünsche ich nicht, daß irgend jemand, Du oder ein anderer, das Haus betritt, denn ich beabsichtige es zu verkaufen und will selbst über das Geld verfügen. Denn ich bin hier alt und gebrechlich, und nicht eine Seele wird bereit sein, mir auch nur mit einem Silbergroschen auszuhelfen."

Mit gleicher Post beeilte sie sich, an Margheritas töchterliche Gefühle zu appellieren, sie solle Druck auf ihren Mann ausüben. „Ich flehe Dich an, meine liebste Tochter, um unser aller Freude und Ehre willen, bitte Du Francesco eindringlich und inständig, er möge die fragliche Summe an mich zahlen. Er verliert dabei nichts, und er könnte auch noch mehr tun – was mich ja nur freuen soll." Aber Monna Dianoras Hoffnungen zerschlugen sich. Francesco fand ein anderes Haus.

Unannehmlichkeiten hatte Francesco auch mit seinem jüngsten Schwager, Bartolomeo Bandini, der offenbar das schwarze Schaf der Familie war. So erscheint er im Briefwechsel immer nur dann, wenn er Hilfe oder Geld brauchte. Das geschah zum erstenmal am 27. Januar 1399, als er in einem

Brief mitteilte, daß die kleine Stadt Fondi, wo seine Frau mit den Kindern lebte, von einem Haufen marodierender Söldner geplündert worden war. Sie standen unter dem Befehl von Giovanni da Barbiano und verwüsteten damals das Königreich Neapel. „Sie sagt mir, Weizen und Rebstöcke haben sie abgehauen und verbrannt. Meine Familie muß daher bittere Not leiden ... Deshalb flehe ich Dich an, Margherita, stehe mir aus Barmherzigkeit auf irgend eine Art bei, damit ich zu meiner Familie gelangen kann."

Die Antwort auf diesen Brief ist nicht erhalten. Aber ein paar Monate später, im Mai, tauchte Bartolomeo wieder in der Toskana auf – und wieder steckte er in Schwierigkeiten.

Als ich hörte, daß er da war [schrieb Margherita ihrem Mann], freute ich mich mitnichten darüber, sondern war trauriger, als wenn ich ihn tot vor mir gesehen hätte ... Trotzdem, er ist eben doch mein Bruder, und ich kann nicht anders als ihn zu lieben ... Und ich sehe, wie er alt, arm und schwach ist und noch dazu Kinder am Hals hat.

Die Familienbande hielten trotzdem: Margherita setzte sich bei Francesco für ihn ein: „Inständig bitte ich Dich, ... erfülle meinen Wunsch und hilf ihm aus der Not."

Ihrem Bruder gegenüber nahm sie allerdings kein Blatt vor den Mund. „Ihr beide, Mutter und Du, Ihr habt Euch so aufgeführt, daß meine Lippen vor Francesco versiegelt bleiben werden. Ich wage weder von Deinen finanziellen Bedürfnissen zu sprechen noch von denen meiner übrigen Verwandtschaft." Doch Bartolomeo ließ sich nicht so leicht entmutigen, er antwortete:

Du sagst, daß Du eine große Last mit Dir herumträgst und nicht wagst, bei Francesco zugunsten Deiner Familie den Mund aufzumachen. Ich wünschte, ich und Deine anderen Verwandten wären nicht in so schlimmer Bedrängnis. Aber da das Schicksal es nun einmal so gewollt hat, muß man sich eben darein ergeben ... Du heißt mich, Dir meine Lage zu beschreiben. Meine Lage ist folgende: Ich habe alles verloren, was ich zum Leben besaß, nämlich mein Vieh ... Alles, wofür ich mich in den vergangenen zehn Jahren abgemüht habe, wurde mir auf einen Schlag entrissen. Doch Gott sei Lob und Dank, daß er mir ein Weib geschenkt hat, das stark ist im Ertragen des Unglücks. Und es bleiben mir noch Weinberge und Land ... und damit Brot und Wein für meine Familie. Und ich habe drei Kinder, zwei Mädchen und einen Jungen.

Dann fuhr er fort, seinen neuesten Plan darzulegen, den er natürlich nur mit Francescos Hilfe verwirklichen konnte. „Dieses kommende Jahr ist nämlich ein Heiliges Jahr, und der Hof zu Rom wird der ideale Ort sein, um auf jedem nur erdenklichen Gebiet so gute Geschäfte zu machen wie nur je einer sie gemacht hat." Bartolomeo schlug also vor, daß Francesco ihm Kapital vorschießen solle, damit er dort eine Handelsfirma gründen könne. „Und ich würde mich persönlich nach Kräften abmühen, um für meine Kinder zu sorgen."[4]

Ob Francesco nun auf diesen naiven Vorschlag einging oder nicht, ist den

Briefen nicht zu entnehmen. Im Jahr 1408 lebte Bartolomeo noch immer in
Avignon. „Ich arbeite für sechs Gulden im Monat beim Zoll. Das reicht
gerade für Essen, Kleidung und Schuhe." Aber er klagt, daß es nicht reiche,
um für die Kosten aufzukommen, die die Krankheit seiner Frau verursache,
„die schon seit vier Jahren nur noch von Hühnerfrikassee lebt". Damit
versiegen die Nachrichten über Bartolomeo bis zum Tag seines Todes, als
Francesco sich – ohne Zweifel höchst unwillig – verpflichtet fühlte, die
Arztrechnungen zu begleichen und für die ganze Familie Trauerkleider zu
kaufen.

Eine erfreulichere Persönlichkeit, die Francesco im Endeffekt allerdings
auch nicht weniger teuer zu stehen kam, war Niccolò dell'Ammannato
Tecchini, der Ehemann von Margheritas Schwester Francesca. Er verkörpert
den Florentiner Kleinbürger, wie er im Buche steht: gottesfürchtig, über-
vorsichtig, bieder, immer mit einer Lebensweisheit zur Hand, hingebungs-
voll als Ehemann und Vater, um seine Gesundheit besorgt, redselig und ein
wenig besserwisserisch – kurzum ein guter, aber herzlich langweiliger
Mensch. Seine Beziehung zu Datini könnte man mit einer ständig abfallen-
den Kurve beschreiben: Sie wurde in dem Maße schlechter, wie Francescos
Vermögen zunahm und Niccolòs Vermögen schwand. Zu Anfang, als Francesco noch in Avignon lebte, waren Niccolòs Briefe voller gütiger, aber auch
ein wenig gönnerhafter Ratschläge. Denn er war ja schon als wohlhabender
Haushaltsvorstand etabliert, stolz auf seine Frau, sein Haus, seine vier
Söhne, während Francesco ungeachtet seines Reichtums noch immer in der
Fremde lebte, ohne Kinder, Haus und Hof. Niccolò nahm sich heraus, ihm
Ratschläge zu erteilen, wie er seine Güter und Waren in Avignon verwalten
solle, und aus der inneren Sicherheit heraus, die ihm seine glückliche und
mit Kindern gesegnete Ehe gab, riet er ihm auch noch, wie er seine Frau
behandeln müsse.

Man sagt [schrieb er am 28. Februar 1381], es zieme sich nicht für einen Mann,
seine eigene Frau zu preisen. Das stimmt schon, falls der Mann sich mit seiner Frau
brüstet. Aber bei passender Gelegenheit finde ich es nur gut und aufrichtig, von ihren
Tugenden zu sprechen natürlich nicht in ihrer Gegenwart. Du rühmst Margherita,
daß sie Dir gegenüber ehrerbietig und gehorsam ist und ohne *Gherardiname*. Meiner
Treu, dasselbe kann ich von Francesca sagen. Sie ist eine wirkliche Ehefrau, und da
ich von Anfang an die Zügel immer fest in der Hand hatte, mußte ich nie mit der
Trense nachhelfen. Sie ist mein Weib, ich liebe sie als mein Weib, und das ist ihr und
mir genug.

Zu dieser Zeit war es auch, daß Niccolò großmütig anbot, Margherita
eines seiner Kinder als Leihgabe zu überlassen. „Wenn Margherita einen
unserer Söhne zu sich nehmen wollte, so wäre Francesca damit einverstan-
den, aber nur, wenn sie ihn wieder zurückgibt, sobald sie selbst einem Kind
das Leben schenkt. Francesca hat ja drei und ist mit einem vierten
schwanger."

Aber schon bald nach Francescos Rückkehr nach Italien begann der Ton der Briefe sich zu ändern. Francesco beschäftigte Niccolò in seiner Filiale in Florenz, gab ihm aber offenbar gleichzeitig zu verstehen, daß es seinem Schwager nun nicht länger gezieme, ihn mit dem vertrauten *tu* anzureden. Niccolò schrieb demütig: „Ich wurde mir meines Fehlers bewußt, daß ich Euch bis jetzt nicht mit *voi* angeredet habe; aber ich werde mich bessern, wie Ihr in diesem Brief sehen könnt."

Bald begannen sich auch die familiären Beziehungen abzukühlen, weil die Datinis die Zeit des Karnevals nicht bei Niccolò und Francesca verbrachten.

Heute früh habe ich Deinen Brief bekommen, in dem Du sagst, daß Ihr hier schon anderswo zum Karneval unterkommt und daß Margherita auf eine Hochzeit und zu einem Bankett gehen werde. Andererseits sagt Ihr, daß Ihr uns mit ihr besucht hättet, wenn nur Eure Kleider noch rechtzeitig angekommen wären. Meiner Treu, . . . wenn Margherita doch auf eine Hochzeit geht, hätte sie wirklich in den Kleidern herkommen können, die sie auf dieser Hochzeit tragen wird.

Dieser Brief wirft zudem ein Licht auf die großzügige Dauer solcher Familienbesuche in der Toskana damals wie heute. „Ihr könnt nun 8 oder 14 Tage bei uns bleiben... Und Francesca sagt, daß sie dann, wenn es Euch beliebt, doppelt so lange bei Euch drüben bleibt!"

Einige Jahre später ereilte Niccolò das Unglück: 1398 machte er Bankrott und wandte sich um Beistand an Francesco. Die reichen Verwandten indes taten nur eben was nötig war, aber ohne rechtes Mitgefühl. Francesco gab 300 Gulden, andere Verwandte noch einmal 300. Aber Margherita schrieb mitleidlos:

Die Francesca muß nun mit ihren eigenen Händen ihren Lebensunterhalt verdienen; Niccolò ist alt und krank; er ist Makler geworden und schlägt sich durch so gut er kann. Ich habe ihre Tochter bei mir aufgenommen und muß für ihren Unterhalt zahlen; und Francesco hat den Jungen nach Mallorca geschickt. Sieh nur, was Francesco sich alles aufbürdet um meinetwillen!

Allem Anschein nach muß Niccolòs Tochter Tina noch dazu ein schwieriges Kind gewesen sein. Einmal, als sie zu einer Tauffeier in Prato geschickt wurde, weigerte sie sich, zu Fuß zu gehen, und „sagte dazu, wenn Du nur hier wärest, würde sie nicht laufen müssen . . .". Dann traf sie einen Mann, den sie so lange beschwatzte, bis er sie auf sein Maultier hob. „Ein anderer Mann, der ihr herunterhalf, fragte sie, wessen Kind sie sei. Da antwortete sie ganz frech, sie sei die Tochter von Francesco di Marco; ihr Stolz ist noch größer als Deiner. Das alles ist nur deshalb so, weil Du es so wünschst . . . Es wäre besser für sie, wenn sie bei ihrer Mutter wohnen würde. Ihr Dünkel würde dann nicht so groß werden."

Aber es war unmöglich, das Kind jetzt zurückzuschicken, denn Niccolò war nun ein gebrochener, alter Mann, der kaum einen Pfennig mehr besaß – „für die Welt so gut wie gestorben vor Armut und Altersbeschwerden". Dazu wurde seine Frau von einer „grausamen und bösen Krankheit befallen". „Ich komme täglich vier- bis sechsmal nach Hause", schrieb Niccolò, „um alles Nötige anzuordnen, und klage nicht über die Mühe. Aber wenn ich mir vorstelle, daß ihre Krankheit unheilbar sein könnte, so kann ich mich nicht darein ergeben. Ich nehme meine Zuflucht zu Gott und bete ohne Unterlaß zu ihm, er möge uns gnädig sein und uns beiden in seiner Barmherzigkeit beistehen und mich erleuchten."

Zwei Monate später schrieb er, daß seine Frau tot und bereits begraben sei.

Darum ich mich so sehr gräme, daß ich weder essen noch schlafen kann. Der Tod dünkt mich süßer als das Leben, wenn ich an meine Lebensgefährtin denke, die ich verloren habe – da stehe ich nun ganz allein, arm und alt und mit einer großen Tochter im Haus. Nie kannte ich solch tiefen Schmerz… In der Kirche ist nun alles, was sich ziemt, getan für das Heil ihrer Seele, zu ihrem ehrenvollen Angedenken und zu meiner Ehre. Ich flüchte mich in Gebete zu Gott, daß er sie gnädig in seine Arme aufnehmen möge.

Es war nun aber nicht etwa so, daß Francesco und Margherita nur mit ihren Verwandten Umgang gehabt hätten. Obwohl Francesco, wie wir gesehen haben, nicht viele Freunde in Prato hatte, zeigt ein Bündel von Briefen, daß Margherita während der meist langen Abwesenheit ihres Manns nicht allein zu Hause blieb, sondern sich mit einer Schar von Freundinnen umgab. Da war Monna Gaia di Giunta, die Frau von Francescos altem Vormund Piero (über die Francesco, als er noch in Avignon war, schrieb: „Sie ist nach Monna Piera der einzige Mensch auf der Welt, dem ich zu höchstem Dank verpflichtet und in größter Liebe zugetan bin."); da waren Monna Gaias Tochter Monna Lapa und ihre Schwiegertochter Simona, Margheritas Nichte Tina und Simonas Tochter Caterina. Und häufig kam auch Besuch: Guido del Palagios Frau, Monna Niccolosa, und Ser Lapo Mazzeis Frau und Tochter. „Tutta la brigata" (die ganze Kompanie) unterschrieben sie alle einmal einen Brief an Margherita, die viele von ihnen liebevoll mit „sirocchia" (Schwester) anredeten, auch wenn sie nicht mit ihr verwandt waren. Aus diesen Briefen ersteht ein Bild von ihnen, wie wir es aus manchen Fresken jener Zeit kennen: lebenslustige, emsige junge Frauen, die der Braut im Hochzeitszug in der ganzen Pracht ihrer Sonntagsgewänder folgen, oder die wir in häuslichen Szenen sehen, wie sie einem Neugeborenen Wasser und feines Linnen, seiner Mutter Geschenke bringen, wie sie backen, weben, spinnen und mit den Mägden schwatzen. Viel wurde schon darüber geschrieben, wie sehr im 14. Jahrhundert das Leben einer ehrbaren jungen Frau durch strenge gesellschaftliche Regeln eingeengt war, aber die Datini-Briefe führen uns das Bild eines fröhlichen, geselligen und relativ freien Lebens vor Augen. Das ist zweifelsohne zum Teil darauf zurückzuführen, daß es sich bei dieser Familie nicht um eine aristokratische Familie handelte und daß Prato nur ein kleines Landstädtchen war. Wenn eine Frau auch ihre Zeit zum größten Teil im Hause zubrachte, so hatte sie doch immer fröhliche Gesellschaft um sich, und obwohl es viele Hinweise auf Hausfrauenpflichten gibt, so wird doch immer wieder auch von vergnüglichen und harmlosen kleinen Ausflügen berichtet. Einmal ging es zu einer

Taufe, bei der das Kind Margheritas Namen erhielt. „Sie wird einmal schön sein: Möge Gott sie auch gut machen." Ein andermal gab es eine Namenstagsfeier für Simonas Tochter Caterina. Simona bat Margherita, ihr dazu „ein Becken und einen Krug" zu bringen, „wie man sie jungen Mädchen schenkt", und fügte hinzu: „Laßt mir von Eurem Apotheker drei Pfund guten Zuckerwerks machen."

Im Jahr darauf plante Simona – „um meine Schmerzen zu lindern" – eine Kur in den Bädern von Petriolo, einem Kurort bei Siena mit einer heißen Schwefelquelle. Er hatte den Ruf, ein so lockeres Pflaster zu sein, daß die Heilige Katharina von Siena in ihrer Jugend von ihren Eltern dorthin geschickt wurde, weil sie hofften, daß sie sich dort den Gedanken an ihre göttliche Berufung aus dem Kopf schlagen würde. Aber man mußte sich nicht einmal so weit von zu Hause entfernen: Es gab ja immer noch den regelmäßigen Kirchgang. Aus einem Brief Niccolò di Giuntas an Francesco erfahren wir, daß Margherita und seine Schwester Lapa 1385 während der Fastenzeit jeden Abend zusammen in die Franziskanerkirche gingen und die Fastenpredigten anhörten. „Sie fasten zusammen, denn sie wollen Heilige werden", vermerkte er wohlwollend. Und um Francesco zu beruhigen fügte er noch hinzu: „Simone bleibt dann immer zurück, um das Haus zu bewachen, bis sie von der Predigt zurückkommen." Daß solch ein Kirchgang für die jungen Frauen selbst nicht nur der Weg zur „Heiligkeit", sondern auch ein geselliges Ereignis war, wissen wir von einem so aufmerksam beobachtenden Zeitgenossen wie dem Heiligen Bernardino selbst: „Da ruft die eine: ,Giovanna!', eine andere: ,Caterina!' und wieder eine andere: ,Francesca!' – Sieh einer an, mit welcher Andacht ihr der Messe lauscht! ... Hier kommt Madonna Pigra [Frau Faul, d.Ü.] und will sich noch vor Madonna Sollecita [Frau Hurtig, d.Ü.] hinsetzen. Macht diesem Betragen ein Ende! Wer zuerst kommt, mahlt zuerst. So, wie Ihr kommt, so nehmt Euren Platz ein, und laßt keine andere Frau sich mehr vordrängen."⁵

Niccolò hatte ganz offenkundig den Auftrag, während Francescos Abwesenheit von zu Hause ein Auge auf die junge, unerfahrene Frau zu haben, und seine Berichte waren sehr beruhigend. „Allen geht es gut. Monna Margherita sorgt für Haus und Gesinde mit großer Umsicht. Sie ist eine vernünftige Frau, und ihr gelingt alles, was sie in die Hand nimmt."

Zu Simonas Tochter Caterina scheint Margherita eine besondere Zuneigung gefaßt zu haben, denn als sie 1390 nach Pistoia ging, um der Pest zu entfliehen, die in Prato ausgebrochen war, nahm sie das junge Mädchen mit. „Ich bin sicher", schrieb ihr Simona, „daß, wäre sie in Prato und ich würde sie selbst entscheiden lassen, sie viel lieber bei Dir bliebe als bei mir. Und dazu hat sie ja allen Grund. Alle jungen Mädchen werden nun einmal gern verwöhnt und schenken ihre Liebe den Menschen, die sie selbst gern um sich haben. Da ist keine, die nicht gern bei Dir sein würde."

Es gab allerdings noch ein Kind im Haus, das Margheritas Aufmerksamkeit in Anspruch nahm, nämlich Francescos kleine Tochter Ginevra. Wie wir sahen, hatte Margherita eingewilligt, sie als eigenes Kind großzuziehen. Als sie mit drei Jahren heim ins väterliche Haus geschickt wurde, schrieb ihr Pflegevater Piero di Stenni aus Montelupo in einem rührenden Brief an Francesco, wie sehr er und seine Frau sie liebgewonnen hätten, und daß er inständig bitte, sie liebevoll zu behandeln. „Denn sie ist ein gutes Kind und auch sehr scheu, und deshalb flehe ich Euch an, seid sanft zu ihr."

Die Pflegeeltern brauchten sich keine Sorgen zu machen: Aus jeder Bemerkung über Ginevra in den Briefen der Datinis sieht man, daß dieses Kind einer Sklavin von Margherita umsorgt und verwöhnt wurde, als wäre es ihr eigenes. Schon bald nachdem Ginevra eingetroffen war, erzählte Margherita voller Stolz, daß das Kind nun niemanden außer ihr mehr brauche.

„In meiner Gegenwart ist sie das beste Kind, das es je gab, aber wenn ich nicht da bin, tut sie einfach nicht, was man ihr sagt." „Mache Dir keine Sorgen um Ginevra", schrieb sie an ihren Mann, als das Mädchen einmal Halsweh hatte, „ich brauche Dir nicht zu sagen, daß ich mich mehr um sie kümmere als wäre sie mein eigenes Kind. Ich betrachte sie ja auch als mein eigenes... Die Platzwunde am Kopf ist eine Bagatelle, aber was mich beunruhigte, war die Halsentzündung."

Wie wurde Ginevra nun erzogen? Sie wuchs in einer Zeit auf, da vielen Kindern Zuwendung nur recht spärlich zuteil wurde – es sei denn die mit der Rute. „Gebt ihnen einfache Kost", schrieb Fra Giovanni Dominici, dessen Predigten Francesco und Margherita sehr bewunderten, „dazu gewöhnliche und billige Kleidung. Laßt sie ihre eigenen Füße benützen, stärkt ihren Körper und gewöhnt sie an harte Arbeit, so daß sie mit wenigem zufrieden sind, wenn es sein muß. Bringt ihnen bei, für sich selbst zu sorgen, laßt sie mindestens einmal in der Woche voll angekleidet bei offenem Fenster schlafen und gewöhnt sie ans Fasten... kurz, behandelt sie, als ob sie einfache Bauernkinder wären."[6]

Die Erziehung einer Tochter war noch spartanischer als die ihrer Brüder. „Wie Du sie fütterst, spielt keine Rolle, solange sie nur am Leben bleibt. Halte sie nicht zu fett." Bis zu ihrem zwölften Lebensjahr trug ein Mädchen nichts anderes als ein kurzes, schmales Hängekleidchen aus grober Wolle oder Baumwolle, je nach Jahreszeit. Ihre Ausbildung kostete nichts, denn nur wenn sie später ins Kloster gehen sollte, brachte man ihr das Lesen bei. Sobald sie mit dem zwölften Geburtstag das heiratsfähige Alter erreicht hatte, mußte sie in strengster Abgeschiedenheit leben. Sie durfte die vier Wände des elterlichen Hauses nur verlassen, um zur Messe zu gehen; und das wiederum sollte sie möglichst im Morgengrauen tun, dicht verschleiert und in Begleitung ihrer Mutter. Die restlichen Stunden des Tages verbrachte sie zu Hause – und weiß Gott nicht müßig.

Bringt ihr alles bei, was sie zur Führung eines Haushalts können muß: wie man Brot backt, einen Kapaun zubereitet, Mehl siebt, Kochen und Waschen, Bettenmachen und Spinnen, auch wie man französische Beutel webt, Seide bestickt,

Linnen und Wollstoff zuschneidet, Strümpfe mit Filz oder Stoff besohlt und dergleichen mehr. Kein Mann, dem Ihr sie zur Frau gebt, soll einmal sagen können: „Sie
kommt aus den Wäldern." Und keiner wird Euch, die Ihr sie erzogen habt,
verwünschen.

Ihre Mutter sollte sie ständig selbst beaufsichtigen und nicht zulassen, daß
sie zuviel Zeit bei den Mägden oder anderen dummen Gänschen zubringt –
und selbst nicht bei ihren eigenen Brüdern. Auch ihr Vater sollte stets ein
wachsames Auge auf sie haben. „Habt Ihr Weiber im Hause, haltet sie in
Furcht und Zittern."[7]

Das alles war sicher die Regel. Aber ebenso wie Monna Margherita und
ihre Freundinnen ganz offensichtlich ein freieres und vergnüglicheres Leben
führten, als Sitte und Tradition es einer jungen Frau jener Zeit vorschrieben,
wurde auch Ginevra weniger streng erzogen als die meisten Kinder. Kurz
nach ihrer Ankunft machte Francesco in seinem privaten Ausgabenbuch
einen Eintrag über 2 *lire* 10 *soldi* für den Kauf eines Tambourins für Ginevra.
Domenico di Cambio hatte einen ganzen Tag damit verbracht, in Florenz
eines aufzutreiben, „auf daß die Kleinen [Ginevra und Tina] sich freuen".
Auch wurde ihr ganz sicher das Lesen beigebracht, denn im Jahr 1401, als sie
neun Jahre alt war, trug Francesco in sein Buch ein: „Für Ginevra ein
Goldgulden, frisch geschlagen, den sie ihrer Lehrerin geben soll, die sie das
Lesen lehrt."

Wie wir sehen werden, bekam sie sehr viele schöne Gewänder, und
lange bevor sie ins heiratsfähige Alter kam, spielte ihre Verheiratung bereits eine große Rolle in den Überlegungen ihres Vaters. Zweifellos hätte
er es gern gesehen, wenn sie eine gute Partie in Florenz gemacht hätte,
aber immerhin war ihre Mutter nur eine Sklavin, und es galt allgemein als
unklug, ein Mädchen zu hoch über ihrem Stand zu verheiraten. „Von
einer Frau, die nach einem höheren Stand trachtet als dem ihren oder
nach einem Ehemann, der sie nur wegen ihres Geldes nimmt, kann man
sagen", so heißt es bei Fra Giovanni Dominici, „daß sie sich zu dem ihr
von Natur bestimmten Joch noch ein weiteres auflädt. Deshalb sagt Euren Söhnen und Töchtern: ‚ambula cum tuis'."[8] So schien es besser, sich
nach einem jungen Prateser umzusehen, der nicht aus zu vornehmer Familie stammte, so daß er sich durch die Verschwägerung mit einem so
angesehenen Mann wie Francesco geehrt fühlen würde. Als Ginevra gerade ihr neuntes Lebensjahr erreicht hatte, war offenbar bereits ein Heirats-
kandidat ins Auge gefaßt, nämlich Lionardo di Tommaso di Giunta, ein
Vetter ersten Grades von Niccolò di Giunta, Francescos Freund und
Kompagnon im Tuchhandel. Im ersten Stadium der Verhandlungen war
Niccolò allerdings äußerst vorsichtig – zumal der junge Mann noch recht
zügellos war. Der folgende Brief zeigt, wie behutsam solche Verhandlungen geführt wurden – selbstverständlich immer durch einen Mittelsmann,
einen Verwandten oder einen Heiratsvermittler. Am 14. Februar 1399
schrieb Niccolò an Francesco:

Niccolaio Martini rief mich zu sich nach Hause in seinen Fondaco und fragte mich, ob ich es begrüßen würde, wenn Lionardo di Ser Tommaso sich eine Frau nähme, gesetzt den Fall, er fände eine gute, die auch eine gute Mitgift mitbrächte. Ich sagte, daß ich es noch mehr begrüßen würde, wenn er sich endlich besser aufführen würde. Da gab er zu, daß er schlechte Angewohnheiten habe, die er einfach nicht ablegen wolle, aber, so sagte er, wenn er erst einmal verheiratet sei, würde ihn das schon zähmen.

Niccolaio sprach dann auch mit dem jungen Mann selbst, worüber Niccolò aber weidlich empört war: „Er hätte, was immer er zu sagen hatte, Euch persönlich oder auch mir sagen sollen, und nicht einem, der noch in den Kinderschuhen steckt."

Über sechs Jahre lang hören wir nichts mehr von der Angelegenheit, aber dann muß Francesco einen Entschluß gefaßt haben, denn im Herbst 1406, als Ginevra 15 war, gratulierte ihm ein Bologneser Freund, Niccolò Compagni, schriftlich zu ihrer Verlobung. In seiner Antwort erzählte ihm Francesco, daß bereits viele Männer bei ihm um Ginevras Hand angehalten hätten – „nicht um ihrer selbst willen, sondern um an mein Geld zu kommen" –, daß er aber lieber einen Lebensgefährten für sie sähe, „der sie nicht gering schätze, noch sich schäme, ein Kind von ihr zu haben". Darauf schrieb sein Freund: „Ich glaube, Ihr seht das sehr richtig – und da Ihr ein kluger Mann seid, wollt Ihr sie so verheiraten, daß sie zufrieden ist und Eure Seele ruhig sein kann... Wie sehr hat zudem das Schicksal den Mann gesegnet, den Ihr als Schwiegersohn gewählt habt, und von welchem Undank würde es zeugen, wäre er Euch nicht allzeit verbunden dafür!"

In der Franziskanerkirche zu Prato, „in Gegenwart zahlreicher Zeugen", versprach Francesco am Sonntag den 24. April dem Lionardo feierlich die Hand seiner Tochter. Nur die junge Braut selbst war nicht dabei. Aber das war nicht ungewöhnlich, denn diese Zeremonie war nur die erste in einer langen Reihe weiterer. Sie wurde *impalmatura* genannt, weil die Vertreter der beiden Familien die Unterzeichnung des Ehekontrakts mit Handschlag bekräftigten. Die *impalmatura* zeigte den Abschluß der Verhandlungen über die Höhe der Mitgift der Braut an und fand gewöhnlich in der Kirche selbst oder auf den Stufen der Kirche statt, immer aber in aller Öffentlichkeit, und zwar nicht in Gegenwart eines Priesters, sondern in der des Notars, der den Ehevertrag aufgesetzt hatte, des Heiratsvermittlers und oft auch – wie in diesem Fall – zahlreicher Freunde und Verwandter. Deren Zahl war allerdings theoretisch durch die Luxusgesetze auf je fünfzig aus jeder der beiden beteiligten Familien beschränkt. Aber in der Praxis waren es oft viel mehr, denn jeder Gast durfte noch einen Begleiter mitbringen, ein Ritter sogar deren vier, ein Richter oder ein Doktor zwei.[9] Kurzum, in einer Stadt von der Größe Pratos blieb bei solch einer Gelegenheit kaum jemand zu Hause!

Kaum war die Zeremonie vorüber, da beeilte sich Ser Lapo Mazzei, der Notar und Freund der Familie, Ginevra die frohe Nachricht zu überbringen:

Gott sei gepriesen, von dem alles Weise und Gute kommt! Du mußt wissen, teuerste Ginevra, Dein Vater hat Dich in San Francesco in Gegenwart einer großen und ehrenwerten Gesellschaft aus Florenz und aus Prato dem Lionardo des Ser Tommaso versprochen, einem braven jungen Mann von angenehmem Äußeren. Und die ganze Stadt bezeugte außergewöhnliche Freude. Gott segne Dich, und bete Du für Deinen Dich liebenden Vater.[10]

Mit Recht konnte Ser Lapo von Francesco als einem „liebenden Vater" sprechen, wurde doch die Zuneigung der Eltern nach der Höhe der Mitgift bemessen. Und Ginevra, das Kind einer Sklavin, bekam nicht weniger als 1 000 Gulden mit – mehr als die Tochter manch eines großen Kaufmanns in Florenz.

Von dieser Summe wurde allerdings alles das wieder abgezogen, was Francesco für ihre Aussteuer ausgab. Die war so großzügig bemessen, daß von den 1 000 Gulden gerade noch 161 übrig blieben! Zudem erklärte Lionardo in seiner schriftlichen Empfangsbestätigung für die Mitgift noch, daß kein Gegenstand aus Ginevras Aussteuer jemals ohne Francescos Zustimmung verkauft, verpfändet oder beliehen werden dürfe. Ein weiterer Vertrag bestimmte, daß die gesamte Mitgift, „1 000 Gulden oder welchen Anteil davon er auch immer fordere", dann an Francesco zurückgegeben werden müsse, falls Ginevra innerhalb der nächsten zwei Jahre an der Pest sterben sollte.[11]

Auf die öffentliche *impalmatura* folgte die Vermählung, bei der der Vater der Braut sie in aller Form dem Bräutigam vorstellte, der ihr den Ehering überstreifte. Darauf wurde das Hochzeitsmahl gehalten, an das sich die Hochzeitsnacht anschloß. Die Brautmesse fand manchmal vorher, manchmal nachher statt. Sie war der einzige religiöse Akt bei den Hochzeitsfeierlichkeiten. Im allgemeinen wurde noch ein weiteres, wenn auch nicht ganz so aufwendiges Festmahl gegeben, wenn die Braut ein paar Tage nach der Hochzeit für ungefähr eine Woche nochmals ins Haus ihres Vaters zurückkehrte, bevor sie dann endgültig von zu Hause wegging.[12]

Bei Ginevra haben wir keinen Bericht über eine Verlobungszeremonie; wahrscheinlich fand sie am selben Tag wie die Hochzeitsfeier statt. Über die Einzelheiten dieses großen Ereignisses, das fast sieben Monate nach der *impalmatura* stattfand, wird ausführlich berichtet. Ginevra trug ein Gewand aus karmesinrotem, golddurchwirktem schwerem Seidensamt mit langer Schleppe und einem kleinen Kragen aus weißem Hermelin. Es wurde von einem Gürtel aus vergoldetem Silber auf karmesinfarbenem Band mit einer großen Fibel aus französischer Emaille zusammengehalten (wie sie Datini aus Avignon importierte).[13] Im Haar trug sie einen hohen, kunstvollen Kopfputz, *la ghirlanda* genannt, der auf einem *mazzocchio*, einem gepolsterten Haarreif vom gleichen Rot befestigt war. Der Kopfputz war aus Goldstickerei und mit nicht weniger als 240 gedrechselten, vergoldeten Holzperlen, goldenen Blättern, Emailleblüten und einer großen Schleife aus Emaille geschmückt – das ganze zum Preis von mehr als 20 Gulden.

Dazu hielt sie in der Hand ein illuminiertes Gebetbuch in einer seidenen Hülle.

Das Hochzeitsmahl war ebenfalls von großer Erlesenheit. Für diese Gelegenheit wurde eigens ein Koch angestellt, „Mato di Stinchese *cuoco*", und er wurde mit 4 *fiorini*, 10 *soldi* für dieses eine Mahl entlohnt – einer fürstlichen Summe, wenn man bedenkt, daß der ganze Jahreslohn einer Magd nur 10 *fiorini* betrug. Zusätzlich zu den Dienern aus Francescos Haushalt warteten noch sechs weitere an der Tafel auf, die man dazu eigens eingestellt hatte und für die neue Röcke aus scharlachrotem Tuch und neue Beinkleider angeschafft wurden. „Aus dem See"[14] brachte man 310 Pfund Fisch im Wert von 14 Gulden, und außerdem wurden 31 Pfund Speck verbraucht. Im übrigen verboten die Luxusgesetze auch für ein Hochzeitsmahl, daß mehr als drei Gänge aufgetragen wurden, nämlich ein Gang aus *ravioli, tortellini* oder *bramagiere* (Rezept s. S. 259), ein zweiter aus „Braten in Pastete" und dann nur noch Nachspeisen. Und zwar führte das Gesetz im einzelnen auf, daß es bei jedem Gang nicht mehr als 50 Gedecke geben dürfe, wobei 20 den Gästen der Familie und den Freunden der Braut, 30 denen des Bräutigams zugestanden wurden. Jede dieser 50 Portionen aber durfte wahlweise aus „7 Pfund Kalbfleisch oder einem Kapaun im Teigmantel oder einer Gans im Teig oder zwei jungen Hühnchen mit einer Taube oder zwei Tauben mit einem Hühnchen, oder einer jungen Ente mit zwei Tauben" bestehen. Zudem war die genannte *torta*, der Teigmantel, selbst eine höchst geniale Erfindung, die Absicht des Gesetzgebers zu umgehen; denn es handelte sich dabei um eine Mischung, die aus der erdenklich größten Vielfalt von Ingredienzien bestand: Schweine- und Hühnerfleisch, Schinken, Eier, Datteln, Mandeln, Mehl, Gewürze, Safran, Zucker und Salz. Ganz gewiß stand keiner der Gäste hungrig von der Tafel auf! Ginevra selbst jedoch hatte nur vorher einen kleinen Imbiß zu sich genommen und rührte, wie jede kultivierte Braut, die Speisen nicht an, damit das Wasser in der silbernen Schale kristallklar blieb, wenn sie ihre weißen Finger hineintauchte, und die Gäste sie ob ihrer guten Manieren preisen sollten.

Man brachte Hochzeitsgeschenke – *le donora* –, Musikanten spielten auf, Zuckerwerk wurde gereicht. Und als das Mahl beendet war, vollzog Margherita selbst die symbolische Handlung, der jungen Ehefrau ein Kind in die Arme und einen Goldgulden in den Schuh zu legen – das sollte Fruchtbarkeit und Reichtum bringen.[15]

Endlich, als das Fest vorüber war, wurde Ginevra, wie jede Braut, von allen Hochzeitsgästen in einem feierlichen Zug zu ihrem neuen Heim geleitet. Die engen Straßen von Prato hallten wider von Trommeln und Trompeten, während die junge Frau manch freche Bemerkung über ihr Aussehen und ihr Betragen über sich ergehen lassen mußte. Der Brauch wollte es, daß sie den Weg zu Pferd zurücklegen durfte, wenn er weit war, und gewöhnlich begleiteten sie sechs ihrer Gefährtinnen. Wenn sie ihren Bestimmungsort erreicht hatte, fand traditionsgemäß ein scherzhaftes kleines Ritual statt: Der Bräutigam verbarg sich in einem anderen Zimmer, und die Brautjungfern versicherten ihr, sie brauche nichts zu befürchten, denn er sei ausgeritten.

> *Tutte confortan e pregon che stia*
> *Sicuramente, e prometton molto*
> *Che'l marito è andato lontano.*

> Sie beruhigen sie alle und fordern sie auf,
> sich sicher zu fühlen, und schwören,
> daß ihr Ehemann fortgegangen sei.

Francesco da Barberino, *Reggimento e costume di donna*

Dann gingen sie unter Kichern und Tuscheln hinaus und ließen sie auf der Schwelle zum Brautgemach stehen.

Aber selbst jetzt waren die Festlichkeiten noch nicht vorüber: Nach einer Woche kehrte Ginevra dem Brauch gemäß wieder ins Haus ihres Vaters zurück. Und wieder fand ein Festmahl statt, wenn auch sichtlich ein weniger opulentes, denn der Lohn des Kochs betrug diesmal nur 1 *fiorino*, 12 *soldi*. Erst einige Tage danach kam sie schließlich endgültig in das Haus ihres Ehemannes.

2

So festlich ein Anlaß wie dieser begangen wurde, so einfach und karg war das Leben sonst. Das war früher in der Toskana nicht anders als heute. Trotzdem kam ein Mann vom sozialen Rang Francescos auch zu normalen Zeiten nicht ohne eine erhebliche Anzahl von Bediensteten aus. Auch darüber sind Francescos Aufzeichnungen erhalten. Im ersten Jahr nach seiner Rückkehr nach Prato war seine Haushaltung noch recht bescheiden. Der Volkszählung von 1383 zufolge bestand sie lediglich aus drei Bediensteten: einem Mann namens Antonio d'Andrea, einer Frau namens Bartolomea und einem zwölfjährigen Dienstmädchen, Ghirigora. Aber zwei Jahre später genügte das Francesco bereits nicht mehr. „Wenn ich alles geregelt habe", schrieb er 1385 an seine Frau, „brauche ich noch eine oder zwei Sklavinnen und einen kleinen Sklavenknaben, je nachdem, wie es Dir am besten paßt." Im Jahr 1387 hält er in seinem privaten Haushaltsbuch die Ankunft eines „dreizehnjährigen Sklavenmädchens aus Pisa" fest, das er „von Francesco di Michele & Co., Genua, gekauft" hatte, sowie den Erwerb einer Sklavin mit Namen Bartolomea, „ohne Vermittlung eines Maklers für 57 Gulden gekauft", und im darauf folgenden Jahr erstand er noch eine weitere Sklavin, die sechsunddreißigjährige Giovanna, die ebenfalls von einem Genueser Sklavenhändler nach Pisa geschickt wurde. In der Volkszählung von 1393 taucht in Francescos Haushalt zusätzlich zu diesen Sklaven noch ein Diener auf (meist unter seinem Spitznamen *Saccente*, Siebengescheit, geführt), dazu dessen Frau Domenica und Nanna, ihre kleine Tochter, außerdem Lucia, eine junge Sklavin von zwanzig Jahren, und schließlich eine alte, blinde und gelähmte Frau, Monna Tinga di Simone, die Francesco nur „um Gottes Lohn" behielt.[16]

Aber selbst damit hatte sein Haushalt noch nicht Dienstboten genug. Im gleichen Jahr noch wies Francesco seinen Firmenpartner in Genua, Andrea di Bonanno, an, ihm noch eine weitere Sklavin zu besorgen.

Sei so gut und kaufe mir dort drüben eine kleine Sklavin. Sie soll jung und von derbem Schlag sein, so zwischen acht und zehn Jahre alt, kräftig gebaut und so stark, daß sie viel schwere Arbeit aushält, außerdem von gesunder und gutartiger Natur, so daß ich sie mir nach meinem Geschmack erziehen kann. Sie soll hier nur Geschirr spülen, Holz und Brot zum Backofen tragen und dergleichen Arbeiten mehr verrichten... denn ich habe schon eine Sklavin da, die gut im Brotbacken, im Kochen und Servieren ist.[17]

Andrea konnte allerdings nicht gleich ein Kind auftreiben, das alle diese Bedingungen erfüllte. Im August schrieb Francesco nochmals: „Die Schiffe aus der Türkei und Rumänien müssen doch um diese Zeit jetzt eingelaufen sein; die bringen oft gute Ware."

Im Dezember war die richtige Sklavin immer noch nicht gefunden. „Aus Rumänien ist bis jetzt noch kein Schiff gekommen, das welche an Bord hatte; aber jetzt kann es nicht mehr lange dauern, bis sie eintreffen, so daß ich Euch und Margherita wunschgemäß beliefern kann. Die Sklavinnen, die hier jetzt zum Verkauf stehen, sind nicht empfehlenswert, denn sie sind Gebrauchtware."

Schließlich wurde das Mädchen dann doch noch auf dem Sklavenmarkt von Venedig gefunden. In Francescos privatem Haushaltsbuch sind am Neujahrstag 1395 in einer Liste von Neujahrstrinkgeldern auch „2 *soldi* für Orenetta, die kleine Sklavin, die von Venedig kommt", eingetragen.

Zusätzlich zu all diesen Frauen und Mädchen waren noch mehrere Männer in Stall und Keller beschäftigt, und mindestens zwei oder drei dienten als Boten oder Fuhrleute zwischen Florenz und Prato; außerdem gab es noch einen Tatarensklaven, Antonetto genannt, der schon als Kind für 49 Gulden von katalonischen Sklavenhändlern gekauft worden war. Und schließlich finden sich in Francescos Haushaltsbüchern von 1405 und 1407 noch die Namen von vier weiteren Dienerinnen: Monna Beneassai, Monna Palma, Monna Chiara und Monna Sandra, alle als „*nostra servente*" bezeichnet, während im Jahr 1408 sogar eine französische Dienerin verzeichnet ist, „Monna Perronetta di Avignon". Damit nicht genug, scheint Margherita auch noch verschiedene Mädchen gehabt zu haben, die tageweise ins Haus kamen, um ihr beim Frühjahrsputz oder bei der Wäsche und beim nicht enden wollenden Backen, Spinnen und Weben zu helfen. „Dein großes Rudel von *femmine*", nannte sie Francesco, und Margherita selbst schrieb immer von ihrer „Kompanie von kleinen Mädchen", nicht ohne hinzuzufügen, daß sie unfähig seien, auch nur etwas ohne ihre Anleitung und

Überwachung zu tun. Aber eben diese pausenlose Anleitung und Überwachung war in Francescos Augen die oberste Pflicht einer jungen Hausfrau.

Denk daran, beizeiten zu Bett zu gehen und früh aufzustehen [schrieb er am 23. Februar 1394 seiner jungen Frau], und sorge ja dafür, daß die Tür des Hauses nicht geöffnet wird, bevor Du auf bist. Und kümmere Dich um alles. Laß Deine Leute nicht müßig umhergehen. Du weißt, wie Bartolomea ist – immer sagt sie, daß sie da und da hin geht, und dann geht sie ganz woanders hin. Die Ghirigora hat auch nicht eben viel Verstand; Du mußt ständig hinter ihr her sein. Gerade wenn ich nicht da bin, mußt Du noch viel wachsamer sein als sonst... Also verhalte Dich so, daß ich nicht zürnen muß. Du kannst gar nichts falsch machen, wenn Du sie nur alle gut überwachst, und das wird Dir nicht schwerfallen... Nun bemühe dich, kein Kind mehr zu sein, sondern eine erwachsene Frau zu werden. Schließlich gehst du ja schon bald in dein 25. Jahr.

Diese ständige Beaufsichtigung war zunächst vielleicht nicht so nötig, denn Bartolomea und Ghirigora waren gut und gewissenhaft, wie den Berichten zu entnehmen ist, die Niccolò di Giunta 1385 zur Fastenzeit schickte. Er schrieb: „Die Bartolomea und die Ghirigora tun alles, was sie zu tun haben, brav und redlich und gehorchen Monna Margherita aufs Wort, und so haben sie auch das schönste Leben bei ihr." Als aber die neuen fremdländischen Sklaven ins Haus kamen, veränderte sich das Bild schlagartig. „Sie sind *femmine bestiali*", schrieb Margherita am 23. August 1389. „Solchen wie ihnen kann man das Haus nicht anvertrauen. Sie könnten jederzeit aufsässig werden, so wie damals in der Provence."

Nun ist die Geschichte dieser tatarischen oder afrikanischen Sklaven und der Rolle, die sie in den Haushaltungen der Toskana spielten, wirklich sehr merkwürdig. Sie waren fremdländische, entwurzelte Kreaturen, die Vertriebenen, die Heimatlosen jener Zeit. Im Hinblick auf den akuten Mangel an Arbeitskräften, den die Pest verursacht hatte, hatten in Florenz die Priori der Signoria 1366 den Import dieser Sklaven gesetzlich genehmigt, und zwar unter der einen Bedingung, daß es keine Christen waren, sondern Ungläubige oder *de partibus et genere infidelium*.[18] Auf diese Weise wurde die Florentiner Gesellschaft in den letzten beiden Jahrhunderten des Mittelalters schließlich von den Diensten der Sklaven abhängig, so wie das antike Griechenland und Rom, wenn auch nicht im selben Ausmaß. In der Sozialstruktur der toskanischen Städte standen zuoberst die Mitglieder der Gilden, der *Arti Maggiori e Minori,* unter ihnen die unterdrückten, hungrigen Massen des *populo minuto,* und zuunterst rangierten die Personen ohne jeden Anspruch auf Menschenrechte oder Rechte vor dem Gesetz, die keine Familie, ja nicht einmal einen eigenen Namen besaßen außer dem, mit dem ihr Besitzer sie rief: die Sklaven. Manchmal gelang es einzelnen, die Freiheit zu erlangen, allzu oft aber nur, um dann zum Abschaum des Volks zu gehören, der von Raubüberfällen auf den Straßen der Toskana lebte oder sich bei Hungerrevolten dem Mob anschloß. Häufig blieben sie auch nach ihrer Freilassung noch weiter im Haus ihres Herrn, denn sie waren aus dem

Familienleben einfach nicht wegzudenken. Sie bedienten an jeder Tafel, horchten hinter jeder Tür, sprachen ihr eigenes seltsames und unverständliches Kauderwelsch[19] und mischten ihr fremdes Blut mit dem ihrer toskanischen Herren. *Domestici hostes*, Hausfeinde, nannte Petrarca diese Mitbewohner eines jeden Hauses, die so fremdartig waren und gleichzeitig doch so eng in das Familienleben einbezogen. Der Verfasser einer Abhandlung über Hauswirtschaft in Sizilien war der gleichen Ansicht, als er schrieb: „Wir haben so viele Feinde im Haus, wie wir Sklaven haben."[20]

Ende des 14. Jahrhunderts bestand sogar in kleineren Städten wie Siena, San Gimignano, Pistoia und Prato große Nachfrage nach solchen Sklaven. Von Zeit zu Zeit verpflichtete Francesco sich einen Freund dadurch, daß er ihm durch seine Agenten in Genua oder Venedig einen besorgte. Einer seiner Kunden schrieb im Auftrag von Paparo, einem Freund in Pistoia: „Ich bin gewiß, Ihr werdet mehr Sorgfalt darauf verwenden, jede Kleinigkeit zu beachten und mitzuteilen, als wenn Ihr sie für Euch selbst kaufen wolltet." Sollte sich herausstellen, daß die Sklavin seinen Erwartungen doch nicht entspreche, könne er sie außerdem immer wieder loswerden, fügte er hinzu: „Ich sehe in ihr nur eine Ware wie jede andere, mit der man beim Wiederverkauf manchmal Verlust, manchmal Gewinn macht. Darüber brauchen wir also kein Wort mehr zu verlieren."

Offensichtlich hatte Francesco jedoch vergessen zu erwähnen, daß es sich bei der Sklavin um ein junges und hübsches Mädchen handelte. Und als sie nun in Paparos Haus kam, gab es sofort Scherereien.

Paparos Frau beklagt sich bitter über Euch [schrieb derselbe Freund], und mehr noch über Monna Margherita, daß sie es überhaupt zulassen konnte, daß Ihr ihm eine so junge und hübsche Sklavin schicktet. Sie sagt, sie selbst würde ihr so etwas nie angetan haben, und daß Frauen sich davor hüten sollten, sich so etwas gegenseitig anzutun.[21]

In der Regel garantierte die Verkaufsurkunde, daß eine Sklavin frei von Krankheiten war („gesund und unversehrt an allen Gliedern, sichtbar und unsichtbar"), manchmal auch noch, daß sie nicht stahl, streitsüchtig, mürrisch oder bösartig war oder weglaufen würde (*fugitiva*).[22] Der Käufer erhielt das *purum et merum dominium*, die unbeschränkte Sachherrschaft über sie, „mit dem Recht, die Betreffende zu besitzen, zu behalten, zu verkaufen, zu übereignen, zu vertauschen, zu genießen, auszuleihen, zurückzunehmen, zu vererben, über ihren Leib und ihre Seele zu richten und für alle Zeit mit ihr zu verfahren, wie es ihm oder seinen Erben beliebt, ohne daß irgendwer Einspruch erheben kann". In welchem Maß solch eine Sklavin tatsächlich als ein Gegenstand und nicht als Mensch betrachtet wurde, zeigt ein Inventar in den Geschäftsbüchern von Datinis Pisaner Filiale, in dem der Wert einer Sklavin zusammen mit dem verschiedener Haustiere aufgeführt wird: „Er sagt, er hat eine Sklavin und einen Gaul und zwei Esel und einen Anteil von drei Fünfteln an einem Ochsen. Macht zusammen rund 70 Gulden."

In der Praxis scheinen diese Sklaven jedoch trotz ihres untergeordneten Status auch nicht anders behandelt worden zu sein als andere Mitglieder der *famiglia,* zu der sie ja auch gehörten. Man muß geradezu den Eindruck gewinnen, daß man mit Sklaven, Dienern und Kindern ziemlich gleich umging: theoretisch zwar mit großer Strenge, praktisch aber mit beträchtlicher Nachsicht. Die Sklaven unterlagen ebenso wie die Kinder gesetzlich der *potestas puniendi* des Familienoberhaupts. Er konnte sie nach Lust und Laune prügeln, hungern lassen, ja sogar hinter Schloß und Riegel setzen. (Zitiert wurde bereits Ser Lapo Mazzeis Anweisung an den Geschäftsführer der Filiale, in der sein Sohn angestellt war: „Prügle ihn wie einen Hund, sperre ihn ein, behandle ihn, als ob es Dein eigener Sohn wäre.") Wie diese Briefe jedoch bezeugen, waren sowohl die Kinder als auch die Sklaven ungezogen, frech und ungehorsam, ohne daß sie je dafür bestraft wurden. Auch konnten sie jederzeit ungewöhnlich freimütig reden, und sie waren (im modernen Sinn des Worts ‚familiär') zutraulich und ungeniert.

Sehen wir zum Beispiel, wie es um Francescos Autorität bestellt war, als er in Florenz allein mit einer reizbaren Köchin zurechtkommen mußte und auf ihre Gnade angewiesen war. In einem Brief vom 15. April 1386 schreibt er:

Da unsere Hausmagd den Fisch schon zubereitet hatte, den ich geschenkt bekommen hatte, brachte ich den Syndikus und Matteo d'Antonio zum Essen mit nach Hause. Und es war nichts zu tun, denn der erste Gang und der Fisch waren ja schon fertig. Aber weil die beiden nun mit mir aßen, nachdem noch besagter Fisch übrig gewesen war, und weil sie auch noch zwei Schüsseln Kichererbsen kochen mußte, beklagte sie sich doch heute abend, daß sie zu viel zu tun hat! Da siehst Du, wie die Mägde sind, wenn man ihnen Freiheit läßt...

Im selben Brief erzählte Francesco seiner Frau, daß er Argomento, einen Sklaven, dem er selbst die Freiheit geschenkt hatte, zurechtgewiesen habe, weil er das Maultier nicht so gut versorgt hatte, wie er sollte, worauf dieser „seinen Abschied nahm und sagte, er wolle doch lieber Gras fressen, als sich einen solchen Ton gefallen lassen". „Sag selbst", schloß Francesco, „ob ich mich da noch meines Lebens freuen kann, wenn mich meine Mägde und Knechte so behandeln! Ich ließ diesen Trottel noch frei, und das ist nun sein Dank dafür!"

Auch Antonetto, der Tatarenjunge, den Francesco in Spanien erworben hatte, wollte seine Freiheit und wandte sich mit einem Gesuch an die Priori von Florenz, mit der Begründung, er sei frei geboren und hätte daher von vornherein gar nicht rechtmäßig verkauft werden dürfen. Aber Francesco erklärte bestimmt, daß er ihn persönlich bereits als Sklaven gekauft und an Luca del Sera in Florenz (seinen Gesellschafter) weiterverkauft habe, der ihn auch immer als Sklaven behandelt hätte. So überrascht es nicht, daß die Forderung des Jungen als unberechtigt abgelehnt wurde, und sein Herr ihn zurückbekam.

Es war auch nichts Ungewöhnliches, daß ein Sklave weglief.

Heute früh [schrieb Francescos Partner Stoldo di Lorenzo], als Monna Lionardo und Monna Villana in der Kirche waren, verschwand deine Sklavin Caterina aus dem Haus, und wir können sie nicht finden. Wir haben alle Türen kontrolliert und können nicht feststellen, daß sie durch eine von ihnen entschlüpfte... Angeblich hat sie nichts aus dem Haus mitgehen lassen außer dem Kleid aus *romagnolo* Wolle, das sie auf dem Leib trug, und einem violetten Sonntagskleidchen.

Nach fünf Tagen kam Caterina aus freien Stücken wieder zurück, „und Stoldo ist wieder von seiner trüben Stimmung befreit, Gott sei gepriesen". Die Aussichten, daß einem Sklaven die Flucht wirklich gelang, waren sehr gering. Den drakonischen Strafen, die die Statuten der Städte über alle verhängten, die entlaufenen Sklaven halfen oder sie versteckten, lag das alte Prinzip des Codex Justinianus zugrunde: der entlaufene Sklave galt gleichzeitig als Dieb, stahl er sich doch selbst seinem Herrn. Name und Beschreibung des Flüchtigen wurden auf den öffentlichen Plätzen ausgerufen, und es war die Pflicht jeden Bürgers der Stadt, ihn zu suchen, zu ergreifen und seinem Herrn auszuliefern. Da war dann jede dunkelhäutige Person unbekannter Herkunft automatisch verdächtig, aber auch solche, die Narben hatten, sonst irgendwie gebrandmarkt waren oder denen ein Glied fehlte. *Cave a signatis!* (Hüte dich vor den Gezeichneten!), lautete eine Volksweisheit, denn jede Verunstaltung, jedes Brandmal konnte bedeuten, daß es sich um Verbrecher oder um Sklaven handelte.[23]

Aber auch wenn die Sklaven nicht wegliefen, machten sie den anderen das Zusammenleben mit ihnen schwer. Ständig stritten sie untereinander und mit den anderen, freien Dienern herum, und nur allzu schnell zogen sie das Messer.[24] Manchmal verdarben sie mit üblen Tricks und rohen Manieren die anständigen Mägde, ja sogar die Töchter des Hauses.[25] Und man sagte sogar, daß sie Magie und Gift gegen ihre Herren gebrauchten. Wer hätte auch in einer Zeit, in der Gift eine alltägliche Waffe war, bessere und zahlreichere Gelegenheiten gehabt, jemanden zu vergiften, als ein Sklave?[26]

Außerdem stahlen sie alles, was ihnen unter die Finger kam – wenn man den einmütigen Klagen ihrer Herrinnen Glauben schenken darf. Für Francesco mit seiner krankhaften Angst, betrogen zu werden, wurde die Furcht vor ihren Diebstählen zur wahren Obsession, konnten sie ihm doch – nach Mazzeis Worten – „sogar noch die Schuhspangen des Dienstmädchens, das Deine Sklavin bedient" stehlen. „Sperrt die Tür hinter Euch mit drei verschiedenen Schlüsseln ab", beschwor er seine Frau, wenn sie tagsüber nach Florenz ging.

Vor allem sexuell waren die vitalen, heißblütigen jungen Wilden völlig hemmungslos. Während Margherita, wie wir gesehen haben, sich bereit erklärte, das Kind aufzuziehen, das Francesco von seiner Sklavin Lucia hatte, waren andere toskanische Ehefrauen weniger großzügig. Der Brief eines Kunden aus Pistoia zeigt z. B., wie aus so einem Grund bei einem Ehepaar der Haussegen schief hing. Die Sklavin dieses Mannes hatte „zu ihrem Unglück" ein Kind bekommen.

Und da nun der Vater nicht ausfindig gemacht werden konnte, nahm ich es an und gab es zu einer Amme fort. Aber meine Monna Lucia wurde von Eifersucht gepackt und behauptete, das Kind sei von mir. Und obwohl ich ihr beteuerte, daß es nicht mehr von mir ist, als ein Kalb von einem Mann ist, dem eine Kuh gehört, sie will mir einfach nicht glauben, ob ich es nun hoch und heilig gelobe oder ihr gut zurede... Und sie hat sich schließlich durchgesetzt, denn die Sklavin wurde hinausgeworfen, und jetzt haben wir ein altes Weib, das mehr wie eine Hexe aussieht als wie ein weibliches Wesen. So ein Leben führe ich also jetzt...

Am Schluß des Briefes wendet sich der Schreiber inständig an Margherita mit der Bitte, sie möge doch ihm zuliebe mit seiner Frau reden, „daß sie nicht den bösen Zungen glaubt, die Sklavin zurückholt oder wenigstens nach einer anderen sucht, die nicht so eine alte Sau ist".[27]

Die einzig mögliche Erklärung dafür, daß trotz all dieser unangenehmen Vorfälle die Nachfrage nach Sklaven für Haus und Hof nicht zurückging, war, daß sie einfach billiger waren als Freie, und zwar beträchtlich. Alle freien Bediensteten Francescos erhielten neben Kost, Logis und Kleidung einen festen Jahreslohn. Im Jahr 1400 zahlte er für jede seiner toskanischen Mägde zehn Goldgulden, und für Monna Perronetta aus Avignon zwölf, denn eine französische Magd konnte anscheinend einen höheren Lohn verlangen. Ein Diener, Guido di Sandro, den Francesco als Jungen in seinen Haushalt aufgenommen hatte und nun als eine Art Oberaufseher verwendete, bekam im Jahr 25 Gulden, die später auf 30 erhöht wurden. Auch wenn die Anschaffungskosten für Sklaven recht hoch waren, amortisierten sie sich doch schon nach ein paar Arbeitsjahren. Der Tatarenjunge Antonetto, den er von katalanischen Händlern erworben hatte, kostete zum Beispiel 49 Gulden (genau so viel, wie ein junges Maultier), und ein kleines Sklavenmädchen von ca. zehn bis zwölf Jahren, das er 1394 in Venedig kaufte, kostete 50 Gulden plus fünf Gulden Kaufsteuer plus drei Gulden an Reisekosten. Im Jahr 1388 zahlte er sogar die enorme Summe von 87 Gulden für Bartolomea, eine erwachsene Frau „ohne Vermittlung eines Maklers mit all ihren Kleidern und Gerätschaften gekauft", und 60 für eine andere mit Namen Giovanna. Es ist eine einfache Rechnung, daß sogar die teuerste dieser Sklavinnen, nämlich Bartolomea, nicht mehr kostete als acht Jahreslöhne für eine freie Magd. Nach dieser Zeit kam Francesco quasi kostenlos in den Genuß ihrer Dienste. Zwar beschloß er manchmal nach vielen, vielen Jahren, auch einmal einer seiner Sklavinnen die Freiheit zu schenken; aber im allgemeinen blieb auch eine solche Freigelassene weiter in seinem Haus.[28]

Man muß allerdings einräumen, daß sich Francesco und Margherita nicht nur über die Aufsässigkeit der Sklaven in ihrem Haushalt beschwerten. Beide jammerten auch kräftig über ihre freien Diener und Dienerinnen. „Saccente", schrieb Margherita, „ging mich oft und oft darum an, ihm 40 *soldi* zu leihen, später verlangte er nur noch 20. Wenn ich ihn am Galgen sähe, ich würde keinen roten Heller geben, ihn loszukaufen, und zwar

1. Francesco di Marco Datini. Denkmal von Antonio Garella (1896) auf der Piazza del Comune, Prato.

2. Prato um 1400. Vorn Bisenzio-Brücke mit Porta Mercatale, rechts im Hintergrund der Dom. An den Seiten die Stifter Datini mit dem Ceppo (rechts) und Dagomarí mit dem Sacro Cingolo.

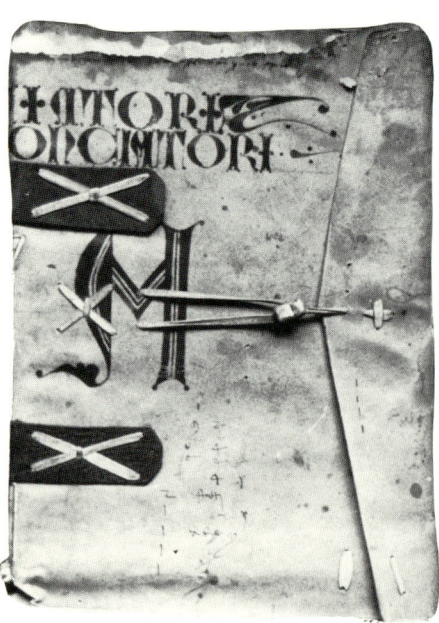

3. In Leder gebundenes Hauptbuch „M" von 1384 aus dem Datini-Archiv.

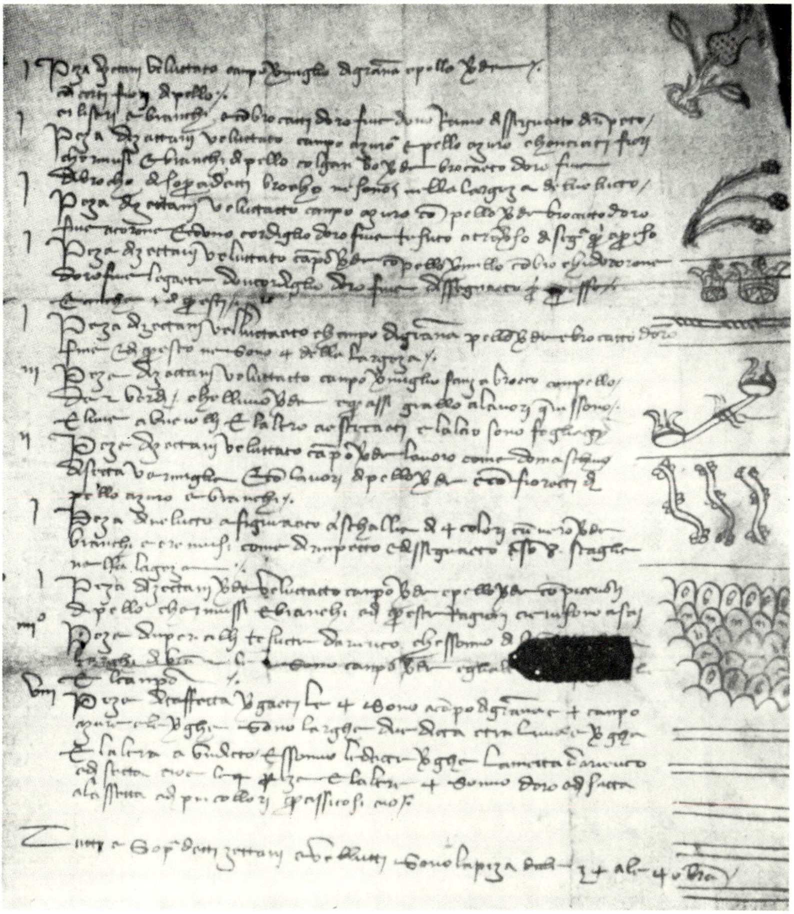

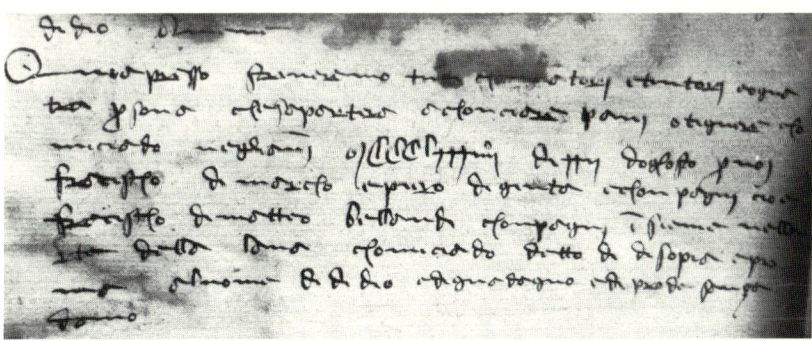

4. Bestellung von Seidensamt und Seidenbrokaten mit genauen Web-, Muster- und Farbangaben (Übersetzung s. S. 349/350).

5. Erste Seite des abgebildeten Hauptbuchs. Nach Anrufung aller Heiligen in der vorletzten Zeile: *„nel nome di dio e di guadagno"*. Handschrift Luca del Seras.

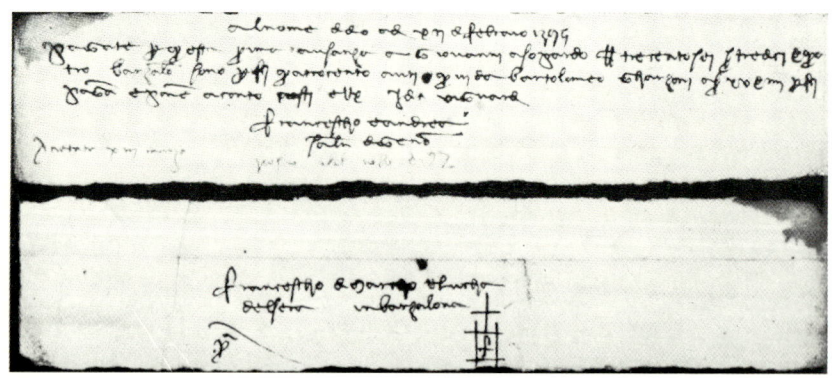

6. Leben und Treiben in einer toskanischen Stadt im Mittelalter: Baustelle, Lasttiere, Handwerker, typische Läden mit herausgeklappten Ladentischen (v. l. n. r. Schuhmacher, Schule, Spezereihandel, Schneider mit Zuschneider). Ausschnitt aus dem Fresko: ‚Die Auswirkungen der Guten Regierung in Stadt und Land‘ von Ambrogio Lorenzetti im Palazzo Publico in Siena (um 1340).

7. Wechsel vom Februar 1399. Rechts unten Datinis Firmenzeichen (Übersetzung s. S. 131).

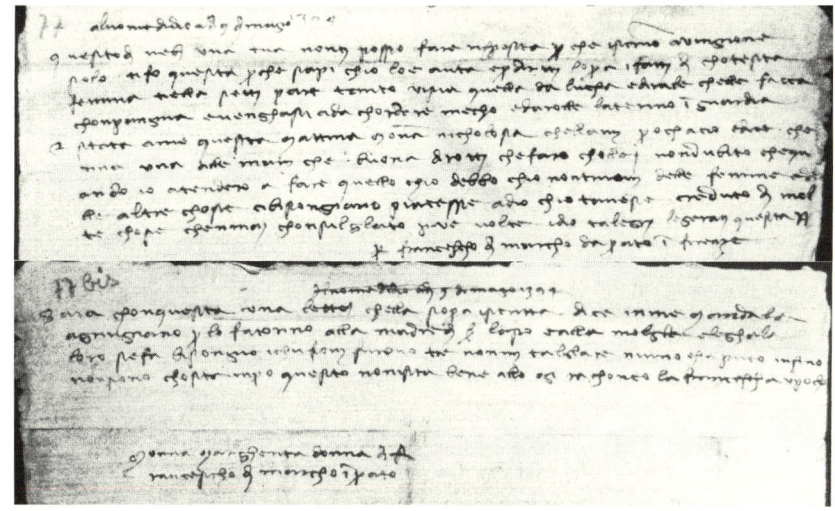

8. Eigenhändiger Brief Francescos an Margherita vom 9. März 1394. Auf der Rückseite Zusatz: *„in fretta"* (in Eile) und die Adresse: *Monna margherita donna di f/rancescho di marcho di Prato.*

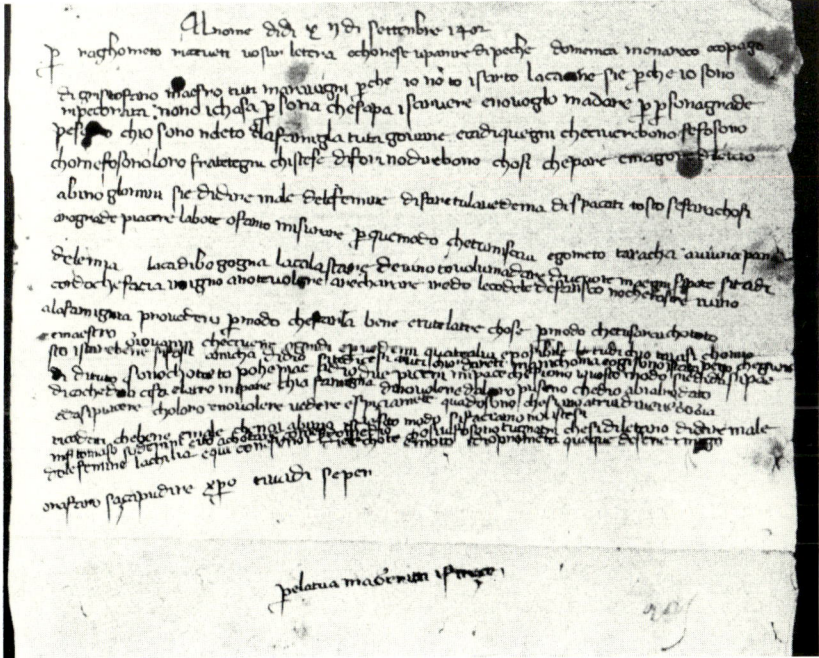

9. Eigenhändiger Brief Margheritas an Francesco vom 12. September 1402, in dem sie sich beklagt, sie schreibe selbst, weil niemand im Haus sei, dem sie diktieren könne. Rechts unten Vermerk Francescos, daß er geantwortet hat: *„rep".*

10. Das Haus Datinis in Prato, Ecke Via Lapo Mazzei, Via Rinaldesca. Bemalung und Fenster des Obergeschosses und die Loggia sind Original, die Fresken mit Szenen aus dem Leben Datinis, gleich nach seinem Tod vom Stiftungskomitee in Auftrag gegeben, heute kaum noch erkennbar, die Erdgeschoßfenster später verändert; der Haupteingang ist fast verdeckt von Datinis Tabernakel links vorn (vgl. S. 204) mit Marienfresko von Niccolò di Pietro Gerini.

12. Christophorus-Fresko von Niccolò Gerini (1395) in der Eingangshalle der Casa Datini (vgl. S. 214).

11. Casa Datini: „*scrittoio*" genannter großer Raum im Erdgeschoß; über Wandfresken mit Wald und Tieren Decke mit Anjou-Lilien und den Wappen Datinis und Margherita Bandinis.

13. Casa Datini: Christus-Fresko von Niccolò Gerini über der Tür zum *scrittoio*.

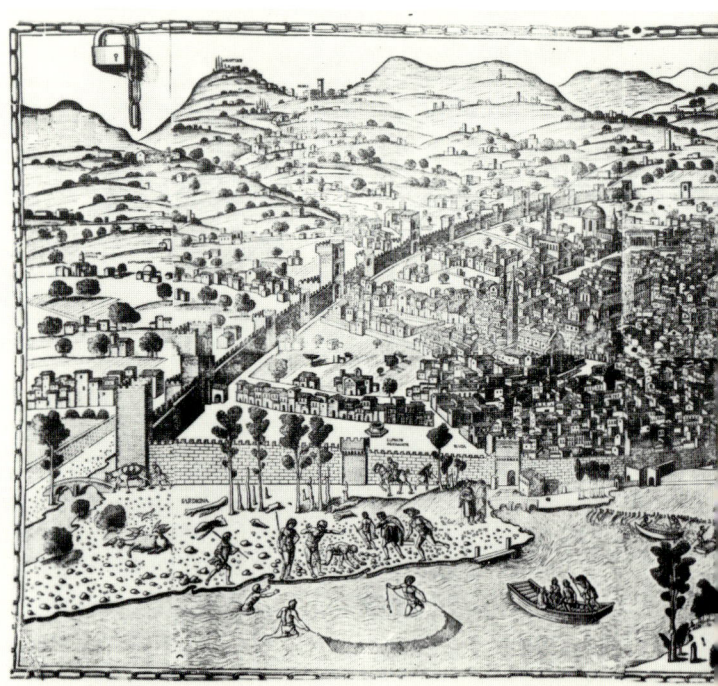

15. Florenz, sog. Kettenplan, um 1480.

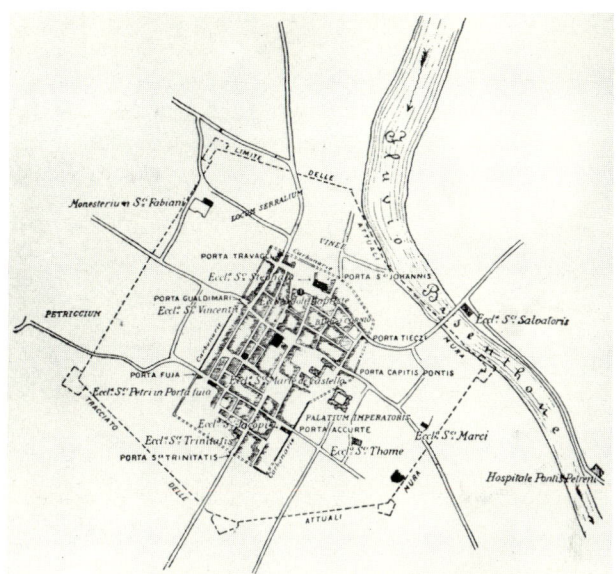

14. Prato gegen Ende des 12. Jahrhunderts.

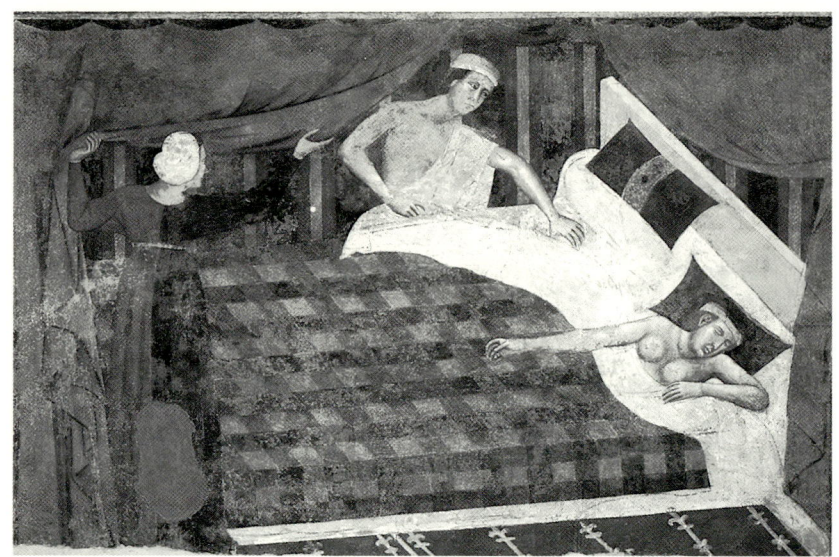

16. Bett mit Vorhängen, *„capoletto"*, und Tritt-Truhe. Das Paar schläft unbekleidet, aber mit Nachthauben.

17. Agnolo Gaddi: Mariengeburt, 1392–95. Links bringen junge Frauen der Wöchnerin Geschenke. Das Bild zeigt typische Beispiele der Frauen- und Kinderbekleidung der Zeit Datinis und der weiblichen Frisurenmode, wie sie in Kap. 11 beschrieben werden. Beachtenswert auch das Baldachinbett mit Tritt-Truhe.

18. Sano di Pietro: Der Hl. Bernhard predigt auf der Piazza S. Francesco in Siena,
15. Jh.

19. Tabernacolo della Romita in Prato an der Via Roma, 1418 gemalt von Pietro und Antonio Miniati. Vor den Heiligen Stephanus und Johannes knien Francesco und Margherita als Stifter.

20., 21. Margherita und Francesco Datini; Ausschnitte aus 19.

22. Filippo Lippi: Madonna del Ceppo, 1453. Vor der Madonna und den Heiligen
Stephanus und Johannes der Täufer kniet Francesco als Stifter in der Tracht seiner
Zeit mit den vier zur Entstehungszeit des Bildes amtierenden Stiftungsverwaltern.

23. Posthum eingelassener Gedenkstein im Türsturz des Eingangs zur Casa Datini (Text s. S. 201).

24. Matthäus als Zöllner Levi in einem Kontor an einem teppichbedeckten Zahltisch mit Schreibunterlage und Tintenfaß. Er nimmt Geld ein und führt Buch. Ausschnitt aus dem Fresko ‚Das Leben des Hl. Matthäus‘ von Niccolò Gerini (1395) im Kapitelsaal des Klosters S. Francesco in Prato.

25. Die Kirche S. Francesco in Prato, erbaut Ende des 13. Jh., Portal und Fassade 14. Jh.; rechts anschließend das Kloster S. Francesco.

26. Grabstein Datinis in S. Francesco von Niccolò Lamberti, 1412
(Inschrift s. S. 310).

wegen seiner ständigen Lügerei, denn er besteht nur aus Ränken und Lügen."

Auch die Familie von Margheritas Schwester scheint in dieser Beziehung nicht viel mehr Glück gehabt zu haben. „Sie haben eine fette Magd", schrieb Francesco, „die niemals geruht, sich von ihren vier Buchstaben zu erheben, und sie suchen eine neue, die gleichzeitig Amme und Magd bei ihnen sein soll. Sie werden dann sicher eine bekommen, die keines von beiden richtig macht."

Zu all ihren anderen Pflichten im Haushalt übertrug Francesco Margherita schließlich noch eine schwierige Aufgabe: Sie sollte für etliche Florentiner Säuglinge Ammen *(balie)* aus Prato auswählen und überwachen. Es war allgemein Brauch, die Säuglinge zum Stillen an Ammen zu geben, die meist Mädchen vom Land mit einem unehelichen Kind waren, oder auch Bauersfrauen, die genug Milch für zwei Kinder hatten. Und anscheinend hatte Prato den Ruf, gute Ammen hervorzubringen, so wie manche Dörfer in der Campagna diesen Ruf schon seit Römerzeiten genießen. Wie diese Frauen manchmal ihre Pflegebefohlenen behandelten, geht aus den *Ricordi* von Francescos Zeitgenossen Giovanni Morelli hervor. Er schrieb, daß sein Vater immer erzählte, seine Amme sei „die grausamste Frau gewesen, die es je gab, und sie habe ihm so viele Prügel verpaßt, daß er zornig würde, wenn er nur daran denke und sie auch noch als erwachsener Mann liebend gern dafür umgebracht hätte, wenn sie ihm über den Weg gelaufen wäre".[29]

Auch der Heilige Bernardino zögerte nicht, diesen Brauch in Bausch und Bogen zu verurteilen. „Obwohl es dein eigener Sohn ist und obwohl du klug und liebenswürdig und verständig bist, gibst du ihn manchmal einer Sau zum Säugen ... Und wenn er dann nach Hause zurückkommt, sagst du: ‚Ich weiß nicht, wer du bist. Du gleichst keinem von uns!' Und du erkennst nicht, woran das liegt – und recht geschieht es dir." Und weil der berühmte Prediger zu einer Landgemeinde sprach, forderte er seine Hörer auf, sie sollten sich doch einmal vorstellen, was passierte, wenn einer einen Pfirsichkern von einem der kräftigen Pfirsichbäume von San Gimignano nähme und ihn in Siena einpflanzte. Dort würde dann ein kümmerliches Bäumchen daraus. „Denn Ihr habt zwar die Kerne mitgebracht, aber nicht die Erde, in der sie wuchsen ... Und so sage ich dir, Frau, die du dein Kind an eine Amme fortgibst: Es wird so werden wie die, die es säugen."[30]

Dieser Brauch war allerdings viel zu tief verwurzelt, als daß solche Erwägungen an ihm rütteln konnten – und für Francesco zählten sie schon überhaupt nicht. Tatsächlich haben so viele seiner Briefe an Margherita zum Inhalt, sie solle gute Ammen ausfindig machen, daß man fast im Zweifel sein könnte, ob diese Aufträge lediglich als Freundschaftsdienst ausgeführt wurden oder ob es sich dabei nicht vielmehr um eine weitere Sparte seiner vielfältigen geschäftlichen Aktivitäten handelte.

Jedenfalls war es Margherita, die die meiste Arbeit damit hatte. Sie mußte die Amme beibringen, sich versichern, daß Milch und Charakter der Frau einwandfrei waren, und den Lohn aushandeln, der mit zwölf Gulden im Jahr ein bißchen über dem einer Magd lag. Als Voraussetzung galt, daß die Amme möglichst eine gewisse Ähnlichkeit mit der Mutter des Neugeborenen hatte, einen schönen Teint und „einen starken Hals" besaß – aber nicht zu große Brüste: „sonst bekommt das Kind eine platte Nase, wenn die Brust darauf liegt!" Noch dazu war es wünschenswert, eine Frau zu finden, die nicht gleich selbst wieder schwanger wurde, denn im allgemeinen wurde in der Toskana einem kleinen Kind zwei Jahre lang die Brust gegeben, bevor es abgestillt – und dann übergangslos auf den guten toskanischen Wein gesetzt wurde! „Die Amme könnte nicht besser sein", schrieb Margherita einmal, „weil sie nie vor 28 oder mehr Monaten wieder schwanger wird und jetzt erst seit zwei Monaten stillt, so daß sie leicht ein Kind reichlich säugen kann."

Die immer gleichen Briefe, die die Eheleute zu diesem Thema austauschten, sind zu eintönig, um sie ausführlich wiederzugeben. Die erste Reaktion Margheritas auf jede dieser Anfragen war gewöhnlich die Klage, daß es keine guten *balie* gäbe. „Sie scheinen vom Erdboden verschwunden, denn ich habe keine einzige auftreiben können. Und die eine, die ich an der Hand hatte, weil ihr eigenes Kind zu dem Zeitpunkt gerade im Sterben lag, deren Kind ist wieder gesund geworden." Aber jedesmal ging sie dann doch wieder ganz eifrig auf die Suche, oder sie schickte Leute, die die Bauernhöfe durchkämmten. Ein Mädchen, schrieb sie, „gibt viel Milch", aber sie sei leichtsinnig; eine andere tauge nichts, denn ihre frühere Herrin habe sich beklagt, daß „sie desto trauriger wird, je länger sie bleibt – und außerdem hat sie nur ein Auge". Wieder eine andere war nicht vertrauenswürdig, weil sie selbst noch einen Säugling hatte. „Nie und nimmer glaube ich, daß sie nicht auch ihren eigenen Kindern [Milch] geben, wenn sie erst ein Jahr alt sind."

Bei diesen Verhandlungen scheinen die in Aussicht genommenen Ammen dieselbe emotionslose Sachlichkeit entwickelt zu haben wie Margherita selbst. „Ich habe auf der Piazza della Pieve eine gefunden, die seit zwei Monaten stillt, deren Kind aber todkrank ist und wahrscheinlich heute nacht sterben wird. Die hat mir fest zugesagt, daß sie sofort kommt, sobald sie es begraben hat."

Achtes Kapitel

Der Freund der Familie

*Iddio vuol modo, e niuna cosa immoderata
mai piacque a quella eterna equitade.*

Gottes Wille ist Mäßigung, und nie gefiel unmäßig
Ding dieser unwandelbaren Gerechtigkeit.

Ser Lapo Mazzei

I

Anfang 1373, also zehn Jahre bevor Francesco di Marco wieder nach Prato
zurückkehrte, erhielt er in Avignon einen Brief von Andrea di Matteo
Bellandi, einem entfernten Verwandten, in dem dieser ihn fragt, ob er nicht
einem armen jungen Studenten der Rechte unter die Arme greifen könnte,
der an der Universität von Bologna studierte. „Dieser Jüngling, so wurde
mir von verschiedenen Seiten gesagt, könnte einmal ein tüchtiger Mann
werden, wenn er studieren würde, denn alle sind der Meinung, daß er
großes Verlangen habe, zu studieren." Vielleicht könne Datini für diesen
Studenten ein Stipendium am Päpstlichen Kolleg in Bologna beschaffen,
fuhr der Briefschreiber fort. „So würde der Jüngling ein tüchtiger Mann
werden, und zwar durch Gottes Güte und auch die Deine. Auf solche Weise
erwirbt sich der Mensch jeden Tag Freunde und ergebene Diener."[1]

Andreas Vorhersage wurde wahr: Der Student, damals gerade 22 Jahre alt,
war Ser Lapo Mazzei, der in Datinis zweiter Lebenshälfte dessen bester
Freund wurde. Als Datini kurz nach seiner Rückkehr in die Toskana zum
gonfaloniere seiner Heimatstadt ernannt worden war, wurde er auf einen
Brief aufmerksam, den ein Notar an die *Otto della Signoria di Prato*'
gerichtet hatte. Als er sich erkundigte, wer der Verfasser dieses Schreibens
sei, entdeckte er, daß es sich um denselben Mann handelte, den er zehn Jahre
zuvor unterstützt hatte. Zu dieser Zeit war Mazzei, obwohl er 15 Jahre
jünger war als Datini,[3] bereits ein arrivierter Mann. Zwar war er von
bescheidener Herkunft – auf die er im übrigen immer wieder stolz verwies,
indem er sich als den „Schafhirten von Carmignano" bezeichnete –, aber
seine Studien hatten reiche Früchte getragen. Mit 23 hatte er angefangen,
seinen Beruf auszuüben, und zwar in Florenz, wo er dann zum Notar der
Signoria ernannt und als deren Gesandter nach Faenza und Genua geschickt

worden war, bevor er schließlich Notar der größten wohltätigen Einrichtung von Florenz wurde, des Spitals von Santa Maria Nuova. Persönlich hielt er allerdings nicht viel von dem Berufsstand, dem er angehörte. „Die meisten von uns Notaren", schrieb er, „ergötzen sich mehr an einer fetten Geldkatze als an einem glühenden Herzen" – womit er die allgemein verbreitete Meinung über die Vertreter seines Standes wiedergab. In den Anfängen der Stadtkommunen war das Amt des Notars noch mit beträchtlichem Ansehen verbunden gewesen, war er es doch, der den des Lesens und Schreibens unkundigen *podestà* und die (oft ebenso des Lesens und Schreibens unkundigen) Richter begleitete, wenn sie in die Städtchen und Dörfer des Umlandes gingen, um dort Recht zu sprechen; und oft war er es, der ihnen nicht nur die wenigen Gesetze und Vorschriften einsagte, die sie eigentlich selbst hätten kennen müssen, sondern ihnen auch noch ihre Amtsschreiben aufsetzte.[4] Er war es auch, der die Statuten der Kommune entwarf, der die Wahl der Beamten organisierte, der alle anfallende Korrespondenz mit benachbarten Städten und Landesherren erledigte. Dazu waren Notare oft Männer von Geschmack und hoher Bildung, hingen doch die Studiengänge des Notars und des Gelehrten so eng zusammen, daß manchmal ein Notar die Vorlesungen der *ars dictandi* hörte, ein Grammatiker die der *ars notaria*.[5] Dino Compagni beschreibt uns in seiner *Canzone del Pregio* aus der zweiten Hälfte des 13. Jahrhunderts das Idealbild eines Notars:

> *Se buon pregio vole aver Notaro*
> *in leal fama procacci sè vivere,*
> *ed in chiaro rogare e'n bello scrivere,*
> *e d'imbreviar sue scritte non si'avaro:*
> *in gramatica pugni assai, sia conto,*
> *e'n porre accezion buon contrattista,*
> *e diletti d'usar fra buon'legista,*
> *e'n domandare accorto, savio e pronto.*

> Wenn der Notar hohen Preis erlangen will,
> so muß er in seinem Tun den besten Ruf genießen,
> und klar soll er reden, schön soll er schreiben,
> und darauf bedacht sein, seine Schriftsätze knapp abzufassen.
> In der Grammatik sei er bewandert und auch im Rechnen,
> und wenn er Ausnahmen macht, soll er gute Verträge aufsetzen,
> und sich wie ein guter Rechtsgelehrter ausdrücken,
> und klug nachfragen, weise und schlagfertig.

Aber schon zu Ser Lapos Zeiten ging es mit dem Ansehen dieses Berufes bergab. Zahllose Handbücher, die Muster für Verträge und einzelne Klauseln enthielten, ja sogar für alle erdenklichen hochtrabenden Präambeln und Briefe, ermöglichten es noch dem Ungebildetsten, einfach abzuschreiben, was er gerade brauchte. Pech hatte nur der Klient, für den er das falsche

Rezept herausgefischt hatte! In den Städten nahm die Zahl derer ständig zu, die als Richter zugelassen waren, darunter die Richter, die von den Gilden benannt wurden, der *podestà*, der *capitano del popolo*, der Befehlshaber der städtischen Miliz, der *capitano delle guardie*, der Befehlshaber der städtischen Polizei, und der *soprintendente alle gabelle*, der Superintendent der Zollverwaltung. Und jeder von ihnen hatte seinerseits wieder eine Herde – kaum des Lesens und Schreibens kundiger – parteiischer und korrupter Notare im Schlepptau, die alle nach Kräften bei ihren Klienten die echt toskanische Passion des Prozessierens schürten – vor allem natürlich zu ihrem eigenen finanziellen und beruflichen Vorteil.[6] Solche Vertreter ihres Berufs hatte Antonio Pucci wohl im Auge, als er in einem Traktätchen über die Tugenden und Gaben, die die verschiedenen Berufe erforderten, feststellte, für einen Notar reiche es, wenn er das Wort „*nolimus*" so ordentlich schreiben könne, daß man es nicht für „*velimus*" halte, wenn er „ehrlich und redlich ist und nicht zu tief ins Glas schaut... und beim Verlesen von Verträgen nicht nuschelt, sondern klar und deutlich spricht, so daß beide Parteien ihn gut verstehen können".[7] Das war alles, was er können mußte.

Dabei waren sogar diese bescheidenen Anforderungen offenbar noch zu hoch für die 600 oder 700 Notare, die die Säle des Palazzo Vecchio bevölkerten, ihre Aktenbündel unter dem Arm geklemmt – „jeder Akt fast so fett wie eine Bibel", wie Mazzei vermerkt. Boccaccio verhalf einem dieser Notare zur Unsterblichkeit: Ser Ciappelletto aus Prato, „der große Scham verspürte, wenn einer seiner Verträge einmal nicht rechtswidrig war, der mit demselben reinen Gewissen stahl, mit dem ein guter Mensch schenkt, falsches Zeugnis ablegte mit dem größten Vergnügen, ob man ihn nun darum bat oder nicht", der personifizierte Säufer, Glücksspieler und Prasser, der es trotz allem auch noch fertigbrachte, auf dem Totenbett seinen Beichtvater so hinters Licht zu führen, daß der einfältige Klosterbruder zu dem Schluß kam, er sei ein Heiliger, so daß er von da an als San Ciappelletto bekannt war.[8] Boccaccio und Sacchetti, später auch die Stückeschreiber des 15. Jahrhunderts, karikierten die Notare so, daß sie, zumindest im Spiegel der Literatur, allmählich zur klassischen Witzfigur wurden: ein mickriges Männchen, unter der schiefsitzenden Perücke eine viel zu große Brille auf der Nase, das ohne Unterlaß mit schriller Stimme einen Schwall von unverständlichen Satzungetümen von sich gab, die alle mit „et cetera, et cetera" endeten, mit dem Wort also, das einem populären Sprichwort zufolge „eines der neun Dinge" war, „die die Welt noch zugrunde richten".[9]

Natürlich gehörte Ser Lapo nicht zu diesem Schlag, doch hatte er immer hin in seiner Jugend zehn Jahre lang in der Kanzlei eines Notars gearbeitet, der sehr wohl Boccaccio oder Sacchetti Portrait gesessen haben könnte, nämlich bei Ser Paolo Ricoldi. Er beschreibt ihn als einen abgefeimten, gewalttätigen und gottlosen Mann, der so in Anspruch genommen war „von seinen Wutanfällen, teuflischen Winkelzügen, Anklagen, Vorladungen, Launen und Lüsten und seinen Mißgeschicken..., daß er manchmal so geistes-

abwesend schien, sein Hirn so vollgestopft mit lauter Dingen, daß er beim
Essen vergaß, den Löffel zum Mund zu führen". Der junge Mann lernte
zahlreiche Kniffe der Juristerei von ihm, verließ ihn aber so bald er irgend
konnte, denn „ihm war ein armes, aber vergnügtes Leben lieber als ein
großspuriges und reiches, in dem das Brot immer voller Würmer war". So
arbeitete er statt dessen frei mit dem wortgewandten und berühmten Juristen
und Humanisten Ser Coluccio Salutati zusammen, dem Staatskanzler der
Stadtrepublik Florenz. Als dieser einmal krank war, scheint ihn Mazzei
sogar offiziell vertreten zu haben. Doch der Palazzo della Signoria war nicht
der richtige Ort für ihn. „Ich liebe die Freiheit so sehr", schrieb er an
Francesco, „daß ich, bliebe ich hier oben, einfach sterben würde, weil ich
mir eingesperrt vorkomme. Alles Gold, alle Ehre der Welt könnten mich
nicht darüber hinwegtrösten." Auf seine Freiheit mochte er sein Leben lang
nicht mehr verzichten. „Gepriesen sei Gott", schrieb er am 14. April 1409,
„ich kenne keinen, der freier wäre als ich. Ich bin an nichts gefesselt, nicht
an Verwandte oder Freunde oder irgendwelche Sekten... Dennoch trage ich
ein Joch auf den Schultern, denn so will ich es haben, um allen Gutes tun zu
können."

Das Joch, von dem er spricht und das ihm teuer war, weil er es sich selbst
auferlegt hatte, war seine Arbeit als Notar von Santa Maria Nuova, einem
großen Spital, das von Folco Portinari gegründet worden war, dem Vater
von Dantes Beatrice. Eine solche Institution erfüllte sehr viel mehr Aufgaben als ein Krankenhaus heute. Sie gingen weit über die rein medizinische
Versorgung der Bevölkerung hinaus. Nicht nur für die Alten und Siechen
und die Findelkinder wurde dort gesorgt, sondern es wurden auch Almosen,
Speise und Trank an die Armen ausgeteilt. Die Männer und Frauen, die dort
arbeiteten, lebten nach Ordensregeln, die denen der religiösen Orden an
Strenge in nichts nachstanden.[10] Der *spedalingo*, der Vorsteher des Spitals,
ein Priester, war verpflichtet, seinen gesamten weltlichen Besitz dem *ospeda-*
le zu übereignen, und durfte keinerlei kirchliche Pfründe annehmen. Die
conversi, Laienbrüder und Schwestern, die die Kranken pflegten, mußten
das Gelöbnis der Armut und Ehelosigkeit ablegen und ein „gutes, heiliges
Leben" führen. Die Verwaltung des Spitals lag in den Händen eines Schatz-
meisters und eines Notars. Wie vielfältig deren Aufgaben waren, geht aus
Ser Lapos Briefen hervor. Er verfaßte nicht nur alle juristischen Schriftstük-
ke des Spitals, kümmerte sich nicht nur persönlich um Einkäufe und
Verkäufe, sondern er verwaltete auch an die 50 Ländereien, da ein großer
Teil der Einkünfte dieser Anstalt aus Stiftungen in Form von Grundbesitz
stammte. Dazu mußte er häufig die Felder und Weinberge des Spitals
besichtigen, die Arbeit der Bauern dort genau überwachen und den Ernte-
ertrag abrechnen. Aus dem Erlös verteilte er dann im Namen des jeweiligen
Stifters „Geld, Kleidung und Gaben" an die Armen. Schließlich scheint er
sich auch noch teilweise um die Versorgung des Spitalbetriebs gekümmert zu
haben, denn wir wissen, daß er über Datini eine Schiffsladung von 300

schiavini, Bettdecken aus schwerem Tuch, bestellte. Als Entgelt für all diese Arbeit erhielt er zehn Gulden im Monat, und auch die lehnte er noch ab, denn er sagte, er habe dabei das Gefühl, „vom Schweiß der Armen" zu leben.

Fast zwanzig Jahre lang hatte er dieses Amt inne; glücklich und vielbeschäftigt genoß er den Respekt, den ganz Florenz ihm zollte, durfte ab und zu sogar einmal zu einer harmlosen juristischen List greifen – natürlich im Interesse des Spitals –, und die Armen segneten ihn darum. Nach einem arbeitsreichen Tag aber konnte er sich auch ein üppiges Mahl mit Fleisch und Wein, das ihm Francesco spendierte, von Herzen schmecken lassen. Daß er das offen zugab, verleiht Ser Lapos Tugendhaftigkeit einen menschlichen Zug, so daß er nicht nur wie ein langweiliger Musterknabe auf uns wirkt. „Euer Kalbfleisch war einfach köstlich", schrieb er, „und ich teilte, was mir zukam, mit dem neuen *spedalingo,* um ihm ein wenig Freude zu bereiten als Ausgleich für die seelischen und körperlichen Nöte, die er als Steuermann eines so großen Schiffes so oft durchmachen muß."

Trotzdem ließ Ser Lapo nicht zu, daß all diese Pflichten sein ganzes Leben bestimmten. Er fand immer noch genug Muße für die Dinge, die ihm am meisten am Herzen lagen: seine Freunde, seine Familie, seine Armen und den kleinen Hof in Grignano. Das zeigen seine Briefe.

Freundschaft war für ihn vielleicht das Allerwichtigste. Seine besten Freunde waren Guido del Palagio und Francesco di Marco, zwei grundverschiedene Menschen. Ersterer, frei von weltlichen Begierden, fromm und rechtschaffen wie Ser Lapo selbst, hatte das Amt eines *gonfaloniere* von Florenz inne, war wiederholt in wichtigen Angelegenheiten Gesandter der Stadtkommune und fand trotzdem noch Zeit, sich in seiner hübschen Villa in Fiesole der Philosophie und der Dichtkunst zu widmen.[11] Der andere der Freunde war unser ungehobelter, rastloser Kaufmann, der nie genug bekommen konnte. Daß Mazzei mit ihm befreundet war, ist schwer zu verstehen; aber Gegensätze ziehen sich ja manchmal an, und oft fasziniert gerade der kühne Geist den zaghaften, wird der sanfte, ruhige Stubenhocker unwiderstehlich angezogen von einem vitalen, aktiven Charakter. So schrieb Ser Lapo am 10. April 1394 an Monna Margherita:

> Wenn ich nicht glaubte, daß es so aussicht, als würde ich Schmeicheleien sagen, dann würde ich Euch sagen, daß er mich verzaubert hat, denn so weit meine Erinnerung zurückreicht, habe ich noch nie für irgendeinen Menschen auf der Welt so leidenschaftliche und heiße Liebe empfunden. Es kommt mir so vor, als ob er ein neuer Vater für mich wäre... Möge Unser Herr uns die Gnade erweisen, daß wir zusammen leben und ausharren bis an unser Ende und gemeinsam in den Himmel kommen und in die Heimat zurückkehren dürfen, von der wir kommen.

Es dauerte nicht lange, und Ser Lapo war nicht nur Francescos Notar, sondern auch sein bester Freund geworden. Diese Freundschaft hielt ein Leben lang. Aus den Briefen Ser Lapos, der feinsinniger war, wenn auch weniger praktisch veranlagt als Francesco, der aber auch einen flüssigeren und gewählteren Stil schrieb als dieser, ersteht das Bild des Kaufmanns so, wie er auf seine Zeitgenossen gewirkt haben mag. Die Freundschaft, die aus diesem Briefwechsel spricht, ist nicht nur etwas sehr Schönes, sondern in dieser Zeit auch etwas sehr Seltenes, blieb sie doch unerschütterlich bestehen in einer Gesellschaft, in der heftige Auseinandersetzungen zwischen gegnerischen Parteien und der Konkurrenzkampf in der Geschäftswelt die meisten Menschen Freundschaft lediglich als Mittel zum Zweck sehen ließen. „Freunde zu haben, ist immer gut", hieß es in einer Flugschrift, in der ein anonymer toskanischer Zeitgenosse Datinis Kaufleuten gute Ratschläge erteilt, „aber nur solche, die von Nutzen sind. Wer gute, weise und reiche Freunde haben kann – der hat die besten."[12] Derselben Meinung war auch Messer Paolo da Certaldo: „Habe immer Umgang mit Leuten, die reicher und bedeutender sind als Du selbst."[13] Ja sogar Leon Battista Alberti, der nach bester klassischer Tradition die Tugend der Freundschaft pries, enthielt sich nicht des guten Rats, daß man sie nur mit Angehörigen der eigenen Sippschaft pflegen solle, so daß persönliche Freundschaften auch dazu beitrügen, den Familienzusammenhalt zu stärken und das Familienvermögen zu vergrößern.

Mazzei stand mit seinen Ansichten über die Freundschaft ziemlich allein in seiner Zeit. Für ihn war sie „das Sichfinden verwandter Naturen und Neigungen" – eine Bindung, gegründet auf Uneigennützigkeit und Aufrichtigkeit. „Wohlfeil ist die Freundschaft, die nur wegen des Geschäfts geschlossen ist", schrieb er am 18. März 1394 an Francesco. „Ihr versteht mich, der Ihr schon viele davon gesehen habt; und ich glaube, ich habe sie auch kennengelernt, und ich gab vor, ein Raubvogel zu sein." Er selbst war in dieser Beziehung ohne jeden Tadel. „Ich achte nicht auf Person, Familie oder Aussehen eines Menschen", schrieb er, „sondern nur auf seinen Charakter." In einem Brief an einen von Francescos Gesellschaftern versichert er: „Er liebt mich mehr als alle seine Freunde... denn ich suche bei ihm weder Gold noch Silber, nur Liebe."

Ser Lapos Frau beklagte sich, daß jedesmal, wenn ein Brief von Francesco eintraf, ihr Mann nicht ansprechbar war, bevor er ihn nicht zu Ende gelesen hatte, und als er einmal beim Abendessen einen dieser Briefe las und sich köstlich darüber amüsierte, kommentierte sie spitz: „Ihr seid mir zwei Narren; solange ihr nur euren Spaß miteinander habt, kümmert ihr euch um nichts anderes." Margherita hingegen war dankbar, daß ihr Mann etwas hatte, das ihn aus seiner trüben Stimmung herausreißen konnte. „Erzählt Francesco ab und zu eine Eurer witzigen Geschichten", schrieb sie, „damit sie ihm die Schwermut vertreiben." Wenn es bei Francesco neuen Wein oder frisch gepreßtes Öl gab oder wenn er einen fetten Hasen oder Wildbret hatte, ließ er sofort Ser Lapo holen. Und umgekehrt lud der Notar, auch wenn er nicht so reich war, Francesco zu ein paar Rebhühnern oder zu „funkelndem Carmignano" in sein kleines Landhaus in Grignano ein. „Es gibt ein Kaminfeuer, an das wir uns setzen können, und vom besten Wein für uns; und wir werden von Venedig und Genua sprechen und von manch anderen Dingen; und wenn man uns stört, reiten wir aus." Immer wenn Francesco seiner Frau einen Korb voll Orangen zukommen ließ oder einen Eimer voll Schleien, schärfte er ihr ein, sie ja mit Ser Lapos Frau zu teilen und ihr auch „einen Rebzweig mit getrockneten Trauben" zu schicken. „Denn ich glaube, ich verdanke Ser Lapo so viel, daß ich nie genug tun kann, um das alles wieder an ihm gut zu machen, wie er es verdient; und es ist gut, so einen Menschen zum Freund zu haben."

Obwohl Ser Lapo kein reicher Mann war, fühlte er sich nicht in seinem Stolz gekränkt, wenn er solche Gefälligkeiten und Geschenke annahm. Zu Francesco sagte er: „Ich verfüge über Euch und das Eure, als ob alles mir gehörte"; denn er war der Meinung: „Ein Mann, der nicht den Willen seines Freundes zu seinem eigenen macht, ist weder ein *gentile uomo* noch ein Freund."

Er stand aber auch nicht an, Francescos Gedächtnis ein wenig nachzuhelfen, wenn es einmal nötig war – wie man aus folgender ganz reizenden Bitte um Öl von *Il Palco* (Francescos Landgut) ersieht, die er im September 1392 an ihn richtete:

Wenn Ihr so wärt wie ich, dann würdet Ihr sagen: „Ser Lapo, ich habe gutes Öl, und vielleicht hast Du nicht so feines..." Und Ihr würdet sagen: „Es ist da und da, ich habe den Auftrag gegeben, daß man Dir welches bringt..." Und ich würde darüber so verfügen, als ob es mein eigen wäre... denn ich will nicht ein Lohnknecht sein, sondern ein Diener der Liebe.

Wenn dann Francesco allerdings in seiner überschwenglichen Großtuerei, die ihm ebenso eigen war wie seine Knausrigkeit, viel zu große Mengen von dem Erbetenen schickte, fühlte sich Ser Lapo doch in seiner Ehre und in seinem Feingefühl verletzt. „Glaubt nicht, daß feines Öl, von einem Freund geschenkt, mir keine Freude machen würde, aber glaubt mir: zu viel davon macht mir keine Freude!"

Francesco jedoch lernte nicht daraus. Einmal schickte er Ser Lapo eine solche Unmenge Käse, daß sein Freund ein wenig fassungslos war: „...da ich mich vom Notar in einen Käsehändler verwandelt sehe." Noch zwanzig Jahre später protestierte er:

Der Bauer, der Gott um Wasser für seine Hirse bat, war nicht gerade erfreut, als sich die Sintflut ins Haus ergoß. Nicht anders erging es mir, als ich statt der paar Melonen, um die ich gebeten hatte, eine ganze Ladung voll bekam und dazu noch Wein für einen ganzen Monat.

Trotz seiner Freundschaft zu Männern wie Francesco, dem so viel Reicheren, und Guido del Palagio, dem so viel Vornehmeren, bewahrte sich Ser Lapo doch standhaft seine Unabhängigkeit. „Denn wenn ich auch ganz Guido und ganz Euch gehöre, wie es der Fall ist, so ist doch meine Seele und mein Geist bei einem größeren Herrn, als er oder Ihr es seid, und ich trachte danach, sie für ihn bereit zu halten, da Er sie mir doch gab."

Während die meisten Leute mächtige und einflußreiche Paten für ihre
Kinder auswählten, fand er es besser, wenn bei seinen eigenen Kindern –
und er hatte immerhin 14 – arme und unbekannte Menschen Pate standen,
„denn er dachte, Gott damit zu gefallen, mit einem schlechten Brauch
Schluß zu machen". Erst nach etlichen Jahren erlaubte er Francesco zögernd, bei einem seiner jüngsten Söhne Pate zu stehen. „Es ist nicht nötig",
schrieb er, „dort, wo starke und gute Liebe ist, auch noch eine Patenschaft,
comparatico, hinzuzufügen." Er bat sich aber aus, daß der reiche Pate ohne
die üblichen Geschenke zur Taufe erscheine: „So wie einen armen Pilgersmann werde ich Euch ehrerbietig als Paten erwarten, und anders nicht."[14]
Die Beziehungen zwischen den Paten eines Kindes und dessen Eltern
ebenso wie die der Paten untereinander, waren damals fast ebenso eng wie
echte Blutsbande. Doch auch vor diesem Zeitpunkt hatte Ser Lapo Francesco schon häufig mit *„padre mio"* angesprochen oder mit *„carissimo come
padre"*. In einem seiner ersten Briefe schreibt er:

> Es bereitet mir Vergnügen, diese Dinge Menschen zu sagen, die ich liebe; vielleicht
> würden sich andere über mich lustig machen. Aber darin habe ich Vertrauen zu Euch,
> weil Ihr mir Eure Freundschaft geschenkt habt. Wie teuer sie mir ist, das weiß Gott.
> Und mein Herz findet keine Worte, denn es weiß nicht, wie es das zeigen soll.

Trotzdem schmückte er sich – dank seines sicheren Gespürs für das rechte
Maß, das ihn nie verließ – auch in der Freundschaft nicht mit „heroischen"
Tugenden, die seinem Naturell ohnehin fremd waren.

> Francesco, ich bin für Euch nicht, was Orest für Pylades war oder Damon für
> Pythias, die aus Freundschaft für den anderen ihr Leben zu opfern bereit waren...
> Aber von diesen Wassersuppenfreunden, die heutzutage herumlaufen, bin ich auch
> keiner. Und Gott bewahre Euch vor Mißgeschick, denn ich wäre beileibe nicht unter
> den ersten, die sich aus dem Staub machen.

Es dauerte nicht lange, da übertrug Ser Lapo seine Zuneigung zu Francesco auch auf Monna Margherita, und er wurde ihr vertrauter Ratgeber. „Mit
mir könnt Ihr umgehen, als ob ich Eure kleine Schwester wäre", schrieb sie
ihm am 8. April 1396, „denn ich liebe Euch wie einen großen Bruder. Ich
glaube, es gibt niemanden auf der Welt, an dem mir so viel liegt wie an Euch;
und ich sage Euch, daß ich das nie vergessen werde." Ser Lapo war es auch,
der Margherita Lesen und Schreiben beibrachte, als sie bereits über dreißig
war, damit sie überhaupt mit ihrem Mann selbst korrespondieren konnte.
Und als sie noch nicht richtig lesen konnte, schickte er ihr sogar einmal
einen Brief, den er – wie für ein kleines Kind – sorgfältig in großen
Druckbuchstaben gemalt hatte; er ist heute noch vorhanden.

> Allerdings beklagte er sich bei Francesco, daß seine Schülerin ihm nicht
> oft genug Briefe schreibe, um zu zeigen, welche Fortschritte sie machte.
> „Sagt Monna Margherita, daß ich ihr nie mehr einen Brief schreiben werde,
> bevor sie mir nicht geschrieben hat; denn ich möchte sehen, wie gut sie
> inzwischen im Schreiben ist." Er nannte sie seine Schülerin, *„la discepola*

mia", und auch *„comare carissima"*, teuerste Patin. Außerdem war er bemüht, ihr zu sagen, daß ihre Briefe nicht nur sauber geschrieben seien, sondern daß es auch ein Vergnügen sei, sie zu lesen. „Es ist ein Wunder in Eurem Alter, in dem andere Frauen meist schon wieder alles vergessen."

Euer Brief wurde mir überreicht, als ich beim Essen saß, und Monna Tessa, meine Frau, war dabei; und ich schwöre Euch, unter Lachen und Entzücken veränderte ich mich so, daß meine Frau vor Neugierde verging, weil sie wissen wollte, was in dem Schreiben stand, das ich las; und ich sagte ihr, daß es fast unglaublich ist, was Gott Euch für eine Begabung geschenkt hat.

Francesco jedoch war gar nicht so entzückt darüber, wollte er doch nicht, daß seine Frau Zeit mit Schreiben vertat, die sie besser ihren Pflichten im Haushalt widmen sollte. Auch wenn es damals zweifellos einige wenige intelligente Frauen gab, die lesen und schreiben konnten, galt das doch nicht nur als ungewöhnliche, sondern auch als gefährliche Errungenschaft.

Sorge so für Deinen Haushalt, daß er Dir zur Ehre gereicht, und widme der Leserei nicht so viel Zeit, daß Du alles andere vernachlässigst [ermahnte er sie]. Ordne die anderen Sachen so, daß alles gut läuft, und danach kannst Du lesen, so viel Du willst.

Meist beschränkte sich die Lektüre der Damen, die überhaupt lesen konnten, auf das Meßbuch oder andere Andachtsbüchlein. Aus einem Brief Domenicos di Cambio wissen wir jedoch, daß Margheritas Ehrgeiz darüber hinausging: Sie hatte nämlich versucht, einen der Geschäftsbriefe, die er an ihren Mann gerichtet hatte, zu lesen, und festgestellt, daß das zu schwierig für sie war. Domenico schreibt:

Ich wundere mich überhaupt nicht, daß sie vom selben Stamm ist wie der Priester, der das Brevier nur aus seinem eigenen Buch ablesen konnte... Aber wenn Monna Margherita Lust hat, Kaufmannsbriefe lesen zu lernen, sagt ihr, sie solle sich einen Monat lang darin üben, so wie sie schon sechs Monate lang in ihrem eigenen Buch zu lesen gelernt hat.

Die Briefe, die Margherita an Ser Lapo schrieb, sind ebenso unbekümmert wie die an ihren Mann, und auch sie drehen sich meist um Dinge des Haushalts. In einem langen Brief vom 17. Januar 1395 geht es ausschließlich um Essig, den sie Ser Lapo versprochen hatte, den aber, wie sie schreibt, „dieser Trottel von Cristofano" aus dem Faß auslaufen ließ. „Er zog ihn vom Zapfloch ab, weil er da klarer war, und das Zapfloch war nur wenig oberhalb vom Ausflußloch, und es ist eine sehr große Öffnung. Und er stopfte es mit Rindertalg zu; und dann, in einer dieser Nächte oder an einem dieser Tage, nagten die Mäuse an dem Talg, während wir auf dem Landgut waren. Aller Essig lief bis unten zum Zapfloch aus."

Mit erhobenem Zeigefinger fuhr sie ganz in Ser Lapos Art fort: „Es sind jetzt drei Jahre, daß ich diesen Essig ansetzte, und jeden Tag pflegte ich zu sagen: ‚Paßt gut auf auf den Essig!' Nicht einmal an den Meßgang dachte ich so oft. Jetzt brauche ich ja wohl nicht mehr zu sagen: ‚Paßt gut auf, paßt auf!'"

2

Ser Lapo war Francesco aber nicht nur in privaten Angelegenheiten ein guter
Freund. Er half ihm zum Beispiel, das Florentiner Bürgerrecht zu erwerben,
die exorbitante Steuerabgabe herunterzudrücken, mit der die Signoria Francesco belegt hatte, und in unzähligen anderen Dingen. Er entwarf für den
Kaufmann manche Geschäftsbriefe und Verträge, er beriet Francesco, wenn
er Land erwarb, half ihm aber auch bei der Weinherstellung, beim Kurieren
seiner Wehwehchen, bei der Auswahl seiner Bücher, seiner Pferde und auch
des Ehemanns für seine Tochter. Am wichtigsten für Francesco war es
sicher, daß Ser Lapo ihm ständig zuredete, er solle sich mäßigen, gütig und
geduldig sein, hier und dort ein passendes Geschenk machen, ein versöhnli-
ches Wort sagen; denn dadurch bewahrte er ihn davor, sich ständig Feinde
zu machen.

Nur die Liebe zu seiner großen Familie kam für Ser Lapo noch vor der
Freundschaft zu Francesco. Sie bestand aus seiner Mutter, Monna Bartola,
seiner Frau, Monna Tessa, und den 14 Kindern. Von allen verband ihn die
innigste Beziehung mit seiner Mutter. Monna Bartola war eine einfache und
fromme Frau vom Land, die schon früh Witwe geworden war und ihre alten
Tage auf dem kleinen Hof in Grignano droben in den Prateser Hügeln
verbrachte. Ein- bis zweimal in der Woche ritt ihr Sohn auf seiner alten Stute
dort hinauf, um sie zu besuchen. Trotzdem hatte er das Gefühl, er habe sie
vernachlässigt, als sie im Jahr 1400 starb.

Nachdem sie aufgestanden und ans Kaminfeuer gekommen war, um mit mir das
Nachtmahl einzunehmen, als ich sie am 27. besuchte, rief sie plötzlich ganz laut: ‚Oh
mein Gott, stehe mir bei!‘, tat noch zwei tiefe Atemzüge und hauchte ihre Seele in
meinen Armen aus ... Sie starb am Samstagabend zur selben Stunde, da sie schon seit
30 Jahren oder länger immer 100 Ave Maria betete. Und Gott erhörte ihr Gebet, daß
sie an dem Ort starb, wo sie neben ihrem Gatten begraben werden konnte; denn so
hat sie es sich immer gewünscht ... Sie schied in Frieden und ließ mich Schlechten
und Nichtsnutzigen und Undankbaren untröstlich zurück. Denn während ihrer
Krankheit war ich, da ich nicht dachte, daß es eine Krankheit zum Tode sei, nicht so
rücksichtsvoll und bescheiden ihr gegenüber, wie ich es gern gewesen wäre. Wenn ich
nur wenigstens eine Nacht lang an ihrer Seite geblieben und mit ihr gesprochen hätte
und diesen armen, schwachen Leib und diese müde Seele getröstet hätte, auf daß sie
froh zu Gott eingehe in unsere Heimat.

Wie so viele Söhne guter Mütter maß er alle Frauen an ihrer Vollkommenheit, und Monna Tessa kam an dieses Ideal nicht heran. „Ihr sollt von mir
wissen, daß ich häufig Schwierigkeiten mit der Tessa, Eurer Patin habe",
schrieb er Francesco, gab aber in einem anderen Brief auch zu, daß er „oft
böse" zu ihr sei. Aus den Briefen gewinnt man den Eindruck, daß sie eine
kränkelnde, ewig lamentierende Frau war (was ja wenigstens zum Teil auch
auf die 14 Kinder zurückzuführen sein könnte), die immer nach Hühner-
oder Truthahnfrikassee verlangte und wenn sie krank war nicht einmal das

zu sich nehmen wollte, wenn ihr Mann sie nicht löffelchenweise damit fütterte. Ser Lapo schreibt, daß sie einmal, als er für eine einzige Nacht nach Grignano hinaufgeritten war, um dort dafür zu sorgen, daß sein Weinberg ordentlich aufgehackt wurde, „sie überhaupt nicht essen wollte, wenn nicht ihre Tochter mit ihrem Mann und ihren vier Kindern käme und im Haus übernachtete – damit ihr die Letzte Ölung gespendet werden könne, falls sie in meiner Abwesenheit sterben müßte … Und dabei ist es jeden Tag Zeit für die Letzte Ölung!", machte er seiner verständlichen Bitterkeit Luft. Und weiter: „Mein Geist ist stark, aber mein Fleisch ist schwach, und gut geht es mir nur, wenn ich von zu Hause weg bin." Trotz allem versuchte er, seine Frau zu lieben, ja eine echte Gefährtin aus ihr zu machen. „Die Mutter ist der Mast des Schiffes", schrieb er, und in einem anderen Brief: „Und wenn man mir sagt: ,Du mußt ihr gut sein, weil sie dir so viele Kinder geschenkt hat oder weil du sie brauchst', so scheint mir das nimmermehr gut gesagt. Vielmehr strebe ich im Geiste immer danach, sie zu lieben, weil sie die Gefährtin ist, die Gott mir gegeben hat."

Ser Lapos Kinder waren eine Quelle der Freude und des Kummers zugleich. Von den vierzehn, die zur Welt kamen, erreichten nur fünf das Erwachsenenalter, doch war die Kindersterblichkeit damals allgemein so hoch, daß es nur wenigen Eltern einfiel, sich darüber zu beklagen, und die frommen unter ihnen sogar glaubten, sie müßten für solch ein Unglück auch noch dankbar sein. So schrieb Ser Lapo, als einer seiner Jungen im Sterben lag: „Einem meiner mittleren Buben geht es sehr schlecht, oder vielmehr: es geht ihm gut, weil er die Narrheiten, Wirrungen und Träume dieser Welt hinter sich läßt, noch bevor er sich darin verstricken konnte."

Manchmal meinte er, die Bürde dieser großen Familie sei mehr, als er tragen könne. „Ich stehe mit acht Kindern da", schrieb er, „muß sie kleiden und erziehen, ganz allein, ohne Diener oder Dienerin, mit einem Weib, das diesmal sicherlich zwei im Leib trägt und nicht sehr gesund ist."

Ser Lapo lag ständig in einem inneren Kampf mit sich selbst, denn von Natur aus war er gütig und mild, und es fiel ihm schwer, so streng mit seinen Kindern zu sein, wie Sitte und Brauch es guten und gewissenhaften Eltern vorschrieben. Zustimmend erzählte er die Geschichte von dem Vater, der, als er selbst noch ein Junge war, immer in seine Schule kam und den Lehrer dort bat, seinen Sohn gnadenlos zu züchtigen, weil er seine Zeit mit Glücksspielen vertat. „Und diesen Vater lobten sowohl der Lehrer als auch die ganze Schule." Daß Ser Lapo fest zuschlagen konnte, ist allerdings schwer vorstellbar. Auch wenn er seine eigenen Kinder so, wie es damals üblich war, am ersten Tag nach der Geburt zum Stillen zu einer Bauersfrau in den Bergen fortgab, konnte er seine Freude nicht verbergen, wenn sie wieder nach Hause zurückkehrten. „Euer Patensohn", erzählte er in einem Brief an Francesco, „den ich bis jetzt nur ein einziges Mal gesehen habe, ist von seiner Amme in den Bergen zurückgekehrt, der hübscheste lockige kleine Dachs, den ich je hatte. Betet zu Gott für ihn."

Einer der Buben – „unser Liebling, der einzige, der zu Hause von der Mutter gestillt wurde" – hatte jeden Monat epileptische Anfälle, und Ser Lapo nahm ihn nachts mit in sein eigenes Bett. An langen Winterabenden las er seinen Kindern am Kaminfeuer die *Fioretti* des Heiligen Franz von Assisi vor, die er sich zu diesem Zweck von Margherita auslieh: „Und wenn Monna Margherita mein Buch vom Hl. Franziskus in der Truhe weggesperrt hat, bitte ich sie, es mir zurückzuschicken; denn meine kleinen Buben würden sich daran gar manches Mal bis spät in die Nacht ergötzen."

Ser Lapos Augapfel aber war Piero, sein Ältester, „der Schnellste von allen, wenn es ums Gehorchen geht", und ihn legte er auch dem vermögenden Freund ans Herz. Der Junge wurde schon mit elf Jahren in Francescos *fondaco* in die Lehre gegeben und sollte bei den Datinis im Haus leben. „Ich schätze", schrieb Ser Lapo, „es wird Gott angenehm sein, wenn Ihr mir helft ihn zu erziehen, im Schweiße Eures Angesichts." Als er jedoch erfuhr, daß Piero keine Zeit gelassen wurde, zur Schule zu gehen und das Rechnen mit dem *abbaco* zu lernen, griff er ein: „Wenn er jetzt das Rechnen mit dem *abbaco* aufhört, wird er in weniger als einem Monat alles vergessen haben." Und wenig später bat er dringend, das Kind wieder für eine Weile heimzuschicken, damit es wieder zur Schule gehen könne.[15]

Ich sage Euch, wenn die Buben richtige Buben sind und sich in der Schule ein wenig austoben und mit anderen Buben Tollheiten treiben, dann ist das vernünftiger, als wenn sie etwas anderes tun. Ich glaube, wenn Ihr ein Fohlen kaufen müßtet, würdet Ihr auch lieber den Rat eines einfachen Mannes, der, so wie ich, schon 14 davon zugeritten hat, einholen, als den eines Gelehrten, der nie welche hatte.

3

Die dritte große Liebe, die Ser Lapo im Herzen hegte, galt „den Armen in Christo". Er selbst konnte nicht viel erübrigen, denn er verfügte nur über sehr bescheidene Mittel. Aber wenn er Reiche um Geld für andere anging, dann geschah das nicht in entschuldigendem Ton, sondern mit einer Selbstsicherheit und einer Wärme, die uns heute noch berühren. Auch überlegte er sich genau, welche guten Werke er in die Tat umsetzen konnte, und ließ sich wie in allem, was er tat, nicht zu unsinnigen Höhenflügen hinreißen. Er war es zufrieden, die vier wichtigsten Werke der Barmherzigkeit zu verrichten, die so oft in Darstellungen aus dieser Zeit gezeigt werden: die Nackten kleiden, die Hungrigen speisen, die Kranken pflegen und die Gefangenen besuchen. Als Notar des Spitals Santa Maria Nuova verteilte er nicht nur dessen Almosen, sondern bekam oft auch Besuch von reichen Kaufleuten, die seiner Güte und seiner Umsicht denjenigen Anteil ihres Jahresgewinns anvertrauten, den sie für wohltätige Zwecke bestimmt hatten, „damit es *gute* Almosen sein mögen". „Ich erzähle ihnen", schrieb er, „daß es so viele arme Menschen gibt und so viele junge Mädchen, die unter die Haube gebracht werden müssen, daß es zum Steinerweichen ist." Manchmal war die Not so groß, daß er selber zu den Gaben der Reichen ein paar Krumen von seinem Brot dazulegte.

Schon in der ersten Zeit ihrer Freundschaft redete Ser Lapo Francesco zu, er solle dem Beispiel dieser anderen reichen Kaufleute folgen, „denn ich befürchte, Ihr könnt Gott dereinst im ewigen Leben keine ordentliche Rechenschaft ablegen über die Dinge, die Er Euch anvertraut hat (ich sage nicht: über Eure Dinge, denn sie gehören ja keinem Menschen), wenn Ihr sie nicht mit seinen Armen geteilt habt". Vor allem aber drang er in ihn, die erste Pflicht des Reichen zu erfüllen, nämlich die Hungrigen zu speisen.

Oft höre ich von Euren großen Festgelagen, die Ihr für Männer und Frauen ausrichtet, die reich sind an den eitlen Dingen dieser Welt. Das ist eine schöne Sache. Aber vergeßt nicht, manchmal auch Arme einzuladen, ein so schönes Haus von innen zu sehen und dort gefüllt und genährt zu werden mit Euren Speisen, so daß Gott Euch nicht tadeln kann: „Hättest du nur einmal meine Freunde zum Essen in das Haus geladen, das ich dir gab!"

So stark Ser Lapos christliche Nächstenliebe und sein warmes Mitgefühl für die Armen und die Beladenen auch sein mochten, er hatte doch gleichzeitig ein großes Verlangen danach, allein zu sein und Abstand zu gewinnen. „Glaubt mir, glaubt mir", schrieb er an Francesco ganz zu Anfang ihres Briefwechsels, „ich lebe zwar auf dieser Welt, aber ich bin ihr nicht verhaftet. Ich sage nicht, daß ich Gott diene, ... aber eines ist mir klar: Der Welt zu dienen ist eine schlechte Sache." Je älter er wurde, desto mehr genoß er es, wenn er allein sein konnte. „Ich bin allein im Haus", beginnt er einen Brief, „im Bett und im Arbeitszimmer, mit der Seligkeit, wie sie die guten Einsiedler in den Bergen empfanden."

Es gab einen Ort, an dem er sicher sein konnte, daß niemand in seine Einsamkeit eindrang, und das war sein kleiner Hof in Grignano. Dort verbrachte er die glücklichsten Tage seines Lebens. Er war ja als Landmann geboren und war stolz darauf, daß er als kleiner Junge Schafhirte gewesen war; und er vergaß nie hinzuzufügen: „Ich könnte es auch wieder sein." Im Herzen blieb er immer ein Bauer.

Ich freute mich [schrieb er am 28. Januar 1392], daß Ihr Gefallen an meinem Gemüsegarten gefunden habt. Ich nenne ihn so, weil man so etwas Kleines nicht als Landgut bezeichnen kann. Aber er ist gerade nach meinem Herzen, das mit wenigem zufrieden ist. Und daß ich wunschlos glücklich bin, dünkt mich der höchste Reichtum zu sein.

So klein sein Hof auch war, so bot er doch alles, was Ser Lapo brauchte: das Haus, in dem seine Mutter leben konnte, ein paar Olivenbäume, die ihm das Öl für den eigenen Bedarf lieferten (und wenn es aufgebraucht war, steuerte Francesco immer von seinem eigenen bei), ein oder zwei Kornfelder und eine Tenne. Er hatte es immer so eilig, dorthin zu kommen – wohl nicht nur, um den Sorgen im Spital, sondern auch den ewigen Klagen seiner lamentierenden Frau und dem Lärmen seiner temperamentvollen Kinder zu entfliehen, daß er oft gar nicht erst nach Prato hineinkam, sondern gleich seiner alten Stute die Sporen gab und in die sanften Hügel hinaufritt! Einmal vergaß er vor lauter Eile sogar, den Aal mitzunehmen, den er seiner Mutter zum Essen mitbringen wollte. Oben angekommen, machte er sich sogleich daran, eigenhändig die Weinstöcke zu stützen und aufzubinden.

Die allerschönste Zeit aber waren doch immer die klaren, stillen Nächte im Hochsommer, wenn die Ernte eingebracht und die Scheuern gefüllt waren. Wenn er dann die Schuhe ausgezogen und die Stadtkleider abgelegt hatte, machte er es sich neben seiner Tenne bequem, als ob er noch immer der kleine Hütejunge wäre, und schrieb mit frohem Herzen von den Freuden des Alleinseins.

Hier sitze ich barfüßig in der lichten und lieblichen Luft, das Geräusch der Dreschflegel schläfert mich ein, und die blitzsaubere Tenne lockt mich, in tollen Sprüngen in die Berge von fettem Korn zu hüpfen, auf die meine leeren Scheuern schon warten. Hier gibt es keine Zikaden, Schmeißfliegen oder Taranteln, die mich plagen, wie auf *Il Palco*. Ich bin ganz allein und gelöst, und niemand kommt herein und stört mich. Ich höre, daß Francesco sich abplagt, und ich genieße das Leben...

Diesen Brief, den er an „Monna Margherita di Francesco di Marco, meine liebste Mutter" richtete, unterzeichnet er scherzhaft mit: „Der zweite *fattore* schrieb dies."[16]

Selbst wenn er in Florenz war, verspürte Ser Lapo wenig Lust, sich in Gesellschaft zu begeben. Nach dem Tod von Guido del Palagio im Jahr 1399 zog er sich immer mehr in sich selbst zurück. „...Ich habe hier keinen Gefährten, keinen Freund... An allen Festtagen bleibe ich allein zu Hause oder gehe mit einem lieben, guten Alten, meinem Nachbarn, in die Kirche. Ich meide die vergnügungssüchtige Gesellschaft und freue mich so dieses Lebens."

Wenn er sich auch nicht damit brüstete, enthaltsam zu leben, sondern sich wie eh und je an einem Glas guten *vernaccia* Weins erfreute und auch all seinen Pflichten beim Spital und gegenüber seinen Privatklienten weiter nachkam, gab es doch von da an nur noch wenige Stunden in seinem Leben, in denen er sich nicht bewußt war, daß „unser ganzes Leben nichts ist als ein Wettlauf zum Tod".

Ich lebe zufrieden in dem Stand, zu dem Gott mich berufen hat, abgesehen von gewissen Anfällen von Niedergeschlagenheit, die ich manchmal aus Ärger habe. Aber diese Ärgernisse und Plagen sind meine Gefährten, die mir sagen: „Fliehe von hier; setze deine Hoffnung nicht einmal auf dein Weib, auf seine Treue; hüte nicht deine Kinder, die ebenso gut allein leben können; gehe nie mehr nach Grignano; löse dich von der Zuneigung deiner Mitbürger... Komme mit uns... damit du die ewige Ruhe erlangst."

Von nun an widmete er einen Teil seiner Zeit dem Kirchgang und der Lektüre von Erbauungsbüchern: den Episteln der Kirchenväter Hieronymos und Gregorius, den *Laudi* des Jacopone da Todi, den *Fioretti* des Heiligen Franz. Er sagte dazu aber ganz offen, daß er, auch wenn er viel in „Büchern Gottes" lese, doch nicht viel daraus gewonnen habe. „... Aber ich habe drei Fenster gefunden, durch die man zu Ihm sprechen kann: Deinen Feinden verzeihen ist das eine; demütig sein das zweite; jeden Menschen wie deinen Nächsten lieben, wie einen Bruder, ist das dritte." Den stärksten geistlichen Trost gaben ihm die *Rivelazioni* der Heiligen Brigitte, denn sie hatte geschrieben, daß nur diejenigen Werke Christus gefällig seien, die „aus freiem Geist und barmherziger Liebe vollbracht werden".

Bessere Worte gibt es kaum, um Ser Lapo selbst zu beschreiben. Nur eine bange Frage ließ ihn nie mehr los: War es ihm wirklich gelungen, das harte Herz seines besten Freundes zu erweichen? Selbst in seiner Jugend hatte er die Augen nie vor Francescos Fehlern verschlossen, und er hatte auch immer den Mut gehabt, sie ihm vorzuhalten. „Wißt, daß ein Freund die Berechtigung hat, dem Freund alles zu sagen; wenn er sich aber davor fürchtete, wäre er ein jämmerlicher Freund, kein richtiger." Er war wahrscheinlich der einzige Mensch, der es wagte, Francesco die Wahrheit ins Gesicht zu sagen – und das tat er recht oft. „Geld verdienen", ermahnte er ihn, „kann jeder arme Wicht, aber nicht jedermann kann sich abrackern und dann die Dinge ihren Weg nehmen lassen und nicht dagegen aufbegehren."

Sanft, beharrlich und ausdauernd versuchte er Francesco während ihrer fast dreißigjährigen Freundschaft dazu zu bringen, neben all seinen Geschäftssorgen auch menschlichen Gefühlen und frommen Gedanken Raum zu geben in seinem Leben. „Gott als den Herrn und die Welt als Dienerin behandeln, das ist es, was wir tun können und müssen." Immer wurden diese Ratschläge freundlich und in Bescheidenheit erteilt, „von Deinem kleinen Bruder", „von Eurem Schafhirten aus Carmignano" – von einem unbedeutenden Mann an den bedeutenden gerichtet. „Euer hoher Stand bedarf großen Verstands, wie ein großes Schiff großer Segel bedarf; mein kleines Boot könnte auch mit dem Leintuch eines Dieners Fahrt machen." Nicht einmal Francesco, der so leicht in Wut geriet und immer gleich zu toben anfing, brachte es daher fertig, ihm böse zu sein.

Unmöglich kann man alle Briefe zitieren, in denen er seine guten Ratschlage erteilt. So soll einer, den er in der ersten Zeit ihrer Freundschaft, am 24. Juni 1392, schrieb, als ein besonders typisches Beispiel für alle stehen.

Francesco, ich habe hundertmal über Euch nachgedacht, beim Spazierengehen, im Bett, in meinem Arbeitszimmer, wann immer ich ganz allein war: und die Nächstenliebe zwingt mich, Euch die Wahrheit zu sagen, die mich das Kostbarste dünkt, was es unter Freunden gibt...

Ich habe aus Euren Briefen schon von Euren Ängsten und Sorgen gehört, die Euch die Dinge dieser Welt verursachen. Aber nachdem ich sie nun mit eigenen Augen gesehen habe, habe ich gemerkt, daß sie noch viel größer sind, als ich angenommen hatte. Wenn ich nur an den Verdruß denke, den Ihr mit dem Haus habt, das Ihr baut, mit den Filialen, die Ihr in fernen Ländern unterhaltet, mit den Gastmählern, die Ihr ausrichtet, mit der ganzen Buchführung, die immer stimmen muß, und mit vielem anderen mehr, so scheint mir das alles das nötige Maß derart zu übersteigen, daß ich eingesehen habe, daß es Euch nicht möglich ist, Euch auch nur eine Stunde der Welt und ihren Fallstricken zu entziehen. Doch Gott hat Euch überreich mit der Gnade irdischer Güter beschenkt und Euch dazu viele warnende Zeichen zukommen lassen. Ihr seid jetzt an die 60 Jahre alt und braucht Euch nicht um Kinder zu sorgen – wollt Ihr denn warten, bis Ihr auf dem Totenbett liegt und die Pforten des Todes sich auftun, bevor Ihr in Euch geht?

Kurzum, deshalb wünschte ich, Ihr würdet so klug sein, mit vielen Eurer Angelegenheiten abzuschließen, von denen Ihr selbst sagt, daß sie noch nicht geregelt sind; und noch schneller könntet Ihr das Bauen einstellen und von diesen Euren Reichtümern und Einkünften noch mit der warmen Hand Almosen spenden. Und möget Ihr sie so bewerten, wie sie zu bewerten sind, d. h. sie so besitzen, als ob sie nicht Euer Eigentum wären ... Ich sage ja nicht, daß Ihr ein Mönch oder ein Priester werden sollt, aber daß Ihr Ordnung in Euer Leben bringen müßt.

Der reinen Seele Ser Lapos war es kaum begreiflich, daß ein Mensch, der so gescheit war wie Francesco und durchaus fähig, das Wesen wahrer Frömmigkeit zu erkennen und zu lieben, das eigene Leben nicht dementsprechend einrichten sollte. So schrieb er ihm: „Ich sehe, daß Ihr jeden heilsamen Rat gern anhört und daß Ihr von Natur aus so beschaffen seid, daß dieser sich leicht in Euer Herz einpflanzt und Eure Seele zum Erblühen bringt. Aber der scharfe Wind, den all Eure Arbeiten verursachen, die Ihr Euch freiwillig aufgeladen habt, drückt die junge Pflanze sogleich zu Boden, so daß sie keine Frucht tragen kann."

Noch 15 Jahre später hatte er seine Meinung nicht geändert: „Abgesehen von gewissen Wutausbrüchen, zu denen Ihr von Eurer Anlage her oder auch aus schlechter Gewohnheit neigt, habe ich Euch immer sehr intelligent und feinsinnig gefunden, und was recht ist, scheint Euch angenehm – was es ja auch ist."

Warum also wurde Francesco trotz allem kein besserer Mensch? Ser Lapo Meinung nach waren zwei Gründe der Ursprung all seiner Fehler: ein eiskaltes Herz und Hoffart des Geistes. Viel eindringlicher als vor seiner Habgier, seiner Wollust und seiner Skrupellosigkeit warnte Ser Lapo den Freund vor diesen beiden schlechten Eigenschaften, und zwar in einem Brief, den er selbst überschrieb: „Schlichte Antwort auf die spitzfindigen Fragen von Francesco di Marco."

Francesco scheint einen bösen Traum gehabt zu haben: Ein Geier (von dem er offenbar, wie die alten Römer, ein Omen erwartet hatte, um seine Zweifel an der göttlichen Gerechtigkeit zu zerstreuen) hatte das Gold, das er ihm opferte, verachtet und war dafür mit einem Fetzen verwesenden Fleisches in den Klauen flügelschlagend davongeflogen. Als Antwort auf die Erzählung dieses Traums schrieb Ser Lapo „in tiefster Stille, im Frieden der Nacht, da der Geist ruhig ist", an Francesco, was er tun solle. „Als erstes, Vater, ist es gut für Euch, Euer Herz mit der Liebe dessen, der uns erschaffen hat, zu erwärmen, so daß seine glühende Barmherzigkeit und

Wahrheit Euch durchdringt..." Und dann dürfe Francesco auch nicht sein armseliges menschliches Urteil über das eines so großen Kirchenlehrers wie des Heiligen Augustinus stellen:

Selten habe ich jemanden gesehen, der die Wahrheit besser erfassen konnte als Ihr, wenn Ihr nur Euren Geist darauf richtet. Sagt mir doch: Ihr wißt ja gut Bescheid über die Rebhühner, die Euer Freund in Avignon [und damit ist natürlich Francesco selbst gemeint!] tagtäglich mit diesem Frauenzimmer verzehrt hat, und wieviel Zeit er damit und mit anderen eitlen Dingen vertan hat. Findet Ihr es wirklich in Ordnung, daß er sich einbildet, wenn er jetzt, in seinem Alter in die Schule Gottes geht, gleich der Primus sein zu können und die verschlungenen Pfade Gottes zu erkennen?

Zu diesem Hochmut des Geistes paßte nur allzu gut Francescos zweiter Fehler, den Ser Lapo nun wirklich kaum verstehen konnte, nämlich ein unausrottbarer Egoismus, die Überzeugung, daß es in seiner Macht läge, das ganze Leben nach seinem Willen zu formen.

Ich bitte Euch inständig, um Gottes, Eurer Ehre und des Heils Eures Leibes wie Eurer Seele willen, lernt Euch selbst ein wenig zu bezwingen, das heißt, geht mit der Welt, wie sie nun einmal ist. Und hängt Euch nicht gleich auf, weil das Rad der Fortuna sich manchmal so herum und manchmal anders herum dreht, wie es immer gewesen ist und immer sein wird.

Solche Gelassenheit war für den Schreiber dieser Zeilen die natürlichste Sache der Welt. „Ich selber segle gern gemächlich; zwar setze ich die Segel, aber den Wind muß schon *Messer Domenidio* schicken, unser Herrgott."

Hier sehen wir den grundlegenden und unüberbrückbaren Unterschied im Charakter der zwei Freunde. Es wird auf dieser Welt immer Menschen geben, die wie Francesco glauben, ihres eigenen Glückes Schmied sein zu können, und auch solche, die ihr Schicksal lieber in Gottes Hand legen. Es spricht für die echte Zuneigung, die beide Männer füreinander hegten, daß die Freundschaft trotz solcher Differenzen Bestand hatte. Doch mit den Jahren wurde Francesco immer reizbarer, und só ließ auch seine Geduld nach, sich Ser Lapos Predigten anzuhören, während der Freund seinerseits das Gefühl hatte, er müsse Francesco nun gerade und immer eindringlicher ins Gewissen reden. Zu diesem Zeitpunkt entschloß er sich, einen langen Brief zu schreiben, und zwar nicht an Francesco selbst, sondern an Margherita, und sie zu bitten, ihn ihrem Gemahl in einem günstigen Augenblick zu zeigen, „wenn er ruhig ist und gelassenen Gemüts".

Sage Francesco, daß es keinen gibt, über den man sich mehr lustig macht, als über einen, der mit geblähten Segeln auf hoher See ist und keinen festen Hafen ansteuert. Unser Hafen ist Gott. Er hat uns gemacht, Er ruft uns zu sich, Er gibt uns alles hundertfach zurück... Jedermann ist böse, geizig, treulos, hoffärtig, neidisch, ohne Liebe – abgesehen von Eigenliebe. Und wenn er Liebe zeigt, ist es Krämerliebe: „Du warst gut zu mir, also bin ich gut zu dir." Und bittet Euren Gemahl, der Euer Gebieter ist, er möge sich nicht gemein machen mit solchem Pack. Möge er doch ein Ende machen mit all diesen schnöden und eitlen Geschäften. Wenn er nur will, dann kann er auch. Denn alles ist möglich in Gott. Laßt ihn die restliche Zeit, die uns noch bleibt, Gott widmen. Und zumindest laßt uns danach streben, in Frieden zu sterben. Denn es wäre zu spät, ein Pferd ins Rennen zu schicken, wenn das Rennen schon gelaufen ist.[17]

Diesen Brief – den letzten Versuch, Francescos Streben aufs Paradies zu lenken – schrieb Ser Lapo nur drei Jahre vor Francescos Tod und fünf Jahre, bevor er selber starb. Er war erst sechzig, aber er hatte schon seit geraumer Zeit an Nierensteinen und Koliken gelitten, gegen die auch die Heilwasser von Porretta nichts geholfen hatten. Vielleicht hatte auch das Leben für ihn nach Francescos Tod an Reiz verloren. Noch dazu war im selben Jahr wie Francesco auch seine Frau Tessa gestorben, und so sehr sie ihm mit ihrem ewigen Lamentieren auf die Nerven gegangen war – jetzt, da sie nicht mehr da war, merkte er doch, daß sie ihm fehlte. Er schrieb von seiner „angsteinflößenden Einsamkeit... größer, als ich es mir je hätte träumen lassen". Im Frühjahr 1412 wurde er krank, und am 12. Oktober setzte er mit bereits zittriger Hand seine letzte Urkunde auf – sinnigerweise das Testament eines reichen Kaufmanns, des Lazzaro Fei aus Arezzo, der, sei es aufgrund des Vorbilds, das Datini gegeben hatte, sei es unter dem Einfluß seines Notars, sein gesamtes Vermögen den Armen hinterließ. 18 Tage später starb Ser Lapo und wurde in der kleinen Egidienkirche neben dem Spital, dem er so viele Jahre hindurch gedient hatte, beigesetzt. Kein Grabstein verrät mehr die Stelle; das einzige Zeugnis, das von ihm in Santa Maria Nuova zurückblieb, ist so, wie er selbst es sich nicht unauffälliger hätte wünschen können: eine einzige Zeile in einem der Kirchenbücher des Spitals, die lautet: „Ser Lapo starb am 30. Tag des Oktober 1412, und er war ungefähr sieben Monate lang krank gewesen. Gott möge ihm seine Sünden vergeben."

Neuntes Kapitel

Das Haus in der Stadt

*Maestri, manovali, opere, galcine, rena, pietre, grida e
disperamenti.*

Meister, Arbeiter, Baustellen, Mörtel, Sand, Stein,
Geschrei und Wehklagen.

Ser Lapo Mazzei

I

Noch heute steht das Haus in Prato, Ecke Via Rinaldesca, Via Lapo Mazzei.
Eine Inschrift über dem Eingang, die nach Datinis Tod von seinen Mitbürgern angebracht wurde, zeugt von seiner Großzügigkeit ebenso wie von
ihrer Dankbarkeit.

*Ceppo di Francesco di Marcho
Mercatante dei Poveri di Xto [Cristo]
del quale il Chomune di Prato
è dispensatore
lasciato nell' anno MCCCCX.*[1]

Außen am Haus sind noch schwache Überreste von Fresken zu erkennen,
die die Prateser nach Francescos Tod zu seinen Ehren malen ließen: die
Geschichte seines Lebens, dargestellt in 16 Szenen. Daß dem Sohn eines
Prateser Schankwirts diese hohe Ehrung zuteil wurde, wie sie sonst nur
Fürsten, Heiligen und Päpsten vorbehalten war, zeigt eindringlicher als
jedes Dokument, zu welch hohem Ansehen es zu jener Zeit ein erfolgreicher
Geschäftsmann bringen konnte. Jedes Zeitalter hat seine Helden: die Männer, die das vollbringen, was den Zeitgenossen am wichtigsten erscheint. So
ist es nur logisch, wenn die Bewohner einer Handelsstadt wie Prato nicht die
Pilgerreise eines Heiligen oder die Siegestaten eines Fürsten darstellten,
sondern eine Saga aus der Handelswelt, in der ein Kaufmann die Hauptrolle
spielt.[2]

Lapo Mazzei beschrieb das neue Haus, bald nachdem es fertiggestellt war,
als „das schönste Schloß der Welt". Das war es nun nicht gerade. So, wie es
heute vor uns steht, ist es ein schlichtes und strenges rechteckiges Haus mit
einer offenen Loggia im oberen Stockwerk sowie einem Innenhof mit
Brunnen und einer weiteren geräumigen Loggia, die mit Fresken allegori-
scher Figuren geschmückt ist. Aber für den Mann, der als Junge ohne einen

soldo in der Tasche nach Avignon auszog, war es gewiß die Besiegelung seines Erfolges. „Ich weiß, mit welchem Wohlgefallen Ihr Euren Garten betrachtet", schrieb ihm 1398 Domenico di Cambio, und er warnte ihn auch, als die Pest wieder einmal vor der Tür stand: „Laßt Euch nicht so sehr durch die Liebe zu Eurem schönen Haus und zu Eurem schönen Garten festhalten, auf daß Ihr dort nicht Eurer Leben laßt!" Als große Ehre galt es, wenn man aufgefordert wurde, einen neuen Raum, gleich nachdem er fertiggestellt war, in Augenschein zu nehmen. „Es freut mich, daß ich diesen schönen Raum sehen kann", schrieb Domenico, „aber ich möchte, daß er schon trocken ist und daß ein Bett bereit steht, so daß ich dort auch schlafen kann, wenn ich zur Besichtigung komme. Denn auch wenn ich selbst nur das Zimmer eines armen Mannes habe, so macht es mir doch Freude, solch schöne Dinge zu sehen."

Francesco hatte schon lang vor seiner Rückkehr angefangen, dieses Haus zu planen. Bereits im Jahr 1358 hatte er seinem Vormund aufgetragen, für ihn ein Grundstück an der Ecke der Via Porcellatico zu erwerben. Und dort begann sich dann langsam, Ziegel für Ziegel, sein neues Haus zu erheben.

Die Bauarbeiten überwachte ein Nachbar, Niccolozzo di Ser Naldo, allerdings mit nervenaufreibender Langsamkeit. Niccolozzo war ein übervorsichtiger Mann, der keine einzige Entscheidung zu treffen wagte, bevor nicht Francesco seine Zustimmung gegeben hatte. „Das Gerüst an Deinem Haus haben wir für alle Fälle so stehen lassen, wie es ist", schrieb er 1375, „und zwar nicht wegen des Geldes oder wegen der Arbeit, ... sondern weil wir hoffen, daß Du selbst herkommen wirst, da Du das ganze vielleicht doch besser durch den Augenschein beurteilen kannst als durch die bloße Vorstellung."

Vier Jahre später, im Jahr 1379, schickte Francesco 50 Gulden, um die Arbeiten am Bau zu beschleunigen, aber Niccolozzo blieb stur. „Ich möchte nicht, daß Du Dein Geld zum Fenster hinauswirfst", schrieb er ihm, „denn Du kannst Dir drüben in Avignon nicht vorstellen, wie die Bauarbeiten fortschreiten und die Treppe und alles. Die Geschmäcker sind verschieden und die Wünsche: und wenn alles fertig ist, das Geld ausgegeben, dann ist eben alles geschehen, und man kann nichts mehr rückgängig machen, ohne draufzuzahlen." Er meinte außerdem, Francesco würde gut daran tun, zu kommen und da zu bleiben, während die Mauern seines Hauses emporwuchsen.

Und so erinnere ich Dich daran, daß ich Dir ein Haus bereithalte mit Saal, Küche, Schlafzimmer und einem halben Kellergewölbe, gefüllt mit gutem Wein... So hast Du einen guten Platz, wo Du bequem wohnen kannst, wenn es auch kein Palast ist; dort könnten wir Deine Arbeit in Ruhe und Ordnung erledigen... Und du könntest mit eigenen Augen beurteilen, wie die Arbeit weitergehen soll.

Der Fortgang des Baus wurde auch noch dadurch aufgehalten, daß die Post besonders langsam war. Doch im darauffolgenden Sommer erhielt Francesco wenigstens auf eine seiner zahlreichen Fragen Antwort:

Ich habe Dir in verschiedenen Briefen die Abmessungen Deines Hauses und des großen Hauses und des Gartens geschickt... Jetzt schreibe ich sie Dir noch einmal auf. Das Haus ist 14 *braccia* auf 11, das große Haus 20 auf 15, der Garten 31 auf 20.

Auch die Frage, wie man den Garten bepflanzen sollte, wurde bereits besprochen. Francesco trug Stoldo di Lorenzo in Pisa auf, „einen Orangenbaum, so groß wie möglich", zu kaufen; aber als dieser dann ankam, wußte Niccolozzo wieder nicht, wo er ihn hinsetzen sollte. „Ich könnte ihn ja an einen falschen Platz setzen, wo er nicht bleiben kann. Ich weiß auch nicht, was ich mit dem Feigenbaum an der Treppe machen soll. Wenn Du hier sein wirst, dann können wir alles so machen, wie es Dir und Monna Margherita am besten gefällt."

Trotz all dieser Verzögerungen, wuchs das Haus doch langsam, aber sicher in die Höhe. Und als Francesco endlich nach Prato zurückgekehrt war, galt sein erster Gedanke dem Dach, das nun aufgesetzt werden sollte. Er hatte es so eilig damit, so besorgt überwachte er das Verlegen jedes einzelnen Ziegels, daß er sich kaum Zeit gönnte, seine Mahlzeiten einzunehmen oder zur Messe zu gehen. Mißbilligend schrieben daher seine Florentiner Freunde, sein Haus sei bereits jetzt die Sensation von Prato, es sei doch unsinnig, sich so abzurackern, nur damit es noch schöner werde! „Ich sage ja nicht, daß Du das Bauen ganz sein lassen sollst", schrieb Niccolò del Bono 1383, „aber ich bitte Dich doch, daß Du Dich nicht überanstrengst. Du solltest zu festgesetzten Zeiten Dein Mittagsmahl und Dein Nachtmahl einnehmen, und es soll gute Speisen geben." In einem anderen Brief hieß es: „Ich sage Dir, mache Dich nicht kaputt! Schaue jeden Tag eine Zeitlang den anderen zu, so wie es Dir beliebt, und am Morgen gehe zur Messe. Der Mann, der der Kirche ein Fremder ist, wird einst auch Gott fremd sein."

Wann immer Francesco geschäftlich in Florenz sein mußte, bestand er darauf, daß ihm täglich ausführliche Berichte über den Fortgang der Arbeit am Bau geschickt würden; – und wie war er erzürnt, wenn einmal eine Kleinigkeit nicht erwähnt wurde. „Ich bin sehr zufrieden, daß Ihr endlich angefangen habt, den Kalk mit dem Wasser aus dem Brunnen zu löschen. Aber Du sagst mir weder, daß jemand am Kalkofen gewesen ist, noch, was das für ein Kalk ist. Das hättest Du mir doch berichten müssen!"

Anfang 1388 war die Loggia im obersten Stockwerk so gut wie fertig: „Zaccheri [der Maurer] sagt, sobald der Putz droben ist, wollen sie gleich den Feinputz auftragen, so lange die Wände noch feucht sind, denn das ist am besten." Als der Sommer kam, war dann der ganze Innenputz des Hauses fertig – „Ich habe die Wände jeden Morgen mit meinen eigenen Händen befeuchtet", schrieb Niccolò di Giunta –, und die Ziegelfußböden wurden gerade verlegt. Im September bestellten sie die Steine für die Kamine: „Zwölf Steinblöcke so lang wie diese Schnur."

Schließlich ließ Francesco am anderen Ende des Grundstücks, auf dem das Haus nun stand, noch ein Lagerhaus errichten. Zwischen den beiden

Gebäuden lag ein Garten, „eine unterirdische gewölbte Zisterne, oberirdisch ein Getreidespeicher, ein Backofen, ein gemauerter enger Durchgang und ein Laubengang". Die Außenwände waren „*dipinti*", d. h. verputzt und bemalt, an den Ecken befanden sich Bossen. An der Ecke des Hauses gegenüber ließ Francesco einen Marienschrein anbringen, der noch heute dort zu sehen ist.

Nachdem zehn Jahre mit dem Bauen hingegangen waren, erklärte Francesco endlich, daß er mit dem Ergebnis all der Anstrengungen zufrieden sei. „Ihr sagt, daß Ihr jetzt genug habt vom Bauen", schrieb ihm ein Florentiner Freund, „und daß Ihr nun bereit seid, Euch Euren Geschäften zu widmen und Eurem Seelenheil. Was das Bauen angeht, so ist es allerdings höchste Zeit!"

Und nun zu dem Haus, wie es nach so vielen Jahren Arbeit schließlich aussah: In einem Inventar von 1407 wird es beschrieben als „ein großes und schönes Haus, gelegen in Prato im Viertel Porta Fuia... mit großem Wohntrakt, mit Brunnen, Innenhof und ausgemalter gewölbter Loggia, sehr schön." Sein Wert wird darin auf 1000 Gulden geschätzt. Allein an seiner Größe konnte man schon erkennen, daß es einem reichen Mann gehören mußte, denn im Durchschnitt hatten Privathäuser damals fünf bis sechs Räume, ja selbst die prächtigsten Wohnhäuser in Florenz besaßen selten mehr als 12 oder 13 Räume.[3] Normalerweise waren die Wände nur aus Holz oder nackten Ziegelsteinen, während sie bei Datini verputzt und bemalt oder freskiert waren. Auf der Rechnung des Malers steht geschrieben: „Ich dekorierte alle Wände des Hofs von oben bis unten in der ganzen Höhe des Hauses mit gemalten Quadern in Freskotechnik auf Feinputz. Ich habe dafür ausschließlich meine eigenen Farben hergenommen: das kommt im ganzen auf 20 Gulden."

Das Dach war nach damaliger Art mit Ziegeln gedeckt, und der einzige architektonische Schmuck des Baus war eine direkt unter dem Dach gelegene *verone*, eine hübsche Säulenloggia. Sie wurde nicht nur bei großer Hitze als zusätzlicher Wohnraum benutzt, sondern auch zum Lüften von Pelzen und von Wolle, zum Ausklopfen von Teppichen und Decken und zum Wäschetrocknen.

Die Fenster waren verhältnismäßig klein. Schwere hölzerne Fensterläden an Angeln ließen sich nach innen öffnen. Die Fenster dagegen gingen nach außen auf oder konnten hochgezogen werden wie Jalousien.[4] Meist waren es, was man damals *finestre impannate* nannte, nämlich leichte Holzrahmen, in die ölgetränktes Leinen oder aus Baumwolle hergestelltes Papier gespannt war. In einem Brief erwähnt Francesco aber auch einmal eine Bestellung über „ein Fenster mit Gitterstäben" (wobei das Eisen für die Stäbe 26 *danari* pro *libbra* kostete) – was den Schluß nahelegt, daß die Fenster im Erdgeschoß vergittert waren. Außerdem existiert auch noch die Rechnung von Lionardo di Simone, einem Mönch von Vallombrosa, „*maestro di vetri*", über 50 Gulden für ein *occhio*, ein kleines rundes Glasfenster. Aber es ist fraglich, ob dieses *occhio* tatsächlich für Francescos Haus bestimmt war, denn die Rechnung dafür steht inmitten einer langen Liste von anderen Glasfenstern und Glasscheiben, die auf Francescos Kosten an diverse Florentiner Kirchen gingen.[5]

Der Haupteingang war, nach einer Rechnung des Steinmetzen Goro zu schließen, der die Steine dafür im April 1383 bearbeitete, von 18 *braccia* Haustein gerahmt. Im Türsturz ließ der Schankwirtssohn sein Wappen anbringen: drei rote Balken auf weißem Feld. Das war die Tür, die nach Francescos Wunsch am Morgen nie aufgesperrt werden durfte, bevor seine Frau aufgestanden war. Aber jetzt gehen wir einfach einmal durch diese Tür ins Haus hinein.

Die Wand der Eingangshalle schmückt ein großer Christophorus, ein Fresko, das heute zwar etwas verblaßt, aber noch deutlich zu sehen ist.[6] Er war der Hüter des Hauses, denn nach einem alten Volksglauben hatte der Heilige vor seinem Martyrium darum gebetet, daß, wo immer auch sein Bild sei, „kein Unglück hereinbrechen soll, weder durch Hagel und Feuer noch durch Hungersnot und Pest". Die Räume sind heute ganz anders aufgeteilt als damals. Aber in einem von ihnen sieht Francesco immer noch streng aus einem Porträtbildnis auf uns herab. Die holprigen Verse darunter lauten:

Francesco io son di Marco che lasciai
Di mie sostanze herede i miei Pratesi
Perchè la patria mia più ch'altro amai.

Francesco di Marco bin ich, der gibt
seinen Pratesern als Erben seinen Besitz,
weil er über alles die Heimatstadt liebt.

Einem Inventar von 1405 zufolge lag im Erdgeschoß ein Kontor, der Weinkeller, das Gästezimmer mit zwei Betten und die grün ausgemalte *loggia della corte*, die so genannt wurde, um sie von der Loggia im Obergeschoß zu unterscheiden. Derartige Loggien, die man an ein Haus anbaute, um dort Feste feiern zu können, wurden damals gerade modern. Sie trugen viel zur Schönheit und zur Lebendigkeit der toskanischen Städte bei. Häufig waren sie mit prächtigen Fresken geschmückt, mit Girlanden behängt; der Boden war mit Binsen bestreut. Dort gaben die Reichen ihre Gastmähler, bewirteten und unterhielten ihre Freunde mit Musik und mit Tanz. Wenn die Loggia, wie oft, zur Straße hin offen war, nahmen natürlich immer auch ungeladene Gäste an den Festlichkeiten teil.

Es gab zwei Küchen, eine im Erdgeschoß und eine im oberen Stockwerk, von denen aber nur die obere benutzt wurde. Das rührte wahrscheinlich daher, daß die Häuser früher meist aus Holz gewesen waren oder keine Kamine hatten. Deshalb legte man die Küche aus Sicherheitsgründen entweder in ein separates Gebäude hinter das Haus oder zumindest ins oberste Stockwerk unters Dach. Obwohl inzwischen die meisten Häuser schon aus Stein oder Ziegel waren, saß die Angst vor dem Feuer noch so tief, daß

Francescos Zeitgenosse Paolo da Certaldo dem umsichtigen Hausherrn riet, er solle niemals ins Bett gehen, bevor er sich nicht mit eigenen Augen versichert hätte, daß das Feuer gelöscht worden sei, und außerdem solle er stets zwölf große Säcke zur Hand haben, „um darin Wertsachen wegtragen zu können", desgleichen ein Tau, „das vom Dach bis zum Erdboden reicht, damit Du Dich daran von jedem Fenster Deines Hauses auf die Erde hinunterlassen kannst, wenn einmal ein Feuer ausbrechen sollte".[7]

Alle Räume im Erdgeschoß waren gewölbt, einige davon mit Fresken ausgeschmückt, und sie hatten Ziegelfußböden, die immer aufs sorgfältigste poliert und gewachst waren. Da das Wort *tappeto* sowohl einen Teppich als auch eine Bettdecke bezeichnen konnte, ist es fraglich, ob Francesco überhaupt Teppiche in seinem Haus liegen hatte. Der einzige „*tappeto*", der ausdrücklich erwähnt ist (er kam aus Genua und kostete zehn Gulden) lag auf dem Podest eines Bettes, das gleichzeitig Trittstufe war. Zwar sind auch etliche katalanische Esparto-Matten aufgezählt, aber über ihren Verwendungszweck wird nichts Näheres gesagt. Esparto- oder Binsenmatten waren damals in Stadthäusern schon allgemein in Gebrauch gekommen; auf dem Land wurde einfach das geschnittene Ried auf den gestampften Lehmfußboden gestreut.

In der Halle waren drei *palvesi*, drei Schilde aufgestellt; zwei von ihnen zierte das Wappen Francescos, den dritten ein gemalter Löwe. Als Domenico di Cambio sie für Francesco bestellte, wollte er, da er ja ein eingeschworener Welfe war, wissen, ob oben ein Rechen darauf gemalt werden solle, „wie es bei den Welfen von Florenz der Brauch ist". Er bereitete ihn schonend darauf vor, daß jeder der Schilde 58 *soldi* kosten werde. Doch das war in diesem Fall ein Preis, den Francesco nur zu gern zu zahlen bereit war, denn er konnte sich gar nicht satt sehen an seinem Wappen. Überall prangte es: Nicht nur auf diesen Schilden und an Türstürzen ließ er es anbringen, sondern auch auf dem Eßgeschirr, den Gabeln, den Bettvorhängen, sogar auf den Fresken und den Meßkelchen, die er großzügig der Kirche stiftete. In der offenen Gesellschaft dieser Zeit war es nicht unbedingt ein Zeichen adeliger Herkunft, ein eigenes Familienwappen zu besitzen; es zeigte vor allem an, daß jemand es zu etwas gebracht hatte. Wer in der gesellschaftlichen Rangordnung aufgestiegen war, verschaffte sich ein Wappen. Deshalb maß ihm der Sohn eines Schankwirts so große Bedeutung zu, und deshalb war er so voller Stolz und Freude, als ihm, nach dem Besuch Louis II. von Anjou in seinem Haus, die Erlaubnis erteilt wurde, die französische Lilie in sein Wappen aufzunehmen.

Wie die Räume im Oberstock aufgeteilt waren, ist nicht mehr zu rekonstruieren. Sicher ist nur, daß es eine *sala grande* gab, die wahrscheinlich in der Mitte lag, so daß man von ihr aus in alle anliegenden Zimmer gelangte. Das waren „*la camera di Francesco grande*", wo er und Margherita schliefen, zwei Gästezimmer, die Küche, die obere Loggia und die sogenannte „Schreibstube Francescos", die aber als Vorrats- und Abstellkammer entfremdet wurde. Sein richtiges Kontor befand sich gegenüber im Fondaco. Dessen Einrichtung bestand einer Inventarliste von 1397 zufolge aus vier Schreibpulten (auf einem davon lag ein „*tappeto*", auf einem anderen stand ein Kästchen, „in dem Francesco seine Schriftsachen aufbewahrt", dazu zwei Körbe für Briefe und eine Schale für Kleingeld), außerdem aus etlichen Truhen und einem Schrank. Auch dieser war, wie alles übrige in dem Kontor, grasgrün angestrichen.

Es fällt auf, daß es keine Dienstbotenzimmer gab, obwohl die Dienerschaft doch so zahlreich war. Die Erklärung dafür ist, daß die Bediensteten einfach dort schliefen, wo gerade Platz war: in der Küche, auf dem Treppenabsatz oder auf einem einfachen Lager in den Zimmern der Herrschaft.

Den größten Luxus des Hauses stellten zwei gemauerte Kamine dar. Der eine war mit Francescos Wappen geschmückt, der andere befand sich in einem Gästezimmer und war *alla francesca*, worunter man einen Kamin verstand, der einen Rauchfang und einen Abzug in der Wand hatte, und nicht einfach, wie damals üblich, eine offene Feuerstelle mitten im Raum ohne jeden Rauchabzug.[8]

Datinis zwei Kamine waren ausgerüstet mit Feuerböcken, Feuerzangen, Schaufel, ja sogar Blasebälgen – *un ingegno da far vento*. Davon abgesehen aber gab es im ganzen Haus keine weiteren Wärmequellen außer den Wärmepfannen, die man nachts in einem Holzgestell ins Bett stellte, das anzüglich „*il prete*" (der Priester) genannt wurde, und außer den kleinen irdenen Wärmetöpfen, die auch heute noch manche Bauersfrau mit rotglühender Holzkohle gefüllt auf den Knien hält wie seit jeher. Da wundert man sich nicht mehr, daß damals Männer wie Frauen im Winter pelzgefütterte Kleidung trugen!

Als Lichtquellen benutzte man Laternen aus Bein, Wachsfackeln an langen Stangen, Talgkerzen und kleine Öllampen aus Messing, die fast ebenso aussahen wie die Öllämpchen der alten Römer und in denen Rückstände vom Olivenöl verbrannt wurden.

Aborte werden überhaupt nicht erwähnt, obwohl sie zu dieser Zeit schon in manchen Florentiner Häusern existierten. Doch sowohl im größten Gästezimmer wie auch in der Halle gab es eine *iscranna forata*, einen Nachtstuhl. Als Waschgelegenheiten gab es „zwei Fußwaschbecken und eine runde Barbierschüssel" in der Küche, zum Abtrocknen ein paar Tücher.

Manche der gewölbten Decken waren bemalt, z. T. mit goldenen Sternen auf blauem Grund, die zwar heute recht verblichen, aber immer noch sichtbar sind. Auch die Wände trugen Freskoschmuck: von Tieren bevölkerte Haine, darunter geometrische Friese, während andere Wände nur geometrische Muster trugen. Von der Rechnung des Malers Arrigo di Niccolò wissen wir, daß er die Wände des Flurs zwischen dem großen Schlafzimmer und der Küche, den er *viale* nennt, mit einem Marmormuster und die Decke mit goldenen Lilien auf blauem Grund bemalt hat, woraus man schließen kann, daß der Auftrag erst ausgeführt wurde, nachdem Louis

von Anjou Gast im Hause gewesen war. Außerdem malte er noch das
Gästezimmer im Erdgeschoß für 15 Gulden mit einem Betthimmel und
Bettvorhängen aus, um dort einen echten Betthimmel und Stoffvorhänge
vorzutäuschen.[9]

2

Die Liste des Mobiliars ist für unsere Maßstäbe recht dürftig, entsprach aber
durchaus dem damaligen Standard. Außerdem ist es natürlich mehr als
verwunderlich, daß Francesco, der schließlich Tuchmacher und -verleger
war und französisches Tuch importierte, keinen einzigen seiner Räume mit
schönen Wandbehängen schmückte. Dazu muß man allerdings wissen, daß
im 14. Jahrhundert solche Textilien mit Ausnahme der Bettvorhänge und des
Betthimmels nicht in ständigem Gebrauch waren, sondern sorgfältig zusam-
mengelegt in Truhen aufbewahrt wurden und nur zu besonderen Gelegenheiten, nämlich Hochzeiten und zu hohen Feiertagen, ans Licht kamen.
Dann hängten die Leute alle ihre Brokatstoffe und Teppiche auf und
schmückten so die Wände ihrer Häuser innen und außen zur Straße, ihre
Fensterbänke und Loggien, ja sogar die Bänke, die sie vor dem Haus
aufgestellt hatten.

Der Wandbehang, den man im *trecento* am häufigsten sah, war der
capoletto – ursprünglich, wie der Name schon sagt, eine Stoffbahn, die am
Kopfende des Betts angebracht war, im Lauf der Zeit aber als Schmuck für
jede beliebige Wand oder als Decke für die Rückwand einer Bank verwendet
wurde. Meist waren *capoletti* aus feinem Tuch von französischer Wolle, aus
sargia. Nur im Sommer nahm man dafür lieber Leinen, das häufig mit
fröhlichen Farben und bunten Mustern bemalt war. In Francescos Haus
wurden diese Materialien sowohl für Betten als auch für Betthimmel und
Bettvorhänge benutzt. In seinem Schlafzimmer in Prato befand sich „ein
Bettvorhang mit einem Betthimmel aus bemaltem Leinen", und in Florenz
beide aus blauem Leinen, bemalt mit seinem und Margheritas Wappen. Im
Doppelzimmer für Gäste in Prato hingen ebenfalls „vier bemalte Bettvorhänge" und ein großer Betthimmel, und auf einem der beiden Betten lag
„eine große Bettdecke"; auch die Einzelzimmer hatten sowohl Bettvorhänge
als auch Betthimmel. Bettvorhänge und Baldachin bildeten so etwas wie
einen Raum im Raum, und dieser wurde auch wirklich – ebenso wie in
Frankreich – „*camera*" genannt.

Das Bett war mit Abstand das wichtigste Möbelstück. Im Schlafraum von
Francesco und Margherita maß es sechs *braccia*, also gut drei Meter in der
Breite und stand auf einem niedrigen Podest, das ringsherum ging und
gleichzeitig als Stufe, als Bank und als Truhe diente. Außer den Vorhängen
und dem Betthimmel gehörte noch eine gestreifte Matratze dazu, „der
Überzug in Paris angefertigt", zwei Prunkkopfkissen aus golddurchwirktem

Tuch sowie sechs Kopfkissen mit Überzügen aus feiner Spitze *a reticella*. Die Bettdecke „war mit alten Leintüchern und mit feinen Federn gefüllt", außerdem gab es noch eine „gestreifte, doppelt breite Überdecke, mit blauem Tuch unterfüttert und mit feiner Wolle gefüllt", sowie *„un piumaccio pieno di penne"*, ein Federbett, mit gestreiften Überzügen. In solch einem Bett mußten Francesco und Margherita ganz bestimmt nicht frieren, auch wenn sie vermutlich nackt darin schliefen!

Weitere wichtige Einrichtungsgegenstände des Schlafzimmers waren dann noch die Truhen, Kisten und Kasten, in denen nicht nur Kleider und Wäsche aufbewahrt wurden, sondern auch Pelze und Schmuck. Oft gehörten sie zum Brautschatz und waren von außerordentlicher Schönheit, mit Hochzeitszügen, Bankettszenen und anderen Motiven reich bemalt oder mit eleganten Mustern verziert. Leider sind die Truhen aus Datinis Besitz nirgendwo näher beschrieben; die Inventarliste führt einen beschlagenen Kasten und drei Truhen mit Schlössern auf. Außerdem besaß Margherita zwei kleine Kassetten, eine „aus schwarzem und weißem Bein, angefertigt in Florenz", und eine „aus Avignon, mit geschnitzten Elfenbeinreliefs rundherum". Dazu eine Lederschatulle, in der sie ihre Ringe aufbewahrte, und eine weitere aus Holz, „überzogen mit Leder, auf das goldene Lettern und Muster gemalt sind".

Sonst standen im Schlafraum nur noch ein *cappellinaio*, ein Kleiderständer,[10] eine *credenza*, ein niedriger Schrank für Geschirr und Bestecke, ein Stuhl[11]; schließlich gab es sowohl in diesem Zimmer als auch im besten Gästezimmer je ein *„desco da parto dipinto"*. Diese bemalten „Niederkunftstischlein" zum Servieren hatten ihren Namen daher, daß sie ein beliebtes Geschenk zur Geburt eines Kindes waren. Häufig waren es richtige Kunstwerke mit anmutigen Darstellungen von Hochzeits- oder Bankettszenen.

Kein einziger Spiegel ist in dieser Liste aufgeführt, aber wir wissen, daß zumindest einer vorhanden gewesen sein muß, und zwar der, den Ser Lapo Mazzei im Jahre 1391 Margherita schenkte, weil er meinte, sein eigenes Haus sei nicht würdig, solch ein Schmuckstück zu beherbergen. Deshalb schrieb er damals an Francesco:

Erst hatte ich ihn im Speisesaal aufgehängt, dann im Schlafzimmer, zuletzt in meinem Studierzimmer, und ich fand, daß er an keiner Stelle paßte; schlimmer noch: ich glaubte, daß er sich über die unkultivierte Herberge beklagte, die ich ihm gab; deshalb dachte ich, daß er sich in der Mitte Eurer großen Halle zwischen den Wandteppichen und inmitten der strahlenden Schönheit Eurer bemalten Wände wohler fühlen würde, im schönsten Schloß der Welt, und dort wiederum im vornehmsten Teil.[12]

Einen weiteren Spiegel, „neu, schön und gut und klar", schickte Domenico di Cambio für Francescos Kontor. Wahrscheinlich war es ein Konkavspiegel, wie man sie damals häufig benutzte, um das Tageslicht auf ein Schreibpult zu reflektieren. Domenico schenkte ihn Francesco, „weil er gut ist für die Augen, wenn Ihr lange schreibt..."

Weitere Ziergegenstände waren „drei Schalen aus Damaskus" eine für Rosenwasser, eine aus weißem Glas und eine „Glasschale mit Goldarabesken verziert"; dazu noch drei Bilder, die religiöse Themen darstellten. Am besten war das Gästezimmer im Erdgeschoß ausgestattet. Dort war einmal Francesco Gonzaga untergebracht, ein anderes Mal Louis II. von Anjou. Außer *due letti con predelle*, also zwei Betten auf Podesten, „mit Vorhängen, Matratzen und Bettdecken" und einem „kleinen Bett mit einer kleinen Matratze von drei *braccia*" (gut 1 ½ m) standen noch ein Tisch aus Nußbaumholz auf zwei Böcken darin, eine Sitztruhe, ein Nachtstuhl und zwei kleine Serviertischchen aus eingelegtem Walnußholz. Interessant ist, daß es statt eines Doppelbetts zwei Betten gab, um die aber ein gemeinsamer Vorhang ging. Beide hatten sie weiße Bettdecken, darüber waren Tagesdecken aus französischem Scharlachtuch gebreitet. Zum kleinen Bett gehörte außerdem noch ein *tappeto*. In diesem Raum befand sich auch der französische Kamin.

Im kleinen Gästezimmer im Erdgeschoß standen außer dem Bett mit seiner Bett-Truhe, dem Betthimmel und den Vorhängen ein Nußholztisch *a cavalletto*, also wieder auf losen Schragen, und nicht weniger als sechs Truhen; dazu ein Madonnenbild in einem Schrein. Die Wände des oberen Gästezimmers waren mit einer Dekoration bemalt, die Fehfelle imitierte; seine Einrichtung bestand aus einem vier *braccia* breiten Bett auf einem Podest, einem Kissen, einer Truhe, zwei bemalten und armierten Kästen und einem Schemel. In jedem dieser Zimmer stand außer dem großen Bett noch das obligate Klappbett für Dienstboten.

Die eigentlichen Wohnräume dagegen scheinen weniger reich möbliert gewesen zu sein. Im großen Saal gab es praktisch nichts außer Tischen: ein Eßtisch von acht *braccia* Länge, ein weiterer Walnußtisch auf zwei Schragen *(trespoli)* und zwei runde Tischlein, ferner zwei Stühle mit Sitzflächen aus Binsengeflecht, eine Bank und fünf Stangen aus Fichtenholz, um Tuche aufzuhängen. In der Loggia standen eine hölzerne Presse, ein Eimer, ein paar Krüge und Gläser. Selbst zu Datinis Kontor gehörte ein kleines Bett, darüber hinaus nur noch ein großer Tisch aus Nußbaumholz auf zwei Böcken, ein kleines Sitzpult, eine lange Bank (sicher für Kunden und Bauern), drei *cassapanche*, Sitztruhen, und zwei Schilde mit Francescos Wappen.

Die Küchen waren wahrscheinlich am spärlichsten eingerichtet. In der unteren gab es nur einen Eßtisch, eine *madia*, das ist eine kombinierte Mehl- und Brottruhe mit einem Backtrog, wie sie noch heute in toskanischen Küchen zu finden ist, ein hölzernes Spülbecken, ein mit Luftlöchern versehenes und absperrbares Schränkchen für getrocknetes Fleisch und drei Bettgestelle für Diener. Das Mobiliar der oberen Küche bestand nur aus zwei Holztischen, wieder einer *madia* und einem Kasten. Die Kochgeräte hingen vermutlich an Haken an den Wänden; auch in den anderen Räumen des Hauses finden wir etliche Küchengeräte. Es sind verzeichnet:

zwei riesige Kessel,
ein großes Messingbecken,
drei kleine Kupferkrüge,
zwei große Kupferkrüge,
zwei eiserne Kochkessel, die an Ketten über der Feuerstelle hingen,
eine kupferne Backform,
vier Bratpfannen, zwei Bratspieße und ein Bratrost,
eine nicht näher angegebene Anzahl weiterer Tiegel, Töpfe, Pfannen,
20 Ölkrüge, einer davon für das Öl für die Öllampen,
zwei Fässer für Essig,
eine Waage, die bis 90 *libbre* ging,
zwei Mörser mit Stößeln (je einer in jeder Küche),
ein Salzfaß,
ein Zuckerfaß,
eine Kupferpfanne, „um darin Blutpfannkuchen zu machen",
eine große Pfanne zum Auslassen von Speck,
ein Sieb und eine Eisenschaufel „zum Herstellen von *pillole*",
drei Feuerböcke und viele Feuerhaken und Kamingeräte,
eine Schüssel „zur Zubereitung von Konfekt".

Außerdem gab es noch ein paar Tische und Stühle in der oberen Loggia, woraus man schließen kann, daß sie manchmal auch als zusätzlicher Wohnraum benutzt wurde.

Das Besteck- und Geschirrverzeichnis ist nicht gerade üppig. Gabeln waren damals noch eine Rarität,[13] und die zwölf Silbergabeln hielt Francesco in seinem eigenen Zimmer unter Verschluß. Außer diesen gab es noch sieben silberne Löffel, die Niccolò dell'Ammannato gehörten und die er Francesco als Pfand überlassen hatte, ein paar silberne Messer und zwei silberne Becher. An Zinngeschirr sind zwölf Suppenteller, sieben flache Teller und zwölf Schüsseln aufgeführt. Es gab jedoch auch noch zwölf Majolica-Schüsseln, die in Valencia für Francesco angefertigt und mit seinem Wappen verziert worden waren, und dazu noch einige reich bemalte Keramikkrüge vom Typ des *alberello*, wie man sie heute noch in alten Apotheken sehen kann; sie waren zur Aufbewahrung von Gewürzen und Arzneien wie Ingwer, Safran, Zimt, Theriak bestimmt. Das Florentiner Haus war nach dem Inventar zu schließen etwas reichlicher mit Keramikgeschirr versehen: sechs kleine Fischteller, 18 Terracottaschalen „um daraus zu essen", drei kleine Terracottaschalen für die Sauce, ein Becken, „um Wasser über die Hände zu geben", drei *rinfrescatoi*, wörtlich „Erfrischer", „um Obst kühl und frisch zu halten".

Die wohlgefüllten Wäschetruhen waren seit jeher der ganze Stolz einer toskanischen Hausfrau, der *massaia*. Als Tuchhändler kam Datini natürlich billiger an Bett- und Tischwäsche. Da Datini zwei Haushalte führte, überschneiden sich die Wäscheverzeichnisse des Hauses in Prato mit denen in Florenz, und manches wird doppelt aufgezählt, so daß es unmöglich ist, die genaue Anzahl der vorhandenen Wäschestücke festzustellen. Eines aber ist sicher: Margherita hielt neben der Wäsche für den täglichen Gebrauch immer einen Vorrat an neuen Wäschestücken in Reserve. Wahrscheinlich wurden die feineren Stücke auch nur für besondere Gelegenheiten aufbewahrt, so die „drei großen in Avignon gearbeiteten Tischtücher", die „vier Kopfkissen aus altrotem Taft mit den Überzügen in Durchbrucharbeit, drei davon in Fischgrätmuster und mit vier Quasten an jedem", und die „vier Prunkkissen aus Goldgewirk mit Bändern und Troddeln, zwei auf blauem Grund und zwei auf rotem".

Bettwäsche scheint – falls nicht weitere Verzeichnisse verlorengegangen sind – weniger reichlich vorhanden gewesen zu sein als Tischwäsche. Nach dem Verzeichnis von 1397 enthielten Margheritas Wäscheruhen damals fünfeinhalb Garnituren von je zwei großen Leintüchern mit Durchbrucharbeit für Doppelbetten, „für das Bett von *Messere* und *Madonna*", dazu neun Garnituren großer Bettücher und zweieinhalb Garnituren kleiner für die anderen Mitglieder des Haushalts – und das war schon alles. Dafür gab es dann aber „zehn große Tafeltücher und vier kleine für die *famiglia*," die meisten davon oben und unten mit sechs Streifen aus leuchtend bunter Baumwolle verziert, „sieben gebrauchte *guardanappe* [große Servietten] und etliche Stück Linnen, in Rollen aufbewahrt, um 70 Schneuztüchlein und zwei Kopftücher daraus zu machen".

Eine zweite Truhe enthielt nur „ein großes Bettuch, sehr fadenscheinig, eine Bettdecke, eine Rolle von einem Stück Leinen mit Durchbrucharbeit für Mundtücher, drei sehr feine Mundtücher, eine große Serviette, neu, mit sechs Streifen, ein Stück Leinen, ungebleicht, von 20 *braccia*, einen Betthimmel aus Leinen, in Seide bestickt". Außerdem lag noch ein großes Sortiment von allerlei Handtüchern darin: „zwölf, in ein Unterhemd eingeschlagen, zehn feine, neue und fünf dicke und grobe, neue, um den Kopf abzureiben". Dazu muß man wissen, daß damals *frugacione*, Rubbeln und Reiben, oftmals als Ersatz für das Waschen dienen mußte und außerdem als sehr gesund galt. Als letztes enthielt diese Truhe noch zwei als Pfand eingesetzte Tischtücher, eines von „Monna Lucia, Wirtin, für das Geld, das sie für die Weinsteuer schuldig war", das andere vom Bäcker „für das Geld, das er uns schuldig ist". Es war also ganz offensichtlich üblich, daß ein vermögender Mann, selbst wenn er kein Pfandleiher im eigentlichen Sinn war, kleinere Beträge gegen Hinterlegung solcher Sicherheiten verlieh.

Schließlich enthielt eine dritte Truhe noch weitere Handtücher:„15 Tücher für den Kopf, mit Streifen, zwei große, breite mit vier Streifen aus *bastone* und sieben gebrauchte mit Baumwollstreifen, auf den Kopf zu wickeln." Diese Tücher für den Kopf waren meist mit einem farbigen Streifen oder auch mit Durchbrucharbeit verziert. Man konnte sie daher als einfachen und recht dekorativen Kopfputz benützen. Sie wurden gefaltet so auf dem Kopf getragen, daß die Säume auf Nacken und Schultern fielen. In dieser Truhe lag auch noch weitere Tischwäsche:

dreizehn große gebrauchte Tafeltücher mit Streifen in Durchbrucharbeit,
vier kleine Tischtücher der besagten Art,
vier kleine Tischtücher, zerrissen,
zwölf große Tischservietten *(guardanappe grandi da tavola)*, mit Baumwollstreifen,
sieben alte *guardanappe*, mit durchbrochenen Streifen, für alle Tage,
fünf kleine *guardanappe* zum Abtrocknen der Hände, mit Baumwollstreifen, verschossen,
vier Tücher für die Hände, neu,
drei sehr schöne Mundtücher, mit drei breiten und zwei schmalen Baumwollstreifen,
sechs alte Mundtücher,
17 alte Mundtücher mit zwei durchbrochenen Streifen,
zwölf alte Mundtücher, „um sie beim Essen vorzuhalten",
neun *mantilluzzi*, „um sie vor sich zu halten, wenn andere essen" (d. h. als eine Art Schürze für die, die bei Tische aufwarten).

Kurz und gut, Margherita konnte recht zufrieden sein, wenn sie ihre Wäsche zählte!

Wenn man diese Listen studiert und dazu das Haus selbst ansieht, kann man nicht gerade behaupten, daß hier großer Aufwand getrieben wurde oder auch nur so etwas wie guter Geschmack herrschte. Die Häuser hatten eben zu Datinis Zeit noch nicht die riesigen gemeißelten Kamine, die Marmorfußböden, die schönen Wandbehänge, die Skulpturen, die eine Generation später die Wohnhäuser der großen Kaufleute schmückten. Das Schönste an der *casa Datini* waren die Proportionen: die Höhe der großen, kahlen Räume, die Stärke der ebenmäßigen Mauern, die Geräumigkeit der Loggien. Zwar waren die Möbel solide und gut, aber abgesehen davon hat man doch eher den Eindruck, daß Francesco die Schönheit eines Möbelstücks nur nach der Höhe seines Preises beurteilte. Wohl kaufte er sich feine, schöne Wäsche, silberne Gabeln, ließ er sich Geschirr mit seinem Wappen anfertigen, wie er sich auch Scharlachumhänge kaufte – doch weniger, weil ihm diese Dinge wirklich gefielen, als vielmehr, weil ein Mann seines Standes sie eben haben mußte. Aus ähnlichem Grund hängte er sich Bilder mit religiösen Motiven ins Haus: nicht so sehr, weil sie ihm gefielen, sondern weil alle Leute ihm sagten, daß es gut sei für sein Seelenheil, wenn er sie betrachte. Fra Giovanni Dominici, dessen Predigten er am meisten bewunderte, behauptete sogar, daß man schon Säuglingen solche Bilder zeigen solle, „solange sie noch im Wickelkissen stecken" – vor allem solche mit dem Jesuskind oder mit den Jungfrauen, „denn gleich und gleich gesellt sich gern".

Es eignet sich dazu die Jungfrau Maria mit dem Kind auf dem Arm, das ein Vögelchen oder einen Granatapfel hält. Andere schöne Figuren wären das Jesuskind, dem die Mutter die Brust gibt, oder das Jesuskind, das im Schoß seiner Mutter schläft... So mögen sich die Buben am Heiligen Johannes dem Täufer ein Beispiel nehmen, wie er als Kind in seinem härenen Gewand in die Wüste geht, wie er mit den Vögelchen spielt, an honigsüßen Blättern saugt und auf der Erde schläft. Sie würden auch keinen Schaden nehmen ... wenn sie den bethlehemitischen Kindermord abgebildet sähen, damit sie Angst bekämen vor Waffen und Bewaffneten. Und so würden sich kleine Mädchen am Anblick der 11 000 Jungfrauen erbauen, wie sie sprechen, beten und das Martyrium erleiden.[14]

Auf diese Weise, so versicherte der Prediger, könne jemand sein Haus „nahezu in ein Gotteshaus" verwandeln.

Francesco tat dazu, was in seinen Kräften stand. Außer dem großen Christophorus am Eingang zu Füßen der Treppe hatte er noch drei fromme Bilder in seinem Schlafzimmer hängen und je eines in den Gästezimmern, eines auch in seinem Kontor. Besorgen mußte sie allerdings immer Domenico di Cambio für ihn. In einem Brief vom November 1390 schreibt dieser:

> Ihr sagt, Ihr wollt, daß ich für Euch auf eine dieser Tafeln Unseren Herrn malen lassen soll, aber Ihr sagt nicht, ob Ihr Ihn am Kreuz wollt oder wie sonst... Ich habe zwei Paar [Bilder] für Buoninsegna anfertigen lassen. Bei dem einen Paar ist jedes Bild so groß wie ein Folio: auf einem Flügel habe ich Unseren Herrn am Kreuz und zu seinen Seiten Unsere Mutter Maria und den Heiligen Johannes malen lassen. Auf dem anderen Flügel ist die Mutter Maria zu sehen, sitzend und mit dem Christuskind auf dem Arm – alles auf feinem Gold.

Ein paar Tage danach schlug Domenico eine *pietà* vor, das ist „Christus, Unser Herr, wie er aus dem Grab steigt *[quand'esce dal munimento]*, neben ihm die Muttergottes, und der ganze Grund in Gold gehalten". (Damit meinte Domenico wahrscheinlich eine Pietà ähnlich der von Lorenzo Monaco in der Accademia in Florenz mit dem aus dem Sarkophag steigenden Christus.) Man erkennt daraus ganz deutlich, daß für den Schreiber dieser Zeilen der künstlerische Wert dieser Bilder völlig zweitrangig war gegenüber dem eigentlichen Zweck, nämlich „die Seele eines Menschen zur Frömmigkeit zu bewegen". „Es ist wahr, daß den Menschen, die ihr Herz gegen Gott verschließen und die verstrickt sind in die Dinge dieser Welt, diese frommen Geschichten nottun; da mir scheint, daß Ihr einer von jenen seid, werde ich für Euch allen Eifer anwenden, damit Ihr gut damit bedient werdet."

Diese Bilder waren nicht die einzigen Kunstwerke, die Francesco erwarb. Dieselben Maler, die sie ihm geliefert hatten und die die Wände seines Hauses dekorierten, schmückten auch Wände und Altäre etlicher Kirchen auf seine Kosten, vor allen anderen die Kirche San Piero Forelli und die seinem Namenspatron geweihte Kirche von San Francesco. Noch während sein eigenes Haus im Bau war, schickte er seine Maurer dorthin, damit sie ein kleines Tabernakel errichteten, in dem dann Goro, sein Steinmetz, einen Sockel aus *pietra serena* von Fiesole für ein Kruzifix anfertigte und aufstellte und der Maler Tommaso del Mazza ein Fresko mit der Heiligen Katharina und anderen Heiligen malte, ihnen zu Füßen Francesco und Margherita als Stifter. 1395 freskierten die Maler Lorenzo di Niccolò und Niccolò Gerini die Wand über einem der Portale mit den Szenen der Verkündigung, der Geißelung, der Auferstehung und einer Gottvater-Figur; Niccolò, der damals gerade an dem Christophorus in Datinis Haus arbeitete, malte außerdem noch ein Kruzifix, ein Tafelbild mit der Muttergottes, ein Fresko mit der Stigmatisation des Heiligen Franziskus, „zu seinen Füßen Francesco di Marco, das ganze mit Blattwerk und Medaillons in feinem Blattgold und Ultramarinblau", und schließlich über der Tür zum Kloster noch ein weiteres Fresko: der Heilige Franziskus zwischen zwei Heiligen, dazu Portraits von Francesco und Margherita und das Wappen Datinis. Als das Werk vollendet war, schrieb Niccolò Gerini an seinen Auftraggeber: „Die Mönche, die dort waren, preisen Euch aufs höchste dafür, daß Ihr diese Seite des Portals instandgesetzt und geschmückt habt, die bis jetzt nur etwas für Bauernflegel war."[15]

Datinis wertvollste Stiftung an die Kirche waren jedoch wohl die farbigen Glasfenster „mit Geschichten darauf". Er schenkte nicht nur Prato solche Glasfenster, sondern auch allen bedeutenden Kirchen in Florenz: der Certosa, Ognissanti, Santa Maria Novella, San Gallo, San Miniato und Santa Croce. Die Glasfenster waren das Werk eines Mönchs von Vallombrosa, des Don Lionardo di Simone, und kosteten ca. drei Gulden pro *braccio*, zuzüglich der Kosten „für die Bleifassungen, das Handwerkszeug, das Behauen des Steins und auch für Essen und Trinken für mich selbst und meine Leute".

Die große Anzahl der Kunstwerke, die er stiftete, erweckt den Eindruck, als sei Francesco ein großzügiger Kunstmäzen gewesen. Die Briefe jedoch, die er an die Künstler schrieb, an die er seine Aufträge vergab, sprechen eine ganz andere Sprache und zeigen ihn in einem weniger schmeichelhaften Licht: Er war ungeduldig, stets unzufrieden, solange das Werk in Arbeit war, und knauserig, wenn es ans Zahlen ging. Ein Künstler, der es sechs Monate lang versucht hatte, in Datinis Haus zu arbeiten, schrieb an Luca del Sera, daß er habe weggehen müssen, und zwar ausschließlich wegen Francescos Launenhaftigkeit. „Meiner Treu, wenn er nur ein anderer Mensch gewesen wäre, hätte ich mich bemüht, noch viel länger zu bleiben, aber ich sah deutlich, daß ich eines Tages wegen seines sonderbaren Benehmens in Zwietracht von ihm geschieden wäre." Er fügte hinzu, daß Francesco immer gleich in Wut gerate, „wenn ihm auch nur ein kleiner Strohhalm zwischen die Füße gerät", „...und jeden Tag blieben wir bis nach Mitternacht auf, wobei er die ganze Zeit jammerte über das große Unrecht, das ihm immerfort zugefügt werde". Selbst der Steinmetz Goro, sein getreuester Handwerker, klagte, daß er oft zu Unrecht von ihm getadelt worden sei. „Ich weiß nicht, ob Dir ein anderer willfähriger dienen würde oder ergebener wäre... Nichtsdestoweniger füge ich mich, es geduldig zu ertragen, jetzt und immerdar."[16] Nach seinen Rechnungen zu schließen arbeitete Goro sage und schreibe 24 Jahre lang für Francesco, ohne einen Heller dafür zu erhalten.[17] Als er dann endlich doch um den ihm zustehenden Lohn für alle seine Arbeiten bat, scheint sein Arbeitgeber baß erstaunt und sogar entrüstet gewesen zu sein. Denn in einem Brief eines Freundes aus Bologna heißt es: „Ich wundere mich über Goro, von dem ich angenommen hatte, daß er ein braver Mann sei." Jedenfalls dauerte es noch weitere sechs Monate, bevor die Rechnung endlich bezahlt wurde: eine Rechnung über eine unglaubliche Reihe von behauenen Steinen, Gesimsen, Säulen, Fensterrahmen, Türschwellen, Türrahmen, Haustürstufen usw., die zwischen 1383 und 1407 geliefert worden waren und jetzt zusammen 280 Goldgulden machten.

Bei all diesen Rechnungen fällt auf, wie wenig die Künstler und Handwerker für ihre eigentliche Arbeit bekamen und wie hoch im Verhältnis dazu die Kosten für das Material zu Buche schlugen. Das war wohl der Grund dafür, daß Auftraggeber die Materialien häufig selbst stellten, wie es auch Datini machte, als er ein Paar neue Bettvorhänge brauchte. Da ließ er in Florenz erst das Tuch weben, mangeln, scheren und färben, kaufte er selbst die Farben zum Bemalen, und erst dann ließ er den Maler kommen, der es mit seinem Wappen schmücken sollte.

Am kostbarsten von allen Farben war das feine *azzurro ultra-marino* oder *transmarino*, das man aus zerriebenem Lapislazuli gewann und das von den Alchemisten des Orients „die Blume des Orients" genannt wurde; in den Rechnungsbüchern wird es auch manchmal als *„azzurro fino"* geführt. Es kostete pro Unze einen ganzen Gulden. Deshalb verwendeten die Maler statt dessen oft das billigere *azurro d'Alemagna*, das aus Kupfer gewonnen wurde. Gold war ebenfalls sehr teuer und wurde großzügig verwendet. In einem Schreiben von 1395 bittet der Maler Niccolò Gerini Francesco um fünf Gulden „für die großen Kosten des Goldes", das er für ein einziges Kruzifix benötigte. Der Preis eines Bildes hing in erster Linie von seiner Größe und außerdem von der Qualität der verwendeten Farben ab. In nahezu allen Bildaufträgen von Francescos Filiale in Avignon sind die genauen Abmessungen der bestellten Bilder vorgegeben, und die voraussichtlichen Kosten wurden aufgrund dieser Angaben kalkuliert. Es existiert sogar ein Brief von Agnolo Gaddi an Francesco, in dem dieser ihm mitteilt, daß die zwei Figuren der Heiligen Jungfrau und des Heiligen Johannes wenn sie 3 *braccia* groß sein sollten, auf 25 Gulden kämen.[18] Wenn man das weiß, ist es wiederum recht interessant zu erfahren, daß ein Tafelbild der Muttergottes, das Datini einem armen Franziskanerkloster auf Korsika stiftete, ihn bei weitem billiger zu stehen kam. „Es hätte mehr gekostet, wenn es auf Goldgrund gemalt worden wäre; sie malten es auf vergoldetem Silber, damit es weniger kostspielig wird."[19]

Datini hatte einen Streit mit der Gilde der Ärzte und Apotheker, der auch die Malergilde angeschlossen war und der auch die Kurzwarenhändler, Barbiere, Buchmaler, Lederwarenhändler und -spezialisten, Sattler, Taschner und sogar etliche Waffenschmiede und Schmiede angehörten. Die Konsuln dieser Gilde legten nämlich Datini nahe, er müsse auch ihrer Gilde beitreten, da er ja noch immer mit Kurzwaren handele. Er aber lehnte das strikt ab, mit der Begründung, daß er ja bereits der Tucher- und der Seidengilde angehöre. Trotzdem kam er sicher durch seine Beziehungen zu all diesen Gilden und Handwerkern an seine Grundmaterialien zu Vorzugspreisen heran. Tatsächlich bestand zwischen all diesen verschiedenen Handwerkern eine enge Abhängigkeit. In seiner Eigenschaft als Kurzwarenhändler importierte Datini z. B. aus Lyon oder aus der Provence Rinderdärme, die die Florentiner Goldschmiede brauchten, um ihre Edelmetalle zu Bändern und Blattgold sowie Blattsilber flachzuhämmern. Die Maler kauften ihre Farben und Firnisse von Apothekern, Pinsel und Leinwand vom Kurzwarenhändler, fertige Holztafeln vom Tischler, Leder vom Sattler. Manchmal war auch ein und derselbe Mann Apotheker und Maler zugleich. Agnolo Gaddi empfahl z. B. zwei Künstler an Francesco und erklärte, daß der eine von Beruf Sattler sei, der andere „Maler, der auch Skulpturen macht". Es gab keine scharfe Trennungslinie zwischen Handwerkern und Künstlern. Ein *dipintore* hielt es ganz und gar nicht für unter seiner Würde, wenn er einmal ein Altarbild zu malen hatte und ein andermal wieder die Wände eines Hauses anstreichen oder Hochzeitstruhen, Bettvorhänge, Wappenschilde und Banner, Satteldecken und Pferdegeschirr, Wachsfiguren oder Keramik bemalen mußte. Arrigo di Niccolò, *dipintore* seines Zeichens, malte eines der Tafelbilder, das Francesco der Kirche stiftete, und dekorierte und bemalte gleichzeitig die Wände von Francescos Innenhof und seines Fondaco – und sein Honorar war für das Altarbild und die Malerarbeiten so ziemlich das gleiche. Er verdiente, ebenso wie Agnolo Gaddi, etwas weniger als einen Gulden am Tag, während Maestro Maso di Venezia, als er *dipintore di cortina* war, 30 *soldi di piccioli*, also etwa anderthalb *lira* bekam. Zusätzlich zu diesem Lohn erhielten allerdings die Maler und alle Gehilfen, die sie mitbrachten, Unterkunft und volle Verpflegung. Außerdem gab es noch den schönen Brauch, der auch heute noch in der Toskana auf dem Land üblich ist, daß immer, wenn wieder eine Arbeit vollendet war, ein großes Festessen für die Handwerker veranstaltet wurde. So lesen wir z. B., daß Francesco für ein Essen „zu Ehren der Zimmerleute" aufkam; dabei gab es ein Viertel von einem Zicklein, Aale, die den ganzen Weg von den Valle di Comacchio herübergebracht worden waren, Saubohnen *(bacelli)* und 91 Orangen – Gesamtkosten: *lire* 23.11.4.

Manchmal allerdings verlangte ein Maler auch, nicht tageweise, sondern pro Werk bezahlt zu werden. In diesen Fällen wurde der Preis, wenn er nicht schon im vorhinein vertraglich fixiert war, von „unparteiischen Schätzern" festgelegt. Genau das scheint der Fall gewesen zu sein, als Agnolo Gaddi zusammen mit Niccolò Gerini und einem weiteren Maler die Wände der Loggia in Datinis Haus ausmalte. Denn Francesco fand, daß ihre Forderungen maßlos übertrieben seien. „Wenn Giotto noch lebte, würde er, glaube ich, billiger sein", empörte er sich. „Da sie auf lockere Erde gestoßen sind, meinen sie, sie könnten nun bei mir ihre Spaten bis zum Knauf hineinschlagen. Gott behüte mich vor anderen dieses Schlags."[20]

Was Francesco unterschlug, war, daß er alle drei Maler ohne Bezahlung aus dem Haus geworfen hatte, daß sie nach Florenz zurückgegangen waren und auch ihre Arbeit in San Francesco unvollendet stehen lassen mußten. Monatelang bedrängten sie ihn mit Bitten und Drohungen, aber Datini weigerte sich nicht nur, sie zu bezahlen, sondern tat auch noch völlig erstaunt, daß sie es wagten, sich zu beklagen.

Ihr seid erstaunt [antwortete Niccolò di Gerini auf einen seiner vorwurfsvollen Briefe], daß ich mich bei anderen über Euch beklage ... Es ist nur natürlich, daß ich mich bei Goro, dem Steinmetzen, über Euch beklagte, und ich glaube zu Recht. Ihr wißt doch selbst, wieviel Zeit schon vergangen ist, seit ich Euch gut und eifrig zu Diensten stand, und bis jetzt habt Ihr mir noch keinen einzigen Heller auszahlen lassen, obwohl ich Euch treu gedient habe und Werkstatt und Familie verlassen habe, um Euch zu dienen, und ich würde Euch auch weiterhin jederzeit nach Eurem Belieben zu Diensten sein, wenn Ihr mich nur erst einmal für die Arbeit bezahlen wolltet, die ich bereits für Euch geleistet habe.[21]

Nach einigen Monaten riß den Malern die Geduld, und sie wandten sich an ihr Zunftgericht. Man zog Experten zu, die Datinis Haus besichtigten und zu dem Schluß kamen, „nie hätten sie dergleichen gesehen, nie eine schönere Arbeit". Sie schätzten sie auf 60 Gulden. Datini zeterte, er wolle solch eine Summe lieber ins Meer werfen als sie denen auszahlen. Schließlich vermittelte Ser Lapo wieder einmal, und so zahlte der Kaufmann zu guter Letzt widerwillig 55 Goldgulden aus. Ser Lapo schrieb dazu: „Wenn man soviel Zeit für die Seele verwendet hätte wie für solch dummes Zeug, hätte man sich damit das Paradies verdienen können."

Zehntes Kapitel

Das Haus auf dem Land

La villa fa buone bestie e cattivi uomini.
Das Land bringt gute Tiere und schlechte Menschen
hervor.

Paolo da Certaldo

I

Im Jahr 1392 stand Francescos Haus endlich fertig da – aber noch immer
hatte er nicht genug. Nach und nach kaufte er zwanzig weitere Häuser in
Prato auf; zu einigen von ihnen gehörte ein kleines Stück Land, zu anderen
ein Dreschboden, ein Innenhof, eines hatte „zwei Kanäle und einen Hof, wo
man Wein bereiten kann".[1] Diese Häuser vermietete er dann an Handwerker
und Ladenbesitzer. Auch in Florenz, Pisa und Pistoia kaufte bzw. mietete er
außer seinen dortigen Lagerhäusern in der Via Porta Rossa, Via Parione und
in Por Santa Maria noch etliche Häuser. Endlich aber erfüllte er sich den
großen Wunsch, den jeder echte Toskaner früher oder später hegt, nämlich
ein eigenes Stück Land zu besitzen. Zwar war er selbst durch und durch ein
Städter, aber die Gesellschaft, zu der er gehörte, war nie wirklich verstädtert
– und ist es bis heute noch nicht. Die toskanischen Stadtkommunen schlossen sich nie eigentlich dem Land gegenüber ab, und im 13. Jahrhundert
konnte man kaum sagen, wo die Stadt endete und das Land anfing, so ging
beides ineinander über. Das Grün der Gemüsegärten und Ziergärten drang
bis in ihren Burgfrieden vor, und ein großer Teil der Stadtbevölkerung
stammte vom Land. Zunächst öffneten die Kommunen im Verlauf des 11.
und 12. Jahrhunderts ihre Tore hungernden Leibeigenen, die auf der Suche
nach Brot, Arbeit und Freiheit in die Stadt geflohen waren. Als dann die
großen Lehensgüter sich allmählich auflösten, da kamen auch Herren selbst
herein und tauschten Burgen und Schlösser auf dem Land gegen einen
abweisenden Wohnturm in einer der engen Gassen der Stadt. Noch später
dann suchte ein großer Teil der auf dem Land verbliebenen Bevölkerung
Zuflucht vor dem Elend und den Verwüstungen, die die Söldnerheere immer
wieder anrichteten, in den Städten, in deren Schutz es sich doch besser leben
ließ. Die meisten dieser *selvatici* hatten sich als einfache Arbeiter bei den
Gilden verdingt und bildeten nun das *popolo minuto*. Aber es gab auch
manche, die zu Facharbeitern aufgestiegen waren oder einen eigenen kleinen

Laden betrieben. Und wenn sie nach zwei, drei Generationen ein wenig Erspartes zusammengebracht hatten, folgten sie ihrem angeborenen Instinkt und legten das Geld wieder in Landbesitz an.

In der zweiten Hälfte des 14. Jahrhunderts wurde das Land daher nicht mehr ausschließlich von reichen Grundherren auf Burgen und Schlössern einerseits, von armen Bauern in Hütten andererseits bewohnt. Jetzt begann auch das Kleinbürgertum da und dort ein paar Morgen Land zu erwerben und sich kleine Landhäuser oder Bauernhöfe zu bauen: *„andarono in villa"*. So hatte sich der Kreis geschlossen: die Enkel und Urenkel der Menschen, die einst das Land verlassen hatten, waren nun wieder dorthin zurückgekehrt. Die Höfe waren meist klein, wie ja auch das Vermögen ihrer neuen Besitzer nicht groß war. Jede Handbreit Boden mußte bearbeitet, jeder steinige Abhang mit Terrassenmauern abgestützt und bepflanzt werden, damit die Menschen überhaupt davon leben konnten. Bald grünten Dörfer und Städtchen im Schmuck von Gemüse- und Obstgärten, waren die Hügel „von Olivenbäumen gekrönt, mit Rebstöcken bekränzt".

Das erste Stück Land, das in Francescos Besitz gelangte, war besonders idyllisch gelegen. Nur ein paar Meilen von Prato entfernt entsprang hoch oben auf einem Hügel über dem Bisenzio eine muntere Quelle – „gelegen an einem Ort, der *il Palco* genannt wird". Hier haben wir ein hübsches Beispiel dafür, wie sich um so eine Quelle allmählich eine Legende rankt. Offenbar wurden ihrem Wasser heilende Kräfte zugeschrieben, so daß der Rat der Stadt Prato am 8. Juni 1308 beschloß, sie und das umliegende Land zum Preis von 683 *lire* 15 *soldi* zu erwerben, womit der Eigentümer für die Schäden an seinen Bäumen und Weinstöcken entschädigt werden sollte, die „die Menschenmassen verursachten, die kamen, um in der Quelle zu baden". Es dauerte keine 30 Jahre, da baute man schon einen kleinen Heiligenschrein, denn inzwischen war die Legende entstanden, daß die Heilkräfte vom Heiligen Proculus, dem Märtyrer, herrührten, „der auf der Flucht vor der grausamen Verfolgung durch die Heiden durch Prateser Land kam, und kraft seiner Gebete entsprang der Erde eine muntere Quelle, die von da an den Namen *fontana Procula* trug. Und viele Sieche, die von ihrem Wasser tranken, wurden geheilt".[2]

Ganz in der Nähe dieser Quelle lag ein kleiner Hof, der seit gut hundert Jahren im Besitz von Margheritas Familie gewesen war, bevor er kurz nach seiner Rückkehr in Francescos Hände überging. *„Messer lo Conte del Palco"* – so titulierte ihn Mazzei im Scherz, und so manches Mal ritt er von seinem eigenen Hof in Grignano hinüber, um mit seinem Freund dort ein Rebhuhn bei einem guten Tropfen zu verspeisen. Wenige Tage vor dem ersten Weihnachtsfest, das Francesco und Margherita im neuen Haus feiern wollten, fragte Mazzei in einem Brief in scherzhaft hochtrabendem Stil, ob er auch Weib und Kinder mitbringen könne. „Wenn es Euer Hochwohlgeboren beliebt... ohne allzu große Ungelegenheiten, uns Euer Streitroß zu senden, genannt *il ronzinuzzo*, die kleine Mähre, vor dem Fest, würdet Ihr mir damit großes Entzücken bereiten... Ich würde dann auf meiner Stute hinüberkommen und auf Euren Zelter würde ich meine beiden Buben setzen, auf den Sattel und auf die Kruppe."[3]

Im Lauf der Jahre kaufte Francesco immer mehr Land an anderen Orten dazu, so daß er 1407 bereits 660 *staiora*, (gut 2 ½ ha) besaß. Ein Teil davon bestand aus kleinen Gartengrundstücken von je 5–10 *staiora* nahe der Stadt, der andere Teil aus kleinen Höfen droben im Hügelland über der Stadt von 10–20 *staiora*. Der Durchschnittswert von Datinis gesamtem Grundbesitz auf dem Land lag bei 8–10 Gulden pro *staioro;* lediglich der Wald war nur vier Gulden pro *staioro* wert. So belief sich 1407 der Schätzwert seines Besitzes auf dem offenen Land, das Haus auf dem Palco nicht mitgerechnet, auf kaum mehr als 6000 Gulden – eine geringe Summe im Vergleich zu dem, was er Jahr für Jahr im Geschäft investierte. Doch jeder echte Toskaner ist der tiefen Überzeugung, daß der einzig wahre Reichtum, die einzig wahre Sicherheit im Landbesitz liegt, und so war es auch bei Datini. Selbst Ser Lapo, der doch sonst an so manchen riskanten Investitionen seines Freundes etwas auszusetzen hatte, dachte ganz anders darüber, wenn Datini Geld in die Landwirtschaft steckte. Im Jahr 1406 bestand er darauf, daß Datini einen kleinen Besitz erwerben solle, der an seinen eigenen angrenzte, da er einen „guten Nachbarn" dort wolle und keine „hochmögende und stolze Person". „Ich würde so tun, als sei es für mich, und ich glaube, so würde ich Euch 25 Gulden sparen. Im ganzen, mit den Häusern, den Mauern und dem Schuppen davor, käme es wohl auf nicht ganz 300 Gulden. Und diese 300 wären im Hafen angelegt, auf dem Trockenen, und würden nicht mehr aufs Meer hinausgeschickt werden."[4]

Ein Blick auf das berühmte Fresko Lorenzettis im Palazzo Pubblico von Siena, „Die gute Regierung", zeigt uns, wie wir uns die Bauern und ihre Höfe zu Datinis Zeiten vorzustellen haben – das toskanische Hügelland zu Friedenszeiten. Nur waren die Hügel um Pistoia auch damals schon viel grüner als Lorenzettis *crete senesi;* aber hier wie dort baute man Korn an, Oliven und Wein, die alten biblischen Früchte des Landes, von denen heute noch alle Mittelmeervölker leben. In Datinis Kaufverträgen war das Land unterschieden in Olivenhaine, Weinberge, Ackerland und Wald, meist ein Dickicht aus Stecheichen und Eichengebüsch. Datinis Bauern sahen so aus wie auf Lorenzettis Fresko: Ihr einziges Kleidungsstück war ein kurzer Rock aus grober, auf dem Hof gesponnener Wolle, der *bigella;* das Korn droschen sie mit schweren Holzflegeln, wie man sie heute noch manchmal auf abgelegenen toskanischen Höfen sehen kann; ihr einziges Lasttier war der Esel. Daneben besaßen sie aber auch niedrige braune Ochsen, beträchtlich kleiner als die heutigen, die die hölzernen Pflüge und Eggen zogen, mit denen allerdings die Erde nur ganz oberflächlich aufgekratzt werden konnte. Rebstöcke und Olivenbäume, die auf steinigem Boden am besten gedeihen, wuchsen so wie heute auf den mühsam angelegten Hügelterrassen, die mit Trockenmauern befestigt werden mußten. Dazu gab es auch noch ein paar

Obstbäume, vor allem Mandel-, Feigen- und Nußbäume. Aber selbst dieses Land war nur zum Teil und recht dürftig bebaut, da es zu wenige Bauern und Landarbeiter gab. Das geht aus einem Brief Ser Lapos hervor, in dem er davon spricht, einen Hof von 60 *staiora* (ca. ¼ ha) einem alleinstehenden Mann zu übergeben, „und Ihr werdet das Land versorgt sehen".[5] Im Gegensatz dazu bestimmte Francesco bis in jede Einzelheit, daß seine Bauern auf seinem eigenen Landbesitz Il Palco (10 *staiora* Wald, 13 *staiora* Ackerland, 15 *staiora* Weinberge) jedes vierte Jahr alles Ackerland gründlich umgraben und jedes Jahr 30 tiefe Furchen für neue Rebstöcke ziehen sowie drei Olivenbäume setzen sollten.

Es gab nur wenige Bauernhäuser, und die waren mehr als primitiv. Datini allerdings ließ sein eigenes Landhaus auf dem Palco ausbauen, vergrößern und verschönern, bis es schließlich ebensoviel wert war wie sein Haus in Prato, nämlich 1000 Gulden. Aber ganz bestimmt war die Einrichtung dort äußerst spärlich. „Ich erinnere mich," schrieb ungefähr 50 Jahre später Leon Battista Alberti, „daß selbst die ersten Bürger unserer Stadt für den Sommer außer dem Essen nur etliche Saumlasten mit Betten, Zinngeschirr und Töpfen und Kannen für die Küche aufpackten, wenn sie aufs Land gingen, und die Gerätschaften alle wieder mit zurückbrachten, wenn sie in die Stadt zurückkehrten."[6] Außer *Il Palco* selbst mit diesem Landhaus führt das Verzeichnis von Datinis gesamtem Grundbesitz auf dem Land nur noch ein paar „Häuser für Bauern", ein Haus „mit Hunden und Backofen und Stall und Schuppen" auf sowie „einen Turm mit Taubenschlag, ummauertem Hof und Backofen und Haus zum darin arbeiten", doch wissen wir, daß Datini in dieser Beziehung viel fortschrittlicher dachte als Ser Lapo und seinen Bauern und Landarbeitern in der Folge bessere Häuser bauen ließ, wofür ihm der Notar denn auch Vorwürfe machte, weil es unnötige Ausgaben brächte. „Laßt die Bauern doch so wohnen, wie es ihnen zukommt. Steckt sie nicht in Häuser wie für Handwerker, denn dort ersticken sie noch vor Hitze."

Die meisten Höfe waren einfach deswegen arm, weil auch ihre Besitzer arm waren. In den *Ricordanze* des Oderigo di Credi kann man zum Beispiel lesen, daß dieser seine eigene *cioppa*, den langen Rock, verpfänden mußte, um das Saatgut kaufen zu können, das sein Landpächter brauchte.[7] Die wenigsten kleinen Landbesitzer hatten die Mittel, ihre Höfe instandzusetzen oder gar neue zu bauen, Vieh zu kaufen oder Verwalter oder Aufseher anzustellen, und viele von ihnen konnten höchstens ein- bis zweimal die Woche hinaus aufs Land um nach ihren Höfen zu sehen, da sie eigentlich Handwerker oder Ladenbesitzer waren. Dies alles trug sicher zum großen Teil dazu bei, daß sich das System der *mezzadria*, der Halbpacht, in der Landwirtschaft so schnell entwickelte und sich gerade in der zweiten Hälfte des 14. Jahrhunderts in der ganzen Toskana ausbreitete, obwohl es im Grunde schon viel älteren Ursprungs war.[8] Diese Verträge, die heute noch fast genauso abgeschlossen werden wie damals, legen praktisch jede Einzelheit zwischen Landbesitzer und Landpächter fest: Der Landbesitzer stellt

Haus, Arbeitsgeräte, Saatgut und Vieh, der Pächter die Arbeitskraft; der Jahresertrag geht dann zu gleichen Teilen an beide. *Mezzadria*-Verträge sind also Verträge mit Gewinnbeteiligung. Verständlicherweise war dieses Pachtsystem für die neue Schicht der kleinen Landeigner recht attraktiv, denn sie konnten sich dadurch die Einstellung von *fattori* ersparen, die den Betrieb ständig überwachten. Nur von vier Höfen Datinis wird ausdrücklich gesagt, daß sie auf diese Weise – *a mezzo* – betrieben wurden. Alle übrigen waren verpachtet an die Leute, die auf ihnen arbeiteten und die die Pacht nicht in Geld, sondern in Naturalien entrichteten: „Ein Stück Land von ca. dreieinhalb *staiora* mit Weinstöcken und Olivenbäumen, das uns ungefähr 28 Gulden kostete. Ich gab es an Cambino d'Andrea, *lavoratore*, zur Pacht gegen sieben *staia* (Scheffel) Korn pro Jahr."⁹

Der große Vorteil beim *mezzadria*-System war, zumindest theoretisch, daß Besitzer und Bauer am gleichen Strang zogen. In Wahrheit scheinen sich die Beziehungen zwischen den beiden Vertragspartnern nicht immer so harmonisch entwickelt zu haben, was man aus Memoiren von Zeitgenossen Datinis unschwer entnehmen kann. Zwar war der Feudalherr früherer Zeiten oft grausam und arrogant gewesen und hatte von seinen Leibeigenen Unmögliches verlangt, er hatte aber ihnen und ihrer Lebensart auch wieder näher gestanden als diese zugereisten Städter. Für ihn standen doch wenigstens immer dieselben Dinge im Vordergrund wie für seine Leibeigenen. Für den Ladenbesitzer oder den Rechtsgelehrten jedoch, der sich zum Hofbesitzer gemausert hatte, waren die Landarbeiter und Bauern nichts als dumme Tölpel. Und so rächten sich die Bauern nicht selten mit den Waffen der Unterdrückten: mit störrisch-mürrischer List und Verschlagenheit. Zahlreiche Ratgeber und Chroniker zeugen von diesem gegenseitigen Mißtrauen, obwohl wir natürlich immer nur einseitig die Meinung des Landbesitzers kennenlernen, weil nur er niederschreiben konnte, was er dachte. Paolo da Certaldo z.B. ging so weit, den Städter davor zu warnen, öfter als nötig seinen Besitz auf dem Land aufzusuchen, vor allem aber nie an Festtagen, wenn seine Bauern alle zusammen auf der Tenne versammelt seien, „... denn sie saufen alle und sind erhitzt vom Wein, und sie haben ihre Waffen und keinen Funken Vernunft bei sich; jeder kommt sich vor wie ein König, jeder will reden, denn die ganze Woche über sind sie allein auf dem Feld und haben niemanden, mit dem sie reden können, außer ihrem Vieh... Gehe lieber zu ihnen aufs Feld, wenn sie arbeiten, und du wirst sie untertänig und lammfromm finden dank Pflug, Hacke und Spaten".¹⁰

Weise sei es, wenn der Städter, sobald er seinen Hof erreiche, keine Minute verliere und sofort nachsehe, auf welche Weise seine Bauern ihn gerade wieder übers Ohr hauten. „Sieh oft nach deinem Hof und besorge ihn zusammen mit deinem Bauern Feld für Feld", schrieb Giovanni Morelli, „tadle ihn für schlecht verrichtete Arbeiten, schätze ab, wieviel Korn, Wein, Oliven, Futterhafer und Obst und alles andere die Ernte bringen wird und vergleiche alles mit dem Ertrag der vergangenen Jahre... Höre dich um, wie seine Verhältnisse sind und in welchem Ruf er steht, schau, ob er zu viel schwatzt, ob er prahlt, ob er Lügen erzählt, ob er mit seiner Treue angibt. Traue ihm nicht, laß ihn nicht aus den Augen... prüfe selbst die Ernte überall: auf den Feldern, auf dem Dreschboden und auf der Waage. Nie sei dem Bauernflegel willfährig, weil er sofort meint, das müsse immer so sein... Sieh keinen von ihnen, wenn es nicht unbedingt nötig ist. Verlange von keinem von ihnen einen Dienst, den du nicht ordnungsgemäß bezahlst, wenn du nicht willst, daß diese Arbeit dich das dreifache kostet: zeige ihnen niemals ein freundliches Gesicht, sprich so wenig wie möglich mit ihnen, ...laß dich ja mit keinem von ihnen in ein Glücksspiel ein. Wenn du das alles befolgst, dürftest du selten von ihnen betrogen, dafür mehr als andere geliebt werden."[11]

Solcher Rat war Musik in Francescos Ohren. Aus seinen Briefen zu schließen stattete er seinen Höfen immer wieder Besuche ab, um Morellis Rat nur ja recht gut zu befolgen. An Stoldo di Lorenzo schrieb er beispielsweise am 8. November 1398 vom Palco aus, wohin er gegangen war, „um nachzusehen, was sie dort treiben, und um die Aussaat und auch die Olivenernte in Gang zu bringen":

Ich blieb bis zum Abend dort, ohne Essen und ohne Trinken, da ich alle dort über allerhand schelten mußte... Da Meo [der Vorarbeiter] nicht da ist, befürchte ich, daß nichts dort getan wird, wenn ich nicht selbst da bin: und die Zeit zum Säen wird vertrödelt, und die Oliven fallen in die Gräben, und das Wasser schwemmt sie den Berg hinunter.

Man darf allerdings nicht ganz übersehen, daß auch dem Landbesitzer umgekehrt Verpflichtungen den Bauern gegenüber auferlegt wurden, wenn auch recht halbherzig. So schrieb Morelli: „Hilf ihnen und stehe ihnen mit deinem Rat zur Seite, wenn ihnen ein Unrecht oder eine Beleidigung zugefügt wird, und sei damit nicht säumig oder träge."[12] Wie dieser Rat von einem so gütigen Menschen wie Ser Lapo ausgelegt und befolgt wurde, sehen wir aus einem Brief, in dem er Francesco bittet, einen Bauern, den er von seinem Hof entlassen mußte, wieder unterzubringen.

Ich habe Moco lange Zeit als meinen Bauern bei mir gehalten; und als seine Söhne groß genug waren, um mitzuhelfen, hat Gott sie ihm genommen: daher habe ich immer nur ihn allein gehabt. Und er ist so flink auf der Scholle und er beschneidet die Weinstöcke so gut und er ist so findig, daß ich nicht weiß, wie ich ihn entbehren soll. Jetzt habe ich aber zufällig eine gute Familie gefunden, und ich glaube, daß ich damit gut beraten bin. Und meine feige oder mitfühlende Seele (ich weiß selbst nicht, was sie ist) bringt es nicht fertig, Moco zu sagen: ‚Schau dich nach einem anderen Hof um'... Und deshalb bitte ich Euch, mir innerhalb der nächsten acht Tage mitzuteilen, ob Ihr nicht etwas für ihn habt.[13]

Die Erträge des Hofs dienten natürlich in erster Linie dazu, den *padrone* samt allen Mitgliedern seines Haushalts zu ernähren. All das Getreide, das Öl, der Wein, all die Kapaune, Enten, Tauben, Eier, das Gemüse, alles, was Margherita zwei- bis dreimal die Woche nach Florenz oder Pisa schickte, um dort Küche und Keller ihres Ehemanns zu bestellen, kam von Francescos Landgütern. Als 1401 die ganze Familie samt Dienerschaft nach Bologna zog, ließ Francesco 1138 *libbre* Olivenöl dorthin kommen. Davon behielt er so viel, wie er für den eigenen Haushalt brauchte, und verkaufte den Rest für 1 *soldo* per *libbra*. Zu jenen Zeiten, als eine einzige Mißernte oder die breite Spur der Zerstörung, die durchziehende Soldateska jedes Mal hinterließ, unweigerlich eine Hungersnot am Ort auslösten, hatte ein umsichtiges Familienoberhaupt in seinem Stadthaus stets die zwei Grundnahrungsmittel Korn und Öl für mindestens ein Jahr eingelagert. Andererseits war es nicht ratsam, sich einen zu großen Vorrat zu halten, weil sonst die Gefahr bestand, daß neidische Nachbarn darüber klatschten und man höhere Steuern auferlegt bekam, ja daß der ausgehungerte Mob einem die Vorratskammern plünderte und das ganze Haus anzündete.[14] Leicht war das Leben für einen reichen Mann nicht – so ging jedenfalls ständig Francescos Klage.

Schließlich mußte ja auch noch mindestens der Zehnte vom Ertrag eines Hofs für religiöse Orden und Gemeinschaften und für die Armen abgeführt werden. „Wenn du nicht den besagten zehnten Teil von den Gütern und Früchten, die du aus deinen Ländereien herausholst, dem Priester und den Armen in Gott gibst... enttäuschst du deinen Gott, und der Herr wird senden über die Früchte Sturm, Trockenheit, Überschwemmung und Seuchen, die er über Pflanzen und Getier der Erde sendet."[15] Immer wieder tauchen in Francescos Haushalts- und Rechnungsbüchern Spenden von Getreide, Öl und Wein an Klöster und Konvente auf, ja sogar Orangen aus seinem eigenen Garten stiftete er. Außerdem sandte er auch noch generöse Geschenke an prominente Bürger, um die, die an der Macht waren, günstig zu stimmen; daneben teilte er aber auch Gaben an alte Freunde aus weniger eigennützigen Motiven aus – so an Piero di Giunta und Lapo Mazzei: ein Paar Rebhühner, etliche Flaschen Wein, einen Korb Orangen, einen Aal aus einem seiner Teiche.

Als im Lauf der Jahre die Ernteerträge Datinis immer reicher wurden, benötigte er noch mehr Kornspeicher und Keller. Außerdem stattete er einige seiner Gutshöfe mit neuen Dreschböden aus, mit Ställen, Schafpferchen und Schweinekoben sowie mit hohen gemauerten Taubenschlägen. Der Feuereifer, mit dem Francesco sich auf diese Arbeiten stürzte, wird im Toskanischen bis auf den heutigen Tag *„malattia del calcinaccio"* genannt, „Mörtel-Krankheit". Ganze Tage lang verbrachte er mit „Maurermeistern, Arbeitern, Baustellen, Mörtel, Sand, Steinen, Schreien und Verzweiflung" und vergaß darüber seine Mahlzeiten und seine Gesundheit, während Margherita vergebens zu Hause auf ihn wartete. „Ihr sagt, Ihr seid ein wenig vom Fieber erhitzt", schrieb der Schwager 1394 an ihn, „und ich weiß auch warum. Es ist kein Wunder bei dem ungeregelten Leben, das Ihr führt, wenn Ihr Euch abschindet, im Freien bei Hitze und bei Kälte schuftet, ohne Euch zu schonen, nie zu festgesetzten Zeiten eßt und nichts als Sorgen und Verdruß, Erbitterung und Ärger im Herzen habt..."

Ser Lapo war nicht weniger besorgt:

So viele und so weise und auch tugendhafte Bürger bauen doch auch, aber alle tun es mit Maßen – außer Euch! Einer hat Verwalter, einer hat einen Freund, einer hat einen bezahlten Aufseher. Nur Ihr seid so habgierig, seid so sehr darauf versessen, daß nur ja kein Heller vergeudet wird, kein Ziegelstein quer verlegt wird, wenn es längs auch geht – als ob Euer Haus der ewige Schrein für Eure unsterbliche Seele werden sollte! Und keine Trage wird verrückt, ohne daß Ihr selbst Hand mit anlegt, kein Stein, kein Ziegel wird mit Mörtel bestrichen, den Ihr nicht wieder anderswo hinlegt, und dabei herumschimpft und Euch aufregt.

Was, so fragte er, ist letzten Endes der Sinn all dieser Mühen? „Wir sind wie die Krabben, die die ganze Zeit ihres Lebens darauf verwenden, ihre Höhle recht schön zu machen, um dann doch wieder daraus vertrieben zu werden."[16]

Doch mittlerweile wuchsen die Mauern von Il Palco langsam empor, und Francesco eilte bei jedem Wetter dort hinauf, sobald er sich nur ein Stündchen von seinen Geschäften losreißen konnte, um seine Arbeiter anzutreiben und selbst mitzuhelfen. Es ist ein sympathischer Zug an diesem älteren reichen Herrn, der die Sechzig überschritten hatte, daß er immer wieder für ein paar Stunden mit seinen feinen Kleidern alle würdevollen Allüren abstreifte und schwere Maurerarbeit mit Ziegelsteinen und Mörtel verrichtete. „Ihr wißt es selber nur zu gut", schrieb Ser Lapo, „daß Euch die Arbeitslast, die Ihr auf dem Palco auf Euch ladet, wenn Ihr dort Maurerarbeit verrichtet, zur höchsten Freude gereicht; aber", fuhr er fort, „ich glaube... Gott erwartet von Euch, daß Euer irdisches Mühen auf ein höheres Ziel gerichtet sein soll als nur auf eine Maurertrage."[17] Domenico di Cambio tadelte Francesco ebenfalls: „Ich sende Euch ein Paar Handschuhe aus Sämischleder", schrieb er. „Es sind Handschuhe für einen Herrn, deshalb laßt Euch gesagt sein, daß Ihr sie mir ja nicht anzieht, um damit die Mörteltrage herumzuschleppen!"

Einmal traf ein herabfallender Dachziegel Francesco am Kopf, ein anderes Mal stolperte Francesco über einen Steinhaufen und verletzte sich das Bein. Natürlich konnte Domenico es bei solchen Gelegenheiten nicht lassen, Francesco auf die Moral von der Geschichte zu stoßen: „Ihr tut mir schon leid... Aber ich rufe Euch ins Gedächtnis, daß solcher Art die Zeichen sind, die Gott uns sendet, damit wir uns wieder an Ihn erinnern."

Sogar Francesco selbst wurde des Treibens allmählich müde. „Ich könnte mit Dante sagen", schrieb er am 1. Juni 1390 an Stoldo, „,alles was einst mir gefiel, gefällt mir nicht mehr'; und unter keinem anderen Schmerz auf dieser Welt leide ich so sehr wie darunter, daß ich soviel Zeit mit solchen Dingen vertan habe."

Mazzei ermahnte seinen Freund sicher auch deswegen, weil er das Gefühl hatte, daß es höchst unklug war, wenn Francesco jetzt mit dem Bau eines zweiten prächtigen Hauses schon wieder Aufmerksamkeit auf sich lenkte, nachdem er gerade erst mit knapper Not der Doppelbesteuerung als Bürger von Florenz entgangen war. Auch Margherita sah diese Gefahr ganz klar, wie folgender Brief zeigt: „Es wäre klüger, wenn Du das Bauen sein ließest, dazu auch alles andere, was den andern zeigen könnte, daß Du reich bist. Und es ist nur gut, wenn Unruhe im Land herrscht, sich ganz ruhig zu verhalten."

2

Die Unruhe, auf die sich Margherita in ihrem Brief bezieht, war erst kurz zuvor über die Toskana hereingebrochen und betraf Landbesitzer wie Landvolk besonders hart. Bereits zehn Jahre lang hatte Gian Galeazzo Visconti, der Herzog von Mailand, Friede und Unabhängigkeit der Toskana ständig bedroht, denn er hatte nicht nur den größten Teil Norditaliens an sich gebracht, sondern trachtete auch danach, die Kontrolle über Mittelitalien zu erringen. Nachdem es über Jahre hinweg immer wieder da und dort zu vereinzelten kriegerischen Auseinandersetzungen gekommen war, wobei die *Compagnia Bianca* des Engländers Sir John Hawkwood einen großen Teil der toskanischen Felder und Höfe verwüstet hatte, hatte sich Visconti mit Pisa, der Erbfeindin von Florenz verbündet und im Frühling des Jahrs 1397 Alberico da Barbiano, einen seiner *condottieri*, beauftragt, das Gebiet zwischen Siena und Florenz heimzusuchen.[18] Diese Söldnertruppe, die *Compagnia di San Giorgio*, zeichnete sich den Angaben ihres Kommandanten zufolge dadurch aus, daß sie sich ausschließlich aus italienischen Söldnern rekrutierte und sich kein einziger Fremder darunter befinde; außerdem würde sie strengste militärische Disziplin einhalten. Wie wenig Glauben man dieser stolzen Behauptung schenken konnte, zeigen die Berichte eines Chronisten der Zeit, des Ser Naddo da Montecatini. „Der verwünschte Herzog von Mailand, voller Listen und Ränke, um die Pisaner zu rächen, schickte im Dezember und Januar, und dann nochmals im März 6000 Pferde nach Pisa, mit schönen Truppen und guten Anführern, darunter ihr Oberbefehlshaber, der Conte Alberico da Barbiano... und nachdem sie sich dort zwei Monate vollgefressen hatten, zogen sie gen Siena... Und am 23. Tag des März überfielen sie Mercatale di Greve, raubten dort Pferde und eine Unmenge an Getreide und Vieh und machten viele Gefangene, Männer und Frauen..."[19]

Diese *Compagnia* lebte wie alle anderen Söldnerheere auch von dem, dessen sie in den Gebieten, durch die sie zog, habhaft werden konnte, und fiel manchmal wie ein Heuschreckenschwarm in einer reichen Gegend ein, blieb dort monatelang und hinterließ eine kahlgefressene Wüstenei, wenn sie weiterzog. Wo immer die Soldateska hinkam: zurück blieben leergefegte Äcker und Weinberge, geplünderte und gebrandschatzte Höfe, abgeschlachtetes Vieh. Die Bauern, die sie nicht niedermetzelten, nahmen sie gefangen. Nicht einmal vor Klostermauern machten die Marodeure Halt, wie aus den

Assempri des Fra Filippo degli Agazzari hervorgeht. Er erzählt darin von einem Prior: „Er hatte eine Menge Mühe und Not wegen der vielen Söldnerscharen, die zu seiner Zeit daherkamen, um das Territorium von Siena heimzusuchen, so daß er ein- bis zweimal, ja zuweilen sogar dreimal im Jahr alles, was am Ort war, evakuieren und in der befestigten Stadt in Sicherheit bringen mußte aus Furcht vor den Söldnerheeren."[20] Kaum verbreitete sich die Kunde, daß eine dieser Banden im Anzug war, öffnete jede kleine Stadt ihre Tore weit für die Bevölkerung des umliegenden Landes. Da strömten sie alle herbei, um Schutz zu suchen mit Kind und Kegel, mit ihrem Vieh, das sie vor sich hertrieben, und mit allem, was sie nur mit sich schleppen konnten an Eßbarem, an Viehfutter und an Hausrat. Erst wenn die Truppen weitergezogen waren, packten sie das, was ihnen geblieben war, wieder zusammen und kehrten auf ihre verwüsteten Höfe zurück.

Bei der Gelegenheit, von der Margherita in ihrem Brief sprach, war die Furcht vor den herannahenden Söldnerhaufen so groß, daß die Signoria von Florenz zur Verteidigung des Stadtterritoriums zu einer Anleihe aufrief, die jedermann bezahlen mußte, selbst Priester und Bauern, die ja gewöhnlich davon befreit waren; und außerdem wurde noch eine Zwangsanleihe verfügt, *prestanzone* genannt, für die Francesco 250 Gulden berappen mußte. Am 19. März schrieb er seiner Frau: „Hier ist nun der Krieg mit den Pisanern offen ausgebrochen, und ich und die anderen Kaufleute hier sind ganz und gar erledigt. Möge Gott uns mit dem Nötigen versehen."

Er scheint die drohende Gefahr nicht viel anders als den Einfall eines Heuschreckenschwarms oder eine andere Naturkatastrophe hingenommen zu haben – sehr mißlich, aber so, als ob sie eben zu den unvermeidlichen Wechselfällen des Lebens gehörte. Er selbst wagte nicht, sein Geschäft in Florenz allein zu lassen, aber am 19. März 1397 schickte er seiner Frau genaue Anweisungen, daß sie alles, was transportabel war, von ihren diversen Gehöften innerhalb der Stadtmauern Pratos in Sicherheit bringen solle.

Sorge mit Barzalone und mit Niccolò dafür, daß alles, was auf dem Palco ist, nach Prato geschafft wird, und daß nichts dort bleibt, auch das Gerät nicht, denn alles ist dort in großer Gefahr. Heute nacht sind sie hier bis auf zwölf Meilen herangekommen. Und ebenfalls, wenn Du Zeit hast, möchte ich, daß Du die Strohbündel hereinbringen und sie, wo immer es Dir am besten erscheint, einlagern läßt, denn wenn das Vieh keinen Hafer als Futter haben kann, wird es mit dem Stroh vorlieb nehmen müssen.

Margherita versicherte ihm, daß alles ausgeführt werde. Inzwischen aber fragte sich Francesco ernsthaft, ob nicht lieber auch er nach Prato gehen solle. Und so schickte er einen Mann los, um Waren, die auf dem Arno von Pisa heraufkamen, entgegenzunehmen, und trug ihm gleichzeitig auf, dabei das Land zu erkunden. „Und niemand weiß, was er tun soll, und keinem Mittel kann man trauen. Ich bleibe im Haus und gehe nicht auf die Straße hinaus: Ich weiß nicht, was ich tun soll – kommen oder bleiben. Es wäre nicht ohne Gefahr zu kommen, für einen Mann meines Standes."

Vielleicht kann man den Ernst der Lage am besten daran ermessen, daß Francesco diesmal seiner Frau sogar einschärfte, sie solle ohne auf das Geld zu sehen wohltätig sein und an alle, die darum baten, großzügig Brot und Getreide ausgeben. „Dies sind Zeiten, in denen wir das Paradies für uns gewinnen können, und ich bin es froh, wenn keine Kosten dafür gescheut werden... Denn Gott wird uns reich dafür belohnen."

Drei Tage später trug er seiner Frau auf, das ganze Öl in den Krügen zur Stadt zu bringen, und den Bauern samt seiner Frau herunterzuholen und sie in ihr Haus aufzunehmen. „Denn Du weißt ja, daß diese Kerle alles niederbrennen, was ihnen in den Weg kommt."

Schließlich ging die Gefahr doch vorüber.

Ich glaube, daß wir im Augenblick wieder in Sicherheit sind, denn die Feinde haben sich gegen San Casciano gewandt, und die Unseren sind ihnen auf den Fersen. Ich glaube, sie werden sich nach Siena zurückziehen, um sich zu stärken. Kein Wunder, daß Ihr Angst ausgestanden habt, denn sogar hier hat man einmal die Stadttore schleunigst geschlossen, nur weil einer einen Fuchs jagte, der sich in die Stadt rettete, und ein Kerl mit Hunden hinter ihm herrannte; und die Torwachen liefen auch davon.

Die Beschreibung dieses Vorfalls zeigt auch, wie nah die freie Natur noch an die Stadtmauern heranreichte.

Kaum hatte Francesco jedoch aufgehört, vor Angst zu zittern, als der gerissene, alte Kaufmann schon wieder überlegte, wie er Profit aus der neuen Situation schlagen könnte. Solange noch Gefahr im Verzug war, hatte die Signoria vorübergehend alle Pflasterzölle auf Lebensmittel, die in die Stadt gelangten, aufgehoben. Solch eine Gelegenheit durfte man natürlich nicht ungenutzt verstreichen lassen! Er trug seiner Frau also auf, umgehend einen Scheffel Getreide mahlen zu lassen: „Doch sorge mir ja dafür, daß Ihr mir das besagte Mehl noch vor Samstag schickt, damit ich der Kommune wieder ein paar von den *denari* herausziehe, die sie mir so reichlich abnimmt."

Der Brief schließt mit ganz ungewohnten Worten des Lobes für seine Frau, wie umsichtig sie sich während dieser schweren Zeit verhalten habe. „Es freut mich sehr, daß Du das Haus so besorgt hast, daß es Dir zur Ehre gereicht. In der Not zeigt sich erst der Weise."

Als die Gefahr schließlich endgültig vorüber war, kehrten die Bauern auf ihre Höfe zurück und bestellten ihre Felder wieder – und Francesco fing wieder an zu bauen! Zehn Jahre danach war er immer noch damit beschäftigt, und Ser Lapo mußte ihn weiter bearbeiten, er solle doch wenigstens einen Aufseher einsetzen. „Möge es Euch doch gefallen, einen zuverlässigen Aufseher für Eure Baustellen zu bestimmen; und Ihr gebt dann nur die Anweisungen und geht hin um zuzusehen, wie es ein Kardinal machen würde oder ein Herr, der Ihr ja seid."

Die einzigen Bauvorhaben, die Ser Lapo überhaupt gelten ließ, waren diejenigen, die zu Ehren Gottes unternommen wurden. Mit seiner sanften

Überredungskunst schlug er Francesco vor, er solle auf dem Stück Land, das er gerade an der Wegekreuzung zwischen Prato und Poggio a Caiano erworben hatte, Unserer Lieben Frau einen Schrein errichten. Niemand würde dereinst nach seinem Tod, machte er dem Freund klar, für Francesco beten, weil er ein so prächtiges Haus für sich selbst gebaut habe. „Aber wenn Ihr diesen gebenedeiten Schrein errichtet, dort, wo die drei Wege sich kreuzen, wird in allen Jahrhunderten, die noch kommen, jeden Tag jemand das Haupt beugen, und es wird kein Tag vergehen, an dem nicht ein Mensch für Euch betet."

Der Schrein wurde wirklich errichtet, und sogleich schlug Ser Lapo vor, daß daneben eine Kirche entstehen sollte, „wie Santa Maria delle Grazie oder Sant'Anna oder Sant'Annunziata in Florenz oder die neue Santa Brigida... und so könntet Ihr mit geringem Kostenaufwand die Messe hören." Offenbar hoffte auch Ser Lapo selbst auf diese Weise bequem zur Messe gehen zu können, denn er versäumte nicht zu erwähnen, daß der Platz nur einen Steinwurf von seinem Dorf Grignano entfernt sei, wo es keine Kirche gebe.

Und diese armen, kleinen Familien von Grignano, im ganzen rund 15 Haushaltungen, gehen wie verlorene Schafe in andere Kirchen, und oftmals bleiben sie an den Sonntagen ganz ohne Messe, was abscheulich ist. Hier also mein Vorschlag. Wenn Ihr für 100 Gulden oder ein bißchen mehr oder weniger Land kauft und es für besagte Kirche stiftet, wird der Priester geloben, ohne Unterlaß die Messe zu lesen...

Doch diese guten Ratschläge trafen auf taube Ohren. Zwar baute Francesco noch vieles, aber immer nur für sich selbst. Und Ser Lapo regte sich weiterhin auf beim Anblick der „schrecklichen Mauern, die mich schon beim bloßen Gedanken daran in Schrecken versetzen". „Ich bitte Euch..., paßt auf, daß Ihr nicht eines Tages unter ihnen begraben werdet... Und legt Eure Seele nicht ganz und gar in Fesseln, damit Ihr nicht dereinst, wenn Ihr im jenseitigen Leben gefragt werdet: ‚Was geht vor sich auf der Welt, von der du kommst?', antworten müßt, zu Eurem Schaden und zu Eurer Schande: ‚Ich war so ins Bauen vertieft, daß ich das Leben kaum gesehen habe.'"[21]

Elftes Kapitel

Die privaten Haushalts- und Notizbücher

Sei tu ricco, si? Or sappi che tu sei spenditore di Dio.
Bist du reich, ja? Dann wisse, daß du Gottes Almo-
senpfleger bist.

San Bernardino da Siena

I

Wenige Dinge sagen mehr über einen Menschen aus als die Art, wie und
wofür er sein Geld ausgibt. „Es ist eine schöne und große Sache, wenn man
weiß, wie sich Geld verdienen läßt, aber es ist eine noch schönere und noch
größere Sache zu wissen, wie man es mit Maßen und dort, wo es sich ziemt,
ausgibt", schrieb Paolo da Certaldo in seinem *Libro di Buoni Costumi*.[1] Wie
wir wissen, machte das Bauen und Einrichten von Häusern Datini großen
Spaß. Wofür gab er sonst noch privat Geld aus? War er verschwenderisch,
war er knauserig?

Die Antwort auf diese Fragen geben seine Haushaltsbücher und seine
Notizbücher, die für uns zu den aufschlußreichsten Dokumenten der ganzen Sammlung zählen. Die meisten umsichtigen Familienoberhäupter führten Notizbücher dieser Art, in denen sie Dinge aufzeichneten, die sie aus
diesem oder jenem Grund für sich behalten wollten. So wurden diese
Niederschriften, meist *Quadernacci, Ricordanze* oder *Libri Segreti* genannt,
gelegentlich zu richtigen Tagebüchern oder Familienchroniken. Es kam vor,
daß ein Verfasser von den Haushaltsausgaben zur Verzeichnung von Geburt
oder Tod eines seiner Kinder überging, dann zur Darstellung der Geschichte
seiner Vorfahren, zurückkam zum Bericht über die wichtigsten Vorkommnisse des Tages und dann wieder bedeutende Ereignisse von allgemeinem
historischen Interesse beschrieb. So erhaschen wir manchmal einen Blick auf
das Leben von damals wie in einem Hohlspiegel: eine Miniaturwelt im
Rahmen des Familienkreises.

Leider sind gerade Francescos Notizbücher in dieser Beziehung nicht sehr
ergiebig. Zum Teil überschneiden sie sich, sind aber andererseits unvollständig und halten nur die Jahre zwischen 1386–88, 1394–98 und 1401–08 fest.
Nur die wenigen längeren Aufzeichnungen, die *Ricordanze*, liefern uns
ausführliche Beschreibungen von diesem oder jenem Ereignis, so von seiner
Reise von Avignon heim nach Prato, seiner Pilgerfahrt nach Arezzo mit den

Bianchi, den weißen Brüdern, von seiner Flucht vor der Pest aus Florenz nach Bologna, manchmal auch von intimeren Dingen, wie der Verheiratung einer Sklavin, der er auch eine Mitgift spendierte, nachdem er sie geschwängert hatte. Seine übrigen *Quadernacci*, also Hefte, sind lediglich Haushaltsbücher, in denen er buchführte über seine täglichen Ausgaben. Aber natürlich ist auch das interessant. Die Aufzeichnungen darüber, was er so alles ausgab und an Unkosten hatte – zum Beispiel den überfälligen Lohn für eine alte Dienerin, neues Zaumzeug für das Maultier, ein gutes Essen, einen Sklaven, einen Hund, ein illuminiertes Gebetbuch für Margherita, ein Tambourin für Ginevra, eine neue Brille für sich selbst, sagen eine Menge aus über das Alltagsleben einer wohlhabenden bürgerlichen Familie im ausgehenden Mittelalter. Manch ein Eintrag gibt uns heute Rätsel auf, wie z. B. eine Zahlung von 10 *fiorini* 17 *soldi*, geleistet im Jahr 1397 an Francescos Agenten in Genua für den Schiffstransport von „Zibeben, Mandeln, Pfauen, Äffchen und Stachelschweinen". Daß Francesco Pfauen hielt, wissen wir aus einer anderen Quelle, da er ja im Jahr 1393 seinem Agenten Genua aufgetragen hatte, ihm ein Pärchen zu beschaffen, und ihn gleichzeitig gebeten hatte, er möge ihn informieren „von A bis Z, auf welche Weise sie gehalten werden müssen...". Offensichtlich waren Pfauen damals noch eine exotische Rarität in Prato.

Es ist schwer zu beurteilen, ob Francesco nun großzügig oder doch eher kleinlich war. Einige seiner Freunde hielten ihm seinen Geiz vor: „Nur um 12 *soldi* zu sparen", schrieb Domenico di Cambio, „werdet Ihr diese Fastenzeit ohne Konfekt [treggea] sein. Ihr seid einer von denen, die das Geld in der Börse behalten wollen und den Hunger im Bauch." Ein späterer Brief, dem eine Preisliste beigefügt ist, enthält dieselbe Klage:

Ich fürchte, Ihr macht es ebenso wie jener Prateser, der nach Florenz kam und den Apotheker nach dem Preis für ein Pfund Safran fragte und dann fragte: „Was kostet ein halbes Pfund?", und dann: „Wie teuer ist eine Unze?". Und so fuhr er fort, sich nach immer kleineren Mengen zu erkundigen; und als er dann alle Preise in Erfahrung gebracht hatte, sagte er: „Gib mir ein halbes Achtel von einer Unze". Genau so macht Ihr es, der Ihr über so viele Dinge Euch erkundigt und dann nichts kauft.

Die Haushaltsbücher Francescos bestätigen jedoch diese Vorwürfe nicht; sie zeigen, daß Francesco mit dem Geld manchmal mehr als sparsam umging, dann wieder mehr als großzügig. So ließ er z. B. seine *cioppe* wenden oder führte selbst über so winzige Beträge wie zwei *denari* Buch – „für zwei Stangen Lauch für die Lucia, die den ganzen Tag bei Wasser und Brot gefastet hat". Dann wieder bestellte er die kostbarsten Seiden- und Samtstoffe für die Kleider seiner Frau, machte fürstliche Geschenke, ließ sich erlesene und teure Speisen zubereiten und bewirtete seine Gäste, ohne Kosten zu scheuen. Er gehörte offenbar zu denen, die jeden Pfennig umdrehen und dann wieder das Geld mit vollen Händen zum Fenster hinauswerfen, und Margherita hielt ihm vor: „Einmal zählst du jeden einzelnen Docht, dann wieder läßt du unnötig ganze Fackeln abbrennen!"

Man kann die einzelnen Beträge aus diesen Haushaltsbüchern nicht einfach in unsere heutigen Währungen umrechnen, sondern muß vielmehr die relative Kaufkraft von *fiorino, lira, soldo* und *denaro* im Verhältnis zu Einkommen und Lebenshaltungskosten errechnen, und es ist nicht schwer, durch Vergleich herauszufinden, was billig war und was teuer. Grob gesagt war alles billig, was am Ort hergestellt wurde und nicht importiert werden mußte, also Eier, Gemüse, Obst, Wildbret, Süßwasserfische (meist Schleien und Hechte). Salz und Zucker sowie alle Gewürze waren dagegen relativ teuer, wurden aber trotzdem reichlich verwendet. Der Wein aus der Gegend kostete weniger als eine *lira* pro Faß, eine *anfora* Tyros-Wein dafür gleich 28 Dukaten. Der grobe, ungefärbte Stoff, aus dem man gewöhnlich Kleider für Dienerinnen und Kinder machte, kostete nur 9 *soldi* pro *braccio*, der weiße Seidendamast dazu für Ginevras Brautkleid dagegen zweieinhalb Gulden, der rote Seidensamt dazu gar dreieinhalb. Im allgemeinen waren Dienstleistungen billig, das Material war dafür um so teurer. Ein Maler bekam z. B. pro Tag bis zu einem Gulden, aber den gleichen Betrag mußte man schon für eine einzige Unze Ultramarinfarbe hinlegen, mit der er malte. Ein Schneider verlangte für das Nähen eines Gewands nur einen Gulden, aber das fertige Kleidungsstück konnte mit dem Material, wenn es aus feiner Seide oder feinem Samt gemacht, pelzbesetzt oder bestickt war, schon auf mehr als 100 Gulden kommen.[2]

Manchmal scheinen die Gebühren auch in einem eklatanten Mißverhältnis zueinander zu stehen. Wenn Datini für eine Arztvisite einen Gulden bezahlte (ein Besuch beim Astrologen war mit elf *soldi* billiger!), so legte er das Vierfache hin für einen erstklassigen Koch, der einen einzigen Tag lang seine Künste für das Hochzeitsmahl seiner Tochter zur Verfügung stellte. Der Jahreslohn einer Magd war nicht höher als zehn Gulden, die Mitgift eines unbemittelten Mädchens betrug etwa 14 bis 15, wobei man feststellen muß, daß Datini sehr großzügig war, wenn er seiner Sklavin „Andrea, die einem jungen Barbier verheiratet wird", 25 Gulden mitgab. Land kostete in der Umgebung von Prato 8 bis 10 Gulden pro *staioro* (= 43,6 m²), eine Sau 3 Gulden, ein gutes Reitpferd zwischen 16 und 20, eine erwachsene Sklavin 50 bis 60.

Zusammengenommen ergibt sich aus allen diesen Haushaltsbüchern, daß Artikel für den täglichen Gebrauch wie Nahrungsmittel und grobe, ungebleichte Wolle wohlfeil waren, Luxusartikel wie feines Tuch oder Gewürze, also Importware, außerordentlich kostspielig. Francesco und seine Familie führten für gewöhnlich ein äußerst bescheidenes Leben, um dann plötzlich wieder mit vollen Händen Geld für etwas Besonderes auszugeben – meist natürlich für etwas, womit sie bei ihren Mitbürgern Eindruck machen konnten: schöne Kleider, üppig gedeckte Bankettafeln bei so besonderen Gelegenheiten wie dem Besuch von Louis von Anjou oder Ginevras Hochzeit sowie Geschenke an die Kirche oder an hochgestellte Persönlichkeiten. Haus und Haushalt wurden schon beschrieben. Darüber hinaus muß noch erwähnt werden, was Francesco alles im Stall stehen hatte. Er hielt sich immer einige Pferde in Prato, dazu zwei Maultiere für sich selbst und für Margherita und natürlich etliche Packtiere, die alles schleppten, was zwischen Florenz und Prato hin- und hertransportiert werden mußte. Eins von den Pferden, das Ser Lapo ihm im Jahr 1401 besorgte, kostete 16 Gulden, aber im darauffolgenden Jahr gab er 22 Gulden aus für eines, von dem Mazzei schrieb: „Noch nie hast Du ein katalanisches Schiff schneller dahinfliegen sehen." 1401 wandte er 28 Golddukaten für einen vierjährigen Braunen auf.³ Man muß jedoch wissen, daß ein gutes Maultier damals einen größeren Wert hatte als ein Pferd, denn selbst Fürsten und Kirchenfürsten benutzten Maultiere als Reittiere. So leistete sich Francesco 1396 vielleicht den größten Luxus seines ganzen Lebens und ließ sich für 122 *fiorini* 16 *soldi* ein spanisches Maultier aus Valencia kommen.

Dieses Tier, das Francesco „la benedetta mula" nannte, ist der Gegenstand eines ausgedehnten und mit Heftigkeit geführten Briefwechsels zwischen Datini in Florenz und Luca del Sera, seinem Teilhaber in Valencia. „Ich warte schon mit solcher Ungeduld darauf", schrieb Francesco, „daß ich seine Ankunft kaum erwarten kann." Er führte noch aus, daß es „weder zu groß noch zu klein sein soll, mit schönem Fell und all den guten Eigenschaften, die ein Maultier nur haben kann; und es sei so sanft wie ein Lamm und frei von jedwedem Fehler".

17 Monate nachdem er diesen Brief geschrieben hatte, hatte Luca noch immer nicht solch ein Maultier auftreiben können. So schrieb Francescos Schreiber nach Diktat:

> Francesco wird Dir nicht wieder mit eigener Hand schreiben, bevor er nicht das Maultier hat. Denn noch nie schien ihm etwas blamabler als diese Angelegenheit. Wenn Du Dich selbst in ein Maultier verwandeln könntest, dann hättest Du das tun sollen, um mich zufriedenzustellen, mit nichts könntest Du mir größere Freude bereiten!

Im November trieb Luca schließlich das gewünschte Maultier doch noch auf und schickte es per Schiff nach Pisa.

Einige Jahre später gibt es einen Eintrag über den Erwerb eines weiteren braunen Maultiers für 49 Gulden und dazu über den Kauf eines „sparviero barbaresco", eines Falken aus Afrika, dessen Schiffsreise allein schon 1 *fiorino* 10 *soldi* kostete. Es fehlt allerdings jeglicher Hinweis darauf, daß Datini überhaupt jemals zur Falkenjagd ging. Wahrscheinlich bildete er sich ein, daß ein reicher Mann eben solch einen Vogel besitzen müsse. Auch lernte er offenbar zeitlebens kaum etwas über die Haltung von Pferden und Maultieren. Wie wir gelesen haben, schalt ihn seine Frau einmal, weil er das Maultier so fürchterlich überfüttert hatte, daß sie es in Prato zur Ader lassen mußten, und Domenico di Cambio, der sich rühmte, schon „im Mutterleib ein Meister der Pferdehaltung" gewesen zu sein, konstatierte, daß er ein Pferd, das auf Francescos Hof auf der Weide gestanden hatte, magerer zurückbekam, als er es hinaufgeschickt hatte. „Ihr wißt wenig, wie man Pferde auf der Weide hält, denn in der Zeit, in der Ihr es hattet, hätte es breiter als lang werden müssen!"

2

Bei weitem die größten Summen gab Francesco für Kleidung aus, und diese Ausgaben scheint er nie gescheut zu haben. Da kamen wohl Berechnung und Eitelkeit zusammen. Zum einen erforderte das Prestige eines wohlhabenden Kaufmanns, daß man seinen Reichtum schon an seiner äußeren Erscheinung ablesen konnte, denn „Geld kommt zu Geld!", wie es seit jeher heißt. Zum anderen hatte das Leben in Avignon wahrscheinlich Francescos angeborenen Geschmack am Schönsten und Besten so bestärkt, daß er wirklich Spaß daran hatte, lauter schöne Dinge um sich zu versammeln. *„I mercatanti"*, bemerkte Boccaccio im *Decamerone* (X,9), *„son netti e delicati uomini"* – saubere und kultivierte Menschen.

Glücklicherweise sind in den Inventarlisten der Häuser in Prato (1394 und 1397) und Florenz (1400) sämtliche Kleidungsstücke in Francescos und Margheritas Truhen mit aufgeführt. Francescos Haushaltsbücher enthalten außerdem jedes einzelne Stück von Ginevras Brautschatz. Auch in den Briefen Francescos und Margheritas wird häufig die Garderobe der beiden erwähnt, von der ja ein großer Teil aus dem Material, das Francesco aus Florenz schickte, unter Margheritas wachsamen Augen in Prato genäht wurde. Durch diese Informationen gewinnen wir eine ziemlich genaue Vorstellung von der Garderobe der ganzen *famiglia*, wobei uns zeitgenössische Darstellungen als Anschauungsmaterial dafür dienen, wie die Kleidungsstücke geschnitten und verarbeitet waren.

Zunächst sehen wir einmal Francesco beim Ankleiden zu: Auf dem Körper trug er ein Leinenhemd *(la camicia)*, von denen in der Wäscheliste von 1397 sechs aufgeführt sind. Es ist ganz sicher falsch anzunehmen, daß im ausgehenden Mittelalter solche Unterhemden nicht zur Standardkleidung gehört hätten oder gar, daß schöne, saubere Wäsche nicht geschätzt wurde. Im *Decamerone* kommt eine Dame vor, die fremden Kaufleuten, die zu ihr ins Haus kamen, als ersten Akt der Gastfreundschaft nicht nur schöne Kleider zur Verfügung stellte, sondern auch *panni lini,* also Unterwäsche, weil sie wußte, daß sie schon seit langem ihren Ehefrauen fern waren und eine weite Reise hinter sich hatten.[4] Dabei muß man allerdings beachten, daß das Wort *camicia* zweierlei Bedeutungen hatte. Manchmal wurde das Wäschestück so genannt, das man auf dem Körper trug, manchmal aber auch ein kurzer, gerader Hänger mit Schlitzen an den Seiten, einem Russenkittel nicht unähnlich, der mit einem Gürtel um die Taille festgehalten wurde. Auf den Illustrationen der zeitgenössischen *Cronaca* des Giovanni Sercambi aus Lucca sieht man viele Arbeiter diese *camicie* tragen: Maurer, Pferdeknechte,

Diener, Seeleute. Wahrscheinlich war dieses Kleidungsstück auch gemeint, wenn Pilger gelobten, nur mit einem „Hemd" bekleidet auf Pilgerschaft zu gehen.[5] Häufiger aber ist *camicia* die Bezeichnung für das Unterhemd. Es könnte Francesco auch als Nachtgewand gedient haben, wahrscheinlich aber schliefen er und seine Frau nackt im Bett, wie es damals üblich war.[6] Dafür hatten beide Nachtmützen auf, *cuffie* oder *cappeline*, manchmal auch *benducce* oder *bendoni* genannt. Sie waren alle ganz ähnlich geschnitten, saßen eng am Kopf an, wurden mit einem Band unter dem Kinn festgehalten und waren meist aus Leinen. Im Jahr 1390 bestellte Francesco drei gute *cappeline*, „um sie nachts zu tragen, gefüttert mit schwarzem Futter, die schönsten und besten, die es gibt". Ein Faß mit Waren, das 1408 von London aus an Datini geschickt wurde, enthielt außer zwölf Messingleuchtern „vier große, weiße, doppelte *berrette*" und „vier weiße, doppelte für die Nacht".

Die Wäscheliste von 1397 führt auch sechs Paar *brache* auf, die auch *panni di gamba* genannt wurden, also Unterhosen. Zuweilen müssen diese recht weit gewesen sein, denn Sacchetti erzählt von einer Maus, die einem Kaufmann im Unterhosenbein hinaufgekrabbelt ist, als dieser auf dem offenen Marktplatz saß, und von einem Geizkragen, der sich den Stadtzoll sparen wollte und deshalb alle seine Eier in seiner Unterhose verstaute, bevor er durch das Stadttor ging.[7] Modische Unterhosen saßen auch zu Datinis Zeiten schon eng an – zur moralischen Entrüstung der Konservativen.

Zu den Beinkleidern, Strumpfhosen, haben wir in derselben Liste Einträge über drei Paar lange *calze*, blau und mit Leder besohlt, dazu zwei Paar schwarze „*da portarsi con le scarpette*" – mit leichten Halbschuhen. Dazu besaß Francesco, wie einem Brief Margheritas zu entnehmen ist, noch mindestens acht bis zehn Paar weiße Leinenunterhosen, *calcetti*. Der Sitz der langen Beinkleider aus Wolltuch oder aus Leinen war offenbar ein Problem. So schreibt Francesco an Domenico di Cambio, daß er ein Paar davon zurückschicke, weil es an den Waden zu weit geschnitten sei. „Du bist selbst schuld daran", schrieb Domenico di Cambio, um eine Antwort nicht verlegen, „weil Du mir kein Muster geschickt hast." An Schuhen sind auf dem Verzeichnis lediglich „zwei Paar weißer *scarpette*" (aus Tuch, nicht aus Leder) zu finden, aber die Florentiner Inventarliste von 1397 enthält auch „ein Paar Stiefel *a ginocchio*", also kniehoch.

Über dem Unterhemd trug Francesco ein *farsetto*, ein Wams. Einmal hatte er gleichzeitig vier davon: eines aus scharlachrotem *saia*, einer Art Köpergewebe, und drei aus feinem Leinen. Im allgemeinen waren solche Wämser kurz und anliegend, mit Schnüren zuzunesteln und aus feinem Tuch oder Leinen, mit Baumwolle gefüllt und abgesteppt.[8]

Die schönsten Kleidungsstücke Francescos waren natürlich seine Röcke und Mäntel. Während sehr junge Männer oder einfache Arbeiter schon mit Wams und Beinkleidern anständig angezogen waren, hatte ein Mann von einigem Ansehen gewöhnlich einen langen Rock darüber zu tragen, in der Toskana allgemein *gonnella* genannt, in allen Inventaren Datinis aber immer als *cioppa* bezeichnet. Zu jener Zeit war bei den jungen Leuten bereits die kurze französische *gonnella a tunica* in Mode gekommen, die Villani entsprechend verurteilte.[9] Francesco zog natürlich wie die meisten älteren Männer den langen Rock, den *gonnellone* vor, der aussah wie die Robe eines Rechtsgelehrten oder eines Arztes und in dem er auch auf den Porträts immer abgebildet ist. 1397 besaß er zehn Stück davon. Fünf waren getragen und alt, für den täglichen Gebrauch bestimmt, zwei mit Pelz gefüttert, einer aus rot gefüttertem dunklen Tuch, einer mit grünem Taft gefüttert, und schließlich hatte er noch einen „alten dunkelgrauen, ungefütterten" fürs Kontor. Außerdem besaß er einen Rock aus dunklem *ciambellotto*, einem Stoff aus Ziegen- oder Kamelhaar, der mit hellblauem Taft gefüttert war, einen weiteren „zum Reiten", aus grauem Tuch mit sardischem Lamm gefüttert. Zuletzt gab es auch noch zwei Galaröcke für ganz große Gelegenheiten. Der eine hatte die Farbe der Aristokraten, *rosato vermiglio*, und ein Futter aus dem Fell junger Eichkatzen, der andere war mit Kermes violett gefärbt und mit scharlachrotem Taft gefüttert. Letzterer war sicher Francescos bester Rock, denn diesen ließ er sich schicken, als er vor die *Signoria* von Florenz zitiert wurde.

Über diesem Rock trug man einen weiten, rundgeschnittenen Umhang, den *mantello*, meist in gedeckten Farben; er wurde am Hals geschlossen und reichte bis zum Boden. Dieser *mantello* wurde in Florenz auf der Straße praktisch von jedermann getragen, abgesehen von Soldaten, Rittern und den Ärmsten der Armen. 1397 besaß Francesco fünf solcher Umhänge: einen grauen „mit Schäferkapuze", zwei alte blaue, einen in *paonazzo* (kermesgefärbt) und einen aus „nachtgrauem" Tuch. Dazu besaß er noch zwei kürzere Reitjacken, eine hellblaue und eine rote, und schließlich „*una roba da andare coi Bianchi*", ein langes, weißes Pilgergewand, auch *schiavina* genannt.

Francesco verfügte der Liste zufolge über neun verschiedene Kopfbedekkungen, von denen zwei aus demselben Material gefertigt waren wie die Reitjacken. In der Toskana galten diese *cappucci* oder Gugeln als Standesmerkmal des wohlhabenden Bürgertums, der Juristen, Kaufleute, Ärzte. Nie hätte sie ein Adliger oder ein Arbeiter getragen. Man nahm sie zum Gruß nicht ab wie einen Hut, sondern man „lüftete sie zwei Finger hoch", wie Benedetto Varchi beschreibt, „während man das Haupt neigte", wie z. B. vor einem Bischof, vor einem Mitglied des Magistrats oder einer vergleichbar hochgestellten Persönlichkeit. (Man nannte das „*far riverenza di cappuccio*".[10]) Es gab diese Gugeln in vielen verschiedenen Formen. Villani klagt, daß die jungen Leute seit der Ankunft Walter de Briennes in Florenz solche mit so langen Zipfeln trugen, daß diese fast auf dem Boden schleiften und man sie wie einen Schal gegen die Kälte um den Hals wickeln konnte.[11] Sacchetti beschreibt einen Arzt, Gabbadeo di Prato, der sich sehr

elegant vorkam, weil er einen Gugel trug, „der ein ganz langes Ende hatte
auf einer Seite und so weit und groß war, daß ein halber Scheffel Weizen
hineinpaßte".[12] Francescos Portraits zeigen dagegen, daß er sich an die
hergebrachte Form der Mönchskapuze seiner Vorfahren hielt (Kapuze mit
Schulterkragen, die Kopf und Hals verhüllte und nur das Gesicht frei ließ,
die klassische Gugelform, d. Ü.). Außerdem besaß er fünf runde *berrette,*
davon zwei kermesrote, von denen es eigens heißt, sie seien „über der
Kapuze zu tragen", von drei kleineren dagegen „unter der Kapuze". Auf
dem von Fra Filippo gemalten Stifterbild trägt er eine große *berretta* über
der Kapuze.

In der Liste der Kleidungsstücke erscheinen keine Handschuhe (sie waren
zu dieser Zeit noch ein ausgesprochener Luxus), doch auf seinem Bildnis
hält Francesco ein Paar in der Hand, und Domenico di Cambio erwähnt in
seinen Briefen etliche weitere Paare, darunter solche aus Ziegenleder und
noch weitere, von denen er sagte, daß sie noch modischer seien, „alle mit
englischem Tuch in weiß und rot überzogen".

Margherita und Ginevra besaßen nur je ein Paar Handschuhe. Die von
Margherita waren aus „Ziegenleder, mit Goldkordel eingefaßt". Aber offenbar schickte es sich für eine anständige Frau nicht, Handschuhe zu tragen,
seit in Florenz im Jahr 1388 ein Gesetz verabschiedet worden war, daß alle
Prostituierten auf der Straße Handschuhe sowie ein Glöckchen auf dem
Kopf tragen sollten, „so daß das Zeichen ihrer Schande sich Auge und Ohr
mitteile".

Die Kleider der Damen des Hauses lagen in anderen Truhen. Sowohl
Margherita als auch Ginevra besaßen Gewänder in Fülle, mehr als Francesco
selbst. Wie wenig sich die toskanischen Damen an die Luxusgesetze hielten,
durch die die Zahl der Kleider und der Aufwand dafür eingeschränkt werden
sollten, zeigen die zeitgenössischen Bilder. Unter das gesetzliche Verbot
fielen *panni divisati* (Stoffe von mehr als einer Farbe), gestreift oder kariert,
gaufrierter Samt mit eingeprägten Mustern, Brokat, schwerer Seidensamt
(sciamito) sowie reiche Silber- und Goldstickereien. Als die *Signoria* von
Florenz 1343 ihre Beamten zur Kontrolle der Kleidertruhen in die Häuser
schickte, brachten diese Leute Listen von ihren Kontrollgängen mit, die den
Vorschriften ins Gesicht schlugen. Kein Mensch hielt sich daran, so ziemlich
alle Damen besaßen Kleider aus den verbotenen Stoffen – und manche
müssen ganz bezaubernd ausgesehen haben. Die Beamten beschreiben Kleider aus „weißer moirierter Seide mit Weinblättern und blauen Trauben,
weißem Futter aus gestreiftem Tuch; eine *cotta* mit roten und weißen Rosen
auf blaßgelbem Grund; eine *cioppa* aus blauem Tuch mit weißen Lilien,
weißen und roten Kreisen und Sternen, darüber weiße und gelbe Seiden-
streifen, gefüttert mit rotem gestreiften Tuch" – und so weiter und so
fort.[13]

Monna Margheritas Kleider waren nicht ganz so prunkvoll, aber einige
waren immerhin aus kostbarer Seide, teurem Samt und Damast. Ihre

Leibwäsche dagegen war eher dürftig. Auf der Haut trug sie ein Hemd aus feinem Leinen, von denen sie laut Wäscheliste von 1394 vier besaß; eine Liste über zu waschende Wäsche von 1397 führt acht auf, dazu vier, die Ginevra gehörten, und fünf von Margheritas Nichte Caterina. Solche Unterhemden waren offenbar die einzige Unterwäsche überhaupt, die Margherita besaß. Nirgendwo werden Unterhosen oder Nachthemden erwähnt. Dafür nannte sie natürlich, ebenso wie ihr Mann, Nachthauben ihr eigen.

Über dem Unterhemd trug man im Winter ein Futter aus Pelz oder aus warmem Wolltuch, darüber erst das Kleid. Margherita besaß vier: eines aus Tuch, drei aus Pelz, und zwar aus Otter, Katze und Feh. Im Sommer trug man natürlich nur das Unterhemd unter dem Kleid.

Darüber kamen dann ein Untergewand und das meist prächtigere Übergewand. Von Untergewändern gab es zwei Variationen: die *gamurra*, meist aus einfarbigen Woll- oder Baumwollstoffen, und die *cotta* aus kostbarerem Material wie Damast oder Brokat. *Cioppa* und *giornea* waren die Bezeichnungen für die Gewänder, die man darüber trug, wobei die *cioppa* immer lange Ärmel hatte, die *giornea* ärmellos war.[14]

An Festtagen trugen junge Mädchen im allgemeinen eine *giornea* über einer *cotta*, verheiratete Frauen dagegen eine *cioppa* über der *gamurra*. Natürlich waren der Kombination keine Grenzen gesetzt. Margherita trug offenbar, wie viele andere verheiratete Frauen auch, nur ein weites, langärmeliges Gewand ohne Untergewand, denn sie besaß nur eine einzige *gamurra*, dafür eine ansehnliche Zahl von *cioppe*. Im Kleiderverzeichnis von 1394 sind sieben aufgezählt, 1397 elf, von denen nur noch zwei identisch sind mit denen von 1394. Sie werden nach weniger als drei Jahren bereits als alt und abgetragen bezeichnet. Dabei war der Stoff natürlich viel zu gut, um sich so schnell abzunutzen. Margherita war wie die meisten Frauen – sie konnte sie einfach nicht mehr sehen. Obwohl sie schon 35 Jahre alt war und somit für damalige Begriffe bereits eine Matrone, hatten alle ihre Gewänder aus feinen Stoffen lebhafte Farben: „*paonazzo*, blauviolett, mit grünem Tuch gefüttert", „blauer Damast mit Hermelin eingefaßt", „Kamelhaar gefüttert mit blaßblauem Taft", „aschgrau mit Fehsäumen", „orientalischer Damast" und „*rosato*", das Altrosa, das wie Purpur bei den Römern als die edelste Farbe galt. Zudem besaß Margherita noch eine *cioppa* aus Tuch, die mit Feh gefüttert war, und eine weitere, vielleicht für schlechtes Wetter, aus *monachino*, rotbraunem, grobem Wollstoff, wie Mönche und Schafhirten ihn für ihre Kleidung verwendeten. Schließlich wissen wir, daß sie auch noch ein reiches Übergewand besaß, *roba* oder *sacco* genannt, das aus der begehrten *zetani*-Seide gefertigt war, die Francesco am 14. April 1392 über seinen Agenten in Genua für seine Frau bestellt hatte.

Ich benötige ein Stück blauen *zetani*[15] aus Rumänien für ein Kleid, und zwar vom schönsten und besten, den es gibt; also benachrichtige mich, ob dort drunten etwas in so guter Qualität aufzutreiben ist, und wenn kein *zetani* zu finden ist, so gib mir Nachricht, ob es vielleicht ein Stück Damast der gleichen Farbe, so gut und fein wie möglich gibt... Wenn es nichts in dieser erstklassigen und bildschönen Qualität gibt, dann spare ich mir lieber die Ausgabe. Und ich teile Dir mit, daß es für einen *sacco* für die Margherita bestimmt ist.

All diese Gewänder waren bodenlang, aber in Schnitt und Form konnten sie sehr verschieden sein; denn für manche benötigte man 30–32 *braccia* Material, wie in Ginevras Aussteuerverzeichnis festgehalten ist, für andere wieder nur 14–16. Das erklärt sich dadurch, daß die Festtagskleider häufig lange, kunstvoll geschnittene und verzierte Ärmel hatten, vor allem aber immer eine lange Schleppe. Auch das war eine Modeerscheinung, die sowohl durch die toskanischen Luxusgesetze – wegen der hohen Kosten – verboten war als auch von San Bernardino verurteilt wurde – und zwar aus Gründen der Hygiene und der Moral! So eiferte er sich: „Oh Ihr Frauen, sagt mir: Was macht die Schleppe einer Dame, wenn diese auf der Straße geht? Im Sommer wirbelt sie Staub auf, und im Winter besudelt sie sich im Schlamm; und derjenige, der im Sommer hinter ihr her geht, atmet die staubgeschwängerte Luft ein, die sie aufgerührt hat, und die man Satansweihrauch nennt. Und seht: Im Winter beschmutzt sie sich selbst mit Schlamm und ruiniert ihr Kleid am Saum... Und wenn sie es einer Dienerin zum Saubermachen gibt – wie viele Verwünschungen schickt die ihr nach und sagt Ungezogenheiten über diese Sau, ihre Herrin."[16]

Über der *cioppa* trug Margherita bei jedem Wetter eine weite, in Falten herabfallende *mantella*, ohne die eine verheiratete Frau niemals ausging. Die Sittenprediger in Florenz hätten es gern gesehen, wenn auch die jungen Mädchen die *mantella* getragen hätten, da sie etwas gegen die kurzen und enganliegenden Kleider nach neuester französischer Mode hatten und behaupteten, diese seien „weder schön noch schicklich".[17] Natürlich zeichneten sie deutlich die Figur eines jungen Mädchens ab, statt sie zu verbergen, aber die Bilder der Zeit beweisen, daß – Sittenprediger hin oder her – wirklich nur alte oder verheiratete Frauen sich in diese „schicklichen" Mäntel hüllten. Diese Mäntel konnten unterschiedlich lang sein – von bodenlang, wie die der Männer, bis zu kurzen Umhängen, die man vor allem zu Pferd trug. 1394 besaß Margherita vier lange, einen aus *monachino*, wahrscheinlich für alle Tage, einen aus feinem Scharlach mit Wolltuch gefüttert, einen alten aus *zadelanda*, was immer damit gemeint ist, und einen besonders schönen in vornehmem *rosato*. 1397 besaß sie sechs: noch immer den aus Scharlach, einen Reitumhang aus *monachino*, einen violetten mit rotem Taftfutter, dazu noch drei weitere: einen schwarzen, einen blauen, einen aus „dunklem Tuch mit Kapuze, um ihn als Witwe zu tragen" – obwohl sich ihr Mann damals noch bester Gesundheit erfreute!

Außerdem besaß Margherita in jenem Jahr noch eine *cotta* aus orientalischer Seide, die mit rotem Leinen gefüttert war, drei Jacken und zwei einfache *guarnelle* fürs Haus. (Letztere hatten ihren Namen von dem einfachen ungebleichten Hanfleinen oder Baumwollstoff, *guarnello*, aus dem meist ärmellose Hängekleider für Kinder und Mägde gemacht wurden.)

Schließlich gab es noch drei Paar Ärmel, ein Paar aus rotem Samt, „übriggeblieben von dem Meßgewand, das für San Francesco gemacht wurde", ein Paar aus weißem Feh und eines aus weißem Kanin. Diese separaten Ärmel, die man zu jedem Gewand tragen konnte, waren oft der eleganteste und am reichsten verzierte Teil der weiblichen Garderobe, manchmal eng und schmal bis zum Handgelenk, manchmal so füllig weit, daß Sacchetti spottete, sie seien „mehr Säcke als Ärmel". „Gab es je eine erbärmlichere, schädlichere und nutzlosere Mode?", fragte er. „Keine Frau kann ja damit ein Glas oder einen Bissen vom Tisch nehmen, ohne Ärmel und Tischtuch zu besudeln dadurch, daß sie dabei Gläser umfegt."[18]

Zu fast allen ihren Gewändern besaß Margherita passende Kopfbedeckungen, die sie sämtlich *cappucci* nannte, wobei aber diese verallgemeinernde Bezeichnung insofern nicht stimmt, als es in der Toskana damals zahllose Varianten von weiblichem Kopfputz gab. Ursprünglich reichten sie bis tief in den Nacken und rahmten das Gesicht völlig ein, dann wurden sie mit der Zeit am Hals offener getragen und bekamen lange Stoffbahnen, die auf einer oder auf allen beiden Seiten herunterhingen oder auch um den Kopf drapiert wurden. Nur noch alte Frauen trugen die altmodische Haube, die echte „Kapuze", die wie bei der Nonnentracht nur das Gesicht frei ließ. Margherita legte geradezu übertriebenen Wert darauf, auch ja zu jedem ihrer Gewänder eine Kopfbedeckung aus demselben Material zu haben. Ihrem Mann klagte sie in einem Brief, daß sie den Stoff, den er ihr geschickt habe, vor dem Zuschneiden durchs Wasser gezogen habe, und daß er so stark eingelaufen sei, daß nur noch 20 *braccia* übrig seien – das reiche zwar gerade für Mantel und Kleid, nicht aber für die Haube. „So sieh doch zu, ob es denn keinen Weg gibt, daß ich noch ein wenig davon für einen *cappuccio* bekommen kann, denn ich wollte nicht einen neuen Mantel und dazu dann einen alten *cappuccio*."

Über ihren Hauben trug Margherita manchmal im Winter noch einen Hut aus *bavero*, Biber, oder aus *sciamito*, dem schweren Seidensamt, ungeachtet dessen, daß er zu den kostbaren Stoffen gehörte, deren Verwendung die Luxusgesetze untersagten. Im Sommer setzte sie Strohhüte auf – mal einen weißen, mal einen schwarzen. Gleich zwei Strohhüte zu besitzen, war einigermaßen extravagant, denn außer auf Reisen trug man sie gewöhnlich nicht. Aber auch Ginevra besaß einen, der immerhin 14 *soldi* kostete. Auch das junge Mädchen scheint zumindest zu Hause die weißen *bende* oder Hauben getragen zu haben, die sonst gewöhnlich nur von älteren Frauen und Witwen benutzt wurden.

Gürtel waren ein weiterer wichtiger Bestandteil der weiblichen Garderobe. Meist wurden sie über der *cioppa* oder der *giornea* getragen, nicht auf dem Unterkleid, das gewöhnlich seitlich in der Taille geschnürt wurde.

Margherita besaß zwei Gürtel aus vergoldeten Silbergliedern auf einem blauen bzw. auf einem schwarzen Stoffband. Wieviel Silber für Gürtel verwendet werden durfte, schrieben wiederum die Luxusgesetze vor, die 1330 sogar Silbergürtel überhaupt verboten, später aber so modifiziert wurden, daß nun kein Gürtel mehr als fünf Unzen Silber haben durfte. Margherita scheint allerdings eine Vorliebe für ziemlich schwere Gürtel gehabt zu haben, denn als sie einmal einen bekam, der nur drei Unzen wog, gab sie ihn Domenico di Cambio zurück. „Ich ließ ihn für sie anfertigen", hieß es in seinem Antwortschreiben an Francesco daraufhin etwas gereizt, „wie sie bei den edlen Damen von Florenz jetzt Mode sind, denn ich konnte ja nicht ahnen, daß sie so einen wollte wie Bauersfrauen."

Seltsamerweise sind in keinem der Verzeichnisse Margheritas Schuhe aufgeführt. Nur aus ihren Briefen wissen wir, daß sie manchmal schwere Holzpantinen trug, die wie Sandalen mit Lederriemen über dem Fuß festgehalten wurden, manchmal *pianelle,* fersenfreie Lederschuhe, deren hohe, absatzlose Sohlen aus zahlreichen Lederschichten zusammengeleimt waren. Sie sollten eine Frau natürlich größer erscheinen lassen und waren in Venedig sogar bis zu 30 cm hoch. In Francescos Haushaltsbüchern ist einmal auch der Kauf von *scarpette,* leichten Schuhen, für Ginevra und für seine Nichte Tina vermerkt.

Strümpfe im heutigen Sinn des Wortes waren damals noch unbekannt, aber Margherita trug feine weiße Untersocken, *calcetti,* aus Leinen, die zu Hause angefertigt wurden, und auch lange Strumpfhosen aus Seide oder aus Tuch, meist weiße, aber auch blaue und rote. Oft hatte die Lauffläche dieser Strumpfhosen eine lederne Sohle – dies wiederum wurde aber als Gipfel des Luxus verpönt und zeitweise per Luxusgesetz verboten.

Zu all diesen Kleidungsstücken besaß Margherita noch ein paar kleinere Kostbarkeiten, die sie sorgfältig in einer der Truhen in ihrem Schlafzimmer verschlossen hielt. Dazu zählten zwei bemalte Kämme aus Elfenbein; drei Rosenkränze, davon einer aus Korallen mit einem Kreuz aus Perlen und Gold, ein vergoldeter und einer aus schwarzem Bein mit vergoldetem Kreuz; zwei Beutel aus feiner bestickter Wolle; „ein Schleier aus Seide aus Venedig"; ein besticktes seidenes Tüchlein, „in Sizilien gemacht, an der Seite zu tragen und zum Naseschneuzen zu verwenden", und zwei Fächer aus Pfauenfedern.

Ginevra verfügte über ebenso viele Kleidungsstücke wie ihre Mutter. Nach den Luxusgesetzen war es sogar erlaubt, daß kleine Mädchen unter zwölf Jahren in kostbare Stoffe gekleidet wurden, die den erwachsenen Frauen untersagt waren – sicher nur deshalb, weil dafür wenig Material benötigt wurde –, ja sogar, daß sie Juwelen und vergoldete oder silberne Zierknöpfe trugen. Im Gegensatz zu den kleinen Mädchen, die auf den zeitgenössischen Bildern in geraden, engen Baumwoll- oder Wollkleidchen, den *guarnelle,* dargestellt sind, besaß Ginevra bereits im Alter von sechs Jahren eine recht hübsche Garderobe. So schrieb Margherita einmal an Francesco:

Bitte Monna Ghita, ihr ihre neue *gamurra* anzuziehen und ihre mit Borten eingefaßte *gonnella* und mir ihre graue und auch die gestreifte *gonnella* zu schicken und das Unterhemd, das ich bei Andrea gelassen habe, und daß sie ihre besten langen Strümpfe anzieht, die ich bei ihr ließ, und die neuen Schuhchen. Und schicke mir ihre neuen Holzpantinen und die gestreifte Kapuze, ihre Haube und ihre Nachthaube und ihre Haarkränze aus Seidensamt, den schwarzen und den rosafarbenen . . .

Im selben Jahr zertrennte Margherita ihre eigene violette *gamurra*, um ihrer Tochter ein neues Kleid daraus zu machen. Je älter Ginevra wurde, desto häufiger finden wir in Francescos Haushaltsbüchern Ausgaben für ihre Garderobe notiert: Tuch für ihre Gewänder, vergoldete Knöpfe für die Ärmel und „*ghirlanda*" genannten Kopfputz. Mit zwölf besaß sie „*un sacco paonazzo*", also ein reiches Übergewand „mit weiten Kelchärmeln", und ein „kleines abgestepptes Baumwoll-Leibchen". Im Jahr darauf eine *cioppa rosata* und 1405 einen *sacco* aus *sbiadato*, graublauem Tuch, ebenfalls mit Kelchärmeln, und eine *giubba*, ein anderes Wams. Und 1406 gibt es „*un sacco scarlatto*", gefüttert mit Katze, dazu noch eine neue *gamurra*, während an ihrem graublauen *sacco* vom vergangenen Jahr die Ärmel gerichtet und ein roter Kragen aufgenäht wurden.

Die prächtigen Kleider, die sie zu ihrer Hochzeit trug, sind bereits beschrieben. Hier sollte vielleicht noch erwähnt werden, was sie im einzelnen kosteten: Für die 32 *braccia* des schweren Seidensamts, *sciamito* genannt, die für ihr Brautkleid mit langer Schleppe benötigt wurden, mußte Francesco 116 Gulden hinlegen, für den vergoldeten Gürtel mit Emailarbeit 17, für ihre Brautkrone aus Juwelen, Email und vergoldeten Holzkugeln 20. Außerdem gehörte zu ihrer Brautausstattung noch ein zweites Gewand mit Schleppe, und zwar aus weißem Damast, das Francesco auf 68 Gulden zu stehen kam. Dazu noch vier *cioppe* ohne Schleppe: eine aus altrosa Tuch, eine aus gemustertem violettem Tuch, eine, die mit scharlachrotem Tuch gefüttert war, und eine aus *panno marmorino*, marmoriertem Tuch. Außerdem besaß sie noch zwei weniger teure Kleider, eines aus dem graublauen *sbiadato* und eines aus dunkelgrünem Tuch, das durch geschlitzte Ärmel in grünem und weißem Samt schon etwas fescher aussah. Vervollständigt wurde ihre Garderobe durch eine kostbare *cotta* aus dem prachtvollen karmesinroten Tuch, das nach der Stadt Bagdad *baldacchino* genannt wurde, und die über 36 Gulden wert war, eine kurze, schmale *gamurra* aus nur 7 *braccia* Scharlachtuch und einige weiße *guarnelle*. An Unterwäsche sind lediglich 13 Hemden zu je 26 *soldi* verzeichnet. Man kann aber annehmen, daß weitere im Haus angefertigt wurden und zusammen mit der übrigen Wäsche auf der Liste standen, die abhanden gekommen ist.

Dann gehörten Ginevra auch noch zwei Futterpelze aus Murmeltier, die zusammen 37 Gulden kosteten, und eines aus Katzenfell, zwei Hermelinkragen – und das, obwohl die Luxusgesetze theoretisch allen Frauen mit Ausnahme der Ritterdamen das Tragen von Hermelin strengstens untersagten!

Schließlich besaß Ginevra außer dem überreichen Kopfputz, den sie zu ihrer Hochzeit trug, mindestens noch weitere fünf Kopfbedeckungen, für die Monna Agnoletta, eine Stickerin, eine Rechnung von acht Gulden stellte. Eine Haube aus weißem Tuch, eine aus gestreiftem *sciamito*, eine größere, die auf einem festen Rahmen montiert war, einen Hut aus Tuch und eine kleine runde Kappe, die mit Ziermünzen bestickt war.

Was San Bernardino von den diversen Kopfbedeckungen hielt, brachte er unumwunden zum Ausdruck: „Ich kenne Frauen, die haben mehr Köpfe als der Satan selbst ... jeden Tag setzen sie einen neuen auf ... Ich sehe welche, die auf dem Haupt ein ganzes Kuttelgericht tragen, andere einen Palatschinken, wieder andere ein ganzes Tranchierbrett und etliche einen krausen Tropfpfannkuchen, manche tragen sie hoch aufgetürmt, manche in Kaskaden nach unten hängend ... Könntet Ihr Euch nur selbst einmal sehen – Ihr schaut aus wie Eulen und Habichte. Oh Frau ... aus deinem Haupt hast du ein Idol gemacht."[19]

Interessanterweise war Ginevras Schmuck viel weniger wert als ihre Gewänder, der kostbarste ihrer Ringe, ein Saphir, nur 20 Gulden. Damals trug man an jedem Finger Ringe, auch am Mittelglied, und so hatte sie noch allerhand Ringe, u. a. einen mit einem Smaragd zu 15 Gulden, einen mit einer Perle sowie einen mit einem Saphir zu je 15 Gulden, dazu noch zwei kleinere Brillantringe. Ihre übrigen Schmuckstücke waren zusammen 136 Gulden wert, denn da gab es Silbergürtel, Halsketten, Haarschmuck, Spangen, Perlen aus allerlei Material und Knöpfe. Sie galten eigentlich als die wichtigsten Bestandteile der weiblichen Garderobe, weil man sie zu jedem Kleidungsstück verwenden konnte und weil sie sich nie abtrugen. Gürtel besaß Ginevra neben dem prunkvollen von ihrer Hochzeit noch vier; einer davon war vergoldet, *„alla perugina"*, auf einem vielfarbigen Band montiert und kostete fast sieben Gulden. Dann hatte sie 240 zusammenpassende vergoldete Knöpfe (28 *soldi* die Unze), die zusammen 14 *fiorini* 3 *soldi* wert waren, 67 andere zusammenpassende Knöpfe und noch zwei Garnituren, die aus weniger Knöpfen bestanden, 4 *fiorini* 16 *soldi* bzw. 1 ½ *fiorini* wert. Die Florentiner Luxusgesetze von 1356 schrieben vor, daß solche Knöpfe nur zwischen Handgelenk und Ellenbogen angebracht werden durften, um dadurch ihre Anzahl zu limitieren. Darüber setzte sich Ginevra ganz unverhohlen hinweg. – Auf der Rechnung des Goldschmieds stand auch noch eine Halskette, *„alla perugina"* gearbeitet, mit einem Anhänger, der nahezu 14 Gulden wert war, ein Paar vergoldete Buchschnallen für die Seidenhülle ihres Gebetbuchs, dann für 17 Gulden vergoldete Blattapplikationen für Kleider, ein kleines Messer mit Elfenbeingriff und ein Fingerhut.

Die großen Kosten einer solchen Aussteuer waren, wenn man den schriftlichen Zeugnissen der Zeit Glauben schenken darf, sowohl für Gesetzgeber als auch für Sittenrichter, für alle Väter wie Freier gleichermaßen ein Stein des Anstoßes. Väter begrüßten die Geburt einer Tochter mit sehr gemischten

Gefühlen, weil sie wußten, welche Ausgaben auf sie zukamen, um sie mit Anstand wieder loszuwerden; junge Männer zögerten, sich eine Ehefrau zu nehmen, weil sie wußten, welche Last sie sich damit aufbürdeten. Giovanni della Casa formulierte ihre Befürchtungen gut 100 Jahre später treffend in einer kleinen zynischen Flugschrift über die Ehe: „Nichts führt einen Mann so sicher in die Armut wie der Besitz einer Ehefrau: Man muß sie ernähren, ihr Kleider machen lassen und ihr Geld geben, damit sie sich herausputzt – Kosten über Kosten ohne Ende."[20]

Die Zahl der Eheschließungen ging merklich zurück, und den Gesetzgebern wurde Angst. Mit Hilfe der Luxusgesetze versuchten sie, die Kosten für eine Eheschließung herabzudrücken, und zwar nicht nur für die Hochzeit selbst, sondern auch für jeden Einzelposten der Aussteuer, angefangen von den Gewändern der Braut und ihrem Putz und Schmuck und ihren Schuhen bis hin zu der Anzahl der Wäschestücke und dem Wert der Truhen, in denen die Braut ihre Aussteuer mitbrachte.[21]

Sittenrichter und Prediger verdammten diese reichen Aussteuern ebenso heftig, wenn vielleicht auch aus anderen Gründen. San Bernardino wetterte: „Du gibst eine von deinen Töchtern einem zum Weib, aber weder der, der sie nimmt, noch sein Vater noch seine Mutter fragen danach, woher denn all ihre Habe kommt. Wären sie gescheit, müßten sie als allererstes denken: ‚Woher kommen alle diese Dinge? Woraus ist diese Mitgift gemacht?' Denn oft, sehr oft ist sie die Frucht von Wucher und Raub, vom Schweiß der Bauern, vom Blut der Witwen, vom Mark der hilflosen Kinder und Waisen. Wer so ein Gewand nehmen und auswringen würde, der sähe, wie Menschenblut herausquillt!"[22]

Datini führte in seinen Haushaltsbüchern peinlich genau Buch über jede Kleinigkeit, nicht nur über den Endpreis eines Kleidungsstücks und über das dafür benötigte Material – bis hin zu jedem Bruchteil eines *braccio* –, sondern zusätzlich über den Preis von Stoffen pro *canna* oder per *braccia*, so daß man sich aus seinen Angaben eine klare Vorstellung vom relativen Wert dieser Dinge auf dem toskanischen Markt machen kann. Von allen Stoffen, die in Ginevras Brautschatz aufgezählt sind, war Seidenstoff am teuersten, allen voran *sciamito*, der schwere Seidensamt, mit 3 ½ Gulden pro *braccio*, gleich gefolgt vom weißen Damast zu 2 ½ Gulden. Dann kam mit 1 ½ Gulden pro *braccio* rosato- und *paonazzo*-farbenes Tuch, dann Samt und feines Scharlachtuch zu rund einem Gulden. Auch von anderen, weniger teuren Stoffarten wird der Preis genannt, und zwar pro *canna*, die ungefähr vier *braccia* maß. So z. B. das *sbiadato* genannte graublaue Tuch mit 6 *lire* 3 *soldi* pro *canna*, grünes Tuch mit 7 *lire* 9 *soldi* und *perpignan* zu 4 *lire* 16 *soldi*. Noch billiger war *guarnello*, der Baumwollstoff, für nur 8–9 *soldi*. Feine, leichte Seidenstoffe, die man als Futterstoffe verarbeitete, waren ganz besonders teuer und wurden meist nach Gewicht verkauft, ebenso wie Nähseide und Posamenten, also Besatzstoffe, Litzen, Bänder und Fransen. Der kermesrote Futtertaft für Ginevras *cioppa* kostete 24 *fiorini* 10 *soldi* für

31 Unzen, scharlachrote Nähseide 18 *soldi* pro Unze, zwei Unzen Posamenten 1 *fiorino* 14 *soldi*.

Dazu kamen natürlich noch die Schneiderrechnungen, die aber relativ niedrig waren, weil eben damals jede Art von Dienstleistung wohlfeil war. Häufig kam ein Schneider samt ein bis zwei Gehilfen für ein paar Tage oder Wochen zu einem reichen Mann ins Haus, um die Garderobe der ganzen Familie samt Dienerschaft zu nähen. In einem Brief an Stoldo di Lorenzo vom 29. Juli 1393 bittet Francesco diesen, ihm Antonio *sarto*, einen Florentiner Schneider, mit zweien seiner Leute in sein Haus in Prato kommen zu lassen. „Ich schicke ihm die Stute oder, wenn er will, das Maultier." Francesco machte zur Bedingung, daß er den Mann nur dann nehmen wolle, wenn dieser bereit sei, die ganze Arbeit bei ihm im Haus fertigzustellen und nicht nur die Kleider dort zuzuschneiden, „um sie dann in Florenz fertigzunähen, denn damit wäre uns schlecht gedient". Er bemerkte noch, daß die Stoffe für diese Gewänder zusammen über 150 Gulden wert seien.

...Nämlich das Gewand für Monna Margherita, das aus Damast ist, und der gefütterte Mantel aus dem Tuch, das Nofri gemacht hat, und für mich die *cioppa* und der Mantel aus demselben Tuch und noch ein paar andere Kleinigkeiten... Es stimmt, daß ich noch nicht ganz schlüssig bin, ob ich meine *cioppa* mit Taft füttern lassen will oder vielleicht doch lieber mit Eichkatzenfell; es kann auch sein, daß ich zwei *cioppe* aus dem besagten Tuch machen lasse, die eine mit Eichkatzenfell, die andere mit Taftfutter.

Antonio ist seinem Wunsch offenbar nachgekommen, denn eine Rechnung, die 14 Jahre später ausgestellt ist, lautet über 41 Gulden für das Anfertigen u. a. von Kleidern für Francesco, seine Frau, seine Tochter und seine Nichte, und zwar über einen Zeitraum von acht Jahren hin. Der Schneiderlohn für eine *cioppa* mit Tuchfutter betrug durchschnittlich 4 bis 5 *lire*, für einen Mantel 3 *lire*, 1 ½ *lire* für ein abgestepptes Wams, und sogar für etwas so Aufwendiges wie einen *sacco* für Margherita nur 8 *lire*. Zuweilen war Francesco so sparsam, daß er seine *cioppe* wenden ließ, was ihn für zwei Stück 3 *lire* kostete.

Pelze scheinen wesentlich preiswerter gewesen zu sein als Tuch, und in den Kleiderverzeichnissen werden Hermelin, Feh, Eichkatze, Siebenschläfer *(ghiro)*, Katze *(soriano)* und „*pelli sardesche*", wahrscheinlich sardische Schaffelle, aufgeführt. Francesco muß aber außerdem noch wertvollere Futterpelze, wie Marder und Fuchs besessen haben, denn 1396 schrieb Domenico di Cambio diesbezüglich: „Ein Fuchs würde Euch auf vier Gulden kommen, ein Steinmarder auf acht, ein Edelmarder auf zehn." Margherita hatte drei Futterpelze, einen aus sardischem Schaf, einen aus Katze und einen aus Feh.[23]

Letzterer war bei weitem der modischste Pelz für Männer wie für Frauen, denn Hermelin zu tragen war ja nur Rittern und ihren Damen erlaubt. Zu Datinis Zeiten wurde auch Feh eigentlich nur Rittern, Angehörigen des Magistrats und Doktoren zugestanden. Doch auch dieses Luxusgesetz wurde, wie die meisten anderen, nicht allzu ernst genommen. In der Praxis wurden sowohl Feh als auch Hermelin von jedermann getragen, der sie sich leisten konnte. Es gibt sogar aus dieser Zeit ein Sonett, in dem ein Feh klagt, daß sein Ansehen so tief gesunken sei, daß er nicht einmal mehr so viel wert sei wie eine gewöhnliche Maus.

> *Io mi lamento e dolgo e sono il vaio*
> *che solea esser per ogni reame*
> *di chavalier hornamento e di dame*
> *nè protavami in testa ogni somaio.*
> *E oggi al filatoio e al telaio*
> *i' veggio far di me letame*
> *e tal mi pone pegno per la fame,*
> *ch'io torno senza pel dall'usuraio …*
> *Dov'io ero tenuto il più gentile,*
> *oggi più che lo topo son tenuto vile.*[24]

> Ich klage und gräme mich und bin der Feh,
> der sonst doch in jedem Reich der Erde
> Schmuck war für Rittersmann und Edeldame,
> und nicht jeder hergelaufne Wicht trug mich auf dem Kopfe.
> Aber heute bin ich jedem Spinner, jedem Weber,
> Heizstoff wie für ein Kohlebecken,
> dann wieder verpfändet er mich, weil ihn hungert,
> so daß ich haarlos vom Pfandleiher zurückkehre.
> Wo einst als Edelster ich galt,
> werde ich heute als wertloser angesehen denn jede Maus.

Schließlich gab es natürlich auch noch die Kleider für die übrigen Mitglieder des Haushalts. Das Scharlachtuch und die Beinkleider, die Francesco für die sechs Diener bestellte, die bei Ginevras Hochzeitsmahl aufwarteten, kamen ihn auf 6.4.2. *fiorini* zu stehen, während seine Dienerinnen gewöhnlich das von den Luxusgesetzen für sie vorgeschriebene einfache schmucklose Gewand trugen – im Sommer aus Baumwolle, im Winter aus dem groben, ungefärbten Wolltuch, das *romagnola* oder *bigello* genannt wurde. Kopfbedeckungen jeglicher Art aus Tuch oder aus Seide waren dem weiblichen Dienstpersonal untersagt, ebenso die *pianelle*, die Schuhe mit den hohen Sohlen, und auch silberne oder vergoldete Knöpfe. Sie mußten einfache Kopftücher aus Leinen und Holzpantinen tragen, sonst liefen sie Gefahr, zu einer Geldstrafe von 50 *lire* verurteilt oder „nackt durch die Straßen von Florenz gepeitscht" zu werden. Trotzdem kann man in einem von Francescos Haushaltsbüchern einen Eintrag lesen über 9 *fiorini* 3 *soldi* „für 10 *braccia* vom himmelblauen Tuch, *a tre licci* [also auf einem Webstuhl mit drei Schäften gewebt] für Giovanna, unsere Sklavin", und wenig später einen über ein Futter für die gleiche Frau zum Preis von 2 *fiorini* 1 *soldo*. Es sind sogar zwei Lammfell-Futter verbucht für die Winterkleidung der Mägde. Und Ghirigora, die kleine Dienerin, die er noch schnell ordentlich verheiratete, bevor sie das Kind von ihm zur Welt brachte, bekam von ihm ja sogar einen richtigen, vollständigen Brautschatz: eine hellblaue *cioppa* mit Haube aus demselben Tuch (Kosten: 10 Gulden), einen Mantel aus grünem Tuch mit Pelzbesatz, dazu eine ansehnliche Aussteuer an Unterwäsche und Haushaltswäsche, einen Spiegel, eine Spindel, einen Elfenbeinkamm und ein „Paar bemalte Brauttruhen wie sie von Damen benutzt werden".[25]

Aber auch eine Magd scheint ihren Ehrentag in einem Hochzeitsschmuck gefeiert zu haben, der verständlicherweise dem ihrer Herrin so ähnlich wie möglich war. Als im Jahr 1398 einer von Francescos Knechten seine Hochzeit vorbereitete, bekam seine Braut ebenso einen Gürtel und eine Brautkrone wie Ginevra, nur aus billigerem Material. Margherita selbst schickte Francesco eine Einkaufsliste für die Geschenke, die besorgt werden mußten: „Zwei unechte Ringe, die anständig aussehen, aber wenig kosten", eine *cintoletta* (kleiner Gürtel) für vier *lire* und „eine Brautkrone, die ein bißchen Effekt macht", und „ein unechter Silbergürtel, der der Schwester des Bräutigams geschenkt werden soll, die 14 Jahre alt ist". „Der Preis, den Du für all diese Dinge ausgeben sollst, sei zehn *lire* und nicht mehr. Es scheint mir am besten, wenn Du zuerst all die Sachen kaufst, die aus Messing sein sollen, und dann alles, was übrig ist, für den Gürtel verwendest."

Auch ein Begräbnis verschlang gewaltige Summen durch die teuren Gewänder, die dafür benötigt wurden. Als Schwager Bartolomeo Bandini starb, der Francesco ohnehin schon jahrelang auf der Tasche gelegen hatte, kam Datini nicht darum herum, für die Trauergewänder aller Mitglieder des Haushalts 259 Goldgulden locker zu machen, also rund 26 Gulden für jeden. Diese „großen Umhänge" reichten vom Haupt bis zum Boden, mußten aber nur von den engsten Verwandten der Verstorbenen sowie deren Dienern getragen werden. Für Freunde genügte ein kürzerer Mantel, wie wir aus einem Brief erfahren, den Margheritas Schwester am 7. September 1393 über das Begräbnis eines alten Freundes schrieb:

> Francesco wird Dir gesagt haben, wie Du gehen sollst, nämlich mit ungefüttertem Mantel und geziemend verschleiert unter der Haube. Manche Frauen meinten, wir sollten den großen Umhang tragen, worüber ich mich umgehört habe; und alle Frauen sagen mir, daß es genügt, so zu gehen; also gehe Du auch so und bitte Gott für ihn.

Bei der Aufzählung der persönlichen Habe darf auch der Schmuck nicht fehlen. Francesco verwahrte das meiste nach altem toskanischen Brauch in einer der Truhen in seinem Schlafgemach; aber der Schmuck war weit weniger wert als die Gewänder. Außer Margheritas Silbergürteln bestand er eigentlich nur aus Ringen, die von Männern wie Frauen gleichermaßen an allen Fingern – und auch am zweiten Fingerglied – getragen wurden. Aus der folgenden Liste geht nicht einmal hervor, welche dieser Ringe nun Francesco und welche Margherita gehörten:

1 Silberring, darin ich weiß nicht welch wunderwirkender Stein,

1 große Perle in einem einfachen Goldring, 40 Gulden,

2 Korunde, ein Saphir blau und ein Rubin rot, 50 Gulden,

1 grüner Smaragd auf ziseliertem Ring, Geschenk von Niccolò di Bonaccorso, 10 Gulden,

2 Perlen, davon eine besser als die andere, in einen Goldring gefaßt, eine 15 Gulden, die andere 7,

1 kleiner blauer Saphir, gefaßt in einem Goldring, 2 Gulden,

2 glatte Goldringe, mit denen sie ihrem Manne angetraut wurde, 8 Gulden zusammen,

1 geschnittener Schichtkarneol mit Goldring, der Francesco gehört, 1 Gulden.

Zusammengenommen waren diese Schmuckstücke mit 143 Gulden weniger wert, als zwei Gewänder kosteten.

3

In den Truhen, die in Francescos Schlafgemach standen, waren außer diesen Ringen und Margheritas wenigen Preziosen auch noch andere Schätze verwahrt, nämlich Francescos Bücher. Die Inventarliste des Florentiner Hauses führt folgende Bücher auf, alle „in einer Truhe mit zwei Schlössern":

1 großes Buch über das Leben der Heiligen, gebunden in hölzerne Buchdeckel, mit rotem Leder überzogen,

1 Chronik von Matteo Villani, die vorher Messer Antonio di Jacopo di Filipaccio gehört hat und die wir für 6 Gulden kauften, gebunden in Holzdeckel mit rotem Leder darüber,

1 Buch mit den vier Evangelien, gebunden in Pergament, das Baldo Villanuzzi mir gab,

1 kleines Buch in Holztafeln gebunden und mit rotem Leder überzogen, mit den Episteln des Heiligen Jakob,

1 ebenso gebundenes Buch von Boëthius und ein kleines Buch von Fra Jacopo da Todi,

1 ebenso gebundenes Buch, weißer Überzug, das die Briefe von Don Giovanni dalle Celle di Vallombrosa enthält, die dieser an Guido di Messer Tommaso del Palagio schrieb, und Guido an ihn,[26]

1 Psalter für Kinder, alt und ganz zerfleddert,

4 neue Quarthefte von Pergament, von denen eines die Abschrift eines Buches von Guido Michele Guiducci enthält.

Damit waren allerdings Francescos Bücherschätze nicht erschöpft. Wir wissen, daß er auch eine *Divina Commedia* besaß, aus der er manches Mal zitierte, ein Quartheft mit dem Leben Christi, eine Übersetzung der Episteln des Heiligen Hieronymus und des Apostels Paulus „in volgare" (in der Volkssprache) – alles Bücher, die Ser Lapo ihm besorgt hatte, wie ja auch die *Fioretti* des Heiligen Franz. Selbstverständlich waren sie alle handgeschrieben, und es galt als Werk der Barmherzigkeit, Insassen der *Stinche*, des Schuldgefängnisses, als Kopisten zu beschäftigen. Gewöhnlich wurde auch großer Wert darauf gelegt, daß diese Bücher schön gebunden waren, wie man unschwer einem Brief Ser Lapos entnehmen kann, in dem er Margherita vorwirft, daß sie ihr Gebetbuch noch immer nicht mit einem würdigen Einband habe versehen lassen.

> Über eine Sache wundere ich mich bei Euch, nämlich daß Ihr zwar wie auch andere Eures Standes Gewänder und Putz in Hülle und Fülle für Eure eigene Person besitzt, Euch aber noch nicht darum gekümmert habt, Euer Buch Unserer Lieben Frau ein wenig zu schmücken – denn Ihr wißt, welchen Buchdeckel es jetzt hat. Jeden Tag seht Ihr, daß sich Leute schämen, wenn sie auch nur weltliche Bücher in schäbigen Einbänden zu Hause haben. Wenn das schon so ist, was soll man dann erst mit den Dingen tun, die der Gottesmutter gehören?... Darum schickt es mir nur, und ich werde es Euch richten lassen: laßt es zumindest vor dem Fest der Geburt Christi geziemend binden.[27]

Da seine Bücher einen Wert verkörperten, neigte Francesco dazu, sie ebenso wie andere Wertsachen einfach wegzusperren. Doch nach und nach konnte ihn Ser Lapo davon überzeugen, daß der eigentliche Sinn und Zweck von Büchern war, gelesen zu werden. „Und Ihr wißt, daß wir beide gesagt haben," schrieb er ihm einmal, als er ihn bat, ihm *Leben und Tod der Heiligen* zu leihen, „daß das Buch Frucht tragen werde, auch wenn ihr selbst nie darin lest, denn es werde demjenigen Nutzen bringen, dem Ihr es leiht." Als er ein andermal darum bat, die *Fioretti* ausleihen zu dürfen, um sie seinen Söhnen vorzulesen, schrieb er: „Und wenn Margherita mein Buch vom Heiligen Franz in ihrer Truhe weggesperrt hat, bitte ich sie, es mir zurückzuschicken; meine Buben würden sich manchmal bis in die tiefe Nacht daran ergötzen; denn es ist, wie Ihr wißt, leicht zu lesen *(apertissime lettera)*." Daß Francesco den Rat seines Freundes befolgte, zeigen wiederholte Einträge in seinen *Ricordanze*. 1399 verlieh er ein schönes, neues Buch, *Das Leben der Heiligen*, an Bruder Piero von den *Frati degli Agnoli*, dann im Jahr 1401 dasselbe Buch an Matteo Villani und den Jacopone da Todi an Lionardo Mazzei, den Bruder von Ser Lapo. Jeder Eintrag schließt mit den Worten: „*Vorassi riavere*" (ich hätte es gern zurück), denen in anderer Tinte immer die Bestätigung folgt: „*Riavemolo*" (wir haben es zurück).

Francesco besaß auch etliche illuminierte Meßbücher und Gebetbücher, zumindest ließ er sie anfertigen oder erwarb sie, um sie der Kirche zu stiften. Das kostbarste und reichste davon war ein *Missale* für die Kirche von San Francesco in Prato. Es war illuminiert von „Matteo di Filippo, *miniatore*, einem Freund der *Frati degli Agnoli*", und kostete 15 *fiorini* 1 *soldo*.[28] Außerdem besaßen sowohl Margherita als auch Ginevra ihr eigenes illuminiertes Gebetbuch.

4

Schließlich führte Francesco in seinen Haushaltsbüchern auch noch gewissenhaft Buch über das Geld, das er für Geschenke aufwendete: Geschenke an Freunde, an die Kirche in Form von Almosen, aber auch an hochgestellte und wichtige Persönlichkeiten. Seinen Freunden schenkte er am häufigsten *un taglio*, ein Stück guten Tuchs – naheliegend bei seinem Gewerbe. Der Kirche stiftete er außer den schon erwähnten Glasfenstern, Fresken und Tafelbildern auch Meßgewänder, reich bestickt und aus kostbaren Stoffen, Silberleuchter, einen schönen Kelch mit Emailarbeit, „graviert mit Heiligen und mit dem Wappen Francescos", und eine „Silberlampe im Wert von 30 Goldgulden von der allerfeinsten Art, die man in Avignon finden kann".

Das großartigste Präsent, das er je machte, schickte er im Jahr 1406 an den Kardinal von Bologna in der Hoffnung, er könne ihn dazu bewegen, die Trauung Ginevras persönlich vorzunehmen. Es handelte sich um „eine prachtvolle katalanische Dogge" mit folgenden luxuriösen Beigaben: „ein Halsband aus vergoldetem Silber mit dem Wappen des Kardinals von Bologna in Emailarbeit, sowie eine Kette aus vergoldetem Kupfer mit einer Quaste", eine Scharlachdecke „wie für Rennpferde, gegen die Kälte in den Bergen", und ein Brustgeschirr, gefüttert mit Chamois, überzogen mit rotem Samt, „zum Schutz gegen Wildschweine". „Und diese Hundeausstattung", vermerkte Francesco stolz, „kostet uns mehr als 50 Gulden."

Um sicherzugehen, daß das Tier auch wirklich den Kardinal erreichte, ließ er es einen seiner Diener bei Luigi di Ricovero, dem Kanzler des Kardinals, persönlich abliefern, nicht ohne für dessen Ehefrau noch einen Saphirring im Wert von 52 Gulden als Geschenk beizufügen. Und wirklich kam auch ein warmes Dankschreiben des Kardinals an den „edlen und vortrefflichen Viro Francisco Marchi de Prato, unseren teuersten Freund".[29]

So hoch war also der Sohn eines Schankwirts Marco Datini aufgestiegen! Aber trotz der glanzvollen Gaben ließ sich der Kardinal doch nicht herbei, die Trauungsmesse für Ginevra zu zelebrieren. Als sie jedoch ein Jahr später ihr erstes Kind zur Welt brachte, schickte er ihr immerhin einen persönlichen Glückwunschbrief.

Nicht zuletzt tauchen recht häufig Ausgaben für Almosen in Francescos Haushaltsbüchern auf, und zwar für Geld- wie Sachspenden an die *„poveri di Cristo"*. Solche Spenden waren ihm sicher nicht gerade eine Herzensangelegenheit; vielmehr gehörten sie im Mittelalter praktisch zu den unumgänglichen Pflichten der Reichen, da das Prinzip der allumfassenden Barmherzigkeit auf der Überzeugung basierte, daß der wahre Nutzen der Mildtätigkeit letzten Endes dem Stifter zugute komme. Die Vorstellung, daß der Arme die Wohltat zunächst einmal „verdienen" müsse, ist ein Gedanke, der erst in der Neuzeit entstanden ist. Für den Menschen im Mittelalter war Geben an sich etwas Gutes. Der Bettler am Kirchenportal, der Leprakranke mit seinem Glöckchen, der Blinde, der Lahme, der Schwachsinnige ebenso wie alle die,

die Gebrechen nur vortäuschten, konnten sicher sein, daß sie von jedem Passanten ein Scherflein bekamen. Alle waren sie „die Armen Gottes". Almosen wurden um Gottes Lohn erbettelt und auch um Gottes Lohn gegeben. Und der Heilige, der den Leprösen auf den Mund küßte, küßte in dessen Gestalt den Sohn Gottes.

Die Reichen unterstützten Waisenhäuser wie Pilgerhospize, Witwen wie Alte und Kranke; sie verhalfen armen Mädchen zu einer Aussteuer, schenkten Klöstern reiche Stiftungen, ließen Kirchen und Kapellen auf ihre Kosten errichten. Viele Handelsgesellschaften führten über den Anteil ihrer jeweiligen Gewinne, den sie für mildtätige Zwecke und Stiftungen bestimmt hatten, ein eigenes Konto, das *„conto di messer Domeneddio"*, Konto Gottes, überschrieben war. In einigen Handelsgesellschaften, wie z. B. der der Peruzzi, wurde bereits bei der Firmengründung ein gewisser Anteil des Grundkapitals für mildtätige Zwecke bestimmt. In den Geschäftsbüchern der Compagnia dei Bardi wurde über Einlage und Gewinnbeteiligung des Messer Domenneddio genau so Buch geführt wie über Anteil und Gewinnbeteiligung des Messer Ridolfo oder jedes anderen Mitglieds der Gesellschaft, d. h. es wurden nicht etwa nur Gewinne proportional zum Anfangskapital darauf verbucht, sondern auch Verluste. Bei der Jahresbilanz, wenn die Dividenden zugeteilt wurden, erhielt das „Konto Gottes" allerdings die doppelte Dividende.[30]

Auch in diesem Punkt war Francesco ganz Kind seiner Zeit. Zwar scheint keine seiner Handelsgesellschaften regelmäßig einen genau festgelegten Prozentsatz der Gewinne für mildtätige Zwecke eingeplant zu haben, doch weisen die Geschäftsbücher seiner Bank jeden Monat Zahlungen für Almosen aus. Ser Lapo, der in Sachen Wohltätigkeit einen sehr strengen Maßstab anlegte, schrieb an Francesco: „Ich glaube, daß mehr als 25 Familien leben können – zuerst durch Gott, dann durch Euch, und daß Ihr mehr als 100 im Jahr Eure Unterstützung zukommen laßt."[31] Für Francesco ebenso wie für Margherita war es die selbstverständlichste Sache von der Welt, daß jeder Leckerbissen, der in Prato eintraf, mit der Kirche und mit den Armen geteilt werden mußte.

Ich glaube [schrieb Francesco am 23. Februar 1385 an Margherita], ich kann Dir einen Ballen Heringe und ungefähr 1000 Stück Orangen schicken. Und die Hälfte davon sollst Du verkaufen, und die andere Hälfte sollst Du nach Gutdünken verschenken. Ebenso mache es mit den Heringen. Und wenn es Dir gefällt, dann verschenke alle Heringe und alle Orangen, den größeren Teil an Gott, den verbleibenden Rest an Freunde und Verwandte, ob reich oder arm.

Es folgte eine Liste, die jeweils 50 Orangen für die Nonnen der verschiedenen Klöster der Stadt bestimmte.

Manchmal gab Francesco Almosen in Form von Kleidungsstücken: ein warmes Futter für einen Mönch oder für eine arme Frau oder „für den Jungen, der sich am Kopf verletzt hat". Gewöhnlich aber bestanden sie aus Nahrungsmitteln oder aus Wein für Klöster und Spitäler. „Zehn Faß Rotwein aus dem Piemont für die *monaci degli Agnoli*" oder „drei Faß Wein an Fra Giovanni Dominici" oder „80 Pfund Schleien für die *monaci degli Agnoli*" oder „ein Faß Orangen, Feigen und Trauben für das Spital". Dazu kam natürlich regelmäßig der Kirchenzehnte, sowohl in Form von Geld als auch in Naturalien, den Francescos Beichtvater, Fra Giovanni Dominici, mit fast ebenso großem Nachdruck forderte wie die Erfüllung religiöser Pflichten. „Vergeßt nicht", so schrieb er am 22. Mai 1403, „die Frist, die für Eure Schuld bei Gott festgesetzt ist. Ihr zahlt sie an Ostern nicht; und versäumt die Frist nicht, weil der Gläubiger dann einen so hohen Zins von Euch verlangen würde, daß Ihr ihn nicht aufbringen könnt."

Hier nun einige Beispiele für die kleineren Geldspenden aus Datinis Haushaltsbüchern:

Item, 27. März 1395. 1 *lira* für Monna Margherita, welches Geld sie um Gottes Lohn einer Frau schenken soll, die einen ihrer Söhne im Gefängnis hatte und dem ein Glied abgehauen wurde.

Item, 15. Januar 1399. 5 Goldgulden an Domenico d'Antonio, Träger des Amtsstabs der *Signoria*, um Gottes Lohn, der eine seiner Töchter verheiraten mußte.

Item, 11. April 1401. 7 Goldgulden dem Bruder Bonifazio Ruspi vom Orden der Franziskaner von Korsika, um Gottes Lohn, und wir gaben sie an Nanni di Tano, Maler, als Teilzahlung der 10 Gulden, die dieser ihm gab.

Item, 15. August 1402. 20 *soldi* um Gottes Lohn für eine Brille für Fra Bonifazio.

Item, 16. Januar 1403, in Prato, 10 *lire piccioli* dem Schiavo, unserem Bauern, um Gottes Lohn, als Mitgift für seine Nichte, Tochter des Cecherello, seines Bruders, die sie in Prato verheiratet haben. Möge Gott sie unserer Seele gutschreiben.

Item, 2. Mai 1405. 2 Goldgulden, die Ser Nigi dem Tommaso di Giacomino mitnahm für Giovanni – die wir um Gottes Lohn gaben für die Mitgift eines Mädchens.

Doch selbst beim Verteilen geringfügiger Geldspenden legte Francesco sein gewohntes Mißtrauen nicht ab. Auch wenn „ein Einsiedler" mit einem Empfehlungsschreiben von Ser Lapo bei ihm um eine milde Gabe bat, wies er seinen Faktor an: „Bringe erst einmal in Erfahrung, was er so treibt, was er für ein Leben führt, und ob es auch ein sinnvolles Almosen ist; erst dann gib ihm nach Gutdünken Brot, Wein oder anderes."

Obwohl Francesco sich an den Brauch des Almosengebens hielt, hätte es Ser Lapo doch sehr viel lieber gesehen, wenn er dabei freigebiger gewesen wäre und das Verteilen von Almosen nicht, wie es manchmal vorkam, einem seiner Faktoren überlassen hätte. „Ihr tragt Barzalone auf, daß er Kleider und Geld in Eurem Namen verschenkt, *per Dio*, und dabei ist er ängstlicher als ein Hase, ja keinen Fehler dabei zu begehen." Auch über ein anderes Mitglied von Francescos Haushalt beklagte er sich, der geschickt worden war, bei den Armen zwei Sack Korn unter Leute zu verteilen, die es nötig hätten: „... und er ist auf der Suche nach so jemandem von Haus zu Haus gegangen, und er kam zurück und sagte, er habe niemanden gefunden, der das Korn nötig habe".

Am eindringlichsten bat der Notar immer wieder um Geld für die Mitgift von armen Mädchen, was eine sehr beliebte Form der Wohltätigkeit war, denn keine junge Frau hatte die geringste Aussicht, einen Mann zu finden, ohne die obligatorische Aussteuer. 60 *lire* reichten aus, um einen Ehemann zu bekommen, 80 waren schon reichlich. Einmal lesen wir, wie Ser Lapo sich einsetzt für die „Tochter von Sandro Mazzetti, der noch vor wenigen Tagen einer der reichsten Florentiner Kaufleute auf der anderen Arno-Seite war, heute Almosenempfänger von Santo Spirito ist", ein andermal für die Töchter eines Mannes, der ausgerechnet den Namen Quattrino (eine Münze) trug: „Ich glaube, er hat weder Hose noch Hemd; das Röcklein trägt er auf der nackten Haut, und seine Haube hängt ihm in Fetzen über die Schultern; und er hat etliche große Töchter, aber eine von ihnen ist ungefähr 18 Jahre alt und hübsch; es ist kein Wein im Haus und wenig Brot; und er hat keinen *danaio*, ihr eine Aussteuer mitzugeben."

Dann wieder wurde Francesco dringlich gebeten, mildtätig zu sein zu „der verlassenen Witwe des *Serraglio*, die das Öl verkauft und die diese vielen großen Töchter hat, die sie unter die Haube bringen muß... Verhelft einer zu einem Mann mit der Summe, die es kostet, zwei oder drei *moggi* [ca. 24 Scheffel] Kalk zu verbauen". Dieses Mal aber waren Francescos Ohren „mit Wachs verstopft", und Ser Lapo mußte sich schon an Margherita wenden, um die gewünschte Unterstützung zu bekommen.

Ich bitte Euch inständig und flehe Euch an, im Namen Gottes und um unserer gegenseitigen Liebe willen, daß Ihr, wenn dort wirklich solche Not herrscht, wie ich es glaube, Francesco ermuntert, seine Hand über eines dieser Mädchen zu halten. Und ich verspreche, daß er selbst darüber glücklicher sein wird als über all seine Mauern, die er je errichtet hat. Kirchen sind etwas Gutes, und Heiligenbilder sind etwas Gutes; aber auf ein einziges Mal, daß Christus von ihnen sprach, kommen hundert Male, daß er von den Armen sprach.[32]

Eine andere „*buona limosina*" war es, um Ser Lapos Lieblingsausdruck zu benützen, Gefangenen Spenden zukommen zu lassen, die sicherlich besonders hilfsbedürftig waren. Nicht nur gewöhnliche Verbrecher, sondern auch politische Gefangene und Ketzer oder auch Männer, die nur wegen geringfügiger Schulden eingesperrt wurden, konnten manchmal 15, ja 20 Jahre ihres Lebens hinter Gefängnismauern verbringen. Alles, was sie über die kärgliche Gefangenenkost hinaus brauchten, mußten sie dem Gefängnisaufseher teuer bezahlen, der selbst eine hohe Summe hingelegt hatte, um den begehrten Posten zu erhalten, und der natürlich aus den Insassen herausquetschte, was er nur konnte. Einige von ihnen verdienten sich eine Kleinigkeit mit dem Abschreiben von Büchern, die meisten aber waren ganz und gar vom Geld und von den Nahrungsmitteln abhängig, die ihnen barmherzige Mitmenschen zukommen ließen.

Unter den Gefangenen, die in den Genuß von Francescos Mildtätigkeit kamen, befand sich Ser Jacopo del Pecora, ein Ritter aus Montepulciano, der zu der Zeit, als er sein erstes Bittgesuch an Francesco richtete, bereits über

15 Jahre lang in den *Stinche* geschmachtet hatte. Als seine Stadt Montepulciano im Jahr 1390 von den Florentinern eingenommen worden war, hatte er natürlich gegen diese gekämpft und war dann ins Gefängnis geworfen worden unter der, im übrigen nie bewiesenen, Anklage, er habe gegen die neuen Herren der Stadt konspiriert. Von da an hatte er seine Tage im Gefängnis damit zugebracht, Liebeslieder, Kirchenlieder und ein Epos in der Art der *Divina Commedia* zu verfassen. Als er von einer Amnestie ausgeschlossen wurde, die Gefangenen zu Ehren der Mutter Gottes gewährt wurde, verfaßte er ein langes Gedicht in der *terza rima* Dantes mit dem Titel: „Selbstgespräch des unglücklichsten Jacopo da Montepulciano an die Jungfrau Maria", in dem er klagt: „Alle Welt öffnete die Gefängnistore, dem unschuldigen Jacopo wurde die Gnade verwehrt."

Gleich anderen Gefangenen bat er reiche Männer um Hilfe, aber seine Briefe an Francesco sind voller Würde und Selbstvertrauen. Aus ihnen erfahren wir auch manch Interessantes über das Leben in den Gefängnissen jener Zeit.

So seht, daß mich, ohne jede Schuld (Gott sei mein Zeuge), nichts als falsche Verdächtigungen bereits fünfzehn Jahre im Gefängnis gehalten haben, und ich weiß nicht, ob diese lange Qual je ein Ende haben wird. Ich bin bereit, geduldig zu sein, aber es lastet schwer auf mir, weil ich jetzt allmählich alt werde... Ich lebe und weiß nicht wie, Gott allein weiß es. Ich habe keinerlei Einkünfte, ...die Feder, mit der ich schreibe, ist mein Hof und meine Ernte zugleich; und ich lebe in zermürbender Sorge und Angst, ich erhalte von einigen Bürgern Almosen, und es sind auch solche da, die mir über Almosen hinaus oft auch noch die allerdringendsten Bedürfnisse erfüllen...

Nun habe ich Euer gnädiges Angebot gestern durch einen Boten von Euch gehört... Und nehmt zur Kenntnis: wenn ich von Euch Almosen erbitte, so schreibe ich Euch das klar; denn über nichts schäme ich mich weniger als darüber, arm zu sein. Und wenn ich etwas von Euch als Darlehen erbitte, dann möchte ich, daß Ihr diese Bitte klar unterscheidet von der Bitte um Almosen. Almosen sollten von Euch selbst und aus freien Stücken kommen. Aber ich bitte Euch, daß Ihr immer, wenn ich Euch um etwas als Darlehen ersuche, diesen Schuldposten in Eurem Buch niederschreibt und sagt: „Jacopo da Montepulciano muß mir das zurückgeben"...

Und zum Schluß: Francesco, ich habe ein paar Kleider und Bücher, die mir gehören, verpfändet, und sie sind nicht allzuviel wert; ich denke, mit 13 *lire* könnte man sie auslösen. Und ich habe sie jetzt nicht. Und bei Gott, wie ich oben schon gesagt habe, meiner Armut schäme ich mich nicht. Ich habe dort unter anderem eine Garnitur Leintücher, und außer diesen habe ich keine. Und so habe ich schon seit zwei Monaten ohne diese auf einem schäbigen Bett geschlafen. Wenn Ihr diese paar kleinen Dinge für mich zurückbekommen könntet, wäre mir das sehr lieb; und ich würde nach und nach in kleinen Teilzahlungen die Schuld bei Euch abtragen.

Francesco, ich weiß, wieviel Ihr im vergangenen Jahr an Gewinnen und an Verlusten hattet, und ich weiß, wie die Stadtverwaltung Euch zugesetzt hat und was für einen schwachen Stand ein Mann hat, der nicht Rang und Namen besitzt und doch den Ruf hat, reich zu sein. Ich weiß über all das Bescheid, und deshalb bitte ich nicht um mehr; und daher möchte ich nicht um Almosen bitten, sondern um ein

Darlehen... Außer diesem allen tut mir die Gnade, daß ich Euch eines Tages sehen kann und mit Euch sprechen. Gott behüte Euch.
Euer Freund Jacopo da Montepulciano, im Gefängnis.[33]

Dieser Brief gefiel Francesco offensichtlich, und Jacopo bekam seine Leintücher zurück. Es war allerdings nur eine einzige Garnitur, und nach einiger Zeit wollte er sie gerne waschen lassen. So ging wieder ein Brief ab, diesmal an Monna Margherita.

Ihr, die Ihr mir teuer seid wie eine Mutter. Mit großem Vertrauen wende ich mich an Euch und bitte Euch inständig, daß Ihr mir für vier bis sechs Tage ein Paar Leintücher ausleiht für mein armes Lager, das 3 ½ *braccia* lang und 2 ½ breit ist; und zwar einfaches Bettzeug für Dienerschaft, so daß ich meine waschen lassen kann, da das Schicksal mich in die Lage gebracht hat, daß ich nur eine Garnitur besitze. Und sofort, wenn ich meine zurück habe von der Wäscherin, schicke ich Euch die Euren auf dem schnellsten Weg zurück.
Empfehlt mich Francesco und bittet ihn, er möge mir die vielen Mühen verzeihen, die ich Euch jeden Tag bereite. Gott weiß, wie ungern ich das tue und wie unschicklich es ist. Mehr sage ich nicht. Christus beschütze Euch.

Die Beziehung zwischen den Männern wurde mit der Zeit enger. Am darauffolgenden Neujahrstag steht in Francescos Rechnungsbuch verzeichnet: „Geschenk von zwei alten Goldgulden aus Francescos eigener Tasche an einen Freund von Jacopo da Montepulciano, um ihn aus dem Gefängnis herauszubekommen." Zwei Jahre später nahm die Geschichte schließlich doch noch ein glückliches Ende. Francesco zahlte entweder Bußgeld für Jacopo oder bürgte für ihn, und als Jacopo das nächste Mal schrieb, war er ein freier Mann:

Ihr, der Ihr mir so teuer seid wie ein Vater. Mit Gottes Gnade und Barmherzigkeit und durch Eure Gnade und Eure gute und große Hilfe bin ich aus dem Gefängnis befreit. Ich sage Euch dies zur Freude, weil ich weiß, daß es Euch im Herzen froh machen wird.[34]

Diese Episode wurde nach Francescos Tod auf einem der Fresken an der Fassade seines Hauses dargestellt: der große Kaufmann, der eines der ersten Werke der Barmherzigkeit verrichtet – einen Gefangenen befreien.

Zwölftes Kapitel

Essen, Trinken und Arzneien

I

Man erfährt viel über die Persönlichkeit eines Menschen, wenn man weiß, was er für Wohnen und für Kleidung ausgibt, für Kunst und für gute Werke; aber erst seine Vorlieben für Essen und Trinken runden das Bild ab. In dieser Beziehung sind die überlieferten Dokumente des Datini-Archivs nahezu einmalig. Francesco und Margherita waren der guten Küche recht zugetan und schrieben demzufolge auch oft darüber in ihren Briefen. Ser Lapo wußte außerdem viel über gute Weine zu sagen. Die Haushaltsbücher enthalten unter anderem auch Rechnungen von Geflügelhändlern und von Apothekern, ab und zu auch einmal komplette Einkaufslisten. Schließlich bekam Francesco manchmal auch ausführliche Rezepturen und Anweisungen von seinen Ärzten. Aus all diesen Mosaiksteinchen setzt sich ein recht vollständiges Bild davon zusammen, was Mann und Frau aßen und tranken und was sie alles für ihre Gesundheit taten.

Francesco hielt wohl ebenso viel auf eine reich gedeckte Tafel wie auf Kleidung und Wohnkomfort, wenn man nach den Kriterien der damaligen Zeit geht, und vor allem natürlich, wenn man zum Vergleich den Lebensstandard seiner weniger vermögenden Gesellschafter heranzieht. So schrieb Stoldo di Lorenzo nach einer Einladung bei Datini, für seinen Magen seien die delikaten Gerichte an seiner Tafel zu schwer gewesen, und Domenico di Cambio dankte ihm, nachdem seine Frau und seine Tochter eine Woche lang die Gastfreundschaft der Datinis genossen hatten, mit den Worten: „Ihr habt sie so reichlich und köstlich bewirtet, daß ich sie erst wieder an den eigenen Kochtopf gewöhnen muß, nachdem sie acht Tage wie bei einem Hochzeitsmahl verbracht haben."

Zieht man allerdings spätere Jahrhunderte, ja selbst schon das folgende, zum Vergleich heran, dann sieht es nicht so aus, als ob bei Francesco Datini auf feine Qualität oder auf raffinierte Zubereitung der Speisen besonderer Wert gelegt worden wäre... Es gab bei ihm, wie zu seiner Zeit allgemein üblich, nur zwei Mahlzeiten am Tag. Frühstück war im Mittelalter unbekannt; es galt schon als ungeheurer Luxus, wenn man vor der Arbeit ein Stück Brot zu einem Glas Wein zu sich nahm. Als Domenico di Cambio sich vor Francesco brüstete: „Ich esse jeden Morgen geröstete Kastanien, bevor ich aus dem Haus gehe", fügte er als Erklärung sogleich hinzu: „das ist nur deswegen so, weil meine Frau mich verwöhnt, wie ich sie eben auch verwöhne." Daß so etwas ein ungewöhnlicher Luxus war, geht aus folgendem Rezept hervor, das manche Ärzte als Vorbeugungsmittel gegen Pest verschrieben: man solle „ein Stück geröstetes Brot und ein halbes Glas Wein zu sich nehmen", bevor man am Morgen das Haus verläßt.[1]

Die zwei täglichen Mahlzeiten waren *il desinare* und *la cena*, Mittag- und Abendessen. Die erste nahm man *a terce* ein, also gegen neun oder zehn Uhr am Vormittag, die zweite bei Sonnenuntergang. Im Sommer, wenn die Sonne spät unterging, war zwischendurch auch eine Brotzeit erlaubt, was aber von den sittenstrengen Leuten verpönt war. „Wenn du kannst", riet Paolo da Certaldo, „richte es so ein, daß du am Tag nicht öfter als zweimal ißt, am Vormittag und am Abend. Und trinke nur zu den Mahlzeiten; und wenn du es so hältst, wirst du gesund bleiben. Die ganze Zeit essen, heißt leben wie das Vieh." Er riet sogar, nur am Vormittag warm zu essen. „Koche nur einmal am Tag, nämlich am Vormittag, und trage das Vorgekochte am Abend auf, und iß wenig am Abend, und du bleibst gesund."[2] Ser Lapo schrieb nicht selten an Francesco, daß er, bevor er ins Bett ging, nichts weiter gegessen habe als ein paar Oliven zu einem Stück Brot. „Manchmal esse ich sehr mäßig zu Abend, und nichts ist bekömmlicher als ein paar Oliven: das gleiche werden Dir die Ärzte auch sagen."[3]

Francescos Briefe verraten allerdings deutlich, daß ihm eine derart strenge Diät nicht behagte: Er wollte viel und gut zu essen haben, und er legte Wert darauf, daß alles sorgfältig zubereitet wurde. Viele seiner frühen Briefe zeigen, wie er sich schon bei der Vorstellung all der guten Dinge freute, die er bei seiner Heimkehr zu essen gedachte: die Kapaune, die gemästet werden sollten, die Gemüse, die gezogen werden mußten. „Diesmal will ich den großen Kochtopf!" Als er zu guter Letzt dann wirklich heimkehrte, hatte sich an seiner Liebe zu gutem Essen nichts geändert. In einem Brief nach Hause zählte er genau auf, was er an dem Tag, an dem er vorhatte, von Florenz nach Prato hinüberzureiten, alles vorgesetzt bekommen wollte: „Eine klare Fischbrühe mit irgendeiner Sorte von fettem Käse, den man dazu essen kann", frische Eier, etliche schöne Fische aus dem Bisenzio, „und wenn es zufällig auf dem Markt welche gibt, die noch lebendig sind und auch schön, dann kaufe ein paar Pfund davon, außerdem viele schöne Feigen und Pfirsiche und Nüsse. Und sorge dafür, daß der Tisch schön gedeckt ist und der Saal blitzsauber."

Die Grundmaterialien scheinen bei ihm stets gut und reichlich gewesen zu sein. Wenn er in Florenz lebte, schickte ihm seine Frau Eier, Geflügel, Wild, Käse, Gemüse und Obst. Francesco sorgte seinerseits für die notwendigen Gewürze, das Konfekt, Stockfisch und andere Delikatessen, die es wiederum nur in der großen Stadt gab und die er sich selbst dann nachschicken ließ, wenn er sich in Prato aufhielt. Feinen Käse ließ er von Parma kommen, die Aale von den Valle di Comacchio. Natürlich hatte er gutes Landbrot, das zu Hause aus seinem eigenen Getreide gebacken wurde; und wenn es einmal zu schwer war, dann beklagte er sich gleich bei seiner Frau, daß sie es wohl aus dem gröberen Mehl gemacht habe, das für das Brot der Dienerschaft bestimmt war. „Sage Nanni, daß er Getreide zum Müller trägt und ihm sagt, daß Ihr kein Mehl habt, um Brot zu backen, das Ihr mir schicken könnt, und daß er es so fein mahlt, wie er nur kann."

Gleich nach dem Brot kam für Francesco als wichtigster Bestandteil seiner Mahlzeiten die *minestra*, der erste Gang. Manchmal war das eine klare Brühe aus Huhn, Kapaun oder Rebhuhn, in die eine Paste aus geriebenen Mandeln, ein wenig Zimt, Gewürznelken und Ingwer kam und dann reichlich mit Käse bestreut wurde – oder auch manchmal mit Zucker. Von welcher Art eine Brühe damals war, zeigt ein Rezept für Hühnerbrühe aus einem toskanischen Kochbuch: „Für zwölf Personen nehme man sechs fette Kapaune."[4]

Oft bestand der erste Gang statt dessen auch aus *minestra asciutta*, also *lasagne, ravioli*,[5] Reis. Bei festlichen Gelegenheiten gab es auch *bramagere* (dessen Name als *blanc-manger* noch im Französischen und im Englischen existiert, aber heute etwas ganz anderes bedeutet). *Ravioli* konnten mit Schweinehackfleisch gefüllt sein, mit Ei, Käse, einer Prise Zucker, dazu Petersilie, wurden dann in Speck gebraten und mit Zucker bestreut. Auch der Reis als *primo*, auf den Francesco in zahlreichen Briefen zu sprechen kommt, war ein süßes Gericht, einem englischen Reispudding vergleichbar. Er wurde in Mandelmilch mit sehr viel Zucker oder Honig gegart. Reis war auch der Hauptbestandteil des *bramagere*. Dazu benötigte man für zwölf Personen folgende Zutaten: „4 Suppenhühner, 4 Pfund Mandeln, 1 Pfund Reis, 2 Pfund Speck, 1 ½ Pfund Zucker, ⅛ Gewürznelken. Wenn er gar ist, serviere ihn in Schüsseln, spritze Rosenwasser darauf, bestreue ihn mit Zucker, dann mit gerösteten und geschälten süßen Mandeln und Nelken. Dieses Gericht soll weiß sein wie Schnee und fest und stark gewürzt."[6]

An Fleischgerichten tauchen in Francescos Haushaltsbüchern Kalb und Schwein auf, Zicklein, Lamm und Hammel; Rind dagegen nur sehr selten. Offenbar wurde es kaum verwendet, denn sogar auf dem Speisezettel des Priors in Florenz stand es nur zu besonderen Gelegenheiten, und dann immer gekocht.[7] Kalb dagegen galt als das beste und bekömmlichste Fleisch. „Kalbfleisch steckt in jeder Form in Euren Körper, denn Ihr könnt kein gesünderes Nahrungsmittel für Eure Mahlzeiten verwenden" – wurde Francesco von seinem Arzt geraten. Aber gutes Fleisch kostete auch sehr viel. Francesco lud Ser Lapo einmal zum Essen ein mit den Worten: „Ich habe Prateser Kalbfleisch hier, das 9 Gulden kostete." Denn Francesco achtete stets darauf, daß das Fleisch, das er selbst aß, nicht von dem zähen grauen Vieh von der Maremma an der Westküste stammte, sondern von den zierlichen, zarteren Kälbern aus der Prateser Gegend.

Bestelle für mich ein gutes Stück Kalbfleisch [schrieb er seinem Fuhrmann] wie das, das wir am Sonntag hatten ... und sage Belozzo, er solle es nicht vom *maremma* nehmen, und sage ihm, er solle, falls er es nicht unterscheiden kann, zu demjenigen gehen, wo er die meisten Leute sieht, und ihm sagen: „Gib mir von dem guten Kalbfleisch für den feinen Herrn aus Prato", und man wird ihm gutes geben; und laß' Margherita es in dem Topf zubereiten, in dem ich es das letzte Mal gekocht habe, und sage ihr, sie soll den Schaum gut abschöpfen... und besorge Melonen und anderes Obst.

Trotzdem passierte es doch einmal, daß ihm einer seiner Agenten ein Stück *maremma* schickte, „...wie es bei mir zu Hause noch nie gegessen wurde, weder in Pisa noch in Avignon noch sonstwo...". Aufs äußerste entrüstet schrieb er: „Dein Gewissen sollte Dir schlagen, wenn Du so ein Fleisch einem so bedeutenden Kaufmann, wie ich es bin, schickst. Ich werde Dir das nie verzeihen, es sei denn, Du machst es wieder gut, und ich werde hier in Dein Haus kommen, es zu essen, und dann schließen wir Frieden!"

Das beste, was man an Eßbarem in Florenz auftreiben konnte, wanderte natürlich in die Töpfe der anspruchsvollen Küche der Prioren. So schrieb Francesco am 12. April 1389 höchst zufrieden an seine Frau, daß er an sie abgeschickt habe: „drei Stück von dem Kalbfleisch, von dem die *Signori* aßen. Schicke davon ein Stück, und zwar das schönste, der Frau des Podestà und sage ihr, daß ich nicht noch ein Stück bekommen konnte, weil die *Signori* selbst so viel wollen, wie es ihnen beliebt. Mit dem anderen Stück mache, was Dir gut dünkt: Ich meine, Du würdest gut daran tun, wenn Du Messer Piero di Giunta und Monna Simone, Barzalone und Niccolò dazu einlädst, es mit feiner Kräuterpaste zubereitest und in froher Gesellschaft ißt."

Auch Schweinefleisch wurde viel gegessen: als Spanferkel, die sich mit einem Rosmarinzweiglein im Rüssel an Spießen über dem Feuer drehten (wie die *porchetta*, die auch heute noch zu jedem ländlichen Jahrmarkt gehört), als Schinken oder fein zerkleinert in allerhand Pasteten, Würstchen und in der Mortadella.[8] Leute, die selbst Schweine hielten, pökelten sie natürlich auch selbst, räucherten Schinken und stopften Würste. Trotzdem schickte Francesco auch noch aus Florenz Würste an seine Frau. Schwein wurde außerdem – ebenso wie Kalb, Kapaun und Fisch – mit Gewürzen zur Herstellung von schmackhaften Sülzen verwendet, die immer von sehr fester Konsistenz waren und als besondere Delikatesse galten. Deswegen stand auch Schweinssülze als eines der wichtigsten Gerichte auf dem Speisezettel, als Frau und Töchter Guidos del Palagio für einen Tag aufs Land kamen und Datinis Gäste in Prato sein sollten. „Da wir diesen Leuten große Ehre antun wollen – ohne allzu große Anstrengung – mache morgen eine ganz große Schüssel Schweinssülze. Ich werde einen Mann beauftragen, daß er sie auf dem Kopf trägt. Wenn sie gut gemacht ist und richtig fest, dann kann man sie transportieren, denn es ist nicht heiß."

Francesco fuhr fort, daß er selbst außerdem noch bestellen werde: „12 gebratene Kapaune, 2 gebratene Zicklein. Und wenn Du meinst, daß wir keine Sülze machen sollten, werden wir eben nur gebratenen Schweineschlegel mit Salat essen. Aber da sie noch nie zuvor hier bei uns waren, möchte ich ihnen doch Ehre antun."

Francesco selbst war ganz besonders scharf auf Kapaun und auf Perlhuhn, die auch als Krankenkost empfohlen wurden. „Gestern schickte ich Dir drei Paar Perlhühner", schrieb er einem kranken Knecht, „iß sie nur auch wirklich, denn etwas Besseres und Gesünderes könntest Du gar nicht essen, und ich werde Dir weiterhin welche zukommen lassen."

Die Rechnungen von Francescos Geflügelhändlern führen auch Pfauen auf – damals eine Delikatesse –, dazu Gänse, Tauben, Enten und Turteltauben, denen man nachsagte, sie hätten die „einzigartige gute Eigenschaft, das Gedächtnis und die Gefühle zu stärken".

An Wildbret erwähnt Francesco Rotwild, Wildschwein, Hase, Fasan und Perlhuhn, manchmal von seinen eigenen Ländereien, manchmal vom Markt, manchmal auch als Geschenk von noblen Freunden. Einmal fragt Margherita besorgt an, was sie denn machen solle „mit einem schönen und großen Rehbock", den man ihrem Mann geschenkt hatte, während er in Florenz war – „und da wir warmes Wetter haben, mußt Du schnell sagen, was damit geschehen soll".

Auch Perlhühner waren sehr beliebt und kamen das ganze Jahr über auf den Tisch. Francesco schickte sie gern als Geschenk, und Ser Lapo protestierte wie gewöhnlich, wenn er zu reichlich damit bedacht wurde.

Ihr laßt mich ja nicht in Ruhe mit Euren Perlhühnern und anderen Sachen, die ich weiß Gott nicht gern sehe, auch wegen der Kosten. Es ist mir kein Genuß, so viel auf einmal zu vertilgen, und ich möchte sie auch nicht einfach anderen Feinschmeckern schicken, und sie zu verkaufen schmerzt meine Seele... Wenn Ihr gewöhnliche Dinge habt wie für Bauern, werde ich sie gern annehmen; aber um Gottes Willen streicht mich von der Liste der Freunde, denen Ihr glaubt diese Vögel schenken zu müssen.

Er fügte noch hinzu, daß seine Frau erklärt habe, sie würde sie nicht essen, „weil sie so stinken, wenn man sie kocht".[9]

Diese kulinarischen Gewohnheiten fanden jetzt, da Francesco allmählich älter wurde, nicht mehr die ungeteilte Zustimmung seines Arztes, Maestro Lorenzo Sassoli.

Ich genehmige Euch Hühner, Rebhühner, Tauben, Kalbfleisch, Hammel, Zicklein; und mit all diesem könnt Ihr harntreibende Nahrungsmittel verwenden wie Petersil, Kapern, Spargel oder auch alles, was in Essig eingelegt ist; denn der Essig, in kleinen Mengen, fördert ebenfalls den Urinfluß. Fleischsorten, die ich Euch persönlich nicht empfehle, sind Gänse, Enten, Lamm und Schwein – vor allem kein frisches. Ich rate Euch nicht nur von diesen Fleischsorten ab, sondern bitte Euch, Euch in acht zu nehmen vor Fleischpasteten aller Art und vor allem Speisen, die dickes und zähes Blut machen, als da sind Kräuterpasteten, Pfannkuchen, Fettgebackenes und Mehlspeisen.[10]

Außerdem aß Francesco, wie es zu seiner Zeit üblich war, auch noch eine Menge Fisch, denn die Fastentage wurden nicht nur aus persönlicher Frömmigkeit eingehalten, sondern per Gesetz von der Kommune vorgeschrieben, die jeglichen Verkauf von Fleisch an Freitagen und Samstagen untersagte. Am häufigsten werden Schleie und Hecht erwähnt, die man im Bisenzio oder im Arno fischen konnte; aber Francesco war auch ganz versessen auf Aale, die in Salz konserviert den ganzen Weg von den Valle di Comacchio herangeschafft werden mußten, oder auch noch weiter her von der Insel Martigues in der Provence. Einmal ist auch von einer in Salz eingelegten Forelle die Rede, öfter jedoch von Thunfisch und Heringen, die offenbar als Stärkungsmittel galten, denn Ser Lapo bat einmal um ein kleines Faß davon aus Pisa, „weil ich solche *grossi cibi* liebe und sie mich stark machen für die Sorgen, die ich zu tragen habe, um meine Familie zu regieren". Es kam auch manchmal vor, daß Francesco, wenn er sich in Prato aufhielt, nach einem größeren Fisch verlangte, als sie im Bisenzio schwammen; dann ließ er sich einen großen Hecht oder Aale aus Florenz kommen, wenn auch die prächtigsten Exemplare natürlich meist auf dem Tisch der Prioren landeten.[11]

Eintönig war Francescos Speisezettel also nicht einmal an Fastentagen. Neben Hecht und Aal verachtete er auch Frösche nicht. Einmal bat er Margherita um einen Korb voll davon, „heute abend frisch gefangen; und ich habe der Frau gesagt, daß sie sie kochen soll, um Dir die Mühe zu sparen".

Kleine Hechte, lesen wir, ißt man am besten in Fett gebacken, große dagegen gekocht und in weißer Sauce serviert oder gebraten und gefüllt mit getrockneten Trauben. Aal aß man mariniert mit starken Gewürzen und Wein oder auch in einer Pastete mit Gewürzen, Olivenöl, Orangen- und Zitronensaft, anderen Fisch bereitete man auch in einem Sud, in dem man Nudeln, Brot, Petersilie, Muskatnuß mit „starken, süßschmeckenden Gewürzen" einweichte, oder auch in Sülze mit verschiedenen Gewürzen, Safran und zerstoßenen Lorbeerblättern, wozu sich vor allem Schleie und Hecht eigneten. Weiter gab es eine sehr raffinierte Fischpastete, zu der man entweder drei große Schleien oder einen großen Aal brauchte, dazu Datteln, getrocknete Trauben, Pinienkerne, Gewürze, zerstoßen mit Petersilie und Majoran, und das Ganze in Öl gebraten.[12]

Es gab auch noch eine ganze Reihe komplizierter Rezepte, für andere „Fastenspeisen", bestehend aus Gemüse, Ei, Käse und allerlei Gewürzen, obwohl Maestro Lorenzo vor dem Verzehr von Eiern in der Kombination mit Käse warnte. Dazu gehörten die eigens für die Fastenzeit bestimmten Abarten von *lasagne*, gefüllt mit fein geriebenen Nüssen und mit Zucker bestreut, und *ravioli*, mit Kräuter- und Käsefüllung und mit Gewürzen bestreut. Ein Gericht hieß *herbetelle di quaresima* und bestand aus Spinat und Mangold, Petersil, Minze und Majoran, die zusammen gegart, dann in heißem Öl geschwenkt und mit Gewürzen bestreut wurden. Auch gab es noch verschiedenerlei Gemüse- und Käsepasteten. Besonders raffiniert ist dabei das Rezept für „weißen Lauch für zwölf hungrige Leute".[13]

Auch Gemüsepüree, vor allem aus weißen und gelben Rüben, war ein beliebtes Fastengericht. Francesco trägt Margherita einmal auf, nur ja recht viel davon zuzubereiten, da er sich daran erinnerte, daß er es als kleiner Junge gern gegessen hatte. „Monna Piera machte immer sehr gutes Rüben-püree – oder vielleicht hatte ich damals einfach großen Appetit, während ich jetzt nur wenig habe."

In seinem eigenen Gemüsegarten am Haus züchtete Francesco so zarte dicke Bohnen, daß Ser Lapo, als er einmal um einen Sackvoll davon bat, schrieb: „Sie sind wie Butter und schmelzen, noch bevor sie das Feuer sehen." Auch Kichererbsen wuchsen dort. Seiner Frau schärfte er ein, sie vor dem Kochen auch ja die ganze Nacht über einzuweichen. „Dann müssen sie mit wenig Wasser angekocht und oft umgerührt werden, damit sie nicht aneinanderkleben, wenn sie quellen. Dann nehme man einen größeren, gut gereinigten Topf und schütte sie samt ihrem Wasser hinein, füge noch mehr frisches heißes Wasser, Öl und Salz und geschälten Knoblauch dazu, lasse sie vorsichtig köcheln und fülle, wenn nötig, nach und nach Wasser auf."

Mit Zwiebel und Knoblauch würzte man so gut wie jedes Gericht. Knoblauch und süße Gewürze waren auch der Hauptbestandteil der *agliata*, einer Soße, die zu allen Arten von Fleisch gereicht wurde. In Margheritas Garten wuchsen, wie bei jeder guten Hausfrau, reichlich Minze, Estragon, Thymian, Majoran und Rosmarin. Vor allem Rosmarin, aus dem das auch heute noch in der Toskana bei den Kindern so beliebte *pan di ramerino* zubereitet wird, wurde als schier unerschöpfliches Wundermittel angesehen: nicht weniger als 26 „alleredelste Vorzüge und Eigenschaften" wurden ihm zugeschrieben – u. a. sollte es gut sein gegen Erkältung, Zahnschmerz, Fußschmerz, schlechten Atem, Schweißausbrüche, Appetitlosigkeit, Gicht, Schwindsucht und Wahnsinn. Außerdem hieß es noch: „Wenn du deine Gesichtshaut schön und klar erhalten willst, pflücke Rosmarin und koche die Blätter in reinem Weißwein auf und wasche dein Gesicht damit." Und weiter: „Lege Rosmarinblättchen unters Bett, und du wirst keine bösen Träume haben." Damit nicht genug: „Wenn du Rosmarin in deinem Garten anpflanzt, im Weinberg oder im Gemüsegarten, wird alles dort üppig gedeihen und deine Augen erfreuen."[14]

Sehr gern mochte Francesco Pilze, am liebsten die kleinen köstlichen *prugnoli* oder Georgspilze und die würzig duftenden weißen Trüffel, die auch damals schon in den Eichenwäldern von schwarzen Trüffelschweinen mit ihren langen Rüsseln aufgespürt wurden. Obwohl ihm sein Arzt davon abriet, verspeiste er mit größtem Vergnügen die runden frischen Schafskäse, die es zur Lämmerzeit gab, *marzolini* genannt. Einmal schreibt er Margherita, sie solle ihm zwei davon auf einmal schicken und die übrigen gut lagern „in einem trockenen und gut gereinigten Ölkrug, damit sie nicht trocken werden". Er streute auch gern Käse auf alles Essen und ließ sich dafür den besten *parmigiano* direkt aus Parma schicken.

Fleisch wie Fisch kamen so gut wie immer mit reichhaltigen Füllungen und begleitet von schweren Soßen auf den Tisch. Vielleicht zeigt ein Blick auf die Ingredienzien dieser Soßen, auf den überreichen Gebrauch von

Gewürzen am deutlichsten, wie verschieden die Menschen damals von uns heutigen gewesen sein müssen. Sie müssen unglaublich viel vertilgt – und vertragen – haben! Hier drei der beliebtesten Soßen, die auch an Werktagen aufgetragen wurden: *savore sanguigno*, rot, wie schon der Name sagt, zubereitet aus getrockneten Weinbeeren, Zimt, Sandel und Sumach, einem Stoff, der heute nur noch zum Gerben verwendet wird, im Mörser zerstoßen und in eingekochten Most und feinen Essig eingerührt;[15] *peverata* aus einer Brühe aus Fleisch oder magerem Fisch, Pfeffer, Zimt, Ingwer, Muskatnuß und gelb gefärbt mit Safran;[16] *camellina*, eine weiße Soße aus Zucker, Zimt, Nelken, Brot und Essig.[17] Und die Soßen, die man bei einem Festmahl auftrug, enthielten nicht nur unendlich viele Gewürze, sondern – auch Edelsteine, Gold und Perlen.[18] Nicht nur Huhn, Perlhuhn und Pfau wurden farciert, sondern auch Kalb, Hammel und Lamm sowie Wildschwein. Und je größer das Durcheinander der verwendeten Gewürze, desto besser: Zucker, verschiedenes Fett, Gewürze, Zwiebel, Knoblauch und geriebene Mandeln.[19] Natürlich durfte kein Festmahl ohne die *torta* zu Ende gehen. Um die Vorschriften der Luxusgesetze zu umgehen, die nur drei Gänge zuließen, panschte man darin einfach Fleisch und Süßes zusammen. So ist im *Libro della Cucina* des 14. Jahrhunderts ein Rezept nachzulesen von einer *torta*, die aus Schweinefleisch, Hühnerfleisch, Schinken, Würsten, Zwiebeln, Petersilie, Datteln, Mandeln, Mehl, Käse, Eiern, Zucker, Salz, Safran und diversen anderen Gewürzen bestand. Die Hühner wurden in Olivenöl angebraten, dann bereitete man mit Schinken gefüllte *ravioli* zu, sodann legte man abwechselnd Schichten von Huhn, Wurst und *ravioli* auf Teig, dazwischen Lagen aus Datteln und Mandeln. Darüber kam ein Teigdeckel. Das ganze wurde in der Holzglut durchgegart. Im selben Kochbuch finden wir auch noch ein reichlich ungewöhnliches Rezept für ein *pasticcio con uccelli vivi:* In eine Pastete setzte man Singvögel, die sich Löcher in die Kruste pickten, um nicht zu ersticken. Die ganze Pastete hängte man an einen aus Teig gebackenen Baum. „Ist das nicht ein köstliches Gericht, so recht für einen König?"

Vor allem mit Gewürzen ging man sehr verschwenderisch um, und zwar bei allen Gerichten. Zum einen mußte man damit natürlich den *haut goût* von nicht mehr ganz frischem Fisch oder Fleisch überdecken, zum anderen aber galten – und das war wohl der Hauptgrund für ihre reiche Verwendung – alle Gewürze nicht nur als wohlschmeckend, sondern auch als gesund. Außerdem muß man sich vor Augen halten, daß Margherita und Francesco keine anderen anregenden Genußmittel hatten außer dem Wein, denn Kaffee und Tee waren noch unbekannt.

Obgleich der Gewürzimport eine der lukrativsten Sparten von Francescos Geschäft war, kaufte er auch noch zusätzlich Gewürze in kleinen Mengen für den privaten Haushalt bei seinen Apothekern in Florenz ein. Diese gehörten derselben Gilde an wie die Ärzte, und ihr Warenangebot muß damals ebenso buntgemischt gewesen sein wie das eines amerikanischen

Drugstore. Außer Gewürzen und Arzneien, die in großen Deckelgefäßen aus Zinn und aus Keramik in den Regalen standen, verkaufte ein Apotheker Zucker, getrocknete Kräuter, Obst, Konfekt, kandierte Orangen, Eingemachtes, Marmeladen und Honig, dazu fertige Soßen wie *savore sanguigno*, den Francesco dort bezog, Parfums und Kosmetika, Wachs, Pergament und Papier für Briefe und zum Malen von Bildern, dazu Pinsel und Farben. In einer Ecke des Ladens stand immer ein großer Mörser, über dem ein schwerer Stößel von der Decke herabhing, während ganz hinten auf großen und kleinen Feuerstellen der Apotheker seine Mixturen zusammenbraute und -kochte, denn oft war er gleichzeitig auch noch Schnapsbrenner und Pastetenbäcker, ja manchmal sogar Einbalsamierer und Leichenbestatter.[20]

Auf zwei Rechnungen, die Filippo di Lapo & Co. *speziali*, seine Apotheker in Florenz, 1406 an Francesco sandten, stehen etliche Bestellungen von Zucker. Zucker wurde damals weniger zum Süßen von Speisen gebraucht, wozu man lieber Honig nahm, sondern vielmehr als Medizin, vor allem bei Erkrankungen der Atemwege. Weiter standen auf der Rechnung zerstoßene Mandeln, Rosenwasser, Kamille, Senf, Latwerge (spezifiziert sowohl als Herzstärkungsmittel wie auch als Klistier), fertige Soßen, Wermutextrakt, Zitronat und Orangeat, getrocknete Weintrauben, Kerzen und „kleine Fackeln" und eine *torta di marzapane*. Doch den größten Teil der Rechnung machten die verschiedenen Gewürze aus: Safran, Pfeffer, Ingwer, Zimt, Nelken, Muskat, Sennesblätter und *galinga*, Galgant.

Trotz des immensen Preises bestellte Francesco am häufigsten Pfeffer und Safran. Safran – auch der beste gelbe Färbestoff – galt als so gesundheitsfördernd, daß Francescos Arzt ihn drängte, er solle „in jedes Gericht" welchen hineintun. Auch die Pillen, die Ser Lapo gegen die Pest empfahl, enthielten Safran. So gut wie überall wurde Safran verwendet: Er kommt in 70 Rezepten des *Libro della cucina* vor, wurde für Malerfarben, aber auch zum Konservieren von Fisch und Fleisch gebraucht, war in vielen Medizinen „für die, die von kalter Komplexion sind" enthalten, wie auch in Kosmetika und in Pomaden, „um die Haare glänzend zu machen und zu verhindern, daß sie sich spalten und abbrechen". Selbst auf einer Liste Datinis „der Dinge, die man für Seereisen braucht", ist Safran verzeichnet.[21]

Auch Pfeffer wurde nicht nur zum Kochen und zum Konservieren von Fisch und Fleisch verwendet, sondern diente ebenso medizinischen Zwekken. Sennesblätter verordnete Francescos Arzt als Abführmittel, und Galgant, eine bittere chinesische Wurzel, die von den Arabern nach Europa gebracht worden war, wurde nicht nur für Konfekt gebraucht, sondern auch als Arznei, weil sie den Magen anregte und erwärmte.[22] Mit Ingwer, der aus Alexandria kam, würzte man Fisch und Fleisch, er wurde zu Marmelade verarbeitet und in gewürzte Weine gegeben.[23] Der Arzt riet Francesco, er solle „Ingwer zu sich nehmen als Eingemachtes zur ersten Mahlzeit, da er stark harntreibende Wirkung hat, die Verdauung fördert und das Gedächtnis stärkt". Zimt, den als erster Marco Polo aus China mitgebracht hatte und der auch auf Ceylon angebaut wurde, war wegen seines Aromas hochgeschätzt, aber auch wegen der medizinischen Eigenschaften „den kalten und feuchten Magen zu stärken und auch die kalte Leber, dazu harntreibend und menstruationsfördernd zu sein und große Erleichterung bei schmerzhaften Blähungen zu verschaffen". *Noce moscata*, Muskatnuß, und *mace*, die Muskatblüte genannte Hülle der Nuß, wurden in der Küche und zum Würzen von Weinen ebenfalls viel verwendet, wie auch Nelken in keinem Haushalt fehlen durften, die man zum Zubereiten von Speisen wie zum Würzen von Weinen und anderen Getränken benutzte, aber auch als Mittel gegen Husten und Asthma. Es gab also praktisch kein Gewürz des Orients, wie kostbar und selten auch immer, das nicht doch die Kochtöpfe und die Medizinkrüge und -dosen des Kaufmanns von Prato erreicht hätte!

Außerdem stehen auf Francescos Apothekerrechnungen noch allerlei Arten von Konfekt und Süßigkeiten. Francesco bot nämlich gleich manch anderem italienischen Kaufmann seinen Gästen gern nach orientalischer Mode Konfekt und zuckersüße Konfitüren an, mit Vorliebe *codognato*, köstliches, hausgemachtes Quittenbrot (langsam getrocknetes Quittengelee, das dann eine so feste Konsistenz hatte, daß man es mit dem Messer schneiden konnte), und *pinocchiato* aus Pinienkernen. Konfekt wurde meist vom Apotheker zubereitet. Das Rezept zu dem kleinen runden Konfekt mit dem Namen *treggea* (Dragees), das Margherita von ihrem Arzt verordnet bekam, ist erhalten. Die wichtigsten Zutaten waren Zimt, Muskatnuß und Muskatblüte, Ingwer, Anis, Galgant und Zucker (mit dem sie auch überzogen waren).

Eine ebenso beliebte Süßigkeit, von der Francesco einmal eine zehn Pfund schwere Schachtel an einen Freund schickte, war *zuccata*, ein Kürbiskonfekt. Sie galt offenbar als eine speziell männliche Leckerei, denn Domenico di Cambio, der das Geschenk abschickte, schrieb dazu: „Heutzutage gibt es kein schöneres Geschenk als eine Schachtel *zuccata*, denn Biskuitkuchen ist für Wöchnerinnen, die *zuccata* für edle Herren."[24]

Für Obst hatte Francesco so eine Schwäche, daß sein Arzt schon fürchtete, er könne des Guten zu viel tun. Am 4. Mai 1404 schrieb er:

Um auf das Obst zu sprechen zu kommen, nach dem Ihr so süßes Verlangen habt: Ich genehmige Euch davon Mandeln nach Belieben, frische und getrocknete, diese aber geschält; Haselnüsse, frische und getrocknete, gut geschält, ... frische und getrocknete Feigen vor dem Essen, ebenso Trauben, aber auf keinen Fall nach den Mahlzeiten. Und Melonen nehmt vor dem Essen und zur rechten Jahreszeit; aber werft nicht weg, was innen drin ist, denn das ist das Beste und Heilkräftigste daran. Ich genehmige Euch auch reife Kirschen vor dem Essen; aber um Himmelswillen laßt die Finger davon nach dem Mahl. Und ich ersuche Euch sehr, nachdem ich Euch schon so großzügig Obst genehmige nach Eures Herzens Lust, daß Ihr mir noch den Gefallen tut und die anderen Früchte aufgebt, die so schädlich sind, so die *baccelli* [die jungen Pferdebohnen, die man heute noch in der Toskana mitsamt der Schale als Obst ißt], Äpfel, Kastanien und Birnen.

Francesco scheint jedoch nicht bereit gewesen zu sein, auf die verbotenen Früchte zu verzichten, denn einen Monat später schilt ihn Maestro Lorenzo wegen seines maßlosen Appetits.

> Und abgesehen von der Schädlichkeit ist es doch eine Schande, daß Ihr in Eurem Alter keinen Funken Enthaltsamkeit kennt. Und glaubt ja nicht, Ihr könnt Euch damit herausreden zu sagen: „Ich begehre ja nur wohlfeile Dinge", denn die Theologen und die Moralphilosophen stufen es sogar als noch größere Sünde ein, wenn man in gewöhnlichen Dingen unmäßig ist... Nun bedenkt, ob es eine Krone des Alters ist, wenn man sich nachsagen lassen muß, daß man ein Sklave der Gefräßigkeit ist!

2

Und nun zum guten Wein. Der Wein, der auf Francescos und auf Ser Lapos Weinbergen am Fuß der Pistoieser Hänge wuchs, konnte an Qualität mit jedem anderen toskanischen Wein mithalten. Hier kamen der *„vino di Filettole"* und der „funkelnde *Carmignano"* her, von denen Redi sagte, daß sie viel zu schade seien, um sie mit Wasser zu mischen. Ser Lapo baute sie in seinem kleinen Weinberg an, schlug die Stützpfähle selbst ein und band die Rebstöcke mit eigener Hand auf. In Francescos Weinbergen wuchs auch *trebbiano*, ein milder Weißwein, der damals eine Spezialität der Marken war. Die feinsten Weine waren *vernaccia* und *greco*. Ersterer war ein *vino dolce* aus einer Traube, die ursprünglich wohl aus dem Dorf Vernazzo in *Cinque Terre* (Ligurien) kam und der dann vor allem in Val d'Elsa angebaut wurde.[25] Den *greco*, der ebenfalls in Val d'Elsa wuchs, gleichfalls ein lieblicher Weißwein, beschrieb der Kellermeister von Papst Paul III. als „ein vollkommenes Getränk für edle Herren... er hat die Vollkommenheit in sich, in Farbe, Blume und Bukett". Hochinteressant ist, daß der Name *Chianti* zum allerersten Mal überhaupt in den Datini-Briefen auftaucht, und zwar wird damit ein Wein aus dem Val de Greve bezeichnet.[26]

An wie vielen Abenden saßen die beiden Freunde nicht zusammen über einer guten Flasche Carmignano! Nur bei diesen Gelegenheiten konnte Francesco einmal all seine Sorgen vergessen. „Wenn wir diese herrlichen Weine verkosteten", schrieb Ser Lapo in wehmütiger Erinnerung, „haben wir nichts als gelacht." Ser Lapo war ein großer Weinkenner – der einzige Luxus, den er sich genehmigte. Francesco gestand er: „Sei es nun, weil ich ihn wirklich brauche, sei es, weil ich verwöhnt bin, ich würde jedenfalls alles tun, um daran zu kommen und Geld wie Heu dafür ausgeben."

Wenn Francesco ihm ein paar Flaschen von verschiedenen Sorten schickte, lud er sogleich ein paar alte Kumpane ein, um sie mit ihnen zusammen zu köpfen. „Ich sagte, daß es Weine seien, die aus Avignon kämen, in Flaschen! Und sie fanden sie so gut, so köstlich, daß sie mir glaubten."[27]

Für gewöhnlich hatte Ser Lapo allerdings keine sehr hohe Meinung von

Francescos Weinverstand. „Und ich sage Euch, daß Monna Margherita nichts von Wein versteht, und Ihr auch nicht. In allem würde ich Monna Margherita Glauben schenken, nur nicht, wenn es um weißen oder schweren Wein geht." Und da es September war und die Weinlese in vollem Gang, gab er Francesco noch Anweisungen, was er zu tun habe, um den schweren *vin santo* anzusetzen, der heute noch der Stolz aller toskanischen Weinbauern ist.

War Francesco krank, dann sorgte Ser Lapo dafür, daß er eine Flasche wirklich guten Rotweins hatte, denn „Ihr benötigt keinen anderen Arzt, um wieder zu Kräften zu kommen. Trinkt ihn vor, während und nach der Mahlzeit, das heißt, wenn Ihr vom Tisch aufsteht." Auf seinen ausgedehnten Inspektionsreisen zu den Ländereien des Hospitals im *Mugello, Valdarno* und *Casentino* mit einem Abstecher nach *La Verna* („teils aus Andacht, teils aus Liebe") fand Ser Lapo manchmal noch Zeit, guten Wein für Francesco einzukaufen. „Ich habe nicht auf den Preis gesehen, um etwas wirklich Ausgezeichnetes zu bekommen, wie Francesco mir aufgetragen hatte. Und es ist wirklich einer der besten, die ich dieses Jahr getrunken habe, und ich werde dafür sorgen, daß er in andere Fässer umgefüllt wird."

Gerade zu dieser Zeit wurde Francesco selbst Landbesitzer, und jeder neue Hof hatte einen Weinberg. So hatte er sich nun auch noch um die Weinbereitung zu kümmern, und oft wandte er sich zur Zeit der Weinlese um Rat an Ser Lapo:

Ich habe meine drei kleinen Bütten mit viel Wasser ausgewaschen, in die der Wein von *La Torre* hinein soll. Sagt mir, ob ich Eurer Meinung nach ein Viertel Weißwein nehmen, erwärmen und, wie Ihr gemeint habt, besagte Bütten damit ausspülen soll... Sagt, ob er kochend heiß, gut warm oder kalt sein soll dazu, und ob ich sie einfach so stehen lassen oder ein wenig an die Sonne bringen soll.

Gleich auf der Rückseite des Briefs antwortete Ser Lapo, daß es genüge, die Bütten auszuwaschen und abtropfen zu lassen.[28]

Francesco ging dem Geschäft der Weinbereitung mit der gleichen Verbissenheit nach wie all seinen anderen Geschäften. Wenn er nicht selbst zum Palco hinauf konnte, dann schikanierte er seine *fattori*, Bauern und Landarbeiter mit endlosen schriftlichen Anweisungen. Waren die Fässer auch richtig gelüftet und ausgebessert? Wäre es nicht besser gewesen, sie neu zu binden? Waren die anderen Bütten ebenfalls gut ausgewaschen? War der neue Wein auch mit altem versetzt worden? Damals war es allgemein üblich, zwei Weinjahrgänge zu mischen, weil man annahm, daß der stärkere dem anderen seine guten Eigenschaften mitteilen würde. Und so schimpfte Francesco einmal einen seiner Knechte zusammen, weil dieser den Wein nicht richtig gemischt hatte:

Ich bin außer mir vor Zorn, da Nanni mir sagt, daß Ihr den jungen Wein in die große Bütte geschüttet habt. Ich bin entsetzt, daß Ihr ihn nicht halb und halb mit dem gewöhnlichen gemischt habt. Wollt Ihr ihn etwa jetzt noch mischen, wenn er schon saust wie wild? ... Wollt Ihr denn den alten verderben und den neuen zugleich? Das schmerzt mich in tiefster Seele ... Jedes Kind weiß doch, wie man das macht!

Kein Wunder, daß die Bauern nicht gerade angetan waren von einem so schwierigen Herrn und daß Niccolò di Piero, sein Sozius, ihm riet, er solle besser bei seinen Handelsgeschäften bleiben. „Meiner Treu, Francesco, und bei aller Hochachtung für Euch, ich glaube, Ihr macht einen Fehler, wenn Ihr Euch um so vielerlei Dinge und Produkte kümmert wie um Wein, Öl und Getreide. Ich glaube nicht, daß Euch das liegt. Seid zufrieden mit dem Stand, in den Gott Euch gesetzt hat, und diese Dinge überlaßt denjenigen, deren Sache sie sind!"

Manchmal bezog Francesco auch Wein aus anderen Anbaugebieten Italiens, ja sogar aus fremden Ländern. Ein Rechnungsbuch verzeichnet „10 Faß Rotwein aus dem Piemont, an die *frati degli Agnoli* gegeben", ein anderes enthält eine ganze Preisliste für fremdländische Weine: 28 Dukaten für eine Amphore Tyroswein, 20 für rumänischen, 27 für Malvasier, den süßen, schweren Wein von der Levante, den er von seinem Agenten in Genua bezog. Wir haben noch Bestellungen über je eine *caratellina* (1 ½ Faß) Malvasier und Tyros, die an Ser Lapo gehen sollten, der sie dann als Geschenk an Matteo Villani und an den Schatzmeister der Stadtkommune von Florenz, Francesco Federighi, weitergab. Letzterem waren Geschenke nicht eben unwillkommen, und mit ihm gute Beziehungen zu unterhalten, schien offenbar ratsam. „Er sagt, Ihr habt ihn Euch zu großem Dank verpflichtet, da Ihr, trotz Eurer Sorgen und Geschäfte, sogar in Bologna noch an ihn dachtet. Und er sagte mir das so voller Freude, daß es aussah, als ob lauter Rosen in seinem Gesicht aufgingen."[29]

3

Nach allem, was wir über Francescos Eßgewohnheiten erfahren haben, verwundert es nicht, daß er und seine Frau häufig zu Arzneien aller Arten greifen mußten. Ärzte standen ihnen in großer Zahl zur Verfügung. In der zweiten Hälfte des 14. Jahrhunderts war die *Arte dei Medici e Speziali* von Florenz mit mehr als 1000 Mitgliedern eine der größten Gilden der Stadt. An der medizinischen Fakultät gab es nicht nur Vorlesungen in Chirurgie und Medizin, sondern auch in kanonischem Recht und Zivilrecht, Philosophie, Rhetorik und *notoria*. So hielt sie die alte Tradition aufrecht, daß ein Doktor der Medizin auch Grammatiker und Philosoph sein müsse. Jeder Arzt wurde, bevor ihm die Genehmigung zu praktizieren erteilt wurde, in Gegenwart eines Notars examiniert von einer Kommission, bestehend aus zwei Konsuln der Gilde und vier niedergelassenen Ärzten, davon einer ein Chirurg sein mußte. Erst nach diesem Examen wurde dem Kandidaten der Titel *Magister* zuerkannt, und er wurde von der Steuerzahlung befreit. Von nun an mußte er ein ehrbares und würdiges Leben führen, durfte weder

Schenken noch Bordelle besuchen und ging in einer schönen roten, mit Feh gefütterten Robe mit Gugel einher, wie sie sonst nur noch Magistratsmitgliedern, Rittern und Doktoren erlaubt war. Zu seinen Visiten konnte er zu Pferd reiten, begleitet von einem Bedienten; beides wurde ihm von der Stadtkommune gestellt.

Zu Francescos Zeiten waren in den Registern der Gilde nicht nur Allgemeinärzte eingetragen, sondern auch Spezialisten wie Chirurgen, Zahnärzte, Wundärzte, Augenärzte, Spezialisten für Knochenbrüche und Spezialisten für Steinleiden. Es gab auch Gemeinde- oder Amtsärzte, die von der Kommune bezahlt wurden und zum Teil die Armen behandelten, zum Teil zuständig waren für Gefangene und für diejenigen, die zu Prügelstrafe, dem Abschlagen eines Glieds oder Blendung verurteilt worden waren. Sogar Ärztinnen gab es: Manche waren von ihrem Ehemann oder Vater in die Geheimnisse des Berufs eingeführt worden, andere aber hatten sie auch selbständig erworben.[30] Schließlich gab es noch die unzähligen „Medizinmänner", die recht einträglich auf allen Grenzgebieten der Medizin arbeiteten und aus der Anfälligkeit des menschlichen Körpers und der unendlichen Leichtgläubigkeit des menschlichen Geistes Kapital schlugen. Barbiere legten Pflaster auf, ließen zur Ader, zogen Zähne und richteten gebrochene Knochen ein. Apotheker verabreichten Klistiere, betätigten sich als Masseure und verschrieben Wundermittel, die sie aus tausenderlei Ingredienzien zusammenbrauten. Hexen und Quacksalber präparierten Zauberpillen, Liebestränke, Gifttränke und Heiltränke. Kräuterweiblein, kräuterkundige Männer und Schlangenbeschwörer schleppten die Zutaten für all diese Säfte herbei. Und natürlich fehlten Sterndeuter und Alchimisten nicht in dieser zweifelhaften Gesellschaft. Dazu wurde eine große Anzahl von Rezepten für Hausmittel mündlich überliefert und weitergereicht oder von volkstümlichen Arzneibüchern, den *ricettari,* abgeschrieben. Da stand das Rezept eines Papstes für „einen Abt, der die Sehkraft verloren hatte", neben einem „Gebet, um den Blutfluß anzuhalten", eine „Wundersalbe gegen Blutergüsse, von einem englischen Mönch erfunden", neben einem Wundersaft, „der aus Alten Junge macht, aus Toten Lebendige". Der größte Teil eines solchen Buchs aber bestand aus Beschwörungsformeln und Exorzismusriten, die, während der Patient sie hersagte, von vielen Kreuzeszeichen begleitet werden mußten.

Was Petrarca, der ja Francescos Zeitgenosse war, von den berühmten Ärzten seiner Zeit hielt, berichtete er ohne Umschweife in einem Brief über ein Fieber, das ihn niedergeworfen hatte:

Im Handumdrehen liefen die Ärzte an meinem Bett zusammen und erklärten, nachdem sie auf übliche Weise ausführlich diskutiert und gestritten hatten, daß ich um Mitternacht sterben würde. Ein Viertel der Nacht war bereits verstrichen... Sie verordneten als einziges Mittel, das mir das Leben um ein Kurzes verlängern könnte, mich mit ich weiß nicht was für Schnüren zu umwickeln, um zu verhindern, daß ich einschliefe; so bestünde die Hoffnung, daß sie mich bis zur Morgenröte am Leben erhalten könnten. Aber niemand befolgte ihre Vorschriften, denn ich hatte stets meine Freunde gebeten und meinen Dienern befohlen, daß niemals etwas an meiner Person ausgeführt werden solle, was die Ärzte verschrieben, und daß, falls man unbedingt etwas tun müsse, es immer genau das Gegenteil von dem sein solle, was sie sagten. So verbrachte ich also diese ganze Nacht in tiefem, seligem Schlaf... Überzeugt, daß ich um Mitternacht den letzten Atemzug getan hätte, kehrten die Ärzte am Morgen wieder, dachten wohl, an meinem Begräbnis teilzunehmen, und fanden mich emsig am Schreiben.[31]

Francesco und Margherita dagegen hatten in dieser Hinsicht eine völlig andere Einstellung als Petrarca. Wie die meisten ihrer Zeitgenossen hegten sie grenzenloses Vertrauen zu Arzneien und Ärzten und machten hemmungslos Gebrauch von jedwedem Mittelchen, das sie in Erfahrung brachten. „Ihr wißt Euch nicht selbst zu beherrschen", schrieb Domenico di Cambio an Francesco, „und nehmt so viele Arzneien und Säfte, daß diese allein schon Euren Magen angegriffen haben."

Sowohl in Prato als auch in Florenz gab es einen fest angestellten Amtsarzt für die Armen, dem die Kommune 50–60 Gulden Gehalt im Jahr zahlte, zuzüglich Unterhaltskosten für sein Pferd. Ein frei praktizierender Arzt konnte jedoch für eine einzige private Konsultation bereits 2–3 Gulden verlangen, ebenso für ein Gutachten bei Gericht. Manchmal forderte der Arzt bereits ein Honorar oder ein Pfand, bevor er die Schwelle des Krankenzimmers überschritt – vor allem natürlich in Pestzeiten. Und dann beschränkte sich seine Visite oft nur darauf, daß er mit abgewandtem Kopf und spitzen Fingern dem Kranken den Puls fühlte und seinen Urin untersuchte, wobei er sich ein Riechfläschchen unter die Nase hielt.[32]

Monna Margherita scheint in Prato immer die billigsten Ärzte konsultiert zu haben, denn Ser Lapo bemerkte einmal, er würde, so arm er auch sei, nicht den Rat von minderen Ärzten einholen, „so wie Margherita, nur um Kosten einzusparen". Wir finden die Namen Maestro Matteo di Giovanni, Maestro Lorenzo di Agnolo und auch einen Maestro Bettino, der sich allerdings mehr mit Religion befaßt zu haben scheint als mit der Heilkunst, denn der einzige Brief an Francesco dreht sich ausschließlich um die Bußprozessionen der *Bianchi* und um ein Buch, das er zu schreiben beabsichtigte über „die größten, bedeutendsten und bemerkenswertesten Wunder der Welt".

Daneben aber konsultierten Francesco und Margherita auch weiterhin den Leibarzt des Papstes in Avignon, selbst nachdem sie nach Prato zurückgekehrt waren. Dies war Maestro Naddino Bovattieri, der – wie bereits berichtet – mit wenig überzeugendem Erfolg Margherita brieflich Rezepte gegen Unfruchtbarkeit verschrieben hatte. Außerdem gingen sie zu Maestro Giovanni Banducci di Prato und später auch zu dessen Sohn Bandino, der im Jahr 1400 mit Francesco nach Bologna zog und den Francesco während seines Medizinstudiums an der Universität von Bologna mit Geld für Kleidung, Bücher und Kerzen – „wenn er nachts aufsitzt und arbeitet" – unterstützt hatte.

All diese konkurrierenden Ärzte scheinen sich streng an die Regeln der Gilde gehalten zu haben, die absolute Kollegialität vorschrieben. Das zeigt ein Brief eines Florentiner Spezialisten an Francesco, in dem er schreibt, er sei bereit ihm zu helfen, aber erst, nachdem sein Hausarzt ihn untersucht und ihm seinen Bericht darüber zugesandt habe. „Du beschreibst Deine Krankheit immer so klar und deutlich, daß es mir vollauf genügt; nichtsdestotrotz sage ich das um der Ehre des Arztes willen."[33]

Als Honorar erhielt Maestro Banducci einen Gulden für jede Visite. An Maestro Lorenzo Sassoli erging laut Francescos Rechnungsbuch einmal eine Zahlung von 20 Gulden „für seine Mühe, die er in unserem Haus walten ließ", dabei ist jedoch die Anzahl der Hausbesuche nicht angegeben, während später einmal eingetragen ist, daß an besagten Maestro Lorenzo verschiedene Haushaltsgegenstände, darunter „ein bemaltes Lesepult zum Studieren", als Geschenk gingen, „weil er seit geraumer Zeit als Arzt im Haus tätig war und nie etwas dafür bekommen hat". Ein Landarzt aber mußte sich offensichtlich damit zufrieden geben, in Naturalien bezahlt zu werden, denn Maestro Lorenzo Sassoli schrieb in der ersten Zeit seiner Praxis einmal an Francesco: „Meine Patienten bezahlen mich in Käse und Eiern, manchmal mit einem Korb Kirschen."

Was Monna Margherita im einzelnen fehlte, wissen wir nicht; es scheint sich um irgendein inneres Leiden gehandelt zu haben, das nicht nur dazu führte, daß sie keine Kinder bekam, sondern ihr auch immer wieder unklare Schmerzen, „doglie", bereitete. Außerdem hatte sie regelmäßig wiederkehrende Malariaanfälle.

Am 8. Mai 1396 schrieb Francesco an Guido del Palagio, daß sie zu Bett läge mit „einem doppelten Malariafieber, von denen eines ständig da ist und das andere sie um 16 Uhr packt und bis 6 Uhr dauert".[34] Mehrere Ärzte wurden deshalb konsultiert, aber Domenico di Cambio, der stolz von sich behauptete, er verstünde „von allem und jedem ein wenig", erklärte, sein eigenes Rezept sei das beste von allen, denn es habe bereits 200 Kranke geheilt:

Wenn sie geschwind gesund werden will, laßt drei Salbeiblätter in aller Frühe, bevor die Sonne aufgeht, pflücken, und der- oder diejenige, die sie pflücken, sollen auf nackten Knien sein und drei Pater Noster hersagen und drei Ave Maria zu Ehren Gottes und der Heiligen Dreifaltigkeit. Dann schicke die drei Blätter in einem Brief hierher, und ich werde auf jedes ein paar Worte schreiben. Und jedesmal, wenn das Fieber steigt, soll sie ein Pater Noster und ein Ave Maria zu Ehren der Heiligen Dreifaltigkeit sagen und darauf ein Blatt vom Salbei essen; und so soll sie es mit allen dreien tun. Und wenn sie alle aufgegessen sind, wird sie sogleich gesund sein. Aber sie muß auch wirklich daran glauben, denn wenn sie nicht daran glaubt, werden sie ihr keinen Nutzen bringen.

Doch schon im nächsten Frühling kamen die Malariaanfälle mit neuer Heftigkeit wieder.

Sei nicht erstaunt, daß ich Dir in den letzten zwei Tagen nicht geschrieben habe [teilte sie Francesco mit], denn ich hatte schlimmeres Fieber als ich mich entsinnen kann, je gehabt zu haben, mit Schüttelfrost; und als Guido mir einen Brief vorlas, den ich von Dir hatte, packte mich das Fieber mit solchem Schüttelfrost, daß ich kein Wort von dem, was er sagte, verstand, und ich trug ihm auf, Dir zu antworten, Dir aber nicht zu sagen, daß ich krank bin.

Außer Malaria hatte Margherita oft Erkältungen, *reumi*, Kopfweh, Verdauungsstörungen und Blähungen, „*mal di madre*" genannt, während Francesco ebenfalls unter Erkältungen und Verdauungsstörungen und außerdem an Zahnschmerzen litt. Für all diese Beschwerden wußte Domenico di Cambio einfache Hausmittel.

Gegen Zahnweh empfahl er: „Nehmt zwei Unzen geschrotete Hirse vom Apotheker und gebt sie in einen kleinen, ungebrauchten Topf und gebt zwei Gläser Wein darüber und kocht alles gut miteinander durch; dann seiht den Wein ab und behaltet ihn im Mund, so heiß Ihr es aushalten könnt. Wenn das nichts hilft, laßt Euch den Zahn ziehen." Gegen den Juckreiz, der Ehemann wie Ehefrau oft plagte, sollten sie „ein rauhes Kanevastuch nehmen und sich damit abfrottieren, und er wird vergehen". Gegen Kopfweh besaß Margherita ein Rezept von einer Frau, die *la Gherardesca* genannt wurde: Blutpfannkuchen in einer Kasserolle einen Tag und eine Nacht lang im Backofen mit Most und gutem Wein schmoren lassen, dann die ganze dicke Brühe durchseihen und den Kopf damit waschen. Gegen die Blähungen, „*mal di madre*", gab ihr ihr Arzt Pillen, für die das Rezept aber verloren ist. Da nach einem alten Volksglauben auch die Heilige Elisabeth daran gelitten hatte, war ein verbreitetes Hausmittel dagegen, irgend einen kleinen Gegenstand auf dem Körper zu tragen, auf dem das folgende Gebet geschrieben stehen sollte, das laut zu sprechen war, wobei man sich immer wieder bekreuzigen mußte.

+ Elisabeth litt + am *mal della madrisce* in ihrer Jugend, + und sie bat Gott immer, es in ihrem Körper zu belassen, als Buße für ihre + Sünden. Und sie trug die besagte Krankheit in ihrem Körper, bis + der Erzengel Gabriel + ihr die Geburt Johannes des Täufers verkündete, + und dann war sie befreit + von den besagten Beschwerden, + und dann betete sie zu Gott, daß, wer immer ihr zu Ehren ihren Namen trage, von jedem Übel befreit werden möge. + Und so mögest Du Dich herablassen, auch Deine Dienerin zu befreien.[35]

Wie wenig man selbst gegen die schlimmsten Schmerzen bei einer Geburt ausrichten konnte, zeigt folgender Brief, den Niccolò dell'Ammannato an Francesco richtete:

Eure Magd liegt seit Dienstag abend in den Wehen, und es ist zum Erbarmen, das mit anzusehen; keiner kann so hartherzig sein, daß er bei ihrem Anblick nicht weint. Man muß sie festhalten, sonst würde sie sich umbringen; und es sind sechs Frauen, die abwechselnd bei ihr wachen. Heute früh sagen sie, sie fürchten, daß das Kind in ihrem Leib tot ist.

Abführmittel wurden natürlich im Übermaß gegeben, wie es damals Brauch war, und zwar mit Sennesblättern oder Rhabarber und gleich derart rücksichtslos, daß der Patient ein paar Tage lang unter totaler Erschöpfung litt. Ein purgierender Sirup, den der berühmte Florentiner Spezialist Niccolò Falcucci Francesco einmal verschrieb, mußte an drei aufeinanderfolgenden Tagen heiß eingenommen werden, und zwar zwei Stunden vor Tagesanbruch, und danach sollte der Patient wieder schlafen. Am vierten Abend mußte er bestimmte Pillen einnehmen und sich ein Klistier verabreichen lassen. „Und wenn die Pillen, nachdem sie die Eingeweide aufgerührt haben, Dich speien lassen, so hilf nur mit und purgiere gleich den Magen gründlich, was Dir sehr gut tut. Deine Säfte sind so zäh, dick und klebrig, daß sie sich überhaupt nicht ohne größere Unannehmlichkeiten bewegen können."

Eine Medizin, die Wunder vollbringen sollte, war *otriaca* oder Theriak, ein Zaubermittel, das aus vielerlei Einzelbestandteilen zusammengemischt war und als Allheilmittel gegen so ziemlich alle Krankheiten und Beschwerden galt. In manchen Städten brauten die *doctores* der Universität seine geheimnisvollen Ingredienzien öffentlich in einem Riesenkessel zusammen. Mazzei empfahl Theriak als Vorbeugungsmittel gegen die Pest, und es wurde gegen die verschiedensten Beschwerden verschrieben, von Verstopfung bis zu hohem Fieber.

Doch hie und da begegnet man in dieser wirren Welt voller Quacksalberei und Aberglauben auch einmal einem echten Arzt, einem Mann, der Gelehrsamkeit mit Intuition und gesundem Menschenverstand in sich vereinte. Zu dieser Spezies gehörte Francescos Arzt, Maestro Lorenzo Sassoli di Prato. Dessen Vater, der Apotheker Agnolo di Tura di Sassolo, starb während der Pestepidemie von 1400, und ohne Francescos Unterstützung hätte der junge Mann nicht in Padua, Bologna und Ferrara Medizin studieren können, um dann in seiner Heimatstadt eine Praxis aufzumachen. Schon als Medizinstudent in Padua begann er, Briefe an Francesco zu schreiben, aufgrund derer wir uns lebhaft vorstellen können, wie ein völlig mittelloser Medizinstudent um das tägliche Leben kämpfen mußte. Aber auch seinen gesunden Menschenverstand, seine Zuneigung zu Francesco und seine Dankbarkeit erkennen wir daraus. „Ich habe einmal beschlossen", schrieb er in seinem ersten Brief, „mich Euch als Sohn zu geben und Euch, solange ich lebe, zu gehorchen in all Euren Befehlen, als ob Ihr mein Vater wäret."

Es dauerte nicht lange, da konnte er schon eine erfreuliche Nachricht schicken: Er war zum Dozenten der Universität Padua gemacht worden, „dem berühmtesten Studienort, den wir in Italien haben; und welch eine Ehre das für mich ist, könnt Ihr Euch vorstellen". Aber selbst mit der Stelle eines Dozenten war das Leben an der Universität hart. Die Kosten für Unterkunft, Einschreibung, Lehrbücher und für das allereinfachste Instrumentarium waren so hoch, daß im allgemeinen nur sehr reiche junge Leute oder eben Kinder von Ärzten, die Bücher und Instrumente des Vaters benutzen konnten, es wagten, diesen Beruf überhaupt anzustreben. Lorenzo Sassoli konnte wirklich von Glück sagen, daß er einen Gönner wie Francesco gefunden hatte, der für ihn ein Konto bei seinem Agenten Bindo Piaciti in Venedig eröffnete; und am 11. Januar 1401 schrieb Lorenzo, er wolle ihm Rechenschaft ablegen – *„siccome padre"*, wie einem Vater.

Ich nahm 130 Gulden auf einmal, um Schulden abzutragen. Zum Ausgleich hoffte ich, für meine Vorlesungen wieder etwas an Gehalt hereinzubekommen, doch aufgrund der großen Ausgaben dieses *Signore* hier fürchten wir alle, die Vorlesungen halten, daß wir unser Salär nicht bekommen. So muß ich notgedrungen sehr vorsichtig sein mit dem, was ich ausgebe.

Im Jahr darauf berichtete er seinem Gönner, daß er an der Universität von Bologna zum Dozenten ernannt worden sei, „und nach dem, was die Statuten der Universität von Bologna sagen, muß ich schon vor der Eröffnung des Studienjahrs Doktor der Medizin sein". Doch ein paar Monate später mußte er seine Pläne begraben, da Bologna in die Hände des Herzogs von Mailand gefallen war, so daß er lieber eine entsprechende Stelle in Ferrara annahm. „Ich möchte aus der Universität und der Lehre nicht weggehen. Denn ich kann mit Studenten sehr gut umgehen, und das liegt mir mehr als alle anderen Tätigkeiten auf dieser Welt."

Diese Jahre an der Universität waren sicher die glücklichsten in seinem ganzen Leben. Aber dann kam die Zeit, da er nach Prato zurückkehren mußte, und dort war das wenigste nach seinem Geschmack. „Ich komme mir vor, als ob ich unter die Philister geraten wäre, und statt über Probleme der Philosophie und der Medizin zu diskutieren, diskutiert man hier darüber, ob es besser sei, Wolfsbohnen auszusäen oder Vogelbeeren." Da die Stadtkommune ihm aber ein Monatsgehalt von 50 *lire* ausgesetzt hatte, ließ er sich vorübergehend in Prato nieder. Zu eben dieser Zeit wurde er Francescos Hausarzt. Von nun an schrieb er nicht mehr im untertänigen Ton des mittellosen Studenten, sondern mit der Selbstsicherheit und Autorität des Arztes. Mittlerweile war sein Patient ein Mann von über 70, zwar offenbar von sehr stabiler Konstitution, denn sonst hätte er das für damalige Begriffe gesegnete Alter gar nicht erst erreicht, aber inzwischen noch cholerischer und verbissener in seine Arbeit, als er es in jungen Jahren schon gewesen war, und außerdem von den Beschwerden geplagt, die ein Leben ohne genügend körperliche Betätigung und voller im Übermaß genossener Tafelfreuden mit sich brachte. Jedenfalls entnehmen wir seinen Briefen, daß er unter Nieren- und Blasensteinen und an Verstopfung litt.

Maestro Lorenzo vertrat bereits damals, was wir heute psychosomatische Medizin nennen. Er behandelte nach seinen eigenen Worten *„l'anima e lo corpo"*. Bereits zwei Jahre früher, noch bevor er Ferrara verließ, hatte er seinem Adoptivvater eine kleine Moralpredigt geschrieben, in der er ihn zu überzeugen suchte, daß er nicht so weitermachen könne wie in jungen Jahren – mit nichts als Arbeit und Aufregung. „Ich glaube, daß Ihr selbst daran schuld seid, daß Ihr diese Erkältung habt, denn ich bin sicher, Ihr hättet sie nicht bekommen, wenn Ihr nicht Ärger und Entbehrung auf Euch nehmen würdet, als ob Ihr ein junger Mann von 30 wäret; genau das dürft Ihr nicht tun."

Und in einem anderen Brief:

> Ihr schreibt mir über die ewigen Sorgen, die Euren Körper wie Eure Seele quälen. Ich weiß nicht, was ich Euch sagen kann, das es vermöchte, Euch ein wenig ausspannen zu lassen; aber ich will zu Gott sprechen anstatt zu Euch und Ihn bitten, Er möge in Seiner Barmherzigkeit Eure Seele ruhig machen, was für Euch am allerwichtigsten ist, und damit auch für mich und für Eure anderen Kinder.

Der Brief schloß mit Beteuerungen, daß er ihn liebe wie einen Vater und daß er immer, egal womit er auch gerade beschäftigt sei, bereit wäre, alles stehen und liegen zu lassen, um zu Francesco nach Florenz zu eilen.

> Und wenn ich ganz Prato zu versorgen hätte, ich würde sie alle im Stich lassen, denn Euer Leben ist mir teurer als das aller Verwandten und Freunde... Denn jedermann weiß, daß ich das geringe Wissen, über das ich verfüge, zuerst Gott verdanke und dann Euch.

Im ersten Jahr seiner ärztlichen Tätigkeit in Prato verging kaum eine Woche, in der er nicht Francesco irgendein Rezept zukommen ließ. Einmal waren es „Pillen für das Hören", ein andermal eine Ermahnung, „nicht zuviel Obst zu essen, wegen der *fluxes,* die in diesem Jahre so stark sind. Nehmt häufig Essig zu Euch, gekocht und ungekocht." Und da Francesco offenbar noch einen weiteren Arzt zugezogen hatte, einen gewissen Maestro Francesco, der ihm erlaubte, alles zu essen, was ihm schmeckte, schrieb Lorenzo erneut, und zwar diesmal leicht verärgert: „Sobald ich ihn einmal treffe, werde ich ihm meinen Standpunkt klar machen; und wenn er den gehört hat, dann wird er Euch die Zügel vielleicht strenger anlegen, als er sie Euch je vorher nachgegeben hat... Denn daß schon einmal jemand daran gestorben ist, daß er sich den Bauch nicht mit Obst vollgeschlagen hat, habe ich in meinen Büchern noch nicht gefunden: Ich weiß nicht, ob Ihr es in Euren gefunden habt."

Wieder einen Monat später kam er in einer Antwort auf einen Brief Francescos auf dessen innere Unruhe zurück:

> Ich bitte Euch, daß Ihr mir schreibt, wie Ihr Euch fühlt, und daß Ihr von nun an die Anstrengung Eures Gewerbes mit mehr Mäßigung auf Euch nehmt. Denn wenn Ihr das nicht tut, dann werdet Ihr als ersten Gewinn davon Schmerzen, und körperliche Beklemmung haben... In all Euren großen Transaktionen und den schwierigen Fällen Eures Gewerbes genießt Ihr bei Euren Kollegen den Ruf, Eure Geschäfte jederzeit mit großer Umsicht zu führen, wie es sich geziemt. Euch selber aber könnt Ihr nicht führen, wie es sich geziemt.

In jenem Jahr 1404 schickte Maestro Lorenzo dem über siebzigjährigen Francesco einen langen Brief, der schon deswegen ein einmaliges Dokument ist, weil er eine komplette Anleitung zur gesunden Lebensführung enthält: „Memoria... über Essen, Trinken, Schlafen, Arzneien und jedwedes Thema, das zum gesunden Leben gehört."

Ein langer Absatz ist dem richtigen Essen und Trinken gewidmet; beim Thema „Essen" wurde daraus schon ausführlich zitiert, seine Quintessenz ist „Maßhalten". Darauf ließ sich Maestro Lorenzo über das *viver medicinale*, das Leben mit Heilmitteln, aus und fing sogleich mit einer Anweisung an, die eigentlich überrascht in dieser Zeit, in der ständig drastische Heilmittel verabreicht wurden: „Werft alle Arzneien weg, außer den Sennesblättern, und die benützt auch nur, wenn Ihr auf natürliche Weise die Wohltat Eures Körpers nicht habt; und dann verwendet sie zusammen mit Ingwer. Außerdem nehmt Theriak, im Winter und im Sommer, vor allem bei Regen und bei Neumond." Als Diuretikum empfahl er Ingwermarmelade vor dem Frühmahl. „Und das ist alles, was Ihr braucht, um Euch selbst zu kurieren."

Zum Thema Schlaf gab er den Rat, nach dem Essen mindestens eine Stunde vergehen zu lassen, bevor er zu Bett gehe. „Aber ich weiß natürlich gut, daß ich an die Wand predige... Trotzdem schreibe ich Euch... legt Euch entweder auf den Bauch oder auf die rechte Seite." Als physikalische Therapie sollte Francesco sich gleich nach dem Aufwachen den Kopf mit einem rauhen Tuch massieren, dann versuchen, seinen Darm zu erleichtern, und danach anfangen, sich zu bewegen und so lange umhergehen, „bis Ihr Euch warm fühlt, vor allem an den Händen. Nachdem Ihr Euch ein wenig ausgeruht habt, könnt Ihr mit dem Essen anfangen."

In allererster Linie aber sorgte sich Maestro Lorenzo um die Gemütsverfassung seines Patienten:

Um Euch vor seelischem Schaden zu bewahren, wollte ich am liebsten Maestro Domenico di Peccioli sein [ein berühmter Dominikanerprediger], damit ich Euch all das eindringlich predigen könnte, was Ihr nötig habt. Aber ich will Euch immerhin sagen, wovor Ihr Euch hüten sollt. Daß Ihr manchmal Wutausbrüche habt und herumbrüllt, finde ich gut, denn das erhält Eure natürliche Wärme. Was ich nicht gut finde ist, daß Euch alles bedrückt und Ihr Euch immer alles gleich zu Herzen nehmt. Denn das ist es, wie die Heilkunst ja allgemein verkündet, was unseren Körper zerstört, und zwar mehr als sonst eine Ursache. Deshalb laßt es Euch angelegen sein, Euch diesbezüglich ganz besonders zu mäßigen.

Er beendete den langen Brief: „Wenn Ihr all dieses, was ich Euch schrieb, von A bis Z befolgt, werdet Ihr mit Gottes Gnade, und der bin ich sicher, in einem gesunden Körper ein glückliches Leben führen. Und ich bitte Gott, daß er durch seine Gnade Eure Seele so stimmt."

Sicher hatte Maestro Lorenzo recht damit, denn wenn Francesco seinem Rat gefolgt wäre, hätte er sich in seinen letzten Jahren vielleicht besserer Gesundheit erfreut. Zwei Krankheiten hätten ihm wohl aber auch dann zu schaffen gemacht, da auch die heiterste Gemütsverfassung weder Hämorrhoiden noch Nieren- und Blasensteine beseitigen kann. Ser Lapo, der unter demselben Übel litt, empfahl ihm für erstere: „eine Zwiebel gut auskochen und mit dem Stößel zerkleinern und die Stelle gut einreiben damit", für letztere: „eine Schüssel vom Sud, in dem Kichererbsen gekocht worden sind, den man bei Sonnenaufgang zu sich nimmt, nachdem man am Vorabend sehr leicht gegessen hat".

Schon 1387, also einige Jahre zuvor, hatte Francesco die Absicht, die heilkräftigen Wässer von Montecatini, dem berühmten Heilbad bei Pistoia, das damals gerade wieder in Mode gekommen war, gegen seine Nierensteine zu versuchen. Er hatte Maestro Giovanni Banducci gefragt, was er davon hielte.

Ich habe so großes Vertrauen zu Euch und zu Maestro Niccolò, daß ich glaube, daß mir nichts anschlägt, was ich ohne Euren Rat unternehme, um mich zu kurieren. Es gibt viele Leute, die zu den Bädern von Montecatini gehen und die sich das Wasser von dort kommen lassen, und deshalb möchte ich anfragen, ob ich mir von besagtem Wasser welches kommen lassen und mit der Margherita auf vorgeschriebene Weise davon trinken soll. Manche Leute sagen auch, das Wasser von Porretta sei besser, aber ich glaube keinem Menschen außer Euch beiden.

Zu denen, die den Wässern von Porretta den Vorzug gaben, gehörte Ser Lapo, nicht zuletzt deswegen, weil sie gerade erst von der ganzen medizinischen Fakultät der Universität Bologna geprüft und für gut befunden worden waren. „Alle wurden von der Kommune von Bologna gezwungen, die Wasser von Porretta zu nehmen. Unter anderem stellten sie fest, daß sie harntreibende Wirkung haben und einen für drei Jahre vom Steinleiden befreien. Merkwürdigerweise bringt besagtes Wasser auch verlorene Hörkraft, Appetit und gesunde Farbe zurück; und außerdem ist es auch für schwangere Frauen nicht schädlich. Wenn man es allerdings in Fässern kommen läßt, verliert es schnell seine Heilkraft." Dieser Bericht wurde Maestro Lorenzo vorgelegt, aber der meinte dazu: „Ich würde dieses Bad für Francesco sehr empfehlen und empfehle es auch; aber ich befürchte stark, daß er, nachdem er das Wasser genommen hat, sich nicht an die Vorschriften hält, 15 oder 20 bis zu 30 Tage sich gewisser anderer Dinge zu enthalten; und eben deshalb würde ich nicht wagen, sie ihm zu verschreiben."

Der Patient, der die Kur mit dem Wasser machte, mußte folgende Regeln einhalten: „Kein anderes Wasser anrühren, sich eine schöne Zeit machen ohne alle Sorgen, kein Obst essen und auch keinen Braten, keine Gemüse und nichts in Fett Gebackenes, und sich ganz und gar den Frauen fernhalten."

Francesco zögerte jedoch immer noch, und jetzt ärgerte sich Ser Lapo so, daß er sich zu einem unfrommen Wunsch hinreißen ließ: „Wolle Gott, daß, wer immer Euch davon abrät, selbst einmal mit Mühen Wasser lassen muß zwei oder drei Tage lang, nicht länger; ich glaube, er würde Euch besser raten."[36]

Ser Lapo beschränkte sich nicht darauf, Francesco zu beraten, wie er sein Steinleiden kurieren sollte, sondern er gab ihm, ebenso wie Maestro Lorenzo, auch gute Ratschläge seine gesamte Lebensführung betreffend. Auch hier war seine erste Regel die Mäßigung. „Ich werde Euch zeigen, daß alle

Krankheiten daher rühren, daß wir unsere Gelüste nicht entsprechend den Bedürfnissen unseres Körpers zügeln, dabei sündigen und entweder zu wenig oder zu viel des Guten tun. Dasselbe gilt für das Eheleben."

Als Francesco während der Pestepidemie in Bologna lebte, schickte Ser Lapo ihm einen Brief mit Gesundheitsmaßregeln, die er einhalten sollte; sie klingen frappierend modern:

Möge nie die Sonne untergehen, ohne daß Ihr im Freien gewesen seid; und wenn Ihr nicht ausgehen könnt, macht vor dem Essen ein paar körperliche Übungen, die Euch anstrengen, aber Euch nicht in Schweiß geraten lassen. Zu diesem Zweck solltet Ihr immer einen Block Holz da haben und eine Axt und ein bißchen Holz hacken, außerdem einige Male schnell die Treppen hinaufsteigen. Denn Euer Essen hat sonst keine Hilfe von der Natur; wie die Holzglut ausgeht, wenn man sie nicht schürt, so erkaltet das Essen in Eurem Magen, wenn Ihr Euch nicht bewegt. Und nach dem Abendessen sollt Ihr mindestens noch zwei Stunden aufbleiben, bevor Ihr zu Bett geht, bis das Essen Form angenommen hat, was, glaubt mir nur, die Ärzte hier mehr empfehlen als so viele andere Vorschriften. Jedenfalls nehmt Kost zu Euch, die leicht zu verdauen ist und die Eure Eingeweide in Bewegung hält. Und es würde Euch auch gut helfen, immer eine Viertelstunde vor den Mahlzeiten ein reichliches halbes Glas guten Weißwein zu trinken, nicht zu trocken und nicht zu süß.

Über all diesen Ratschlägen zum körperlichen Wohlbefinden vergaß Ser Lapo jedoch nie, daß der Körper schließlich nur ein Knecht ist. Schnell kam er zur Sache und schloß: der einzige wirkliche Grund dafür, daß man sich bemühen müsse, gesund zu bleiben, sei, daß man Gott um so besser danken könne. „Ich sehe, Francesco, daß ich in der Krankheit kaum an Gott denken und aus Erschöpfung fast kein Pater Noster sagen kann." Als er dies schrieb, wütete der Schwarze Tod in seiner Umgebung und hatte zwei seiner Kinder dahingerafft, und trotzdem blieb er dabei, daß es die allererste Pflicht des Menschen sei, Gott zu danken. „Darauf sollen wir unser Herz richten, in der Messe und im stillen Kämmerlein; und oft, wenn wir so dahingehen, sollen wir unsere Augen erheben gen Himmel. So werden wir, wenn ein Fieber uns überfällt, nicht so große Todesfurcht haben, sondern sagen können: ,Hier bin ich, guter Gott; ich bin zur Stelle.'"[37]

Dreizehntes Kapitel

Der Schwarze Tod und die Weißen Brüder

Pace volli con Dio su lo stremo
Della mia vita...

Mit Gott versöhnt zu sein, war mein Begehr
Am Ende meines Lebens...

Dante, *Purgatorio XII, 124*

Zur Jahrhundertwende finden wir Francesco – mittlerweile 65 Jahre alt – in ganz ungewohntem Aufzug: dem Büßergewand eines Pilgers. Zusammen mit einigen tausend Männern macht er sich auf eine neuntägige Pilgerreise: barfuß und mit einer brennenden Kerze in der Hand, angetan mit einer Kutte aus weißem, derbem Stoff, gegürtet mit dem Strick der Bettelmönche. Von Francescos Zeitgenossen fand allerdings keiner etwas dabei, ihn so zu sehen. Es war damals selbstverständlich, daß man in Zeiten des Unglücks und der Not Frömmigkeit und Selbsterniedrigung zur Schau stellte. Die Datini-Briefe bestätigen einmal mehr, in welchem Ausmaß sogar Männer wie Francesco, die alles andere als fromme Naturen waren, ihr Leben ganz nach den Regeln der Kirche einrichteten. So wie viele der Gesetze, die sie befolgten, auf dem Herkommen beruhten, *consuetudo*, so äußerte sich ihre Religiosität von der Wiege bis zum Grab in vertrauten Verrichtungen, über die sie gar nicht mehr nachdachten. Selbst nüchterne Kaufleute legten nicht nur Lippenbekenntnisse zur christlichen Lehre ab, sondern zollten ihr auch mit ihrem tagtäglichen Handeln Tribut: Ihr gesamtes Leben war in ein festgefügtes System religiöser Verrichtungen und Vorschriften eingebettet. In seiner Jugend und in seinen besten Mannesjahren war Francesco alles andere als ein tugendhafter Mann, und der Gedanke, tugendhaft zu sein, lag ihm fern; nie aber stellte er die Notwendigkeit oder den Sinn der frommen Bräuche auch nur in Frage. Seine Geschäftsverträge begannen und endeten ebenso wie seine privaten Briefe mit einer frommen Wendung; die Zehn Gebote standen über seinen Geschäftsbüchern; der Heilige Christophorus bewachte als großes Fresko seine Tür. Zur Fastenzeit und an den wöchentlichen Fastentagen fasteten er und seine Frau so streng, daß Domenico di Cambio frank und frei eine Einladung zu ihnen ablehnte, da seine Gesundheit ihm das nicht erlaube.[1] Und wenn Francesco manchmal doch am Sonntag arbeitete, machte er sich große Vorwürfe, daß er nicht zur Messe ging, zumal in dem Jahr, da er nur *sechs* Fastenpredigten hörte! Obwohl er gern über Priester und Mönche spottete, ging er doch regelmäßig zur Beichte, und als er einmal krank war, rief er gleich fünf Franziskaner an sein Krankenbett. Wenn er auch nicht eben zur Großzügigkeit neigte, gab er doch großzügig Almosen, zahlte er regelmäßig den Kirchenzehnten, stiftete Tabernakel und Kapellen. Kaum einer von den Reichen hielt es damals anders, und die wenigen, die sich nicht an diese Pflichten hielten, galten als schlechte Menschen.

Viele dieser frommen Werke hatten nur den Zweck, Gott versöhnlich zu stimmen – durch sie hofften die Menschen Schutz vor den Schrecken und dunklen Geheimnissen des diesseitigen Lebens zu erlangen und Gottes Erbarmen im jenseitigen. Zu allen Zeiten wird der Mensch von Ängsten beherrscht, und die Menschen in der Toskana hatten in der Tat im 14. Jahrhundert allen Grund, sich vor einem plötzlichen Tod zu fürchten. Noch immer gab es die althergebrachte Blutrache, die nicht nur als heilige Pflicht galt, sondern gar als Vergnügen;[2] nie konnte man sicher sein, ob man nicht ganz persönlich betroffen wurde von den Auswirkungen des Parteienhaders allerorten, von Bürgerkrieg, von immer wiederkehrenden Hungersnöten; vor allem aber hing die Pest ständig als drohendes Schwert über den Menschen. In Francescos Jugend hatte der *contado* des Florentiner Territoriums mindestens fünf Mißernten erlebt. Die Aufstände des *popolo minuto* entzündeten sich stets am stärksten Urtrieb des Menschen, am Hunger. Und was die Pest angeht, so hatte Francesco in den 60 Jahren seines Lebens schon sechs Ausbrüche der *morìa* erlebt: zum ersten Mal im Jahr 1348, als auch seine Eltern beide daran starben, zweimal in Avignon und dreimal in Prato, bald nach seiner Rückkehr. Und nun, als er alt war, drohte sie 1399 von neuem auszubrechen.

Die tiefe Furcht davor durchzieht zahlreiche Briefe des Datini-Archivs: denn nicht nur Freunde aus der Heimat berichteten Francesco von den Pestseuchen, sondern auch ferne Korrespondenten in fremden Ländern. Diese Briefe zeigen, wie wenig man ein halbes Jahrhundert nach ihrem ersten Auftreten noch immer über Ursache und Ablauf dieser Krankheit wußte. Monna Margherita erschien sie wie Boccaccio als eine Heimsuchung, die ebenso schrecklich und geheimnisvoll über uns hereinbricht wie das Jüngste Gericht. Jedermann hatte seine eigenen Methoden, sich vor Ansteckung zu schützen: die einen durch Enthaltsamkeit, andere durch besonders üppiges Leben; die einen schlossen sich in ihren Häusern ein, die anderen suchten ihr Heil in der Flucht – die Städter flohen aufs Land, die Landbewohner in die Stadt. Manche – zu denen auch Ser Lapo und Monna Margherita gehörten – glaubten immerhin daran, daß vielleicht doch Arzneien und Vorbeugungsmittel davor schützen könnten. Andere – wie Niccolò dell'Ammannato – waren überzeugt, daß die Krankheit für Monate in der Luft hinge „wie der Hauch von Verwesung", bevor sie richtig ausbreche, und daß man nichts tun könne, als sofort zu fliehen.

Es gibt kaum ein Jahr, in dem Francesco in seinen Briefen nicht irgendwie auf diese Geißel der Menschheit zu sprechen kommt. Gleich nach seiner Rückkehr brach die Seuche 1383 aus, wenn auch nicht so verheerend wie sonst. „Die Pest", schrieb sein Schwager, „breitet sich an verschiedenen Orten aus und bewegt sich auf uns zu." Zwei Wochen später hatte sie Florenz erreicht. „Ich habe die Menschen hier voll Furcht vorgefunden, und der Tod fängt an, Ernte zu halten ... und in Gottes Namen werden wir Euch Pippo, unseren Sohn schicken." Schon wenige Tage später hatte das blanke Entsetzen so um sich gegriffen, daß die *Signoria* den Exodus der gesamten Bevölkerung befürchtete und deshalb ein Dekret erließ, das jedermann untersagte, die Stadt zu verlassen – nur beachtete es niemand. Niccolò selbst floh mit seinen übrigen Kindern nach Signa – doch zu spät: „Mein Sohn Nanni erkrankte daran und anderthalb Tage später begrub ich ihn. Und in Florenz greift die Vernichtung der Menschen so um sich, daß es einen erbarmt."

Danach herrschte für ein paar Jahre Ruhe, bevor 1389 die Seuche von neuem ausbrach, diesmal in Prato selbst. „Hier stirbt niemand an der Pest," schrieb Domenico di Cambio aus Florenz, „sondern die Luft hier ist gut, und es gibt viel Schnee; deshalb versucht hierher zu kommen, und ich werde Euch zeigen, wie man gesund bleibt, und wir werden einmal das Rezept des Doktors befolgen, der sagt: ‚Bevor du aus dem Haus gehst, iß eine Scheibe geröstetes Brot und trinke ein halbes Glas Wein', und er selbst sei mit diesem Rezept schon 70 Jahre alt geworden." Und er fügte hinzu: „Ich möchte nicht, daß Ihr so lange drüben bleibt, bis Ihr alle Nägel aufgeklaubt habt und dabei das ganze Hufeisen verliert."[3]

Francesco jedoch schenkte dieser Mahnung keine Beachtung, so daß Niccolò im Frühjahr nochmals drängte, so schnell wie möglich das Weite zu suchen: „Ihr schreibt selbst, daß es dort nach Tod riecht. So bitte ich Euch um alles und um Eurer Liebe zu mir, überlegt es Euch nicht mehr länger; denn wenn die Luft erst einmal verpestet ist, dann hört das nicht mehr auf und wird immer schlimmer, vor allem wenn die Hitze hereinbricht, und richtig gefährlich wird es gegen August. Und aus diesen Gründen bitte ich Euch so sehr ich kann, daß Ihr schnell weggeht von dort, bevor Ihr oder Eure *famiglia* an der Pest erkrankt ... Schlechte Luft," fuhr er fort, „erzeugt schlechte Säfte in Euch, die nicht gleich zutage treten, aber dann in der Hitze ausbrechen ..."[4]

Trotz allem zögerte Francesco noch immer. Im Juli schrieb Domenico, daß er für seinen Teil nun getan habe, was er konnte. „Ich habe Euch unserer Gottesmutter in der Nunziata de' Servi anempfohlen und ihr gelobt, ihr, wenn sie Euch in dieser Pestzeit beschützt, ein wächsernes Abbild von Euch zu bringen."[5]

Auch diesesmal ging die Pest vorüber, ohne daß ein Mitglied von Datinis Haushalt sich angesteckt hätte. Doch es dauerte nur vier Jahre, bis die Seuche erneut ausbrach. Francesco teilte seiner Frau mit, daß er ihr keinen neuen Sklaven aus Rumänien würde beschaffen können, weil in Rumänien die Pest wüte. „Die, die kommen, sterben alle schon an Bord. Es hieße wirklich, sich die Seuche selbst ins Haus zu holen." Im Jahr 1395 schrieben Francescos Agenten aus Valencia, daß die Krankheit dort mit großer Heftigkeit ausgebrochen sei. „Sie wird auch noch hierher kommen," prophezeite Datini daraufhin voller Sarkasmus seiner Frau, „und wird viele Frauen und Männer von ihren Sorgen befreien, die jetzt noch quengeln und nörgeln, und viele werden Ruhe finden, die jetzt der Mühsal dieser elenden Welt müde sind."

Bis 1398 hatte die Epidemie dann Norditalien erreicht, und jetzt schlug auch Margherita Alarm: „Francesco, ich werde nicht aufhören, es Dir zu sagen, und Du weißt, daß ich Dir schon seit einem Jahr nichts anderes sage, auch wenn es nichts fruchtet: Wer entfliehen will, und fliehen muß man, soll jetzt fliehen."

Im Sommer darauf wurde die ganze Toskana von Panik ergriffen. Ein Freund, der mit seiner ganzen Familie nach Arezzo gezogen war, redete Francesco zu, ihm nachzukommen. Aber diesmal war es Margherita, die dableiben wollte, war sie doch inzwischen nach Florenz gezogen. An ihren Mann schrieb sie am 10. November:

> Meine Begründung ist die, daß man schnell etwas gegen diese Pestkrankheit tun muß, und es gibt überhaupt nur zwei oder drei Mittel dagegen... Und ich möchte sofortige Hilfe haben für Leib und Seele... Diese Seuche scheint mir wie das Jüngste Gericht im Evangelium, von dem wir nicht wissen, ob es des Tags oder des Nachts kommt.

Auch Mazzei glaubte noch immer an Ärzte und ihre Rezepte: „Diese Ärzte empfehlen Theriak zwei Wochen lang täglich zu nehmen, Pillen aus Aloe, Myrrhe und Safran eine Woche lang täglich." Vor allem aber riet er, man solle sich in sein Schicksal fügen. „Trösten wir uns im Gedanken an Gott und an ein seliges Ende und beten wir."[6]

Jedermann hatte ein Gebet auf den Lippen – von Reue, Zerknirschung, von Besserung und Sühne. Reiche Leute wie Francesco wurden noch mehr von schlechtem Gewissen geplagt als andere, denn wurde ihnen nicht ständig von jedem Prediger eingehämmert, daß sie die Hauptschuldigen an diesem Elend seien? Nicht einmal die Abgebrühtesten unter ihnen widersprachen. Nachdem Francesco am 20. Juli 1395 eine Bußpredigt gehört hatte, schrieb er an seine Frau:

> Ich habe gesündigt, wie und wo ich nur konnte in meinem Leben, denn ich habe mich schlecht geführt und konnte meine Begierden nicht beherrschen, und ich habe meine Sache schlecht gemacht und bin bereit, die Strafe dafür zu tragen. Aber ich wünschte, ich könnte es machen wie Hiob, der Gott dankte für jede Heimsuchung, die über ihn hereinbrach; doch ich kann das nicht.

Dieser Brief ist zu einer Zeit geschrieben, in der die Luft schwirrte von bösen Prophezeiungen und Aufrufen zur Buße. Auch Francesco sorgte sich nunmehr weniger um die unmittelbare Gefahr für Gesundheit und Geld, als vielmehr darum, welches Ende er nehmen würde. „Ich fürchte sehr, daß es kein gutes sein wird", schrieb er. Und im Jahr darauf: „Ich möchte noch ein wenig länger leben, um etwas Gutes zu tun, denn Böses habe ich schon genug getan."

Sicher gab es keine Predigt, die Francesco hörte, sei es in der Kirche oder aus Ser Lapos Mund, die nicht sein schlechtes Gewissen vergrößert hätte. Jähzorn und Raffgier waren Sünden, gegen die jeder Prediger wetterte. Und Francesco war selbstkritisch genug, darin seine Hauptlaster zu erkennen. Das ganze Haus – so erfahren wir – dröhnte wider von seinem Gebrüll, wenn er mit seiner Frau zankte, seine Diener zusammenschimpfte oder gelegentlich sogar dem sanftmütigen und verständigen Ser Lapo gegenüber „seine Stimme erhob". „Überlasse die Rache unserem Herrgott, der sich besser darauf versteht als wir", hatte Monna Margherita ihn so manches Mal beschworen, aber er hatte natürlich nicht auf sie gehört. Auf Seelen wie die seine, *„l'anime di color cui vinse l'ira"* (vom Zorne besiegte Seelen, Dante *Inferno* VII, 116), wartete der fünfte Kreis der Hölle, der graue Sumpf am Styx, wo sich die nackten und wuterfüllten Verdammten ohne Ende prügelten und einander mit den Zähnen zerfleischten. Oder würde er vielleicht sogar zu schlimmeren Qualen verdammt werden? Zur brennenden Wüstenei des siebten Höllenkreises, wo die Wucherer – *„l'uomo che ha offeso la divina bontade"* (die Männer, die die göttliche Güte verletzt haben, *Inferno* XI, 96) – für alle Ewigkeit zusammen mit Gotteslästerern und Sodomiten büßen mußten, eine kleine Geldbörse um den Hals und immer von lodernden Flammen umzüngelt. Daß die Vorstellung eines solchen Schicksals nach dem Tod für die Menschen des 14. Jahrhunderts nicht nur dem Reich der Phantasie und der Dichtung angehörte, sondern angsteinflößende Wirklichkeit war, wird niemand bezweifeln, der Trainis Fresken im Campo Santo von Pisa kennt, wo abscheuliche Dämonen die Seelen der Verdammten zu ewigen Qualen fortschleppen, während ein gestrenger Engel die Gerechten wie die Ungerechten mit seinem blanken Schwert auffordert, Rechenschaft abzulegen über ihr Leben. Ähnliche Fresken gab es in den meisten Kirchen der Toskana, so daß sie auch Francesco ständig vor Augen hatte. Ob er wohl in den abkonterfeiten reichen Kaufleuten und Wucherern in ihren prächtigen Gewändern, die voller Furcht und Entsetzen zurückweichen, sich selbst porträtiert sah?

Predigten und volkstümliche Geschichten sprachen die gleichen Warnungen aus. Kein Thema war in der Erbauungsliteratur des *trecento* beliebter als das vom reichen Wucherer oder Kaufmann, der auf dem Sterbebett liegt. Eine besonders schöne Geschichte handelt von einem Wucherer, dem ein christliches Begräbnis verwehrt wurde, weil er auf seine unlauteren Gewinne so stolz war, daß er „beim Essen auf dem Tisch einen goldenen Karren mit goldenem Ochsen und goldenem Bauersmann als Salzfaß stehen hatte und seine Diener Geldbörsen schütteln ließ, in denen 14000 Golddukaten waren; und er pflegte zu sagen, eine davon sei Jesus Christus, eine andere die

Jungfrau Maria, und die übrigen seien die zwölf Apostel". Eine andere
Geschichte beschreibt, wie ein Wucherer im Sterben lag und „einen schreck-
lichen Menschen mit einem spitzen Hut" sah (wie er als Zeichen der
Ehrlosigkeit nur von Besitzern von Spielsalons getragen wurde), „der auf
sein Bett sprang und sich bäuchlings auf den Kranken warf und ihn mit den
Händen an der Gurgel faßte und ihn erwürgte". Und dann gab es die
Geschichte von dem Geist des Wucherers, der keine Ruhe fand und seinem
Sohn erschien – „ein schwarzer Rauch wie der Schatten eines Menschen" –,
um ihm zu sagen, daß er zu ewigen Qualen verdammt sei. In einer weiteren
Geschichte wird der Wucherer in die Hölle geschleppt von „einer riesigen
Menge unzähliger schwarzer Menschen, gleich Mohren aus Äthiopien,
dunkel und schrecklich jenseits menschlicher Vorstellungskraft... die ihn
bissen und schlugen, rissen und zerfleischten".[7] So gern verbreiteten sich die
Prediger über dieses Thema, daß einmal – so beschreibt es Sacchetti – ein
Mitglied einer recht armen Gemeinde aufsprang und laut protestierte: „Alle,
die Ihr hier in der Predigt sitzen seht, betteln und leihen schon deswegen
nichts her, weil sie nichts haben, was sie herleihen könnten!" Woraufhin der
Prediger zu einem passenderen Thema wechselte: „Selig sind die Armen."[8]

Es mag überraschen, daß Francesco unter diesen Umständen so fleißig
Predigten besuchte. Aber er tat es – teils wohl, weil er hoffte, daß ihm das
dereinst vielleicht gutgeschrieben würde, teils auch, um seiner Frau und
Mazzei zu gefallen, aber sicher auch deswegen, weil der Besuch der Predigt,
selbst wenn er eine Pflicht darstellte, oft zugleich ein angenehmer Zeitver-
treib war. Während Bücher auch für die Gebildeten damals noch rar und
sehr kostspielig waren, konnte man Predigten allerorten hören und sich
dabei noch gut unterhalten. Die Bettelorden hatten damit angefangen,
regelmäßig auch außerhalb der Kirchen auf offenen Plätzen zu predigen und
dabei nicht nur die Gebildeten anzusprechen, sondern auch das gemeine
Volk. Diese Predigten wurden früh am Morgen abgehalten – so daß fleißige
Handwerker und Ladenbesitzer ihnen beiwohnen konnten, bevor sie sich an
die Arbeit machten, und auch Hausfrauen, bevor sie sich ihren häuslichen
Pflichten zuwandten – oder aber in der Abenddämmerung. Diese Volkspre-
diger schmückten ihre Ermahnungen mit Geschichten und Exempeln aus
dem wirklichen Leben aus, mit Berichten von Reisenden und Gerüchten von
wunderbaren Ereignissen. Manchmal verrieten sie den Hausfrauen sogar
Hausmittel und Rezepte.

Solcher Art waren also die Predigten, die Francesco mit Vorliebe hörte,
auch wenn er seine stillen Vorbehalte hatte, ob die Prediger selbst wirklich
so heilig waren. In einem seiner Briefe berichtet er darüber, wie er sich
einmal mit einem Wanderprediger unterhalten habe: „,Warum macht Ihr es
nicht, wie es die Apostel Christi gemacht haben', fragte ich ihn, ,die bereit
waren, den Tod zu erleiden, um den wahren Glauben zu verkünden, da Ihr
diesen Euren Florentinern mitnichten die Sünden dieser Stadt vorhaltet,
zumal die Morde, die jeden Tag geschehen, und gegen die nichts getan

wird?' Und er antwortete mir lachend, der Grund dafür sei, daß es zur Zeit mehr Beichtväter gebe als Märtyrer."

Wenn wir uns eine Vorstellung von diesen Predigten machen wollen, brauchen wir nur die des San Bernardino zu lesen, der zu seiner Zeit der größte von allen Predigern war. Wenngleich er ein richtiger klassischer Gelehrter war, so trug er das nach außen hin nie zur Schau, wollte er doch, daß seine Zuhörer „getröstet und erleuchtet, nicht aber verwirrt" von dannen gingen. Er gebrauchte gern lebendige Redensarten, faßbare, vertraute Bilder. Wenn er einen eitlen Mann beschreiben wollte, so bezeichnete er ihn als *„tutto pieno di chicchirichi"* (durch und durch Kikeriki). Er konnte eine ganze Gemeinde zum Lachen bringen, wenn er das Quaken eines Frosches nachmachte: „Weißt du, wie der Frosch macht? Der Frosch macht ‚quak-quak-quak!'" Es gab keinen Trick, den er nicht benutzt hätte, um die Aufmerksamkeit seiner Zuhörer zu fesseln. Wenn er sah, daß eine Frau ihre Augen umherwandern ließ, unterbrach er sofort seine Predigt, um sie zu tadeln: „Nanu, ich sehe dort eine Frau, die, sähe sie zu mir her, nicht dorthin blicken würde, wo sie jetzt hinschaut! Achte auf mich, sage ich!" Einst schlief eine müde Hausfrau ein, als er gerade vom Abgrund sprach, in den Luzifer stürzte. „Du schlafende Frau, paß auf, daß du nicht in dieselbe Grube fällst!" Und als ein andermal die Aufmerksamkeit der ganzen Gemeinde nachzulassen begann, zog der Prediger einen Brief heraus: „Hört euch diesen Brief an, den ich heute früh bekam!" – und sogleich lehnten sich seine Zuhörer neugierig vor. „Da habt ihr's: für einen ungelesenen Brief interessiert ihr euch mehr als für Gottes Wort!"

Der Besuch einer solchen Predigt war also ebenso unterhaltend „wie ein Theaterspiel". Auch wenn nicht alle Prediger so amüsant waren wie San Bernardino, so waren doch viele von ihnen ebenso wortgewaltig. Als im Jahr 1399 die Pestgefahr wieder über den Menschen hing, zog der Dominikanerprediger Fra Giovanni Dominici, eine ganz außergewöhnliche Persönlichkeit, die Massen scharenweise mit seinen Predigten nach Santa Liberata und Santa Maria Novella. Seine Redegewalt hatte sich dieser Mönch ausschließlich durch schiere Willenskraft erkämpft, denn seinen eigenen Erinnerungen zufolge hatte er als Kind einen Sprachfehler gehabt und so erbärmlich gestottert, daß ihn die Mönche nur auslachten, als seine Mutter ihn das erste Mal zu einem Kloster brachte, und meinten, er könne allenfalls einmal der Spaßmacher des Klosters werden. Durch Feuereifer und große Ausdauer hatte er seine Behinderung völlig überwunden, und so wurde er zu einem der meistbewunderten Prediger seiner Zeit. „Er hat nur den einen Fehler", schrieb Mazzei, „nämlich, daß er zu schnell spricht und zornige Predigten hält; aber die sind nützlich und gut für die Ohren der Frommen, die wissen, daß sie sterben müssen." Eben zu den Predigten dieses Mannes ging Francesco von nun an auf Ser Lapos Rat.

Ich sage Euch, daß Ihr noch nie eine solche Predigt gehört habt... Sicher werden sich die Freunde Gottes wieder erheben, um diesem Faulenzerleben von Laien und

Klerikern ein Ende zu machen... Es wird Euch vorkommen, als ob Ihr einen der Schüler des Heiligen Franz hörtet, und Ihr werdet Euch wie neugeboren fühlen. Wir waren alle in Tränen, bestürzt über die unverhüllte Wahrheit, die er uns allen zeigte.[9]

Die Lehren des Fra Giovanni waren nicht unbedingt orthodox, und das war wohl der Grund dafür, daß sie bei Ser Lapo so großen Anklang fanden, der sich dadurch, daß er ganz auf der Seite der Armen und Erniedrigten stand, immer weiter von den Großen dieser Welt entfernte, ob sie nun den Mantel des Priors trugen oder den Hut des Kardinals. Ein oder zwei Jahre später schrieb er:

Frate Giovanni Dominici predigt heute in Florenz und zieht dort alle Menschen an, die versuchen wollen, ein gutes Leben zu führen; und diejenigen, die die Dinge Gottes ungern hören, setzen keinen Fuß dorthin und verleumden ihn, wie die Juden unseren Erlöser verleumdeten.

Tatsache war, daß Fra Giovanni, als Francesco ihn zum ersten Mal predigen hörte, gerade erst nach Florenz gekommen war, nachdem die Venezianer ihn verbannt hatten. Bei der Kirche war er schlecht angeschrieben, weil er eine neue Büßergemeinschaft unterstützt hatte, deren Anhänger nach den weißen Kutten, die sie trugen, *I Bianchi* genannt wurden. Nun zogen diese in ganz Norditalien von Stadt zu Stadt, geißelten sich und erflehten „Frieden und Erbarmen". Nur Gebete wie die ihren, rief Fra Giovanni, die Gebete der Armen und Demütigen, könnten das schreckliche Unheil aufhalten, das Gott über die Menschheit verhängt habe, um Verderbnis und Schlechtigkeit der Mächtigen auszutilgen. Nur durch Buße und Selbsterniedrigung könnten die Menschen noch hoffen, wieder näher zu Gott zu kommen.

Solche Büßergemeinschaften waren nichts Neues. Sie waren ein soziales und ein religiöses Phänomen zugleich und bereits mehrmals in verschiedenen Gegenden Italiens spontan entstanden – aus der allgemeinen Sehnsucht, durch Buße zumindest den Anschein von Ordnung und Frieden in dieser Welt zu erlangen und die Vergebung der Sünden im Jenseits. Scharen dieser Büßer zogen in langen Prozessionen von Stadt zu Stadt, geißelten sich gnadenlos, um ihre Sünden zu sühnen, beteten an jedem geheiligten Ort und vor jedem Tabernakel, sangen Chorale und predigten die Botschaft von einem *„santo comunismo"* und der absoluten Freiheit des Geistes. Die meisten dieser Flagellanten, deren Lehre eine Mischung aus dem Armutsgelöbnis der Bettelmönche und der messianischen Prophezeiungen des Fra Gioacchino da Fiore darstellte, waren von ganz einfacher Herkunft: besitzlose Bauern, Handwerker ohne Zuhause, kleine Laden- oder Landbesitzer, die durch erdrückende Steuern zugrunde gerichtet waren – lauter Menschen, die nichts mehr zu verlieren hatten und deren Hetzreden daher gegen jedermann in der Obrigkeit gerichtet waren. Mit der Leidenschaft ihrer Bittgebete, ihren laut abgesungenen Liedern in der Volkssprache, ihren apokalyptischen Prophezeiungen einer klassenlosen Gleichheit der Menschen als Brüder im Geiste fanden sie überall dort Anklang, wo sie sich an

die Armen und Unzufriedenen wandten – und erregten gleichzeitig Unruhe
bei weltlichen und kirchlichen Fürsten. Die reichen Kaufleute, die es sich im
Interesse ihrer Geschäfte zu Hause und in der Fremde nicht leisten konnten,
auf den starken Arm der Kirche zu verzichten, behandelten die Flagellanten
wie ausgestoßene Verbrecher und schlugen ihnen die Tore der Stadt vor der
Nase zu; die Prälaten bezeichneten sie als Ketzer, vertrieben sie aus den
kircheneigenen Gebieten, drohten ihnen mit Exkommunikation und Verbannung. Trotz allem waren aber die Not, die Erwartung und das grenzen-
lose Vertrauen des einfachen Volkes überall so groß, daß auf diesem fruchtbaren Boden solche Bewegungen immer wieder entstehen konnten. Zum
ersten Mal führte 1335, im Jahr von Francescos Geburt, der Dominikaner
Fra Venturino da Bergamo einen langen Zug von Flagellanten durch ganz
Italien bis hinunter nach Rom. Auch sie trugen lange weiße Gewänder,
himmelblaue Mäntel und darauf als ihr Zeichen die Taube des Heiligen
Geistes, riefen um Gnade und Frieden und prophezeiten das Nahen eines
„Reiches des Geistes". „Auch war keiner zu nüchtern oder zu alt, als daß er
sich nicht mit Freuden gegeißelt hätte." Doch Kirche und Staat zögerten
nicht lange, gegen sie zu Felde zu ziehen. Bullen wurden gegen die falschen
Propheten erlassen, die Tore der Städte verschlossen sich vor ihnen, und
zuletzt wurden Fra Venturino und einige seiner Anhänger in Avignon wegen
Ketzerei vor Gericht gestellt.

Mit der Pest zog eine neue Welle geistiger Unruhe über ganz Europa.
Wieder tauchten Flagellanten auf, und von verschiedenen Orten Deutsch-
lands ausgehend breitete sich die Bewegung nach Süden aus. Sie predigten
die Rückkehr zu biblischer Einfachheit und Armut und untergruben so
allerorten die Macht und die Autorität der Kirche. In Florenz trafen sich
Gruppen von Büßern während der Zeit des Interdikts von 1376 in Kirchen
der Stadt und sangen dort ihre Lieder. Sie erklärten, daß sie, auch wenn sie
aus der Kirche ausgestoßen seien, „in ihrem Herzen Gott schauten". In
Prozessionen zogen sie durch die Straßen und geißelten sich. „Es waren
sogar zehnjährige Jungen darunter," schrieb ein Chronist, „und sicher über
5 000 Flagellanten und 20000 Leute oder mehr, die der Prozession folgten;
und viele edle, junge Männer wurden zur Umkehr bewegt und hatten in
Fiesole ihre Zusammenkünfte und gaben Almosen, fasteten und beteten und
schliefen auf Stroh gebettet auf der Erde."[10]

Vergeblich wiesen Vertreter der orthodoxen Lehre darauf hin, daß man
Gottes Vergebung auch schneller und auf einfacherem Weg erlangen könne
als dadurch, sich ein Pilgergewand überzustülpen. Flagellantenbrüder und
Büßer würden besser daran tun, wenn sie eine kürzere, weniger aufsehen-
erregende Reise zurücklegten: nämlich einfach über die Straße in ihre Kirche
gingen und sich dort die Absolution von ihrem Priester erteilen ließen![11]
Doch trotz allem spielte die Pilgerschaft in der Vorstellung des Volks
weiterhin dieselbe große Rolle wie in den vorangegangenen Jahrhunderten:
Waren nicht alle Pilger dem ersten Pilger auf dieser Erde gleich, der nicht

nach seinem eigenen Seelenheil trachtete, sondern nach dem der ganzen Welt? Wie tief diese symbolische Bedeutung in der Weltanschauung des *trecento* verankert war, zeigt uns Sacchettis Beschreibung der Pilgertracht:

Das erste, was ein Pilgersmann tut, wenn er sich auf den Weg macht, ist, daß er eine *schiavina* anzieht, sich den Beutel umhängt und Nadel und Faden, Gold- und Silbermünzen hinein tut. Nadel und Faden sind zum Flicken der Kleider, wenn sie zerreißen, das Geld ist zum Verschenken. Er trägt einen Pilgerstab, um damit Flüsse zu durchschreiten und sich gegen Hunde zu wehren und um sich darauf zu stützen; und er setzt sich einen armseligen Hut auf – und das ist alles, was er mit sich trägt. So trug Christus seine *schiavina* als Pilgergewand und kleidete die Göttlichkeit mit Menschlichkeit.

Er hängte sich den Pilgerbeutel um und tat Faden hinein; das war die Barmherzigkeit, die zusammennäht und bindet; die Nadel war die Buße, die er tat; die Silbermünzen die Gnade, die Goldmünzen die Glorie. Er trug den Pilgerstab, das ist das Holz des Kreuzes, stützte sich darauf, als er gekreuzigt wurde, und wehrte sich damit gegen Hunde... Der armselige Hut war die Dornenkrone.[12]

So ist es nicht weiter verwunderlich, daß das Flagellantentum sich wieder ausbreitete, als 1399 die Pest in Rumänien und in Spanien ausgebrochen war und sich über Norditalien ausbreitete, und daß es seinen Ausgang wieder bei den Armen nahm. Es ging die Legende, daß in Norditalien Christus selbst einem hungernden Bauern auf einem Acker erschienen war und ihm wundertätig den Sack Brot gefüllt und ihm verkündet hatte, daß nicht die Reichen und die Mächtigen dazu ausersehen seien, der Welt wieder Frieden zu bringen, sondern die Armseligen und Erniedrigten. „Denn da weder Prälaten noch Gelehrte sich aufraffen werden, hat die göttliche Barmherzigkeit beschlossen, ihre Macht in Gestalt der einfachen arbeitenden Menschen zutage treten zu lassen." Von Norditalien breitete sich die Flagellantenbewegung im Handumdrehen bis in die Toskana und nach Umbrien aus, und wieder konnte man Scharen von Büßern auf den Straßen sehen, die vor heiligen Stätten und Bildstöcken beteten und sich erbarmungslos geißelten zur Buße für die Sünden, die sie begangen hatten. Gleich ihren Vorgängern zogen sie durch Städte und Dörfer und sangen Choräle und riefen die Menschen auf, ihrem Beispiel zu folgen.

Sie gingen barfuß und waren von Kopf bis Fuß in ihre weißen Gewänder gehüllt, deren Kapuzen nur einen Schlitz für die Augen freiließen und die in der Mitte mit einem Strick zusammengehalten waren und auf Rücken und Brust ein rotes Kreuz trugen. In der Hand hielten sie brennende Fackeln und Kerzen, und jedem Zug wurde ein großes Kruzifix vorangetragen; dazu wurden Litaneien abgesungen, die Erbarmen und Frieden herbeiflehten.

Misericordia, eterno Dio,
Pace, pace, Signor pio,
Non guardare il nostro errore.
Misericordia andiam gridando
Misericordia non sia in bando
Misericordia Iddio pregando
Misericordia al peccatore.[13]

Doch während sie Erbarmen herbeiflehten, griff die Pest überall um sich. Furcht ist ein großer Gleichmacher. Diesmal stießen nicht nur die Armen und Unzufriedenen und die echten religiösen Fanatiker zu den Büßerheeren, sondern auch jeder vor Angst schlotternde Bürger, der hoffte, mit später Reue noch das Unheil von seinem Haus abwenden zu können. So auch Francesco di Marco, der natürlich nicht allein kam, sondern, wie es seiner Stellung entsprach, an der Spitze von zwölf Männern. Das waren: sein Schwager Niccolò dell' Ammannato, seine zwei Florentiner Gesellschafter, Stoldo di Lorenzo und Domenico di Cambio, dazu acht seiner *fattori* – „im ganzen zwölf Männer, die mit mir kamen, um den Ablaß dieser Pilgerreise zu erhalten; und ich übernahm alle Kosten für Essen und Trinken und was sonst noch anfällt für sie, was, wie folgt, in diesem Buche niedergelegt werden wird".

Es ist ein Glücksfall für uns, daß Francesco nicht nur bis ins Detail genau über alles Buch führte in seinem privaten Notizbuch, sondern auch das ganze Abenteuer dieser Pilgerreise beschrieb.[14] Sein Bericht ist weit nüchterner als die meisten Berichte anderer Pilger, und zugleich viel anschaulicher. Die Wallfahrten der Toskaner scheinen oft eine recht gemütliche Angelegenheit gewesen zu sein. Obwohl die Pilger gelobten, niemals „im Schutze von Mauern" zu schlafen und nie das Pilgergewand abzulegen, scheinen sie doch auch niemals wirklich Entbehrungen auf sich genommen zu haben. Nie lag das Ziel ihrer Wallfahrt mehr als 50 Meilen von ihrem Heimatort entfernt, nie waren sie länger als neun Tage unterwegs. Zwar aßen sie während dieser Zeit kein Fleisch, dafür aber um so mehr Eier, Fisch, Obst und Gemüse. Man kann sich des Eindrucks nicht erwehren, daß hier ein ausgedehntes neuntägiges Picknick abgehalten wurde, das nur ab und zu von Predigten und Gebeten unterbrochen wurde. Francesco berichtet:

Erinnerung, daß diesen 28. Tag des August 1399, ich, Francesco di Marco, kraft der Eingebung Gottes und seiner Mutter, Unserer Lieben Frau, beschloß, auf Pilgerfahrt zu gehen, ganz in weißes Leinen gekleidet und barfüßig, wie zu dieser Zeit für die meisten Leute, Männer und Frauen, der Stadt Florenz und des umliegenden Landes Brauch... Denn in dieser Zeit fühlten alle Menschen, zumindest der größte Teil der Christenheit, sich dazu getrieben, auf Pilgerschaft durch die ganze Welt zu gehen, um Gottes Lohn, von Kopf bis Fuß in weißes Leinen gehüllt...

Und an besagtem Tag machte ich mich auf mit meiner Gesellschaft von meinem Haus an der Piazza de' Tornaquinci aus, früh am Morgen; und wir gingen von dort nach Santa Maria Novella, alle barfüßig, und nahmen dort andächtig den Leib unseres Herrn Jesu Christi in der Kommunion: darauf gingen wir andächtig zum Stadttor von San Gallo hinaus, wo das Kruzifix des Viertels von Santa Maria Novella und das Kruzifix des Viertels von Santa Croce bereit standen... alle barfüßig mit einer Geißel in der Hand, mit der wir uns selbst schlugen, und wir beschuldigten uns vor dem Herrn Jesus Christus unserer Sünden, andächtig und von ganzem Herzen, wie es jeder gläubige Christ tun sollte...

Die ganze Pilgerschar, über 30000 Teilnehmer, zog nun in einer Prozession durch die Stadt, „drei und drei, jeder mit einer brennenden Kerze in der Hand", und weiter auf der Landstraße am Arno entlang nach Pieve a Ripoli.

Dort wurde feierlich die Messe gelesen vom Bischof von Fiesole, der unser Vater und eigentlicher geistlicher Führer war. Nachdem die Messe gelesen war, liefen wir alle auseinander, manche auf die Straße, manche in die Felder, und taten uns gütlich an Brot und Obst und Käse und ähnlichen Dingen, denn während der neun Tage, die die Pilgerfahrt dauerte, darf keiner von uns Fleisch zu sich nehmen, seine weißen Gewänder ablegen oder in einem Bett schlafen.

Und damit wir auch alles haben, was wir zum Leben brauchen, führte ich meine zwei Pferde und das Reitmaultier mit mir; und diesen Tieren luden wir ein Paar Satteltruhen auf, in denen viele Schachteln mit allerlei Konfekt waren und eine große Menge Wachs in Form von kleinen Fackeln und Kerzen, und Käse in allen Sorten und frisches Brot und Zwieback und Brezeln, gezuckert und ungezuckert, und noch andere Dinge, die der Mensch zum Leben braucht, so daß die beiden Pferde voll beladen waren mit unseren Viktualien; und außer diesen trugen sie einen großen Sack von warmen Gewändern, um sie Tag und Nacht zur Hand zu haben. Und das Maultier nahm ich mit für den Fall, daß, wenn einer krank würde oder aus einem anderen Grund nicht laufen könnte... er darauf reiten könnte, so daß auch jeder, dem ein Unfall zustößt, doch mit Gottes Hilfe nicht versäume, zu Fuß oder zu Pferd diese heilige Reise zu vollbringen, mit gutem und frommem Herzen.

Die Pilger nahmen den Weg nach San Donato, San Giovanni und Montevarchi, wobei sie dreimal im Freien nächtigten, bis hinunter nach Arezzo, wo sie die Messe hörten „auf einem Anger innerhalb der Stadtmauern, und auch eine Predigt", und in einem Franziskanerkloster schliefen. Dann zogen sie zurück über Laterina, Castelfranco und Pontassieve, wo sie am Freitagabend ankamen – und ein Wirt „ließ uns große Ehre angedeihen, und wir aßen sehr viel Fisch".

Dann, im Namen Gottes, kehrten wir am Abend nach Florenz zurück... aber wir gingen nicht ins Bett, legten unsere weißen Gewänder nicht ab, bevor nicht das Kruzifix in Fiesole angekommen war und der Bischof von Fiesole auf dem Platz eine feierliche Messe gelesen und zu uns gepredigt und uns alle gesegnet hatte. Und darauf kehrte jeder von uns in sein Haus zurück, und damit war besagte Pilgerfahrt zu Ende. Gott möge sie unseren Seelen gutschreiben, wenn es Ihm gefällt. Amen.

Wo immer diese *Bianchi* hinkamen, war ihre erste Aufgabe „Frieden zu stiften", d. h. eine Aussöhnung zu erreichen zwischen Leuten, die eine alte Fehde auseinandergebracht hatte. Und wenn die Aussöhnung zustande gekommen war, umarmten sich die Gegner mit einem Bruderkuß zum Zeichen des Friedens und beschenkten oftmals die Friedensstifter zum Zeichen der Dankbarkeit mit irgendwelchen Gaben. Manchmal bewirkte schon der bloße Anblick des riesigen Kruzifixes, das vor jeder solchen Prozession hergetragen wurde, unter der Menge Wunder: die Lahmen wandelten, die Blinden wurden sehend – und natürlich schenkten auch diese den *Bianchi* immer ein handfestes Zeichen ihrer Dankbarkeit.

Trotz alledem kam die Pest immer näher. Sie war, so hieß es, bereits in Venedig und Genua ausgebrochen und bewegte sich nun in Richtung Süden.

Jetzt machten sich die Bewohner der kleineren toskanischen Städte auf Pilgerschaft. Verschreckte Bauersleute in kleinen Gruppen von höchstens 200 oder 300 zogen aus jedem Weiler hinter einem Kruzifix her von einem Bildstock zum anderen, um davor niederzuknien und Gnade herbeizuflehen.

Aus Prato berichtete Domenico di Cambio von einer Prozession: „Damit Gott uns diese Gnade gewähren möge, sperrten wir unsere Läden neun Tage lang zu, und die ganze Stadt und das ganze Umland ging auf Pilgerschaft." Auch Francesco nahm an dieser Wallfahrt der Prateser teil, „mit einigen Männern seiner Firma... Und die, die mit der Prozession um die ganze Stadt zogen, waren 40000; aber schon zum Abendessen kehrten sie in ihre Häuser zurück."

Der gute Domenico tat sich etwas zugute darauf, daß von allen Pilgerzügen der *Bianchi* der aus Prato am erfolgreichsten Frieden gestiftet und dafür die meisten Geschenke erhalten hatte. Am 29. September 1399 berichtete er:

Sie trugen ein sehr frommes Kruzifix vor sich her; und sie versöhnten so viele Menschen wieder miteinander, daß die Geschenke, die sie dafür bekamen – ein Schwert von einem Mann und ein Messer oder einen Schuh von einem anderen – so zahlreich waren, daß zwei Maultiere sie nicht schleppen konnten. Und das Kruzifix machte die Lahmen gehen und die Blinden sehen und bewirkte zahlreiche Wunder, und diejenigen, die eine Gnade erlangten, schenkten ein Gewand, einen Umhang, ein Tuch oder ein Mundtuch – so viele, daß acht Männer das alles kaum an vier Stangen tragen konnten... Möge es Gott gefallen, uns das gutzuschreiben und die Pest von uns fernzuhalten!

Im September machten sich 10000 *Bianchi* von Orvieto auf nach Rom; weitere Gruppen schlossen sich ihnen unterwegs an, so daß sich im Heiligen Jahr 1400, nach Berichten eines Augenzeugen, des Giovanni Sercambi aus Lucca, 120000 Pilger in der Heiligen Stadt befanden. Der gläubige Domenico di Cambio erzählt, daß der Papst zunächst die Tore der Stadt schließen wollte, aber: „Gott sandte gewisse Zeichen nach Rom. Aus diesem Grund erschrak der Papst, kleidete sich in Weiß samt allen Kardinälen, und auch sie gingen im Pilgerzug."

Während der ganzen Adventszeit predigte in Florenz Fra Giovanni, und die Leute sagten, daß seine Predigten nie so gut gewesen seien. „Er spricht so bewegend von der Geburt Christi", schrieb Ser Lapo, „daß er einem die Seele bei lebendigem Leib herausholt, und alle Welt folgt ihm."[15] Auch während der folgenden Fastenzeit predigte er, und Margherita, die wegen dieser Bußpredigten schon ein paar Tage vor ihrem Mann nach Florenz gegangen war, schrieb ihm am 8. April 1400, er solle sein Kommen nicht hinauszögern.

Du wirst gut daran tun, Dich so schnell Du nur kannst auf den Weg zu machen, denn noch nie hat dieser Mönch schönere Predigten gehalten als jetzt; über alle anderen kannst Du Dich lustig machen. Es liegt mir auf der Seele, daß Du diese paar Tage versäumt hast, denn Gott weiß, wann es wieder so einen geben wird auf dieser Welt.

Die Worte dieses Predigers bewogen schließlich Francesco in einem Augenblick, da er innerlich selbst bereit war, sie in sich aufzunehmen, zu einem entscheidenden Schritt. Schon seit etlichen Jahren hatte sein Gewissen, von Ser Lapo durch ständiges Zureden und Mahnen geweckt, ihn dazu gedrängt, sein gesamtes Vermögen den Armen zu vermachen. Auch seine Freunde wußten schon von dieser Absicht, aber er hatte sich einfach nicht darüber klar werden können, auf welche Weise er dieses Vorhaben am besten ins Werk setzen sollte. Einige Jahre zuvor schon hatte er einen Vallombroser Mönch um seine Meinung dazu gefragt, den Prior der Abtei von San Fabiano, der ihm zwei Möglichkeiten vorgeschlagen hatte. Die eine war, ein Kloster und dazu Land auf einem Hügel bei Prato zu kaufen, der *La Sacca* hieß, es reich auszustatten und einem Orden seiner Wahl zu überlassen – nur keinem weiblichen; „denn vor allem, meiner Ansicht nach, mache nie aus Frauen einen Orden; das scheint mir keine gute Frömmigkeit".

Der andere Vorschlag war der, die Hauptmasse seines Vermögens dem Klerus von Prato zur Verwaltung zu überlassen, „so daß mit Hilfe von Mönchen und Priestern von gutem Ruf, von Männern reinen Gewissens, im Geheimen herausgefunden werden könne, wo irgend Armut herrscht", und Francescos Hinterlassenschaft dazu benutzt werde, „Mädchen zu verheiraten, Kranke zu unterstützen oder andere Werke der Barmherzigkeit zu vollbringen".

Letztere Lösung scheint Francesco denn auch für gut befunden zu haben, denn er veranlaßte den Prior, ein Testament dieses Inhalts zu entwerfen. Aber diesen Plan billigte Mazzei nicht. Er empörte sich darüber und reagierte so, wie viele fromme, aber antiklerikale Laien reagiert haben würden. Ein langer, ungehaltener Brief zeigt das deutlich:

> Dieser Mann nennt einen so großen Schatz sein eigen, daß er ein leuchtendes Feuer und einen reißenden Strom daraus machen könnte, die ihn zum ewigen Leben emportragen würden. Ein Mann, dem Gott dreißig Jahre oder mehr verliehen hat, um alles für seinen Tod zu regeln und sein Erbe zu verteilen – und jetzt sitzt er da mit einem Testament, in dem er den heiligen Bischof von Pistoia als Erben einsetzt![16]

Das Adjektiv ist natürlich ironisch gemeint und muß im Lichte der langen und peinlichen Geschichte der Kirche im Spätmittelalter voller Mißwirtschaft und Habgier gesehen werden. „*In veste di pastor lupi rapaci*" (raubgierige Wölfe im Gewand des Hirten) hatte Dante die Seelenhirten seiner Zeit genannt (*Paradiso*, XXVII, 55). Die hundert Jahre, die seitdem vergangen waren, hatten nicht dazu beigetragen, daß sich an dieser weit verbreiteten Meinung etwas änderte. Immer und immer wieder wurden riesige Vermögen, die fromme oder schuldbewußte Erblasser für die Armen bestimmt hatten, von skrupellosen Nachlaßverwaltern gestohlen, dazu verschwendet, die Schulden eines leichtsinnigen Bischofs zu decken, oder einfach durch unsachgemäße Verwaltung eingebüßt. Die Prateser hatten außerdem noch Grund, sich an einen langen Streit zu erinnern, den der

Bischof von Pistoia mit der Stadtkommune über die Verwaltung zweier wohltätiger Einrichtungen geführt hatte, nämlich des *Ospedale della Misericordia* und des *Ospedale del Dolce,* „den das Volk als Skandal empfand". All das wußte Francesco natürlich ebenso gut wie Ser Lapo. Trotzdem ließ er sein Testament zwei Jahre lang so wie es war – bis Mazzei erneut Einwände erhob. „Wie oft hatte ich schon vor, Euch zu sagen, daß es leicht passieren kann, wenn Ihr nicht Eurem Testament, das Ihr schon gemacht habt, einige Zusatzklauseln einfügt, daß der Bischof von Pistoia Euer ganzes Vermögen bekommt – und er wird es dafür verschwenden, seine Schulden aus der Welt zu schaffen, Pferde zu kaufen und Festgelage abzuhalten..."

Er schlug vor, Francesco solle seinem Testament ein Kodizil anfügen, daß die Armen, denen er all sein Geld vermachte, von der Kommune von Prato bzw. von Konsuln der Kommune oder auch von anderen Männern aus Prato oder Florenz, die er selbst ernennen könne, ausgewählt werden sollten... „Also denkt einmal darüber nach: das wird Euch viel Freude bringen. Und haltet das Vertrauen und die Liebe, die Eure Freunde für Euch hegen, nicht zum Narren. Und ich bin einer von ihnen, so unnütz ich auch sein mag."

Doch erst als Francesco unter den Einfluß von Padre Dominici geriet, faßte er einen endgültigen Entschluß. Auf Mazzeis Rat ging er im Jahr 1400 eines Abends in der Fastenzeit nach der Predigt zu ihm. Mazzei schrieb darüber: „Und mit Gottes Gnade folgt in Eurem Testament teilweise oder auch im ganzen seinem Willen. Und dann werdet Ihr froh und zufrieden leben, ob es kracht oder stürmt, denn Ihr habt dann die Wurzeln in gutem Boden, edler Baum, der Ihr seid."[17]

Welcher Art Fra Giovannis Rat war, ist unschwer zu erraten. Wie so viele Angehörige der Bettelorden hatte er für den hohen Klerus nicht allzu viel übrig, und er betrachtete die angebliche Selbstlosigkeit des Menschen, ob nun Laie oder Kleriker, mit nüchterner Skepsis. Einer hochgestellten Dame aus seiner Gemeinde, die ihr Testament aufsetzen wollte, gab er folgenden Rat:

> Wenn es wirklich Frömmigkeit ist, die Dich dazu bewegt, daß so großer Besitz für Gottes Ruhm und die Armen in Christo verwendet wird, dann bedenke wohl, wer einst der Testamentsvollstrecker bei der Verteilung sein soll; denn wir wissen aus Erfahrung: das Geld lieben sie alle, die Großen und die Kleinen, die Kirchenmänner und die Weltlichen, die Armen und die Reichen, die Mönche und die Prälaten – *pecunia obediunt omnia*... Mit solchen Stiftungen fressen sich die Reichen satt, erfreuen ihre Freunde, kleiden ihre Diener und bringen ihre Mägde oder Bankerte unter die Haube.[18]

Mit solchen Warnungen in den Ohren muß Francesco dankbar gewesen sein, daß er Ser Lapo zur Seite hatte, der sich in allen Kniffen der Gesetzgebung auskannte, durch die man sich gegen Mißbrauch schützen konnte. So war denn das Testament, das der Notar ihm im Sommer 1400 angesichts der drohenden Pestepidemie aufsetzte, bis ins letzte Detail unmißverständlich. Eindeutig legte es fest, was in einer allerletzten Fassung unmittelbar vor

Datinis Tod noch klarer zum Ausdruck kommt, nämlich, daß die Verwaltung seines Vermögens nicht der Kirche überlassen werden solle, sondern seinen eigenen Testamentsvollstreckern, persönlichen Freunden, die er selbst dazu bestimmte, und daß die Stiftung „in keiner Weise der Kirche unterstellt sein sollte oder kirchlichen Ämtern oder Prälaten der Kirche oder überhaupt irgend welchen Repräsentanten der Kirche". Außerdem legte die Urkunde noch fest, daß in dem Stiftungsgebäude „kein Altar, keine Kapelle oder irgendeine Form eines Andachtsraums" zu errichten sei, „aufgrund dessen gesagt werden könnte, besagte *Casa del Ceppo* sei ein Ort der Kirche, so daß Menschen mit schlechten Absichten eindringen oder es unter dem Vorwand der Wohltätigkeit in Besitz nehmen könnten, was alles den Absichten des obengenannten Erblassers völlig widerspricht". Francesco bestimmte, daß nicht nur alle Erträge seiner Besitztümer und Handelsunternehmen der Stiftung zufließen sollten, sondern auch sein ganzes Haus mit eingeschlossen sei, „um Gottes Lohn und damit er so Seinen Armen zurückerstatte, was er von Ihm als Gabe und aus Gnade hatte".[19]

Noch unmißverständlicher kann man seinen letzten Willen kaum formulieren. Ser Lapo muß damit mehr als zufrieden gewesen sein, nachdem er sich so lange abgemüht hatte, seinen Freund so weit zu bringen. Wie ernst er es dabei mit seinen eigenen Pflichten nahm, geht aus einem Brief hervor, den er seinem Freund einen Tag vor der Unterzeichnung des Testaments schrieb:

> Morgen früh geht bitte frommen Herzens zur Messe und empfehlt Euch Ihm, der ja niemanden anders als mit den Augen unendlicher Güte betrachtet, daß Er Euch helfe, das Streben Eurer Seele wie Eure Schätze so zu lenken, daß es Ihm zur Ehre gereiche nach Eurem Tod, so daß die Armen in Gott, die Euch so am Herzen liegen, den größten Nutzen und den größten Trost davon haben, und so, daß all Euer Sorgen und Mühen nicht vergebens gewesen sein möge ... Ich habe das alles schon in ein Gebet gefaßt; und morgen, mit Seiner Gnade, werde ich noch alles tun, was an mir ist, da Ihr mir die Aufgabe zugeteilt habt, Euch zu helfen. Setzt ohne Furcht Euer Vertrauen in Gott. Tränen hindern mich daran, weiter zu schreiben. Gott sieht es!

So beruhigte Francesco schließlich doch noch sein Gewissen. Es war höchste Zeit dazu, denn die Pest wütete bereits in den Mauern der Stadt. Wer einen Ort wußte, wo er hingehen konnte, und wer die Mittel dazu hatte, der floh. Auch Francesco, der ja in allen weltlichen Dingen immer vorausblickte, hatte schon einen seiner Faktoren nach Bologna vorausgeschickt, um dort ein Haus anzumieten. Am 27. Juni 1400, am Tag, da er die Unterschrift unter sein Testament setzte, bestiegen er und Margherita ihre braven Maultiere, und Ginevra und das Kind einer Dienerin arrangierten sich auf einem dritten. So ritten sie, gefolgt von Francescos *fattori* Stoldo di Lorenzo und Guido di Sandro, einigen Dienern und von Bandino Banduccio, dem Sohn seines Arztes, zur Stadt hinaus, von Florenz aus über den Apennin nach Bologna.

Vierzehntes Kapitel

Die letzten Jahre

E l'unta quercia del suo banco in Ceppo
Ritornò, per i Poveri di Cristo.

Er machte seinen polierten Zahltisch aus Eiche
wieder zum Opferstock für die Armen in Christo.

Gabriele d'Annunzio, *La Città del Silenzio*

Als Francesco di Marco vor der Pest floh und nach Bologna zog, war er schon 65 Jahre alt. Noch hatte er zehn Jahre zu leben, doch die Zeit seiner großen Unternehmungen war vorüber.

Die 14 Monate in Bologna waren alles andere als eine glückliche Zeit. Er hatte ein ganzes Haus für 200 *lire di bolognini* gemietet, und es scheint ihm äußerlich an nichts gefehlt zu haben. Sein Öl und seinen Wein ließ er sich vom Palco und von Filettole kommen, und auch Freunden gab er davon. Ab und zu lud er zu einem vorzüglichen Essen ein.[1] Er hatte schon vor dieser Zeit in Bologna Freunde gehabt. Nun schloß er Freundschaft mit Welfen, die aus Florenz verbannt waren und jetzt mit Hilfe der zu Hause Gebliebenen eine Rückkehr in die Vaterstadt vorbereiteten. Aber mit keinem von diesen verband ihn eine so enge Freundschaft wie mit Ser Lapo, und in Bologna spielte er eben nicht die Rolle wie in Prato und Florenz.

Die Nachrichten, die ihn aus der Heimat erreichten, waren deprimierend. Er scheint im allerletzten Moment der Gefahr entkommen zu sein, denn kaum war er geflohen, brach die Seuche mit voller Wucht aus, und zwar gleichzeitig in Prato, Pistoia, Lucca und Florenz. Auch aufs Land konnte sich niemand mehr retten, weil der Schwarze Tod dort ebenfalls gnadenlos Ernte hielt. „Keine Seele ist mehr da in den Burgen und Höfen", schrieb ein Chronist aus Pistoia, „die Menschen fallen tot um wie Fliegen; manche sterben innerhalb eines einzigen Tags, andere brauchen zwei. Häuser und Läden, alles ist vernagelt. Nur die Toten und die Kranken bleiben zurück, aber niemand ist da, ihnen Hilfe oder Mitleid zu schenken."[2]

„Gestern", so schrieb Mazzei am 6. Juli 1400, „starben hier 201 Menschen, ohne Hospital, Priester, Mönch, ja sogar ohne Totengräber." Er berichtete weiter, daß sich in Florenz eine Gruppe zusammengetan habe, Angehörige aller Klassen, „eine gute und fromme Gesellschaft", die sich jeden Tag in der Loggia Bigallo gegenüber dem Baptisterium versammelten und dann von dort aus von Haus zu Haus gingen, den Pestkranken Essen und Zuspruch zu bringen. „Wenn Ihr ihnen Hilfe zukommen lassen wollt, so bestärke ich Euch gern darin."³

Francesco schickte 100 Gulden und gab Niccolò dell'Ammannato, der trotz aller Ängste, die er vordem gehabt hatte, zurückgeblieben war, Anweisung, er solle an die Kranken Weißwein austeilen. Am 17. August schrieb dieser:

> Euer Weißwein ist ausgegangen, da sehr viele Kranke darum gebeten haben, und niemandem wurde die Bitte abgeschlagen. Ich verteile ihn schluckweise, und es sind noch zwei volle Fässer Rotwein da und ein angefangenes. Und jeder Kranke, der etwas davon will, bekommt welchen, und wir geben so lange davon aus, als noch ein Tropfen da ist.

Am 11. Juli zog wieder eine Bußprozession der *Bianchi* mit heiligen Reliquien durch Pistoia und betete laut um Erbarmen. Doch der Chronist erzählt, daß der nächste Tag „schlimmer war als alle vorausgegangenen. Christus stehe uns bei!" Eine Zählung ergab, daß in Florenz ein Drittel der Bevölkerung dahingerafft wurde, in Pistoia die Hälfte; in Lucca starben täglich 150 Pesonen. Auch Datinis Freunde erlagen einer nach dem anderen der Seuche: in Prato seine beiden Partner im Wollhandel, Niccolò di Piero und Francesco Bellandi, dazu sein Notar, Ser Schiatta di Michele, durch dessen Tod Francesco in allerhand ärgerliche Rechtsstreitigkeiten geriet; in Pisa Falduccio di Lombardo und Manno d'Albizzo; in Genua Andrea di Bonanno. Auch Barzalone in Florenz, sein Faktor und seine rechte Hand, rang mit dem Tode. „Seine Frau, die selbst sehr krank ist, umsorgt ihn… und das ist süß, im Tod wie im Leben. Als ich von ihm ging, weinte ich, und meine Augen wurden lange nicht wieder trocken." Auch bei Francescos Bankpartner, Bartolomeo Cambioni, der ihm nach Bologna gefolgt war, um der Pest zu entkommen, brach die Krankheit dort aus, und er erlag ihr innerhalb weniger Tage. Seine Kinder vertraute er der Fürsorge Francescos an.

Mazzeis Beschreibung des ganzen Elends in Florenz ist so packend und so schrecklich, daß sie der Beschreibung im *Decamerone* nicht nachsteht. „Kaum ein Laden öffnet seine Tür; die Richter haben den Richterstuhl verlassen, der Priorenpalast steht ohne Stütze – niemand im Saal. Die Toten werden nicht beweint. Trost ist nur im Kreuz."

Die Seuche hatte sich inzwischen in der ganzen Toskana und noch über sie hinaus ausgebreitet. „Hier sagen die Leute, daß Arezzo, Volterra, Colle, San Gimignano, Bologna, Venedig, Genua und alle anderen Orte, ob nah oder fern, von dieser Geißel heimgesucht werden." Bis jetzt, schrieb Ser Lapo dazu, sei seine eigene Familie noch verschont geblieben. „Aber ich halte mich jeden Tag bereit, so gut ich kann, mit jedweder Züchtigung von Gott gestraft zu werden." Diese ließ nicht lange auf sich warten. Am 6. August berichtete er:

> Ich habe innerhalb weniger Stunden zwei meiner Kinder in meinen Armen sterben

sehen, das älteste und das mittlere. Gott weiß, daß mein Ältester meine ganze
Hoffnung war, daß ich ihn schon zu meinem Kompagnon gemacht hatte und daß er
zusammen mit mir den anderen ein Vater war. Und wie gut war er schon in der Firma
von Ardingo vorangekommen!... Und Gott weiß, daß er Jahr für Jahr nie versäumt
hat, seine täglichen Gebete zu verrichten, morgens und abends in seiner Kammer
kniete, so daß er mir oft schon leid tat in der Hitze oder in der Kälte. Und Gott weiß
und sah, wie er starb, was er für Worte der Ermahnung gab und wie er uns zeigte, daß
er vor Gottes Richterstuhl gerufen wurde, und wie er sich bereit machte, Gottes Ruf
zu folgen... Und zur gleichen Zeit lag Antonia, die zum Tode krank war, in einem
Bett zusammen mit dem mittleren Buben, der mit ihr zusammen verschied. Bedenkt
wie mein Herz brach, als ich die Kleinen weinen hörte, sah, daß die Mutter nicht
gesund und stark war, und die Worte hörte, die der Älteste sprach. Stellt Euch vor:
drei Tote!...
    Francesco, faßt Mut und vertraut auf Gott und fürchtet Euch nicht. Wenn Ihr Eure
Hoffnung in Ihn setzt, dann wird Er Euch beistehen. Tröstet Eure Frau, und sie
tröste Euch. Und löst Eure Seele ein wenig vom diesseitigen Reichtum, der vergeht,
und haltet Euch an Gott, richtet Euch auf an Seiner Säule, und Ihr werdet nie und
nimmer zerstört werden...
    Bei Gott, schreibt jetzt nicht nach Prato, daß man von Euren Schuldnern das Geld
eintreibe. Ich schämte mich um Eurer Ehre willen, als ich vor ein paar Tagen davon
erfuhr. Es gibt eine Zeit zu züchtigen, und es gibt eine Zeit zu vergeben.
    Empfehlt mich Monna Margherita. Ich empfehle Euch meine Familie an, für den
Fall, daß ich diese Possenwelt verlassen müßte, denn es ist wirklich eine Posse, und es
ist wenig Unterschied zwischen Leben und Tod. Christus stehe Euch bei und schenke
uns sein Wohlwollen.[4]

Ser Lapo hatte noch andere beunruhigende Nachrichten. Die Prioren von
Florenz versuchten mit Hilfe neuer Anleihen, die leere Stadtkasse wieder
aufzufüllen, und natürlich zogen sie, wie nicht anders zu erwarten, in erster
Linie diejenigen dazu heran, die geflohen waren. Was Francesco jedoch am
meisten beunruhigte war, daß ihm zu Ohren kam, er sei nunmehr bei seiner
Stadtregierung zu Hause schlecht angeschrieben. Im Zorn hatte er sich
nämlich einmal hinreißen lassen, zu sagen, er beabsichtige mindestens ein
Jahr lang in Bologna zu bleiben, wenn die Pest von neuem aufflammen
sollte, denn er sei sich geradezu sicher, daß der gerechte Zorn Gottes „die
schlechtesten Menschen der Welt" nochmals strafen werde – „nämlich die
Prateser, Pistoier, Florentiner und Pisaner". Diese ungeschickte Äußerung
wurde den *Signori* von Florenz natürlich prompt hinterbracht. Sie trug nicht
gerade dazu bei, Francescos Beliebtheit zu vergrößern, schlimmer noch, sie
schien den Verdacht zu bestätigen, daß er an einem Komplott beteiligt sei,
das Exilflorentiner aus der Ferne schmiedeten, um wieder heimkehren zu
können.[5]
    In Wahrheit war Francesco vorsichtig wie immer und hütete sich, an
solcherlei Dingen teilzunehmen, wie er sich ja überhaupt von jeglicher
Politik fernhielt, in Bologna nicht anders als in Florenz. Aus demselben
Grund lehnte er es sogar ab, seinen Einfluß zugunsten Fra Giovanni
Dominicis geltend zu machen, der mit seinen Predigten nach wie vor den

von der Pest heimgesuchten Florentinern Trost spendete. „Er hat so viele Männer und Frauen zur Umkehr bewogen", schrieb Niccolò dell'Ammannato, „daß hier schon seit langem kein Verbrechen mehr begangen worden ist. Und es scheint mir, alle, Männer wie Frauen, bringen einander guten Willen entgegen, und alle reden und leben friedlich miteinander." Fra Giovanni trug sich mit dem Gedanken, in Bologna zu predigen; da aber seine unorthodoxen Ideen ihm viele Kirchentüren verschlossen hatten, schrieb er zunächst um Erlaubnis an den Prior des Dominikanerklosters und bat außerdem Francesco, sein Begehren zu unterstützen. Genau das aber wagte der Kaufmann nicht. „Ich muß mich unbedingt davor hüten", schrieb er, „irgend etwas zu tun oder zu sagen, wofür man mich verleumden könnte." So predigte Fra Giovanni weiterhin in Florenz, wo die Pest wütete. Francesco beruhigte sein schlechtes Gewissen, indem er ihm ein Faß seines besten Weins zukommen ließ und soviel Öl, Brot und Geld, wie der Mönch nur wollte. „An diesen vier Dingen soll es Euch nicht gebrechen... Und ich bitte Euch, betet zu Gott für mich, denn unser Herr wird Euch sein Ohr leihen und nicht mir, der ich ein Dieb bin und ein undankbarer Verräter. Und deshalb bitte ich Euch, seid mein Fürsprecher."[6]

Eine Zeitlang spielte Francesco mit dem Gedanken, nach Venedig zu ziehen, da er nicht sicher sein konnte, wie er in Florenz aufgenommen werden würde: Da aber war Ser Lapo nun wirklich entsetzt, und er flehte ihn geradezu an, doch lieber nach Hause zurückzukehren. „Denn schon im Leib Eurer Mutter wart Ihr ein Florentiner." Es sei gar nicht wahr, daß die Prioren von Florenz ihn in Verdacht hätten, und wenn doch etwas Wahres daran sei, dann sei das beste Mittel, sie umzustimmen, wenn er jetzt zurückkehre und verspreche, sein ganzes Vermögen den Armen von Florenz zu vermachen. „Und wie Ihr bis jetzt von jedem Bürger geehrt worden seid, so könnt Ihr darauf hoffen, daß es wieder so sein wird."

Endlich faßte Francesco doch den Entschluß zurückzukehren. Aber allein die Reise stellte schon ein Problem dar, weil die Straßen so unsicher waren. Ser Lapo schlug vor, die alte Taktik anzuwenden und einfach anzukündigen, er würde eine bestimmte Route nehmen, und dann auf einer anderen reisen, z. B. über Barberino di Mugello, „die wenig befahren ist – und sagt nicht einmal Eurem Weib von Eurer Absicht". Dann wieder schlug er vor, Francesco solle mit Florentiner Gesandten reisen, die gerade nach Bologna gegangen seien und sich nun gewiß auf den Rückweg von Bologna nach Florenz machten. Am Ende wurde dann doch beschlossen, daß Francesco die Hauptstraße über den *passo della Futa* nehmen sollte, und daß er ab Pianora, neun Meilen hinter Bologna, Schutz von zehn Florentiner Fußsoldaten mit einem Geleitbrief der *Signoria* erhalten werde. So kehrte Francesco und mit ihm der ganze Haushalt im September 1401 wieder in die Toskana zurück.

Die letzten neun Jahre seines Lebens verbrachte Datini fast ausschließlich zu Hause in Prato, und endlich konnte Monna Margherita so gut wie immer bei ihm sein. So schrieben sie einander natürlich auch kaum noch Briefe. Die wenigen vorhandenen aber zeigen, daß Margherita ihren Mann immer weiter beschwor, er möge sich die Pestzeit als Warnung dienen lassen und sich freimachen von seinen geschäftlichen Sorgen, aufhören, sich über jede Kleinigkeit immer gleich aufzuregen, und seine Gedanken statt dessen ganz auf Gott lenken. „Wir haben gehört, daß die alte Stute gestorben ist", schrieb sie ein paar Tage nach der Rückkehr, „und es kümmert mich wenig, abgesehen davon, daß Du Dich darüber grämst. Aber ich glaube, daß Du und ich genug Grund haben, Gott zu preisen dafür, daß Er uns alle wohlbehalten und gesund nach Hause zurückkehren ließ ... und Gott hat mir so große Gnade erwiesen, daß ich wegen der Stute nicht mit Ihm hadern kann."

Sie beschwor ihren Mann auch, seine letzten Jahre in Frieden in Prato zu verbringen, an ihrer Seite in ihrem gemeinsamen Haus. Alles sei in Ordnung, schrieb sie, „so, daß Du hier leben kannst auf eine Weise, daß Du zufrieden sein wirst". Auch für ihn sei nun die Zeit gekommen, gelassener und friedlicher zu werden – und mit dem ewigen Nörgeln aufzuhören!

> Die Unannehmlichkeiten, die jeden Tag so kommen [schrieb sie am 24. September], ertrage ich gelassen, und sie machen mir wenig Ärger, abgesehen davon, daß ich sehe, daß sie Dir Ärger bereiten. Laß' mich Dich erinnern, daß meiner Meinung nach zwei Dinge für Dich wichtig sind: erstens, das zu tun, was Gott wohlgefällig ist; und zweitens, die kurze Zeit, die Du noch zu leben hast, so zu nutzen, daß das, was Gott Dir geliehen hat, Gnade einbringt, wenn Du es Ihm zurückgibst.

Ser Lapo redete ihm ganz im gleichen Sinn zu: „Ich bitte Euch nur inständig, im Namen unserer Liebe und unserer Freundschaft, daß Ihr frohgemut lebt, komme, was da wolle: Und so werdet Ihr Gott besser kennen."

In einem anderen Brief bat er Francesco dringend, ihm einen einzigen Gefallen zu tun – nämlich jeden Morgen ein wenig früher aufzustehen und zur Messe zu gehen. „Und wenn Ihr sie gehört habt, bleibt noch so lange, bis Ihr fünf Pater Noster ohne die Lippen zu bewegen gesagt habt; aber mit der Seele ruft Gott an, daß er Euch beistehe. Und Ihr werdet wieder zu Hause sein, wenn die anderen ausgehen. Dann könnt Ihr soviel schreiben, wie ihr wollt." Am Ende des Briefs fügte er hinzu: „Ich fürchte, daß Ihr Euch nicht erinnert, es sei denn ich erinnere Euch, daß die vergangenen Jahre Euch nur ein Windhauch waren, und so werden auch die wenigen Jahre sein, die uns noch bleiben, Euch und mir."[7]

Früher wären solche Worte bei Francesco bestimmt auf taube Ohren gestoßen, aber jetzt hatte ihn das Sterben von so vielen Freunden doch erschüttert, und er fragte sich, ob seine Frau und der Freund nicht doch Recht hätten. Die Briefe, die er Cristofano di Bartolo, einem seiner Gesellschafter in Spanien, schrieb, um ihn zur Heimkehr zu überreden, klingen wie ein Echo all der Ermahnungen, die an ihn selbst gerichtet waren. Am 21. Februar 1401 schrieb er ihm:

Du denkst nicht daran, daß die Zeit vergeht und daß Du sterben mußt. Du zählst Dir an den Fingern ab: „Von jetzt an werde ich so und so viel verdient haben, und ich werde noch soviel Zeit haben; und wenn ich ganz reich bin, werden wir nach Florenz gehen und ich werde mir eine Frau nehmen." Aber Du denkst dabei nicht an die fünf unserer Männer, die in diesem Jahr gestorben sind: Falduccio und Manno, Niccolò di Piero, Andrea di Bonanno, Bartolomeo di Cambioni – und mit ihnen 100000 andere. Ich mache es da ganz anders: Ich verwende mehr Gedanken darauf, wie meine Sache nach dem Tode stehen wird, als auf dieses Leben.

Nun sei es schon über zwei Jahre her, daß Cristofano beschlossen habe, heimzukehren, aber immer wieder zögere er die Rückkehr hinaus. „Es scheint mir, daß Du ein Stück gutes Fleisch gefunden hast, das Dir gefällt, und die Liebe zieht Dich so an, daß Du nicht mehr an den Tod denkst." Cristofano könne, so fuhr er fort, in jede seiner italienischen Filialen gehen, die er sich aussuche – „Genua, wo es sich jeden Tag besser lebt... Pisa, das Ihr gut kennt und das mir sehr gut gefällt... Florenz, das eine schöne, große Stadt ist. Und in diesen drei Städten kann man im Handel mehr Geld machen als je ein Wanderprediger: denn Ihr wißt, diese drei Städte sind in der ganzen Welt bekannt." Er seinerseits habe beschlossen, das ganze Kapital, das er in Spanien habe, abzuziehen und es in seinem Vaterland anzulegen.

Die Armen in Gott werden ihres Besitzes sicherer sein, wenn es in Genua oder in Pisa ist, und nicht in Katalonien. Denn ich habe nur noch zwei Dinge zu tun auf dieser elenden Welt: das eine ist, alle meine Angelegenheiten mit allen zu regeln, in solcher Form und auf solche Weise, daß alles ganz klar ist zwischen uns, wie es sich gehört; und dann muß ich sterben – und so lange ich lebe noch ein wenig Gutes tun.

Aus all diesen guten Vorsätzen wurde dann doch wieder nichts, wie schon so oft zuvor. Cristofano kehrte nicht in die Heimat zurück, Francesco gab seine spanischen Filialen nicht auf. Im Gegenteil, vier Jahre später gratulierte ihm Ser Lapo dazu, daß zwei seiner Schiffe wohlbehalten aus Katalonien in Venedig eingelaufen waren, „die 20000 Gulden an Land brachten". Vielleicht verbrachte er nicht mehr ganz so viel Zeit hinter seinem Schreibpult und gönnte sich ab und zu einen kleinen Spaziergang und ein wenig mehr Schlaf, wie es ihm seine Ärzte empfahlen. Und er versuchte sein Heil bei den Wässern von Porretta gegen sein Steinleiden. Aber seine rastlose Aktivität mußte sich doch irgendein Ventil suchen: So fing er wieder an zu bauen – keine Kapellen oder Klöster, wie Ser Lapo es gern gesehen hätte, sondern Häuser für seine Bauern und Arbeiter. Vor allem aber fand er immer mehr Gefallen daran, in seinem schönen Haus in Prato Gäste zu empfangen. „Du warst immer darauf aus, vornehme Herrschaften in Dein Haus zu laden und ihnen Ehre zu erweisen", hatte ihm viele Jahre zuvor ein Freund gesagt. Und die Freude daran wurde offenbar mit den Jahren nur noch größer.

Könntet Ihr bitte ein Buch auftreiben [schrieb er dem Sohn seines Notars], das Ser Ischiatta hatte, in dem viele Briefanreden stehen an die höchsten geistlichen und weltlichen Herren, ob Kaiser, Papst, Kardinal, Erzbischof oder Bischof. Und so auch an Frauen von der gleichen Würde, wie Äbtissinnen und Klosterschwestern... Wie auch Advokaten, Ärzte und jeder Rang bis zum edlen Bürger, der ein Amt hat, und dem, der keines hat.

Dies Buch brauche er, schrieb er, damit „ich, wenn ich einen Brief an den einen oder anderen richten muß, nicht jedes Mal nachzudenken brauche". Seine Briefpartner waren außer Fra Giovanni Dominici und der berühmten Chiara Gambacorti eine Reihe von Kardinälen, darunter vor allem Seine Eminenz Baldassare Cossa von Bologna, der spätere Papst Johannes XXIII. und der Kardinal d'Ailly, der 1409 die Patenschaft für Ginevras erstes Kind übernahm, dazu Venezianer und Genueser Patrizier wie Simone Doria und die Contarini. Die Liste der Gäste seines Hauses war entsprechend eindrucksvoll: Francesco Gonzaga, der Herrscher von Mantua, Mathieu d'Humières, der Gesandte Karls VI. in Florenz, und Leonardo Dandolo, der Sohn des Dogen. Wenn Florentiner Gesandte nach Bologna oder Venedig geschickt wurden, unterbrachen sie ihre Reise in Francescos Haus. Immer wenn zweimal im Jahr oder öfter ein neuer *podestà* nach Prato geschickt wurde, speiste er in der *casa Datini;* und Francesco bot seine Gastfreundschaft jeder Persönlichkeit von Rang an, die nach Prato kam, um die wertvolle Reliquie in der Kathedrale zu bestaunen, den Gürtel der Heiligen Jungfrau. Doch was für Vorbereitungsarbeiten brachte jede dieser Visiten mit sich, wieviel Wirbel und Aufregung! Wenn so etwas im Gange war, weigerte sich Ser Lapo, auch nur einen Fuß in das Haus zu setzen. „Ich kenne Eure Hektik, wenn Ihr Gäste erwartet."

Wenn Francesco einmal nicht im Lande war, wenn hoher Besuch kam – wie z. B., als Messer Filippo Corsini in seiner Eigenschaft als Gesandter der Republik auf seiner Reise nach Genua Station bei ihm machte –, bekam Margherita immer detaillierte Anweisungen per Brief. Sie mußte das Gästezimmer mit den zwei Betten im Erdgeschoß richten, Feuer anmachen im Kamin, die Bank mit prächtigen Stoffen dekorieren und das ganze Haus auf Hochglanz bringen. Und sie sollte eine Schachtel Konfekt kaufen, halb *treggea,* mit der Zuckerglasur, halb *pinocchiato.* Außerdem schickte Francesco anderntags eine ganze Maultierladung mit Süßigkeiten, zehn Heringen und zwei großen Töpfen, damit sie den Gast auch würdig empfangen könne. „Und Du mußt Messer Filippo Corsini meinen Dank aussprechen für die Hilfe und den Rat, die er mir zuteil werden ließ in meiner Angelegenheit, und ihm zugleich sagen, er könne über mich und alles, was ich habe, jederzeit nach Belieben verfügen."

Wenig später war es Guido del Palagio, damals einer der Gonfalonieri von Florenz, der Aufenthalt bei ihm nahm. „Ich weiß nicht, wer mit ihm kommen wird, und so kann ich es Dir nicht sagen", schrieb Francesco an Margherita; sie müsse sich aber beeilen, das beste Bett herzurichten, sowie für die Dienerschaft Betten im Fondaco, außerdem die Loggia säubern, zwei zusätzliche Diener besorgen und „drei bis vier Paar guter Kapaune" bereithalten.

Wenn ein Gast aus fremden Landen erwartet wurde, mußten besonders aufwendige Vorbereitungen getroffen werden. Davon geben die Briefe eine genaue Vorstellung, die dem Besuch von Mathieu d'Humières vorausgingen, dem Gesandten Karls VI. in Florenz, der durch Francescos Agenten in Venedig, Zanobi di Taddeo Gaddi, in Francescos Haus empfohlen worden war. Der erlauchte Gast besuchte Prato, um die Hauptsehenswürdigkeit der Stadt, den Gürtel der Jungfrau Maria, zu besichtigen, wofür er eine Spezialerlaubnis der *Signoria* in Florenz benötigte. Für ihn wurde das ganze Haus auf den Kopf gestellt. Francesco sandte sogleich Zanobi eine Botschaft, daß so ein Gast unmöglich von einem Tag auf den anderen empfangen werden könne.

Sagt ihm, Zanobi: „Francesco möchte diesem Mann alle Ehren erweisen, um seinetwillen und um Euretwillen, und Prato ist kein *castello*, in dem alles, was man benötigt, in so kurzer Zeit beschafft werden kann." Und deshalb sagt mir, wie lange dieser Gesandte bleiben wird, so daß ich ihm gebührende Ehren erweisen kann...

In einem anderen Brief beschreibt Stoldo, wie daraufhin im ganzen Haus großer Frühjahrsputz veranstaltet wurde:

Ich muß die ganze Loggia ausräumen, die vollsteht mit Holz und Tischen aus dem Fondaco, mit Fässern, Bänken und Unmengen von Werkzeug und mit Gerste, Weizen und allerlei Hirse. Und außerdem muß ich die Papiere zurückordnen, die auf den Tischen in allen Räumen herumliegen, und ich möchte sie so einordnen, daß ich nicht immer, wenn ich ein Schriftstück benötige, alle erst durchwühlen muß... Und außerdem müssen Holzteller und Schüsseln ausgekocht werden und was man sonst noch bei Tische braucht; und ich muß Brot backen lassen, was ich vor Montag nicht machen kann; und ich muß Weißwein und Rotwein beschaffen... Und dies ist kein Ort, wo man einfach sagen kann: „Geh auf den Markt, und dort wirst du alles bekommen!", denn hier herrscht Mangel an allem und jedem.

Kein Wunder, daß Margherita mit ihrem aufbrausenden Temperament manchmal explodierte und ihrem Mann vorwarf, er würde aus ihr eine Wirtsfrau machen. Außerdem war sie ihm böse, weil er ihr Anweisungen gab, wie sie sich den Frauen seiner neuen hochmögenden Freunde angenehm machen sollte. „Du hast mich dieser Frau vom *podestà* so unentbehrlich gemacht, daß sie keinen Schritt mehr aus ihrem Palast tun wird, es sei denn, daß ich mit ihr gehe. Und Du weißt genau, wie gern ich das tue. Wenn es nicht um Deinetwillen wäre, würde ich nie einen Fuß in diesen Palast setzen."

Man kann jedoch ruhig annehmen, daß es auch für Margherita eine Art Genugtuung bedeutete, im letzten Lebensjahr des Kaufmanns den allererlauchtesten Gast in ihrem Haus zu sehen, den sie überhaupt je hatten, nämlich Louis d'Anjou II., der auch noch die Titel König von Sizilien und Jerusalem, Fürst von Capua und Herzog von Apulien führte. Diese Titel leitete er davon her, daß sein Vater, Louis I., ein Bruder Karls V., von Johanna, Königin von Neapel, an Sohnes statt angenommen worden war, nachdem diese kinderlos geblieben war, und ihn als Erben einzusetzen beschloß. Doch Carlo di Durazzo, der legitime Erbe, hatte ein Heer angeworben, war in Neapel eingedrungen und hatte Johanna gefangengenommen und zum Tode verurteilt. Louis' Versuche, sie zu rächen und sein Königreich zurückzuerobern, waren mißlungen, obwohl er von Papst Clemens VII. als König anerkannt und in Avignon feierlich gekrönt worden war. Seinem Sohn Louis II. erging es wenig besser. Zunächst war 1390 ein Versuch, in Neapel zu landen, gescheitert. Dann hoffte er auf die ziemlich unsichere Unterstützung Papst Alexanders V., der gerade erst auf dem Konklave in Pisa zum Papst gewählt worden war und gegen das Versprechen von Waffenhilfe seine Rechte anerkannt hatte. Die beiden Männer, die jeweils mit der Hilfe des anderen rechneten, wollten in Prato zusammentreffen. Louis, der verkündete, er wolle auch die Gelegenheit wahrnehmen, vor dem Gürtel Mariens zu beten, sollte Gast in Francescos Haus sein. Das war nun in der Tat eine große Ehre für Francesco. Er zog sogleich aus seinem eigenen Haus aus und stellte es samt wohlbestallter Küche und gepflegtem Weinkeller dem königlichen Gast zur Verfügung und bedauerte noch dazu, daß es ihm nicht möglich sei, ihm weit größere Ehren zu erweisen. Seine Aufregung war so groß, daß er alle seine Freunde damit zur Verzweiflung trieb.

Luca del Sera, der als eingefleischter Welfe weder die Legitimität Papst Alexanders V. noch die von Louis d'Anjou anerkannte, schrieb am 9. Juli 1409:

Und wenn mir der Kopf dafür abgeschlagen würde, ich werde doch meine Meinung frei heraussagen... Ich sehe, daß Luigi es auf seine übliche Art macht, indem er Euch schon zweimal alles für seine Ankunft vorbereiten ließ und dann nicht einmal zwei Zeilen schrieb, sondern Euch jedesmal eine mündliche Absage übermittelte! ... Ich sage Euch, das kommt aus purer Simonie oder Tyrannei... Ihr in Eurem Stand braucht Euch das nicht gefallen zu lassen, weder von ihm noch von einem Kardinal... selbst vom Papst oder vom Kaiser nicht.

Auch Ser Lapo, wenn auch in sanfterem Ton, rügte die Protzerei seines Freundes.

Mir ist zu Ohren gekommen, daß Ihr Euch bekümmert, weil Ihr das Gefühl habt, für einen so hohen Herrn nicht alles in Eurer Macht Stehende getan zu haben; das aber, bitte ich Euch, verbannt aus Eurem Hirn wie einen bösen Traum... Ich halte es für sicher, daß er Euch für einen viel gediegeneren Mann hält, daß Ihr ihm viel weiser in Erinnerung geblieben seid, als wenn er gesehen hätte, daß Ihr überflüssig viel getan hättet, wie es die Leichtfertigen tun... Und das zeigte er Euch bei seinem warmen und freundlichen Abschied... Vergeßt auch die 30 Gulden nicht, die Ihr für sein Essen ausgegeben habt, und die 500, die Ihr ihm geliehen habt![8]

Louis zog an der Spitze von Papst Alexanders Truppen nach Rom und konnte die Soldaten des Königreichs von Neapel aus der Stadt vertreiben, die bereits im Namen des jungen Königs Ladislaus, des anderen Anwärters auf den neapolitanischen Thron, die Heilige Stadt besetzt hielten. Daraufhin kehrte er in die Provence zurück, um dort Verstärkung anzuwerben, bevor er nach Neapel selbst zog. Aber im Frühling darauf befand er sich erneut in Pisa – diesmal mit Billigung des neuen Papstes, Johannes XXIII. Francesco entschloß sich sogleich, trotz seines hohen Alters und trotz seiner Altersbeschwerden, nach Pisa zu kommen und ihm seine Aufwartung zu machen. Aber da protestierte Luca del Sera am 21. Juli 1410 noch einmal:

> Ihr wolltet doch in Frieden leben und nicht mehr Schall und Rauch dieser Welt nachjagen ... und so, wie es Eurem Alter ansteht, nur noch denen Ehre angedeihen lassen, die Euch in Eurem Haus aufsuchen. Und nun sehe ich, daß Ihr Euch, sei es aus Eitelkeit oder was immer, sei es auf Rat von anderen, ganz anders besonnen und beschlossen habt, nach Pisa zu gehen, um den König zu sehen ... Ich könnte Euch etwas erzählen von den Verleumdungen und dem Schaden, die Euch dies eintragen wird ... Aber Ihr lebt ja in der Hoffnung, daß Gott, da er Euch bis heute beschützt hat, Euch für ewig schützen wird.

Luca riet Francesco, an seiner Stelle seinen Schwiegersohn Lionardo nach Pisa zu schicken, sich beim König zu entschuldigen und ihm ein Geschenk von „Konfekt, Wachs und Malvasierwein" überreichen zu lassen. Vor allem aber warnte er ihn, daß die Fortsetzung dieser Freundschaft „nicht ohne große Kosten möglich sein wird. Denn schließlich wird er, wie reich er auch sein mag, immer Geld brauchen; und Ihr werdet um immer neue Geldsummen gebeten werden, und wenn Ihr nicht zu Diensten seid, werdet Ihr seine Freundschaft verlieren, und wenn Ihr zu Diensten seid, wird Euch auf vielerlei Art Schaden erwachsen ...".

So faßte Luca in wenigen Sätzen zusammen, in welch ständigem Dilemma Kaufleute steckten, die ihr Schicksal mit dem der Fürsten verquickten. Allem Anschein nach fielen seine Ratschläge bei Francesco auf fruchtbaren Boden, denn letzten Endes ging er nicht nach Pisa. Nur wenige Tage später jedoch hatte er Louis in Prato zu Gast – und zwar diesmal gleich für 18 Tage –, und nicht nur ihn allein, sondern auch noch den berühmten ungarischen *condottiere* „Pippo Spano"[9] samt einem großen Gefolge von adeligen Herren und anderen Herrschaften von Rang. Während dieses Besuchs in Prato kaufte Louis zwölf *canne* Prateser Scharlachtuch. Bevor er wieder aufbrach, überreichte er Francesco das willkommenste Geschenk, das er ihm überhaupt machen konnte: eine königliche Urkunde, die ihm als Dank für erwiesene Gastfreundschaft das Recht zugestand, seinem Wappen die königliche Lilie Frankreichs zuzufügen, „in Gold auf blauem Grund".[10] Doch nicht ohne Gegenleistung! Ganz entrüstet schreibt nämlich Luca del Sera: „Nach dem, was Andrea de' Pazzi sagt, hat Euch der König erlaubt, die Lilie mit in Eurem Wappen zu führen; aber es hat Euch, außer dem Geld, das Ihr für ihn ausgegeben habt, tausend Gulden gekostet, die Ihr ihm vorgeschossen habt. Gott weiß, wie mich das schmerzt, falls es wahr sein sollte!"

Doch dies war sozusagen Francescos letztes weltliches Erfolgserlebnis. Am 23. Juli ritt Louis d'Anjou aus Prato hinaus, und am 31. Juli schon fühlte sich Francesco, der bereits seit langem an Nierensteinen litt, so krank, daß er Ser Lapo an sein Bett rief und im Beisein von zwei Notaren, fünf Franziskanermönchen und zwei seiner *fattori* die endgültige Fassung seines letzten Willens diktierte. Zwei Wochen später, am 11. August 1410, starb er. Über den Tod gab es im *trecento* mehr als genug Volksweisheiten, etwa:

> *Chi più ha, più lascia,*
> *E con maggior dolore passa.*
> *Lascia quello non può portare,*
> *Porta quello non può lasciare.*

> Wer viel hat, hinterläßt viel
> und geht mit Schmerzen viel.
> Hinterläßt, was er nicht mitnehmen kann,
> nimmt mit, was er nicht hinterlassen kann.

Ser Lapo steuerte in einem Brief an Francesco einen eigenen Aphorismus bei: „Dieses unser Leben ist nur ein Rennen zum Tod." In den letzten beiden Lebensjahren Francescos hörte er nicht auf, den Freund daran zu erinnern, daß seine Tage nunmehr gezählt seien und daß es „eine Schande ist, zu sagen, daß Gott uns ja so viel Zeit geschenkt habe", und doch das eigene Testament erst im letzten Moment abzuschließen, „mit den Ärzten um einen herum". „Eure Schrift", bemerkte er schonungslos, „zeigt ganz deutlich, daß der Baum seine Blätter abwirft: schon zittern seine Äste, und er treibt keine neuen Blätter mehr. Gib acht und pflanze ihn in ein Erdreich, in dem er nicht verdorren kann."[11]

Fra Giovanni Dominici schrieb ihm ganz ähnliche Dinge: „Ich bitte Euch, nehmt Eure Seele ebenso in acht wie Euren Körper, und macht Euch daran, all Eure weltlichen Angelegenheiten zu richten, so daß Ihr die kurze Zeit hienieden ganz und gar Gott widmen könnt."[12]

Und noch immer glaubte Francesco nicht, daß das Ende nun wirklich nahe sein könnte, obwohl er genau wußte, daß er die normale Lebenserwartung eines Menschen längst überschritten hatte. „Er glaubt", schrieb Ser Lapo, „er habe eine amtliche Bescheinigung für langes Leben von Gott." Die meisten Menschen haben, wenn ihre letzte Stunde naht, den Staub ihres irdischen Lebenswegs schon abgeschüttelt. Francesco dagegen wollte es selbst auf dem Sterbebett noch nicht in den Kopf, daß sein gebieterischer Wille nun nichts mehr ausrichten solle. Er fügte sich in den Tod so wenig, wie er sich je ins Leben gefügt hatte. „Von seinem Tod", schrieb Ser Lapo an Cristofano di Bartolo nach Spanien, „werde ich Dir wenig sagen, denn dazu würde ich einen ganzen Folioband brauchen: was er litt, was er sprach, wie er verschied, in meinen Armen. Denn es schien ihm eine wunderliche Sache, daß er sterben müsse und daß die Gebete, die er verrichtete, nichts nutzen sollten."[13]

Die letzte Fassung seines Testaments wich kaum von der Fassung ab, die er zehn Jahre zuvor während der Pestzeit niedergelegt hatte. Der einzige Unterschied war der, daß er in der ersten Fassung die Hälfte seines Eigentums dem Findelhaus in Florenz vermacht hatte, während er jetzt den gesamten Erbnachlaß seiner eigenen Stiftung überschrieb, der *„Casa del Ceppo dei Poveri di Francesco di Marco"*. Diese *Casa pia de' Ceppi* besteht heute noch und wird von einem fünfköpfigen Komitee verwaltet, das von der Kommune ernannt wird, sowie von vier *buonomini*, von denen jeder ein Stadtviertel repräsentiert. Sie verteilen an die Armen von Prato, was noch übrig ist von Francescos Hinterlassenschaft.

Diese Hinterlassenschaft an die Stiftung schloß nicht nur sein eigenes Haus ein, „mit dem Garten und dem Haus gegenüber und den Loggien und allen Räumen samt der dazugehörigen Ausstattung, und zwar zur immerwährenden Verfügung den Armen in Christus", sondern auch noch alle seine übrigen Häuser und die Höfe sowie seinen Anteil an seinen Handelsgesellschaften, die innerhalb von fünf Jahren nach seinem Tod alle aufgelöst werden sollten und von denen nur ein paar kleinere Legate abgezogen werden mußten. Genau wie in seinem früheren Testament legte er wieder fest, daß seine Stiftung privat bleiben und „auf keine Weise der Kirche oder irgendwelchen Klerikern unterstellt werden" sollte.[14]

Er setzte vier Testamentsvollstrecker ein: seine Frau, Monna Margherita, seine Gesellschafter Luca del Sera, seinen Schwiegersohn, Lionardo di Giunta, und seine rechte Hand, den Faktor in Prato, Barzalone di Spedaliere. Diese bzw. ihre jeweiligen Nachkommen sollten zusammen mit vier *buonomini*, die jeweils von der Kommune von Prato ernannt wurden, die Stiftung verwalten. Einer der vier Testamentsvollstrecker, Barzalone, folgte dann dem Beispiel seines Herrn und verfaßte ein Testament, in dem er all seinen Besitz dem Ceppo vermachte. Ein ganz ähnliches Testament machte Lapa, die Witwe von Francescos Gesellschafter Niccolò di Piero. Die vier Männer, die auf Filippo Lippis Stifterbild zusammen mit Francesco zu Füßen der Gottesmutter knien, sind aber wahrscheinlich doch nicht die anderen Stifter, wie man immer angenommen hat, sondern die vier *buonomini*, die 1453 die Stiftung mitverwalteten, als das Bild vollendet und bezahlt wurde.[15]

Francesco hatte nur wenige kleinere Legate vorgesehen: Seiner geliebten Frau, *„a Monna Margherita, sua donna diletta"*, hinterließ er nur wenig: „solange sie Witwe ist und ehrbar bleibt, 100 Goldgulden im Jahr, ein passendes Haus zum Wohnen, den Nießnutz eines Stücks Land, zwei voll ausgerüstete Betten, eines für sich und ein zweites für die Dienerin, außerdem alle Haushaltsgerätschaften, die sie benötigt, und alle Kleider und Wäsche aus Wolle und Leinen, die der besagten Frau und besagtem Francesco gehören, damit sie Almosen geben kann zugunsten des Seelenheiles der beiden."

Seiner Tochter Ginevra hinterließ er 1000 Gulden *„in beni immobili"* – zurückzugeben an die Stiftung bei ihrem Tod –, dazu eine Mitgift für jede ihrer Töchter.

An Kirchen und Klöster stiftete er unter anderem 1000 Gulden an das *Ospedale di Santa Maria Nuova* in Florenz zum Zweck der Errichtung eines neuen Findelhauses. Der Bau wurde auch wirklich bald darauf in Angriff genommen: Es ist das berühmte *Ospedale degli Innocenti*.[16] 500 Gulden erhielt das *Convento de' Romiti di Santa Maria degli Agnoli* in Florenz; weitere 300 Gulden für zwölf Silberlampen stiftete er der *Cappella della Sacra Cintola* im Dom von Prato, „damit sie immerwährend brennen zu Ehren Unserer Lieben Frau". Bei diesem Abschnitt des Testaments merkte Ser Lapo an: *Brunus*, den Namen seines Sohnes Bruno, der die Goldschmiedekunst erlernte und später auch tatsächlich die prachtvollen Bronzegitter dieser Kapelle anfertigen sollte, die in der Qualität den Vergleich mit einem Werk Ghibertis nicht zu scheuen brauchen. Seinem Beichtvater hinterließ Francesco eine *cappa*, einen Kapuzenmantel, und jeder Kirche von Prato fünf *lire* für seine Seelenmessen.

Die Hinterlassenschaften an seine Mitarbeiter und Diener sind überraschend großzügig und liebevoll ausgedacht. Monna Domenica, der Witwe seines Dieners Saccente, vermachte er z. B. ein Haus und eine Leibrente, so daß „es ihr an keinem der Dinge gebricht, ohne die man nicht behaglich leben kann", 100 Gulden gingen als Mitgift an jede der Töchter seines Verwandten Chiarito di Matteo, „eines armen und einfältigen Manns". 500 Gulden hinterließ er auch noch Guido di Sandro da Firenzuola, „den er fast von Kindheit an aufgezogen hat", und je 500 Gulden seinen *fattori* Tieri di Benci und Tommaso di Giovanni, dazu jeder der Töchter von Luca del Sera eine Mitgift von 500 Goldgulden.

„Er befreite alle seine Sklaven in jedwedem Teil der Welt und gab ihnen ihre ursprüngliche Freiheit wieder."

Er erließ „Betto, dem Trompeter von Prato, einem sehr armen Mann", und allen Maurermeistern, Zimmerleuten, Schmieden und Ziegelbrennern und anderen Männern, die für ihn gearbeitet hatten, ihre Schulden an ihn. Und er bat seine Testamentsvollstrecker, „gut zu sein zu den armen Freunden Francescos, die sie alle gut kennen".

Auch seinen Testamentsvollstreckern hinterließ er 1000 Gulden, damit sie eventuelle Unterlassungen gut machen könnten. „Denn Francesco, der Erblasser, der von seinen Nierensteinen und seiner Urinentzündung sehr gepeinigt war..., hält es aus diesen Gründen für unmöglich, daß er nicht viele Dinge vergessen hat."

Schließlich gab es noch ein rätselhaftes Vermächtnis über 1500 Gulden, „über das meine Testamentsvollstrecker genau informiert sind", die sie verteilen sollten, nachdem sie sich beraten haben „mit Doktoren der Theologie und des kanonischen Rechts... zum Besten der Seele Francescos": gut möglich, daß diese Hinterlassenschaft, was oft vorkam, für die Rückerstattung von Gewinnen bestimmt war, die zu Unrecht oder durch zu hohe Zinsen erworben waren, die Francesco aber nicht genauer schriftlich darlegen wollte.

Monna Margherita überlebte ihren Mann etliche Jahre, in denen sie bei Ginevra und deren Mann in Florenz wohnte. Es gibt zwei Porträts von ihr:

Das eine befindet sich im Refektorium von San Niccolò in Prato. Dort ist sie auf einem Fresko, das den Heiligen Dominikus beim Brotwunder mit seinen Brüdern am Tisch beim Essen zeigt, als kleine Vordergrundfigur in der Tracht des Dritten Ordens der Dominikaner abgebildet. Das andere zeigt sie auf dem *Tabernacolo della Romita* an der via Roma auf dem Weg nach Grignano. Dort wurde an der Grenze eines Grundstücks, das Francesco gehörte, eine kleine Kapelle errichtet und im Jahr 1418 von Pietro und Antonio Miniati ausfreskiert. Vor der Madonna mit dem Kind, dem Heiligen Stephan, Johannes dem Täufer und dem segnenden Christus knien Francesco auf der einen, Margherita Bandini, seine Frau, auf der anderen Seite.

Margherita machte 1423 ihr Testament und starb bald darauf in Florenz. Begraben wurde sie in der Kirche Santa Maria Novella.

Ser Lapo starb nur zwei Jahre nach seinem Freund Francesco, obwohl er 15 Jahre jünger war. Nach Francescos Tod fragte er Cristofano di Bartolo in Barcelona, bei dem sein Sohn Piero arbeitete, ob er nicht mit Piero zusammen eine neue Handelsgesellschaft in Spanien gründen wolle, riet ihm aber gleichzeitig, nur noch ein paar Jahre dort zu bleiben und dann heimzukehren. „Denn in Wahrheit scheint es mir doch, daß nur der, der nicht reich ist und auch nicht arm, diese Welt so recht genießt, als ob er ein Reicher wäre, ja sogar mehr..."[17] Zu diesem Schluß waren eigentlich alle gekommen, die Datini gut gekannt hatten.

Fra Giovanni Dominici wurde in seinen Predigten ganz allmählich milder und weniger streitlustig und schloß Frieden mit seinen geistlichen Vorgesetzten – wofür er als Belohnung den Kardinalshut erhielt –, sehr zu Ser Lapos Bedauern. Seine *Regola del governo di cura familiare* liest sich noch heute gut – ein Buch voller Weisheit und Charme, vor allem in den Kapiteln über die Kindererziehung.

Alle anderen Freunde, Gesellschafter und Diener versinken nun wieder im Dunkel der Anonymität, aus der sie nur durch ihre Beziehung zu dem reichen Kaufmann ans Licht getreten waren.

In seinem Testament hatte Francesco den Wunsch geäußert, in San Francesco begraben zu werden, der Kirche, die er immer so großzügig mit Kunstwerken und Stiftungen aller Art bedacht hatte. Zwei Jahre vor seinem Tod hatte er sich noch selbst die große Marmorplatte gekauft, und zwar von Goro, dem Steinmetzen in Fiesole, der so viele Arbeiten für sein Haus ausgeführt hatte. Aber Goro starb vor Francesco, und so wurde der Auftrag für die Grabplatte Niccolò Lamberti, einem bekannten Künstler übergeben. Luca del Sera, der sich um das alles kümmerte, bestellte eine Platte vom gleichen Marmor für sein eigenes Grab in Santa Maria Novella – „denn ich läge gern unter dem gleichen Stein wie die Gebeine dessen, der mich liebte".[18] Francescos Grab gab man den Platz vor dem Hochaltar in San Francesco, und so können die Bürger von Prato noch heute lesen, was die Füße von Generationen von der Inschrift, die seine liegende Gestalt umrahmt, übrig gelassen haben:

Hic jacet corpus prudentis et honorabilis viri Francisci Marci Datini de Prato civis et mercatoris providi Florentini qui obiit die XVI mensis Augusti A. D. MCCCCX cuius anima requiescat in pace. (Hier liegt der Körper des weisen und ehrbaren Herrn Francesco di Marco Datini, Bürger von Prato und vermögender Kaufmann von Florenz, der dahinschied am 16. Tag des August im Jahre des Herrn 1410, dessen Seele in Frieden ruhen möge.)

Francesco hatte schriftlich niedergelegt, daß sein Begräbnis „nur mit solchen Geräten und solchem Schmuck für Grab, Begräbnis und Leichenfeier, die sich ziemen und die üblich sind", vonstatten gehen solle, und hatte seine Testamentsvollstrecker angewiesen, mehr zu achten „auf das Heil seiner Seele als auf Dinge, die doch nur der Eitelkeit dienen". Als man sah, daß sein Ende nahte, berief der Rat der Stadtkommune jedoch eine Sondersitzung ein, um darüber zu beschließen, ob Datini ein Begräbnis auf Kosten der Kommune erhalten solle. Zwar stimmte die Mehrheit mit Ja – mit der Begründung, daß er sich Verdienste um die Stadt erworben habe –, aber es gab doch auch 20 Gegenstimmen von Männern, die alten Groll gegen ihn hegten oder auch nur neidisch waren. „Wenn er der Stadt Prato Dienste erwiesen haben sollte, dann nur, weil sie ihm selbst Nutzen brachten." Die Mehrheit setzte sich dann aber durch, und so fand ein prächtiges Staatsbegräbnis statt, an dem ganz Prato teilnahm. Die Kirche wurde mit 52 Bannern geschmückt, über 790 Gulden wurden für Trauerkleidung ausgegeben. Der Stadtrat beschloß, daß jedes Jahr zu Francescos Todestag von der Kanzel des Doms sein Lob verkündet werden solle, ein Brauch, der viele Jahre fortbestand. Das Verwaltungskomitee seiner Stiftung legte 2789 Gulden zur Seite, für die die Fassaden seines Hauses mit Darstellungen aus seinem Leben geschmückt wurden. Diese Freskierung wurde – nicht ohne viel Gefeilsche um den Preis – von sechs Florentiner Malern ausgeführt und dann nach Fläche bezahlt; die Gesamtfläche der Darstellungen betrug 2200 *braccia* im Quadrat.

Nur wenige Kunstwerke, die an Francesco erinnern, sind jedoch erhalten: der Grabstein in San Francesco, auf dem die Füße so vieler Generationen die Gesichtszüge Francescos verwischt haben; das Fresko im Erdgeschoß des Palazzo Pretorio, mit Francesco vor der Stadtansicht Pratos, den *ceppo* in Händen haltend; Fra Filippo Lippis posthumes Portrait von 1453, das jahrhundertelang im Hof der *Casa del Ceppo* angebracht war (es war sehr verblichen, erstrahlt nun aber wieder in alter Frische und ist im Palazzo Pretorio zu sehen); dazu noch ein abweisendes Portrait, hundert Jahre später von Allori für den Ratssaal des Palazzo Pretorio gemalt – das ist alles, außer dem schon erwähnten *Tabernacolo della Romita*.

Die Kunstwerke, die als Zeugnisse von Francescos Frömmigkeit und Kaufmannsstolz zu seinen Lebzeiten gemalt wurden, nämlich die Fresken in San Francesco, sind alle verloren: Die Altarbilder mit ihren *fondi d'oro*, ihrem Goldgrund, ebenso wie das große Kruzifix aus dem Kirchenschiff von

San Francesco wurden alle längst entfernt oder zerstört – eine späte Rache für die armen Maler, mit denen Datini um jeden Heller feilschte!

Von den Fresken am Haus sind kaum noch Spuren zu erkennen. Die Verwalter des *Ceppo* zahlten zwar für ihre Ausführung, nie aber für eine Instandsetzung. Nach fünfeinhalb Jahrhunderten, in denen sie Wind und Regen ausgesetzt waren, sind die Farben verblichen, ist die Vergoldung abgeblättert, der Putz abgebröckelt. Selbst die Linien der Vorzeichnungen sind nur noch schwach zu sehen. Nur mit Mühe kann man da und dort die Umrisse vom Gewand eines stattlichen Kaufmanns erkennen, oder die ausgestreckte Hand eines Bettlers. Und auch die wären bald ganz verschwunden, die letzten Putzbrocken wären auf die Straße gerieselt, hätte man die Sinopien nicht abgelöst und ins Innere des Hauses gebracht, wo man sie besichtigen kann.

Aber trotzdem ist die Erinnerung an Francesco Datini weniger verblaßt als die an manch einen bedeutenderen Mann. Dieser herrische Mensch, der nie genug bekommen konnte und dem es selbst in seinen letzten Stunden als „eine wunderliche Sache erschien, daß ausgerechnet er sterben müsse", hat es fertiggebracht, nicht in Vergessenheit zu geraten, weil er dafür sorgte, daß alle seine Dokumente und Briefe aufbewahrt wurden, und weil er sein Vermögen verschenkte. Wirtschaftswissenschaftler, Historiker erinnern sich seiner mit Dankbarkeit – und ebenso, selbst bis zum heutigen Tag noch, ein paar verarmte Menschen seiner Vaterstadt, die Jahr für Jahr in den Genuß dessen kommen, was von seinem Vermögen immer noch vorhanden ist. Und immer noch wird jedes Jahr an seinem Todestag auf Kosten der Stadt Prato im Dom eine Seelenmesse für ihn gelesen. Und immer noch brennen in der *Cappella della Sacra Cintola* seine Silberlampen vor dem Altar der Jungfrau. Und wer an seinem Haus in der Via Lapo Mazzei vorbeigeht, kann noch immer die in Stein gehauene Inschrift über dem Eingang lesen:

„Ceppo di Francesco di Marco, mercatante dei poveri di Cristo."

Geld, Maße und Gewichte in der Toskana zur Zeit Datinis

Mittelalterliche Münzen, Maße und Gewichte sind nicht ohne weiteres umzurechnen auf unsere Währungen, und zwar schon deswegen nicht, weil ihr Wert in Abhängigkeit von Ort und Zeit sehr stark variierte. Im Mittelalter lag in nahezu allen Ländern Westeuropas der Währung noch das System zugrunde, das Karl der Große eingeführt hatte (und auf dem bis vor kurzem noch das britische Währungssystem beruhte): 1 *l.* = 20 *s.* = 240 *d. l* steht für *libra*, italienisch *lira, L.* (woher sich auch das englische Pfund-Zeichen £ ableitete); *s.* ist das Zeichen für *sols*, italienisch *soldi* (im Englischen *s.* für *shilling*); *d.* steht für *denari, deniers* (vgl. das alte *d.* für englisch *pence*).

Nicht nur, daß verschiedene Länder und Staaten im Mittelalter verschiedene Werte für die einzelnen Münzen festlegten: um das Verwirrspiel noch komplizierter zu machen, benützten sie auch noch nebeneinander Münzen mit gleicher Bezeichnung, die sich aber durch unterschiedliches Gewicht und unterschiedlichen Edelmetallgehalt voneinander unterschieden. Dabei schwankte das Wertverhältnis zwischen Gold und Silber und dem einfachen Metall, aus dem das einzig wirklich im Umlauf befindliche Kleingeld geprägt war, die *denari*, immer entsprechend den Schwankungen des Marktwerts von Edelsteinen. Auf diese Weise entstanden voneinander völlig unabhängige Kreditsysteme, die jeweils auf den Wert einer Münze aufgebaut waren. Es gab z. B. ein System, das den *denaro piccioli* zur Grundlage hatte, ein anderes, das auf dem *grosso*, dem Silbergroschen, aufgebaut war. Andere wieder basierten auf der Goldmünze – dem *fiorino d'oro* in Florenz bzw. dem Golddukaten von Venedig.

Die folgenden kurzen Angaben erklären nur die allerwichtigsten Währungseinheiten in Florenz zur Zeit Datinis. R. S. Lopez und I. W. Raymond kommen in der Einleitung zu *Medieval Trade in the Mediterranean World* ausführlich auf das Problem zu sprechen, ebenso R. de Roover in: *Money, Banking and Credit in Medieval Bruges*.

Der *fiorino d'oro* von Florenz trug auf der Vorderseite die Lilie von Florenz, auf der anderen Seite das Bild Johannes des Täufers; er wurde zum ersten Mal im Jahr 1252 geschlagen und blieb dann bis Mitte des 15. Jahrhunderts in Gebrauch. Die Prägung des Florentiner Goldguldens ebenso wie die des Venezianer Golddukatens wenig später war für den internationalen Handel von großer Bedeutung, da bis dahin die einzige international geltende Münze, die einen festen Wert hatte, der byzantinische *hyperper* gewesen war. Der *fiorino* enthielt 3,53 Gramm Feingold. Nach dem heutigen offiziellen Goldkurs von ca. $ 315 pro Unze wäre das also ein absoluter Wert von ca. DM 950, wobei natürlich die relative Kaufkraft nicht berücksichtigt ist.

Der *fiorino* war jedoch eher eine abstrakte Währungseinheit. Für die normalen Geschäfte und kleine Gehalts- und Lohnzahlungen wurde ein zweites Währungssystem geschaffen, die *lira d'argento*, genannt *di piccioli*. Auch die *lira d'argento* war allerdings nicht wirklich in Umlauf, ebensowenig wie die *soldi di piccioli* (1 *lira* = 20 *soldi*). Nur die *denari di piccioli*, die ein Zwölftel *soldo* wert waren, wurden wirklich gebraucht. Eine *lira di piccioli* entsprach als 240 *denari di piccioli*. Zusätzlich zu diesen

Münzen waren noch der *quattrino* = 4 *denari* und die *grossi d'argento* im Wert von ein Vierundzwanzigstel *fiorino d'oro* in Umlauf. Dabei schwankte der *grosso* entsprechend dem relativen Wert des Silbers im Verhältnis zum Gold. Auch der *fiorino d'oro* wurde in *soldi* und *denari* unterteilt, aber diese waren alle nur *di conto*, abstrakte Rechnungseinheiten, existierten nicht als geschlagene Münzen.

Der relative Wert der *lira di piccioli* zum *fiorino d'oro* war nie festgelegt, sondern schwankte dauernd, wobei im Laufe der Zeit der *fiorino d'oro* immer höher bewertet wurde, weil die Silberwährung immer schlechter wurde. Im Jahr 1252 bekam man für eine *lira di piccioli* einen *fiorino d'oro*; im Jahr 1400 mußte man dafür schon 3 ¾ *lire di piccioli* hinlegen, 1500 dann bereits 7. Weil die Löhne der meisten einfachen Arbeiter in *lire di piccioli* ausgezahlt wurden, die im Verhältnis zur Goldwährung ständig abgewertet wurden, war die Arbeiterschaft in zunehmendem Maß gegenüber den bessergestellten Schichten benachteiligt. Dies war einer der Hauptgründe für die Arbeiteraufstände im *quattrocento*.

Ein weiteres Währungssystem, das zu Datinis Zeiten in Gebrauch war und ebenfalls nur auf dem Papier bestand, war der *fiorino a fiorino*, der in 29 *soldi* zu je 12 *denari* unterteilt war.

Unmöglich kann man natürlich von diesen Wertangaben auf die reale Kaufkraft schließen, die zu Datinis Zeiten ganz sicher erheblich über der heutigen lag, schätzungsweise bis zum 20–25fachen. Aber diese Zahlen kann man nur annähernd durch den Vergleich von Löhnen, Gehältern und Preisen schätzen.

Ebenso kann man auch über heutige Äquivalente von mittelalterlichen Maßen und Gewichten keine präzisen Angaben machen. Selbst am menschlichen Körper orientierte Maße wie *palmo* (Handspanne) und *braccio* (Armlänge, Elle), aber auch *canna* (Rohr, Stock), nach einem überall gebrauchten Gegenstand gemessen, waren von Ort zu Ort verschieden und änderten sich zudem innerhalb kurzer Zeit als Maßeinheit. Und Hohlmaße wie „Sack" oder „Karren" konnten praktisch alles bedeuten. Die folgenden Maße und Gewichte aus dem Florenz Datinis sollen eine annähernde Vorstellung davon geben, was damit gemeint war.

Tuchmaße

braccio, Armeslänge, Elle, ca. 58 cm in Florenz, in anderen Städten davon abweichend.

canna, Rohr, Stock = 4 *braccia* (2,32 m).

palmo, Handfläche, Handspanne, zwischen einem Achtel und einem Neuntel einer florentinischen *canna*, also ca. 30–33 cm.

un pezzo di panno, ein Stück Stoff, ist nicht zu definieren. Vielleicht eine Rolle, eine Bahn.

Feine Seidenstoffe, Seide, Goldfaden und Posamenten wurden nach *oncie*, Unzen, also nach Gewicht verkauft.

Weinmaße

1 *fiasco*	(gut 2 l)	= 2 *metadelle*.
1 *barile*	(45,5 l)	= 20 *fiaschi*.
1 *soma*	(91 l)	= 2 *barili*.
1 *cogno fiorentino* bzw. 1 *botte*	(455 l)	= 10 *barili*.

Ölmaße

1 *mezzetta*		=	2 *quartucci.*
1 *metadella*		=	2 *mezzette.*
1 *fiasco*	(gut 2 l)	=	2 *metadelle.*
1 *barile*		=	8 *fiaschi.*
1 *soma*	(77 l)	=	2 *barile.*

Hohlmaße

1 *staio fiorentino* = ca. ein Scheffel, etwa 36 l. (1 *staio veneziano* betrug das Dreifache.)
1 *moggio fiorentino* = 24 Scheffel.

Flächenmaße

1 *staioro*, die Fläche Land, die einen *staio* Weizen erzeugt = 12 *pànora* zu je 144 *braccia quadrate*; also 523 m².

Gewichte

1 *denaro*	= 24 *grani.*
1 *ongia/oncia* (ca. 28 g)	= 24 *denari* bzw. für Gold, Silber und Perlen 144 *carati.*

1 *libbra:* Es wird unterschieden zwischen *libbra grossa* und *libbra sottile.* (In Venedig 100 *libbre grosse* = 158 *libbre sottili.*)

1 *chiovo* (für Wolle)	= ca. 3 kg.
1 *sacco*	= 50–60 *chiovi.*

Anmerkungen

Erstes Kapitel: Die Jahre in Avignon

1. In einer frühen Version wird diese Anekdote von Niccolao di Piero Gatti erzählt, dessen Nachfahren noch heute unter diesem Namen in Prato leben; ein Jahrhundert später dann von dem Kaufmann Ansaldo degli Ormanni „aus der Zeit, da unser Amerigo Vespucci die neue Welt entdeckte". Guasti erzählt die Geschichte in: *Lettere di un notaro [Ser Lapo Mazzei] a un mercante [Francesco di Marco]* [In der Folge zitiert als *Mazzei*], S. VIII–X.
2. In seinem Vorwort zu *Mazzei* gibt Guasti an, daß Francesco im Jahr 1330 geboren sei. Aber das läßt sich nicht belegen. Das tatsächliche Geburtsjahr dürfte um 1335 liegen. Siehe Bensa: *Francesco di Marco da Prato* [Im folgenden zitiert als *Bensa*], S. 17, Anm. 1.
3. *Mazzei*, S. XIV, und *Bensa* S. 20.
4. *Arte di Calimala*, die Tuchveredlerzunft. Calomel ist die Beize, die durch Gerinnung des Eiweiß die Farben echt macht. Die Zunft der Färber und Tuchveredler ist z. B. in Florenz die mächtigste Zunft. (Anm. d. Ü.)
5. Im Jahr 1376 verzeichnete eine Volkszählung 1471 Bürger der päpstlichen Kurie, *cives Romanae Curiae*, und 2359 Angehörige des päpstlichen Hofs, darunter die dreißig Hofkaplane des Papstes, seine Ritter und Knappen, Kammerdiener und Stallknechte, Leibwächter und Büttel, Dienstboten und Lieferanten. Dazu hielt sich jeder Kardinal noch einen eigenen großen Hofstaat: einer von ihnen brauchte im Jahr 1321 50 Häuser, um sein Gefolge unterzubringen. Siehe Mollat: *Les Papes d'Avignon*, S. 442–445; R. Brun: *Avignon au temps des Papes.*
6. Brief aus dem Archivio Datini, zitiert bei R. Brun: *Quelques Italiens d'Avignon au XIVième siècle*, II. *Nadino da Prato*. Extrait des *Mélanges d'Archéologie et d'Histoire publiés par l'Ecole Française de Rome*, Band XI, 1920, S. 224. S. auch *Bensa*, S. 24.
7. Die „*Grandes Compagnies*" zogen vor allem in den Friedensepisoden des Hundertjährigen Kriegs plündernd und brandschatzend durch Frankreich. Bertrand du Guesclin (1320–1380), der im Kampf gegen die Engländer eine große Rolle spielte, zweimal von ihnen gefangen genommen, von König, Papst und anderen Fürsten wieder ausgelöst wurde und schließlich dazu beitrug, daß England fast alle französischen Besitzungen verlor, zum Connétable ernannt von Charles V., führte einen großen Teil dieser undisziplinierten, das eigene Land gefährdenden Söldnerbanden nach Spanien, wo sie in den Erbfolgekriegen aufgerieben wurden. (Anm. d. Ü.)
8. Die *bacinetti*, Becken- oder Kesselhauben, die Datini vertrieb, waren sehr groß, mit vorkragendem Visier, das man öffnen und schließen konnte. Sie kamen größtenteils aus Mailand, aber auch in Avignon selbst fertigten Mailänder Waffenschmiede sie an. Die teuerste Ausfertigung hatte einen Eisenkoller, der auch die Schultern schützte, Lederfutter und zusätzlich eine Innenkappe aus Leder. Sie kosteten zwischen 4 und 21 Gulden. Die „Eisenhüte" waren runde

Eisenhelme und wesentlich billiger. Bei den *cervelières* handelte es sich um flache, randlose Eisenkappen, die nur den Schädel schützten. Sie kosteten im Jahr 1369 pro Stück 33 *soldi* und wurden von den Fußtruppen getragen. Der *coretto*, Brustschutz, war ein kurzärmeliges Kettenhemd. Die *cuissards* (*la cuisse*, der Oberschenkel, d. Ü.) und die *harnais de jambes* (Beinschienen, d. Ü.) aus Eisen oder aus gegerbtem Leder waren mit verzinnten Beschlagnägeln verziert, die ledergefütterten Handschuhe aus Eisen ebenfalls. Er vertrieb aber auch Luxushandschuhe aus weißem *chamois* mit Ziegenlederfutter, mit zinnoberroter Seide genäht. Eine einzige Waffensendung von Basciamuolo in der Lombardei nach Avignon im Jahr 1370 bestand aus elf Ballen im Wert von 744 *livres*, während eine andere Firma 1371/72 sogar 47 Ballen versandte. Brun: *Notes sur le commerce des armes à Avignon au XIVième siècle*, S. 210–212, 217–224, 224–226, 228–230.

9. Der Partnerschaftsvertrag ist vollständig abgedruckt in *Bensa* Dok. I.

10. *Bensa*, S. 68; Zitat aus einem Brief Francescos an Stoldo di Lorenzo vom 10. Februar 1378.

11. Piattoli: *Un inventario di oreficeria nel trecento*. In: *Rivista di Arte*, XIII (1931), S. 241–259; Vertrag zwischen Bonaccorso di Vanni aus Prato und Geri di Andrea aus Pistoia „im Gewerbe des Geldwechsels und des Handels mit Gold- und Silberwaren, Juwelen, Perlen und Edelsteinen nebst allem Zubehör" (5. Mai 1355).

12. Siehe Brun: *Notes sur le commerce florentin à Paris à la fin du XIVième siècle*. In: *Cooperazione Intellettuale*, VI, S. 90.

13. Die Anwendung von Repressalien geht bis ins 9. Jahrhundert zurück und war anerkannte Rechtspraxis geworden. 1164 wurde im *Breve dei Consoli* von Pisa folgende Regelung festgelegt: Wenn ein Bürger von Pisa im Ausland „um das Seine gebracht" worden war und den ausstehenden Betrag auf sein Begehren nicht vom Rector der fremden Stadt zurückerstattet bekam, konnte er gegen jeden beliebigen Mitbürger seines Schuldners, der nach Pisa kam, *ricolligere suum* (seine Forderung vollstrecken). Privatpersonen konnten dieses Recht allerdings nur auf dem Weg über *lettres de marque*, „Repressalienbriefe", ausüben, die ihnen erst nach Untersuchung des Falls von ihren Heimatkommunen ausgestellt wurden. Verschiedene Personengruppen konnten nicht mit *rappresaglie* belangt werden, so Botschafter, Pilger und Studenten der Universität von Bologna, in einigen Städten aber auch Kaufleute.

14. Jacopo di Cione ist der jüngere Bruder Orcagnas. Er wurde 1368/69 in die Malergilde aufgenommen und malte die Marienkrönung, die jetzt in der Accademia von Florenz hängt. Meiss: *Painting in Florence and Siena after the Black Death*, S. 169.

15. Dieser Brief vom 27. März 1387 ist auf englisch vollständig abgedruckt in Lopez / Raymond: *Medieval Trade in the Mediterranean World*, S. 114 f.

16. Kunstwerke und Haushaltwaren, die Datini zum Verkauf in Avignon exportierte, sind aufgeführt in Brun: *Notes sur le commerce des objets d'art en France et principalement à Avignon à la fin du XIVième siècle*. In: *Bibliothèque de l' Ecole des Chartes*, Bd. XCV, 1934.

17. *Mazzei*, Brief CCCXVI (ohne Datum).

18. Der Briefwechsel zwischen Francesco, Monna Piera und Niccolozzo di Ser Naldo geht von 1372 bis 1382 (Archivio Datini, Ordner 1117).

19. Guasti gibt ihr Alter mit 18 an, aber ein Brief Francescos aus dem Jahr 1385, also acht Jahre später, zeigt, daß sie nicht älter als 16 gewesen sein kann, denn er schrieb: „Bald wirst du in deinem 25. Jahr sein."

20. *Mazzei*, S. XXXV f.

21. *Le Chroniche di Giovanni Sercambio Lucchese*, hrsg. v. S. Bongi, in: *Fonti per la Storia d'Italia*, hrsg. Ist. Storico Ital., Bd. I, S. 216.

22. *Diario di Anonimo Fiorentino*. In: *Documenti di Storia Italiana*, Bd. VI.

23. Ein Brief, den Francesco von Mazzeo di Francesco, einem seiner Freunde in Prato, erhielt, bestätigt, daß einer der Rädelsführer des Aufstands die Absicht hatte „Prato in die Hand der Kirche zu geben". Siehe Piattoli: *L'origine dei fondaci datiniani di Pisa e Genova*. In: *Arch. Stor. Pratese*, 1927–1930.

24. Für Saporis Behauptung: „[Francesco] vergaß sein Vaterland über seinen eigenen finanziellen Interessen, lieferte Waffen und alles, was dazu gehörte, an Gregor XI. und dazu noch das Geld zum Kampf gegen sein eigenes Land", findet sich im Archivio Datini keinerlei Belegstelle. Sapori zitierte nur einen Brief Francescos vom 10. Januar 1377, in dem er sich beklagt, er müsse 260 Gulden an den Papst zahlen, „als Darlehen oder was auch immer". Dabei handelt es sich aber lediglich um eine allgemeine Steuer, die von allen Bewohnern der Stadt Avignon erhoben wurde. Siehe Sapori: *Economia e morale alla fine del trecento*. In: *Studi di storia economica medievale*.

25. Andrea di Maestro Ambrogio, Florenz, an Agnolo degli Agli, Pisa, 26. Juni 1378, zitiert bei Piattoli: *L'origine dei fondaci datiniani di Pisa e Genova*. In: *Arch. Stor. Pratese*, 1927–1930.

26. Dieser Partnerschaftsvertrag mit dem Datum vom 1. Dezember 1382 ist ebenfalls abgedruckt bei *Bensa*, Dok. III.

27. Paolo da Certaldo: *Libro di buoni costumi*, § 96.

Zweites Kapitel: Prato und der Tuchhandel

1. Ein Manuskript in Lucca mit Anleitungen zum Färben von Tuch stammt aus dem 7. Jahrhundert.

2. *Statuti dell'Arte della Lana di Prato*, zwischen 1315 und 1320 abgefaßt und 1333 bzw. 1371 mit Ergänzungen und Änderungen versehen, S. 1. – *Breve dei Gualchieri*, die Zunftregeln der Walker von Prato aus dem Jahr 1285, Archivio di Stato, Florenz.

3. Repetti: *Dizionario geografico-fisico-storico della Toscana*, Bd. IV, S. 654.

4. Eine Urkunde, die alle *Veronesi* und *Lombardi* von Steuern befreite, die sich als Wollfacharbeiter oder als Färber in Prato niedergelassen hatten, bezeugt, daß es spätestens ab 1243 diese Berufe in Prato gab. *Statuti dell'Arte della Lana di Prato*, S. 3.

5. Nicastro: *Sulla storia di Prato dalle origini alla metà del secolo XIX*, S. 115.

6. Jede der beiden Festungen hatte einen Festungskommandanten, der das *castello* nicht verlassen durfte und bei seiner Ernennung eine enorme Kaution von 10000 Gulden hinterlegen mußte. Nicastro, S. 143.

7. Francesco Sacchetti: *Novelle*, CXIV.

8. Eine ähnliche Strafe wurde über einen Mann verhängt, der den Heiligen Gürtel der Jungfrau Maria aus der ihr geweihten Kapelle, der *Capella della Cintola*, zu stehlen versucht hatte. Nicastro, S. 132.

9. Diese Schaugefechte erfreuten sich im Mittelalter in allen Städten großer Beliebtheit, aber gegen Ende des 13. Jahrhunderts wurden sie mancherorts verboten, so z. B. in Perugia und Siena. Sie leben im *Giuoco del Ponte* von Pisa und im *Giuoco del Saracino* von Arezzo heute noch fort.

10. *Mazzei, Proemio.* Diese Herausforderung wurde 1387 abgeschickt.

11. Giovanni Miniati da Prato: *Narrazione e disegno della terra di Prato*, S. 45-47.

12. Diese Zahlen sind natürlich nur geschätzt. Sie wurden von Lokalhistorikern aus der belegbaren Tatsache erschlossen, daß es zu Beginn des 14. Jahrhunderts in Prato etwa 3000 Häuser gab.

13. In Prato gab es die Gilden der Richter und Notare; Wollhändler, Wollfacharbeiter; Geldwechsler und Goldschmiede; Apotheker (zu denen die Ärzte gehörten); Schmiede; Schuster; Metzger; Spezereihändler; Winzer (zu denen die Schankwirte gehörten); Schneider; Bäcker; Müller; Barbiere; Tischler und Zimmerleute.

14. *Riforma della terra di Prato deliberata nei Consigli della Repubblica di Firenze*, 28. Februar 1351, abgedruckt bei R. Piattoli: *Documenti per la Storia dell'Arte della Lana di Patro.* In: *Arch. Stor. Pratese*, 1952, S. 6.

15. *Statuti dell'Arte della Lana di Prato*, VIII, X, XIV, XV, XVIII, XIX, XX und XXI.

16. F. Edler: *Steps in the Manufacture of Woollen Cloth in Italy.* In: *Glossary of Medieval Terms of Business,*S. 324-329.

17. *Statuti*, XXII, XXIII, XXV, XXVII, XXVIII, XXXVI, XLI, LI, LIII und LXXXVIII.

18. Maestro Lorenzo Sassoli an Francesco, 16. Mai 1404. In: *Mazzei*, II, S. 370.

19. *Mazzei*, S. XLI.

20. Brasilin wurde aus dem indischen Baum *Caesalpina sappan,* dem Rot- oder Pernambukholz, gewonnen. Vermiglion wurde aus einer kristallinen Substanz hergestellt, die an den Ufern des Roten Meeres gefunden wurde. Ciasca: *L'arte dei medici e speziali nella storia e nel commercio fiorentino.* Und: *Cambridge Economic History of Europe*, Bd. II, S. 371 u. 388.

21. Das Wort *garbo* kommt von Algarve, der Provinz im Süden Portugals, aus der ein Teil dieser Wolle kam. Aber später wurde auch Wolle aus dem Nordwesten Afrikas und aus Katalonien so bezeichnet. San Matteo ist ein Dorf in Katalonien, das zu einem Sammelplatz für alle spanische Wolle wurde.

22. Eine Preisliste der Compagnia di Prato führt englische Wolle aus den Cotswolds als teuerste auf; für sie wurden bis zu 51 *lire a fiorino* pro 100 *libbre* gezahlt. Fast ebenso teuer war *lana di Minorca*, Höchstpreis *lire* 39.3.0, gefolgt von *lana di Majorca* zu 25.3.0; dann kam *lana francesca, lana di San Matteo, provenzale* bis hinunter zur *romagnola* und *barbaresca*, aus denen grobes Tuch gemacht wurde. Siehe F.Melis: *La formazione dei costi nell'industria laniera alla fine del trecento.* In: *Economia e storia*, Bd. I, S. 36, Anm. 20.

23. Als Wollieferanten Datinis in England finden sich im Datini-Archiv folgende Firmen: Gherardo degli Alberti & Co., Woll- und Tuchhändler; Agnolo Cristofano & Co.; Piero Marchi & Co.; Francesco Tornabuoni und Domenico Caccini & Piero Cambini; Gherardo Davizi; Dino Guinigi & Co.; Pazzino di Giovanni & Co.; Francesco und Giacchetto Dini; Marco Mernati; Francesco Ardinghelli; Francesco di Filippo de' Neri; Luigi und Salvestro Mannini & Co., *mercanti banchieri* (Kaufleute u. Bankiers); Giovanni Orlandini & Co., Florentiner Tuchhändler. Von Warensendungen all dieser Firmen existieren Eintragungen in den

Listen der *Exchequer Customs Accounts* im *Public Record Office* in den Jahren 1380-1410, in denen Datini englische Wolle importierte; wir wissen aber nicht, welcher Anteil von diesen Lieferungen an ihn selbst ging. Alle Sendungen wurden von London oder anderen Themsehäfen aus verschifft, aber auch von Southampton kam manchmal Tuch. *Public Record Office: Exchequer L. T. R.* Und: *Customs and Subsidy Accounts, London and Thames Ports to Gravesend; Southampton, Wool Subsidy and Petty Custom.*

24. Domenico Accini und Piero Cambini erwähnen 1403 in einem Brief „die gute und schöne Messe von Boriforte" (Burford?), wo die Wolle „sehr fein und weiß, besser als erwartet" war. 120 Säcke wurden auf der Stelle von „unseren Leuten" (d. h. Florentinern) aufgekauft, „der Rest von Tuchmachern aus Bristol und London". Dieselben Käufer zogen dann zu der Messe von Northleach (Norleccio) weiter.

25. Zwischen 1350 und 1360 hatte England durchschnittlich etwa 32000 Sack Wolle pro Jahr exportiert, zwischen 1390 und 1399 lediglich 19000, während gleichzeitig der Tuchexport von durchschnittlich 5000 Stück auf 35000 angestiegen war. E. Carus Wilson: *Medieval Merchant Venturers.* S. XVI f. u. S. 248.

26. London und Southampton tauchen häufig in den Geschäftspapieren der Firma Datini auf, Sandwich dagegen finden wir nur dreimal, und zwar in Zusammenhang mit venezianischen Galeeren, die nach Flandern gingen, Dartmouth (Daramundo) und Bristol jeweils einmal. Erst in der zweiten Hälfte des 15. Jahrhunderts übernimmt Bristol seine wichtige Rolle im Handel mit den Mittelmeerländern.

27. In den fraglichen Jahren werden in den Registern auf den Frachtern, die von London und den Themsehäfen aus segelten, nur sieben italienische Handelskapitäne aufgeführt, dagegen aber 101 englische. *Public Record Office: L. T. R. Customs Accounts, London and Thames Ports, 1380 – 1404.*

28. Folgende Erklärung, die am 3. Januar 1396 in Brügge unterzeichnet ist, gibt detaillierten Einblick in die Kosten, die durch das Chartern eines Frachtschiffs mit bewaffneter Besatzung entstanden, das von England nach Porto Pisano segelte: „Wir, Diamante und Altobianco von der Firma Alberti &Co., erklären Euch, Niccolò von der Firma Ammannati und Tano di Ghinozzo & Co., daß Francesco von Arles und seine Gesellschaft bei Luca del Biondo Laderaum nach Lucca gechartert hat auf den drei Schiffen, die er letztes Jahr schon für die Fahrt nach Porto Pisano genommen hat, und zwar für die Wolle und das Tuch, die Bernardo di Jacopo auf das besagte Schiff geladen hat... Und Luca versprach, daß alle Waren, die der besagte Jacopo eingeladen hat, 6 Gulden pro Sack Wolle bzw. 8 Gulden pro Sack Tuch kosten würden, nämlich für Fracht, wozu noch die sonst in Spanien üblichen Ausgaben kommen, plus die Kosten für 30 Armbrustschützen, deren Anwesenheit an Bord alle einmütig für notwendig erachteten, plus die Kosten für die Lotsen von Antona und fünf Wachposten, die mit seiner und der anderen Kaufleute Zustimmung an Bord waren." (*Bensa* [s. Kap. 1, Anm. 2], Dok. CIII.)

29. Melis: *La formazione dei costi nell'industria laniera alla fine del trecento.* In: *Economia e Storia,* Nr. 1 u. 2, 1954. Aus den Gesamtkosten hat F. Melis folgende Einzelposten errechnet: 15,24 Prozent schlugen für den Einkauf des Rohmaterials zu Buche, dazu 0,82 Prozent für Aufkaufen, Abholen und Verladen. Auf Frachtkosten entfielen nur 5,37 Prozent, plus 3,51 Prozent auf die Verpackung

und 6,08 Prozent auf Versicherung, dazu 0,65 Prozent Stapelgebühren. Die Steuerabgaben beliefen sich auf den erklecklichen Prozentsatz von 10,69, die Verkaufsunkosten nochmals auf 3,08 Prozent. Die Tuchherstellung selbst verschlang 40,61 Prozent.

Drittes Kapitel: Handel im Land und in der Fremde

1. „Die Menschen gaben sich einem bis dahin ungekannten sittenlosen und anstößigen Lebenswandel hin. Da sie dem Müßiggang frönten, erlagen sie haltlos der Ausschweifung und der Völlerei, auf Festgelagen und in Tavernen schwelgten sie in erlesenen Speisen, ergötzten sie sich an Volksbelustigungen, überließen sich ungezügelter Sinnenlust, kleideten sich mit fremdartigen und ausgefallenen Gewändern in unzüchtigem Stil und Schnitt und richteten sich nur noch mit neumodischen Möbeln ein. Und das *popolo minuto*, Frauen und Männer gleichermaßen, wollte nicht mehr in seinem herkömmlichen Gewerbe arbeiten, weil es alle Dinge in Hülle und Fülle gab... und Diener und gemeine Weiber kleideten sich in feine und teure Gewänder von verstorbenen ehrbaren Damen." (Matteo Villani: *Cronaca*. Bd. 1, Kap. IV.)
2. *Diario di Anonimo fiorentino*. In: *Documenti di storia italiana*, hrsg. v. Deputazione di Storia Patria per le Provincie Toscane. – Das Tagebuch wurde von einem Florentiner Arbeiter in der zweiten Hälfte des 14. Jahrhunderts verfaßt.
3. Rodolico: *La democrazia fiorentina nel suo tramonto*. S. 55.
4. Sapori: *Economia e morale alla fine del trecento*. In: *Studi di storia economica medievale*.
5. Piattoli: *L'origine dei fondaci datiniani di Pisa e Genova*. In: *Arch. Storico Pratese*, 1927–1930.
6. Andrea di Maestro Ambrogio in Florenz an seinen Partner Agnolo degli Agli in Pisa am 20. Oktober 1378. Zitiert bei Piattoli, S. 46 f.
7. In einem Brief von Paris nach Valencia wird besonders darauf hingewiesen, daß es sich nur rentiere, Juwelen von allerbester Qualität zu senden, da billige Steine, von denen bereits ein Überangebot bestehe, nicht absetzbar seien. Zudem sei man gerade in der ungünstigsten Zeit des Jahres: *„perchè ora sono passate le strene"* (Zeit der Neujahrsgeschenke). De Roover: *Money, Banking and Credit in Medieval Bruges*.
8. Paolo da Certaldo: *Libro di buoni costumi*, § 251.
9. Brun: *Notes sur le commerce florentin etc.*, S. 90 u. 92.
10. Deo Ambrogi in Paris an Cristofano di Bartolo auf Mallorca am 16. August 1395. Abgedruckt in Livi: *Dall' Archivio di Francesco Datini*, S. 7.
11. *Bensa* (s. Kap. 1, Anm. 2), Dok. X: *Iscritta della Compagnia di Francesco e Domenico*, 1. Februar 1387.
12. Archivio di Stato, Firenze: *Arte della Seta*, Nr. 4, S. 5. – Francesco wurde im Mai 1403 ein Konsul der Gilde.
13. Die Zunftstatuten von 1335 führen in der Mitgliederliste die ganze Vielfalt der Gewerbe auf, die in dieser Gilde zusammengefaßt waren – neben Kaufleuten aller Arten von Tuch, für das nicht die *Arte della Lana* oder *die Arte di Calimala* das Monopol besaßen, „all jene, die Handel trieben in Wämsen, Steppdecken, Decken, Matratzen und Polstern, gefärbtem Linnen, Baumwolle, roher und geschlagener, Hauben und Kapuzen, Strumpfwerk, modischen Kopfbedeckun-

gen und Mützen, Filz, Taft, Samt... Goldstoffen und Purpur, Waffen und Kettenrüstungen, Wandteppichen, schweren fremdländischen Wandbehängen, Bettvorhängen, Bettspreiten, Stühlen, Bänken und Möbelbezugsstoffen, Fahnen, Becken, Stoffen von jenseits der Alpen, irischen Bettvorhängen und Bezugsstoffen, Tischdecken und Mundtüchern, Fazolettlein, ebenfalls von jenseits der Alpen, Rohseide, gefärbter Seide, Scharlachfarbe oder Schirwitz, Gold- und Silberfaden und Schmirgel".

14. Sapori: *Una Compagnia di Calimala ai primi del trecento.* S. 43 f. – Das Geschäft, das er beschreibt, wurde 1319 eröffnet. Aber die Läden waren, zeitgenössischen Abbildungen zufolge, auch zu Francescos Zeiten nicht eleganter ausgestattet. Siehe auch Sapori: *La cultura del mercante medievale italiano.* In: *Studi di storia economica medievale,* S. 302–310.

15. Archivio di Stato, Florenz: *Mercatanti in Calimala,* Nr. 6.

16. Daß bereits damals zwischen diesen beiden Typen von Kaufmann unterschieden wurde, sieht man aus den zwei verschiedenen Formen von Bürgerrecht, die Venedig verlieh: *de intus* für die, die ausschließlich am Ort Handel trieben, und *de intus et extra* für die, die Fernhandel trieben, vor allem mit der Levante. Siehe Luzzatto: *Piccoli e grandi mercanti nelle città d'Italia del Rinascimento.* In: *Saggi di storia e teoria economica in onore di G. Prato.*

17. Dieses Dokument ist etwa 20 Jahre älter als das von Uzzano zitierte ähnlichen Inhalts. In einem anderen Verzeichnis werden die Gebühren aufgeführt, die für die verschiedenen Waren als Pflasterzoll für die Stadt Florenz zu entrichten waren. Veröffentlicht in: Piattoli (s. Anm. 5), Dok. 1.

18. *Mazzei,* 28. Januar 1406.

19. *Bensa,* Dok. VII.

20. Piattoli, Dok. IV und V.

21. Die Filiale auf Ibiza wurde von den zwei Florentinern Giovanni und Tuccio di Gennaio geleitet, die sich dort bereits niedergelassen hatten und auf eigene Rechnung Handel trieben.

22. *Bensa,* Dok. CXXXV: *Valute in Barzelona a dì 15 settembre, 1385.* Und: Brief vom 17. Dezember 1402 im *Carteggio Malaga-Barcelona.*

23. Melis: *Mostra Internazionale dell' Archivio Datini. Aspetti della Vita economica medievale,* S. 15. Zitat aus einem Brief des Giovanni di Gennaio vom 15. April 1404 aus dem *Carteggio Ibiza-Barcelona.*

24. „Vom König von Navarra habe ich die Erlaubnis gehabt, in sein Reich einzureisen, mich dort aufzuhalten und wieder auszureisen mit allen meinen Juwelen und Handelswaren in Sicherheit, ohne etwas zu bezahlen. Wahrscheinlich wende ich mich nach Bordeaux (Bordello), und von dort reise ich weiter per Schiff nach England, dann nach Irland, wo der König ist." (*Carteggio di Barcelona:* Baldassarre degli Ubriachi an Simone d'Andrea Bellandi, 14. Juli 1399.) Siehe auch Livi (s. Anm. 10), S. 50.

25. Archivio di Stato, Firenze: *Appendice ai Capitoli del Comune di Firenze,* Nr. 26 (*Registro degli Schiavi,* 1363–1397). Siehe auch Origo: *Eastern Slaves in Tuscany in the fourteenth and fifteenth centuries.* In: *Speculum,* Bd. XXIX, Juli 1955.

26. Piattoli: *L'assicurazione di schiavi imbarcati su navi ed i rischi di morte nel medioevo.*

27. Die Briefe, deren Inhalt sich auf den Sklavenhandel bezieht, befinden sich zum größten Teil in den *Carteggi* Ibiza-Valencia, Valencia-Ibiza, Mallorca-Barcelona,

Barcelona-Avignon und Mallorca-Genua. Einige der hier zitierten sind veröffentlicht in Livi: *La schiavitù nei tempi di mezzo e nei moderni.*

28. Sapori schätzt, daß der Reingewinn im Florentiner Wollhandel zwischen 7 Prozent und 15 Prozent schwankte, während Geld, das in Banken oder Handelsfirmen angelegt war, etwa 6–10 Prozent *per annum* brachte. Sapori: *Il commercio internazionale nel medioevo.* Ders.: *Una Compagnia di Calimala ai primi del trecento.* Ders.: *L'interesse del danaro a Firenze nel trecento.* In: *Studi di storia economica medievale.*

29. *Bensa,* Dok. X: *Conto di utili sociali prodotti dalla società tra Francesco di Marco e Domenico di Cambio* (1405?).

30. Renouard: *Les relations des Papes d'Avignon et des compagnies commerciales et bancaires de 1316 à 1378,* S. 72f., 84.

Viertes Kapitel: Die Handelsgesellschaften und ihre Mitglieder

1. Die in diesem Kapitel zitierten Briefstellen stammen zum größten Teil aus Schreiben Francescos an seine verschiedenen *fattori* (allen voran Stoldo di Lorenzo, Luca del Sera und Cristofano di Bartolo), die teils in den Mappen des *Carteggio privato a diversi* unter den jeweiligen Namen der Empfänger oder unter der Überschrift „*A vari in Barcelona, Maiorca, Valenza*" etc. zu finden sind.

2. Solche Warenzeichen waren damals natürlich allgemein gebräuchlich. Jeder Kaufmann und jeder Handwerker hatte eines. Wenn zwei eine Firmenpartnerschaft eingingen, wurde meist ein neues Zeichen entworfen, das aus denen der Partner zusammengesetzt war.

3. Piattoli: *L'origine dei fondaci datiniani di Pisa e Genova;* S. 46f.

4. *Mazzei:* 7. Juni 1401.

5. Bonaccorso Pitti: *Cronica,* S. 42 u. 55.

6. *Bensa* (s. Kap. 1, Anm. 2), Dok. I. – Die Handelsgesellschaft sollte drei Jahre lang bestehen. In dieser Zeit sollte das Kapital „in den drei Geschäften in Avignon" arbeiten; keiner der Gesellschafter durfte ohne Zustimmung des anderen anderweitig Geschäfte machen. Weitere ähnliche Verträge s. *Bensa,* Dok. II–X.

7. So eine Provision war meist gering, wie ein Brief Datinis an seinen Filialleiter in Barcelona zeigt, worin er schreibt, daß eine Provision von 1 ½ Prozent zu hoch sei. „Wem würdest Du Deine Angelegenheiten eher übergeben, wenn Du selbst etwas in Auftrag gibst: dem, der Dir hohe Spesen berechnet, oder dem, der angemessene Gebühren fordert?" (An Simone d'Andrea, 1. Februar 1406.)

8. Piattoli: *Un mercante del trecento e gli artisti del tempo suo,* S. 33f. – Stelle aus einem Brief von Datinis Fondaco in Florenz an Agnolo di Niccolò di Piero vom 9. Juli 1398.

9. *Bensa,* Dok. X, belegt die Auflösung der Gesellschaft nach 18 Jahren. Auch hier war Francesco der Seniorpartner und hatte 3400 Gulden eingebracht, während Domenico 600 Gulden und seine Arbeitskraft zur Verfügung gestellt hatte.

10. *Mazzei:* 18. Mai 1401 und 3. März 1405.

11. Boninsegna di Matteo, der in Datinis Laden in Avignon angestellt war, wurde z. B. sein Partner, als Datini in die Toskana zurückkehrte. Manno di Albizzo degli Agli stieg vom *fattore* zum Sozius in der Pisaner Gesellschaft auf. Cristofano

di Bartolo und Simone d'Andrea machten in den spanischen Filialen eine ähnliche Karriere.

12. *Mazzei:* An Simone d'Andrea, 14. Januar 1404. – Schach war immerhin an langen Winterabenden erlaubt.

13. *Cod. Magliabechiano*, Biblioteca Nazionale Florenz, veröffentlicht von G. Corti in: *Arch. Stor. Italiano*, 1952, Disp. 1.

14. Die meisten Briefe von Datinis Filialen im Ausland endeten, wie es damals üblich war, mit einer Liste der Wechselkurse.

15. 5. Buch Moses, XVI/19.

16. Paolo da Certaldo, *Libro di buoni costumi*, § 97 und 333.

17. *Mazzei:* An Simone d'Andrea, 3. März 1406.

18. Aus einem Brief Francescos an die Steuereintreiber von Florenz. Zitiert in *Mazzei*, S. XXX.

19. In den Kontobüchern, die 1393 über die Haushaltungskosten der Filiale in Valencia geführt wurden, sind die täglichen Verpflegungskosten ihrer Mitglieder verzeichnet. Brot und Wein wurden täglich eingekauft, ebenso Fleisch, die beiden Fastentage Freitag und Samstag ausgenommen, an denen es dafür frischen Fisch, Eier, Käse und Salat gab. Sonntags gab es auch Reis, der in Valencia angebaut wurde, und allerlei Wurstwaren. Zum Kochen verwendete man Öl und verschiedene Gewürze, die nicht näher aufgeführt sind. An Obst und Gemüse sind Orangen, Feigen, Äpfel und Nüsse, Kohl, Bohnen, Auberginen, Kichererbsen und Zwiebeln verzeichnet (*Bensa*, Dok. CXLII).

20. Livi: *Dall' Archivio di Francesco Datini*, S. 53: *Copia de' capitoli sopra fatti de' Taliani, deliberati per lo molt' alto senyor de Aragona e per lo suo Consiglio*, 25. Dezember 1402.

21. Siehe Verlinden: *L'esclavage dans le monde ibérique médiéval*; Und: *Esclaves fugitifs et assurances en Catalogne*, S. 308–310.

22. *Mazzei:* An Simone d'Andrea, 16. April 1401.

23. Es war vor allem der Leichtsinn seiner jungen Partner, der Datinis Zorn erregte. „Mit Gottes Hilfe habt Ihr schnell viel Geld gemacht..., aber mir scheint, daß Ihr es alle – und dabei ist einer schlimmer als der andere – nicht zusammenhalten könnt noch je zusammenhalten konntet... Und aus den spärlichen Briefen, die Du mir geschickt hast, entnehme ich, daß Du es gemacht hast wie jener Kardinal, der gefastet hat, so lange er noch jung war und ein *garzone*, der aber, sobald er Kardinal war, keinen einzigen Tag mehr gefastet hat." (Livi: *Dall' Archivio di Francesco Datini*, S. 16.)

24. *Mazzei:* An Simone d'Andrea, 27. April 1403 und 15. Januar 1404.

25. Ein Sonett von Antonio Pucci beschreibt die Pflichten eines Vaters:

> *Quando il fanciul da piccolo scioccheggia*
> *gastigal con la scopa e con parole;*
> *e, passati i sett' anni, sì si vuole*
> *adoperar la ferza e la correggia;*
> *e se, passati i quindici, e' folleggia*
> *fa'col baston, ché altro non gli duole...*
> *E, se ne' vent' ancor ben far nimica,*
> *deh, mettilo in prigion, se te ne cale!*
> *e quivi un anno di poco'l notrica.*

Wenn der kleine Bub eine Dummheit macht,
Züchtige ihn mit dem Besen und mit Worten,
Und wenn er über sieben Jahre alt ist, so du willst,
Gebrauche die Peitsche und den Riemen,
Und wenn er über fünfzehn ist und es toll treibt,
Mach mit dem Knüppel, wenn ihm anderes nicht weh tut...
Und wenn er sich mit zwanzig immer noch nicht beträgt,
Ja, dann sperre ihn eben ein, wenn es dir nichts ausmacht,
Und gib ihm ein ganzes Jahr lang schlecht und wenig zu essen.

26. *Mazzei* II: Brief CCCXVII, ohne Datum.
27. Generalvollmacht für Cristofano di Bartolo, von Francesco ausgestellt am 23. Mai 1397. Archivio di Stato, Florenz: Diplomatico, Ceppi di Prato. – Diese Akten enthalten noch weitere Generalvollmachten, die Francesco seinen Partnern in Spanien ausgestellt hat.
28. Allgemein wurde angenommen, daß die Pest unter den Tataren ausgebrochen war, die 1347 die Genuesen in Caffa belagerten und die Pestleichen in die belagerte Stadt warfen und dadurch die Epidemie auch unter den Verteidigern verbreiteten – wenn man so will das erste Beispiel für „bakteriologische Kriegführung".
29. *Mazzei:* An Francesco, ohne Datum, und an Cristofano di Bartolo, 30. April 1400.
30. Die Gesetze des *Consolato del Mare* sind hier nach einer katalanischen Abschrift des 14. Jahrhunderts zitiert. Sie wurden international eingehalten und in fast jede europäische Sprache übersetzt.
31. Livi, S. 33: *Ricordo di tutte quelle cose che ci fanno bisogna per il mare, 1393.*
32. *Bensa*, Dok. CXXVIII.
33. Brun: *Quelques Italiens d'Avignon au XIVième siècle.*
34. Livi: *La schiavitù domestica*, S. 301. Er zitiert den *Carteggio di Maiorca*, 13. Juli 1404.

Fünftes Kapitel: Geld

1. Die Chartergebühr für drei Galeeren in Nizza oder in Marseille betrug 1300 Gulden pro Monat. Wurde das Schiff gekapert, war das zu zahlende Lösegeld zu gleichen Teilen von den Kaufleuten und vom Reeder aufzubringen. Die Galeeren mußten mit 29 Ruderbänken ausgerüstet und mit Bogenschützen bewaffnet sein. Siehe *Bensa* (s. Kap. 1, Anm. 2), Dok. LXXX u. CXXVI.
2. Ein typischer Avis lautet: „Im Namen Gottes und einer sicheren Ankunft. Überbringer ist Pietro di Sarro d'Arlingana, Schiffsherr der S. Giuliano. Mit besagtem Schiff sende ich Euch 105 *salme* Weizen, geladen in Termini (Sizilien), und es ist schöner Weizen, vom schönsten Weizen dieses Landes. Und besagter Schiffsherr soll Euch das besagte Getreide aushändigen und innerhalb acht Tagen die Ladung löschen, und er soll als Frachtgebühr erhalten 5 *tarì* 18 *grane* pro *salma*." (*Bensa*, Dok. LXXVIII, 17. August 1388.)

3. Pergolotti fügte noch hinzu, daß der kluge Kaufmann sich möglichst einen reichen Schiffseigner aussuchen sollte, weil ein armer meist so große Anleihen auf die Fracht des Schiffs aufnehme, noch bevor es überhaupt auslaufe, daß er es lieber kentern lasse, als das geliehene Geld zurückzuzahlen (*La pratica della Mercatura*, hrsg. v. Evans, S. 322).

4. *Carteggio Firenze – Genova*, 24. Mai 1398. – Siehe auch Bensa: *Il contratto di assicurazione nel medio-evo*, und: F. Edler: *Early Examples of Maritime Insurance*. In: *Journal of Economic History*, V (1945).

5. *Bensa*, Dok. CXXVII.

6. Diese Prämien waren niedrig, denn Giovanni da Uzzano meinte, eine angemessene Prämie müßte zwischen 12 und 15 Prozent liegen.

7. Versicherungspolice Francesco di Marco & Co., Pisa, über 400 Gulden für Ware, die auf einem provenzalischen Schiff von Arles nach Porto Pisano transportiert wurde, 11. Juli 1385; und: Versicherungspolice Francesco di Marco & Domenico di Cambio über 2100 Gulden für *merci sottili*, feine Ware, von Motrone nach Aigues Mortes, 10. Juli 1397. (*Bensa*, Dok. XI, XIV und CXXXIX.)

8. *Mazzei*: 2. März 1394.

9. Paolo da Certaldo, *Libro di buoni costumi*, § 252.

10. Von diesen Männern schrieb Dante:

> ... *lo puzzo*
> *Del villan d'Aguglion, di quel da Signa,*
> *Che già per barattare ha l'occhio aguzzo!*

> ... den Gestank der Bauern
> Sowohl aus Signa als aus Aguglion
> Die scharfen Blickes schon auf den Schacher lauern.

Paradiso XVI, 55–57 (Übersetzung W. G. Hertz)

11. Entwurf eines Briefes in Francescos Schrift auf der Rückseite einer Liste von Versicherungspolicen (*Assicurazioni marritime*, ohne Datum).

12. *Mazzei*, 27. Juni 1394. – Die Zusammenkünfte der *Gonfalonieri* mit den zwölf *Buonomini* von Florenz hießen *Collegi*, weil sich dort die Vertreter des Volks trafen, um die Angelegenheiten der Kommune mit den Mitgliedern der Signoria zu diskutieren.

13. Fra Girolamo Savonarola: *Prediche*, hrsg. v. G. Baccini, Florenz 1889, S. 563.

14. *Mazzei*, 5. Mai, 8. Juli und 25. August 1401.

15. Die Register der *Arte del Cambio* von Florenz belegen sowohl Datinis Aufnahme in die Gilde als auch seine Geschäftspartnerschaft mit Bartolomeo di Cambioni (Archivio di Stato, Firenze: *Arte del Cambio*, Matr. 12, 1328–1598, 4. März 1399, und Reg. 14, 10. April 1399).

16. De Roover weist in *Money, Banking and Credit in Medieval Bruges*, S. 345 f., auf die Unklarheiten hin, die durch die zwei verschiedenen Bedeutungen des Wortes *lombardo* in Urkunden des Mittelalters entstehen. Es wurde sowohl als Synonym für *caorsino* oder Pfandleiher verwendet als auch, z. B. im Namen Lombard Street, für Lombarden, d. h. alle Kaufleute aus der Lombardei oder sogar aus anderen Teilen Italiens.

17. In der Terminologie der Wechselbriefe folge ich R. de Roover (Kap. IV), dessen Ergebnisse sich zum größten Teil auf die Dokumente Datinis stützen und der die

termini technici für diese komplizierte Materie festlegte. – Siehe auch de Roover: *L' Evolution de la lettre de change*, und ders.: *Le Contrat de change depuis la fin du treizième siècle jusqu'au début du dix-septième*.

18. *Carteggio Bruges-Barcellona*, zitiert in de Roover: *Money, Banking and Credit etc.*, S. 65 u. S. 74.

19. Die sieben Hauptbücher der Bank befinden sich bei den Dokumenten des *Fondaco di Prato* unter dem Titel *Libri del banco di Prato*.

20. In der Ausstellung *Mostra dell' Archivio Datini* wurde die Kontoführung über die gleichen Vorgänge sowohl durch die Bank von Barcelona als durch die Datini-Bank in Prato nebeneinander gezeigt, wodurch bewiesen werden konnte, daß Datinis Bank über die moderneren Methoden verfügte.

21. Der Ursprung des Wortes *caorsino* ist nicht gesichert; möglicherweise geht es auf die Kaufleute von Cahors zurück, die gleichzeitig Bankiers waren. Im ausgehenden Mittelalter wurde es ebenso wie das Wort *lombardo* als Synonym für „Wucherer" gebraucht.

22. *Mazzei*, 29. Januar und 4. Februar 1397.

23. „*Hoc enim non est vendere usum pecuniae, sed damnum vitare.*" (*Summa*, 2.2.978 art. add. I)

24. Fra Jacopo Passavanti: *Lo Specchio della Vera Penitenza*, S. 23.

25. Sapori: *L'interesse del denaro a Firenze nel trecento*. In: *Studi di storia economica medievale*, S. 96–115.

26. Fra Filippo degli Agazzari: *Assempri*, XI. Die Lateransynode von 1179 verwehrte den *usurai manifesti* ein christliches Begräbnis. Die zweite Lyoner Synode bestätigte diese Bestimmung 1274. Fra Filippo schrieb: „Ihre Leichen sollen zusammen mit den Hunden und dem Vieh in Gruben vergraben werden."

27. Davidsohn: *Firenze ai tempi di Dante*, S. 414f.

28. *Il trattato di Fra Santi Rucellai sul cambio, il monte comune e il monte delle doti* (1495–97). Veröffentlicht von de Roover in: *Arch. Storico Italiano*, 1953, Disp. I.

29. *Mazzei*: An Simone d'Andrea Bellandi, 15. Januar 1404.

30. *Mazzei*: 24. Januar 1396.

31. Paolo da Certaldo, § 82.

Sechstes Kapitel: Die Eheleute

Mit Ausnahme der Briefe Ser Lapo Mazzeis an Francesco befinden sich alle in diesem Kapitel zitierten Briefe im *Carteggio familiare e privato* des Datini-Archivs. Die Korrespondenz zwischen Francesco und Margherita und Margheritas Briefwechsel mit anderen Personen sind in der Mappe Nr. 1089 gesammelt, während die Mappen 1086–1088 Briefe, Entwürfe zu Briefen und Abschriften von Briefen enthalten, die Francesco an seine Freunde verfaßte; die Mappen 1090–1109 schließlich enthalten Briefe von seinen und Margheritas Verwandten sowie seinen Freunden und Agenten in Prato und Florenz, die an ihn gerichtet sind.

1. Alle Einträge, die sich auf diese Geschichte beziehen, stammen aus dem als *Quadernaccio A* gekennzeichneten privaten Notizbuch Francescos. Näheres zu diesen Notizbüchern siehe Seite 231f., dazu die Anmerkungen zu Kapitel 11.

2. Archivio di Stato, Firenze: *Provv. di Consigli Maggiori*, Reg. III.

3. Der Ehekontrakt, aufgesetzt von Ser Lapo Mazzei, spricht von „Domina Lucia,

die gewöhnlich bei besagtem Francesco di Marco und Nanni di Prato wohnt, der ebenfalls bei besagtem Francesco wohnt."

4. San Bernardino da Siena: *Prediche volgari*, hrsg. v. Banchi, II, S. 119.
5. *L'agresto* ist gesalzener saurer Traubensaft, den man als Würze zum Salatanmachen etc. aufhebt.
6. *Mazzei*, 18. Juli 1394, 15. und 23. September 1394, 9. und 20. Juni 1395, 9. Januar 1396, 4. Februar 1399, 7. Juni 1401 und 21.–26. Februar 1401.

Siebentes Kapitel: La famiglia

Auch die Briefe in diesem Kapitel sind, wenn nicht anders vermerkt, nach dem *Carteggio familiare e privato*, der Korrespondenz zwischen Francesco und Margherita, zitiert, die in der Mappe Nr. 1089 gesammelt sind. Der größte Teil der Informationen über Familie, Haus und Besitz stammt aus Francescos privaten Aufzeichnungen und Geschäftsbüchern, die in den Anmerkungen zu Kapitel 11 aufgeführt sind.

1. Alessandra Macinghi Strozzi: *Lettere ai figlioli*.
2. Fra Giovanni Dominici: *Regola del governo di cura famigliare*, S. 128.
3. *Mazzei* II, S. 277, zitiert Francescos Testament, das von Ser Lapo Mazzei aufgesetzt wurde.
4. Dieser Brief trägt kein Datum, aber die Erwähnung des Heiligen Jahrs läßt die Datierung auf das Jahr 1400 zu.
5. San Bernardino, hrsg. v. Banchi, II, S. 109 f.
6. Fra Giovanni Dominici, S. 143 f.
7. Paolo da Certaldo: *Libro di buoni costumi*, §§ 126 u. 155.
8. Fra Giovanni Dominici, S. 137.
9. Luxusgesetze der Stadt Florenz, 1355. Veröffentlicht von P. Fanfani in *L'Etruria*, Firenze 1852, S. 366 ff.
10. *Mazzei:* An Ginevra, 23. April 1407.
11. *Quadernaccio B*, S. 261.
12. Dieser Brauch stammte wahrscheinlich noch aus der Zeit, als man Kinder in die Ehe gab und die Braut aus naheliegenden Gründen ins Haus ihres Vaters zurückkehren mußte, bevor sie alt genug war, ihren ehelichen Pflichten nachzukommen.
13. Solch ein Gürtel war ein wichtiger Bestandteil jeder Aussteuer. Manchmal wurde die Braut symbolisch damit gegürtet, um an den *cestus* zu erinnern, den Vulkan der Venus schenkte und der seiner Trägerin höchste weibliche Anmut verlieh. Viele glaubten, daß eine Eheschließung nicht legitim sei, wenn dieser Ritus nicht stattfand.
14. Bei Prato gab es keinen See, aber zur fraglichen Zeit stand ein großer Teil des Wiesen- und Weidelands zwischen Prato und Lucca unter Wasser.
15. *Mazzei* II, S. 217, Anm. 2.
16. Informationen über die meisten dieser Sklaven und Diener finden sich in Francescos Notiz- und Haushaltsbüchern, die meisten davon im *Memoriale B*, *Libro bianco B* und in *Spese di casa*.
17. Daß eine Sklavin so jung sein konnte, war in keiner Weise etwas Ungewöhnliches. Gerade nach Kindern dieses Alters herrschte die größte Nachfrage. Ein Verzeichnis aller Sklaven, die im Jahr 1363 in Florenz ankamen, führt unter 357

Sklaven 34 Mädchen unter zwölf und 85 unter 18 Jahren auf. Die Korrespondenz über das im Text erwähnte Kind ist abgedruckt in Livi: *La schiavitù domestica.*

18. Archivio di Stato, Firenze: *Appendice ai Capitoli del Comune di Firenze,* 26 (*Registro degli schiavi posseduti da cittadini fiorentini, 1363–1397*).

19. Ferrero: *Linguaggio di schiave nel quattrocento.* In: *Studi di filologia italiana. Bull. Accademico della Crusca,* VIII, 1950.

20. Caggio: *Iconomica,* Venedig 1552.

21. Abgedruckt in Livi: *La schiavitù domestica.* Stefano Guazzalotti an Francesco, 2. Oktober und 13. Dezember 1392.

22. Wenn die Garantie nicht zutraf, konnte der Käufer Sklaven zurückgeben und bekam sein Geld erstattet.

23. „Eine ca. zwanzigjährige Sklavin entfloh heute abend. Sie hat dunkles Haar, braune Augen, ist recht gut gewachsen, d. h. nicht zu dick und nicht zu dünn. Sie ist klein und zierlich, und ihr Gesicht sieht nicht allzu tatarisch aus, vielmehr gleicht sie dem Menschenschlag hier; und sie spricht unsere Sprache so, daß sie nicht weiter auffällt... Sie lief von Marignolle weg und nahm alle ihre Kleider mit, als da sind ein bläulicher Rock, ganz neu, und ein Mantel, ein Handtuch, andere Kleinigkeiten und ein alter Rock aus Schaffell mit schwarzem Gürtel. Und meist trägt sie eine kleine Kappe." Alle Arno-Schiffer und Bordellbesitzer wurden zur Fahndung aufgerufen, „denn manches Mal ergreift man sie dort". (Brief von Franco Sacchetti an Manno d' Albizzo degli Agli, 12. August 1388. Abgedruckt in Livi: *Dall' Archivio di Francesco Datini,* S. 25.)

24. Im Staatsarchiv von Siena befindet sich das Todesurteil, das über einen Sklaven verhängt wurde, weil er einem anderen Sklaven den Kopf mit dem Messer abgetrennt hatte – *„irato animo et malo, scienter et dolose et appensate"* (Archivio di Stato, Siena: *Diplomatico etc.,* Februar 1433).

25. „Sie verkauften sie", schrieb Alessandra Macinghi Strozzi, „weil der Weingenuß bei ihr seine Folgen zeigte... und außerdem war sie unzüchtig: und die Frauen – denn er hatte junge Töchter – wollten sie nicht im Haus behalten." (*Lettere ai figlioli,* 2. November 1465.)

26. Nach den Aufzeichnungen eines unbekannten Tagebuchschreibers, der Augenzeuge war, wurde am 8. August 1379 „eine Sklavin bei lebendigem Leibe in Stücke gerissen, weil sie ihren Herrn, einen Bologneser, vergiftet hatte. Sie wurde in einem offenen Karren durch alle Straßen von Florenz gezogen, so daß das Volk zusehen konnte, wie man ihr mit glühenden Zangen die Haut in Stücken herunterriß, bis sie auf dem Richtplatz angelangt war, wo man sie öffentlich verbrannte." (Archivio di Stato, Firenze: *Capitano del Popolo,* Nr. 1197, *bis. fol.* 71.)

27. Agnolo degli Agli an Francesco di Marco, 22. Februar 1391. Abgedruckt in Livi: *Dall' Archivio de Francesco Datini,* S. 39f.

28. Es gab sogar eine besondere Art der Freilassung, *sub conditione* genannt, und zwar wurde Sklaven dann nur unter der Bedingung die Freiheit geschenkt, daß sie für eine bestimmte Anzahl von Jahren im Haus ihres Herrn blieben, bzw. bei dessen Tod im Haus der Erben, und ohne Lohn dort weiterarbeiteten. Erst nach Ablauf dieser Frist waren sie dann wirklich frei.

29. Morelli: *Ricordi,* hrsg. v. Branco, S. 144.

30. San Bernardino, hrsg. v. Banchi, II, S. 159f.

Achtes Kapitel: Der Freund der Familie

Die in diesem Kapitel zitierten Briefe sind, wenn nichts anderes vermerkt ist, abgedruckt in *Mazzei*. Daneben sind einige unveröffentlichte Briefe Margheritas und Francescos aufgenommen, die aus den Mappen 1080 und 1089 des *Carteggio familiare* stammen, sowie einer aus Livi: *Dall' Archivio di Francesco Datini*, S. 37f.

1. Mappe 1109: Andrea di Bellandi an Francesco, 14. März 1372. Diesen Brief scheinen weder Guasti noch Bensa gekannt zu haben, da keiner von beiden auf diese frühe Beziehung zwischen Datini und Mazzei hinweist.

2. Die *Otto* waren die acht Priori, die zusammen mit den *Gonfalonieri* die Signoria von Prato bildeten.

3. Er wurde 1350 in Prato als zweiter Sohn von Mazzeo di Chigo geboren, einem armen Mann, der nur 3 *lire* 4 *soldi* Jahressteuer zahlen mußte.

4. Odofredo beschrieb die Adeligen seiner Zeit, die zwar weder lesen noch schreiben konnten, aber manchmal, wenn der Kaiser nach Italien kam, dennoch von ihm den Richtertitel käuflich erwarben. Sie wurden, nach der Urkunde, auf der ihnen dieser Titel verliehen wurde, *judices cartulari* genannt. (Siehe N. Tamassia: *Odofredo*, S. 168.)

5. Im 13. Jahrhundert stiegen zwei berühmte Notare zu den höchsten Staatsämtern auf: Pier delle Vigne wurde in Apulien Kanzler Friedrichs II. und Rolandino de' Passeggeri wurde Prokonsul aller Notare von Bologna. Nach Rolandinos Tod errichteten ihm seine Mitbürger ein prächtiges Marmorgrab, das die Embleme seines Berufes schmückten: Feder, Tintenfaß und Papier. (F. Novati: *Il notaio nelle vita e nelle letteratura italiana delle origini*. In: *Freschi e Minii del Dugento*, S. 311.)

6. Ebenso war es möglich, den Titel „Notar" ohne jegliches Examen von einem Pfalzgrafen zu erhalten. Einer von ihnen, Tommasino de' Bianchi di Modena, machte nach eigener Aussage mit einem einzigen Federstrich gut 100 Männer zu Notaren, darunter etliche vierzehnjährige Jungen und zahlreiche Söldner.

7. Antonio Pucci: *Zibaldone. Cod. Laurenziano Tempiano*, 2.

8. *Decamerone*, Novella 1.

9. Novati, S. 238.

10. Die Regeln des Ospedale wurden 1329 von Fra Uberto Guidi, einem Dominikanermönch des Klosters von S. Maria Novella, festgelegt.

11. Guido del Palagio erreichte im Jahr 1391, daß ein Friedensvertrag zwischen Florenz und den Visconti von Mailand unterzeichnet wurde; er war es auch, der den Franziskanern ihr Kloster in Fiesole stiftete. (Siehe *Mazzei*, S. LIX–LXIV.)

12. *Cod. Magliabechiano*, Biblioteca Nazionale, Florenz. Veröffentlicht von G. Corti in: *Archivio Storico Italiano*, 1952, Heft 1.

13. Paolo da Certaldo, *Libro di buoni costumi*, §111.

14. *Mazzei*, 4. August 1396. Francesco wußte von Domenico di Cambio, welche Geschenke Brauch waren, „um ein Kind zu einem Christenmenschen zu machen". „Die Kosten dafür richten sich danach, wie große Ehre der Pate damit einlegen will. Hier ist es Brauch, ein feines *pane di confetto* von ungefähr acht bis zehn *libbre* zu schicken und einen *ispugnoso* von sechs bis acht *libbre*, dazu je eine Schachtel mit weißem und rotem Mandelkonfekt von acht bis zehn *libbre*, ein Bündel Kerzen und kleine Fackeln von ca. 15–20 *libbre*. Und das wäre ein

schönes Geschenk, mit dem man Ehre einlegen kann." (Nr. 1092, 20. Januar 1391.)

15. Als Piero schreiben gelernt hatte, konnte der stolze Vater nicht widerstehen, Francesco eine seiner Abschreibeübungen zu senden. „Ich schicke Euch ein Exempel davon, wie mein Sohn schon schreiben kann, mit dem alten Ochsen vor sich [d. h. nach einer Vorlage, wie ein junger Ochse pflügt, der hinter einem alten, erfahrenen hergeht]. Ich hatte noch nie einen Jungen, der besser lernte als er."

16. Veröffentlicht in Livi: *Dall' Archivio di Francesco Datini*, S. 37f. – Obwohl undatiert, scheint gesichert, daß der Brief im Juli 1398 geschrieben wurde.

17. Dieser Brief trägt kein Datum, ist aber wahrscheinlich 1407 geschrieben.

18. *Mazzei*, S. CXL, Anm. 4.

Neuntes Kapitel: Das Haus in der Stadt

Alle Angaben über Größe und Aussehen von Datinis Haus stammen in der Hauptsache aus einem Inventar vom 7. April 1407, während die Angaben über Einrichtung und Wäscheausstattung für das Prateser Haus auf zwei Inventarlisten vom 23. Oktober 1394 und vom 16. Juli 1397, für das Florentiner Haus auf einer aus dem Jahr 1400 beruhen. Sie sind sämtlich in der Mappe 236 des Datini-Archivs abgelegt. (Siehe auch: *Carte del fondaco di Prato*, sowie: *Libro giallo A* [1380–90].) Die Briefe Domenicos di Cambio finden sich im *Carteggio familiare e privato*, Mappe 1092.

1. *Ceppo* des Francesco di Marco / Kaufmann der Armen Christi / den die Gemeinde von Prato verwaltet / gestiftet im Jahre 1410. – Das Wort *ceppo*, wörtlich: Baumstumpf, kommt von einem ausgehöhlten Holzstock, in den im 13. Jahrhundert die Mitglieder einer Franziskanerbruderschaft die Almosen für die Armen einwarfen. Später wurde das Wort für jedwede wohltätige Stiftung verwendet.

2. Die Fresken werden von Vasari erwähnt, der sie Antonio Viti da Pistoia zuschreibt. Heute wissen wir, daß einige von ihnen von Niccolò di Piero Gerini stammen. Ende des 16. Jahrhunderts werden sie von Miniati erwähnt. Noch zu Beginn unseres Jahrhunderts war offenbar so viel davon zu erkennen, daß man sich mit dem Gedanken trug, sie restaurieren zu lassen. Aquarellierte Zeichnungen für die geplante Restaurierung befinden sich zusammen mit einem Verzeichnis aller dargestellten Szenen in der Cassa di Risparmio von Prato und sind z. T. veröffentlicht in Nello Bemporad: *Il Restauro del Palazzo Datini a Prato*.

3. Aus den Inventarlisten der Häuser von einigen reichen Kaufleuten des ausgehenden 14. Jahrhunderts in Florenz geht hervor, daß die Zahl der Räume in den größeren von ihnen fast nie über 14 hinausging. Im darauffolgenden Jahrhundert waren die großen, neuen Paläste bedeutender Geschlechter wie der Strozzi oder der Medici natürlich sehr viel großartiger und weitläufiger (Schiaparelli: *La casa fiorentina e i suoi arredi*).

4. Zwei der *finestre impannate* von Francescos Haus in Florenz waren „bemalt", wahrscheinlich mit einem geometrischen Muster, und eines war aus *carta di bambagia*, d. i. Papier, das aus den Fasern von Baumwollhadern hergestellt wurde.

5. Glas war in der Toskana keine eigentliche Neuheit mehr, aber es galt immer noch als großer Luxus. Das ging so weit, daß ein Franziskanerprediger nach der großen Überschwemmung von 1332 in einer Liste all der Luxusgegenstände, die Gottes Zorn auf die Stadt gelenkt hätten, auch Glasfenster aufführte.

6. Das Fresko wurde von Niccolò Gerini begonnen, aber nicht mehr von ihm vollendet. So schrieb Francesco am 14. Januar 1394 an Stoldo di Lorenzo, er habe „zwei jungen Malern, die gekommen sind, um den Heiligen Christophorus zu vollenden, den Niccolò begonnen hatte", versprochen, zehn Goldgulden zu zahlen.

7. Paolo de Certaldo, *Libro di buoni costumi*, §§ 90 u. 95.

8. Als Francesco, Herzog von Carrara, im Jahr 1358 Rom besuchte, gab es im *Albergo della Luna* keinen einzigen Kamin, „denn richtige Kamine waren damals noch nicht üblich, sondern das Feuer wurde auf dem Boden in der Mitte des Hauses oder auch manchmal in irdenen Gefäßen unterhalten". Da sich der Herzog „nicht wohlfühlte auf diese Weise", pflegte er mit seinen eigenen Maurern zu reisen, „und veranlaßte, daß zwei Kamine mit kleinen gewölbten Bogen nach der Mode von Padua aufgemauert wurden" (Andrea Gataro in: *Muratori*, XXVI, S. 582).

9. *Mazzei* II, S. 412: Rechnung des Arrigo di Niccolò, *dipintore*, erst nach Francescos Tod im Jahr 1410 geschickt.

10. Manchmal scheinen diese *cappellinai* ein fest mit dem Bett verbundenes Teil gewesen zu sein, denn in einem anderen Inventar ist von einem „kleinen Bett mit *cappellinaio*" die Rede, daran ein Paar Sporen, ein Paar Handschuhe, eine Brille und zwei Schlüssel hingen (Inventar vom 16. Juli 1397).

11. Dieser lief unter der Bezeichnung *sedia regolata*, worunter man sich einen Stuhl vorzustellen hat, der mit Holzbändern verstärkt war, die mit runden Nägeln aufgenagelt waren. Das Gesetz verbot diese Art von Anfertigung, weil die Schreiner dadurch auch eine etwaige mindere Holzqualität verbergen konnten.

12. *Mazzei*, 20. August 1391.

13. Sogar der Papst selbst besaß in den Jahren, da Francesco in Avignon lebte, nur wenige Gabeln; er hatte jedoch kleine goldene Spießchen, um Fleisch und Feigen damit aufzuspießen, und kristallene für Erdbeeren.

14. Fra Giovanni Dominici: *Regola del governo di cura familiare*, S. 101 f.

15. *Mazzei* II, S. 408: Niccolò Gerini an Francesco, 24. Mai 1395.

16. Mappe IV: *Lettere di Goro e Nencio, lastraiuoli*, 17. November 1388.

17. Einmal entschuldigte sich Goro dafür, daß der Küchenausguß ewig nicht fertig wurde: „Die *Signoria* hat fast alle Handwerker von Fiesole und Settignano zur Arbeit an Santa Liberata verpflichtet." Diese Stelle ist aufschlußreich für die Methoden, mit denen damals Arbeitskräfte für Bau und Ausstattung der prächtigen Kirchen beschafft, ja zwangsverpflichtet wurden.

18. Livi: *Dall' Archivio di Francesco Datini*, S. 19, wo ein Brief Agnolo Gaddis an Francesco vom 20. Oktober 1383 zitiert wird.

19. *Quadernaccio A*, S. 799.

20. Livi: *Dall' Archivio di Francesco Datini*, S. 17: An Giovanni Gherardi und Stoldo di Lorenzo, 1392.

21. *Mazzei* II, S. 399: Niccolò Gerini an Francesco, 18. April 1393. Zu diesem ganzen Streit s. auch: *Mazzei* II, S. 393 ff., und Livi, S. 17 f.

Zehntes Kapitel: Das Haus auf dem Land

1. Aus einem Inventar von Datinis Grundbesitz vom 30. April 1407. Der Schätzwert dieser Häuser lag zwischen 15 und 150 Gulden. Vermietet waren sie u. a. an einen Bäcker, zwei Flickschuster, einen Barbier, einen Schneider und den Boten der Kommune zu einem Mietzins von zwischen 2 ½ und 8 Gulden pro Jahr.

2. G. Giani: *La Fonte Procula*. In: *Archivio Storico Pratese*, Juli 1927 und *Mazzei*, S. 130: Dort zitiert er die Heiligengeschichte des Sankt Prokulus im Dom von Prato.

3. *Mazzei*, 9. Januar 1406.

4. *Mazzei*, 13. Januar 1406.

5. *Mazzei*, 29. Oktober 1407. Wie schlecht das Land – wenigstens zum Teil – bestellt war, kann man aus einigen Einzelposten in Datinis Inventar schließen. So zum Beispiel: „Ein Grundstück von fünf *staiora*, auf dem früher ein paar Rebstöcke wuchsen, die jetzt kaputt sind; und Ackerland, das nicht gepflügt wird."

6. L. B. Alberti: *De Iciarchia*. In seinem Testament vermachte Francesco *Il Palco* wie all seinen übrigen Besitz den Armen. Später wurde der Hof in ein Kloster verwandelt, *Il Convento di S. Francesco al Palco*.

7. „Ich erinnere mich, daß ich am elften Tag des November meine grüne *cioppa* mit dem grünen Taftfutter bei den Geldleihern von Ponte alla Carraia für 20 *lire di piccioli* verpfändet habe, von denen Fruosino, unser Bauer, 16 Gulden für das Korn zahlen muß, das er von Maso erhalten hat." (Odorigo di Credi: *Ricordanze* (1402–25). In: *Archivio Storico Italiano*, Band IV.)

8. Der allererste *mezzadria*-Vertrag, abgeschlossen zwischen dem Abt von Santa Fiora auf dem Monte Amiata und einem seiner Leibeigenen, stammt bereits aus dem 9. Jahrhundert. Doch erst im 14. Jahrhundert wurde dieses Pachtsystem allgemein üblich in toskanischen Landen, um damit die *affitti a enfiteusi* (Erbpachtverträge) *ad pastinandum, a livello, parziario* etc. für die Besitztümer der großen Feudalherren zu verdrängen.

9. Als *lavoratore* wurden damals unterschiedslos alle diejenigen bezeichnet, die das Land bebauten, ob nun als Taglöhner oder als Pächter. Später nannte man den Pächter im *mezzadria*-System dann *mezzadro* oder *colono*.

10. Paolo da Certaldo, §§ 102 f. – Odofredo, der Jurist, hatte schon zwei Jahrhunderte früher ganz ähnliche Vorsichtsmaßregeln empfohlen: „Wenn der *nobile* von Angesicht zu Angesicht allein ist mit einem Bauern, dann wird der nicht mucken, selbst wenn der Edelmann ihm droht, daß er ihm ein Auge ausreißen will. Wenn aber der Edelmann seine Stimme gegen einen Bauern erhebt, der inmitten vieler seinesgleichen steht, dann werden sie alle miteinander gegen den Edlen aufstehen und ihn vom Pferd herunterwerfen. Kurz", so schloß Odofredo, „wenn die Bauern vereint sind, dann sind sie jeder Schandtat fähig, dann sind sie wie die Hühner". (Tamassia: *Odofredo*, S. 165 f.)

11. Morelli: *Ricordi*, S. 234–236.

12. Ebd., S. 236.

13. *Mazzei*, 29. Oktober 1407.

14. „... Laß dir das nach Hause bringen, was vonnöten ist, und nicht alles auf einmal, sondern jedesmal nur wenig, denn sonst könnte der Nachbar mißgünstig

werden und verbreiten, daß du gleich 1000 Höfe auf einmal besitzt... und dadurch wirst du in den Ruf kommen, ein steinreicher Mann zu sein, und darob zu einer Riesen-*prestanza* verdonnert werden... Wenn der arme Mann sieht, daß du Getreide zu verkaufen hast und es einlagerst, weil es dann an Wert gewinnt, wird ̇er dich anschwärzen und dich verwünschen, dich ausrauben und dir das Haus über dem Kopf abbrennen, und er wird dich beim ganzen *popolo minuto* verhaßt machen, wenn es je an die Macht kommt, was sehr gefährlich ist – und Gott bewahre unsere Stadt davor, von ihm beherrscht zu werden." (Morelli: *Cronica*, S. 270.)

15. Paolo da Certaldo, § 338.
16. *Mazzei*, 1. November 1394 und 15. Dezember 1395.
17. *Mazzei*, 24. Januar 1396.
18. Alberico da Barbiano war ein Abenteurer von adeliger Herkunft. Als *condottiere* machte er in seinem wechselvollen Leben eine große Karriere, nachdem er seine Lehrzeit unter Waffen in der berühmt-berüchtigten *Compagnia Bianca* des *condottiere* Sir John Hawkwood abgedient hatte. Er war dann einem Aufruf der Heiligen Katharina von Siena gefolgt und hatte für Papst Urban VII. gegen die fremden Söldnerheere des Gegenpapstes gekämpft und sie direkt vor den Toren Roms besiegt, wofür ihm der Pontifex außer seiner Dankbarkeit auch noch ein Banner schenkte. Darauf prangten ein rotes Kreuz und die Worte „Italien von den Barbaren befreit".
19. *Cronica di Ser Naddo da Montecatini* (1374–1398). In: *Delizie degli eruditi toscani*, Bd. 18, Florenz 1784.
20. Fra Filippo degli Agazzari: *Assempri*, XLI.
21. *Mazzei*, 2. Mai und 10. August 1407.

Elftes Kapitel: Die privaten Haushalts- und Notizbücher

Die Einzelheiten über Francescos private Besitztümer und Ausgaben stammen zum größten Teil aus den bereits erwähnten Inventarlisten (vgl. die Anmerkungen zu Kapitel 9) bzw. aus den folgenden Haushaltsbüchern:
Quadernaccio A di ricordanze di Francesco di Marco proprio, 1383–1388,
Quadernaccio di Francesco proprio, 1399–1403,
Quadernaccio B di Francesco di Marco proprio, 1404–1408,
Quadernaccio A di Francesco di Marco proprio, 1401–1404,
Libro Bianco segnato B,
Fondaco di Firenze, Memoriale B,
Ricordanze,
Spese di casa, 1394–98,
Memoriale di spese varie, tenuto da Monte d'Andrea, 1383–1389,
Quaderno di balle segnato B.
Alles übrige stammt zum größten Teil aus Francescos und Margheritas Briefen (Mappe 1089) und aus den Briefen von Domenico di Cambio (Mappe 1092).

1. Paolo da Certaldo, *Libro di buoni costumi*, § 81.
2. *Libro Bianco B* und *Memoriale B*, Rechnung von Antonio di Maso, *sarto*, 1399–1407.
3. *Mazzei*, 7. Juni 1401. Dazu: Brief CDXXXIV, undatiert.

4. *Decamerone*, 10. Tag, 9. Novelle.

5. *Mazzei: La Camicia.*

6. Viele zeitgenössische Abbildungen und ein Fresko in S. Gimignano zeigen nackte Paare im Bett. In medizinischen Abhandlungen kann man sehen, daß die Patienten selbst im Spital nackt im Bett lagen. Wenn Bilder mit religiösem Inhalt Maria, die Heilige Elisabeth oder andere heilige Personen stets voll angezogen im Bett zeigen, dann ist das nur als ein Zeichen der Verehrung gegenüber einer heiligen Person zu verstehen, wie auch Giotto den Papst ja mit all seinen Meßgewändern und mitsamt der Mitra auf dem Kopf im Bett liegend darstellte.

7. Sacchetti: *Novelle*, CLV.

8. *Farsa* hieß jede Art von Futter oder Wattierung, und die *farsettai* hatten eine eigene Gilde, die der Schneidergilde angeschlossen war.

9. Villani beklagte es, daß die jungen Florentiner unbedingt alle einen kurzen und engen Rock tragen wollten, seit der französische Herzog von Athen in Florenz an der Macht war, „so daß niemand sich ohne fremde Hilfe ankleiden kann" (Villani: *Cronica*, XII).

10. Varchi: *Storia fiorentina*, IX.

11. Villani: *Cronica*, XII.

12. Sacchetti: *Novelle*, CLV.

13. Paolo d'Ancona: *Le vesti della donna fiorentina nel secolo XIV.*

14. Für den Chronisten war es wegen der unterschiedlichen Bezeichnungen der Kleidungsstücke und der vielen modischen Variationsmöglichkeiten schwierig, die Kleidung genau zu beschreiben. (Siehe auch Calamandrei: *Le vesti delle donne fiorentine nel quattrocento.*)

15. *Zetani vellutato*, schwerer Seidensamt, in den mit Wasser Muster eingeprägt waren, zählte zu den kostbarsten Stoffen, die es zu der Zeit überhaupt gab (Calamandrei, S. 132).

16. San Bernardino: *Prediche volgari*, hrsg. v. Bianchi, III, S. 211.

17. Daß junge Mädchen nicht immer Mäntel, *mantelli*, trugen, wurde in Lucca sogar in den Luxusgesetzen berücksichtigt, die besondere Regelungen für „*damoselle*" einräumten, „bis sie einen Ehemann gefunden haben oder mit einem Mantel versehen sind".

18. Sacchetti: *Novelle*, CLXXVIII.

19. San Bernardino, III, S. 209.

20. Giovanni della Casa: *Se abbia da prendere moglie.* Der Autor kommt dabei zu dem Schluß, daß es völlig unnötig sei „eine Dauerfrau" zu nehmen, da sie viel teurer käme als eine Konkubine.

21. Nach den Vorschriften der Luxusgesetze durfte der Wert des Schmucks einer jungen Frau 50 Gulden nicht überschreiten, der ihrer Brauttruhen drei Gulden. Die Truhen durften „weder vergoldet noch versilbert noch mit Emailarbeit überzogen" sein, noch mit blauer Farbe, dafür aber mit den Wappen von Ehemann und Ehefrau bemalt. Trotzdem waren dekorierte, bemalte und wertvolle Truhen gang und gäbe. (Siehe: *Legge suntuarie di Firenze*, 1355, hrsg. v. P. Fanfani, In: *L' Etruria*, Florenz 1852, S. 366ff.)

22. San Bernardino, III, S. 193f.

23. Feh, *vaio*, ist ein kleines, dem Eichhörnchen verwandtes Tier mit grauem Rücken und weißem Bauch. Sacchetti erzählt die Geschichte eines Landarztes, Maestro Gabbadeo da Prato, dem man riet, sich in Florenz niederzulassen, der es aber

nicht wagte, weil sein Fehpelz, obwohl „ehrbar" in Prato, so mottenzerfressen war, daß kein Pelzhändler überhaupt noch erkennen würde, was es für ein Tier sei. Woraufhin seine Frau ihm großzügig den Pelz ihres eigenen Gewands überließ (*Novella* CLV).

24. Aus einem Codex der Laurenziana in Florenz: *Conventi soppressi*, 122, zitiert von Merkel in: *Come vestivano gli uomini de Decamerone.*

25. Die vollständige Liste von Ghirigoras Brautschatz lautet: „1 Paar bemalte Brauttruhen, 6 Mundtücher, neu, 1 Tischtuch von 8 *braccia*, sehr groß, 9 neue Tücher, 6 neue Hemden, 6 Taschentücher, 6 neue Schneuztüchlein, 6 neue Hauben in Durchbrucharbeit, 1 Kopfkissen, überzogen mit gestreiftem Taft, 2 Samthäubchen, 1 altes und 1 neues, 1 Schüssel und 1 Anmachschüssel aus Messing, 1 neuer Spiegel, 1 Kamm aus Buchsbaum, 1 Kamm aus Elfenbein, 1 Scheitelkamm aus Elfenbein, Zwirnband, schwarzer und weißer Faden, Nadel und Schere, eine Spindel und ein besticktes Nadelkissen, 1 Paar schwarze Strümpfe, 1 hellblaue *cioppa* und eine Haube aus demselben Stoff, 1 *cottardita* aus grünem Tuch, in Feh eingefaßt, 1 Winterfutter aus Pelz, weiß, 1 *gamurra* und 1 alte Haube, 1 alter *guarnello*, 1 Rosenkranz, 2 Goldringe, 1 Paar Baumwollschleier mittlerer Größe." (*Quadernaccio A di Ricordanze di Francesco di Marco*)

26. Beato Giovanni dalle Celle war ein Adeliger aus Volterra, der dem Orden von Vallombrosa beitrat und dann in der Einsiedelei Le Celle bei Vallombrosa in der Toskana lebte und gegen die Ketzereien der Fraticelli, der Bettelmönche, predigte.

27. *Mazzei:* An Monna Margherita, 13. November 1395. Das Buch kostete 5 Gulden.

28. Das Missale enthielt „zwei Miniaturen mit Figuren, 17 Miniaturen ohne Figuren, 116 Buchstaben in Farbe, 66 Initialen zu 1 *soldo* und 2000 gewöhnliche Buchstaben zu 14 *soldi* das Hundert". Die Buchstaben in Farbe hießen *lettere rifesse*, so wie in Lucca zweifarbige Gewänder *panni rifessi* genannt wurden, was den *panni divisati* in Florenz entsprach (*Mazzei*, II, S. 421, Anm. 1).

29. „Wir haben Eure Dogge erhalten, die Euer Wohlwollen uns zukommen ließ, und fürwahr, es ist einer der schönsten Doggenrüden, die wir je gesehen haben, nicht zu sprechen von der prachtvollen Ausstattung, die Ihr mitgeschickt habt. So halten wir ihn so teuer, wie nur je ein Geschenk." (31. Dezember 1406. Zitiert in *Mazzei*, II, S. 335.)

30. Sapori: *La beneficienza delle compagnie mercantili del trecento.* In: *Studi di storia economica medievale*, S. 5 f.

31. *Mazzei*, 21. August 1405.

32. *Mazzei*, 6. Januar 1409, 16. November 1390, 6. Januar 1408, 12. Oktober 1395 und 8. April 1396.

33. Jacopo da Montepulciano an Francesco, zitiert bei *Mazzei*, II, S. 344–346.

34. Derselbe an denselben, 8. September 1407.

Zwölftes Kapitel: Essen, Trinken und Arzneien

Die Quellen für dieses Kapitel sind im großen und ganzen die gleichen wie die für Kapitel 11, nämlich Francescos Haushaltsbücher und sein Briefwechsel im *Carteggio familiare* mit seinen Freunden und Kompagnons in Florenz und Prato (insbesondere aus den Mappen 1089, 1087 und 1100). Dazu kommen die 60 Briefe, die ihm sein

Arzt, Maestro Lorenzo Sassoli schrieb (Mappe 1 102). Einige dieser Briefe des Arztes an den Patienten sind bereits abgedruckt in *Mazzei*, II, S. 362–379; aber auch aus noch unveröffentlichten Briefen wird hier zitiert.

1. Eine ähnlich lautende Verschreibung gab Giovanni Morelli: „Zünde jeden Morgen, bevor du ausgehst, das Feuer an und iß etwas – je nachdem, was dein Magen verträgt –: ein Stück Brot oder ein halbes Glas Wein oder Malvasier oder eine entsprechende Pille oder Theriak." (Ricordi, S. 294 f.)

2. Paolo da Certaldo: *Libro di buoni costumi*, §§ 143 u. 149.

3. *Mazzei*, Brief CCCIII, ohne Datum.

4. Ein Rezept für Hühnerbrühe lautet wie folgt: „Wenn du Hühnerbrühe zubereiten willst, nimm junges Geflügel und koche es, nimm geschälte Mandeln, mahle sie, mische sie mit der Hühnerbrühe, mit Rosenwasser und Essig. Dann nimm Ingwer und Zimt und Nelke, die Hälfte davon gerieben, die andere Hälfte sehr fein geschnitten, rühre sie in die Brühe und koche alles zusammen durch. Wenn man sich zu Tisch setzt, lege die Fleischstücke in die Brühe und achte darauf, daß sie gut durchziehen und heiß sind. Und wenn du sie servierst, streue Zucker über die Schüsseln. Und es wird ein gut gelungenes Gericht sein."

5. *Lasagne:* Nudelteig, in Schichten abwechselnd mit Fleischfüllung mit variablen Zutaten (typische Resteverwertung), im Rohr gebacken. *Ravioli:* kleine gefaltete Teigtaschen aus Weizenmehl, manchmal halbmondförmig, mit verschiedenen Füllungen.

6. *Libro di cucina,* hrsg. v. Frati, Rezepte LXII, LXIV, V.

7. C. Mazzi: *La mensa dei Priori di Firenze nel secolo XIV*. In: *Archivio Storico Italiano*. Folge V, B. XX, 1897.

8. Ein Rezept für „gute und perfekte *mortadelle*": „Man nehme die Leber eines Schweines und koche sie, dazu gute Kräuter, Pfeffer und Käse und Eier und soviel Salz wie nötig, mische alles gut in einem Mörser zusammen und bereite eine dicke Paste daraus und füge einen Teil der Leber darunter. Dann entferne man die Haut und bereite die *mortadelle*, und wenn sie fertig sind, backe man sie in gutem Fett und serviere sie heiß." (*Libro di cucina*, Rezept XLVL.)

9. *Mazzei*, Brief CCCIII, ohne Datum.

10. *Mazzei* II, S. 370–374, Mai 1404.

11. „Ich habe versucht, den größten Fisch zu kriegen, den es gab, aber da die bisherigen *Signori* und die neuen zusammen speisen [d. h. die Prioren, die das Amt niederlegen, und die neu gewählten], haben sie alles, was es an gutem Fisch gab, schon für sich zusammengekauft. So schicke ich Euch 60 Pfund Schleien und 12 Pfund Hecht; aber heute sind keine großen Hechte hereingekommen und überhaupt keine Aale." (Domenico di Cambio an Francesco, 31. Oktober 1398.)

12. *Libro di cucina*, Rezepte LXXVIII, XIII, XCIV, LXXXVIII, LXIII und XXXVI.

13. „Man nehme 4 Pfund Mandeln, 5 Unzen zerstoßenen Ingwer, die weißen Teile von vier Bund Lauch, koche alles und zerstampfe die Masse, füge blanchierte Mandeln zu, koche sie mit dem Lauch auf und gebe reichlich Gewürze über das Gericht."

14. „Eigenschaften und Vorzüge bestimmter Gewürze", nach einer französischen medizinischen Abhandlung, von einem toskanischen Notar in Avignon, Ser Zucchero di Bencivenni, 1310 ins Italienische übersetzt (Biblioteca Laurenziana,

Florenz, Codex 47, LXXIII., Abgedruckt in Ciasca: *L'arte dei medici e speziali*, S. 748–758).

15. Biblioteca Marucelliana, Florenz: *Manoscritti.* C 226 (ein Kodex misc. des 15. Jahrhunderts), S. 128.

16. *Libro di cucina*, Rezept LIX.

17. *Il libro della cucina del secolo XIV*, hrsg. v. Zambrini.

18. *Il libro di cucina* rät: „Füge in jede Soße, Tunke, Brühe etliche wertvolle Zutaten wie Gold, Edelsteine und feine Gewürze."

19. Bei einem Festmahl war die *pièce de résistance* oft ein Pfau mit einer Farce aus haschiertem Schweinefleisch und Kapaun, Zimt und Muskat mit untergehobenem Eischnee. Nachdem der Vogel gekocht und gebraten war, wurde er auf eine große Holzplatte gelegt, dann wieder mit seinem Federkleid und den großen Federn dekoriert. Durch Hals und Kopf steckte man einen Eisenspieß, damit er aufrecht stehen blieb, „so daß er lebendig aussieht". Bei sehr feierlichen Anlässen wurde mit Aquavit getränkte Baumwolle in seinen Schnabel gestopft und dann angezündet, „so daß er Feuer aus dem Schnabel speit". „Und für noch größere Pracht kann man den Pfau, wenn er fertig gebraten ist, noch mit Blattgold schmücken." (Codex 158, Biblioteca Universitaria, Bologna.)

20. 1378 gehörten die Florentiner Maler von Amts wegen derselben Gilde an wie die Ärzte und die Apotheker, und in Bologna gehörten der *Arte degli Speziali* auch Schnapsbrenner, Wachsmacher, Verkäufer von Aquavit, Likören, Honig, kandierten Früchten, Konfekt, Farben, Rattengift und Hostien an! (Ciasca: *L'arte dei medici . . .*, Florenz 1927, S. 75 u. 347.)

21. Safran war so kostbar, daß es ein Jahrhundert zuvor in Florenz leichter war, einen Kredit auf die Hinterlegung von Safran zu bekommen als gegen Immobilien oder Sklaven. Selbst zu Francescos Zeiten war es noch üblich, die Gehälter der Beamten der Kommune in Safran oder Pfeffer auszuzahlen. Datini verwendete sowohl den toskanischen Safran als auch Importware aus Katalonien. Man schätzte Safran nicht nur als Gewürz und als Färbestoff, sondern schrieb ihm außer den genannten Heilkräften auch noch zu, „Herz und Magen zu stärken", und „rote, blutunterlaufene Augen zu heilen".

22. Es gab zwei Arten *galinga:* eine aus China und eine aus Südasien. Die Apotheker von Florenz waren per Statut verpflichtet, Galgant auf Lager zu haben. Bencivenni sagt davon: „Sein bloßer Geruch wärmt und stärkt das Gehirn."

23. Ciasca, S. 390f. Maestro Lorenzo verschrieb Francesco Ingwermarmelade, die er im Winter oft zu sich nehmen sollte, unmittelbar vor dem Essen und in großen Mengen, „denn sie hat eine wunderbar harntreibende und verdauungsfördernde Wirkung und stärkt das Gedächtnis".

24. 31. Juli 1390. *Zuccata* wurde aus kleinen Kürbissen zubereitet, die man in einen Krug legte und an zehn aufeinanderfolgenden Tagen überbrühte, dann in Zucker und Honig kochte, sodann im Freien abstehen ließ – aber nicht in der Sonne – „damit der Honig gut einzieht" und die Masse eindickte.

25. Nach einer Version hatte ein Bardi die *vernaccia*-Traube bereits in der ersten Hälfte des 12. Jahrhunderts in der Toskana eingeführt, nach einer anderen wurde sie 1280 zum ersten Mal nach S. Gimignano gebracht. (Paolo Guicciardini: *Cusona*, I, S. 129.) Crescenzi schrieb, daß *greco* und *vernaccia* beides Trauben seien, die, „obwohl sie guten Wein erzeugen, nur wenig ausgeben". (I, S. 195.)

26. Melis: *L'archivio di un mercante e banchiere trecentesco: Francesco di Marco da Prato*, Rom 1954, S. 11, Anm. 21.
27. *Mazzei*, September 1392, 2. September 1401 und 27. August 1392. Dieser letztgenannte Brief ist, nach all dem guten Wein, unterschrieben: „Lapo, der Eure, Sonntag Nacht, sehr müde."
28. *Mazzei*, 27. September 1395, 22. September 1401 und 25. April 1394.
29. *Mazzei*, 2. Oktober 1400.
30. *Ciasca*, S. 267, S. 287 f., S. 300 f.
31. Petrarca: *Lettere Senili*, Bd. II, Buch XIII, Brief VIII.
32. Marchionne di Coppo Stefani: *Cronaca fiorentina*, VIII, 634.
33. *Mazzei*, II, S. 355. Niccolò Falcucci an Francesco, ohne Datum. Dieser Arzt war damals ein berühmter Spezialist in Florenz.
34. *Doppia terzana*, Doppelterzianfieber: es handelte sich wohl um eine Malaria, die zu täglichen Fieberanfällen führte, wobei jeden zweiten Tag ein besonders heftiger Anfall auftrat.
35. *Una curiosa raccolta di segreti e di pratiche superstiziose*, S. 45.
36. *Mazzei*, 10. und 17. Juli 1408.
37. *Mazzei*, 18. Mai 1401 und 3. März 1400.

Dreizehntes Kapitel: Der Schwarze Tod und die Weißen Brüder

1. „Ich glaube, ich könnte mich in Eurem Haus nie anders als wohl fühlen, aber ich habe gehört, daß Ihr täglich fastet, und deshalb werde ich doch nicht kommen, denn mein Magen verträgt das Fasten nicht." (Domenico di Cambio an Francesco, 16. März 1389.)
2. Paolo da Certaldo zählt die sechs großen *allegrezze* und *dolori* des diesseitigen Lebens auf: „Die erste Freude ist es, sich zu rächen, der erste Schmerz ist es, von einem Feind angegriffen zu werden." (*Libro di buoni costumi*, § 276.)
3. Domenicos einfaches Rezept war weit verbreitet. „Entzünde das Feuer jeden Morgen bevor du ausgehst", riet Giovanni Morelli, „nimm etwas zu dir, je nachdem wonach dir der Magen steht, ein wenig Brot, ein halbes Glas guten Weins oder vom Malvasier." Er empfahl ferner als Prophylaxe Gewürze, allen voran „Safran, Zimt und Gewürznelken, ... und erfrische dir Handgelenke, Schläfen und Nase mit recht starkem Essig, und hüte dich vor Schweinefleisch in jeder Form, vor Obst und Pilzen". Mäßigung in jeder Hinsicht, nicht nur in bezug aufs Essen, sondern auch auf die Frauen, Aufstehen bei Sonnenaufgang, wenn erforderlich einmal pro Woche, ein Klistier. „So wird der ganze Körper gereinigt, so daß die Verpestung der Luft an nichts dort sich festhängen kann." (*Ricordi*, S. 295–297.)
4. 30. Mai 1390. So auch Morelli: „Im Winter wirst du Zeichen sehen auf dem Land oder an den Grenzen ... und im Februar wirst du in der Stadt selbst davon hören ... und das nimmt den ganzen Juli über zu, und dann fängt es an, anständige Leute zu ergreifen." (*Ricordi*, S. 294.)
5. Das feine Modellieren und Bemalen dieser Wachsfigürchen war eine florierende *arte minore* in Florenz. Der Meister einer der berühmtesten Werkstätten, Benintendi Fallimagine, war Francescos Zeitgenosse. Siehe Piattoli: *Un mercante del trecento e gli artisti del tempo suo*, S. 535 f.
6. *Mazzei*, Brief CLXXXVIII, undatiert.

7. Fra Filippo degli Agazzari: *Assempri* XI, VI, IX, V.
8. Sacchetti: *Novelle,* C.
9. *Mazzei,* Brief CLXXXIV, undatiert.
10. *Diario di Anonimo fiorentino.* In: *Documenti di storia italiana,* Bd. VI.
11. Fra Giordano da Rivalta: *Prediche* II, S. 50. Fra Giordano verurteilte diese aufsässigen Fanatiker derart, daß er in Pisa eine eigene Bruderschaft gründete, die Società di San Salvatore, die deren wachsenden Einfluß bekämpfen und andere, weniger exaltierte Wege verfechten sollte, die Vergebung der Sünden zu erlangen.
12. Sacchetti: *Sermoni Evangelici etc., Sermone* XLVIII.
13. Litanei der Bianchi, zitiert von Giovanni Sercambi in: *Le Croniche,* II, 335: Erbarmen, ewiger Gott, / Friede, Friede, barmherziger Herr, / Sieh nicht unser Fehlen. / Erbarmen rufen wir herbei, / Erbarmen sei uns nicht verwehrt, / Erbarmen erflehen wir von Gott, / Erbarmen über uns Sünder.
14. *Mazzei,* S. XCIX–CIII, Zitat aus *Quadernaccio A di Francesco proprio,* vollständig abgedruckt in Melis: *Aspetti della vita economica medievale, Siena 1962.*
15. *Mazzei,* 8. April 1400.
16. *Mazzei,* 17. November 1395 und 25. November 1398. Prato gehörte zur Diözese des Bischofs von Pistoia.
17. *Mazzei,* Brief CLXXVIII, undatiert.
18. Fra Giovanni Dominici, *Regola del governo di cura familiare,* S. 100.
19. *Mazzei,* II, S. 290: Wortlaut des letzten Testaments, das Francesco kurz vor seinem Tod verfaßte.
20. *Mazzei,* 10. Juni 1400.

Vierzehntes Kapitel: Die letzten Jahre

Auch die in diesem Kapitel zitierten Briefe kommen aus dem *Carteggio familiare e privato* und dem *Carteggio privato a diversi,* vor allem aus den Mappen, die Francescos und Margheritas Briefe enthalten, aber auch die Korrespondenz Francescos mit Niccolò dell' Ammannato, Stoldo di Lorenzo, Luca del Sera, Cristofano di Bartolo sowie Giovanni Dominici.

1. Bei einer dieser Einladungen tischte Francesco seinen Gästen Rehkeule auf, sechs Paar Rebhühner, 24 Drosseln. Außerdem verbrachte er seit vielen Jahren wieder einmal ein paar Abende beim Glücksspiel und lieh sich zu diesem Zweck 40 Golddukaten bei den Bankiers Romeo und Raffaele Foscherai.
2. Ser Luca Dominici: *Cronaca* (1390–1400), S. 232.
3. *Mazzei,* 6. Juli 1400: Die Loggia del Bigallo wurde 1358 gegenüber dem Baptisterium von einer Bruderschaft errichtet, den Capitani di Santa Maria, die sich der Waisen und Findelkinder annahm. In dieser Loggia wurden die Kinder ausgestellt, und von da aus entweder von ihren Eltern zurückgeholt oder zur Adoption vermittelt.
4. *Mazzei,* 22., 23. und 24. August, 21. und 31. Juli und 6. August 1400.
5. Francesco am 18. November 1400 an Fra Giovanni Dominici, zitiert in Piattoli: *Memorie Dominicane,* März bis April 1934. Salvestro degli Ammannati, der das Komplott aufdeckte, wurde dafür zum Podestà von Prato ernannt. Einige der Verschwörer wurden enthauptet, andere verbannt.

6. Francesco an Fra Giovanni Dominici, 1. November 1400 und 1. Februar 1401. „Wann immer ich ihn treffe", schrieb Niccolò dell' Ammannato am 28. März 1401 über Fra Giovanni an Francesco, „bitte ich ihn, für Euch zu beten, und er sagt, er mache es; und wann immer ich ihm Wein oder Öl schenke und ihm ans Herz lege, er möge immer danach schicken, wenn er welches brauche, verspricht er, das zu tun; und er schickte ein paarmal danach, aber nur selten."

7. *Mazzei*, 2. Februar 1400 und 27. Mai 1401.

8. *Mazzei*, 10. November 1409.

9. Pippo Spano (*ispàn* = Herzog) war eigentlich toskanischer Herkunft, und sein wirklicher Name war Filippo Scolari. Er kämpfte im Dienst König Sigismunds von Luxemburg, der ihn nach Italien schickte, um mit dem neuen Papst zu verhandeln.

10. Diese Urkunde führte näher aus, sie sei verliehen worden „in Anerkennung der echten Ergebenheit und Treue des umsichtigen *vir* Francesci Marci de Prato, unseres lieben und ergebenen Freundes, der uns mit aller Fürsorge und Liebe in seinem Haus gastlich aufgenommen hat, ... so daß er selbst und seine Nachkommen sehen, daß sie zu ewiger Ehre und Ruhm ein besonderes Zeichen unserer königlichen Dankbarkeit als Anerkennung erhalten haben." (*Mazzei*, S. CXXVII–CXXIX.)

11. *Mazzei*, 10. November 1409, dazu Brief CCCXXXI, ohne Datum.

12. Fra Giovanni Dominici an Francesco, 29. Januar 1401.

13. Mazzei an Cristofano di Bartolo in Barcelona, 24. August 1410.

14. Francescos Testament und die drei Zusätze sind abgedruckt in *Mazzei*, II, S. 273 ff.

15. Die entsprechenden Dokumente aus dem Archivio de' Ceppi, Prato (*Libro di entrate e uscite*, 1452, und *Libro di debiti e crediti*, E, 28. Mai 1453) sind abgedruckt in E. Strutt: *Fra Filippo Lippi*, London 1901, S. 180 u. 189. Das Bild wurde für ein Tabernakel über dem Brunnen des Ceppo in Auftrag gegeben, und Fra Filippo erhielt 84 Gulden dafür. Die vier *buonomini* sind Ser Andrea di Giovanni Bertelli, Filippo di Francesco Malassei, Pietro di Messer Guelfo Pugliesi und Jacopo degli Albizzi.

16. Archivio Spedale dagli Innocenti, Florenz: *Testamenta et Donationes ab Anno 1411 usque ad Annum 1576*, S. 22.

17. Mazzei an Cristofano di Bartolo, 24. August 1410.

18. Die schlichte Platte befindet sich im zweiten Joch des linken Seitenschiffs, bezeichnet Nr. 102. (Anm. d. Ü.)

Quellen und Literatur

I. Unveröffentlichte Dokumente

a. Das Datini-Archiv

Die Briefe, aus denen in diesem Buch zitiert wird, stammen, falls nicht anders vermerkt, aus dem Datini-Archiv in Prato. Allerdings wurden die Dokumente seit der Zeit, als ich begann, das Material für diese Arbeit zusammenzustellen, nach einem neuen System geordnet. Aus diesem Grund mußte ich mich darauf beschränken, ganz allgemeine Angaben dazu zu machen, wo, d. h. in welchen Aktenbündeln, Ordnern etc. sich die verwendeten Briefe jeweils befinden. Diese allgemeinen Hinweise habe ich deswegen immer nur zu Beginn der Anmerkungen zu den einzelnen Kapiteln gegeben und darüber hinaus, soweit vorhanden, das Datum der Briefe vermerkt. Außerdem habe ich die Quellen aller Briefe und Dokumente angegeben, die nicht aus dem Datini-Archiv stammen oder in anderen Werken veröffentlicht bzw. zitiert sind.

Die wichtigsten Dokumente im Datini-Archiv sind:

1. Rund 120000 Briefe privaten wie geschäftlichen Inhalts. Letztere sind nach Datinis wichtigsten Handelsgesellschaften geordnet, nämlich Avignon, Prato, Pisa, Florenz, Genua, Valencia, Barcelona und Mallorca, wobei nicht nur die Geschäftskorrespondenz dieser Filialen untereinander enthalten ist, sondern auch der Briefwechsel mit allen Geschäftskorrespondenten und Agenten der Firma, die Datini in anderen Städten hatte. Daneben gibt es den *Carteggio familiare e privato* (Ordner 1086–1109) und den *Carteggio privato a diversi* (Ordner 1110–1114), die die gesamte Privatkorrespondenz enthalten.

2. Weit über 500 Rechnungs- und Hauptbücher (s. Kap. 5 und 11).

3. Rund 300 Partnerschaftsverträge, von denen natürlich nur ein geringer Teil aus Datinis eigenen Handelsgesellschaften stammt. Die meisten sind Partnerschaftsverträge anderer Firmen, die auf irgendeine Weise mit Datinis Firmen in Geschäftsverbindung standen.

4. Rund 400 Versicherungspolicen bzw. diese betreffende Aufzeichnungen. Z. T. sind Datinis Handelsgesellschaften dabei Versicherungsnehmer, z. T. die Versicherer selbst.

5. Tausende vermischter Geschäftsdokumente wie Fracht- und Ladebriefe, Ankündigungsschreiben (Avis), Geschäftsverträge, Wechsel, Kreditbriefe, Schecks.

Daß diese Sammlung von Dokumenten so umfassend ist, verdanken wir Datinis strikter Anordnung an all seine Firmenpartner, Gesellschafter und Untergebenen, auch nicht ein einziges seiner Dokumente zu vernichten. Bereits 1364 fing er an, seine Papiere aufzuheben; doch scheint ein Großteil der Unterlagen seines Geschäfts in Avignon verlorengegangen zu sein, nachdem er die Provence verlassen hatte, denn die meisten Dokumente, die wir heute besitzen, stammen aus den Jahren zwischen 1382 und 1410.

Der Entdecker der Papiere Datinis war der Prateser Don Martino Benelli, ein gebildeter, kunstverständiger und gelehrter Mann, Erzdiakon von Prato. Sofort nachdem er 1870 unter einer Treppe des Datini-Hauses auf den verborgenen Schatz gestoßen war, begann er mit Hilfe von Don Livio Livi die Dokumente, die einfach in Säcke genäht waren, zu ordnen. 1880 gab Cesare Guasti die Briefe Ser Lapo Mazzeis heraus, die Anfang dieses Jahrhunderts von Giovanni Livi dann bereits annähernd in der heute vorliegenden Form neu geordnet wurden. Livis Monographie *Dall' Archivio di Francesco Datini, mercante pratese* (1910) enthält darüber hinaus 20 bis dahin unveröffentlichte Briefe von verschiedenen Absendern und sieben weitere Briefe von Mazzeis Hand.

b. *Archivio di Stato, Florenz*

1. *Diplomatico, Ceppo di Prato.* (Zahlreiche Generalvollmachten, die Datini zwischen 1397 und 1408 seinen Geschäftspartnern Cristofano di Bartolo, Simone d'Andrea, Luca del Sera in Spanien und Mallorca sowie Stoldo di Lorenzo in Pisa ausstellte, dazu etliche schriftliche Verträge über den Erwerb von Immobilien.)
2. *Notarile, ante-cosimiano.* (Weitere notarielle Kaufverträge, Verkaufsverträge, Generalvollmachten, zum größten Teil von Ser Lapo Mazzei verfaßt, dazu ein Kodizil zu Datinis Testament vom 8. September 1406.)
3. *Prestanze* 1999, 2161 und 2234.
4. *Arte della Seta*, 4, S. 5.
5. *Arte del Cambio*, 14 (*Libro di compagnie*, 1340–99) 6.118 n.; 12 (*Matricole*, 1328–1598), S. 608.

c. *Public Record Office, London*

Informationen über die italienischen Woll- und Tuchkaufleute in London, die Korrespondenten von Datini waren, und über alles, was sie nach Italien exportierten, finden sich in den *Exchequer L.T.R. Customs and Subsidy Accounts, London and Thames Ports to Gravesend* und *Southampton, Wool Subsidy* und *Wool Subsidy and Petty Custom* (1382–1410).

II. Veröffentlichte Dokumente

a. *Datini und seine Handelsaktivitäten*

Bensa, E., *Francesco di Marco da Prato. Notizie e documenti sulla mercatura italiana del secolo XIV.* Milano 1928. (Im Buch zitiert als *Bensa*. Dies ist die einzige vollständige Biographie, die existiert. Ihr Schwerpunkt liegt aber mehr auf Datinis geschäftlichen Unternehmungen als auf seinem Privatleben. Auf die privaten Briefe und Haushaltsbücher geht Bensa kaum ein, während ganze Kapitel der Zusammensetzung seiner Handelsgesellschaften, dem Transport und der Versicherung der Waren, Wechseln, Schecks und der Buchführung gewidmet sind. Im Anhang findet sich eine große Auswahl an Geschäftsdokumenten aller Art.)
Weitere Monographien des Autors stützen sich ebenfalls auf das Material des Datini-Archivs:
Bensa, E., *Il contratto di assicurazione nel Medio Evo*, Genova 1884.
Di alcune importanti notizie attinenti alla storia del commercio che emergono dai documenti dell'Archivio Datini, Genova 1923.
Le forme primitive della polizza di carico, Genova 1925.
‚Margherita Datini', in: *Arch. Stor. Pratese*, 1926.

Datinis Leben wird außerdem beschrieben in:

Guasti, C., *Lettere di un notaro ad un mercante del secolo XIV*, Florenz 1880. (Im Buch zitiert als *Mazzei*. Dieses Buch enthält außer den Briefen Mazzeis an Datini und seine Frau zahlreiche weitere Briefe des Datini Archivs, dazu den vollständigen Text von Datinis Testament.)

Livi, G., *Dall'Archivio di Francesco Datini, mercante pratese*, Firenze 1910.

Melis, F., ‚L'Archivio di un mercante e banchiere trecentesco, Francesco di Marco Datini da Prato', in: *Moneta e Credito*, 1954.

Sapori, A., ‚Economia e morale alla fine del trecento', in: *Studi di Storia economica medievale*, Firenze 1940 u. ‚Ser Lapo Mazzei', in: *Arch. Stor. Pratese*, 1950.

Del Lungo, I., *Francesco di Marco Datini mercante e benefattore*, Giachetti, Prato 1897.

Eine detaillierte Darstellung von Datinis Tuchhandel findet sich in:

Melis, F., ‚La formazione dei costi nell'industria laniera alla fine del trecento', in: *Economia e Storia*, Nr. 1–2, 1954.

Kurze Monographien oder Artikel in Zeitschriften, die sich auf das Material des Datini Archivs stützen:

Brun, R., ‚Quelques italiens d'Avignon au XIVème siècle: 1° Les Archives de Datini à Prato, 2° Naddino da Prato, médecin de la cour pontificale', in: *Mélanges d'archeologie et d'histoire*, Hrsg. *École Française* di Roma, 1923.

Brun, R., ‚Notes sur le commerce florentin à Paris à la fin du XIVème siècle', in: *Cooperazione intellettuale*, VI.

Brun, R., ‚A fourteenth-century merchant of Italy: Francesco Datini of Prato', in: *Journal of Economic and Bussiness History*, 1930.

Brun, R., ‚Notes sur le commerce des objets d'art en France et principalement à Avignon à la fin du XIVème siècle' und ‚Notes sur le commerce des armes à Avignon au XIVème siècle', in: *Bibliothèque de l'École des Chartes*, 1934 u. 1951.

Brun, R., *Avignon au temps des Papes*, Paris 1928.

Corsani, G., *I fondaci e i banchi di un mercante pratese del trecento*, Prato 1922.

Nicastro, S., *L'Archivio di Francesco Datini in Prato*, Rocca S. Casciano (Unvollständig, z. T. ungenau) 1914.

Piattoli, L., ‚La legge fiorentina sull' assicurazione nel Medio Evo', in: *Archivio Storico Italiano*, VII, 1932.

Piattoli, L., ‚L'assicurazione di schiavi imbarcati su navi ed i rischi di morte nel Medio Evo', in: *Rivista del Diritto Commerciale e del Diritto Generale delle obbligazioni*, 1934.

Piattoli, R., ‚In una casa borghese del secolo XIV', in: *Arch. Stor. Pratese*, 1927.

Piattoli, R., ‚Gli Agli a Prato e cinque lettere di Agnolo di Lotto', in: *Arch. Stor. Pratese*, 1927.

Piattoli, R., ‚Codicillo al testamento di Marco Datini', in: *Arch. Stor. Pratese*, 1927–30.

Piattoli, R., ‚L'origine dei fondaci datiniani di Pisa e Genova', in: *Arch. Stor. Pratese*, 1927–30.

Piattoli, R., *Un mercante del trecento e gli artisti del tempo suo*, Firenze 1930.

Piattoli, R., ‚Il problema portuale di Firenze', in: *Rivista storica degli archivi toscani*, 1930, Fasc. 3.

Piattoli, R., ‚Un inventario di oreficeria del trecento', in: *Rivista d'arte*, Januar–Juni 1931.

Piattoli, R., ‚Lettere di Piero Benintendi mercante del trecento‘, in: *Atti della Società Ligure di Storia Patria*, Vol. I, 1932.

Piattoli, R., Il Pela, Agnolo Gaddi e Giovanni d’Ambrogio alle prese con la giustizia (1392–93), in: *Rivista d’Arte*, Juli–September 1932.

Piattoli, R., ‚Due lettere inedite di Francesco Datini da Prato a Giovanni Dominici‘, in: *Memorie Domenicane*, Firenze 1934.

Roover, R. de, ‚Appunti sulla storia della cambiale e del contratto di cambio‘, in: *Studi in onore di Gino Luzzatto*, 1950.

Roover, R. de, *L’évolution de la lettre de change aux XIV–XVII siècles*, Paris 1953. R. Roover zitiert auch zahlreiches Material aus dem Datini-Archiv, veröffentlicht Briefe, Schecks und Wechsel in: *Money, Banking and Credit in Medieval Bruges*, und F. Edler de Roover zitiert Belege aus ausgewählten Dokumenten und Briefen in: *Glossary of Medieval Terms of Business*, Cambridge (Mass.) 1934.

Auszüge aus Briefen, die sich auf den Sklavenhandel beziehen, sind abgedruckt bei: Livi, R., *La schiavitù domestica nei tempi di mezzo e nei moderni*, Padua 1928.

Weitere Geschäftspapiere wie Partnerschaftsverträge, Zahlungsanweisungen, Aufzeichnungen zu Versicherungspolicen der Pisaner Filiale sind abgedruckt in: Lopez, R. S. und Raymond, I. W., *Medieval Trade in the Mediterranean World*, London 1955.

b. Geschichte und Topographie Pratos

Caggese, R., *Un Comune libero alle porte di Firenze: Prato*, Firenze 1905.

Consigli del Comune di Prato (1252–85), Hrsg. R. Piattoli, 1940.

‚Dante e Prato‘, in: *Arch. Stor. Pratese*, 1926.

Giani, G., ‚La Fonte Procula‘, in: *Arch. Stor. Pratese*, 1926.

Miniati, G., *Narrazione e disegno della terra di Prato*, 1594.

Nicastro, S., *Sulla storia di Prato dalle origini alla metà del secolo XIX*, Prato 1916.

Nuti, R., *La topografia di Prato nel Medio Evo*, Prato 1937.

Repetti, *Dizionario geografico-fisico-storico della Toscana*, Vol. IV, Firenze 1843–46.

c. Der Wollhandel

Statuti dell’Arte della Lana di Prato (14.–18. Jh.), Hrsg. R. Piattoli, Firenze 1937.

Statuti dell’Arte della Lana di Firenze (1317–19), Hrsg. A. M. Agnoletti, Firenze 1940.

Bisori, G., *Origini e sviluppo dell’industria laniera pratese*, Firenze 1951.

Bruzzi, E., *L’Arte della Lana in Prato*, Prato 1920.

Carus-Wilson, E. M., ‚The Woollen Industry‘, in: *The Cambridge Economy History of Europe*, Vol. II, Cambridge 1952.

Carus-Wilson, E. M., *Medieval Merchant Venturers*, London 1954.

Giani, G., ‚Per la Storia dell’Arte della Lana in Prato‘, in: *Arch. Stor. Pratese*, 1952.

Luzzatto, G., ‚Lana‘, in: *Enciclopedia Treccani*, Roma 1935.

Piattoli, R., ‚Documenti per la Storia dell’Arte della Lana di Prato‘, in: *Arch. Stor. Pratese*, 1952.

Power, E., *The Wool Trade in English Medieval History*, London 1941.

Power, E., ‚The Wool Trade in the Fifteenth Century‘, in: *Studies in English Trade in the Fifteenth Century*, Hrsg. E. Power und M. M. Postan, London 1933.

Zanoni, L., *Gli Umiliati nei loro rapporti con l’eresia e l’industria della lana*, Milano 1911.

d. Sozialgeschichte Italiens im 14. und 15. Jahrhundert

1. Zeitgenössische Chroniken, Memoiren, Briefe, Predigten und Novellen.

Alberti, L. B., *Della Famiglia* (Buch 1–3), Hrsg. F. C. Pellegrini, Firenze 1946.

Anonimo Fiorentino, (Diario di), in: *Documenti di Storia Italiana*, Hrsg. R. Deputazione di Storia Patria per la Provincia Toscana. Vol. VI, Firenze 1867.

Bernardino (San), *Le Prediche Volgari*, Hrsg. L. Bianchi, Siena 1880.

Bernardino (San), *Le Prediche Volgari* und *Le Prediche Volgari inedite*, Hrsg. P. Dionisio Pacetti, Siena 1935.

Boccaccio, Giovanni, *Il Decamerone*, (1349–1353).

Una curiosa raccolta di segreti e di pratiche superstiziose fatta da un popolano fiorentino del secolo XIV, Hrsg. G. Giannini, Città di Castello 1898.

Della Casa, Giovanni, *Se s'abbia da prender moglie*, Hrsg. U. Paoli, Firenze 1944.

Dominici, Giovanni (Beato), *Regola del governo di cura familiare*, Firenze 1927.

Dominici, Luca, *Cronaca della venuta dei Bianchi e della Moria*, (1399–1400), Hrsg. Società Pistoiese di Storia Patria 1933.

Filippo degli Agazzari (Fra), *Assempri*, Siena 1922.

Giordano da Rivalta (Fra), *Prediche inedite*, in: *Collezione opere inedite e rare dei primi tre secoli della lingua*, Bologna 1867.

Francesco da Barberino, *Del costume e del reggimento delle donne*, Bologna 1875.

Macinghi Strozzi, A., *Lettere ai figlioli*, Lanciano 1914.

Marchionne di Coppo Stefani, *Cronaca fiorentina*, Hrsg. N. Rodolico, in: *Rerum Italicarum scriptores*, Vol. XL, Teil I, Città di Castello 1903.

Morelli, G., *Ricordi*, Hrsg. Vittore Branca, Anhang zu R. Malespini, *Istoria fiorentina*, Firenze 1956.

Naddo da Montecatini, *Memorie storiche* (1374–1398), in: *Delizie degli Eruditi Toscani*, Vol. XVIII, Firenze 1784.

Oderigo di Credi, *Ricordanze* (1405–1425), in: *Arch. Stor. Italiano*, Serie I, Vol. IV, 1843/1916.

Paolo di Messer Pace da Certaldo, *Libro di buoni costumi*, Hrsg. A. Schiaffini, Firenze 1945.

Passavanti, Jacopo (Fra), *Lo specchio della vera penitenza*, Firenze 1725/1926.

Pitti, Bonaccorso, *Cronica* (1412–1429), Hrsg. A. Bacchi della Lega, Bologna 1905.

Sacchetti, Franco, *Novelle*, Firenze 1938.

Sacchetti, Franco, *Sermoni evangelici, lettere varie e scritti inediti*, Firenze 1857.

Velluti, Donato, *La Cronica Domestica* (1367–1370), Hrsg. I. del Lungo und G. Volpe, Firenze 1914.

Villani, Giovanni und Matteo, *Cronaca*, Hrsg. F. Gherardi Dragomanni, Firenze 1864.

2. Sozialgeschichte der Toskana

Biagi, G., *Fiorenza, fior che sempre rinnovella*, Firenze 1924.

Biagi, G., *Men and Manners of Old Florence*, London 1909.

Cambridge Medieval History, Vol. VII (Kap. II u. XXV), Cambridge 1952.

Chiappelli, L., ‚La donna pistoiese del buon tempo antico‘, in: *Bollettino Storico Pistoiese*, Pistoia 1913.

Chiappelli, A., ‚Due responsi astrologici dell'anno 1382‘, in: *Bolletino Storico Pistoiese*, Pistoia 1922.

D'Ancona, P., *Le vesti della donna fiorentina nel secolo XIV*, Perugia 1905.

Davidsohn, R., *Firenze ai tempi di Dante*, Firenze 1929.

Davidsohn, R., *Forschungen zur Geschichte von Florenz*, 4 Bde., Berlin 1896–1908.

Falletti Fossati, C., *Costumi senesi della seconda metà del secolo XIV*, Siena 1882.

Frati, L., *La vita privata a Bologna nel secolo XIII*, Bologna 1900.

Guerrini, O., *La tavola e la cucina nei secoli XIV e XV*, Firenze 1884.

Hauser, A., *Sozialgeschichte der Kunst und Literatur*, München 1953.

Heywood, W., *A study of Medieval Siena*, (Fra Filippo degli Agazzari), Siena 1901.

The Legacy of the Middle Ages, Hrsg. C. G. Crump u. E. F. Jacob, Oxford 1926.

Libro di cucina del secolo XIV, Hrsg. L. Frati, Livorno 1899.

Livi, R., *La schiavitù domestica nei tempi di mezzo e nei moderni*, Padova 1928.

Mazzi, C., ‚La mensa dei Priori di Firenze nel secolo XIV‘, in: *Archivio Storico Italiano*, Serie V, Vol. XX, 1897.

Mazzi, C., *La Camicia*, Firenze 1915.

Meiss, M., *Painting in Florence and Siena after the Black Death*, Princeton 1951.

Morpurgo, G., *57 ricette da un libro di cucina del buon secolo della lingua*, Bologna 1890.

Niccolini di Camugliano, G., *The Chronicles of a Florentine Family* (1200), London 1933.

Novati, F., *Freschi e Minii del Dugento*, Milano 1908.

Origo, I., ‚The Domestic Enemy: Eastern Slaves in Tuscany in the 14th and 15th Centuries‘, in: *Speculum*, Vol. XXXIX, 1955.

Polidori Calamandrei, E., *Le vesti della donna fiorentina nel quattrocento*, Firenze 1924.

Rodolico, N., *La democrazia fiorentina nel suo tramonto* (1378–1382), Bologna 1905.

Rodolico, N., *Il popolo minuto, note di storia fiorentina*, (1343–1378), Bologna 1899.

Rodolico, N., *Storia degli Italiani*, Firenze 1954.

Salvemini, G., *Magnati e popolani in Firenze dal 1280 al 1295*, Firenze 1899.

Schiapparelli, A., *La casa fiorentina e i suoi arredi nei secoli XIV e XV*, Firenze 1908.

Sercambi, Giovanni, *Le Croniche*, Hrsg. S. Bongi, Roma 1892.

Tamassia, N., *La famiglia italiana nei secoli XV e XVI*, Milano 1910.

Tamassia, N., *Odofredo*, Bologna 1894.

La vita italiana nel Trecento und *La vita italiana nel Rinascimento*, Milano 1906.

Zambrini, F., *Il libro di cucina del secolo XIV*, Bologna 1863.

Zdekauer, L., *La vita privata dei Senesi nel Dugento*, Siena 1897.

Zdekauer, L., *La vita pubblica dei Senesi nel Dugento*, Siena 1897.

e. Handel im Mittelmeerraum

Cambridge Economic History of Europe, Vol. II, Cambridge 1952.

Chiaudano, M., ‚I Rothschild del Dugento: La Gran Tavola di Orlando Bonsignori‘, in: *Bollettino Senese di Storia Patria*, N. S. VI, Siena 1935.

Ciasca, R., *L'Arte dei Medici e Speziali nella storia e nel commercio fiorentino dal secolo XII al XV*, Firenze 1927.

‚Consigli sulla mercatura di un anonimo trecentista‘, Hrsg. G. Corti, in: *Archivio Storico Italiano*, CX Disp. I, 1952.

Della decima e della altre gravezze imposte dal Comune di Firenze, della moneta e della mercatura dei fiorentini fino al secolo XVI, Hrsg. G. F. Pagnini, 4 Bde.,

Lissabon, Lucca 1765/66. (Band II enthält Francesco Balducci Pegolotti, *La pratica della mercatura:* Band IV: Giovanni da Uzzano, *La pratica della mercatura*).

Doren, A., *Italienische Wirtschaftsgeschichte im Mittelalter*, Band I, Jena 1934

Edler, F., *Glossary of Medieval Terms of Business*, Cambridge (Mass.) 1934.

Fanfani, A., *Saggi di Storia Economica Italiana*, Milano 1936.

Fanfani, A., *Un mercante del trecento*, Milano 1937.

Heyd, W., *Histoire du commerce du Levant au Moyen Age*, 2 Bde., Leipzig 1885.

Luzzatto, G., *Storia Economica dell'Età Moderna e Contemporanea*, Padova 1950.

Luzzatto, G., *Storia del Commercio*, Firenze 1915.

Luzzatto, G., ,Piccoli e grandi mercanti nelle città d'Italia del Rinascimento', in: *Studi in onore di G. Prato*, Torino 1930.

Pegolotti, Balducci F., *La pratica della mercatura*, Hrsg. A. Evans, Cambridge (Mass.) 1936.

Renouard, Y., *Les relations des Papes d'Avignon et des compagnies commerciales et bancaires de 1316 à 1378*, Paris 1941.

Roover, R. de, *Money, Banking and Credit in Medieval Bruges*, Cambridge (Mass.) 1948.

Roover, R. de, ,Il trattato di Fra Santi Rucellai sul cambio, il monte comune e il monte delle doti', in: *Archivio Storico Italiano*, 1953.

Sapori, A., *Studi di storia economica medievale*, Firenze 1946.

Sapori, A., *Il mercante italiano nel Medio Evo*, Milano 1941.

Sapori, A., *La crisi delle compagnie mercantili dei Bardi e dei Peruzzi*, Firenze 1926.

Sapori, A., *Una Compagnia di Calimala ai primi del Trecento*, Firenze 1932.

Sapori, A., *Mercatores*, Milano 1941.

III. Ergänzungen der Übersetzerin zur Bibliographie

1. Das wichtigste Werk seit Erscheinen des Buchs von Iris Origo ist
Melis, Federigo, *Aspetti della vita economica medioevale*, Studi nell'Archivio Datini di Prato I, Siena 1962.
Dazu die Dokumentation:
Melis, F., Cecchi, E., *Documenti per la Storia Economica dei Secoli XIII–XVI*, Istituto Internazionale di Storia Economica „Francesco Datini", Prato, Serie I, Documenti, Firenze 1972.
2. Seit 1957 sind Margheritas Briefe veröffentlicht in:
Le lettere di Margherita Datini a Francesco di Marco, Hrsg. V. Rosati, in: *Archivio Storico Pratese*, L (1974), S. 3–92; LII (1976), I, S. 25–152; II, S. 83–202.
3. Die geschäftliche und private Korrespondenz ist nunmehr teilweise transkribiert im Datini-Archiv in Prato zugänglich. In Vorbereitung sind wissenschaftliche Arbeiten über den gesamten Schriftverkehr einzelner Filialen und von Korrespondenten und Agenten in einzelnen wichtigen Handelszentren. Zudem wird das gesamte Archiv zur Zeit völlig neu geordnet.
4. Weitere neuere wissenschaftliche Veröffentlichungen zum Thema Datini, Prato, Tuchhandel sind u.a.:
Bemporad, N., *Il restauro del Palazzo Datini a Prato*, Prato 1958.
Collini Bisori, N., *La villa S. Leonardo al Palco ex Convento dei Frati Minori Francescani*, Prato 1983.

Di Agresti, D. G. M., *Aspetti di vita pratese del Cinquecento*, Firenze 1976.

Fiumi, E., *Demografia, movimento urbanistico e classi sociali in Prato dall'età comunale ai tempi moderni*, Firenze 1968.

Fiumi, E., ‚Sulle condizioni alimentari in Prato nell'età comunale', in: *Archivio Storico Pratese*, XLII (1966), S. 3–26.

Grand, R., Delatouche, R., *Storia agraria del medioevo*, Milano 1968.

Imberciadori, ‚Proprietà terriera di Francesco Datini e parziaria mezzadrile nel '400', in: *Economia e storia*, 1958, III, S. 254–272.

La lana come materia prima, Hrsg. Marco Spallanzani, in: *Atti della prima settimana di studio dell'Istituto Internazionale di Storia Economica ‚Francesco Datini'*, Firenze 1974.

Melis, F., ‚Il consumo del vino a Firenze nei decenni attorno al 1400', in: *Arti e Mercature*, IV, 6–7, 1967, S. 6–33.

Melis, F., ‚A proposito di un nuovo volume: Il Mercante di Prato', in: *Economia e Storia*, 1959.

Produttività e tecnologie, Hrsg. Sara Mariotti, in: *Atti della terza settimana di studio dell'Istituto Internazionale di Storia Economica ‚Francesco Datini'*, Prato–Firenze 1981.

Produzione, commercio e consumo dei panni di lana. Hrsg. Marco Spallanzani, in: *Atti della seconda settimana di studio dell'Istituto Internazionale di Storia Economica ‚Francesco Datini'*, Firenze 1976.

Ploss, E., *Ein Buch von alten Farben. Technologie der Textilfarben im Mittelalter*, München ²1967.

Storia di Prato, 3 Bde., Hrsg. Cassa di Risparmi e Depositi, Prato 1980.

Diese Ergänzungen zur Bibliographie, die keinen Anspruch auf Vollständigkeit erheben, sind ebenso wie einige Berichtigungen im Text mit Erlaubnis von Iris Origo aufgrund des Buchs von Federigo Melis und unter Berücksichtigung neuerer Forschungen nach dem Erscheinen dieses Buches mit Hilfe der freundlichen Beratung von Dott. Elena Cecchi, Firenze, im Datini-Archiv, Prato, und Prof. Dr. Wolfgang von Stromer, Univ. Erlangen–Nürnberg, ermöglicht worden, ohne dessen fachkundige Hilfe die Übersetzung der Termini aus Wirtschafts- und Technikgeschichte kaum möglich gewesen wäre. Dott. Angela Horak-Lorenzelli war bei der Übersetzung der historischen toskanischen Redewendungen von unschätzbarer Hilfe.

Verzeichnis und Nachweis der Abbildungen

1. Francesco di Marco Datini. Denkmal von Antonio Garella (1896) auf der Piazza del Comune, Prato. (Foto: Trott)
2. Ansicht von Prato um 1400 mit den Stiftern Datini mit dem Ceppo und Dagomarí mit dem Sacro Cingolo. Pietro di Miniato zugeschriebenes Fresko im Erdgeschoß des Palazzo Pretorio in Prato, Anfang 15. Jh. (Foto: Trott)
3. In Leder gebundenes Hauptbuch M von 1384 aus dem Archivio Datini, Prato. (Foto: Trott)
4. Bestellung von Seidensamt und Seidenbrokaten mit genauen Web-, Muster- und Farbangaben. (Archivio Datini, Prato) – Der Text lautet:

   1 Stück Seidenbrokat mit Samtflor, Grund Kermes-Scharlach, Samtflor in grün, Reliefblumen in hellblau und weiß mit echten Goldfäden, ein Stiel davon am Rand vorgezeichnet.

   1 Stück Seidenbrokat mit Samtflor, Grund und Flor blau, darin karmesinrote und weiße Blumen mit grünen Stielen, mit echten Goldfäden; je 5 davon pro Stoffbreite.

   1 Stück Seidenbrokat mit Samtflor, Grund blau, Flor grün mit Goldfäden, Kronenmuster mit feiner, gedrehter Goldkordel quergewebt, hierneben gezeichnet.

   1 Stück Seidenbrokat mit Samtflor, Grund grün mit scharlachfarbenem Flor, darin Kronen aus echten Goldfäden, jeweils 2 verbunden mit einer Goldkordel, hier am Rand vorgezeichnet. Und auch 5 davon.

   1 Stück Seidenbrokat mit Samtflor, kermesgefärbter Scharlachgrund, Flor grün mit echten Goldfäden, davon vier [des nebenstehenden Musters] auf die Breite.

   3 Stück Seidensamt, Scharlachgrund ohne Goldfäden, Samtflor in zwei verschiedenen Grüntönen, einer davon fast gelb, mit folgendem Muster; ein Stück gesprenkelt, das andere gestreift, das dritte mit Blattmuster.

   2 Stück Seidensamt, Grund grün, wie Damast gearbeitet, scharlachrote Seide mit Samtflor in grün und gestuften Blümchen in blau und weiß.

   1 Stück Samt mit Schuppenmuster in vier Farben, nämlich schwarz, grün, weiß und karmesinrot, wie am Rand aufgezeichnet, 8 Schuppen auf die Breite.

   1 Stück grünen Seidensamts, Grund und Flor grün, mit Blütenstengeln in karmesinrot und weiß darin, und zwar viele davon.

   4 Stück Kaiserbrokat [kostbarster Stoff, durfte nur in Lucca und Bologna hergestellt werden, d. Ü.] mit Silberfäden, ...2 *braccia* breit: 2 davon auf grünem Grund, die übrigen... Grund... (unleserlich).

   8 Stück gestreiften Tafts, davon 4 auf kermesgefärbtem Scharlachgrund und 4 auf blauem Grund; die Streifen sind zwei Finger breit, und zwischen jedem Streifen ist ein Finger breit Abstand; und besagte Streifen sind halb aus Silberfäden, halb aus Seide, das heißt 4 Stück, und die anderen 4 sind aus Goldfäden und Seide; die Seide hat verschiedene Farben, ungefähr so wie hier [aufgezeichnet].

Alle obengenannten Seiden und Samte messen pro Stück zwischen 34 und 40 *braccia.*

5. Erste Seite des abgebildeten Hauptbuchs (3.); Handschrift Luca del Seras. (Archivio Datini, Prato; Foto: Trott)

6. Leben und Treiben in einer toskanischen Stadt im Mittelalter. Ausschnitt aus dem Fresko ,Die Auswirkungen der Guten Regierung in Stadt und Land' von Ambrogio Lorenzetti im Palazzo Publico in Siena, um 1340. (Foto: Scala, Firenze)

7. Wechsel vom Februar 1399 mit Datinis Firmenzeichen. (Archivio Datini, Prato)

8. Eigenhändiger Brief Francescos an Margherita vom 9. März 1394. Auf der Rückseite Zusatz: *„in fretta"* (in Eile) und die Adresse: *Monna margherita donna di f/rancescho di marcho di Prato.* (Archivio Datini, Prato; Foto: Trott)

9. Eigenhändiger Brief Margheritas an Francesco vom 12. September 1402 mit Vermerk Francescos, daß er geantwortet hat. (Archivio Datini, Prato; Foto: Trott)

10. Casa Datini in Prato, Ecke Via Lapo Mazzei, Via Rinaldesca. (Nach: Nello Bemporad, *Il restauro del Palazzo Datini a Prato,* Prato 1958, Tafel 20)

11. Casa Datini: Deckenbemalung des *„scrittoio"* genannten großen Raums im Erdgeschoß mit Anjou-Lilien und den Wappen Datinis und Margherita Bandinis. (Foto: Azienda Autonoma di Turismo, Prato)

12. Christophorus-Fresko von Niccolò Gerini (1395) in der Eingangshalle der Casa Datini. (Foto: Trott)

13. Christus-Fresko von Niccolò Gerini über der Tür zum *scrittoio* der Casa Datini. (Foto: Trott)

14. Prato gegen Ende des 12. Jahrhunderts: Der äußere Mauergürtel wurde erst zu Datinis Zeiten von den Florentinern angelegt; das Florentiner Kastell südlich der Kirche S. Marco ist heute verschwunden, der innere Mauergürtel mit den Stadttoren des 12. Jh. nur bruchstückhaft erhalten. Das dunkle Rechteck im Zentrum markiert den Palazzo Pretorio, der Punkt links darunter die Stelle, an der später die Casa Datini gebaut wurde. Erkennbar sind ferner u.a. der Dom (S. Stephano), das Castello dell'Imperatore außerhalb des ersten Mauerrings, das durch eine Doppelmauer mit dem Florentiner Kastell verbunden war (Reste heute sichtbar in der Via del Cassero), sowie die heute noch benutzte Brücke über den Bisenzio (vgl. Abb. 2). Entlang der alten Stadtmauer zwischen Dom und Castello wurde später die Via dei Tintori (Färberstraße) angelegt, deren Graben mit Bisenzio-Wasser gefüllt und zu einem Teil des Kanalsystems in der Stadt wurde. (Azienda Autonoma di Turismo, Prato)

15. Florenz, sog. Kettenplan, um 1480. Die dritte Arnobrücke von vorn ist der Ponte Vecchio; links davon, in Richtung Palazzo Vecchio, Por S. Maria, wo sich Datinis Laden befand. (Staatliche Museen zu Berlin, Kupferstichkabinett)

16. Bett mit Vorhängen und Tritt-Truhe. M. di Filipuccio: *La camera,* 14. Jh. (Museo Civico, San Gimignano; Foto: Scala, Firenze)

17. Agnolo Gaddi: Mariengeburt, 1392–95. (Prato, Dom, Cappella della Cintola; Foto: Azienda Autonoma di Turismo, Prato)

18. Sano di Pietro: Der Hl. Bernhard predigt auf der Piazza S. Francesco in Siena, 15. Jh. (Siena, Dom; Foto: Alinari)

19. Tabernacolo della Romita in Prato an der Via Roma, 1418 gemalt von Pietro und Antonio Miniati. Vorn Francesco und Margherita als Stifter. (Foto: Trott)

20. und 21. Margherita und Francesco Datini, Ausschnitte aus 19. (Fotos: Trott)
22. Filippo Lippi: Madonna del Ceppo, 1453. Im Vordergrund Francesco als Stifter und die zur Entstehungszeit des Bildes amtierenden *buonomini*, Stiftungsverwalter. Das Bild hing früher im Hof der Casa Datini; jetzt Pinacoteca Comunale, Prato. (Foto: Scala, Firenze)
23. Posthum eingelassener Gedenkstein im Türsturz des Eingangs zur Casa Datini. (Foto: Trott)
24. Matthäus als Zöllner Levi. Ausschnitt aus dem Fresko ‚Das Leben des Hl. Matthäus' von Niccolò Gerini (1395) im Kapitelsaal des Klosters S. Francesco in Prato. (Nach: *Storia di Prato*, 1980, Bd. II, Tafel 19)
25. Die Kirche S. Francesco in Prato, erbaut Ende des 13. Jh., Portal und Fassade 14. Jh. (Foto: Trott)
26. Grabstein Datinis in S. Francesco von Niccolò Lamberti, 1412. (Foto: Azienda Autonoma di Turismo, Prato)

Personen- und Sachregister

Europäische Geschichte im Mittelalter und der in frühen Neuzeit

Karl Bosl
Europa im Aufbruch
Herrschaft, Gesellschaft, Kultur in Europa
vom 10. bis zum 14. Jahrhundert
1980. 419 Seiten. Leinen

Geoffrey R. Elton
Europa im Zeitalter der Reformation 1517–1559
2., überarbeitete Auflage. 1982. 326 Seiten.
Leinen (Beck'sche Sonderausgaben)

Friedrich Prinz
Böhmen im mittelalterlichen Europa
Frühzeit, Hochmittelalter, Kolonisationsepoche
1984. 238 Seiten. Leinen

Alfred Haverkamp
Aufbruch und Gestaltung
Deutschland 1056–1273
1984. 359 Seiten mit einer Karte. Broschiert
(Neue Deutsche Geschichte, Band 2)

Hartmut Boockmann
Der deutsche Orden
Zwölf Kapitel aus seiner Geschichte
2., verbesserte Auflage. 1982. 319 Seiten mit 41 Abbildungen
und 2 Karten. Leinen
(Beck'sche Sonderausgaben)

Charles Verlinden und Eberhard Schmitt (Hrsg.)
Die mittelalterlichen Ursprünge
der europäischen Expansion
1986. XVII, 450 Seiten mit 15 Karten und 19 Abbildungen. Leinen
(Dokumente zur Geschichte der europäischen Expansion, Band 1)

Verlag C. H. Beck München

Europäische Geschichte im Mittelalter und in der frühen Neuzeit

Werner Rösener
Bauern im Mittelalter
2. Auflage. 1986. 335 Seiten mit 42 Abbildungen. Leinen

Edith Ennen
Frauen im Mittelalter
3. Auflage. 1985. 300 Seiten mit 24 Abbildungen,
einer Karte und 2 Tabellen. Leinen

Michel Mollat
Die Armen im Mittelalter
1984. 299 Seiten. Broschiert

Helmut Beumann (Hrsg.)
Kaisergestalten des Mittelalters
1984. 386 Seiten mit 15 Abbildungen. Leinen

Aaron J. Gurjewitsch
Das Weltbild des mittelalterlichen Menschen
423 Seiten mit 39 Abbildungen. Leinen
(Beck'sche Sonderausgaben)

Ferdinand Gregorovius
Geschichte der Stadt Athen im Mittelalter
Von der Zeit Justinians bis zur türkischen Eroberung
Mit einem Nachwort von Hans-Georg Beck
1980. 739 Seiten mit 59 Abbildungen nach alten Vorlagen.
Leinen (Beck'sche Sonderausgaben)

Ferdinand Gregorovius
Lucrezia Borgia
Mit einem Nachwort von Heinrich Lutz
1982. 315 Seiten. Leinen
(Beck'sche Sonderausgaben)

Verlag C. H. Beck München